KB264655

언약을 따른 설교 70

이장우

언약을 따른 설교 70

지은이   이장우
초판발행   2024년 4월 30일

펴낸이   배용하
책임편집   윤찬란

등록   제364-2008-000013호
펴낸곳   도서출판 대장간
    www.daejanggan.org
등록한곳   충남 논산시 매죽헌로 1176번길 8-54
대표전화   전화: 041-742-1424 전송 : 0303-0959-1424

분류   기독교 | 성서연구 | 언약 | 설교
ISBN   978-89-7071-675-6 (03230)

이 책의 한국어 저작권은 저자에게 있습니다.
기록된 형태의 허락 없이는 무단 전재와 복제를 금합니다.

값 30,000원

들어가는 말

아주 오래전에 어느 교회 청년회 수련회를 부탁받아 언약이라는 주제로 말씀을 나누었습니다. 그리고 2011년에는 '언약을 따라서' 라는 제목으로 창원극동방송에서 33회 말씀을 나누었습니다. 그 원고를 책자로 만들어 늘푸른교회 전도용으로 수천 권을 국내외에 나누었습니다. 그 책을 본 캐나다의 국명숙 씨가 영어로 번역하여 대장간 출판사에서 한글과 영어로 된 책을 출판하였습니다. 수요가 조금 있었지만 지금 이 책을 생각하고 있었기에 절판하였습니다. 그리고 2022년부터 '언약을 따라서' 라는 주제 설교를 주일 오전에 70회 하였습니다. 그 설교 원고를 책으로 묶는 이유는 책 속에서 밝히고 있습니다. 늘푸른교회 담임으로 부임하면서 성경 전체를 강해설교 하기로 작정하고 주일 오전과 오후 수요일까지 강해 설교를 시작하였는데 약 22년 지나니 66권 성경 전체를 강해로 설교할 수 있었습니다. 설교의 핵심은 하나님의 언약은 하나님께서 이루시는데 그 성취를 십자가에 다 이루신 것입니다.요19:30 모든 성경은 예수 그리스도를 증언하기에요5:39 이 책이 예수 그리스도를 가리키는 하나의 손가락이 된다면 전적인 은혜입니다.

하나님 아버지께서 여러분을 미리 아시고 성령으로 거룩하게 해 주셔서, 여러분은 순종하게 되고, 예수 그리스도의 피 뿌림을 받게 되었습니다. 여러분에게 은혜와 평화가 더욱 가득 차기를 빕니다.벧전1:2 새번역

비음산飛音山 아래서

이장우

목차

하나님의 약속을 누가 이루시는가?

고린도후서 1:20 하나님의 약속은 얼마든지 그리스도 안에서 예가 되니 그런즉 그로 말미암아 우리가 아멘 하여 하나님께 영광을 돌리게 되느니라

오늘부터 '언약을 따라서' 라는 제목으로 말씀을 나누겠습니다. 제가 다른 곳에서 성경 공부를 하면 제일 먼저 하는 내용이 언약입니다. 언약을 공부하는 이유는 성경이 언약의 책이기 때문입니다. 성경책의 이름이 구약舊約과 신약新約입니다. 언약言約이라는 말은 약속約束이나 계약契約이라고도 말합니다. 이런 말은 국가 간에 사용하거나[수9:6], 개인 간에 사용하거나[삼상18:3], 결혼에도 사용합니다.[말2:14] 그러나 우리가 살펴보려고 하는 언약은 하나님의 언약입니다. 성경은 하나님의 말씀이기에 하나님의 언약입니다. 인간은 하나님의 말씀을 이루어 낼 자가 하나도 없습니다. 오직 하나님께서 자기 약속을 다 이루어 내심이 성경입니다.

고린도후서 1:20 하나님의 약속約束이란 묶을 약자 묶을 속자입니다. 하나님의 약속은 자기 스스로 자기에게 묶은 것입니다. 그러므로 자기 약속을 반드시 이루어 내시는 자기 약속에 신실하시고 성실하시고 전능하신 하나님입니다. 하나님의 모든 약속이 그리스도 안에서 다 이루어집니다. 구약이나 신약의 모든 성경의 말씀은 하나님의 감동으로[딤후 3:16], 그리스

도의 영으로벧전1:10, 11 , 성령의 감동으로벧후1:21 기록된 하나님의 자기 계시입니다.

성부와 성자와 성령은 영원 자존하시는 하나님입니다. 그러므로 하나님의 약속은 영원 전에 창세 전에 약속된 것입니다. 이 내용은 다음에 다시 말씀을 드리겠습니다. 그러므로 하나님의 약속은 사람의 의견이 들어가지 않았습니다. 여러분 중에 누가 영원하신 하나님께서 천지를 창조하실 때 하나님께 건의 사항을 말씀드린 적이 있습니까? 욥이 자기 의로움을 주장하다가 하나님께서 천지를 창조할 때 너 어디에 있었느냐고욥38:4 하시는 질문으로 시작된 하나님의 질문에 욥은 자기가 한 말을 거두어들이고 입을 닫고 회개하게 됩니다. 그러므로 성경은 하나님의 말씀이기에 하나님께서 이루어 내십니다. 창조도 율법도 하나님의 언약으로 이루어지는 것입니다.

예레미야 33:19~22 "여호와의 말씀이 예레미야에게 임하니라 이르시되 여호와께서 이와 같이 말씀하시니라 너희가 능히 낮에 대한 나의 언약과 밤에 대한 나의 언약을 깨뜨려 주야로 그 때를 잃게 할 수 있을진대 내 종 다윗에게 세운 나의 언약도 깨뜨려 그에게 그의 자리에 앉아 다스릴 아들이 없게 할 수 있겠으며 내가 나를 섬기는 레위인 제사장에게 세운 언약도 파할 수 있으리라 하늘의 만상은 셀 수 없으며 바다의 모래는 측량할 수 없나니 내가 그와 같이 내 종 다윗의 자손과 나를 섬기는 레위인을 번성하게 하리라 하시니라"

예레미야 31장은 새 언약을 보증하시는 말씀입니다. 나중에 새 언약을 보면서 다시 살펴보겠습니다만 여기서 보려는 내용은 천지를 창조하실 때 낮과 밤이 되는 것도 하나님의 언약으로 된다는 말씀입니다. 지금 예루살렘이 멸망하여 바벨론에 포로로 잡혀가는 상황에서 하나님은 자기 언약을 파기하지 않으신다는 약속을 주야의 언약으로 말씀합니다. 인간이 낮과 밤을 만드신 그 창조의 언약을 깨뜨릴 수 없습니다. 그 정도로 하나님께서 자기 약속을 반드시 이루시는데 다윗에게 허락한 약속도 이루신다는 것입니다. 다윗을 통한 영원한 왕을 약속하셨기 때문입니다. 그러므로 나라가 망하여도 하나님의 약속은 변경되거나 파기되지 않고 반드시 이루어 내신다는 말씀입니다.

예레미야 33:25~26 "여호와께서 이와 같이 말씀하시니라 내가 주야와 맺은 언약이 없다든지 천지의 법칙을 내가 정하지 아니하였다면 야곱과 내 종 다윗의 자손을 버리고 다시는 다윗의 자손 중에서 아브라함과 이삭과 야곱의 자손을 다스릴 자를 택하지 아니하리라 내가 그 포로 된 자를 돌아오게 하고 그를 불쌍히 여기리라"

여기서도 주야와 맺은 언약과 천지의 법칙이 다 하나님의 자기 언약이 이루어짐으로 말씀합니다. 그 언약을 신실하게 이루시는 하나님께서 다윗의 자손 중에서 아브라함과 이삭과 야곱의 자손을 다스릴 자를 택하신다고 합니다. 율법도 하나님의 언약입니다. 시내산 앞에서 언약을 체결할 때 율법의 조문을 언약서라고 합니다. 그러므로 율법의 조문도 언약입니다. ^{출24:7} 모세가 시내산에서 받은 그 돌판도 언약의 돌판이라고 합니다. ^{신4:13, 9:9, 15} 율법책을 언약 책이라고 합니다. ^{왕하23:2, 21. 대하34:30} 그러므로 창조도 언약이며 율법도 언약입니다. 성경에 나타난 모든 하나님의 말씀은 명령문이든지 직설법이든지 장차 이루어질 일이든지 간에 모두 하나님의 언약입니다. 그러므로 하나님은 자기 언약을 신실信實하고 성실誠實하게 이루어 내시는 언약에 전능하신 여호와 하나님입니다.

오늘 본문을 다시 봅니다. 하나님은 영원하신 분이시기에 그 영원하신 분의 약속을 피조물이 이룰 수가 없기에 예수 그리스도께서 다 이루신 것입니다. 이 선포에 '아멘' 으로 화답함이 하나님께 영광입니다. 하나님께서 하나님의 약속을 하나님이 이루신다는 것이 언약 성취의 방식이라면 그 언약의 내용이 무엇입니까? 구약 성경 전체가 하나님의 약속을 이루실 그리스도를 예언하고 있습니다. 신약은 그 그리스도가 오셨고 그 그리스도가 십자가를 지신 예수님이며 이분이 부활 승천하셨고 다시 오실 일을 증거하고 있습니다. 이러한 내용이 성경의 핵심 줄기입니다. 이 언약을 따라가 보면 예수님을 믿는 일이 무엇인지 알게 됩니다.

이러한 약속을 하나님께서 어떻게 성취하시는지 그동안 구약과 신약의 모든 성경을 강해하면서 말씀을 드렸습니다. 최근에 말씀드린 내용은 천지 창조의 목적이 하나님의 자기 식이라고 말씀을 드렸습니다. 하나님의 자기 안식을 위한 창조인데 피조물이 타락합니다. 그러나 하나님의 자기 약속은 전능하신 능력으로 반드시 성취합니다. 그러므로 아담과 하와의 타락에도 불구하고 가죽옷을 지어 입히시고 여인의 후손이 뱀의 후손의 머리를 상하게 하신다는 약속을 하십니다. 그 약속을 이루시기 위하여 노아의 홍수 때에도 하나님께서는 은혜로 노아 가족을 남기십니다.

때가 되어 아브라함을 부르시고 씨와 땅을 약속하십니다. 천하 만민이 그 씨로 인하여 복을 받으리라고 하셨습니다. 그 씨가 예수 그리스도입니다. 그 씨로 오신 예수 그리스도께서 이 땅에 오셔서 모든 성경이 자기를 증언하는 것이라고 말씀하셨습니다. 그런데 하나님의 계시인 성경을 받아서 지키며 가르친다는 사람들이 예수님을 믿지 않았습니다. 예수님을 믿지 않을 뿐만 아니라 오히려 예수님을 십자가에 못 박아 죽입니다. 그러므로 하나님의 약속은 사람이 하나님의 약속을 이루려고 오신 예수 그리스도를 죽이는 그 십자가에서 다 이루어진 것입니다. 그러므로 십자가로 다 이루었다는 그 선포 앞에서 자유와 안식을 누리기 전에 자기 죄를 먼저 알아야 합니다.

요한복음 5:39 "너희가 성경에서 영생을 얻는 줄 생각하고 성경을 연구하거니와 이 성경이 곧 내게 대하여 증언하는 것이니라"

유대인들의 성경 연구는 어느 민족도 따라갈 수 없을 만큼 열성적입니다. 이때의 성경은 구약입니다. 그런데 그렇게 성경을 열심히 연구하여 영생을 얻으려고 한 자들이 영생이신 예수님을 믿지 않았습니다. 그 이유가 무엇입니까? 사람들이 서로 영광을 취하고 유일하신 하나님으로부터 오는 영광은 구하지 않았기 때문입니다. 유일하신 하나님으로부터 오는 영광은 예수님인데 예수님을 믿는 일에는 사람의 영광이 없기 때문입니다.

요한복음 5:44 "너희가 서로 영광을 취하고 유일하신 하나님께로부터 오는 영광은 구하지 아니하니 어찌 나를 믿을 수 있느냐"

예수님을 믿는 자는 자기 자신은 행하는 것이 죄뿐인 줄 아는 자들입니다. 그러므로 자신이 전적인 죄인임을 아는 자만이 전적으로 예수님을 믿게 됩니다. 이런 자들은 자기를 자랑할 것이 전혀 없기에 예수님의 십자가의 공로만 자랑합니다. 그러나 사람들은 자기 영광을 구하기에 유일하신 영광 하나님으로부터 오는 영광인 십자가의 영광을 구하지 않습니다. 그 안에서는 사람의 영광이 들어설 자리가 없기 때문입니다.

요한복음 6:35~40 "예수께서 이르시되 나는 생명의 떡이니 내게 오는 자는 결코 주리지 아니할 터이요 나를 믿는 자는 영원히 목마르지 아니하리라 그러나 내가 너희에게 이르기를 너희는 나를 보고도 믿지 아니하는도다 하였느니라 아버지께서 내게 주시는 자는 다 내게로 올 것이요 내게 오는 자는 내가 결코 내쫓지 아니하리라 내가 하늘에서 내려온 것은 내 뜻을 행하려 함이 아니요 나를 보내신 이의 뜻을 행하려 함이니라 나를 보내신 이의 뜻은 내게 주신 자 중에 내가 하나도 잃어버리지 아니하고 마지막 날에 다시 살리는 이것이니라 내 아버지의 뜻은 아들을 보고 믿는 자마다 영생을 얻는 이것이니 마지막 날에 내가 이를 다시 살리리라 하시니라"

오병이어 기적 이후에 사람들이 예수님을 따라온 이유는 썩는 양식을 위하여 따라옵니다. 예수님께서 그들에게 썩는 양식을 위하여 일하지 말고 썩지 않는 양식을 위하여 일하라고 합니다. 썩는 양식은 일해서 먹고 살아가는 일이지만 썩지 않는 양식을 위하여 행하는 일은 예수님을 믿는 일입니다. 예수님께서 하늘에서 내려온 생명의 떡임을 알고 믿는 일이 하나님의 일입니다.^{요 6:29} 그러나 예수님을 보고도 그들은 믿지 않습니다. 그러므로 예수님을 믿는 일은 사람이 할 수 있는 일이 아니라 하나님 아버지께서 예수님께 보내시는 자만 믿을 수 있습니다. 예수님은 그들을 위하여 목숨을 버림으로 아버지께서 자기에게 주신 자들에게 영생을 주시는 일을 이루십니다. 그러므로 구약 성경을 하나님께 받아서 지킨다는 자들이 예수님을 어떻게 죽이는지를 봅니다.

요한복음 11:45~50 "마리아에게 와서 예수께서 하신 일을 본 많은 유대인이 그를 믿었으나 그 중에 어떤 자는 바리새인들에게 가서 예수께서 하신 일을 알리니라 이에 대제사장들과 바리새인들이 공회를 모으고 이르되 이 사람이 많은 표적을 행하니 우리가 어떻게 하겠느냐 만일 그를 이대로 두면 모든 사람이 그를 믿을 것이요 그리고 로마인들이 와서 우리 땅과 민족을 빼앗아 가리라 하니"

나사로를 살리신 예수님의 이야기를 바리새인들에게 전하자 대제사장들과 바리새인들이 공회를 모아서 회의합니다. 예수가 많은 표적을 행하니 어떻게 처리해야 하겠느냐고 합니다. 예수님께서 하시는 일을 그대로 두면 모든 사람이 그를 믿을 것이라고 합니다. 그렇게 되면 로마인들이 와서 우리의 땅과 민족을 빼앗아 갈 것이라고 합니다. 예수님의 천국 복음 선포를 민란으로 보는 것입니다. 그러므로 그들은 그들의 땅과 민족을 보호하려는 애국심의 발로로 예수님을 죽입니다.

이어지는 49~53절입니다. "그중의 한 사람 그 해의 대제사장인 가야바가 그들에게 말하되 너희가 아무 것도 알지 못하는도다 한 사람이 백성을 위하여 죽어서 온 민족이 망하지 않게 되는 것이 너희에게 유익한 줄을 생각하지 아니하는도다 하였으니 이 말은 스스로 함이 아니요 그 해의 대제사장이므로 예수께서 그 민족을 위하시고 또 그 민족만 위할 뿐 아니라 흩어진 하나님의 자녀를 모아 하나가 되게 하기 위하여 죽으실 것을 미리 말함이러라 이날부터는 그들이 예수를 죽이려고 모의하니라"

대제사장의 말은 희생양을 만들자는 것입니다. 그래서 한 사람이 백성을 위하여 죽어 온 민족이 망하지 않게 하자고 합니다. 이것이 유익이라는 것입니다. 그런데 이 말을 공의회 의원들이 좋다고 여겼기에 예수를 죽이려고 모의를 합니다. 그래서 결국 죽입니다만 그러나 그렇게 된 일은 대제사장이 스스로 한 말이 아니라고 합니다. 대제사장이 스스로 한 말이 아니라고 한 것은 제사장의 그 악함을 통하여 하나님의 뜻이 이루어지는 것입니다. 그러므로 하나님의 약속은 인간이 거들어 드려서 되는 것이 아니라 인간의 악함을 배경으로 하나님의 약속이 이루어집니다.

요한복음 19:30 "예수께서 신 포도주를 받으신 후에 이르시되 다 이루었다 하시고 머리를 숙이니 영혼이 떠나가시니라"

유대인들이 보면 저주받아 죽은 죽음이며 이방인들이 보면 미련하고 어리석은 죽음으로 보이는 십자가에서 예수님께서 죽으면서 하신 말씀이 다 이루었다고 합니다. 다 이루었다는 것은 구약의 모든 약속을 다 이루었다는 말씀입니다. 묵시적으로는 신약도 다 이루신 것입니다. 물론 역사 속에서 땅끝까지 복음 전파와 재림은 이루어지지 않았습니다만 지난 주 요한계시록 정리하면서 말씀드린 대로 시간을 빼면 다 이루어진 것입니

다. 그러면 예수님은 십자가에서 무엇을 다 이루신 것입니까? 예수님께
서 직접 하신 말씀을 들어보겠습니다.

요한복음 3:13~15 "하늘에서 내려온 자 곧 인자 외에는 하늘에 올라간
자가 없느니라 모세가 광야에서 뱀을 든 것 같이 인자도 들려야 하리니 이
는 그를 믿는 자마다 영생을 얻게 하려 하심이니라"
　모세가 광야에서 뱀을 든 것처럼 예수님께서 십자가에 들림으로 영생을
얻게 하신다고 말씀하십니다. 그러나 어떤 인간도 스스로 예수님을 믿을
수 없다는 말씀이 지금까지 본 말씀이며 이 본문과 연결된 말씀도 그러합
니다. 그러므로 영생을 얻는 일도 사람의 일이 아니라 성부와 성자와 성
령의 일입니다. 이것은 언약을 이루시는 신실한 하나님입니다.

요한복음 8:23~28 "예수께서 이르시되 너희는 아래에서 났고 나는 위
에서 났으며 너희는 이 세상에 속하였고 나는 이 세상에 속하지 아니하였
느니라 그러므로 내가 너희에게 말하기를 너희가 너희 죄 가운데서 죽으
리라 하였노라 너희가 만일 내가 그인 줄 믿지 아니하면 너희 죄 가운데서
죽으리라 그들이 말하되 네가 누구냐 예수께서 이르시되 나는 처음부터
너희에게 말하여 온 자니라 내가 너희에게 대하여 말하고 판단할 것이 많
으나 나를 보내신 이가 참되시매 내가 그에게 들은 그것을 세상에 말하노
라 하시되 그들은 아버지를 가리켜 말씀하신 줄을 깨닫지 못하더라 이에
예수께서 이르시되 너희가 인자를 든 후에 내가 그인 줄을 알고 또 내가
스스로 아무것도 하지 아니하고 오직 아버지께서 가르치신 대로 이런 것
을 말하는 줄도 알리라" 하나님의 백성이라는 유대인들조차 예수님을 전
혀 알지 못합니다.

28절을 새번역으로 봅니다. "그러므로 예수께서 [그들에게] 말씀하셨다.

"너희는, 인자가 높이 들려 올려질 때에야, '내가 곧 나' 라는 것과, 또 내가 아무것도 내 마음대로 하지 아니하고 아버지께서 나에게 가르쳐 주신 대로 말한다는 것을 알게 될 것이다."

예수님께서 십자가에 들리심으로 예수님이 누구신지 알게 됩니다. 그러나 그 십자가의 들리심만이 아니라 하늘에 올라가셔서 성령을 보내심으로 성령이 임한 자들이 비로소 예수님이 누구신지 알고 믿고 선포하게 됩니다. 십자가에 달린 예수님을 주와 그리스도로 믿고 선포하는 일이 하나님의 일임이 분명합니다.

요한복음 12:32~33 "내가 땅에서 들리면 모든 사람을 내게로 이끌겠노라 하시니 이렇게 말씀하심은 자기가 어떠한 죽음으로 죽을 것을 보이심이러라" 새번역입니다. "내가 땅에서 들려서 올라갈 때에, 나는 모든 사람을 내게로 이끌어 올 것이다."

우리가 예수님을 믿는다는 것은 땅에 들러붙어 자아를 확장하는 일이 아니라 땅에서 뽑혀서 들리는 일입니다. 땅에서 들리는 일이 먼저는 십자가로 들립니다. 사람들이 보면 저주받아 죽는 모습입니다. 그러나 그 십자가의 길만이 영원한 생명의 길입니다. 성경의 언약이 이렇게 분명합니다.

그러면 언약을 이루시는 내용이 무엇입니까? 앞에서도 이미 보았습니다만 하나님께서 자기 백성을 만들어 내신다는 것입니다. 하나님의 자기 백성을 만들어 내시는 일은 하나님의 아들 예수 그리스도의 피로 새롭게 창조하여 만들어 내십니다. 유대인이나 이방인이나 주 예수의 피로 구원받은 자들이 하나님의 백성이 되며 이들이 하나님의 거처가 됩니다. 이런 구원을 여러 가지 관계로 말씀하고 있습니다. 왕과 백성, 아버지와 아들, 남편과 아내, 목자와 양, 포도나무와 가지, 농부와 밭과 같은 말씀으로 언약을 이루시는 방법과 내용을 다 말씀하고 있습니다. 이러한 모든 약속을 예수님은 십자가로 다 이루어내십니다. 그러므로 천지 창조는 예수님을 위한 창조입니다.

 "우리로 하여금 빛 가운데서 성도의 기업의 부분을 얻기에 합당하게 하신 아버지께 감사하게 하시기를 원하노라 그가 우리를 흑암의 권세에서 건져내사 그의 사랑의 아들의 나라로 옮기셨으니 그 아들 안에서 우리가 속량 곧 죄 사함을 얻었도다 그는 보이지 아니하는 하나님의 형상이시요 모든 피조물보다 먼저 나신 이시니 만물이 그에게서 창조되되 하늘과 땅에서 보이는 것들과 보이지 않는 것들과 혹은 왕권들이나 주권들이나 통치자들이나 권세들이나 만물이 다 그로 말미암고 그를 위하여 창조되었고 또한 그가 만물보다 먼저 계시고 만물이 그 안에 함께 섰느니라 그는 몸인 교회의 머리시라 그가 근본이시요 죽은 자들 가운데서 먼저 나신 이시니 이는 친히 만물의 으뜸이 되려 하심이요 아버지께서는 모든 충만으로 예수 안에 거하게 하시고 그의 십자가의 피로 화평을 이루사 만물 곧 땅에 있는 것들이나 하늘에 있는 것들이 그로 말미암아 자기와 화목하게 되기를 기뻐하심이라 전에 악한 행실로 멀리떠나 마음으로 원수가 되었던 너희를 이제는 그의 육체의 죽음으로 말미암아 화목하게 하사 너희를 거룩하고 흠 없고 책망할 것이 없는 자로 그 앞에 세우고자 하셨으니 만일 너희가 믿음에 거하고 터 위에 굳게 서서 너희 들은바 복음의 소망에서 흔들리지 아니하면 그리하리라 이 복음은 천하 만민에게 전파된 바요 나 바울은 이 복음의 일꾼이 되었노라"

지금까지 드린 모든 말씀이 여기에 다 함축되어 있습니다. 이 놀라운 복음이 이루어지는 것은 하나님의 약속을 예수님께서 십자가로 다 이루셨기 때문입니다. 이 일에 사람이 한 일이란 앞에서 살펴본 대로 죄짓는 일 뿐이었습니다. 그러나 그런 죄를 짓는 과정에서도 주님의 일은 한 치의 빈틈도 없이 다 이루어지고 있습니다. 가룟 유다는 배신을 해야 하고, 제자들은 도망가야 하고, 대제사장은 한 사람 죽여서 백성을 유익하게 하자는 이 모든 일도 주님으로 인하여 일어나는 일입니다. 그러므로 성령의 역사로 이 복음을 듣고 믿는 자들은 세상의 요란함에 놀라지 않습니다. 묵시적으로 이미 끝난 세상임을 새 하늘과 새 땅도 언약대로 이루어졌음을 믿기 때문입니다.

언약 체결 방식

창세기 15:8~11 그가 이르되 주 여호와여 내가 이 땅을 소유로 받을 것을 무엇으로 알리이까 여호와께서 그에게 이르시되 나를 위하여 삼 년 된 암소와 삼 년 된 암염소와 삼 년 된 숫양과 산비둘기와 집비둘기 새끼를 가져올지니라 아브람이 그 모든 것을 가져다가 그 중간을 쪼개고 그 쪼갠 것을 마주 대하여 놓고 그 새는 쪼개지 아니하였으며 솔개가 그 사체 위에 내릴 때에는 아브람이 쫓았더라

지난 주에 하나님의 언약을 누가 이루시는가 하는 제목으로 말씀을 보았습니다. 언약을 하시는 분도 하나님이시며 이루시는 분도 하나님입니다. 그 언약을 다 이루시는 자리는 예수님의 십자가입니다. 그러므로 하나님의 모든 약속은 그리스도 안에서 이루어진다는 말씀에 우리가 아멘이라고 화답함이 하나님께 영광이 됩니다. 성경은 하나님의 자기 계시입니다. 하나님의 자기 계시란 성경이 하나님이 누구신지를 알려주실 뿐만 아니라 하나님의 자기 뜻을 어떻게 이루시는지도 알려주십니다. 성경으로 하나님의 뜻을 아는 일이 과거와 현재와 미래와 영원을 아는 일입니다.

오늘 본문이 언약 체결 방식이 나옵니다. 한글 성경으로 언약이라는 단어가 성경 전체에서 289회 나옵니다. 약속은 73회, 계약은 9회가 나옵니다. 언약이라는 단어는 최초로 창세기 6:18에 노아 언약에서 나옵니다.

그래서 많은 사람이 노아 언약부터 말하지만, 저는 영원 전 언약을 먼저 말합니다. 언약의 서론을 몇 주간 더 본 후에 영원 전 언약으로 시작하여 성경의 언약을 차례대로 살펴보겠습니다. 오늘은 언약이라는 히브리어 '베리트' 라는 단어를 중심으로 살펴보겠습니다. 원어 사전을 찾아보면 '바라' 라는 단어에서 왔는데 그 뜻은 자르다 분리한다는 뜻입니다.

　언약이라는 말은 잘라서 분리한다는 뜻이 있습니다. 이런 언약의 체결 방식을 두 곳에서 보겠습니다. 언약 체결의 방식인 짐승을 쪼개는 내용이 오늘 보는 두 곳에서 나옵니다. 다른 곳에서는 언약이라고 말하여도 언약 체결의 방식인 짐승을 쪼개는 이야기는 나오지 않습니다. 그렇다고 하여도 모든 하나님의 언약은 살고 죽는 문제입니다. 물론 언약을 순종하면 복이며 불순종하면 저주라는 내용도 있습니다만 복과 저주의 궁극적인 내용은 생명과 사망이기에 모든 언약은 살고 죽는 내용입니다. 그런데 살고 죽는 언약을 받은 인간은 사는 길로 가지 못함이 성경의 증거입니다.

신명기 30:19~20 "내가 오늘 하늘과 땅을 불러 너희에게 증거를 삼노라 내가 생명과 사망과 복과 저주를 네 앞에 두었은즉 너와 네 자손이 살기 위하여 생명을 택하고 네 하나님 여호와를 사랑하고 그의 말씀을 청종하며 또 그를 의지하라 그는 네 생명이시요 네 장수이시니 여호와께서 네 조상 아브라함과 이삭과 야곱에게 주리라고 맹세하신 땅에 네가 거주하리라" 이 말씀을 받아 약속의 땅에 들어갔지만 결국 나라가 망함으로 복과 생명의 길로 가지 못함이 증명되었습니다. 그러므로 하나님의 언약은 하나님께서 이루어 내시는 것입니다.

창세기 15:1~7 "이후에 여호와의 말씀이 환상 중에 아브람에게 임하여 이르시되 아브람아 두려워하지 말라 나는 네 방패요 너의 지극히 큰 상급이니라 아브람이 이르되 주 여호와여 무엇을 내게 주시려 하나이까 나는 자식이 없사오니 나의 상속자는 이 다메섹 사람 엘리에셀이니이다 아브람이 또 이르되 주께서 내게 씨를 주지 아니하셨으니 내 집에서 길린 자가 내 상속자가 될 것이니이다 여호와의 말씀이 그에게 임하여 이르시되 그 사람이 네 상속자가 아니라 네 몸에서 날 자가 네 상속자가 되리라 하시고 그를 이끌고 밖으로 나가 이르시되 하늘을 우러러 뭇별을 셀 수 있나 보라 또 그에게 이르시되 네 자손이 이와 같으리라 아브람이 여호와를 믿으니 여호와께서 이를 그의 의로 여기시고 또 그에게 이르시되 나는 이 땅을 네게 주어 소유를 삼게 하려고 너를 갈대아인의 우르에서 이끌어낸 여호와니라"

하나님께서 아브람을 갈대아 우르에서 불러내시고 하란에서 지체하였지만, 하나님은 다시 아브람을 불러내셔서 결국 약속의 땅에 들어오게 하십니다. 아브람은 부르심을 받은 후에 여러 사건을 통하여 하나님이 말씀하시면 그 말씀대로 이루실 것임을 믿는 정도가 되었습니다. 하나님께서 아브람에게 환상 중에 말씀하십니다. 두려워하지 말라고 하시면서 내가 너의 방패와 지극히 큰 상급이라고 하십니다. 그러나 나에게 무슨 상을 주셨느냐는 식으로 나는 자식이 없으니 내 집에서 기른 다메섹 사람 엘리에셀이 상속자가 될 것이라고 합니다. 이런 아브람에게 하나님은 그가 상속자가 아니라 네 몸에서 날 자가 상속자가 될 것이라고 하시면서 그 후손이 하늘의 별과 같이 많을 것이라고 하시자 아브람이 믿습니다. 그 믿음을 하나님의 의로 여기시는데 이 믿음은 아브람이 그리스도를 믿음으로 의롭다고 여김을 받았다고 갈라디아서 3:16이 증언합니다.

이어지는 8~11절입니다. "그가 이르되 주 여호와여 내가 이 땅을 소유로 받을 것을 무엇으로 알리이까 여호와께서 그에게 이르시되 나를 위하여 삼 년 된 암소와 삼 년 된 암염소와 삼 년 된 숫양과 산비둘기와 집비둘기 새끼를 가져올지니라 아브람이 그 모든 것을 가져다가 그 중간을 쪼개고 그 쪼갠 것을 마주 대하여 놓고 그 새는 쪼개지 아니하였으며 솔개가 그 사체 위에 내릴 때에는 아브람이 쫓았더라”

성경 외에도 이런 언약을 체결하는 방식이 고대 근동에 있었습니다. 이런 언약 체결은 짐승을 쪼개 놓고 그 사이로 언약의 당사자들이 함께 지나감으로 언약이 체결되는 것입니다. 그래서 ‘베리트’라는 말이 자른다는 의미가 들어있습니다. 이런 언약 체결은 피를 흘린 언약으로 언약을 어길 때 어긴 자는 쪼개진 짐승처럼 죽는다는 언약입니다. 살고 죽는 피의 언약입니다. 하나님께서 아브람에게 씨와 땅을 주시겠다고 하시는데 무엇으로 알 수 있겠느냐는 아브람의 질문에 하나님께서 제물을 준비하라고 하시고 그 제물을 쪼개어 마주 대하여 놓으라고 합니다.

이어지는 12~21절입니다. “해 질 때에 아브람에게 깊은 잠이 임하고 큰 흑암과 두려움이 그에게 임하였더니 여호와께서 아브람에게 이르시되 너는 반드시 알라 네 자손이 이방에서 객이 되어 그들을 섬기겠고 그들은 사백 년 동안 네 자손을 괴롭히리니 그들이 섬기는 나라를 내가 징벌할지며 그 후에 네 자손이 큰 재물을 이끌고 나오리라 너는 장수하다가 평안히 조상에게로 돌아가 장사될 것이요 네 자손은 사대 만에 이 땅으로 돌아오리니 이는 아모리 족속의 죄악이 아직 가득 차지 아니함이니라 하시더니 해가 져서 어두울 때에 연기 나는 화로가 보이며 타는 횃불이 쪼갠 고기 사이로 지나더라 그날에 여호와께서 아브람과 더불어 언약을 세워 이르시되 내가 이 땅을 애굽 강에서부터 그 큰 강 유브라데까지 네 자손에게 주노니 곧 겐 족속과 그니스 족속과 갓몬 족속과 헷 족속과 브리스 족속과 르바 족속과 아모리 족속과 가나안 족속과 기르가스 족속과 여부스 족속의 땅이니라 하셨더라”

아브라함 언약을 볼 때 다시 보겠습니다만 언약이라는 단어를 살펴보기 위하여 이 내용을 봅니다. 여기서 아브람의 역할과 하나님의 역할을 보시기 바랍니다. 아브람은 깊은 잠이 듭니다. 이것은 구약의 선지자들이 계시받는 모습입니다. 자기 의지가 작동하지 못하는 상황입니다. 그 환상 가운데서 하나님의 일방적인 언약의 내용을 듣습니다. 그리고 하나님께서 타는 횃불 형상으로 지나가신 후에 하나님께서 아브람과 더불어 언약을 세우시며 약속을 땅을 주시겠다고 하십니다. 이런 언약을 일방적인 언약이라고 합니다. 그러므로 이 언약을 이루시는 일은 하나님께서 이루십니다. 그런데 어떤 방식으로 이루실 것인지 언약 체결에서 나옵니다. 쪼개지는 짐승처럼 하나님께서 죽임당함으로 자기 언약을 이루어 내실 것임을 이미 아브람 언약에서 미리 알려줍니다.

그러므로 아담과 하와의 타락으로 가죽옷을 지어 입히시는 일도, 노아 홍수 이후에 정결한 짐승으로 희생제물을 드린 것도, 아브람이 이삭을 바치려다 숫양을 대신 바친 것도 모두 하나님의 자기희생으로 언약을 이루실 일을 계시하신 것입니다. 아담 언약과 노아 언약과 아브라함 언약과 모세 언약과 다윗 언약과 새 언약을 앞으로 살펴볼 것인데 모두가 하나님의 자기 언약을 이루시는 일입니다. 사람은 아브람처럼 언약의 상대로 불려 나와서 그 언약의 혜택을 받는 일입니다.

예레미야 34:8~11 "시드기야 왕이 예루살렘에 있는 모든 백성과 한가지로 하나님 앞에서 계약을 맺고 자유를 선포한 후에 여호와께로부터 말씀이 예레미야에게 임하니라 그 계약은 사람마다 각기 히브리 남녀 노비를 놓아 자유롭게 하고 그의 동족 유다인을 종으로 삼지 못하게 한 것이라 이 계약에 가담한 고관들과 모든 백성이 각기 노비를 자유롭게 하고 다시는 종을 삼지 말라 함을 듣고 순복하여 놓았더니 후에 그들의 뜻이 변하여 자유를 주었던 노비를 끌어다가 복종시켜 다시 노비로 삼았더라"

이런 언약 체결은 언약의 갱신입니다. 인간이 하나님을 상대로 언약을 맺자고 할 수는 없습니다. 이미 맺어진 모세 언약의 내용을 어겼기에 그 언약을 다시 이행하겠다고 종을 풀어주었습니다. 그 언약 이행을 위하여 짐승을 쪼개어 언약을 갱신한 것입니다. 그런데 종을 풀어주니 바벨론 군대가 일시에 물러간 것입니다. 그러자 종을 풀어준 것이 손해라는 생각이 들어서 다시 사로잡아 온 것입니다. 이런 모습은 물에서 건져주니 내 보따리 내놓으라는 식입니다. 그러므로 여호와께서 그 언약의 저주대로 이루십니다. 짐승이 쪼개지듯이 유다가 바벨론에 포로로 잡혀가게 됩니다.

이어지는 12~16절입니다. "그러므로 여호와의 말씀이 여호와께로부터 예레미야에게 임하니라 이르시되 이스라엘 하나님 여호와께서 이와 같이 말씀하시니라 내가 너희 선조를 애굽 땅 종의 집에서 인도하여 낼 때에 그들과 언약을 맺으며 이르기를 너희 형제 히브리 사람이 네게 팔려 왔거든 너희는 칠 년 되는 해에 그를 놓아 줄 것이니라 그가 육 년 동안 너를 섬겼은즉 그를 놓아 자유롭게 할지니라 하였으나 너희 선조가 내게 순종하지 아니하며 귀를 기울이지도 아니하였느니라 그러나 너희는 이제 돌이켜 내 눈 앞에 바른 일을 행하여 각기 이웃에게 자유를 선포하되 내 이름으로 일컬음을 받는 집에서 내 앞에서 계약을 맺었거늘 너희가 돌이켜 내 이름을 더럽히고 각기 놓아 그들의 마음대로 자유롭게 하였던 노비를 끌어다가 다시 너희에게 복종시켜 너희의 노비로 삼았도다" 신명기 15:12의 언약을 어겼다고 책망합니다.

이어지는 17~22절입니다. "그러므로 여호와께서 이와 같이 말씀하시니라 너희가 나에게 순종하지 아니하고 각기 형제와 이웃에게 자유를 선포한 것을 실행하지 아니하였은즉 내가 너희를 대적하여 칼과 전염병과 기근에게 자유를 주리라 여호와의 말씀이니라 내가 너희를 세계 여러 나라 가운데에 흩어지게 할 것이며 송아지를 둘로 쪼개고 그 두 조각 사이로 지나매 내 앞에 언약을 맺었으나 그 말을 실행하지 아니하여 내 계약을 어긴 그들을 곧 송아지 두 조각 사이로 지난 유다 고관들과 예루살렘 고관들과 내시들과 제사장들과 이 땅 모든 백성을 내가 그들의 원수의 손과 그들의 생명을 찾는 자의 손에 넘기리니 그들의 시체가 공중의 새와 땅의 짐승의 먹이가 될 것이며 또 내가 유다의 시드기야 왕과 그의 고관들을 그의 원수의 손과 그의 생명을 찾는 자의 손과 너희에게서 떠나간 바벨론 왕의 군대의 손에 넘기리라 여호와의 말씀이니라 보라 내가 그들에게 명령하여 이 성읍에 다시 오게 하리니 그들이 이 성을 쳐서 빼앗아 불사를 것이라 내가 유다의 성읍들을 주민이 없어 처참한 황무지가 되게 하리라”

아브라함 언약에서 짐승을 쪼개는 내용이 나옵니다. 그곳에서는 하나님께서 홀로 지나갑니다. 그래서 일방적인 은혜 언약입니다. 그런데 출애굽 한 이스라엘 백성들이 시내산 앞에서 언약을 체결할 때는 상호언약입니다. 하나님께서 이스라엘 백성들에게 어떻게 행하셨는지를 말씀하신 후에 너희가 내 말을 잘 듣겠느냐고 묻습니다. 그러자 이스라엘 백성들이 잘 듣겠다고 합니다. 그래서 모세가 언약의 중재자가 되어 언약을 체결할 때 송아지를 잡아서 피를 언약서와 백성들에게 뿌립니다. 여기서는 쪼개진 짐승 사이로 지나가지는 않아도 역시 피를 뿌린 언약입니다. 피를 뿌린 언약은 살고 죽음의 언약이 됩니다. 그런데 이 모세 언약을 어겼기에 언약의 저주를 받습니다.

앞으로 계속 말씀을 드리겠지만 하나님께서 아브라함 언약을 먼저 체결하시고 430년이 지나서 모세 언약을 체결하신 이유는 어떤 인간도 하나님의 언약을 지켜낼 자가 없음을 보여줍니다. 그 내용을 이스라엘 역사 전체가 보여줍니다. 더구나 방금 살펴본 예레미야서의 내용은 아주 선명하게 쪼개진 짐승 사이로 지나가면서 종을 놓아주기로 하였습니다. 히브리 종은 7년째 자유를 주어야 하는데 그렇지 않았기에 언약을 갱신하며 쪼개진 짐승 사이로 지나면 종을 놓아주었는데 적들이 물러가자마자 자유를 준 자들을 다시 잡아 온 것입니다. 그러므로 이들을 짐승 쪼개듯이 쪼개

버리는 일이 바벨론에 포로로 잡혀가는 일입니다. 전쟁의 포로로 잡혀가는 일이 곱게 잡혀가지 않습니다. 예루살렘 성이 파괴되고 성전이 파괴되고 사람을 죽이고 쓸만한 자는 포로로 잡아갑니다.

언약을 어김으로 나라가 망합니다. 그러나 하나님의 자기 언약을 어길 수 없기에 포로로 잡혀간 자들을 돌이켜 내십니다. 예레미야 34장 이전에 이미 31장부터 33장까지 새 언약을 말씀합니다. 돌판에 기록된 언약을 받았지만, 그들은 어겼습니다. 그러므로 하나님의 말씀을 마음에 기록하는 새 언약을 약속하셨습니다. 그러므로 옛 언약인 모세 율법에 따르면 단 한 사람도 살 자가 없습니다. 그러므로 바벨론 포로로 잡혀간 자들을 다시 데려오신다는 약속이 에스겔 36장입니다. 물로 씻고 새 영을 부어주셔서 새로운 마음을 주신다고 합니다. 이렇게 하시는 일은 이스라엘을 위함이 아니라 하나님의 자기 이름을 위한 일입니다. 즉 자기 이름으로 언약하였기에 이루어 내십니다.

 "여호와의 말씀이 또 내게 임하여 이르시되 인자야 이스라엘 족속이 그들의 고국 땅에 거주할 때에 그들의 행위로 그 땅을 더럽혔나니 나 보기에 그 행위가 월경 중에 있는 여인의 부정함과 같았느니라 그들이 땅 위에 피를 쏟았으며 그 우상들로 말미암아 자신들을 더럽혔으므로 내가 분노를 그들 위에 쏟아 그들을 그 행위대로 심판하여 각국에 흩으며 여러 나라에 헤쳤더니 그들이 이른바 그 여러 나라에서 내 거룩한 이름이 그들로 말미암아 더러워졌나니 곧 사람들이 그들을 가리켜 이르기를 이들은 여호와의 백성이라도 여호와의 땅에서 떠난 자라 하였음이라" 하나님의 언약을 어겼기에 포로로 잡혀갔습니다.

 "그러나 이스라엘 족속이 들어간 그 여러 나라에서 더럽힌 내 거룩한 이름을 내가 아꼈노라 그러므로 너는 이스라엘 족속에게 이르기를 주 여호와께서 이같이 말씀하시기를 이스라엘 족속아 내가 이렇게 행함은 너희를 위함이 아니요 너희가 들어간 그 여러 나라에서 더럽힌 나의 거룩한 이름을 위함이라 여러 나라 가운데에서 더럽혀진 이름 곧 너희가 그들 가운데에서 더럽힌 나의 큰 이름을 내가 거룩하게 할지라 내가 그들의 눈앞에서 너희로 말미암아 나의 거룩함을 나타내리니 내가 여호와인 줄을 여러 나라 사람이 알리라 주 여호와의 말씀이니라" 이스라엘 백성들은 한 일이 고국 땅에 있을 때나 포로로 잡혀 왔을 때나 하나님의 이름을 더럽힌 일밖에 하지 않았습니다. 그런데 이들을 구원하여 내시는 이유는 하나님의 자기 이름을 위하여 하삽니다. 너희를 내 백성 삼겠다는 하나님의 자기 약속을 이루시는 것입니다.

 "내가 너희를 여러 나라 가운데에서 인도하여 내고 여러 민족 가운데에서 모아 데리고 고국 땅에 들어가서 맑은 물을 너희에게 뿌려서 너희로 정결하게 하되 곧 너희 모든 더러운 것에서와 모든 우상 숭배에서 너희를 정결하게 할 것이며 또 새 영을 너희 속에 두고 새 마음을 너희에게 주되 너희 육신에서 1)굳은 마음을 제거하고 2)부드러운 마음을 줄 것이며 또 내 영을 너희 속에 두어 너희로 내 율례를 행하게 하리니 너희가 내 규례를 지켜 행할지라 내가 너희 조상들에게 준 땅에서 너희가 거주하면서 내 백성이 되고 나는 너희 하나님이 되리라"

이 말씀대로 바벨론에서 돌아왔지만, 새 영이 임하지 않았습니다. 새 영이 임하지 않은 자기들 스스로 나라가 망한 이유를 생각해 봅니다. 그러자 언약을 어긴 것임을 알았습니다. 그래서 철저하게 모세 율법을 지키기로 합니다. 그런 자들을 바리새인들이라고 합니다. 그러나 그렇게 철저하게 율법을 지킨다고 모세 오경에서 613가지의 '하라'와 '하지 말라'는 계명을 지키기로 하였습니다. 그런데 그 율법 지킴을 자기들의 의로 삼았습니다. 율법 지킴이 언약의 백성으로 지극히 당연한 일입니다. 마땅히

해야 할 일을 한 것뿐인 무익한 종이라고 해야 할 자들이 율법을 지킨 의를 가지고 율법을 지키지 못한 자들을 정죄하였습니다. 이들이 예수님을 십자가에 못 박아 죽입니다.

 "또 떡을 가져 감사 기도 하시고 떼어 그들에게 주시며 이르시되 이것은 너희를 위하여 주는 내 몸이라 너희가 이를 행하여 나를 기념하라 하시고 저녁 먹은 후에 잔도 그와 같이 하여 이르시되 이 잔은 내 피로 세우는 새 언약이니 곧 너희를 위하여 붓는 것이라"

예수님께서 십자가를 지기 전에 최후의 만찬에서 떡과 포도주를 자기의 살과 피라고 하시면서 새 언약을 체결합니다. 예레미야 31장과 에스겔 36장의 새 언약의 내용을 예수님의 자기의 살과 피로서 이루실 것을 말씀하시고 십자가로 가셔서 자신이 죽임을 당합니다. 그 십자가에서 다 이루었다고 하셨습니다. 모든 언약의 저주를 자신이 받으셔서 언약을 어기면 쪼개지는 짐승처럼 자신이 십자가에서 살을 찢고 피를 흘리심으로 새 언약을 완성하셨습니다.

그러므로 언약 체결의 방식은 쪼개진 짐승의 방식인데 언약을 어기면 쪼개진 짐승처럼 죽어야 합니다. 이러한 저주는 먼저는 이스라엘 백성들이 받아야 합니다. 이들은 언약을 체결한 후손들입니다. 그러면 이방인인 우리는 언약 체결이 없어도 이미 허물과 죄로 죽은 자들입니다. 그러므로 언약 체결이 없어도 영원한 지옥 형벌의 저주를 받아야 하는 자들입니다. 그런데 이 십자가의 복음을 듣고 믿으면 이방인도 구원받습니다. 그러므로 유대인이나 이방인이나 누구든지 주의 이름을 부르는 자는 구원을 받습니다. 롬 10:12~13 이것이 십자가로 언약을 다 이루신 효력입니다.

하나님의 안식을 위한 창조

창세기 2:1~3 천지와 만물이 다 이루어지니라 하나님이 그가 하시던 일을 일곱째 날에 마치시니 그가 하시던 모든 일을 그치고 일곱째 날에 안식하시니라 하나님이 그 일곱째 날을 복되게 하사 거룩하게 하셨으니 이는 하나님이 그 창조하시며 만드시던 모든 일을 마치시고 그날에 안식하셨음이니라

지난 주에는 언약 체결 방식을 보았습니다. 짐승을 쪼개어 놓고 그사이를 언약을 맺은 자들이 지나감으로 언약이 체결됩니다. 그런데 아브라함 언약에는 하나님이 횃불 형상으로 지나가고 아브라함은 깊은 잠 속에서 환상으로 봅니다. 그러므로 하나님께서 홀로 언약하시고 아브라함에게는 그 언약의 혜택을 주십니다. 고대 근동의 언약 체결의 방식이 유사하게 있다고 하여도 이런 체결은 없습니다. 그러므로 하나님의 일방적인 은혜 언약을 하나님의 자기 죽음인 십자가로 이루십니다.

그런데 예레미야서에서 본 언약 체결은 모세 언약을 보여줍니다. 이스라엘 백성들이 쪼개진 짐승 사이로 지나갔기에 그들이 언약을 어김으로 그들이 쪼개지는 사건이 바벨론에 포로로 잡혀가는 일이 일어났습니다. 그러므로 하나님의 일방적인 은혜 언약이 아니라 인간이 책임을 져야 하는 언약을 체결하고 그 언약을 인간이 이루어 내는 방식이라면 단 한 사람도 생명을 얻을 길이 없음을 모세 언약이 보여줍니다. 그러므로 율법도

예수 그리스도에게로 인도하는 역할을 합니다.

　오늘부터 보려는 말씀은 언약의 내용입니다. 언약의 내용은 성경 전체가 언약의 내용입니다. 성경이 하나님의 말씀이기에 성경 전체가 하나님의 말씀으로 약속하신 내용입니다. 그러므로 하나님의 자기 말씀을 자기가 이루어 내시겠다는 자기 약속이라는 말씀을 첫 시간에 말씀을 드렸습니다. 그래서 언약을 체결하는데 일방적인 언약인 아브라함 언약을 지난 주에 보았듯이 그 언약의 내용도 하나님께서 말씀하시고 하나님께서 이루어 내십니다. 그러한 언약의 내용을 몇 가지 주제로 살펴보겠습니다. 오늘은 '하나님의 자기 안식을 위한 창조' 라는 제목으로 언약의 내용을 봅니다.

　오늘 본문 창세기 2:1~3을 봅니다. 여기의 중요한 단어들을 보면 천지와 만물이 다 이루어졌다는 말씀입니다. 그다음으로 일곱째 날 마침, 거룩함, 복, 안식으로 말씀하고 있습니다. 하나님은 전지전능하신 분이십니다. 그런데 천지와 만물을 완벽하게 창조하시면 되실 텐데 왜 다 이루었다고 하셨는데 마치 건물 공사를 하고 난 후에 하자가 생기듯이 인간이 타락하고 에덴동산에서 추방되고 하는 일이 일어납니까? 이런 질문 자체가 창세기 3장의 선악과를 따 먹은 이후의 인간이라서 이런 질문을 합니다만 우리도 다 이런 질문을 해보지 않았습니까? 하나님께서 다 이루셨다고 하시면서 안식하셨다고 하시는데 그러면 하나님의 안식이 깨어지지 않습니까?

　그런데 이번에 이 말씀을 준비하면서 "다 이루어지니라" 는 단어를 다시 주목하여 살펴보았습니다. 다른 한글 번역으로는 "다 이루셨다", "다 이루어졌다" 로 번역합니다. 히브리어로는 "칼라" 라는 단어인데 동사의 원형만 네 가지 의미로 성경에서 사용합니다. 능동이나 수동은 빼고 동사

원형만 성경에서 사용된 용례를 봅니다. 1)완성하다, 끝나다, 마치다, 준비되다, 예비되다, 성취되다, 이행되다, 2)지나가다, 사라지다, 흘러가다, 3)소모되다, 소비되다, 낭비되다, 황폐해지다. 파괴되다, 멸망하다, 4)사라지다, 없어지다 등의 뜻으로 사용되고 있습니다. 그러면 하나님께서 다 이루신 이 창조 안에 준비한다는 뜻도 있고 지나가고 사라지고 파괴되고 없어진다는 뜻도 들어있습니다. 저는 이 단어의 용례를 보면서 선지자들과 사도들의 말씀이 더욱 실감이 났습니다.

시편 102:26~27 "천지는 없어지려니와 주는 영존하시겠고 그것들은 다 옷같이 낡으리니 의복 같이 바꾸시면 바뀌려니와 주는 한결같으시고 주의 연대는 무궁하리이다"

이사야 34:4 "하늘의 만상이 사라지고 하늘들이 두루마리 같이 말리되 그 만상의 쇠잔함이 포도나무 잎이 마름 같고 무화과나무 잎이 마름 같으리라"

이사야 51:6 "너희는 하늘로 눈을 들며 그 아래의 땅을 살피라 하늘이 연기 같이 사라지고 땅이 옷 같이 해어지며 거기에 사는 자들이 하루살이 같이 죽으려니와 나의 구원은 영원히 있고 나의 공의는 폐하여지지 아니하리라"

히브리서 1:10~12 "또 주여 태초에 주께서 땅의 기초를 두셨으며 하늘도 주의 손으로 지으신 바라 그것들은 멸망할 것이나 오직 주는 영존할 것이요 그것들은 다 옷과 같이 낡아지리니 의복처럼 갈아입을 것이요 그것들은 옷과 같이 변할 것이나 주는 여전하여 연대가 다함이 없으리라 하였으나"

베드로후서 3:7 "이제 하늘과 땅은 그 동일한 말씀으로 불사르기 위하여 보호하신 바 되어 경건하지 아니한 사람들의 심판과 멸망의 날까지 보존하여 두신 것이니라"

지금까지 찾아본 모든 말씀은 오늘 본문의 다 이루었다는 단어적 의미 안에 다 들어가는 내용입니다. 단어적 일치는 아니라도 의미적 일치는 다 있습니다. 하나님께서 엿새 만에 천지를 창조하시고 제칠 일에 안식하셨다는 말씀은 천지 창조의 목적이 하나님의 자기 안식에 있다는 말씀입니다. 그러므로 다 이루심으로 인한 안식은 인간이 타락하고 에덴동산에서 추방되고 노아 홍수로 심판이 일어나고 바벨탑 사건이 일어날지라도 하나님의 자기 안식을 반드시 이루어 내십니다.

오늘 본문에서 본 창조의 목적인 자기 안식은 여러 가지로 말할 수 있습니다. 자기 거처의 완성, 자기 백성의 완성, 자기 신부의 완성이라고 할 수 있습니다. 이런 내용은 다 유기적으로 연결됩니다. 그런데 이러한 하나님의 자기 언약을 이루시는 일은 성부와 성자와 성령께서 언제나 함께 일하십니다. 구약에서도 신약에서도 그런 뜻들이 성경에 분명하게 드러납니다. 오늘은 하나님의 자기 안식을 하나님의 자기 거처를 만드심으로 이루어 내시는 내용을 보겠습니다. 이러한 언약의 완성에는 언제나 하나님의 자기 아들 예수 그리스도의 희생이 함께 담겨있음도 보겠습니다.

창세기 15:12~21 "해 질 때에 아브람에게 깊은 잠이 임하고 큰 흑암과 두려움이 그에게 임하였더니 여호와께서 아브람에게 이르시되 너는 반드시 알라 네 자손이 이방에서 객이 되어 그들을 섬기겠고 그들은 사백 년 동안 네 자손을 괴롭히리니 그들이 섬기는 나라를 내가 징벌할지며 그 후에 네 자손이 큰 재물을 이끌고 나오리라 너는 장수하다가 평안히 조상에게로 돌아가 장사될 것이요 네 자손은 사대 만에 이 땅으로 돌아오리니 이는 아모리 족속의 죄악이 아직 가득 차지 아니함이니라 하시더니 해가 져서 어두울 때에 연기 나는 화로가 보이며 타는 횃불이 쪼갠 고기 사이로 지나더라 그날에 여호와께서 아브람과 더불어 언약을 세워 이르시되 내가 이 땅을 애굽 강에서부터 그 큰 강 유브라데까지 네 자손에게 주노니 곧 겐 족속과 그니스 족속과 갓몬 족속과 헷 족속과 브리스 족속과 르바 족속과 아모리 족속과 가나안 족속과 기르가스 족속과 여부스 족속의 땅이니라 하셨더라"

　지난 주에 언약 체결 방식에서 본 내용입니다. 오늘은 그 언약의 내용을 봅니다. 언약의 내용은 아브라함의 후손들이 4백 년 후에 약속의 땅을 차지한다는 말씀입니다. 이 말씀은 아브라함과 이삭과 야곱에게 반복되는 약속입니다. 그리고 야곱의 후손 약 70명이 애굽으로 내려가서 약 4백 년이 지난 후에 하나님께서 아브라함과 이삭과 야곱에게 약속하신 대로 출애굽이 일어납니다. 출애굽이 일어나는 이유는 하나님의 약속 때문에 일어나지, 이스라엘 백성들이 독립운동해서 일어나는 일이 아닙니다. 그래서 열 가지 재앙이 쏟아지고 어린 양의 피로 구원받아 홍해를 건넙니다.

　출애굽기 15:13, 17~18 "주의 인자하심으로 주께서 구속하신 백성을 인도하시되 주의 힘으로 그들을 주의 거룩한 처소에 들어가게 하시나이다. 주께서 백성을 인도하사 그들을 주의 기업의 산에 심으시리이다 여호와여 이는 주의 처소를 삼으시려고 예비하신 것이라 주여 이것이 주의 손으로 세우신 성소로소이다 여호와께서 영원무궁하도록 다스리시도다 하였더라"

　하나님께서 아브라함과 이삭과 야곱에게 약속하신 대로 이루심이 출애굽입니다. 출애굽 시킨 이유는 하나님의 자기 처소를 삼기 위함입니다. 주의 인자하심이란 언약을 따른 사랑입니다. 그 언약을 따른 사랑으로 어린 양의 피로 구속하셔서 주의 힘으로 주의 거룩한 처소에 들어가게 하십니다. 그 처소란 역시 아브라함과 이삭과 야곱에게 약속하신 땅입니다.

그 땅으로 들어가게 하시는데 사방의 나라들이 두려움에 사로잡히게 하십니다. 그렇게 약속의 땅에 심으신 이유는 주의 처소를 삼기 위함입니다. 그 처소가 주의 손으로 세우신 성소이기에 영원 무궁히 다스립니다.

시편 90:1~2 "주여 주는 대대에 우리의 거처가 되셨나이다 산이 생기기 전, 땅과 세계도 주께서 조성하시기 전 곧 영원부터 영원까지 주는 하나님이시니이다"

표제어가 하나님의 사람 모세의 기도입니다. 출애굽기 15장도 모세의 찬양입니다. 출애굽 한 후에 여호와 하나님께서 이스라엘 백성들을 출애굽 시키신 이유가 하나님의 처소를 삼기 위함입니다. 시편 90편은 그 은혜를 입은 자들이 여호와 하나님을 영원한 거처로 찬송합니다. 이어지는 내용을 보면 인생이 흙이며 하루에 피었다가 지는 풀의 꽃이라고 합니다. 그런 인생들이 영원한 거처가 마련되었다는 것은 수고와 슬픔뿐인 세상에서 영원한 기쁨의 소망이 되는 소식입니다.

이런 말씀도 결국 하나님의 자기 안식을 위한 자기 거처를 마련하시는 내용입니다. 하나님께서 거하실 거처가 없어서 천지를 창조하신 것이 아닙니다. 천지를 창조하신 목적은 하나님의 아들을 위한 창조입니다. ^{골 1:15} 그러므로 그 아들의 희생으로 구속한 사람들을 자기의 거처로 삼으시는 것입니다. 이러한 하나님의 거처를 만드시기 위하여 하나님이 친히 사람이 되어 오신 분이 바로 예수 그리스도입니다. 주님이 이 땅에 오신 것은 아버지께서 자기에게 주신 자들을 하나도 잃어버리지 않고 다 찾아서 구원하시기 위함입니다. ^{요 6:38, 39} 그들을 하나님의 거처라고 합니다.

요한복음 14:1~3 "너희는 마음에 근심하지 말라 하나님을 믿으니 또 나를 믿으라 내 아버지 집에 거할 곳이 많도다 그렇지 않으면 너희에게 일렀으리라 내가 너희를 위하여 거처를 예비하러 가노니 가서 너희를 위하여 거처를 예비하면 내가 다시 와서 너희를 내게로 영접하여 나 있는 곳에 너희도 있게 하리라"

예수님께서 거처를 마련하려고 가신다는 말씀은 십자가로 가신다는 말씀입니다. 십자가로 하나님의 뜻을 다 이루시고 부활 승천하셔서 성령을 보내심이 거처를 마련하시는 일입니다. 그러므로 예수님께서 아버지 안에 아버지께서 예수님 안에 거하시는 방식으로 성령을 보내십니다. 성령이 임하게 되면 예수님 안에 하나님 아버지가 계시고 하나님 아버지 안에 예수님이 계시는 방식으로 우리도 그 안에 참여시켜 주신다고 합니다. 그러므로 우리가 예수님을 믿는다는 말은 성령의 전殿이 되는 것이며 성령의 전은 성자와 성부가 함께 계시는 우리가 성전이 됩니다. ^{요14~16장}

고린도전서 3:16, 6:19 "너희는 너희가 하나님의 성전인 것과 하나님의 성령이 너희 안에 계시는 것을 알지 못하느냐", "너희 몸은 너희가 하나님께로부터 받은바 너희 가운데 계신 성령의 전인 줄을 알지 못하느냐 너희는 너희 자신의 것이 아니라" 성령이 임함으로 성전이 된 자가 하나님의 거처인 성도입니다. 그러므로 이러한 성전이 완성되면 하나님께서 안식하십니다.

에베소서 2:20~22 "너희는 사도들과 선지자들의 터 위에 세우심을 입은 자라 그리스도 예수께서 친히 모퉁잇돌이 되셨느니라 그의 안에서 건물마다 서로 연결하여 주 안에서 성전이 되어 가고 너희도 성령 안에서 하나님이 거하실 처소가 되기 위하여 그리스도 예수 안에서 함께 지어져 가느니라" 사도들과 선지자들이 증거 한 터란 그리스도 예수입니다. 건축자들이 버린 모퉁이 돌인 예수님에게 붙어서 하나님이 거하실 처소가 되는 자들이 성도입니다.

　　시편 118:22에서 건축자가 버린 돌이 집 모퉁이의 머릿돌이 되었다고 합니다. 이 일을 여호와께서 하셨기에 사람들에게는 기이한 일로 여깁니다. 이 말씀을 예수님께서 친히 버림받을 것임을 말씀하시면서 인용하십니다. ^{마21:32, 막12:10, 눅20:17} 성령이 임한 베드로 사도가 이 말씀으로 십자가의 예수님을 증언합니다. ^{행4:11, 벧전2:7} 그러므로 하나님의 창조 목적은 하나님의 아들이 희생함으로 구속한 백성에게 성령을 보내셔서 하나님의 성전을 만들어 내시는 것입니다. 이렇게 성전이 완성되면 그것이 하나님의 거처가 되고 우리가 하나님 안에 거하게 됩니다.

　　요한계시록 21:9~14 "일곱 대접을 가지고 마지막 일곱 재앙을 담은 일곱 천사 중 하나가 나아와서 내게 말하여 이르되 이리 오라 내가 신부 곧 어린 양의 아내를 네게 보이리라 하고 성령으로 나를 데리고 크고 높은 산으로 올라가 하나님께로부터 하늘에서 내려오는 거룩한 성 예루살렘을 보이니 하나님의 영광이 있어 그 성의 빛이 지극히 귀한 보석 같고 벽옥과 수정같이 맑더라 크고 높은 성곽이 있고 열두 문이 있는데 문에 열두 천사가 있고 그 문들 위에 이름을 썼으니 이스라엘 자손 열두 지파의 이름들이라 동쪽에 세 문, 북쪽에 세 문, 남쪽에 세 문, 서쪽에 세 문이니 그 성의 성곽에는 열두 기초석이 있고 그 위에는 어린 양의 열두 사도의 열두 이름이 있더라" 구약과 신약의 모든 구원받은 자가 하나님이 계실 처소입니다.

　　히브리서 3:4~6 "집마다 지은 이가 있으니 만물을 지으신 이는 하나님이시라 또한 모세는 장래에 말할 것을 증언하기 위하여 하나님의 온 집에서 종으로서 신실하였고 그리스도는 하나님의 집을 맡은 아들로서 그와 같이 하셨으니 우리가 소망의 확신과 자랑을 끝까지 굳게 잡고 있으면 우리는 그의 집이라" 예수 믿는 사람이 하나님의 집입니다. 이 집이 완성됨으로 하나님도 안식하게 되고 그 집이 된 자들도 영원한 안식을 누리게 됩니다. 묵시적으로 완료된 그 십자가의 다 이루심을 믿기에 이 역사 속에서 공사 중에 있지만, 안식을 맛보며 누릴 수 있습니다.

하나님의 백성 만들기

레위기 26:11~13 내가 내 성막을 너희 중에 세우리니 내 마음이 너희를 싫어하지 아니할 것이며 나는 너희 중에 행하여 너희의 하나님이 되고 너희는 내 백성이 될 것이니라 나는 너희를 애굽 땅에서 인도해 내어 그들에게 종된 것을 면하게 한 너희의 하나님 여호와이니라 내가 너희의 멍에의 빗장을 부수고 너희를 바로 서서 걷게 하였느니라

지난 주에 언약을 내용 중에 하나님의 자기 안식을 위한 창조라는 제목으로 말씀을 보았습니다. 모든 말씀이 하나님의 언약인데 이 모든 말씀의 성취가 되어야 하나님께서 안식하십니다. 그런데 그 안식을 다 이루었다는 말씀을 창세기 2:1에서 보았습니다. 그런데 그 다 이루었다는 단어의 뜻이 파괴와 사라짐이 함께 나옴을 보았습니다. 그러므로 눈에 보이는 이 세상이 흔들리고 다 사라져도 하나님의 자기 안식은 흔들림이 없이 완성되어 있습니다. 그 완성된 안식에 참여하는 일은 사라질 것들, 영원하지 않은 것들이 무너지고 사라지는 일을 통하여 이루어집니다.

레위기 26:11~13 하나님께서 자기 성막을 이스라엘 가운데 세우신다고 합니다. 그렇게 세우시면서 내 마음이 너희를 싫어하지 아니할 것이라고 합니다. 그러므로 모세를 통하여 성막의 설계도를 주시고 성막을 세우게 하신 이유는 하나님께서 이스라엘 백성 가운데 사시겠다는 것입니다. 그

러므로 성막을 이스라엘 백성 가운데 세우라고 하신 것도 하나님의 나라를 보여주는 모형입니다. 그렇게 하여 하나님이 이스라엘의 하나님이 되고 이스라엘은 하나님의 백성이 됩니다. 그러므로 출애굽도 하나님의 백성을 만들어 그 안에 하나님이 거하시기 위함입니다.

그러나 우리가 이미 구약 성경을 다 살펴보았듯이 이스라엘 백성들은 하나님의 백성 되기를 싫어합니다. 하나님의 백성으로 살려면 하나님의 말씀을 순종해야 합니다. 성막을 만들고 나중에 건물로 된 성전을 만들어 제사를 지내고 온갖 날과 달과 절기를 지키지만, 그러한 일들을 형식적으로 행합니다. 형식적으로 지킨다는 것은 귀찮은데 마지못하여서 하는 것입니다. 안 지키면 벌 받을까 봐서 하기에 억지가 됩니다. 심지어 하나님을 버리고 온갖 우상을 숭배하는 일이 성전에까지 가득하게 들어옵니다. 그러므로 나라가 망할 수밖에 없습니다. 이렇게 나라가 망할 때 활동한 선지자가 예레미야 선지자입니다. 그런데 예레미야 선지자가 오늘 본문의 말씀을 반복합니다.

예레미야 7:22~26 "사실은 내가 너희 조상들을 애굽 땅에서 인도하여 낸 날에 번제나 희생에 대하여 말하지 아니하며 명령하지 아니하고 오직 내가 이것을 그들에게 명령하여 이르기를 너희는 내 목소리를 들으라 그리하면 나는 너희 하나님이 되겠고 너희는 내 백성이 되리라 너희는 내가 명령한 모든 길로 걸어가라 그리하면 복을 받으리라 하였으나 그들이 순종하지 아니하며 귀를 기울이지도 아니하고 자신들의 악한 마음의 꾀와 완악한 대로 행하여 그 등을 내게로 돌리고 그 얼굴을 향하지 아니하였으며 너희 조상들이 애굽 땅에서 나온 날부터 오늘까지 내가 내 종 선지자들을 너희에게 보내되 끊임없이 보내었으나 너희가 나에게 순종하지 아니하며 귀를 기울이지 아니하고 목을 굳게 하여 너희 조상들보다 악을 더 행하였느니라"

예레미야 7:1부터 보면 이스라엘 백성들이 예루살렘 성전에 예배하러 오는 자들에게 말합니다. 성전에 예배하려고 오면 여러 제물도 들고 옵니다. 그런데 예레미야 선지자는 그 성전 문 앞에 가로막고 서서 이곳이 여호와의 성전이라고 하는 거짓말을 믿지 말라고 합니다. 이것이 얼마나 엄청난 선포입니까? 예수님의 십자가 이후로는 건물로 된 성전이 없습니다만 이 당시에 건물로 된 성전에서 하나님께 제사를 지내는데 이런 성전을 거짓말이라고 합니다. 그 이유는 일상의 삶은 도둑질, 살인, 간음, 거짓 맹세하며 바알에게 분향하는데 성전에 와서는 우리가 구원을 얻었다고 하는 것은 이 모든 가증한 일을 행하려고 한다고 합니다. 이런 행위들이 주의 이름으로 일컬음을 받는 하나님의 집을 도둑의 소굴로 만들어 버린 행위가 되기에 책망하시는 말씀입니다.

그러므로 하나님께서 예레미야 선지자를 향하여 이 백성을 위하여 기도하지 말라고 하시면서 이스라엘 백성들의 온갖 우상숭배를 책망합니다. 자식들은 나무를 줍고 아버지는 불을 피우고 부녀들은 가루를 반죽하여 하늘의 여왕을 위하여 과자를 만들고 다른 신들에게 전제를 부었습니다. 이런 일은 여호와 하나님만 섬기겠다고 한 언약을 배반하는 행위입니다. 그러므로 하나님께서 이러한 이스라엘 백성들을 심판하시는 일이 언약에 신실한 하나님입니다. 이런 심판을 하시면서 시내 산에서 맺은 언약을 말씀합니다. 내 목소리를 들으라고 합니다. 이 말씀은 하나님의 말씀을 순종하라고 합니다. 그러면 여호와는 그들의 하나님이 되고 그들은 하나님의 백성으로 복되게 살아갑니다. 그러나 이스라엘 백성들은 하나님의 말씀을 어깁니다. 선지자들을 부지런히 보내셨지만, 오히려 선지자를 핍박하고 죽인 자들입니다. 그러므로 이스라엘 나라가 망하게 됩니다.

예레미야 11:1~3 "여호와께로부터 예레미야에게 임한 말씀이라 이르시되 너희는 이 언약의 말을 듣고 유다인과 예루살렘 주민에게 말하라 그들에게 이르기를 이스라엘의 하나님 여호와께서 이와 같이 말씀하시되 이 언약의 말을 따르지 않는 자는 저주를 받을 것이니라" 여호와께서 예레미야에게 언약의 말을 따르지 않는 자는 저주를 받을 것이라고 말씀합니다.

4~5절입니다. "이 언약은 내가 너희 조상들을 쇠 풀무 애굽 땅에서 이끌어내던 날에 그들에게 명령한 것이라 곧 내가 이르기를 너희는 내 목소리를 순종하고 나의 모든 명령을 따라 행하라 그리하면 너희는 내 백성이 되겠고 나는 너희의 하나님이 되리라 내가 또 너희 조상들에게 한 맹세는 그들에게 젖과 꿀이 흐르는 땅을 주리라 한 언약을 이루리라 한 것인데 오늘이 그것을 증언하느니라 하라 하시기로 내가 대답하여 이르되 아멘 여호와여 하였노라" 출애굽 한 후에 시내 산에서 맺은 언약이 하나님의 백성으로 살기로 언약하였지만, 그 언약을 어긴 것입니다.

6~10절입니다. "여호와께서 내게 이르시되 너는 이 모든 말로 유다 성읍들과 예루살렘 거리에서 선포하여 이르기를 너희는 이 언약의 말을 듣고 지키라 내가 너희 조상들을 애굽 땅에서 인도하여 낸 날부터 오늘까지 간절히 경계하며 끊임없이 경계하기를 너희는 내 목소리를 순종하라 하였으나 그들이 순종하지 아니하며 귀를 기울이지도 아니하고 각각 그 악한 마음의 완악한 대로 행하였으므로 내가 그들에게 행하라 명령하였어도 그들이 행하지 아니한 이 언약의 모든 규정대로 그들에게 이루게 하였느니라 하라 여호와께서 또 내게 이르시되 유다인과 예루살렘 주민 중에 반역이 있도다 그들이 내 말 듣기를 거절한 자기들의 선조의 죄악으로 돌아가서 다른 신들을 따라 섬겼은즉 이스라엘 집과 유다 집이 내가 그들의 조상들과 맺은 언약을 깨뜨렸도다"

언약을 어기지 말라고 많이 경계하여도 결국 반역하여 언약을 깨뜨려 버렸습니다. 언약을 깨뜨린 것은 다른 신들을 섬긴 것입니다. 그러므로 이어지는 말씀을 보면 언약의 저주가 시행됩니다. 그래서 재앙을 내리십니다. 그 재앙을 받을 때 그들이 섬기던 신들에게 부르짖어도 그 신들은 우상이기에 그들을 고난 가운데서 절대로 구원하지 못합니다. 유다의 신들이 네 성읍의 수와 같다고 합니다. 온갖 이방의 신들을 섬기고 있기에 결국 언약의 저주를 받아 나라가 망하게 됩니다.

예레미야 24:1~7 "여호와께서 내게 이르시되 예레미야야 네가 무엇을 보느냐 하시매 내가 대답하되 무화과이온데 그 좋은 무화과는 극히 좋고 그 나쁜 것은 아주 나빠서 먹을 수 없게 나쁘니이다 하니 여호와의 말씀이 또 내게 임하니라 이르시되 이스라엘의 하나님 여호와께서 이와 같이 말씀하시니라 내가 이곳에서 옮겨 갈대아인의 땅에 이르게 한 유다 포로를 이 좋은 무화과같이 잘 돌볼 것이라 내가 그들을 돌아보아 좋게 하여 다시 이 땅으로 인도하여 세우고 헐지 아니하며 심고 뽑지 아니하겠고 내가 여호와인 줄 아는 마음을 그들에게 주어서 그들이 전심으로 내게 돌아오게 하리니 그들은 내 백성이 되겠고 나는 그들의 하나님이 되리라"

예레미야 선지자가 하나님의 환상을 본 내용이 극히 좋은 무화과와 극히 나쁜 무화과입니다. 하나님께서 설명하시기를 포로로 잡혀간 자들이 극히 좋은 무화과라고 하시면서 그들을 다시 이 땅으로 인도하여 세우고 헐지 않고, 심고 뽑지 않겠다고 합니다. 그뿐 아니라 여호와를 아는 마음을 그들에게 주어서 전심으로 돌아오게 하여 그들은 내 백성이 되고 나는 그들의 하나님이 되리라고 합니다. 그러나 극히 나쁜 무화과는 포로로 잡혀가지 않거나 애굽으로 피난 간 자들입니다. 이들은 포로로 잡혀가지 않아 복이라고 여기겠지만 오히려 칼과 기근과 전염병으로 심판하십니다.

여기에서 하나님의 자기 백성을 어떻게 만들어 내시는지 분명하게 드러납니다. 하나님의 백성으로 살아갈 자격을 갖춘 자는 한 사람도 없습니다. 시내 산에서 맺은 언약에 순종한 사람이 없기에 나라가 망하여 바벨론에 포로로 잡혀간 것입니다. 그런데 하나님은 자기 백성을 다시 만들어 내시겠다고 합니다. 그 만들어 내시는 백성은 포로로 잡혀가는 자들입니다. 그런데 남아 있는 자들도 있고 외국에 피난한 자들도 있습니다. 누가 저주받은 모습입니까? 포로로 잡혀가는 자들입니다. 그러나 하나님은 포로로 잡혀가는 그들을 하나님의 자기 백성으로 삼는다고 하십니다.

예레미야 30:1~3 "여호와께로부터 말씀이 예레미야에게 임하여 이르시니라 이스라엘의 하나님 여호와께서 이와 같이 말씀하여 이르시기를 내가 네게 일러 준 모든 말을 책에 기록하라 여호와의 말씀이니라 보라 내가 내 백성 이스라엘과 유다의 포로를 돌아가게 할 날이 오리니 내가 그들을 그 조상들에게 준 땅으로 돌아오게 할 것이니 그들이 그 땅을 차지하리라 여호와께서 말씀하시니라" 포로로 잡혀간 자들은 내 백성 이스라엘과 유다라고 합니다. 이어지는 말씀을 보면 여호와께서 그들을 징계하셨지만, 다시 돌아오게 하신다고 합니다. 그렇게 하시는 이유는 너희는 내 백성이 되겠고 나는 너희들의 하나님이 되리라고 하신 그 약속 때문입니다. 30:22

예레미야 31:1~3 "여호와의 말씀이니라 그 때에 내가 이스라엘 모든 종족의 하나님이 되고 그들은 내 백성이 되리라 여호와께서 이같이 말씀하시니라 칼에서 벗어난 백성이 광야에서 은혜를 입었나니 곧 내가 이스라엘로 안식을 얻게 하러 갈 때에라 옛적에 여호와께서 나에게 나타나사 내가 영원한 사랑으로 너를 사랑하기에 인자함으로 너를 이끌었다 하였노라"

이스라엘 백성들은 하나님의 언약을 어겼지만, 하나님은 자기 언약을 이루어 내십니다. 그 이유는 하나님께서 영원한 사랑으로 사랑하였기 때문입니다. 하나님의 언약을 따른 사랑이 인자함입니다. 출애굽 한 후에 시내 산에서 언약을 체결하였지만, 그 언약대로 하면 단 한 사람도 하나님의 백성이 될 자가 없습니다. 그러므로 옛 언약을 통하여 인간이 하나님의 백성이 될 자격이 없음을 드러내신 후에 새 언약을 말씀하고 있습니다. 구약에서 새 언약을 말씀합니다.

예레미야 31:31~34 "여호와의 말씀이니라 보라 날이 이르리니 내가 이스라엘 집과 유다 집에 새 언약을 맺으리라 이 언약은 내가 그들의 조상들의 손을 잡고 애굽 땅에서 인도하여 내던 날에 맺은 것과 같지 아니할 것은 내가 그들의 남편이 되었어도 그들이 내 언약을 깨뜨렸음이라 여호와의 말씀이니라 그러나 그날 후에 내가 이스라엘 집과 맺을 언약은 이러하니 곧 내가 나의 법을 그들의 속에 두며 그들의 마음에 기록하여 나는 그들의 하나님이 되고 그들은 내 백성이 될 것이라 여호와의 말씀이니라 그들이 다시는 각기 이웃과 형제를 가르쳐 이르기를 너는 여호와를 알라 하지 아니하리니 이는 작은 자로부터 큰 자까지 다 나를 알기 때문이라 내가 그들의 악행을 사하고 다시는 그 죄를 기억하지 아니하리라 여호와의 말씀이니라"

이 부분은 나중에 새 언약을 다룰 때 다시 보겠습니다만 오늘은 하나님의 자기 백성을 만들어 내신다는 자기 언약의 신실함을 보기 위하여 넓게 보고 있습니다. 옛 언약이란 모세의 율법으로 보면 됩니다. 이스라엘 백성들을 하나님의 아내로 삼아 애굽에서 손을 잡아 끌어냈지만, 마음이 따라오지 않았습니다. 그러므로 광야에서 길과 물과 양식으로 인하여 불평하면서 애굽으로 돌아가자고 한 자들입니다. 그런데 새 언약은 마음에 기록하겠다고 합니다. 이것이 새 언약입니다. 새 언약의 내용도 하나님의 백성이 되는 것인데 여호와를 알라고 하지 않아도 된다고 합니다. 그 이유는 하나님의 영이 우리 안에 오시기 때문입니다. 그리고 그 악행을 사하고 그 죄를 기억하지 않으신다고 합니다. 이러한 새 언약으로 만들어 내는 자들이 하나님의 백성이 됩니다.

예레미야 32:36~41 "그러나 이스라엘의 하나님 여호와께서 너희가 말하는바 칼과 기근과 전염병으로 말미암아 바벨론 왕의 손에 넘긴 바 되었다 하는 이 성에 대하여 이와 같이 말씀하시니라 보라 내가 노여움과 분함과 큰 분노로 그들을 쫓아 보내었던 모든 지방에서 그들을 모아들여 이 곳으로 돌아오게 하여 안전히 살게 할 것이라 **그들은 내 백성이 되겠고 나는 그들의 하나님이 될 것이며** 내가 그들에게 한 마음과 한 길을 주어 자기들과 자기 후손의 복을 위하여 항상 나를 경외하게 하고 내가 그들에게 복을 주기 위하여 그들을 떠나지 아니하리라 하는 **영원한 언약**을 그들에게 세우고 나를 경외함을 그들의 마음에 두어 나를 떠나지 않게 하고 내가 기쁨으로 그들에게 복을 주되 분명히 나의 마음과 정성을 다하여 그들을 이 땅에 심으리라" 새 언약의 연장인데 하나님의 백성 만들기는 영원한 언약으로 약속하셨습니다.

에스겔 36:24~28 "내가 너희를 여러 나라 가운데에서 인도하여 내고 여러 민족 가운데에서 모아 데리고 고국 땅에 들어가서 맑은 물을 너희에게 뿌려서 너희로 정결하게 하되 곧 너희 모든 더러운 것에서와 모든 우상 숭배에서 너희를 정결하게 할 것이며 또 새 영을 너희 속에 두고 새 마음을 너희에게 주되 너희 육신에서 굳은 마음을 제거하고 부드러운 마음을 줄 것이며 또 내 영을 너희 속에 두어 너희로 내 율례를 행하게 하리니 너희가 내 규례를 지켜 행할지라 내가 너희 조상들에게 준 땅에서 너희가 거주하면서 내 백성이 되고 나는 너희 하나님이 되리라" 바벨론에 포로로 잡혀가 있는 중에 하신 하나님의 약속입니다. 이것도 새 언약의 내용입니다. 새 마음과 새 영을 부어주셔서 하나님의 백성을 만들어 내신다고 하십니다.

호세아 1:9~10 "여호와께서 이르시되 그의 이름을 로암미라 하라 너희는 내 백성이 아니요 나는 너희 하나님이 되지 아니할 것임이니라 그러나 이스라엘 자손의 수가 바닷가의 모래 같이 되어서 헤아릴 수도 없고 셀 수도 없을 것이며 전에 그들에게 이르기를 너희는 내 백성이 아니라 한 그곳에서 그들에게 이르기를 너희는 살아 계신 하나님의 아들들이라 할 것이라"

북이스라엘의 선지자 호세아도 하나님의 백성을 어떻게 만들어 내실지를 말씀합니다. 내 백성이 아니라고 한 그곳에서 내 백성을 만들어 내신다는 것은 언약을 어긴 이스라엘 백성들을 향하여 내 백성이 아니라고 합니다. 그런데 그곳에서 살아 계신 하나님의 아들들이라고 할 것이라고 합니다. 이것은 예레미야서와 에스겔서에서 본 대로 완전히 망하여 하나님의 백성 자격이 전혀 없게 된 이스라엘 백성들을 다시 새 언약으로 불러내신다는 말씀을 미리 보여줍니다. 이방인들은 처음부터 자격이 없는 자들인데 이방인들도 이 말씀을 따라서 자기 백성 삼아주십니다.

로마서 9:24~26 "이 그릇은 우리니 곧 유대인 중에서뿐 아니라 이방인 중에서도 부르신 자니라 호세아의 글에도 이르기를 내가 내 백성 아닌 자를 내 백성이라, 사랑하지 아니한 자를 사랑한 자라 부르리라 너희는 내 백성이 아니라 한 그곳에서 그들이 살아 계신 하나님의 아들이라 일컬음을 받으리라 함과 같으니라"

유대인은 하나님의 언약을 받았지만. 지킬 능력이 없었기에 하나님의 백성 자격이 없습니다. 이방인들은 처음부터 하나님의 백성이 아니었습니다. 그러므로 유대인이나 이방인이나 하나님의 백성이 되는 길은 내 백성이 아니라고 한 자를 내 백성이라고 하고, 사랑하지 아니한 자를 사랑한 자라고 부르시는 주님으로 인하여 살아 계신 하나님의 아들이라고 일컬음을 받게 됩니다. 그러므로 유대인이나 이방인이나 간에 하나님의 백성이 되는 일은 하나님의 자기 언약으로 됩니다.

누가복음 22:19~20 "또 떡을 가져 감사 기도하시고 떼어 그들에게 주시며 이르시되 이것은 너희를 위하여 주는 내 몸이라 너희가 이를 행하여 나를 기념하라 하시고 저녁 먹은 후에 잔도 그와 같이 하여 이르시되 이 잔은 내 피로 세우는 새 언약이니 곧 너희를 위하여 붓는 것이라" 예수님께서 행하신 최후의 만찬에 새 언약을 말씀하고 있습니다.

고린도후서 3:6~9 " 그가 또한 우리를 새 언약의 일꾼 되기에 만족하게 하셨으니 율법 조문으로 하지 아니하고 오직 영으로 함이니 율법 조문은 죽이는 것이요 영은 살리는 것이니라 돌에 써서 새긴 죽게 하는 율법 조문의 직분도 영광이 있어 이스라엘 자손들은 모세의 얼굴의 없어질 영광 때문에도 그 얼굴을 주목하지 못하였거든 하물며 영의 직분은 더욱 영광이 있지 아니하겠느냐 정죄의 직분도 영광이 있은즉 의의 직분은 영광이 더욱 넘치리라"

하나님의 백성 만들기는 율법의 조문으로 만들어 내지 않으시고 하나님의 자기 피로 이루신 새 언약 곧 십자가의 피로 만들어 내십니다. 율법의 조문을 주신 이유는 어떤 인간도 하나님의 율법 조문을 지킴으로 하나님이 백성이 될 수 없음을 보여줍니다. 그러므로 모세 언약 이전에 아브라함의 언약이 먼저 있는 이유이기도 합니다. 율법의 조문은 죽이는 것이지만 영은 살리는 것이라고 합니다. 영이란 예수님께서 십자가로 하나님의 언약을 다 이루시고 부활 승천하셔서 성령을 부어주신 것입니다. 성령이 임한 자들은 새 언약의 일꾼이 되어 예수 그리스도의 십자가로 다 이루신 복음을 증언하기에 살리는 일을 하는 것입니다. 그러므로 하나님의 백성은 하나님의 피[행20:28], 곧 예수 그리스도의 십자가 피로 하나님의 백성을 만들어 내십니다. 영원한 하나님 곧 예수 그리스도의 피로 만들어 낸 백성들은 그 피가 영원한 생명의 피이기에 영원한 나라의 백성이 됩니다. 그러므로 하나님의 백성은 예수 그리스도의 십자가 외에는 자랑할 것이 없습니다.

하나님의 나라 만들기

요한복음 18:33~38 이에 빌라도가 다시 관정에 들어가 예수를 불러 이르되 네가 유대인의 왕이냐 예수께서 대답하시되 이는 네가 스스로 하는 말이냐 다른 사람들이 나에 대하여 네게 한 말이냐 빌라도가 대답하되 내가 유대인이냐 네 나라 사람과 대제사장들이 너를 내게 넘겼으니 네가 무엇을 하였느냐 예수께서 대답하시되 내 나라는 이 세상에 속한 것이 아니니라 만일 내 나라가 이 세상에 속한 것이었더라면 내 종들이 싸워 나로 유대인들에게 넘겨지지 않게 하였으리라 이제 내 나라는 여기에 속한 것이 아니니라 빌라도가 이르되 그러면 네가 왕이 아니냐 예수께서 대답하시되 네 말과 같이 내가 왕이니라 내가 이를 위하여 태어났으며 이를 위하여 세상에 왔나니 곧 진리에 대하여 증언하려 함이로라 무릇 진리에 속한 자는 내 음성을 듣느니라 하신대 빌라도가 이르되 진리가 무엇이냐 하더라

지난 주에 '하나님의 백성 만들기'라는 제목으로 하나님의 자기 언약을 어떻게 이루어 내시는지를 보았습니다. 하나님께서 자기 백성을 만들어 내시는 이유는 하나님의 자기 나라를 만드시기 위함입니다. 세상에서 국가가 되려면 주권 영토 국민이 있어야 합니다. 유대인들도 이러한 나라 개념으로 하나님의 나라를 생각하였습니다. 예수님 당시에 이스라엘은 로마의 식민지였기에 주권이 없습니다. 주권이 없다는 말은 땅과 백성이

있어도 이들은 로마 황제의 소유가 됩니다. 그러므로 이스라엘 백성들은 구약에서 약속된 메시아를 기다린 이유는 온전한 주권 국가를 원한 것입니다.

우리 학생들을 위하여 우리나라의 예를 들어보겠습니다. 경술국치庚戌國恥라는 말을 압니까? 경술년은 1910년인데 이때 국호가 대한제국인 우리나라에 수치스러운 일이 일어났다는 말입니다. 이 일이 일어나기까지 1905년에는 을사늑약으로 일본이 우리의 외교권을 빼앗습니다. 1907년에는 한일 신협약을 통하여 우리나라의 군대를 해산합니다. 그리고 1910년에 친일파 이완용과 일본의 데라우치가 한일 병합 조약을 맺습니다. 그후로 일본의 식민 지배가 계속되다가 1945년 광복이 일어나고 1950년 한국전쟁이 일어났을 때 유엔군이 참여합니다. 3년간 계속된 전쟁 때 이승만 대통령이 전시작전권을 맥아더 사령관에게 넘깁니다. 그런데 세계 군사력 6위인 현재의 우리나라가 아직 전시작전권을 회수하지 못하였습니다. 여러 정치적 이유가 있겠지만 완전한 주권 국가라면 전시작전권도 있어야 하는데 아직 그렇지 못하고 있습니다. 그러면 이스라엘은 어떻습니까?

창세기 12:1~3 "여호와께서 아브람에게 이르시되 너는 너의 고향과 친척과 아버지의 집을 떠나 내가 네게 보여 줄 땅으로 가라 내가 너로 큰 민족을 이루고 네게 복을 주어 네 이름을 창대하게 하리니 너는 복이 될지라 너를 축복하는 자에게는 내가 복을 내리고 너를 저주하는 자에게는 내가 저주하리니 땅의 모든 족속이 너로 말미암아 복을 얻을 것이라 하신지라"

하나님께서 아브람을 부르시고 고향 친척 아버지의 집을 떠나라고 하십니다. 그러면서 하나님께서 보여주시는 땅과 민족을 주시겠다고 합니다. 아브람은 그때 자녀도 없고 약속의 땅 한 평도 자기의 땅이 아닙니다. 그런데도 하나님은 자기 약속을 이루어 내셔서 자녀도 주시고 땅도 주시는데 그 기간이 무려 천년이 걸립니다. 우리들의 시간으로는 천년인데 영원하신 하나님은 시간이 걸리지 않습니다. 말씀하시는 순간 완성이지만 그러나 이 역사 속에서는 시간과 공간이 필요합니다. 하나님께서 아브라함과 이삭과 야곱에게 같은 약속을 하시고 그 약속을 이루어 내는 과정이 창세기와 출애굽기에 잘 나와 있습니다. 열 가지 재앙과 유월절 어린 양의 피로 출애굽 한 후에 홍해를 건너 광야를 지나 시내 산 앞에서 하나님의 언약을 받습니다.

출애굽기 19:1~6 "이스라엘 자손이 애굽 땅을 떠난 지 삼 개월이 되던 날 그들이 시내 광야에 이르니라 그들이 르비딤을 떠나 시내 광야에 이르러 그 광야에 장막을 치되 이스라엘이 거기 산 앞에 장막을 치니라 모세가 하나님 앞에 올라가니 여호와께서 산에서 그를 불러 말씀하시되 너는 이같이 야곱의 집에 말하고 이스라엘 자손들에게 말하라 내가 애굽 사람에게 어떻게 행하였음과 내가 어떻게 독수리 날개로 너희를 업어 내게로 인도하였음을 너희가 보았느니라 세계가 다 내게 속하였나니 너희가 내 말을 잘 듣고 내 언약을 지키면 너희는 모든 민족 중에서 내 소유가 되겠고 너희가 내게 대하여 제사장 나라가 되며 거룩한 백성이 되리라 너는 이 말을 이스라엘 자손에게 전할지니라"

출애굽 한 이스라엘 백성들에게 하나님께서 말씀하십니다. 내가 애굽 사람에게 어떻게 행하였는지 어떻게 너희를 인도하였는지 너희가 보았다고 합니다. 모든 세계가 다 하나님께 속한 것인데 너희가 내 말을 잘 듣고 내 언약을 지키면 너희 모든 민족 중에서 내 소유가 된다고 합니다. 만물이 다 하나님의 소유이지만 특별한 소유로 삼겠다는 것입니다. 그러므로 하나님의 언약을 지키면 하나님에 대하여 제사장 나라가 되며 거룩한 백성이 되리라고 합니다. 세상 어떤 나라도 하나님을 섬기는 제사장 나라는 없습니다. 이 나라는 하나님이 왕이시기에 왕이 없어도 되는 나라입니다.

이러한 약속을 받고 피를 뿌려 언약을 체결한 후에 약속의 땅에 들어가라고 하였지만, 출애굽 1세대는 하나님의 약속을 믿지 못하여 약 40년간 광야에서 다 죽고 여호수아와 갈렙만 들어갑니다. 약속의 땅을 정탐한 열두 명의 보고를 듣고 다시 애굽으로 돌아가자고 한 자들은 다 죽고 그 당시의 미성년자와 광야에서 출생한 자들이 약속의 땅에 들어갑니다. 약속의 땅에 인도한 여호수아가 죽으면서 후계자를 세우지 않습니다. 그 이유는 하나님이 왕이시기에 하나님과 맺은 언약을 지키면 하나님께서 지켜주십니다. 그러나 그 언약을 믿지 못하여 사사시대 말기에 왕을 요구함으로 세워진 왕이 사울입니다. 사울이 하나님의 말씀을 믿지 않음으로 폐하고 하나님께서 소년 다윗을 왕으로 기름을 붓습니다. 다윗 시대에 아브라함에게 약속하신 땅을 거의 다 차지합니다.

그러나 다윗도 간음하고 살인한 자가 되므로 온전한 왕이 되지 못합니다. 또 자기 힘을 알아보려고 인구를 조사하다가 7만 명이나 죽게 되는 일도 일어납니다. 다윗 다음으로 솔로몬이 왕이 되지만, 솔로몬 이후로 나라가 나누어지고 나라가 망해갑니다. 다윗과 솔로몬 시대에 나라의 정점에 이르렀지만, 솔로몬 사후부터 나라가 망하기 시작하는데 북이스라엘은 앗수르에 망하고[BC 722년] 남 유다는 바벨론에 망합니다.[BC 586년] 그러면 하나님께서 아브라함에게 약속하시고 다윗에게도 약속하신 하나님의 나라는 어떻게 이루어집니까?

이스라엘 백성은 하나님의 언약을 배반하여도 하나님은 자기 언약을 배반할 수 없기에 돌아오게 하십니다. 포로로 잡혀갔지만, 예레미야 선지자의 예언대로 70년 만에 돌아와 성전을 재건하였지만, 독립된 국가로 서지 못합니다. 주변 강대국의 지배를 받으면서 살고 있습니다. 그러므로 이스라엘 백성들은 구약에서 예언된 메시아를 간절히 기다렸습니다. 메시아가 오시면 나라가 독립되고 다윗과 솔로몬 시대처럼 힘 있는 나라가 될 것을 기대하였습니다. 구약을 문자적으로 보면 세계의 귀한 것이 시온으로 몰려온다는 말씀이 있습니다. 나라가 힘이 없고 어려울수록 이러한 선지자들의 예언을 간절히 사모하면서 메시아의 나라가 오도록 기다리며 준비하며 살았습니다.

메시아를 맞이하여 온전한 나라로 세워지기를 원하여 활동한 파들이 있습니다. 바리새파, 사두개파, 에세네파, 열심 당원, 헤롯당이 있습니다. 바리새파는 모든 생활 속에서 철저하게 율법을 지키자는 운동입니다. 사두개파는 종교와 정치의 지도자들로 현실적인 나라를 생각합니다. 열심 당원은 폭력으로라도 나라를 세우려고 합니다. 헤롯당은 우리나라의 일제 식민지 시대의 친일파와 같은 자들입니다. 에세네파는 바리새인들보다 더 율법적으로 살기 위하여 세속을 떠나 광야로 가서 생활한 자들입니다. 이러한 여러 파당이 생각한 하나님의 나라는 모두가 이 세상에 세워지는 백성과 영토와 주권의 나라입니다. 예수님의 부름을 받은 예수님의 제자들도 이런 나라를 생각합니다.

마태복음 20:20~28 "그 때에 세베대의 아들의 어머니가 그 아들들을 데리고 예수께 와서 절하며 무엇을 구하니 예수께서 이르시되 무엇을 원하느냐 이르되 나의 이 두 아들을 주의 나라에서 하나는 주의 우편에, 하나는 주의 좌편에 앉게 명하소서 예수께서 대답하여 이르시되 너희는 너희가 구하는 것을 알지 못하는도다 내가 마시려는 잔을 너희가 마실 수 있느냐 그들이 말하되 할 수 있나이다 이르시되 너희가 과연 내 잔을 마시려니와 내 좌우편에 앉는 것은 내가 주는 것이 아니라 내 아버지께서 누구를 위하여 예비하셨든지 그들이 얻을 것이니라 열 제자가 듣고 그 두 형제에 대하여 분히 여기거늘 예수께서 제자들을 불러다가 이르시되 이방인의 집권자들이 그들을 임의로 주관하고 그 고관들이 그들에게 권세를 부리는 줄을 너희가 알거니와 너희 중에는 그렇지 않아야 하나니 너희 중에 누구든지 크고자 하는 자는 너희를 섬기는 자가 되고 너희 중에 누구든지 으뜸이 되고자 하는 자는 너희의 종이 되어야 하리라 인자가 온 것은 섬김을 받으려 함이 아니라 도리어 섬기려 하고 자기 목숨을 많은 사람의 대속물로 주려 함이니라"

야고보와 요한의 어머니가 예수님께 청탁합니다. 예수님께서 왕이 되시면 그 좌우에 자기 아들을 앉게 하여 달라고 합니다. 예수님은 십자가를 지려고 가시는데 그들은 세상의 높은 자리를 원합니다. 그러자 다른 제자들이 분노합니다. 너희만 치맛바람 일으키는 어머니가 있느냐는 분노도 있을 것입니다. 이때 예수님은 이방인의 집권자들과 고관들이 권세를 부리지만 너희는 그러지 않아야 한다고 합니다. 예수님이 만드시는 하나님의 나라는 높은 자가 섬김을 받는 나라가 아니라 섬기는 나라라고 합니다. 그러므로 가장 높으신 하나님이 가장 낮은 자리인 저주의 십자가에 오셔서 자기 목숨을 속죄의 제물로 주시는 그 섬김의 나라가 하나님의 나라입니다. 그러나 이런 나라를 알지 못하는 이스라엘 백성들이 예수님을 배척합니다. 제자들은 십자가 앞에서 도망갑니다.

오늘 본문 33~38절입니다. 바로 앞의 내용을 보면 대제사장들이 예수님을 심문하고 빌라도에게 재판하여 달라고 넘깁니다. 빌라도는 그들에게 너희의 법대로 하라고 합니다. 종교적인 재판을 그들이 할 수 있습니다. 신성모독으로 처형하면 됩니다. 그런데도 빌라도에게 넘겨 십자가에 죽게 하는 일은 예수님께서 대제사장들과 서기관들에게 넘겨지고 그들이 죽이기로 결의하고 이방인에게 넘겨 십자가에 못 박은 후에 사흘 만에 다시 살아나실 것을 미리 말씀하셨기 때문입니다.마20:18~19 그러므로 예수님의 죽음은 죽이는 자들의 결정이 아니라 예수님의 결정입니다.

빌라도가 예수를 불러 네가 유대인의 왕이냐고 묻습니다. 예수님께서 빌라도에게 대답하시기를 네가 스스로 하는 말이며 아니면 다른 사람들이 나에 대하여 하는 말을 하느냐고 되묻습니다. 그러자 빌라도는 내가 유대인이라는 말이냐고 합니다. 이 말은 나는 유대인이 아니기에 그런 질문에 대답할 가치를 느끼지 못한다고 하는 것입니다. 그러면서 유대인 네 동족과 대제사장들이 너를 내게 넘겼으니 너는 무슨 일을 저질렀느냐고 합니다. 이때 예수님께서 내 나라는 이 세상에 속한 것이 아니라고 합니다. 내 나라가 세상에 속한 것이라면, 내 부하들이 싸워서 나를 유대 사람들의 손에 넘어가지 않게 했을 거라고 합니다. 빌라도가 예수님께 그러면 네가 왕이냐고 물으니, 예수께서 네가 말한 대로 나는 왕이라고 하시면서 진리를 증언하려고 세상에 왔다고 합니다. 진리에 속한 사람은 누구나 내가 하는 말을 듣는다고 합니다. 빌라도가 예수께 진리가 무엇이냐고 물어보니 예수님은 답변하지 않습니다. 진리에 속한 자만 예수님의 말씀을 듣기 때문입니다.

하나님의 나라를 유대인이 이해하기로는 이 땅에서 국민과 영토와 주권이 있는 나라로 생각하였습니다. 그래서 메시아가 오면 그들의 왕이 되어서 힘이 있는 주권 국가가 되기를 원하였습니다. 성령이 임하여 예수님을 증거 한 세례요한도 그런 나라를 기대하였기에 예수님의 언행을 듣고 우리가 다른 사람을 기다려야 하느냐고 물었습니다. 그러므로 제자들도 그런 나라를 기대하고 따라갔지만, 예수님은 십자가의 길로 가십니다. 그런 십자가의 길은 하나님의 나라를 이루지 못하는 실패의 길로 보았기에 베드로는 말리다가 사탄아, 물러가라는 책망을 듣습니다. 사람의 생각이 사탄의 생각과 같습니다. 그러므로 하나님의 나라는 예수님의 죽음으로 만들어 내시는 나라입니다.

예수님은 십자가에서 다 이루었다고 하십니다. 하나님의 뜻을 다 이루신 것입니다. 하나님의 뜻은 언약을 따른 내용을 시작하면서 몇 가지 말씀을 드렸습니다. 하나님의 안식을 위한 창조, 하나님의 백성 만들기, 오늘 제목처럼 하나님의 나라 만들기입니다. 더 많은 제목으로 말할 수 있습니다. 하나님의 아들 만들기, 하나님의 신부 만들기 등으로 말할 수 있습니다. 그러므로 하나님의 모든 약속을 예수님께서 십자가로 다 이루셨기에 하나님의 나라도 그 십자가로 이루어 내십니다. 이런 말씀은 본문 38절 말씀처럼 진리에 속한 자만이 알아들을 수 있는 말씀입니다. 그래서 빌라도가 진리가 무엇이냐는 질문에 예수님은 대답도 하지 않으십니다. 진리가 바로 앞에 서 계시는데 그 진리의 말을 듣지 않음은 진리에 속하지 않는 자라는 말씀입니다.

예수님은 하나님의 나라를 선포하실 뿐만 아니라 하나님의 나라를 만드시는 분입니다. 그런데 예수님이 말씀하시는 하나님의 나라 개념과 이스라엘 백성들이 생각한 하나님의 나라 개념이 너무나 달랐습니다. 그러므로 메시아를 기다려 온 이스라엘 백성들이 예수님을 배척한 이유는 내가 원한 하나님의 나라가 아니었기 때문입니다. 사탄의 유혹에 넘어간 인간들은 하나님마저 자기를 위한 하나님으로 만들어 자기가 주인이 되고 싶어 합니다. 그러나 예수님께서 말씀하시는 하나님의 나라는 예수님의 나라입니다. 그러므로 예수님은 내 나라는 이 세상에 속한 것이 아니라고 합니다. 이 세상에 속하지 않는 하나님의 나라를 유대인도 이방인도 이해할 수 없는 나라입니다.

누가복음 17:20~21 "바리새인들이 하나님의 나라가 어느 때에 임하나이까 묻거늘 예수께서 대답하여 이르시되 하나님의 나라는 볼 수 있게 임하는 것이 아니요 또 여기 있다 저기 있다고도 못하리니 하나님의 나라는 너희 안에 있느니라"

바리새인들도 하나님의 나라가 언제 임하지는 지를 예수님께 묻습니다. 앞에서도 말씀드린 대로 이스라엘 모든 백성은 하나님의 나라를 기다렸습니다. 그런데 여러 파당이 있는데 그들마다 자기들이 하나님의 나라에 일 순위에 들어간다고 생각합니다. 마치 오늘날, 이 땅에 수많은 교단과 교파가 자기들만이 바르다고 말하는 것과 다를 바가 없습니다. 그런데 예수님은 하나님의 나라를 볼 수 있게 임하는 것이 아니라고 합니다. 사람들이 생각하는 영토와 백성과 주권을 말씀하시는 것이 아닙니다. 그러므로 여기 있다 저기 있다고 못 하는 나라인데 하나님의 나라는 너희 안에 있다고 합니다. 여기서 너희란 바리새인들인데 바리새인 안에 하나님의 나라가 있다는 말씀은 아닙니다. 그러면 너희 안에 있다는 말씀은 너희 안에 곧 바리새인들과 지금 말씀하시는 예수님이 계시는 곳이 하나님의 나라라는 말씀입니다. 하나님의 나라는 아들의 나라이기 때문입니다.

이어지는 22~25절입니다. "또 제자들에게 이르시되 때가 이르리니 너희가 인자의 날 하루를 보고자 하되 보지 못하리라 사람이 너희에게 말하되 보라 저기 있다 보라 여기 있다 하리라 그러나 너희는 가지도 말고 따르지도 말라 번개가 하늘 아래 이쪽에서 번쩍이어 하늘 아래 저쪽까지 비침같이 인자도 자기 날에 그러하리라 그러나 그가 먼저 많은 고난을 받으며 이 세대에게 버린 바 되어야 할지니라"

예수님께서 바리새인들이 아니라 제자들에게 다시 말씀하십니다. 너희가 인자의 날 하루를 보고자 하되 보지 못한다고 합니다. 인자의 날이란 메시아가 등극하는 날입니다. 메시아가 등극하여야 하나님의 나라가 임하는 것으로 생각하는 자들은 제자들도 마찬가지입니다. 그러므로 예수님은 인자의 날 곧 메시아가 임하여 하나님의 나라가 이루어지는 곳이 여기에 있다거나 저기에 있다는 말에 휘둘리지 말라고 합니다. 인자가 임하는 날은 번개처럼 임하게 되는데 이날은 재림의 날입니까? 십자가의 날입니까? 십자가의 날입니다. 그러므로 인자가 먼저 고난을 받고 이 세대에 버린 바 되어야 한다고 합니다. 십자가의 버림받음으로 하나님의 나라를 여신다는 말씀입니다.

누가복음 22:14~20 "때가 이르매 예수께서 사도들과 함께 앉으사 이르시되 내가 고난을 받기 전에 너희와 함께 이 유월절 먹기를 원하고 원하였노라 내가 너희에게 이르노니 이 유월절이 하나님의 나라에서 이루기까지 다시 먹지 아니하리라 하시고 이에 잔을 받으사 감사 기도하시고 이르시되 이것을 갖다가 너희끼리 나누라 내가 너희에게 이르노니 내가 이제부터 하나님의 나라가 임할 때까지 포도나무에서 난 것을 다시 마시지 아니하리라 하시고 또 떡을 가져 감사 기도 하시고 떼어 그들에게 주시며 이르시되 이것은 너희를 위하여 주는 내 몸이라 너희가 이를 행하여 나를 기념하라 하시고 저녁 먹은 후에 잔도 그와 같이하여 이르시되 이 잔은 내 피로 세우는 새 언약이니 곧 너희를 위하여 붓는 것이라"

최후의 만찬에서 떡과 포도주를 나누어 주시면서 자기의 살과 피로 세우는 새 언약이라고 말씀하십니다. 그런데 유월절이 하나님의 나라에서 이루기까지, 하나님의 나라가 임할 때까지 포도나무에서 난 것을 다시 마시지 않는다고 합니다. 이것은 나실인의 서약입니다. 그러면 하나님의 나라가 이루어지고 하나님의 나라가 임하는 때에 언제입니까? 예수님께서 포도나무에서 난 것을 마시는 때입니다. 그러면 언제 포도나무에서 난 것을 마십니까? 십자가입니다. 마27:48, 막15:36, 눅23:36, 요19:29~30 복음서에서 다 십자가에서 신 포도주를 맛본 사건을 기록하고 있습니다.

요한복음 19:28~30 "그 후에 예수께서 모든 일이 이미 이루어진 줄 아시고 성경을 응하게 하려 하사 이르시되 내가 목마르다 하시니 거기 신 포도주가 가득히 담긴 그릇이 있는지라 사람들이 신 포도주를 적신 해면을 우슬초에 매어 예수의 입에 대니 예수께서 신 포도주를 받으신 후에 이르시되 다 이루었다 하시고 머리를 숙이니 영혼이 떠나가시니라"

십자가에 달린 예수님께서 모든 일이 이미 이루어진 줄 아시고 성경을 응하게 하시려고 내가 목마르다고 합니다. 시69:21 그러자 사람들이 신 포도주를 적신 해면을 우슬초에 매어 예수님의 입에 대니 예수님께서 신 포도주를 받으신 후에 이르시되 다 이루었다고 합니다. 예수님께서 하나님의 나라가 다 이루어지고 임할 때까지 포도나무에 난 것을 마시지 않겠다고 하셨는데 십자가에서 신 포도주를 마시고 다 이루었다고 하심으로 하나님의 나라는 십자가로 다 이루신 것입니다.

하나님께서 하나님의 나라를 만드시는 일을 자기 아들의 희생 곧 십자가의 피로 만들어 내십니다. 예수님께서 천국과 하나님의 나라에 관하여 말씀을 많이 하셨습니다. 천국을 마태복음에서 36회 말씀하십니다. 하나님의 나라는 사복음에서 45회나 나옵니다. 사복음서 외에 하나님의 나라가 12회나 나옵니다. 이러한 하나님의 나라는 곧 아들의 나라라고 합니다.^{골1:13} 또는 우리 주 곧 구주 예수 그리스도의 영원한 나라라고 합니다.^{벧후1:11} 그런데 하나님의 피^{행20:28} 곧 예수님의 피로 값 주고 산 자들을 하나님의 나라라고 합니다.

베드로전서 2:9~10입니다. "그러나 너희는 택하신 족속이요 왕 같은 제사장들이요 거룩한 나라요 그의 소유가 된 백성이니 이는 너희를 어두운 데서 불러내어 그의 기이한 빛에 들어가게 하신 이의 아름다운 덕을 선포하게 하려 하심이라 너희가 전에는 백성이 아니더니 이제는 하나님의 백성이요 전에는 긍휼을 얻지 못하였더니 이제는 긍휼을 얻은 자니라"

4절부터 보면 예수님께서 사람에게 버린 바 되었다고 합니다. 그 이유는 예수님께서 사람들이 생각하는 하나님의 나라가 아니라 자기 십자가로 만들어 내시는 하나님의 나라를 전하였기 때문입니다. 예수님께서 건축자들이 버린 모퉁이 돌의 머릿돌이 되었기에 우리도 세상으로부터 버림을 받아 예수님께서 붙는 일은 마치 돌이 살아있는 것처럼 모퉁이 돌에 붙어서 신령한 집으로 지어집니다. 그러므로 성도가 하나님의 집이며 제사장이며 하나님의 나라가 됩니다. 예수님을 믿는 자들이 하나님의 나라입니다. 우리를 하나님의 나라로 만든 이유는 어두움에서 불러내서 그의 기이한 빛에 들어가게 되었습니다. 그 아름다운 덕을 선포하기 위함입니다. 그 복음의 선포를 듣고 믿으면 전에는 백성이 아닌데 이제 하나님의 백성이 되고 하나님의 나라가 됩니다. 복음 선포로 하나님의 백성을 다 찾아내면 십자가에서 묵시적으로 완성된 하나님의 나라가 역사적으로도 완성이 됩니다. 그러면 옛 하늘과 옛 땅이 사라지고 새 하늘과 새 땅에 열리게 됩니다.

요한계시록 1:4~6 "요한은 아시아에 있는 일곱 교회에 편지하노니 이제도 계시고 전에도 계셨고 장차 오실 이와 그의 보좌 앞에 있는 일곱 영과 또 충성된 증인으로 죽은 자들 가운데에서 먼저 나시고 땅의 임금들의 머리가 되신 예수 그리스도로 말미암아 은혜와 평강이 너희에게 있기를 원하노라 우리를 사랑하사 그의 피로 우리 죄에서 우리를 해방하시고 그의 아버지 하나님을 위하여 우리를 나라와 제사장으로 삼으신 그에게 영광과 능력이 세세토록 있기를 원하노라 아멘" 그의 피로 우리를 죄에서 해방하시고 그의 나라와 제사장으로 삼으셨습니다.

요한계시록 5:9~10 "그들이 새 노래를 불러 이르되 두루마리를 가지시고 그 인봉을 떼기에 합당하시도다 일찍이 죽임을 당하사 각 족속과 방언과 백성과 나라 가운데에서 사람들을 피로 사서 하나님께 드리시고 그들로 우리 하나님 앞에서 나라와 제사장들을 삼으셨으니 그들이 땅에서 왕 노릇 하리로다 하더라"

오늘 제목이 하나님의 나라 만들기입니다. 하나님이 사람이 되신 예수 그리스도께서 일찍이 죽임을 당하심으로 각 족속과 방언과 백성과 나라 가운데서 사람들을 피로 사서 하나님께 드리시고 그들로 우리 하나님 앞에서 나라와 제사장들을 삼으셨기에 그들이 땅에서 왕 노릇을 합니다. 십자가를 지고 십자가를 전하는 왕입니다. 그러므로 사람들이 무시하고 조롱하지만 이미 하나님의 나라가 된 자들은 우리의 왕이 먼저 가신 십자가의 길로 이끌려 가는 하나님의 나라입니다.

영원한 언약

히브리서 13:20~21 양들의 큰 목자이신 우리 주 예수를 영원한 언약
의 피로 죽은 자 가운데서 이끌어 내신 평강의 하나님이 모든 선한 일
에 너희를 온전하게 하사 자기 뜻을 행하게 하시고 그 앞에 즐거운 것
을 예수 그리스도로 말미암아 우리 가운데서 이루시기를 원하노라 영
광이 그에게 세세 무궁토록 있을지어다 아멘

그동안 언약이란 무엇인가로 시작하여 언약 체결의 방식과 언약의 내용
으로 하나님의 자기 안식을 위한 창조, 하나님의 자기 백성 만들기, 하나
님의 자기 나라 만들기를 보았습니다. 성경 전체가 언약의 내용이지만 이
정도의 전체 줄거리를 보고 이제 영원한 언약을 보겠습니다. 영원한 언약
이란 하나님께서 영원하신 분이시기에 하나님의 모든 언약은 영원한 언
약입니다. 물론 구약에서 모형과 그림자로 주시는 언약들도 있습니다만
그런 언약도 영원하신 하나님의 언약이기에 모형과 그림자가 어떻게 영
원한 언약이 되는지 신약까지 살펴보면 모형과 그림자도 영원한 언약의
완성 자리인 십자가를 가리키며 그 십자가로 수렴이 되기에 영원한 언약
이라고 할 수 있습니다.

오늘 첫 본문 히브리서 13:20~21을 먼저 봅니다. 결론에서 다시 보겠습니다
만 여기서 영원한 언약이란 예수님의 피를 영원한 언약의 피라고 합니다.

그 피 흘리신 예수님이 양들의 큰 목자입니다. 이 영원한 언약의 피를 흘리신 예수님을 죽음에서 살리신 평화의 하나님께서 우리에게 온갖 선한 것을 마련하셔서 하나님의 뜻을 행하게 하여 주시기를 간구합니다. 그리하여 예수 그리스도께 영광이 영원무궁하기를 빕니다. 영원한 언약의 피가 어떻게 이루어지는지 봅니다.

창세기 9:11~17 "내가 너희와 언약을 세우리니 다시는 모든 생물을 홍수로 멸하지 아니할 것이라 땅을 멸할 홍수가 다시 있지 아니하리라 하나님이 이르시되 내가 나와 너희와 및 너희와 함께 하는 모든 생물 사이에 대대로 영원히 세우는 언약의 증거는 이것이니라 내가 내 무지개를 구름 속에 두었나니 이것이 나와 세상 사이의 언약의 증거니라 내가 구름으로 땅을 덮을 때에 무지개가 구름 속에 나타나면 내가 나와 너희와 및 육체를 가진 모든 생물 사이의 내 언약을 기억하리니 다시는 물이 모든 육체를 멸하는 홍수가 되지 아니할지라 무지개가 구름 사이에 있으리니 내가 보고 나 하나님과 모든 육체를 가진 땅의 모든 생물 사이의 **영원한 언약**을 기억하리라 하나님이 노아에게 또 이르시되 내가 나와 땅에 있는 모든 생물 사이에 세운 언약의 증거가 이것이라 하셨더라"

이 내용은 노아 언약을 말씀드릴 때 다시 보겠습니다. 오늘은 성경 전체에서 영원한 언약이라는 내용의 큰 줄기를 봅니다. 노아 언약이 무지개 언약이라고 합니다. 무지개 언약은 물로 세상을 심판하지 않는다는 말씀입니다. 그래서 16절을 보면 무지개 언약도 영원한 언약이라고 합니다. 그러나 눈에 보이는 이 하늘과 땅을 불로 심판하신다는 말씀이 베드로후서 3장입니다. 그러면 눈에 보이는 이 하늘과 땅이 사라지면 무지개도 사라지는 것입니까?

에스겔 1:28 "그 사방 광채의 모양은 비 오는 날 구름에 있는 무지개 같으니 이는 여호와의 영광의 형상의 모양이라 내가 보고 엎드려 말씀하시는 이의 음성을 들으니라" 에스겔 선지자가 바벨론에 포로로 잡혀가 있는 상황에서 하나님의 영광을 보는데 그 사방 광채가 비 오는 날 구름에 있는 무지개 같다고 합니다. 이는 여호와의 영광의 형상의 모양이라고 합니다. 이스라엘 백성이 범죄 하여 바벨론에 포로로 잡혀가 있지만, 하나님의 언약은 영원함을 보여줍니다. **그러므로 계시록 4:3에서도** 보좌에 앉으신 이의 모양이 벽옥과 홍보석 같고 또 무지개가 있어 보좌에 둘렸다고 합니다. 그러므로 무지개 언약도 영원한 하나님의 언약임을 보여주고 있습니다.

창세기 17:10~14 "너희 중 남자는 다 할례를 받으라 이것이 나와 너희와 너희 후손 사이에 지킬 내 언약이니라 너희는 포피를 베어라 이것이 나와 너희 사이의 언약의 표징이니라 너희의 대대로 모든 남자는 집에서 난 자나 또는 너희 자손이 아니라 이방 사람에게서 돈으로 산 자를 막론하고 난 지 팔 일 만에 할례를 받을 것이라 너희 집에서 난 자든지 너희 돈으로 산 자든지 할례를 받아야 하리니 이에 내 언약이 너희 살에 있어 영원한 언약이 되려니와 할례를 받지 아니한 남자 곧 그 포피를 베지 아니한 자는 백성 중에서 끊어지리니 그가 내 언약을 배반하였음이니라"

아브라함 언약에서 다시 보겠습니다만 할례 언약이 영원하다고 합니다. 그러므로 이 언약을 지키려고 유대인들은 지금도 할례를 행합니다. 그러나 바울 사도는 그런 몸의 할례를 행하는 자들을 향하여 개들이라고 합니다.^{빌3:2} 유대인들은 할례는 영원한 언약인데 왜 그러느냐고 할 것입니다. 그러나 이미 구약에서도 몸의 할례가 아닌 마음의 할례를 말씀하고 있습니다.^{신10:16, 30:6, 렘9:26} 사람이 몸의 할례를 행할 수 있지만, 마음의 할례는 할 수 없습니다. 그러므로 몸의 할례가 영원한 언약이 되는 길은 예수님께서 십자가에서 죽음으로 몸의 할례도 영원히 완성하시는 것입니다. 바울 사도는 몸의 할례가 아니라 마음의 할례를 말합니다.^{롬2:29} 그리

므로 영원한 마음의 할례는 예수님의 십자가로 다 이루심을 성령님께서
우리에게 적용함으로 이루어집니다.

출애굽기 31:15~17 "엿새 동안은 일할 것이나 일곱째 날은 큰 안식일이
니 여호와께 거룩한 것이라 안식일에 일하는 자는 누구든지 반드시 죽일
지니라 이같이 이스라엘 자손이 안식일을 지켜서 그것으로 대대로 영원
한 언약을 삼을 것이니 이는 나와 이스라엘 자손 사이에 영원한 표징이며
나 여호와가 엿새 동안에 천지를 창조하고 일곱째 날에 일을 마치고 쉬었
음이니라 하라"

안식일도 영원한 언약이라고 합니다. 그러므로 지금도 유대인들이나
안식교나 하나님의 교회는 토요일을 안식일로 지키고 있습니다. 그러나
예수님은 자신이 안식일의 주인이라고 하시면서 참되고 영원한 안식을
주시기 위한 일을 하신 것입니다. 그런데 그림자인 안식일을 지키는 유대
인들은 예수님이 안식일에 일한다고 율법을 어기는 자라고 합니다. 그런
이유는 안식일 언약이 영원하다는 말씀 때문입니다. 구약에서 모형과 그
림자이지만 영원한 안식이라고 한 것은 하나님이 영원하시기에 그림자이
든 모형이든 하나님의 온전한 뜻을 이루심이 영원한 언약이 됩니다. 그러
므로 날과 달과 절기를 지킴에서 안식이 오는 것이 아니라 예수님을 믿음
이 안식입니다.

골로새서 2:8~19 "누가 철학과 헛된 속임수로 너희를 사로잡을까 주의
하라 이것은 사람의 전통과 세상의 초등학문을 따름이요 그리스도를 따
름이 아니니라 그 안에는 신성의 모든 충만이 육체로 거하시고 너희도 그
안에서 충만하여졌으니 그는 모든 통치자와 권세의 머리시라 또 그 안에
서 너희가 손으로 하지 아니한 할례를 받았으니 곧 육의 몸을 벗는 것이요
그리스도의 할례니라 너희가 세례로 그리스도와 함께 장사 되고 또 죽은

자들 가운데서 그를 일으키신 하나님의 역사를 믿음으로 말미암아 그 안에서 함께 일으키심을 받았느니라 또 범죄와 육체의 무할례로 죽었던 너희를 하나님이 그와 함께 살리시고 우리의 모든 죄를 사하시고 우리를 거스르고 불리하게 하는 법조문으로 쓴 증서를 지우시고 제하여 버리사 십자가에 못 박으시고 통치자들과 권세들을 무력화하여 드러내어 구경거리로 삼으시고 십자가로 그들을 이기셨느니라 그러므로 먹고 마시는 것과 절기나 초하루나 안식일을 이유로 누구든지 너희를 비판하지 못하게 하라 이것들은 장래 일의 그림자이나 몸은 그리스도의 것이니라 아무도 꾸며낸 겸손과 천사 숭배를 이유로 너희를 정죄하지 못하게 하라 그가 그 본 것에 의지하여 그 육신의 생각을 따라 헛되이 과장하고 머리를 붙들지 아니하는지라 온몸이 머리로 말미암아 마디와 힘줄로 공급함을 받고 연합하여 하나님이 자라게 하시므로 자라느니라”

여기서 할례와 안식일과 날과 달과 절기를 다 십자가에 못 박았다고 말씀하고 있습니다. 예수님의 십자가는 구약의 모든 모형과 그림자를 완성하신 자리입니다. 그런데도 아직도 영원한 언약이라고 하여 안식일을 지키는 사람들이 할례를 행하는지 모르겠습니다. 두 달 전에 모태 안식 교인이었다는 청년이 찾아와서 예배에 참석하고 갔습니다. 지난 주에는 그 청년을 잘 아는 분의 전화가 왔습니다. 50년 동안 안식일을 목숨처럼 지키던 분이었다고 합니다. 안식일을 목숨처럼 지킨 결과는 방금 본 말씀처럼 머리가 되신 예수님을 붙들지 않게 됩니다. 몸이 머리의 말을 듣지 않으면 몸이 아닙니다. 예수님께서 모든 언약을 십자가로 완성하셨습니다. 그러므로 우리가 하나님의 은혜로 예수님을 믿게 되는 일도 언약의 완성으로 되기에 영원한 언약의 성취가 되는 것입니다.

레위기 24:5~9 “너는 고운 가루를 가져다가 떡 열두 개를 굽되 각 덩이를 십분의 이 에바로 하여 여호와 앞 순결한 상 위에 두 줄로 한 줄에 여섯

씩 진설하고 너는 또 정결한 유향을 그 각 줄 위에 두어 기념물로 여호와
께 화제를 삼을 것이며 안식일마다 이 떡을 여호와 앞에 항상 진설할지니
이는 이스라엘 자손을 위한 것이요 영원한 언약이니라 이 떡은 아론과 그
의 자손에게 돌리고 그들은 그것을 거룩한 곳에서 먹을지니 이는 여호와
의 화제 중 그에게 돌리는 것으로서 지극히 거룩함이니라 이는 영원한 규
례니라"

안식일마다 떡 열두 개를 순결한 상 위에 진설하고 정결한 유향을 떡 위
에 두어 화제로 삼는 것도 영원한 언약입니다. 그 떡을 제사장들이 거룩
한 곳에서 먹는 일도 영원한 규례입니다. 그러면 안식일에 이런 떡을 성
전에 진설합니까? 성전도 없는데 어디서 이런 영원한 언약과 영원한 규
례를 지킵니까? 이렇게 질문하면 그들은 예수님께서 십자가로 완성하였
다고 합니다. 그런데 왜 안식일은 십자가로 완성하지 못하였다고 말하는
것입니까? 결국 자기들이 취사선택하는 것입니다. 참으로 일관성이 없는
모습입니다. 그런데도 이들은 성경보다 그들 교주의 설교를 더 신뢰합니
다. 그러므로 구약에서 영원한 언약이라고 하여도 십자가 안에서 영원한
성취로 보아야 합니다.

시편 105:8~11 "그는 그의 언약 곧 천 대에 걸쳐 명령하신 말씀을 영원
히 기억하셨으니 이것은 아브라함과 맺은 언약이고 이삭에게 하신 맹세
이며 야곱에게 세우신 율례 곧 이스라엘에게 하신 영원한 언약이라 이르
시기를 내가 가나안 땅을 네게 주어 너희에게 할당된 소유가 되게 하리라
하셨도다" 아브라함과 이삭과 야곱에게 언약하셨기에 이스라엘의 반역
에도 불구하고 약속의 땅에 들어가게 되었습니다.

이사야 24:1~5 "보라 여호와께서 땅을 공허하게 하시며 황폐하게 하시
며 지면을 뒤집어엎으시고 그 주민을 흩으시리니 백성과 제사장이 같을

것이며 종과 상전이 같을 것이며 여종과 여주인이 같을 것이며 사는 자와 파는 자가 같을 것이며 빌려주는 자와 빌리는 자가 같을 것이며 이자를 받는 자와 이자를 내는 자가 같을 것이라 땅이 온전히 공허하게 되고 온전히 황무 하게 되리라 여호와께서 이 말씀을 하셨느니라 땅이 슬퍼하고 쇠잔하며 세계가 쇠약하고 쇠잔하며 세상 백성 중에 높은 자가 쇠약하며 땅이 또한 그 주민 아래서 더럽게 되었으니 이는 그들이 율법을 범하며 율례를 어기며 영원한 언약을 깨뜨렸음이라"

시편 105편과 시편 106편을 함께 보시면 좋습니다. 아브라함과 이삭과 야곱에게 하신 하나님의 언약으로 인하여 야곱의 후손 약 70명이 애굽에 들어갑니다. 요셉을 미리 준비시켜 둡니다. 약 430년 후에 출애굽이 일어나는 것도 하나님께서 언약하셨기에 일어납니다. 하나님을 믿지 못하지만, 홍해를 건너고 광야를 지나고 약속의 땅에 들어간 일도 하나님의 언약으로 들어갑니다. 시내 산에서 맺은 언약을 지키면 평안히 살게 되지만 어기면 나라가 망한다는 내용입니다. 그런데 약속의 땅에서 영원한 언약을 깨뜨렸습니다. 여기서 영원한 언약은 시내 산 언약입니다. 할례와 안식일이 다 들어있는 언약인데 영원한 언약이라고 한 이유도 영원한 하나님의 언약이기 때문입니다. 그러므로 그 언약의 저주로 인하여 나라가 망하게 되지만 하나님의 언약은 영원합니다.

이사야 55:1~3 "오호라 너희 모든 목마른 자들아 물로 나아오라 돈 없는 자도 오라 너희는 와서 사 먹되 돈 없이, 값 없이 와서 포도주와 젖을 사라 너희가 어찌하여 양식이 아닌 것을 위하여 은을 달아 주며 배부르게 하지 못할 것을 위하여 수고하느냐 내게 듣고 들을지어다 그리하면 너희가 좋은 것을 먹을 것이며 너희 자신들이 기름진 것으로 즐거움을 얻으리라 너희는 귀를 기울이고 내게로 나아와 들으라 그리하면 너희의 영혼이 살리라 내가 너희를 위하여 영원한 언약을 맺으리니 곧 다윗에게 허락한 확실한 은혜이니라"

썩을 양식은 값을 주고 사 먹어야 합니다. 그러나 영생하도록 있는 양식은 값을 치를 수 없는 가치입니다. 어느 인간도 대가를 지급하고 영원한 생명의 양식을 얻을 자가 없기에 돈 없이 값없이 사 먹으라고 합니다. 이 말씀도 요한계시록의 22:17에 나오고 있습니다. 그러므로 시내 산 언약인 율법의 행위로는 누구도 영원한 생명을 얻을 수가 없기에 오직 값없이 은혜로 주어집니다. 아브라함 언약도 일방적이듯이 다윗 언약도 일방적입니다. 하나님께서 일방적으로 약속하시고 약속을 이루십니다. 그러므로 주님의 말씀을 들으면 영혼이 산다고 말씀하시면서 영원한 언약을 맺는다고 합니다. 그 영원한 언약은 다윗에게 허락한 확실한 은혜라고 합니다.

예레미야 32:37~42 "보라 내가 노여움과 분함과 큰 분노로 그들을 쫓아 보내었던 모든 지방에서 그들을 모아들여 이곳으로 돌아오게 하여 안전히 살게 할 것이라 그들은 내 백성이 되겠고 나는 그들의 하나님이 될 것이며 내가 그들에게 한마음과 한 길을 주어 자기들과 자기 후손의 복을 위하여 항상 나를 경외하게 하고 내가 그들에게 복을 주기 위하여 그들을 떠나지 아니하리라 하는 영원한 언약을 그들에게 세우고 나를 경외함을 그들의 마음에 두어 나를 떠나지 않게 하고 내가 기쁨으로 그들에게 복을 주되 분명히 나의 마음과 정성을 다하여 그들을 이 땅에 심으리라"

시내 산에서 맺은 언약을 배반함으로 여호와께서 노여움과 분노로 약속의 땅에서 쫓아내 버립니다. 그러나 나라가 망하여 포로로 잡혀가는 그들에게 다시 돌아오게 하셔서 안전히 살게 하시겠다고 합니다. 다시 돌아오게 하셔서 하나님의 백성 삼는다고 합니다. 그러면 그들이 그들의 자기들과 자기 후손의 복을 위하여 항상 여호와를 경외하게 하고 그들에게 복을 주기 위하여 떠나지 않겠다고 합니다. 그 일을 영원한 언약을 세운다고 말씀합니다. 이것은 예레미야 31장부터 계속되는 새 언약의 연속입니다. 하나님의 법을 돌판이 아니라 마음에 새겨주시는 것이 영원한 언약입니다. 그러므로 구약에서 약속한 모든 모형과 그림자인 언약도 새 언약에다 수렴이 됩니다.

에스겔 16:56~59 "네가 교만하던 때에 네 아우 소돔을 네 입으로 말하지도 아니하였나니 곧 네 악이 드러나기 전이며 아람의 딸들이 너를 능욕하기 전이며 너의 사방에 둘러 있는 블레셋의 딸들이 너를 멸시하기 전이니라 네 음란과 네 가증한 일을 네가 담당하였느니라 나 여호와의 말이니라 나 주 여호와가 이같이 말하노라 네가 맹세를 멸시하여 언약을 배반하였은즉 내가 네 행한 대로 네게 행하리라"

남 유다가 교만하던 때는 나라가 망하지 않은 때입니다. 북의 사마리아를 형이라고 하고 소돔을 아우라고 합니다. 겔16:46 그런데 유다가 교만할 때 소돔을 입으로 말하지도 않았다고 합니다. 지금 이 나라도 차별금지법으로 요란합니다. 사람을 차별하면 안 됩니다. 그런데 그 차별금지법 안에서 성경이 명백하게 죄악이라고 하는 내용도 죄라고 말하지 못하게 된다고 합니다. 예를 들어 동성애가 죄라고 하지 못하는 겁니다. 그러므로 동성애도 하나의 성으로 교육하게 된다고 합니다. 그런데 유대인들이 소돔을 입으로 말하지도 않은 이유는 자기들은 그런 동성애를 하지 않는다는 말이기도 합니다. 그러나 유다의 죄가 다 드러나니 소돔이나 사마리아가 오히려 더 의로워졌다고 합니다. 오늘날 동성애를 비판하는 교인의 죄가 다 드러나면 어떻게 될까요?

에스겔서 16장 전체를 보면 태어나면서부터 버림받은 여자아이가 아무런 조치도 없이 들판에 버려져서 발만 꼼지락하는 핏덩이를 하나님께서 불쌍히 여겨 곱게 키워서 하나님의 신부로 만들었습니다. 그랬더니 하는 짓이라고는 음행입니다. 창기는 돈을 받고 몸을 팔지만, 이들은 하나님께서 주신 물질로 남자들을 삽니다. 그러므로 교인들이 세상의 죄를 고발하지만, 막상 자기들의 죄가 드러나면 사마리아의 죄와 소돔의 죄는 유다의 죄에 비하면 절반도 아니라고 합니다. 그런데도 이런 유다를 다시 구원하여 내시는 이유는 하나님께서 세우신 언약을 기억하셨기 때문입니다.

에스겔 16:60~63 "그러나 내가 너의 어렸을 때에 너와 세운 언약을 기억하고 너와 영원한 언약을 세우리라 네가 네 형과 아우를 접대할 때에 네 행위를 기억하고 부끄러워할 것이라 내가 그들을 네게 딸로 주려니와 네 언약으로 말미암음이 아니니라 내가 네게 내 언약을 세워 내가 여호와인 줄 네가 알게 하리니 이는 내가 네 모든 행한 일을 용서한 후에 네가 기억하고 놀라고 부끄러워서 다시는 입을 열지 못하게 하려 함이니라 주 여호와의 말씀이니라"

하나님께서 유다와 세우신 어렸을 때의 언약이란 시내 산 언약입니다. 율법으로 언약을 맺었는데 그들은 율법을 제대로 지키지도 못하면서 율법이 없는 나라를 멸시합니다. 그리고 유다 안에서도 누가 율법을 누가 서로 잘 지켰느냐고 경쟁합니다. 그러나 율법을 주신 이유는 하나님께서 죄를 알라고 주신 것입니다. 그런데 그 율법으로 자기 죄를 보는 것이 아니라 남을 판단하고 있습니다. 이런 자들은 아직 자기 죄를 모르는 자들입니다. 오늘 우리가 세상에 일어나는 수많은 죄악을 보면서 자기 죄를 모르면 정죄하기 바쁩니다. 그런데 더 큰 문제는 교회로 모였는데 교회 안에서도 자기의 죄를 모르면 다른 사람을 정죄합니다. 이런 자들이 예수님을 살해한 자들입니다.

그러므로 하나님의 택한 백성들은 자기의 죄가 무엇인지 반드시 드러내십니다. 자기 죄와 비참함이 무엇인지 인간이 스스로는 결코 알 수가 없습니다. 그러므로 예수님께서 십자가로 하나님의 약속을 다 이루시고 부활 승천하셔서 성령을 보내시면 그제야 자기 죄가 무엇인지 알게 됩니다.

이것이 영원한 새 언약입니다. 그러므로 영원한 언약을 세우신다는 에스겔 16:60의 말씀이 십자가로 성취되어 성령이 임함으로 언약이 체결된 자들은 자기 죄가 어떠한지를 아는 자가 됩니다. 이런 자들은 사마리아의 죄와 소돔의 죄보다 자기의 죄가 더 큼을 알기에 입을 닫게 됩니다.

에스겔 37:26~28 "내가 그들과 화평의 언약을 세워서 영원한 언약이 되게 하고 또 그들을 견고하고 번성하게 하며 내 성소를 그 가운데에 세워서 영원히 이르게 하리니 내 처소가 그들 가운데에 있을 것이며 나는 그들의 하나님이 되고 그들은 내 백성이 되리라 내 성소가 영원토록 그들 가운데에 있으리니 내가 이스라엘을 거룩하게 하는 여호와인 줄을 열국이 알리라 하셨다 하라"

이런 내용은 하나님의 자기 안식을 위한 창조에서 이미 살펴본 내용입니다. 영원한 언약을 성취하시기 위하여 영원한 하나님이 사람이 되어 이 땅에 오셔서 그 살과 피로서 새 언약을 체결하였습니다. 십자가로 이루실 살 찢으심과 피 흘리심을 유월절 최후의 만찬에서 말씀하시고 십자가로 다 이루었습니다. 그러므로 구약의 모형이나 그림자로 주어진 안식일과 할례도 영원한 언약이라고 한 것은 하나님께서 영원하신 분이시기에 그 모든 언약의 성취인 십자가로 다 이루셨기에 영원한 언약이 됩니다. 그러므로 하나님의 모든 언약은 그 아들의 피로 세우신 새 언약에 수렴됩니다.

히브리서 13:20~21을 새번역으로 봅니다. "영원한 언약의 피를 흘려서 양들의 위대한 목자가 되신 우리 주 예수를 죽은 사람들 가운데서 이끌어내신 평화의 하나님이 여러분을 온갖 좋은 일에 어울리게 다듬질해 주셔서 자기의 뜻을 행하게 해 주시기를 빕니다. 또 하나님께서 예수 그리스도로 말미암아 우리 가운데 자기가 기뻐하시는 바를 이루시기를 빕니다. 예수 그리스도께 영광이 영원 무궁히 있기를 빕니다. 아멘."

성경의 모든 언약은 영원한 하나님의 언약이기에 영원합니다. 그러므로 지금까지 살펴본 대로 할례나 안식일도 영원하다고 합니다. 그러나 이런 할례와 안식일과 성전과 십일조와 날과 달과 절기와 같은 모든 율법의 내용들은 모형과 그림자임을 이미 살펴보았습니다. 모형과 그림자는 실체가 오면 사라집니다. 그 뜻과 의미는 실체 안에 다 수렴이 됩니다. 그러므로 사라지는 모형과 그림자라도 예수 그리스도 안에서 영원히 완성되기에 영원한 언약이라고 합니다.

그런데 그 영원한 언약을 십자가에서 다 이루었다고 하시니 누가 믿을 수 있겠습니까? 그러나 창세 전에 그리스도 안에서 택하신 자들은 십자가에서 다 이루었다는 그 말씀에 '아멘'을 합니다. 이런 자들은 마음에 할례를 받은 자들이며, 영원한 안식에 참여한 자들이며, 하나님이 나라이며, 하나님의 백성이며, 하나님의 아들이며, 그리스도의 신부이며, 그의 양입니다. 그러므로 그의 음성을 지금 여기서부터 듣고 그를 따라 살아갑니다. 이들은 영원한 언약의 백성이기에 영원한 나라를 상속받게 됩니다. 보이는 것은 잠깐이며 보이지 않는 것은 영원함을 알고 믿습니다. 그 영원한 나라를 영원한 언약으로 이루신 자리가 십자가입니다. 그 십자가 안에서 영원을 보면서 믿음으로 살아가는 자들은 이 땅에서 외국인과 나그네처럼 살아갑니다.

영원 전 언약

디모데후서 1:9~12 하나님이 우리를 구원하사 거룩하신 소명으로 부르심은 우리의 행위대로 하심이 아니요 오직 자기의 뜻과 **영원 전부터** 그리스도 예수 안에서 우리에게 주신 은혜대로 하심이라 이제는 우리 구주 그리스도 예수의 나타나심으로 말미암아 나타났으니 그는 사망을 폐하시고 복음으로써 생명과 썩지 아니할 것을 드러내신지라 내가 이 복음을 위하여 선포자와 사도와 교사로 세우심을 입었노라 이로 말미암아 내가 또 이 고난을 받되 부끄러워하지 아니함은 내가 믿는 자를 내가 알고 또한 내가 의탁한 것을 그날까지 그가 능히 지키실 줄을 확신함이라

지난 주에 영원한 언약을 보았습니다. 영원하신 하나님은 전과 후가 없는 분입니다. 영원이란 과거도 미래도 없는 영원한 현재라고 할 수 있습니다. 그 이유는 여호와의 이름이 나는 스스로 있는 자라는 뜻에서 알 수 있습니다. 여호와 하나님께서 자기 이름을 모세에게 계시하여 주실 때 나는 스스로 있는 자라는 말씀은 영어로 "I AM THAT I AM"인데 줄이면 "I Am"입니다. 하나님의 이름은 과거도 미래도 아닌 현재형을 사용합니다. 헬라어로 하면 '에고 에이미'입니다. 예수님께서 자신을 나는 무엇이라고 말씀하실 때 사용한 단어입니다.

그러므로 영원한 하나님은 전과 후를 말할 수 없습니다. 그러므로 영원

하신 하나님이라고 할 때는 성부와 성자와 성령을 영원한 하나님이라고 합니다. 롬16:26, 히13:8, 히9:14 삼위 하나님은 영원하신 하나님이시기에 전과 후가 없는 영원입니다. 그런데 그 영원하신 하나님이 사람으로 이 땅에 오신 분이 예수님입니다. 예수님은 성부와 성령과 함께 시간과 공간을 창조하신 하나님입니다. 시간과 공간이 창조됨으로 과거와 현재와 미래라는 개념이 있습니다. 말씀이 천지를 창조하셨는데 그 하나님이 사람이 되어 이 시간과 공간에 오심이 자기를 비움이며 자기의 낮춤입니다.

오늘 본문 9절을 봅니다. 참으로 놀라운 말씀입니다. 하나님께서 우리를 구원하신 거룩한 부르심이 우리의 행위가 아니라고 합니다. 오직 자기의 뜻과 영원 전부터 그리스도 예수 안에서 우리에게 주신 은혜대로 하신 것이라고 합니다. 우리는 태어나면서부터 허물과 죄로 죽은 상태이기에 스스로 참된 하나님을 부를 수가 없습니다. 참된 하나님이라고 말씀드린 이유는 인간이 스스로 어떤 신을 찾아 나선 것은 자아를 확대하고 영속화하기 위한 우상 숭배이기 때문입니다. 그러므로 참된 구원이란 우리의 행위가 아니라 오직 하나님의 자기 뜻으로 구원하시는데 하나님의 뜻은 영원 전부터 그리스도 예수 안에서 우리에게 주신 은혜대로 한 것이라고 합니다.

여기서 '영원 전'이라는 단어가 나옵니다. 지금까지 말씀드린 영원한 언약과 영원한 하나님은 말 그대로 영원하시기에 전과 후를 말할 수 없습니다. 그런데 여기서 영원 전이라는 단어는 헬라어로 '아이오니스'와 '프로'입니다. '프로'는 전치사로 앞이라는 뜻이고 '아이오니스'는 '아이온'이라는 명사의 형용사입니다. 그러므로 영원이라는 명사가 헬라어로 '아이온'인데 이 아이온을 성경에서는 매우 긴 시간과 시대를 말하고, 공간적 개념으로는 하나님의 아들을 통하여 창조된 세상을 말합니다. 그러므로 '영원 전 언약'이란 다음 주에 볼 '창세 전 언약'으로 보시면 됩니다.

영원에 무슨 전과 후가 있겠습니까? 그런데도 영원 전이라고 한 것은 우리가 보는 시간과 공간이 하도 길고 넓어서 유한한 인간이 보기에 영원하게 보입니다. 쉬운 예로 하루살이와 메뚜기가 놀다가 저녁에 헤어질 때 메뚜기가 하루살이를 보고 내일 만나자고 하면 내일이 뭐냐고 할 것입니다. 백 년 정도 사는 인생이 우주의 크기를 보면 우주는 영원한 것으로 보입니다. 눈에 보이는 이 하늘과 땅이 순간에 사라진다고 아무도 믿지 않기에 영원한 세상으로 봅니다. 그러므로 거듭나지 못한 자들은 눈에 보이는 이 세상이 전부인 줄 알고 세상살이를 영원한 것처럼 살아갑니다.

시편 49:6~11 "자기의 재물을 의지하고 부유함을 자랑하는 자는 아무도 자기의 형제를 구원하지 못하며 그를 위한 속전을 하나님께 바치지도 못할 것은 그들의 생명을 속량하는 값이 너무 엄청나서 영원히 마련하지 못할 것임이니라 그가 영원히 살아서 죽음을 보지 않을 것인가 그러나 그는 지혜 있는 자도 죽고 어리석고 무지한 자도 함께 망하며 그들의 재물은 남에게 남겨 두고 떠나는 것을 보게 되리로다 그러나 그들의 속 생각에 그들의 집은 영원히 있고 그들의 거처는 대대에 이르리라 하여 그들의 토지를 자기 이름으로 부르도다 사람은 존귀하나 장구하지 못함이여 멸망하는 짐승 같도다 이것이 바로 어리석은 자들의 길이며 그들의 말을 기뻐하는 자들의 종말이로다 (셀라)"

자본주의 사회를 사는 우리에게 가장 필요한 것은 무엇입니까? 재물입니다. 재물만 있으면 다 된다는 사고방식이 자본주의 사회입니다. 대한민국이 역사 이래로 이렇게 잘 산 적이 없습니다. 그런데도 늘 불평과 원망이 가득합니다. 부자는 부자대로 가난한 자는 가난한 자대로 원망을 어떤 대상에게 쏟아붓고 살아갑니다. 그렇게 살아도 다 죽는다는 사실을 누구나 알고 있습니다. 죽으면 빈손으로 떠나는 것을 알면서도 그들의 속 생각은 그들의 집과 토지가 영원히 있을 것처럼 자기 이름으로 등기하면서 살아갑니다. 이렇게 살아가는 자들이 멸망하는 짐승과 같다고 합니다. 그러므로 보이는 세상의 영원함을 추구하며 살아가는 자들은 멸망하는 짐승과 같은 자들입니다. 이들은 이 세상의 신에게 속은 것입니다. 이 세상의 신이 결국 사망으로 이끌어갑니다.

그러나 영원 전에 그리스도 안에서 택한 자들은 이런 사망의 길에서 건져내십니다. 사망의 길에서 건져내시는 길은 우리가 영원하다고 생각한 것들이 영원하지 않음을 알게 하시는 방식입니다. 우리가 이렇게 살아가는 모습이 영원할까요? 가족도, 직장도, 교회도 어느 하나인들 영원하지 않습니다. 올해 들어서 자주 장례식이 있었습니다. 장례식에서는 우리도 저렇게 간다는 생각을 잠시나마 하지만 돌아서면 또다시 보이는 세상이 전부인 것처럼 살아갑니다. 그 이유는 눈에 보이는 이 세상을 영원한 것으로 여기기 때문입니다. 그런데 이런 생각은 이 세상의 신 곧 사탄이 심어준 생각입니다. 그러므로 우리가 구원받는다는 것은 결코 우리의 능력이 아니라는 말입니다.

오늘 본문 9절을 다시 봅니다. 하나님이 우리를 구원하사 거룩하신 소명으로 부르심은 우리의 행위대로 하심이 아니요 오직 자기의 뜻과 **영원 전부터** 그리스도 예수 안에서 우리에게 주신 은혜대로 하셨습니다. 영원 전이란 창세 전이라는 말과 같이 쓸 수 있습니다. 그러므로 우리의 구원은 결코 우리의 어떤 행위로 일어날 수가 없습니다. 오직 하나님의 뜻대로 일어나는데 하나님의 뜻은 영원 전부터 이 세상 만물을 창조하시기 전부터 그리스도 예수 안에서 우리에게 주신 은혜대로 하신 것입니다. 이 놀라운 사실이 어떻게 나타났는지 보겠습니다.

본문 10절입니다. 영원 전부터, 창세 전부터 감추어져 있던 복음의 비밀이 우리 구주 그리스도 예수의 나타나심으로 나타났습니다. 예수님의 탄생과 고난과 죽음과 부활을 통하여 복음을 드러내신 것입니다. 그러므로 복음은 생명을 드러내신 일인데 이 생명의 일은 썩지 아니할 내용입니다. 그런데 오늘날도 복음이라고 말하지만, 그것이 생명도 아니고 썩어질 것이라면 다른 복음입니다. 예수님을 믿는다는 말은 세상의 썩어질 영광이 아니라고 분명하여 성경이 증언합니다. 그런데도 교회 다닌다는 많은 사람이 세상의 썩어질 영광을 구한다면 이것은 아직도 이 세상의 신에 속고 있습니다. 그러므로 복음은 영원한 생명이신 예수 그리스도를 증언하는 것입니다.

본문 11~12절입니다. 바울 사도가 이 복음을 위하여 선포자가 사도와 교사로 세우심을 입었다고 합니다. 그런데 이 복음을 전함으로 고난을 받습니다. 생명의 복음을 전하는데 왜 고난을 받습니까? 생명의 복음이 세상 사람들을 기쁘게 하는 복음이 아니기 때문입니다. 그러므로 유대인들이나 이방인들에게 고난을 받는데 그의 고난은 살 소망까지 끊어지는 고난입니다. 그런 고난을 받는 모습을 보고서 사람들이 부끄러워하여 떠나갑니다. 그러나 바울은 부끄러워하지 않습니다. 그 이유는 바울이 믿는 분을 알기 때문입니다. 그리고 내가 의탁한 것을 그날까지 그가 능히 지키실 줄을 확신하기 때문이라고 합니다. 이것이 영원 전 언약을 믿는 믿음입니다.

사도행전 3:18~21 "그러나 하나님이 모든 선지자의 입을 통하여 자기의 그리스도께서 고난받으실 일을 미리 알게 하신 것을 이와 같이 이루셨느니라 그러므로 너희가 회개하고 돌이켜 너희 죄 없이 함을 받으라 이같이 하면 새롭게 되는 날이 주 앞으로부터 이를 것이요 또 주께서 너희를 위하여 예정하신 그리스도 곧 예수를 보내시리니 하나님이 영원 전부터 거룩한 선지자들의 입을 통하여 말씀하신바 만물을 회복하실 때까지는 하늘이 마땅히 그를 받아 두리라"

날 때부터 걷지 못하는 자가 성전 미문에서 구걸하고 있습니다. 베드로와 요한이 예수님의 이름으로 고쳐줍니다. 그러자 사람들이 사도들을 주목하여 바라볼 때 우리가 한 일이 아니라고 하면서 예수님을 증언합니다. 너희가 죽인 예수가 생명의 주라고 합니다. 그 생명의 주를 하나님이 다시 살리시고 지금 하늘에서 이 세상을 다스리고 계심을 전합니다. 그러면서 회개하고 예수님을 믿으라고 전합니다. 이 예수님을 구약의 선지자들이 증언하였다고 하면서 하나님이 영원 전부터 거룩한 선지자들의 입을 통하여 말씀하셨다고 합니다. 구약의 선지자들이 영원하신 그리스도로부터 계시를 받았기에 영원 전이라고 합니다. 만물을 회복할 때까지 하늘이 마땅히 그를 받아둡니다.

하늘이 그를 받아둔다는 말씀은 시편 110:1입니다. "여호와께서 내 주에게 말씀하시기를 내가 네 원수들로 네 발판이 되게 하기까지 너는 내 오른쪽에 앉아 있으라 하셨도다" 예수님께서 십자가로 원수들을 이기시고 부활 승천하셔서 성령을 보내심으로 그 뜻을 이루고 계십니다. 이 말씀을 예수님의 공생애 기간에 말씀하셨고[눅20:43] 십자가로 원수의 머리를 깨뜨리시고 지금 보좌 우편에서 자기 백성을 구원하여 내시고 계십니다.[히1:13, 10:13] 이 복음 선포로 자기 백성을 다 찾아내시면 그때 다시 오셔서 이 역사를 마감하시고 새 하늘과 새 땅을 여십니다. 이러한 일들이 일어났고 일어나고 있는 이유는 영원하신 하나님께서 영원 전에 언약하셨기 때문입니다.

로마서 16:25~27 "나의 복음과 예수 그리스도를 전파함은 영세 전부터 감추어졌다가 이제는 나타내신 바 되었으며 영원하신 하나님의 명을 따라 선지자들의 글로 말미암아 모든 민족이 믿어 순종하게 하시려고 알게 하신바 그 신비의 계시를 따라 된 것이니 이 복음으로 너희를 능히 견고하게 하실 지혜로우신 하나님께 예수 그리스도로 말미암아 영광이 세세무궁하도록 있을지어다 아멘”

사도행전의 영원 전 언약을 베드로 사도가 전한 내용입니다. 로마서의 이 말씀은 바울 사도가 전합니다. 바울이 전한 복음은 예수 그리스도를 전파하는 것입니다. 복음 곧 예수 그리스도를 전파하는 일은 영세 전부터 감추어졌다고 합니다. 바울도 그 복음인 예수 그리스도를 몰랐기에 예수 믿는 자를 잡아 죽인 사람입니다. 그런데 그 영세 전에 감추어졌던 복음이 이제 십자가로 나타났다는 것입니다. 그러므로 복음은 영원하신 하나님의 명을 따라 선지자들의 글로 말미암아 모든 민족이 믿어 순종하게 하시려고 알게 하신바 그 신비의 계시를 따라 된 것입니다.

그러므로 이 복음은 영세 전부터 감추어진 것이기에 시간과 공간 안에 갇힌 그것도 타락한 인간은 결코 알 수 없는 내용입니다. 오직 영원 전에 그리스도 안에서 은혜로 택하심을 입은 자들이 복음을 듣고 믿게 됩니다. 이런 말씀을 드리면 그러면 전도할 필요가 없겠다고 말합니다. 이 말은 자기가 하나님의 일을 거들어 드릴 수 있다는 말이기도 합니다. 그러므로 영원 전 언약의 내용이 전하여지고 믿어지는 일은 복음 선포로 이루어집니다. 이 복음 선포도 주의 영이 임하여야 합니다. 그러므로 복음 선포로 예수님을 믿게 된다면 이 또한 영원 전 언약 때문입니다.

디도서 1:1~3 “하나님의 종이요 예수 그리스도의 사도인 나 바울이 사도 된 것은 하나님이 택하신 자들의 믿음과 경건함에 속한 진리의 지식과 영생의 소망을 위함이라 이 영생은 거짓이 없으신 하나님이 영원 전부터 약속하신 것인데 자기 때에 자기의 말씀을 전도로 나타내셨으니 이 전도는 우리 구주 하나님이 명하신 대로 내게 맡기신 것이라”

바울이 예수 그리스도의 사도가 된 것은 하나님이 택하신 자들의 믿음과 경건함에 속한 진리의 지식과 영생의 소망을 위한 것입니다. 이 영생은 거짓이 없으신 하나님이 영원 전부터 약속하신 것입니다. 영원한 생명의 복음이 영생입니다. 이 영생은 하나님이 영원 전부터 약속하신 것입니다. 그러므로 예수 그리스도의 십자가로 구원하시려는 뜻은 아담이 타락했기에 그 후에 계획하신 것이 아니라 이미 천지를 창조하시기도 전에 예수 그리스도의 희생으로 구원하실 것을 계획하신 것입니다. 이러한 언약은 천지 창조 이전이기에 영원하신 성부와 성자와 성령의 언약이라는 말씀입니다. 그러므로 영원 전 언약이라는 말은 이 천지 만물의 창조 이전의 언약입니다.

오늘 본문을 다시 봅니다. 영원 전 언약이 2천 년 전에 십자가로 다 밝혀졌습니다. 그런데도 여전히 다른 복음이 횡행하고 있는 것은 아직 원수들이 다 굴복되지 않았기 때문입니다. 그러나 이미 십자가로 다 이루어진 그 복음은 영원 전의 약속이기에 이 역사가 어떠하다고 하여도 하나님의 약속은 영원 전의 언약대로 변함없이 이루어지고 있습니다. 그러므로 바울 사도는 내가 믿는 자를 내가 알고 또한 내가 의탁한 것을 그날까지 그가 능히 지키실 줄을 확신한다고 합니다. 그러므로 이 언약을 믿는 자들은 영원 전부터 지금과 영원까지 주님을 찬양합니다.

유다서 24~25 "능히 너희를 보호하사 거침이 없게 하시고 너희로 그 영광 앞에 흠이 없이 기쁨으로 서게 하실 이 곧 우리 구주 홀로 하나이신 하나님께 우리 주 예수 그리스도로 말미암아 영광과 위엄과 권력과 권세가 영원 전부터 이제와 영원토록 있을지어다 아멘"

하나님께서 전능하신 능력으로 우리를 보호하시고 거침이 없게 하시고 그 영광 앞에 흠이 없이 기쁨으로 서게 하실 것입니다. 그렇게 서게 되는 일은 우리 주 예수 그리스도의 보혈 안에 있어야 합니다. 그러므로 우리 구주 홀로 하나이신 하나님께서 우리 주 예수 그리스도로 말미암아 영광과 위엄과 권력과 권세가 영원 전부터 이제와 영원까지 영원토록 돌리는 것입니다.

창세 전 언약

에베소서 1:3~6 찬송하리로다 하나님 곧 우리 주 예수 그리스도의 아버지께서 그리스도 안에서 하늘에 속한 모든 신령한 복을 우리에게 주시되 곧 창세 전에 그리스도 안에서 우리를 택하사 우리로 사랑 안에서 그 앞에 거룩하고 흠이 없게 하시려고 그 기쁘신 뜻대로 우리를 예정하사 예수 그리스도로 말미암아 자기의 아들들이 되게 하셨으니 이는 그가 사랑하시는 자 안에서 우리에게 거저 주시는바 그의 은혜의 영광을 찬송하게 하려는 것이라

지난 주에 '영원 전 언약' 이라는 제목으로 말씀을 살펴보았습니다. 오늘은 창세 전 언약입니다. 지난 주에 말씀드린 영원 전 언약이란 영원하신 하나님의 전후를 말하는 것이 아니라 이 세상이 영원하여 보이기에 이 세상의 전후라고 말씀드렸습니다. 그러므로 '영원' 이라고 번역된 헬라어 '아이온' 이라는 단어의 용례를 살펴보면 시간으로는 아주 오랜 시간과 세대를 말하고 공간으로는 하나님의 아들이 창조한 세계를 말합니다. 그러므로 영원 전 언약이란 창세 전 언약과 같은 의미입니다.

오늘 본문 3절을 봅니다. 바울 사도가 1~2절에서 인사말을 합니다. "하나님의 뜻으로 말미암아 그리스도 예수의 사도 된 바울은 에베소에 있는 성도들과 그리스도 예수 안에 있는 신실한 자들에게 편지하노니 하나님 우리 아

버지와 주 예수 그리스도로부터 은혜와 평강이 너희에게 있을지어다" 이 인사말을 하는 순간 찬송이 터져 나옵니다. 찬송하리로다! 그러므로 이어지는 모든 내용은 다 찬송의 내용이 됩니다. 무슨 말을 하려다가 찬송이 먼저 터져 나오는 것은 그 은혜의 감격이 어떠함을 드러냅니다. 베드로 사도도 이런 표현을 합니다.

베드로전서 1:3~4 "우리 주 예수 그리스도의 아버지 하나님을 찬송하리로다 그의 많으신 긍휼대로 예수 그리스도를 죽은 자 가운데서 부활하게 하심으로 말미암아 우리를 거듭나게 하사 산 소망이 있게 하시며 썩지 않고 더럽지 않고 쇠하지 아니하는 유업을 잇게 하시나니 곧 너희를 위하여 하늘에 간직하신 것이라"

베드로 사도도 인사말 후에 찬송하라는 말을 하는 이유가 무엇이겠습니까? 하나님의 긍휼로 예수 그리스도를 죽음과 부활로 산 소망을 주시고 썩지 않고 더럽지 않고 쇠하지 않는 유업 곧 하늘에 간직한 유업을 받게 하셨기 때문입니다. 베드로는 예수님을 세 번이나 저주하고 맹세하면서 부인한 사람입니다. 바울은 예수 믿는 사람을 잡아 죽인 사람입니다. 이런 사람들이 은혜로 거듭나서 복음을 전하려고 하니 찬송이 터져 나옵니다.

에베소서 1:3을 다시 봅니다. '찬송하리로다' 로 시작합니다. 그러면 무엇을 찬송합니까? 하나님 곧 우리 주 예수 그리스도의 아버지께서 그리스도 안에서 하늘에 속한 모든 신령한 복을 우리에게 주신 것입니다. 세상의 썩어질 복이 아니라 하늘에 속한 모든 신령한 복입니다. 베드로 사도도 하늘에 속한 썩지 않고 더럽혀지지 않고 낡아지지 않는 유업을 말합니다. 베드로나 바울 사도나 예수님을 부인하고 예수님을 믿는 자를 죽이고 핍박한 이유는 세상에 속한 하나님의 나라를 구하였기 때문입니다. 그런데 예수님은 내 나라는 이 세상에 속한 나라가 아니라고 하셨습니다. 그러므로 베드로는 십자가 앞에서 도망갔고 바울은 예수님을 이단의 괴수로 보았습니다.

그러나 예수님의 십자가 죽음과 부활과 승천과 성령 보내심으로 인하여 예수님을 믿게 되니 이제 영적인 눈이 뜨인 것입니다. 이것을 거듭난 것이라고 합니다. 우리가 교회를 다닌다고 해도 거듭나지 않으면 여전히 거듭나기 전에 베드로나 바울처럼 썩어질 세상의 영광을 하나님의 일로 여기고 구하게 됩니다. 그러므로 하나님의 은혜로 예수님을 믿게 되고 거듭나게 된 자들은 결코 사람의 능력으로 되지 않음을 압니다. 이런 일을 베드로와 바울이 얼마나 절감하였겠습니까? 예수님의 부름을 받아 3년을 따라다녔지만, 십자가 앞에서 세 번이나 저주하고 맹세하면서 부인한 베드로입니다. 바울은 율법의 의로 흠이 없다는 자였지만 예수 믿는 스데반을 돌로 쳐서 죽이는 일에 앞장서고 예수 믿는 자를 다 잡아 죽이려고 하다가 예수님을 만나 거듭났습니다. 그러므로 이러한 은혜가 임한 것은 결코 바울이나 베드로의 자격과 능력이 아님을 창세 전이라고 합니다.

에베소서 1:4~5 '창세 전'이라고 합니다. 이 한 단어를 설명하기 위하여 지금까지 바울과 베드로에 관하여 말씀을 드린 것입니다. 바울과 베드로가 찬송하는 이유는 자기들의 율법 지킴의 능력으로는 예수님을 믿는 자들을 다 잡아 죽이는 일과 예수님을 부인하는 일일 수밖에 없음을 절감한 자들입니다. 그러므로 이들이 거듭나고 구원을 받게 된 것은 자기들의 능력이 아님을 가장 잘 표현한 말이 창세 전이라는 말입니다. 하나님께서 천지를 창조하시기 전에 우리는 어디에 있었습니까? 없었다는 말입니다. 천지 창조에 어떤 것도 개입할 수 없었습니다.

그러므로 창세 전에 그리스도 안에서 우리를 택하신 그 하나님의 주권적이고 일방적인 선택으로 인하여 우리가 이 역사 속에서 태어나고 십자가의 예수님을 주와 그리스도로 믿게 되었습니다. 그런데 이 은혜를 알지 못하면 여전히 자기 의를 자랑하게 됩니다. 자기 의를 자랑하는 자의 모습이 욥입니다. 욥은 하나님께서 인정하시는 경건한 사람입니다. 얼마나 악에서 떠나 있는지 하나님께서 사탄에게 욥을 자랑합니다. 그로 인하여 욥을 알지 못하는 고난이 닥치게 됩니다. 하루아침에 재산이 다 날아가고 자녀 열 명이 다 죽고 몸은 악창이 들어 질그릇 조각으로 긁고 있습니다. 이러함에도 욥은 하나님을 원망하지 않고 주신이도 하나님이시며 취하시는 이도 하나님이시니 하나님을 찬양한다고 합니다. 욥의 아내는 욥에게 그런 하나님을 욕하고 죽으라고 합니다. 그러자 욥은 내가 하나님께 복도 받았는데 이런 화도 받지 않겠느냐며 입술로 범죄 하지 않았습니다.

그런데 이런 욥의 소식을 듣고 욥의 친구들이 와서 욥을 위로한다고 하는 말이 욥이 무언가 죄를 지었기에 이런 일을 당한다고 합니다. 친구 세 명이 돌아가면서 공격하고 욥은 아니라고 항변하는 내용이 욥기의 가장 많은 부분을 차지합니다. 하나님께서도 욥의 믿음을 인정하였으니 욥이 얼마나 자기 의로움에 가득하였겠습니까? 그런데 욥의 친구들과 계속된 논쟁을 하면서 하도 답답하니 하나님께 하소연하고 싶다고 하였습니다. 그런 논쟁 후에 엘리후가 등장하여 창조주 하나님을 전합니다. 엘리후의 말에 욥의 대답은 없습니다. 그 후에 드디어 하나님께서 말씀하십니다.

욥기 38:1~4 "그 때에 여호와께서 폭풍우 가운데에서 욥에게 말씀하여 이르시되 무지한 말로 생각을 어둡게 하는 자가 누구냐 너는 대장부처럼 허리를 묶고 내가 네게 묻는 것을 대답할지니라 내가 땅의 기초를 놓을 때에 네가 어디 있었느냐 네가 깨달아 알았거든 말할지니라"

욥이 자기의 답답함을 해결할 길이 없어서 하나님께 직접 물어보고 싶어 하였습니다. 그러나 하나님께서 욥에게 나타나셔서 하신 말씀은 내가 천지를 창조할 때 너 어디에 있었느냐고 하십니다. 하나님께서 이 질문을 욥에게 하시면서 천지 만물의 운행을 네가 알고 있느냐고 물으십니다. 그래서 까마귀 새끼가 배가 고파 울 때 누가 먹이를 주느냐고 묻습니다. 욥은 부자이지만 착한 사람이기에 자기의 경내에 굶주린 자가 없게 하였습니다. 그뿐 아니라 마음으로도 죄를 짓지 않았다고 합니다. 그러나 하나님의 질문 앞에서 욥은 자기의 한계를 알게 되었습니다. 자기가 의롭다는 주장들이 얼마나 자기중심적이며 제한적인지 알게 되므로 자기는 아무것도 알지 못하고 말하였다고 하면서 자기 말을 거두어들이며 티끌과 재 가운데 회개합니다.^{욥 42:2,6} 그러므로 그렇게 의롭다는 욥조차 천지를 창조할 때 곧 창세 전에 너 어디에 있었느냐는 말씀 앞에 회개합니다.

오늘 우리도 영원 전 또는 창세 전에 그리스도 안에서 택하셨다는 이 말씀 앞에 우리의 모든 자랑거리는 사라져야 합니다. 내가 무엇을 하였기에 이렇게 되었다는 인과율의 내용은 하나님의 일방적인 은혜 언약 안에는 담길 수 없는 것들입니다. 그런 것들은 쓰레기이며 배설물과 같이 되는 자들이 창세 전에 그리스도 안에서 우리를 택하셨다는 말씀을 믿는 자들입니다. 그러므로 영원 전, 창세 전이라는 말씀 앞에서 나 행한 것은 죄뿐이었습니다. 그런데도 이렇게 예수님을 믿게 된 것은 천지를 창조하시기도 전에 그리스도 안에서 예정하신 뜻대로 하셨기에 나의 나 된 것은 오직 하나님의 은혜라고 고백할 수밖에 없습니다. 그렇다면 창세 전에 택하신 목적이 무엇입니까?

에베소서 1:4~6 창세 전에 그리스도 안에서 우리를 택하신 이유는 우리가 사랑 안에서 그 앞에 거룩하고 흠이 없게 하시려고 그 기쁘신 뜻대로 예정하셔서 예수 그리스도로 말미암아 자기의 아들들이 되게 하셨습니다. 이렇게 하신 이유는 그가 사랑하시는 자 안에서 우리에게 거저 주시는 그의 은혜의 영광을 찬송하기 위함입니다. 하나님께서 내 사랑하는 아들이라고 하신 분이 예수님입니다.^{마 3:17, 17:3} 그 예수님의 십자가의 죽음이 우리를 향한 하나님 사랑의 확증입니다.^{롬 5:8} 그러므로 우리가 하나님의 아들인 예수님을 믿음으로 하나님의 아들들이 됨은 창세 전에 그리스도 안에서 예정되었기에 믿게 되었습니다. 이것이 그 사랑 안에서 거저 주시는 하나님의 은혜의 영광입니다. 그러므로 이 은혜를 입은 자는 그 은혜의 영광을 찬송합니다.

이어지는 7~10절입니다. "우리는 그리스도 안에서 그의 은혜의 풍성함을 따라 그의 피로 말미암아 속량 곧 죄 사함을 받았느니라 이는 그가 모든 지혜와 총명을 우리에게 넘치게 하사 그 뜻의 비밀을 우리에게 알리신 것이요 그의 기뻐하심을 따라 그리스도 안에서 때가 찬 경륜을 위하여 예정하신 것이니 하늘에 있는 것이나 땅에 있는 것이 다 그리스도 안에서 통일되게 하려 하심이라"

하늘에 있는 것이나 땅에 있는 모든 것이 그리스도로 통일됩니다. 우리가 창세 전에 예정을 입은 사람이라면 이 역사 속에서 예수님을 믿게 되고 예수님으로 인하여 새로운 질서가 세워집니다. 전에는 나를 중심으로 세상을 통일시키려고 하였습니다. 이것이 선악과를 따 먹은 인간의 죄악된 모습이기에 세상이 늘 요란합니다. 그러나 그리스도 안에서는 그리스도로 통일되기에 어떠한 신분의 차별이 없습니다. 유대인과 이방인, 주인과 종의 차별이 없습니다. 그런데도 아직도 이런 차별이 있는 것은 우리의 옛사람이 남아 있어서 그렇습니다. 그러므로 이런 옛사람이 완전히 죽어 새로운 사람이 된 새 하늘과 새 땅에서는 다시는 차별이 없이 그리스도로 통일됩니다.

이어지는 11~14절입니다. "모든 일을 그의 뜻의 결정대로 일하시는 이의 계획을 따라 우리가 예정을 입어 그 안에서 기업이 되었으니 이는 우리가 그리스도 안에서 전부터 바라던 그의 영광의 찬송이 되게 하려 하심이라 그 안에서 너희도 진리의 말씀 곧 너희의 구원의 복음을 듣고 그 안에서 또한 믿어 약속의 성령으로 인치심을 받았으니 이는 우리 기업의 보증이 되사 그 얻으신 것을 속량하시고 그의 영광을 찬송하게 하려 하심이라”

모든 일을 그의 뜻의 결정대로 일하시는 하나님의 계획을 따라 우리가 예정을 입어서 그 안에서 기업이 되었습니다. 우리가 하나님의 나라가 되었습니다. 이렇게 된 것은 우리가 그리스도 안에서 전부터 바라던 그의 영광의 찬송이 되게 하기 위함입니다. 다른 번역은 그 영광을 찬송하기 위함이라고 합니다. 그러므로 우리가 그 안에서 진리의 말씀 곧 구원의 복음을 듣고 그 안에서 또한 믿어 약속의 성령으로 인치심을 받았다고 합니다. 성령께서 우리의 보증이 되었습니다. 이렇게 된 것은 그의 영광을 찬송하게 하려 하시기 위함입니다. 그러므로 창세 전에 약속하셨다는 말씀은 우리는 어떠한 공로를 주장하지 못하고 오직 거저 주시는 은혜의 영광을 찬송할 뿐입니다.

요한복음 17:4~5 “아버지께서 내게 하라고 주신 일을 내가 이루어 아버지를 이 세상에서 영화롭게 하였사오니 아버지여 창세 전에 내가 아버지와 함께 가졌던 영화로써 지금도 아버지와 함께 나를 영화롭게 하옵소서”

예수님께서 십자가 지시기 전에 하신 기도입니다. 예수님께서 아버지께서 하라고 주신 일을 이루어 아버지를 영화롭게 하였다고 합니다. 그 일은 아버지께서 주신 자를 다 찾아 구원하시는 일입니다.^{요 6:38~40} 그러므로 아버지께서 창세 전에 아버지와 함께 가졌던 영화로써 지금도 아버지와 함께 나를 영화롭게 하여 달라고 합니다. 그러므로 예수님은 십자가를 지고 부활하신 후에 승천하심으로 하나님의 영광된 본체로 등극하셨습니다. 창세 전 그 영광의 주님으로 계십니다.

요한복음 17:24 "아버지여 내게 주신 자도 나 있는 곳에 나와 함께 있어 아버지께서 창세 전부터 나를 사랑하시므로 내게 주신 나의 영광을 그들로 보게 하시기를 원하옵나이다" 요한복음 17장 전체가 예수님의 기도입니다. 바로 앞에서 본 내용은 예수님께서 아버지의 뜻을 다 이루었다고 합니다. 그것은 아버지께서 자기에게 주신 자들을 다 구원하는 일입니다. 그 일을 십자가로 이루실 것입니다. 그러므로 아버지께서 내게 주신 자도 나 있는 곳에 나와 함께 있어 아버지께서 창세 전부터 아들을 사랑하여서 주신 그 영광을 보게 하기를 원한다고 합니다. 그러므로 우리가 구원받는 것은 십자가에 죽은 그 예수님이 창세 전에 영광스러운 하나님임을 보게 됩니다.

베드로전서 1:18~21 "너희가 알거니와 너희 조상이 물려 준 헛된 행실에서 대속함을 받은 것은 은이나 금과 같이 없어질 것으로 된 것이 아니요 오직 흠 없고 점 없는 어린 양 같은 그리스도의 보배로운 피로 된 것이니라 그는 창세 전부터 미리 알린 바 되신 이나 이 말세에 너희를 위하여 나타내신 바 되었으니 너희는 그를 죽은 자 가운데서 살리시고 영광을 주신 하나님을 그리스도로 말미암아 믿는 자니 너희 믿음과 소망이 하나님께 있게 하셨느니라" 우리가 믿는 예수님이 창세 전부터 알려진 분입니다. 그 그리스도의 보배로운 피로 우리가 대속함을 받았습니다. 그러므로 창세 전이라는 말에는 사람의 공로가 결코 들어갈 수 없습니다.

이어지는 22~25절입니다. "너희가 진리를 순종함으로 너희 영혼을 깨끗하게 하여 거짓이 없이 형제를 사랑하기에 이르렀으니 마음으로 뜨겁게 서로 사랑하라 너희가 거듭난 것은 썩어질 씨로 된 것이 아니요 썩지 아니할 씨로 된 것이니 살아 있고 항상 있는 하나님의 말씀으로 되었느니라 그러므로 모든 육체는 풀과 같고 그 모든 영광은 풀의 꽃과 같으니 풀은 마르고 꽃은 떨어지되 오직 주의 말씀은 세세토록 있도다 하였으니 너희에게 전한 복음이 곧 이 말씀이니라"

우리의 거듭남은 창세 전의 언약으로 되었습니다. 그 언약이 이 역사 속에서 십자가로 다 이루어진 것입니다. 그러므로 창세 전이라는 이 언약을 믿는 자들은 순교하였을지라도 하나님의 은혜가 헛되지 않아서 이렇게 되었다고 합니다. 고전 15:10 그러므로 창세 전 언약이란 우리의 자랑이 사라지고 그 십자가의 은혜만 찬송하게 됩니다. 이 은혜가 우리에게도 임하기를 소원합니다.

언약을 위한 창조

창세기 1:1~5 태초에 하나님이 천지를 창조하시니라 땅이 혼돈하고 공허하며 흑암이 깊음 위에 있고 하나님의 영은 수면 위에 운행하시니라 하나님이 이르시되 빛이 있으라 하시니 빛이 있었고 빛이 하나님이 보시기에 좋았더라 하나님이 빛과 어둠을 나누사 하나님이 빛을 낮이라 부르시고 어둠을 밤이라 부르시니라 저녁이 되고 아침이 되니 이는 첫째 날이니라

지난 주에 창세 전 언약이라는 제목으로 말씀을 보았습니다. 천지 만물을 창조하시기 전에 영원하신 하나님의 뜻을 성경이 계시로 알려주고 있습니다. **지난 주에 본 에베소서 1:7~10을 다시 봅니다.** "우리는 그리스도 안에서 그의 은혜의 풍성함을 따라 그의 피로 말미암아 속량 곧 죄 사함을 받았느니라 이는 그가 모든 지혜와 총명을 우리에게 넘치게 하사 그 뜻의 비밀을 우리에게 알리신 것이요 그의 기뻐하심을 따라 그리스도 안에서 때가 찬 경륜을 위하여 예정하신 것이니 하늘에 있는 것이나 땅에 있는 것이 다 그리스도 안에서 통일되게 하려 하심이라"

창세 전에 하나님의 뜻이 먼저 있었습니다. 그 뜻은 그리스도 안에서 그의 은혜의 풍성함을 따라 그의 피로 말미암아 속량 곧 죄 사함을 받는 것입니다. 예수 그리스도의 피로 죄 사함을 받는 일을 창세 전에 계획하신 것입니다. 다음 주에 아담 언약에서 다시 말씀드리겠습니다만 아담이 선

악과를 먹음으로 예수 그리스도의 피를 약속하신 것이 아니라 이미 창세 전에 약속된 내용입니다. 이 사실을 우리는 영원 전 언약과 창세 전 언약 이라는 제목으로 두 주에 걸쳐서 살펴보았습니다. 그러므로 창세 전에 있 었던 그 언약을 이루시기 위하여 천지를 창조하신 것입니다.

오늘 본문 창세기 1:1입니다. "태초에 하나님이 천지를 창조하시니라" 이 말씀을 믿으신다면 성경의 모든 말씀을 다 믿을 수 있습니다. 성경 전체 가 하나님의 창조 목적을 분명하게 말씀하고 있습니다. 그러므로 천지 창 조는 하나님의 영원 전 언약, 창세 전 언약을 이루시기 위한 창조입니다. 그러므로 그동안 하나님의 자기 안식을 위한 창조, 하나님의 백성 만들 기, 하나님의 나라 만들기 등으로 말씀을 드렸습니다. 그러므로 오늘 제 목은 '언약을 위한 창조' 입니다.

본문 2~5절입니다. 하나님께서 천지를 창조하셨다고 하시면서 첫째 날을 말씀하십니다. 그런데 여기서 저는 삼위 하나님이 보입니다. 성부 하나님 은 하나님으로 표현되고 있습니다. 성령 하나님은 하나님의 영으로 표현 됩니다. 성자 하나님은 빛이 있으라고 하시는 그 빛과 그 말씀 자체입니 다. 그러므로 천지를 삼위 하나님이 함께 창조하십니다. 창조하시는 목적 은 영원 전 언약 곧 창세 전에 삼위 하나님의 언약을 따라서 창조하신 것 입니다. 그러므로 하나님의 창세 전 언약을 위한 창조입니다. 그 창세 전 언약의 내용을 지난 주에 살펴본 대로 하나님의 아들 예수 그리스도의 피 로 구속하기 위한 창조입니다. 천지 만물이 창조되기도 전에 약속된 내용 입니다.

오늘 본문 1~5절을 다시 봅니다. 하나님께서 천지를 창조하신 첫째 날에 땅 이 혼돈과 공허와 흑암이 깊게 드리워져 있습니다. 그러나 하나님의 영은 그 수면 위에 움직이고 계십니다. 첫째 날에 하나님께서 빛이 있으라고 하십니다. 이 빛은 넷째 날의 태양과 다른 빛입니다. 물론 이 빛으로 낮과 밤을 구별합니다만 이 빛은 창조된 빛이 아니라 영원한 빛이 창조 세계에 비친 것이라고 봅니다. 그 이유는 하나님께서 빛을 보시고 보시기에 좋았다고 합니다. 빛의 등장으로 어둠이 드러납니다. 어두움을 하나님께서 보시기에 좋았다고 하시지 않습니다. 그런데 넷째 날 해와 달을 만드시고 낮과 밤을 다 보시기에 좋았다고 합니다. 그리고 둘째 날 궁창을 만드시고도 보시기에 좋았다고 하지 않습니다. 그러나 31절에서는 이렇게 말씀합니다. "하나님이 **지으신 그 모든 것을 보시니 보시기에 심히 좋았더라** 저녁이 되고 아침이 되니 이는 여섯째 날이니라"

이사야 45:5~8 "나는 여호와라 나 외에 다른 이가 없나니 나밖에 신이 없느니라 너는 나를 알지 못하였을지라도 나는 네 띠를 동일 것이요 해 뜨는 곳에서든지 지는 곳에서든지 나밖에 다른 이가 없는 줄을 알게 하리라 나는 여호와라 다른 이가 없느니라 나는 빛도 짓고 어둠도 창조하며 나는 평안도 짓고 환난도 창조하나니 나는 여호와라 이 모든 일들을 행하는 자니라 하였노라 하늘이여 위로부터 공의를 뿌리며 구름이여 의를 부을지어다 땅이여 열려서 구원을 싹트게 하고 공의도 함께 움돋게 할지어다 나 여호와가 이 일을 창조하였느니라"

하나님께서 빛과 어둠, 평안과 환난도 다 지으십니다. 우리는 빛과 평안만 있으면 좋겠는데 왜 어둠과 환난을 창조하셨습니까? 이렇게 따질 수 없습니다. 그런데도 따지는 것은 인간이 선악과를 따 먹었기에 선악의 판단을 자기중심으로 하기에 따지는 것입니다. 그러므로 세상만사가 내 뜻대로 돌아가지 않으면 화가 나고 짜증이 납니다. 그래서 범사에 감사가 아니라 범사에 원망과 불평입니다. 이런 자들은 질그릇의 한 조각 같은 자가 자기를 지으신 창조주와 다투는 겁니다.

이사야 45:9~12 "질그릇 조각 중 한 조각 같은 자가 자기를 지으신 이와 더불어 다툴진대 화 있을진저 진흙이 토기장이에게 너는 무엇을 만드느냐 또는 네가 만든 것이 그는 손이 없다 말할 수 있겠느냐 아버지에게는 무엇을 낳았소 하고 묻고 어머니에게는 무엇을 낳으려고 해산의 수고를 하였소 하고 묻는 자는 화 있을진저 이스라엘의 거룩하신 이 곧 이스라엘을 지으신 여호와께서 이같이 이르시되 너희가 장래 일을 내게 물으며 또 내 아들들과 내 손으로 한 일에 관하여 내게 명령하려느냐 내가 땅을 만들고 그 위에 사람을 창조하였으며 내가 내 손으로 하늘을 펴고 하늘의 모든 군대에게 명령하였노라"

세상만사가 자기중심으로 돌아가야 한다고 생각하는 것이 선악과를 따먹은 인간의 모습입니다. 그러므로 이스라엘도 하나님을 향하여 대드는 것입니다. 이런 모습이 진흙이 토기장이에게 도대체 무엇을 만들었냐고 당신이 손이 있으면 이 모양으로 만들었느냐고 하는 모습과 같습니다. 자녀들도 자기 집이 가난하고 자기 마음대로 되지 않으면 왜 나를 낳았느냐고 부모에게 대듭니다. 하나님과 부모에 대하여 이렇게 대드는 자들은 화가 있을 것입니다. 그러므로 우리가 하나님께 명령한다는 것이 얼마나 주제넘은 일입니까? 우리가 하나님께 어떻게 명령하느냐고 하시겠지만 우리의 기도하는 것이 하나님께 나의 뜻대로 해 달라고 한다면 이것이 하나님을 명령하는 것입니다. 하나님께서 천지를 창조하시고 사람을 만드시고 하늘의 모든 군대에 명령하셨습니다. 하늘의 군대란 별을 의미하기도 하고 천사를 말하기도 합니다. 심지어 사탄도 그렇게 말합니다. 그러므로 보이는 것이나, 보이지 않는 것이나 모든 만물을 주님의 창세 전 언약을 이루시기 위한 창조입니다.

요한복음 1:1~5 "태초에 말씀이 계시니라 이 말씀이 하나님과 함께 계셨으니 이 말씀은 곧 하나님이시니라 그가 태초에 하나님과 함께 계셨고 만물이 그로 말미암아 지은 바 되었으니 지은 것이 하나도 그가 없이는 된 것이 없느니라 그 안에 생명이 있었으니 이 생명은 사람들의 빛이라 빛이 어둠에 비치되 어둠이 깨닫지 못하더라"

창세기 1장에서 본 대로 하나님께서 천지를 말씀으로 창조하셨습니다. 그런데 그 말씀이 하나님이라고 합니다. 그 말씀이 태초에 하나님과 함께 계셨으며 그 말씀이 만물을 창조하였다고 합니다. 그 말씀이 없이 지은 바 된 것이 하나도 없다고 합니다. 그런데 그 말씀이 하나님이시고 그 말씀 안에 생명이 있습니다. 그 생명이 사람들의 빛입니다. 그러나 그 빛이 어둠에 비치지만 어둠이 깨닫지를 못합니다. 그렇다면 이 빛은 예수님이시고 어둠은 이 세상의 사람이라는 말입니다. 그러므로 창세기 1장에 빛이 있으라고 하신 그 빛이 말씀이며 하나님이며 사람의 생명입니다. 그 생명이 없이는 사람은 어둠에 속한 자라는 말씀입니다. 우리는 이 생명이 있습니까?

요한복음 12:31~33 "이 세상에 대한 심판이 이르렀으니 이 세상의 임금이 쫓겨나리라 내가 땅에서 들리면 모든 사람을 내게로 이끌겠노라 하시니 이렇게 말씀하심은 자기가 어떠한 죽음으로 죽을 것을 보이심이러라"

이 세상에 대한 심판은 이 세상의 임금이 쫓겨나는 것입니다. 이 세상의 임금은 사탄입니다. 이 사탄은 옛 뱀, 용, 마귀라고도 하는데 온 천하를 꾀는 자입니다.^{계12:9} 이 세상의 임금은 천하를 어떻게 꾄 것입니까? 아담과 하와를 유혹합니다. 그 이후로도 하나님의 이름을 말하면서 꾑니다. 네가 하나님의 아들이라면 세상에서 영광을 받아야 하지 않느냐고 꾀입니다. 그러므로 이런 사탄은 빛을 어둠이라고 하고 어둠을 빛이라고 속이는 자입니다. 이러한 세상 임금을 십자가로 쫓아내신다고 합니다. 이 일을 예수님께서 십자가에 들리므로 이루십니다. 그러므로 그 십자가로 사탄의 권세를 깨뜨리고 창세 전에 아버지께서 아들에게 하신 그 약속을 이루어 내시는 것입니다.

요한복음 12:34~36 "이에 무리가 대답하되 우리는 율법에서 그리스도가 영원히 계신다 함을 들었거늘 너는 어찌하여 인자가 들려야 하리라 하느냐 이 인자는 누구냐 예수께서 이르시되 아직 잠시 동안 빛이 너희 중에 있으니 빛이 있을 동안에 다녀 어둠에 붙잡히지 않게 하라 어둠에 다니는 자는 그 가는 곳을 알지 못하느니라 너희에게 아직 빛이 있을 동안에 빛을 믿으라 그리하면 빛의 아들이 되리라"

예수님께서 들리어야 하신다는 말씀을 들은 자들이 율법에 그리스도가 영원히 계신다고 하였는데 너는 어찌하여 인자가 들려야 한다고 하느냐고 하면서 이 인자가 누구냐고 묻습니다. 예수님께서 말씀하시기를 잠시 빛이 너희 중에 있을 때 빛 가운데 다녀 어둠에 붙잡히지 않게 하라고 합니다. 어둠에 다니는 자는 그 가는 곳을 알지 못합니다. 아직 빛이 있을 때 빛을 믿으라고 합니다. 그러면 빛의 아들이 될 것이라고 합니다. 그러므로 여기서 빛은 예수님을 말씀합니다. 어둠은 예수님이 안 계신 곳을 어둠이라고 합니다. 창세기 1장 첫째 날의 빛과 어두움이 요한복음 1장에서 빛은 예수님으로 이 세상은 어둠으로 말씀합니다. 그리고 방금 본 말씀에서 아주 분명하게 빛은 예수님임을 말씀합니다. 그러므로 천지 창조는 이 빛 이신 예수님을 위한 창조입니다.

그러므로 빛이 있을 때 빛을 믿으라고 합니다. 이것은 십자가 이전의 사람들에게 하신 말씀입니다. 그런데 예수님의 십자가 죽음을 빛으로 보고 믿는 자가 누가 있겠습니까? 그러므로 제자들마저 다 도망가 버렸습니다. 그런데 그렇게 죽는 십자가의 예수님을 보고 십자가에 못 박아 죽이는 로마의 백부장은 이는 실로 하나님의 아들이라고 합니다.^{마 27:54} 그리고 한 편의 강도도 십자가 위에서 말합니다. '예수여 당신의 나라에 임하실 때 나를 기억하소서' 예수님께서 말씀하십니다. '내가 진실로 네게 이르노니 오늘 네가 나와 함께 낙원에 있으리라눅 23:42~43' 그러므로 십자가로 다 이루었다 하심이 하나님 나라의 임함입니다. 이 복음이 빛의 소식입니다.

고린도후서 4:3~7 "만일 우리의 복음이 가리었으면 망하는 자들에게 가리어진 것이라 그중에 이 세상의 신이 믿지 아니하는 자들의 마음을 혼미하게 하여 그리스도의 영광의 복음의 광채가 비치지 못하게 함이니 그리스도는 하나님의 형상이니라 우리는 우리를 전파하는 것이 아니라 오직 그리스도 예수의 주되신 것과 또 예수를 위하여 우리가 너희의 종된 것을 전파함이라 어두운 데에 빛이 비치라 말씀하셨던 그 하나님께서 예수 그리스도의 얼굴에 있는 하나님의 영광을 아는 빛을 우리 마음에 비추셨느니라 우리가 이 보배를 질그릇에 가졌으니 이는 심히 큰 능력은 하나님께 있고 우리에게 있지 아니함을 알게 하려 함이라"

십자가의 복음이 가려진 자들은 망하는 자들에게 가려진 것입니다. 그런데 그 십자가에 못 박힌 그리스도가 하나님의 형상이며 그 내용이 복음의 광채입니다. 그런데 이 세상의 신은 그 영광된 복음의 광채가 비치지 못하도록 사람들을 가리고 있습니다. 그러나 창세 전에 그리스도 안에서 택하신 자들에게는 그 복음을 알고 믿게 됩니다. 이런 자들은 전하는 자의 능력도 아니고 듣고 믿는 자의 능력도 아니라 창세 전에 그리스도 안에서 택하신 자들에게 피를 뿌리시기 위하여 전하게 하시고 믿게 하신 것입니다. 그러므로 천지를 창조하실 때 어두운데 빛이 있으라고 하신 그 하나님께서 예수 그리스도의 얼굴에 있는 하나님의 영광을 아는 빛을 비추어 주신 것입니다.

에베소서 3:7~11 "이 복음을 위하여 그의 능력이 역사하시는 대로 내게 주신 하나님의 은혜의 선물을 따라 내가 일꾼이 되었노라 모든 성도 중에 지극히 작은 자보다 더 작은 나에게 이 은혜를 주신 것은 측량할 수 없는 그리스도의 풍성함을 이방인에게 전하게 하시고 영원부터 만물을 창조하신 하나님 속에 감추어졌던 비밀의 경륜이 어떠한 것을 드러내게 하려 하심이라 이는 이제 교회로 말미암아 하늘에 있는 통치자들과 권세들에게 하나님의 각종 지혜를 알게 하려 하심이니 곧 영원부터 우리 주 그리스도 예수 안에서 예정하신 뜻대로 하신 것이라"

이 말씀은 영원 전 언약, 창세 전 언약, 그리고 오늘의 말씀까지 다 요약합니다. 영원부터 만물을 창조하신 하나님의 속에 감추어졌던 비밀의 경륜이 어떠한지 이방인에게도 드러내셨습니다. 이것을 알고 믿는 사람들이 교회입니다. 교회를 통하여 하늘에 있는 통치자들과 권세들에게 하나님의 각종 지혜를 알게 하신 것입니다. 하늘에 있는 통치자들과 권세들은 천사들만이 아니라 공중의 권세 잡은 자들에게도 알게 하신 것입니다. 이러한 뜻은 영원부터 우리 주 그리스도 예수 안에서 예정하신 뜻대로 하신 것입니다. 그러므로 영원 전, 창세 전 언약을 이루시기 위한 창조입니다.

골로새서 1:12~17 "우리로 하여금 빛 가운데서 성도의 기업의 부분을 얻기에 합당하게 하신 아버지께 감사하게 하시기를 원하노라 그가 우리를 흑암의 권세에서 건져내사 그의 사랑의 아들의 나라로 옮기셨으니 그 아들 안에서 우리가 속량 곧 죄 사함을 얻었도다 그는 보이지 아니하는 하나님의 형상이시요 모든 피조물보다 먼저 나신 이시니 만물이 그에게서 창조되되 하늘과 땅에서 보이는 것들과 보이지 않는 것들과 혹은 왕권들이나 주권들이나 통치자들이나 권세들이나 만물이 다 그로 말미암고 그를 위하여 창조되었고 또한 그가 만물보다 먼저 계시고 만물이 그 안에 함께 섰느니라" 만물을 예수님이 예수님을 위하여 창조하였습니다.

　오늘 인용한 여러 말씀은 각 본문 설교 시에 다 보았습니다. 그런 내용을 지금은 언약이라는 실로 구슬을 꿰듯이 꿰고 있습니다. 이렇게 성경 전체를 언약이라는 줄기로 보면 영원하신 하나님의 뜻을 좀 더 뚜렷하게 볼 수가 있습니다. 끝으로 로마서 11:36입니다. "이는 만물이 주에게서 나오고 주로 말미암고 주에게로 돌아감이라 그에게 영광이 세세에 있을지어다 아멘"

아담 언약 (1)

창세기 1:26~28 하나님이 이르시되 우리의 형상을 따라 우리의 모양대로 우리가 사람을 만들고 그들로 바다의 물고기와 하늘의 새와 가축과 온 땅과 땅에 기는 모든 것을 다스리게 하자 하시고 하나님이 자기 형상 곧 하나님의 형상대로 사람을 창조하시되 남자와 여자를 창조하시고 하나님이 그들에게 복을 주시며 하나님이 그들에게 이르시되 생육하고 번성하여 땅에 충만하라, 땅을 정복하라, 바다의 물고기와 하늘의 새와 땅에 움직이는 모든 생물을 다스리라 하시니라

지난 주에 언약을 위한 창조라는 제목으로 말씀을 보았습니다. 지금 보이는 하늘과 땅과 보이지 않는 모든 것은 하나님의 언약을 위한 창조입니다. 그 언약은 '영원 전 언약', '창세 전 언약'이라는 제목으로 말씀을 보았습니다. 그런 단어와 함께 사용할 수 있는 '만세 전'이라는 단어도 있습니다. 구약에서 만세 전이란 영원이라는 의미로 다양하게 사용합니다.

고린도전서 2:1~5 "형제들아 내가 너희에게 나아가 하나님의 증거를 전할 때에 말과 지혜의 아름다운 것으로 아니하였나니 내가 너희 중에서 예수 그리스도와 그가 십자가에 못 박히신 것 외에는 아무 것도 알지 아니하기로 작정하였음이라 내가 너희 가운데 거할 때에 약하고 두려워하고 심히 떨었노라 내 말과 내 전도함이 설득력 있는 지혜의 말로 하지 아니하고

다만 성령의 나타나심과 능력으로 하여 너희 믿음이 사람의 지혜에 있지 아니하고 다만 하나님의 능력에 있게 하려 하였노라"

바울 사도가 사람의 말과 지혜로 전도한 것이 아니라 십자가에 못 박히신 예수 그리스도만 전하기로 하였습니다. 그 이유는 철학의 도시 그리스 아테네에서 말과 지혜로 전하여 보았지만, 전도의 열매가 별로 없었습니다. 행17:16~34 그러므로 고린도 지역에 와서는 예수 그리스도와 그의 십자가에 못 박힌 것만 전하기로 하였습니다. 그 이유는 복음을 듣고 믿는 믿음이 사람의 설득력 있는 지혜의 말에 기초하지 않고 성령의 나타남과 능력으로 하나님의 능력에 있게 하기 위함입니다. 하나님의 능력과 하나님의 지혜는 사람의 지혜로는 결코 알 수 없는 십자가의 능력입니다.

고린도전서 2:6~8 "그러나 우리가 온전한 자들 중에서는 지혜를 말하노니 이는 이 세상의 지혜가 아니요 또 이 세상에서 없어질 통치자들의 지혜도 아니요 오직 은밀한 가운데 있는 하나님의 지혜를 말하는 것으로서 곧 감추어졌던 것인데 하나님이 우리의 영광을 위하여 만세 전에 미리 정하신 것이라 이 지혜는 이 세대의 통치자들이 한 사람도 알지 못하였나니 만일 알았더라면 영광의 주를 십자가에 못 박지 아니하였으리라"

세상의 설득력 있는 말과 지혜가 아니라 성령의 나타남과 능력으로 전하는 전도는 십자가에 못 박힌 예수님을 전하는 것입니다. 그 당시에 참으로 거리끼고 미련한 소식입니다. 그런데 이런 지혜를 온전한 자들 곧 믿음이 장성한 자들에게는 말하겠다고 합니다. 그 십자가에 못 박힌 예수님을 전하는 이 복음은 하나님의 은밀한 지혜로 만세 전에 감추어두셨던 것입니다. 만약 하나님의 이 지혜를 그 세대의 통치자들이 한 사람이라도 알지 못하였다고 합니다. 만일 알았다면 영광의 주를 십자가에 못 박지 않았을 것이라고 합니다. 그러므로 천지 창조도 아담을 만드신 일도 오늘 우리를 만드신 일도 하나님의 영원 전, 창세 전, 만세 전 언약을 따른 창조입니다.

　창세기 1:26~28 하나님께서 하나님의 형상을 따라 남자와 여자를 만드시고 생육하고 번성하여 땅을 정복하고 다스리라고 합니다. 이 말씀을 많은 사람이 문화명령이라고 합니다. 그러므로 예수님을 믿는 사람들이 모든 영역에서 정복하고 다스려야 한다고 합니다. 그러나 문화명령이라는 해석으로 기독교라는 이름으로 행한 일들이 얼마나 큰 죄를 지었는지 역사를 보면 압니다. 땅을 정복하고 다스리라는 말을 가지고 얼마나 환경을 파괴하였습니까? 그리고 십자군 전쟁이나, 산업혁명으로 앞선 문물을 가진 서양이 식민지를 개척할 때 십자가를 앞세우고 갑니다. 영국의 청교도들이 아메리카 대륙에 들어가서 땅을 빼앗고 인디언을 죽인 이야기는 다 말할 수가 없습니다. 그런 행위의 뒷받침에 이 말씀을 문화명령이라는 해석이 깔려있습니다. 지금도 기독교의 힘을 추구하는 이론이 이것입니다. 오늘날 이 땅에도 기독교라는 힘으로 세상을 지배하자는 말을 정치적이고 경제적이고 물리적인 말을 하는 바탕에 문화명령이라는 해석이 있습니다.

　그러나 우리가 지금까지 언약이라는 주제를 살펴보면서 모든 성경은 하나님의 말씀입니다. 그러므로 명령문이든지 직설법이든지 하나님의 자기 언약을 하나님께서 이루신다는 내용을 말씀드렸습니다. 장안중앙교회에서 은퇴한 박용기 목사는 이 본문을 자손과 땅과 통치라는 삼대 언약으로 말했습니다. 씨와 땅과 통치를 아브라함 언약과 다윗 언약까지 연결하여 봄으로 문화명령이 아닌 그리스도를 통한 구속의 약속으로 보았습니다. 이 내용을 김규옥 목사는 더 보완하여 하나님의 언약을 증언합니다. 제가 보기에도 다윗이 가장 큰 힘을 가졌을 때 인구를 조사함으로 백성 칠만 명이 전염병으로 죽습니다. 다윗이 인구 조사한 죄를 회개하고 아라우나 타작마당을 사서 하나님께 번제를 드림으로 전염병이 멈춥니다. 하나님의 나라는 힘의 통치가 아닙니다. 다윗 사후에 솔로몬의 부귀영화는 우상숭배로 귀결되고 나라가 나누어지고 결국 멸망하게 됩니다. 그러므로 생육과 번성과 정복도 세상의 힘이 아니라 하나님의 자기 죽음인 십자가로 복음이 증거되는 것입니다.

창세기 2:15~18 "여호와 하나님이 그 사람을 이끌어 에덴동산에 두어 그것을 경작하며 지키게 하시고 여호와 하나님이 그 사람에게 명하여 이르시되 동산 각종 나무의 열매는 네가 임의로 먹되 선악을 알게 하는 나무의 열매는 먹지 말라 네가 먹는 날에는 반드시 죽으리라 하시니라 여호와 하나님이 이르시되 사람이 혼자 사는 것이 좋지 아니하니 내가 그를 위하여 돕는 배필을 지으리라 하시니라"

교회를 다니는 사람만이 아니라 교회를 다니지 않는 사람도 선악과를 말하면 하나님이 왜 만들어놓았느냐고 합니다. 아담이 따 먹을 것을 아시면서 왜 만들어 모든 사람을 고생하게 만드느냐고 합니다. 그런데 이런 질문 자체가 우리가 아담의 허리에 속하여 선악과를 먹었기에 나오는 질문이라고 하였습니다. 선악과를 먹었기에 모든 선과 악의 판단을 자기중심으로 하는 모습입니다. 그러므로 하나님께서 천지를 창조하실 때 사람을 중심으로 생각하셨다면 선악과를 만들지 않는 것이 사람에게 좋습니다. 그러나 천지 만물을 창조하기도 전에 하나님의 아들을 위한 창조이며 하나님의 아들이 희생함으로 자기 백성을 구원하실 일을 계획하신 것입니다. 그러므로 아담 언약을 보기 전에 지금까지 영원 전, 창세 전, 만세 전의 언약을 말하면서 언약을 위한 창조임을 보았습니다.

창세기 2:20~25 "아담이 모든 가축과 공중의 새와 들의 모든 짐승에게 이름을 주니라 아담이 돕는 배필이 없으므로 여호와 하나님이 아담을 깊이 잠들게 하시니 잠들매 그가 그 갈빗대 하나를 취하고 살로 대신 채우시고 여호와 하나님이 아담에게서 취하신 그 갈빗대로 여자를 만드시고 그를 아담에게로 이끌어 오시니 아담이 이르되 이는 내 뼈 중의 뼈요 살 중의 살이라 이것을 남자에게서 취하였은즉 여자라 부르리라 하니라 이러므로 남자가 부모를 떠나 그의 아내와 합하여 둘이 한 몸을 이룰지로다 아담과 그의 아내 두 사람이 벌거벗었으나 부끄러워하지 아니하니라”

저는 몇 년 전에 이 말씀을 보다가 아담이 오실 자의 모형인데 선악과를 먹기 전에 이미 희생하는 모습을 보여준다고 봤습니다. 하나님께서 아담의 배필을 만들어주시는데 아담을 깊이 잠들게 하시고 옆구리를 찢어 갈비뼈를 뽑아내 살로 채워 여자를 만드십니다. 그리고 아담에게 데려오니 내 뼈 중의 뼈이며 살 중의 살이라고 합니다. 아담이 오실 자의 모형이라면 아담의 그리스도의 역할이며 하와는 교회의 역할입니다. 교회란 예수 그리스도의 옆구리에서 나옵니다. 예수님께서 십자가에서 돌아가실 때 손과 발에 못을 박히시고 옆구리를 창에 찔려 물과 피를 쏟으십니다. 그러므로 그 십자가의 피로 자기 신부 된 교회를 만들어 내시고 한 몸이라고 하십니다. 그러므로 이러한 아담의 옆구리에서 하와를 만들어 내시는 사건이 선악과 먹기 이전입니다. 그러므로 창조된 시간과 공간에서도 타락보다 그리스도의 모형인 아담의 희생이 먼저임을 보여주고 있습니다.

창세기 3:1~8 “그런데 뱀은 여호와 하나님이 지으신 들짐승 중에 가장 간교하니라 뱀이 여자에게 물어 이르되 하나님이 참으로 너희에게 동산 모든 나무의 열매를 먹지 말라 하시더냐 여자가 뱀에게 말하되 동산 나무의 열매를 우리가 먹을 수 있으나 동산 중앙에 있는 나무의 열매는 하나님의 말씀에 너희는 먹지도 말고 만지지도 말라 너희가 죽을까 하노라 하셨느니라 뱀이 여자에게 이르되 너희가 결코 죽지 아니하리라 너희가 그것을 먹는 날에는 너희 눈이 밝아져 하나님과 같이 되어 선악을 알 줄 하나님이 아심이니라 여자가 그 나무를 본즉 먹음직도 하고 보암직도 하고 지혜롭게 할 만큼 탐스럽기도 한 나무인지라 여자가 그 열매를 따 먹고 자기와 함께 있는 남편에게도 주매 그도 먹은지라 이에 그들의 눈이 밝아져 자기들이 벗은 줄을 알고 무화과나무 잎을 엮어 치마로 삼았더라 그들이 그 날 바람이 불 때 동산에 거니시는 여호와 하나님의 소리를 듣고 아담과 그의 아내가 여호와 하나님의 낯을 피하여 동산 나무 사이에 숨은지라" 뱀이 하나님의 말씀을 왜곡하여 하와를 유혹하여 선악과를 먹게 합니다. 하와가 아담에게 주니 아담도 먹었습니다. 그러자 부끄럽고 두려워 무화과 잎으로 가리고 숨습니다.

이어지는 9~14절입니다. "여호와 하나님이 아담을 부르시며 그에게 이르시되 네가 어디 있느냐 이르되 내가 동산에서 하나님의 소리를 듣고 내가 벗었으므로 두려워하여 숨었나이다 이르시되 누가 너의 벗었음을 네게 알렸느냐 내가 네게 먹지 말라 명한 그 나무 열매를 네가 먹었느냐 아담이 이르되 하나님이 주셔서 나와 함께 있게 하신 여자 그가 그 나무 열매를 내게 주므로 내가 먹었나이다 여호와 하나님이 여자에게 이르시되 네가 어찌하여 이렇게 하였느냐 여자가 이르되 뱀이 나를 꾀므로 내가 먹었나이다 여호와 하나님이 뱀에게 이르시되 네가 이렇게 하였으니 네가 모든 가축과 들의 모든 짐승보다 더욱 저주를 받아 배로 다니고 살아 있는 동안 흙을 먹을지니라" 저주란 땅에 들러붙어서 흙을 먹고 살아감이 저주입니다.

이어지는 15~21절입니다. "내가 너로 여자와 원수가 되게 하고 네 후손도 여자의 후손과 원수가 되게 하리니 여자의 후손은 네 머리를 상하게 할 것이요 너는 그의 발꿈치를 상하게 할 것이니라 하시고 또 여자에게 이르시되 내가 네게 임신하는 고통을 크게 더하리니 네가 수고하고 자식을 낳을 것이며 너는 남편을 원하고 남편은 너를 다스릴 것이니라 하시고 아담에게 이르시되 네가 네 아내의 말을 듣고 내가 네게 먹지 말라 한 나무의 열매를 먹었은즉 땅은 너로 말미암아 저주를 받고 너는 네 평생에 수고하여야 그 소산을 먹으리라 땅이 네게 가시덤불과 엉겅퀴를 낼 것이라 네가 먹을 것은 밭의 채소인즉 네가 흙으로 돌아갈 때까지 얼굴에 땀을 흘려야 먹을 것을 먹으리니 네가 그것에서 취함을 입었음이라 너는 흙이니 흙으로 돌아갈 것이니라 하시니라 아담이 그의 아내의 이름을 하와라 불렀으니 그는 모든 산 자의 어머니가 됨이더라 여호와 하나님이 아담과 그의 아내를 위하여 가죽옷을 지어 입히시니라"

아담과 하와가 하나님의 언약을 어깁니다. 선악과를 먹으면 반드시 죽는다고 하셨는데도 유혹을 받아 선악과를 먹음으로 남자는 이마에 땀을 흘려야 먹고 살게 될 것이며 하와는 해산이 고통이 더하여집니다. 그러나 여기서 놀라운 복음이 선포됩니다. 뱀의 후손이 여인의 후손 발꿈치를 상하게 할 것이지만 여인의 후손은 뱀의 머리를 상하게 한다는 것입니다. 이것이 십자가로 사탄의 권세를 깨뜨리실 것을 역사 속에서 말씀하신 것입니다. 그리고 벌거벗은 아담과 하와에게 가죽옷을 지어 입히십니다. 예수님의 십자가의 죽음으로 죄인이 의롭다 칭함을 받는 모습입니다.

호세아 2:14~20 "그러므로 보라 내가 그를 타일러 거친 들로 데리고 가서 말로 위로하고 거기서 비로소 그의 포도원을 그에게 주고 아골 골짜기로 소망의 문을 삼아 주리니 그가 거기서 응대하기를 어렸을 때와 애굽 땅에서 올라오던 날과 같이 하리라 여호와께서 이르시되 그 날에 네가 나를 내 남편이라 일컫고 다시는 내 바알이라 일컫지 아니하리라 내가 바알들의 이름을 그의 입에서 제거하여 다시는 그의 이름을 기억하여 부르는 일이 없게 하리라 그날에는 내가 그들을 위하여 들짐승과 공중의 새와 땅의 곤충과 더불어 언약을 맺으며 또 이 땅에서 활과 칼을 꺾어 전쟁을 없이하고 그들로 평안히 눕게 하라 내가 네게 장가들어 영원히 살되 공의와 정의와 은총과 긍휼히 여김으로 네게 장가들며 진실함으로 네게 장가들리니 네가 여호와를 알리라” 하나님께서 이렇게 하시는 이유는 자기의 언약 때문입니다.

호세아 6:6~7 “나는 인애仁愛를 원하고 제사를 원하지 아니하며 번제보다 하나님을 아는 것을 원하노라 그들은 아담처럼 언약을 어기고 거기에서 나를 반역하였느니라” 여기서 아담을 여러 사람이 일반명사로 보지만 저는 처음 사람 아담으로 볼 수 있다고 봅니다. 이스라엘 전체 역사는 하나님의 언약을 배반하는 일입니다. 제사를 통하여 하나님의 인애仁愛, 헤세드, 언약을 따른 사랑을 배우라고 하였는데 아담처럼 언약을 어기고 하나님을 반역하였다는 것입니다. 그러나 이미 앞에서 본 대로 그런 음녀를 공의와 정의와 은총과 긍휼과 진실함으로 장가들겠다고 합니다. 여호와 하나님이 아담처럼 언약을 어긴 음녀와 결혼함으로 여호와를 알리십니다.

마태복음 9:9~13 “예수께서 그 곳을 떠나 지나가시다가 마태라 하는 사람이 세관에 앉아 있는 것을 보시고 이르시되 나를 따르라 하시니 일어나 따르니라 예수께서 마태의 집에서 앉아 음식을 잡수실 때에 많은 세리와 죄인들이 와서 예수와 그의 제자들과 함께 앉았더니 바리새인들이 보고 그의 제자들에게 이르되 어찌하여 너희 선생은 세리와 죄인들과 함께 잡수시느냐 예수께서 들으시고 이르시되 건강한 자에게는 의사가 쓸데없고 병든 자에게라야 쓸 데 있느니라 너희는 가서 내가 긍휼을 원하고 제사를 원하지 아니하노라 하신 뜻이 무엇인지 배우라 나는 의인을 부르러 온 것이 아니요 죄인을 부르러 왔노라 하시니라”

바리새인들이 율법의 의를 가지고 예수님이 세리와 죄인들과 함께 먹고 마심을 정죄합니다. 그때 예수님은 호세아 선지자의 말로 그들을 책망합니다. 지금 율법의 의로 흠이 없다는 바리새인들이 하나님의 언약을 어기는 모습입니다. 그러므로 하나님께서 자기 백성을 긍휼로 구원하여 내시는 일은 영원 전, 창세 전, 만세 전의 언약으로 구원하십니다. 그러므로 오늘 우리가 의인을 부르기 위하여 오신 주님이 아니라 죄인을 부르기 위하여 오셨다는 주님의 말씀을 듣고 자신이 전적인 죄인임을 알고 오직 예수님만 믿는 자라면 그 영원한 긍휼의 언약이 이루어지고 있기 때문입니다.

아담 언약 ⑵

로마서 5:12~14 그러므로 한 사람으로 말미암아 죄가 세상에 들어오고 죄로 말미암아 사망이 들어왔나니 이와 같이 모든 사람이 죄를 지었으므로 사망이 모든 사람에게 이르렀느니라 죄가 율법 있기 전에도 세상에 있었으나 율법이 없었을 때에는 죄를 죄로 여기지 아니하였느니라 그러나 아담으로부터 모세까지 아담의 범죄와 같은 죄를 짓지 아니한 자들까지도 사망이 왕 노릇 하였나니 아담은 오실 자의 모형이라

지난 주에 아담 언약을 구약 전체를 통하여 살펴보고 마태복음 9장으로 마무리하였습니다. 오늘은 로마서 5장을 중심으로 신약에서 살펴보려고 합니다. 아담은 오실 자의 모형이라고 합니다. 아담이 오실 자의 모형이라는 말씀은 두 가지로 생각해 볼 수 있습니다. 첫째는 타락 이전에 하나님께서 아담을 깊이 잠들게 한 후에 갈비뼈를 취하여 여자를 만드심으로 예수님의 십자가로 신부 된 교회를 만들어 내심으로 보았습니다. 둘째는 선악과의 유혹에 넘어간 하와의 말을 듣고 아담이 선악과를 먹으므로 함께 죽음에 참여하는 모습이 그리스도께서 죽음 아래 오신 모습입니다.

갈라디아서 4:1~3 "내가 또 말하노니 유업을 이을 자가 모든 것의 주인이나 어렸을 동안에는 종과 다름이 없어서 그 아버지가 정한 때까지 후견

인과 청지기 아래에 있나니 이와 같이 우리도 어렸을 때에 이 세상의 초
등학문 아래에 있어서 종노릇 하였더니” 율법을 받은 이스라엘을 통하여
인간이 죄 아래 갇혔음을 보여줍니다. 율법이 없는 이방인들도 이미 죄와
사망 아래 갇혀있습니다. 이런 자들을 구원하시기 위하여 예수 그리스도
께서 오십니다.

　　이어지는 4~5절입니다. “때가 차매 하나님이 그 아들을 보내사 여자에게
서 나게 하시고 율법 아래에 나게 하신 것은 율법 아래에 있는 자들을 속
량하시고 우리로 아들의 명분을 얻게 하려 하심이라” 영원하신 하나님
의 언약을 이루실 때가 되어 하나님이 그 아들을 보내시는데 여자에게 나
게 하신 것은 여자의 후손이 뱀의 후손의 머리를 상하게 하여야 하기 때문
입니다.^{창 3:15} 그리고 율법 아래 오신 것은 율법으로 죄가 무언지 알게 하
여 죄 아래 가두셨기 때문입니다. 그러므로 죄와 사망이 왕으로 있는 이
세상에 예수님이 오심은 십자가의 죽음으로 죽음의 세력을 잡기 위함입
니다.^{히 2:14} 그리고 부활 승천하셔서 성령을 보내심으로 하나님의 자녀가
됩니다.

　　이어지는 6~7절을 봅니다. “너희가 아들이므로 하나님이 그 아들의 영을
우리 마음 가운데 보내사 아빠 아버지라 부르게 하셨느니라 그러므로 네
가 이 후로는 종이 아니요 아들이니 아들이면 하나님으로 말미암아 유업
을 받을 자니라” 예수님의 십자가의 죽음으로 율법의 저주를 대신 받으셨
기에 유대인이나 이방인이나 주 예수를 믿음으로 하나님의 아들이 됩니
다. 이런 믿음을 선물로 주시기 위하여 예수님께서는 십자가에 죽고 하나
님께서 그를 살리시고 하나님의 보좌 우편에 앉히십니다. 예수님께서 하
나님으로부터 성령을 받아 부어주심으로 우리가 하나님을 아빠 아버지라
고 부르게 됩니다. 그러므로 이방인들도 예수님을 믿으므로 하나님의 자

녀가 됩니다.

　로마서 4:25~5:5 "예수는 우리가 범죄 한 것 때문에 내줌이 되고 또한 우리를 의롭다 하시기 위하여 살아나셨느니라. 그러므로 우리가 믿음으로 의롭다 하심을 받았으니 우리 주 예수 그리스도로 말미암아 하나님과 화평을 누리자 또한 그로 말미암아 우리가 믿음으로 서 있는 이 은혜에 들어감을 얻었으며 하나님의 영광을 바라고 즐거워하느니라 다만 이뿐 아니라 우리가 환난 중에도 즐거워하나니 이는 환난은 인내를, 인내는 연단을, 연단은 소망을 이루는 줄 앎이로다 소망이 우리를 부끄럽게 하지 아니함은 우리에게 주신 성령으로 말미암아 하나님의 사랑이 우리 마음에 부은 바 됨이니" 믿음으로 의롭다 칭함을 받은 자들의 복입니다.

　로마서 5:6~11 "우리가 아직 연약할 때에 기약대로 그리스도께서 경건하지 않은 자를 위하여 죽으셨도다 의인을 위하여 죽는 자가 쉽지 않고 선인을 위하여 용감히 죽는 자가 혹 있거니와 우리가 아직 죄인 되었을 때에 그리스도께서 우리를 위하여 죽으심으로 하나님께서 우리에 대한 자기의 사랑을 확증하셨느니라 그러면 이제 우리가 그의 피로 말미암아 의롭다 하심을 받았으니 더욱 그로 말미암아 진노하심에서 구원을 받을 것이니 곧 우리가 원수 되었을 때에 그의 아들의 죽으심으로 말미암아 하나님과 화목하게 되었은즉 화목하게 된 자로서는 더욱 그의 살아나심으로 말미암아 구원을 받을 것이니라 그뿐 아니라 이제 우리로 화목하게 하신 우리 주 예수 그리스도로 말미암아 하나님 안에서 또한 즐거워하느니라"

　오늘 본문을 보기 위하여 최소한의 단락이 지금까지 본 내용입니다. 우리가 범죄 한 것 때문에 자신을 십자가에 내어 주시고 또 의롭다고 하시려고 다시 살아나셨다고 합니다. 그러므로 우리가 연약할 때, 죄인 되어 있을 때, 하나님과 원수가 되어 있을 때 그리스도께서 죽음으로 우리에 대한 하나님의 자기 사랑을 확증하신 것입니다. 이것이 하나님의 사랑입니다. 이 사랑은 아담과 하와가 타락하고 나서 마련한 것이 아니라 창세 전, 영원 전, 만세 전 언약으로 인한 것입니다.

그러면 아담 안에서 허물과 죄로 죽어 사망이 왕 노릇을 하는 상태는 어떤 모습입니까? 하와가 뱀의 유혹을 받아 선악과를 보니 먹음직도 하고 보암직도 하고 지혜롭게 할 만큼 탐스러웠습니다. 그 선악과를 먹고 나서 자기중심으로 먹음직하고 보암직하고 지혜롭게 되는 것을 선으로 여기며 살아갑니다. 이 모습이 육신의 정욕과 안목의 정욕과 이생의 자랑입니다.^{요일 2:16} 우리는 태어나면서부터 이 유혹에서 벗어나지 못합니다. 이런 우리를 구원하시기 위하여 하나님께서 하늘의 영광을 버리고 이 땅에 사람으로 오셔서 세 가지 시험을 다 받지만 모두 말씀으로 물리치고 십자가를 지십니다. 그 십자가로 죄와 사망의 권세를 깨뜨리고 의와 생명의 나라로 옮기십니다.

오늘 본문 로마서 5:12~14입니다. '그러므로' 이 접속사 하나를 이해하기 위하여 지금까지 말씀을 보았습니다. 그러므로 한 사람으로 말미암아 죄가 세상에 들어오고 죄로 말미암아 사망이 들어왔나니 이같이 모든 사람이 죄를 지었으므로 사망이 모든 사람에게 이르렀습니다. 죄로 인한 사망은 율법이 있기 전에도 세상에 있었습니다. 그런데 율법이 없었을 때는 죄를 죄로 여기지 않았습니다. 이 말은 사망이 죄로 인한 것인데 그 사망의 이유를 몰랐다는 말이기도 합니다. 그러나 아담으로부터 모세가 법을 받아 전하기 전까지 아담의 범죄와 같은 죄를 짓지 아니한 자들까지도 사망이 왕 노릇을 한 것은 이미 아담 안에서 모든 사람이 사망에 사로잡힌 것입니다. 그러므로 모든 인류는 아담의 허리에 속하여 선악과를 먹은 것입니다. 그런데 이런 아담을 오실 자의 모형이라고 합니다. 어떤 모습에서 모형이 됩니까? 여기서는 사망과 생명의 대표성을 말합니다.

이어지는 로마서 5:15~21입니다. "그러나 이 은사는 그 범죄와 같지 아니하니 곧 한 사람의 범죄를 인하여 많은 사람이 죽었은즉 더욱 하나님의 은혜와 또한 한 사람 예수 그리스도의 은혜로 말미암은 선물은 많은 사람에게 넘쳤느니라 또 이 선물은 범죄 한 한 사람으로 말미암은 것과 같지 아니하니 심판은 한 사람으로 말미암아 정죄에 이르렀으나 은사는 많은 범죄로 말미암아 의롭다 하심에 이름이니라 한 사람의 범죄로 말미암아 사망이 그 한 사람을 통하여 왕 노릇 하였은즉 더욱 은혜와 의의 선물을 넘치게 받는 자들은 한 분 예수 그리스도를 통하여 생명 안에서 왕 노릇 하리로다 그런즉 한 범죄로 많은 사람이 정죄에 이른 것같이 한 의로운 행위로 말미암아 많은 사람이 의롭다 하심을 받아 생명에 이르렀느니라 한 사람이 순종하지 아니함으로 많은 사람이 죄인 된 것 같이 한 사람이 순종하심으로 많은 사람이 의인이 되리라 율법이 들어온 것은 범죄를 더하게 하려 함이라 그러나 죄가 더한 곳에 은혜가 더욱 넘쳤나니 이는 죄가 사망 안에서 왕 노릇 한 것 같이 은혜도 또한 의로 말미암아 왕 노릇 하여 우리 주 예수 그리스도로 말미암아 영생에 이르게 하려 함이라"

이 세상에는 아담과 예수 딱 두 사람만 있습니다. 아담 안에 있는 모든 사람은 죄와 사망이 왕 노릇을 합니다. 그러나 다른 한 사람 예수 그리스도 안에서는 은혜와 의와 생명이 왕 노릇을 합니다. 그러므로 아담이 오실 자의 모형이라는 말씀은 이러한 대표성을 말합니다. 물론 아담이 그리스도의 모형으로 타락 이전에 여자를 그 몸에서 만들어 내시는 일을 통하여 그리스도의 희생으로 교회의 탄생을 보여줍니다만 지난 주에 본 호세아서의 말씀처럼 아담처럼 언약을 어김으로 죄인의 모습도 보여줍니다. 그러므로 로마서에서 아담이 오실 자의 모형이라는 것은 대표성을 말합니다.

고린도전서 15:19~22 "만일 그리스도 안에서 우리가 바라는 것이 다만

이 세상의 삶뿐이면 모든 사람 가운데 우리가 더욱 불쌍한 자이리라 그러나 이제 그리스도께서 죽은 자 가운데서 다시 살아나사 잠자는 자들의 첫 열매가 되셨도다 사망이 한 사람으로 말미암았으니 죽은 자의 부활도 한 사람으로 말미암는도다 아담 안에서 모든 사람이 죽은 것 같이 그리스도 안에서 모든 사람이 삶을 얻으리라” 사망과 부활을 아담과 예수 그리스도로 대비합니다.

이어지는 23~28절입니다. “그러나 각각 자기 차례대로 되리니 먼저는 첫 열매인 그리스도요 다음에는 그가 강림하실 때에 그리스도에게 속한 자요 그 후에는 마지막이니 그가 모든 통치와 모든 권세와 능력을 멸하시고 나라를 아버지 하나님께 바칠 때라 그가 모든 원수를 그 발아래에 둘 때까지 반드시 왕 노릇 하시리니 맨 나중에 멸망 받을 원수는 사망이니라 만물을 그의 발아래에 두셨다 하셨으니 만물을 아래에 둔다 말씀하실 때에 만물을 그의 아래에 두신 이가 그중에 들지 아니한 것이 분명하도다 만물을 그에게 복종하게 하실 때에는 아들 자신도 그때에 만물을 자기에게 복종하게 하신 이에게 복종하게 되리니 이는 하나님이 만유의 주로서 만유 안에 계시려 하심이라”

아담 안에서 사망이 왕 노릇을 하지만 예수 그리스도 안에서 생명이 왕 노릇을 함을 부활로 계시합니다. 부활의 처음 익은 열매가 예수님입니다. 예수님이 죄와 사망을 이기시고 부활하셨습니다. 그러므로 부활이 차례대로 된다는 말씀은 그가 강림할 때 그리스도에 속한 자가 부활할 것이며 그 후에는 모든 통치와 모든 권세와 능력을 멸하시고 나라를 아버지 하나님께 바칩니다. 그때 마지막으로 멸망 받을 원수는 사망입니다. 그때까지 만물을 그 발아래 두신 분은 그중에 들지 않음이 분명합니다. 만물을 그에게 복종하게 하실 때 아들도 그에게 복종함으로 하나님이 만유의 주로 만유 안에 계신다고 합니다. 이것은 아버지와 아들이 하나라고 하신 말씀

뿐만이 아니라 아들의 피로 구속받은 자들도 그 만유에 포함이 됩니다. 그러므로 이런 말씀은 재림으로 일어날 일입니다.

이어지는 45~49절입니다. "기록된바 첫 사람 아담은 생령이 되었다 함과 같이 마지막 아담은 살려 주는 영이 되었나니 그러나 먼저는 신령한 사람이 아니요 육의 사람이요 그 다음에 신령한 사람이니라 첫 사람은 땅에서 났으니 흙에 속한 자이거니와 둘째 사람은 하늘에서 나셨느니라 무릇 흙에 속한 자들은 저 흙에 속한 자와 같고 무릇 하늘에 속한 자들은 저 하늘에 속한 이와 같으니 우리가 흙에 속한 자의 형상을 입은 것 같이 또한 하늘에 속한 이의 형상을 입으리라"

창세기 2:7의 아담을 언급하면서 아담은 생령이라고 합니다. 이 말은 살려주어야 사는 존재입니다. 그러나 마지막 아담은 살려주는 영입니다. 그러므로 아담을 살려주는 분이 예수님입니다. 우리가 다 아담입니다. 이 아담은 마지막 아담인 예수님께서 살려줌으로만 살게 됩니다. 마지막 아담이 우리를 살리시는 일은 우리의 죄를 그가 대신 담당하여 십자가에서 죽음으로 살려내십니다. 그러므로 예수님을 믿는다는 말은 흙에 속한 아담의 형상을 입은 것처럼 하늘에 속한 예수 그리스도의 형상을 입게 됩니다. 예수 그리스도는 온전한 하나님의 형상입니다.^{고후4:4, 골1:15} 그러므로 우리가 예수님을 믿으면 흙에 속한 형상이 하늘에 속한 하나님의 형상을 입게 됩니다. 지금 질병으로 고통받고 있는 분만이 아니라 건강한 자도 이 말씀이 소망이 되는 사람이 성도입니다. 아담 안에서 죄로 인한 사망이 결론이지만 그리스도 안에서는 생명과 부활입니다.

히브리서 2:8~9 "만물을 그 발아래에 복종하게 하셨느니라 하였으니 만물로 그에게 복종하게 하셨은즉 복종하지 않은 것이 하나도 없어야 하겠으나 지금 우리가 만물이 아직 그에게 복종하고 있는 것을 보지 못하고 오직 우리가 천사들보다 잠시 동안 못하게 하심을 입은 자 곧 죽음의 고난 받으심으로 말미암아 영광과 존귀로 관을 쓰신 예수를 보니 이를 행하심은 하나님의 은혜로 말미암아 모든 사람을 위하여 죽음을 맛보려 하심이라” 앞에서 본 고린도전서 15장의 만물을 발아래 두신다는 말씀과 갈라디아서 4장의 말씀이 함께 언급됩니다.

히브리서 2:10~18 “그러므로 만물이 그를 위하고 또한 그로 말미암은 이가 많은 아들들을 이끌어 영광에 들어가게 하시는 일에 그들의 구원의 창시자를 고난을 통하여 온전하게 하심이 합당하도다 거룩하게 하시는 이와 거룩하게 함을 입은 자들이 다 한 근원에서 난지라 그러므로 형제라 부르시기를 부끄러워하지 아니하시고 이르시되 내가 주의 이름을 내 형제들에게 선포하고 내가 주를 교회 중에서 찬송하리라 하셨으며 또 다시 내가 그를 의지하리라 하시고 또 다시 볼지어다 나와 및 하나님께서 내게 주신 자녀라 하셨으니 자녀들은 혈과 육에 속하였으매 그도 또한 같은 모양으로 혈과 육을 함께 지니심은 죽음을 통하여 죽음의 세력을 잡은 자 곧 마귀를 멸하시며 또 죽기를 무서워하므로 한평생 매여 종노릇 하는 모든 자들을 놓아주려 하심이니 이는 확실히 천사들을 붙들어 주려 하심이 아니요 오직 아브라함의 자손을 붙들어 주려 하심이라 그러므로 그가 범사에 형제들과 같이 되심이 마땅하도다 이는 하나님의 일에 자비하고 신실한 대제사장이 되어 백성의 죄를 속량하려 하심이라 그가 시험을 받아 고난을 당하셨은즉 시험받는 자들을 능히 도우실 수 있느니라”

아담 안에서 죽음에 종노릇 하는 자를 마지막 아담인 예수님이 십자가로 속량합니다. 그러므로 아담이 오실 자의 모형이라는 말씀은 앞에서 말씀드린 그리스도의 희생을 보여줄 뿐만 아니라 아담 안에서 모든 사람이 사망에 이르렀지만 예수 그리스도 안에서 모든 사람이 생명을 얻는다는 대표성의 모형도 됩니다. 그러므로 처음 아담은 마지막 아담이신 그리스도를 계시하는 모형이며 예표의 역할입니다. 그러므로 모든 성경은 예수 그리스도를 증거 합니다.^{요 5:29} 그러므로 성경의 계시를 통하여 예수님을 믿게 되면 하나님의 자녀가 됩니다. 아담 안에서 예수님 안으로 옮겨진 것입니다. 이런 자들은 지금 여기서부터 하늘에 속한 모든 신령한 복을 지금부터 맛보며 누리며 살기에 더욱 그 나라와 그 의가 완전하게 이루어지기를 소망하면서 살아갑니다.

노아 언약 (1)

창세기 5:21~31 에녹은 육십오 세에 므두셀라를 낳았고 므두셀라를 낳은 후 삼백 년을 하나님과 동행하며 자녀들을 낳았으며 그는 삼백육십오 세를 살았더라 에녹이 하나님과 동행하더니 하나님이 그를 데려가시므로 세상에 있지 아니하였더라 므두셀라는 백팔십칠 세에 라멕을 낳았고 라멕을 낳은 후 칠백팔십이 년을 지내며 자녀를 낳았으며 그는 구백육십구 세를 살고 죽었더라 라멕은 백팔십이 세에 아들을 낳고 이름을 노아라 하여 이르되 여호와께서 땅을 저주하시므로 수고롭게 일하는 우리를 이 아들이 안위하리라 하였더라 라멕은 노아를 낳은 후 오백구십오 년을 지내며 자녀들을 낳았으며 그는 칠백칠십칠 세를 살고 죽었더라 노아는 오백 세 된 후에 셈과 함과 야벳을 낳았더라

오늘부터 노아 언약을 보도록 하겠습니다. 언약을 말하는 사람 대부분은 노아 언약부터 시작합니다. 노아 언약에서 언약이라는 단어가 나오기 때문입니다. 그러나 저는 언약이라는 단어가 노아에게 처음 나온다고 하여도 이미 하나님의 모든 말씀이 언약言約이라고 보았습니다. 영원하신 하나님께서 언약하시면 반드시 이루어집니다. 그러므로 천지를 창조하시기도 전에 먼저 영원 자존 하시는 하나님이 존재하셨기에 천지 만물을 창조하신 것입니다. 그러한 하나님의 언약을 하나님께서 어떻게 신실하게 이루어가시는지 기록된 계시의 말씀인 성경으로 살펴보고 있습니다.

창세기 5:21~24를 봅니다. 노아의 족보를 말하고 있습니다만 단순한 족보가 아니라 하나님의 계시입니다. 에녹이 65세에 므두셀라는 낳았습니다. 므두셀라를 낳은 후 삼백 년을 하나님과 동행하며 자녀들을 낳았습니다. 에녹이 므두셀라를 낳은 후 300년을 하나님과 동행하며 자녀를 낳았습니다. 그렇게 하나님과 동행하다가 365세 때 하나님이 데려가십니다. 다른 사람들은 천년 가까이 살았는데 하나님과 동행한 에녹은 다른 사람들의 삼 분의 일 정도만 살고 세상에서 사라졌습니다. 에녹이 하나님과 동행한 것은 므두셀라를 낳을 때 무슨 일이 있었습니다. 므두셀라의 뜻이 창 던지는 자라는 뜻인데 이 말은 그가 죽으면 세상에 심판이 임한다고 볼 수 있습니다. 그러므로 에녹은 므두셀라를 낳고부터 세상의 종말을 생각하며 살았기에 하나님과 동행합니다.

유다서 14~15 "아담의 칠대 손 에녹이 이 사람들에 대하여도 예언하여 이르되 보라 주께서 그 수만의 거룩한 자와 함께 임하셨나니 이는 뭇 사람을 심판하사 모든 경건하지 않은 자가 경건하지 않게 행한 모든 경건하지 않은 일과 또 경건하지 않은 죄인들이 주를 거슬러 한 모든 완악한 말로 말미암아 그들을 정죄하려 하심이라 하였느니라" 유다서는 거짓 선생들을 주의하라고 하면서 이스라엘 역사 속에서 하나님을 대적한 자들을 심판하신 말씀을 하면서 에녹을 말합니다. 에녹도 예언자로 경건하지 않은 자들이 완악한 말로 주를 거슬러 한 말을 심판한 것입니다. 그 심판은 노아 홍수로 온 세상이 심판을 받은 것입니다. 그 완악한 말들이 어떤 말입니까?

베드로후서 3:3~7 "먼저 이것을 알지니 말세에 조롱하는 자들이 와서 자기의 정욕을 따라 행하며 조롱하여 이르되 주께서 강림하신다는 약속이 어디 있느냐 조상들이 잔 후로부터 만물이 처음 창조될 때와 같이 그냥 있다 하니 이는 하늘이 옛적부터 있는 것과 땅이 물에서 나와 물로 성립된 것도 하나님의 말씀으로 된 것을 그들이 일부러 잊으려 함이로다 이로 말미암아 그 때에 세상은 물이 넘침으로 멸망하였으되 이제 하늘과 땅은 그 동일한 말씀으로 불사르기 위하여 보호하신 바 되어 경건하지 아니한 사람들의 심판과 멸망의 날까지 보존하여 두신 것이니라"

노아 홍수 때 사람들은 하나님의 말씀을 일부러 잊어버리려고 한 것입니다. 노아 때 홍수가 있기 전에 노아의 증조할아버지 므두셀라는 낳고서는 하나님의 계시를 받았습니다. 그러므로 하나님과 동행함으로 예언자의 역할을 하였습니다. 그 내용은 방금 읽은 베드로후서의 말씀입니다. 노아가 방주를 만들 때 사람들은 물이 세상으로 멸망하지 않는다고 생각하였습니다. 그 이유는 이 땅이 원래 물에서 나와서 성립되었다는 것을 일부러 잊어버리려고 하였다는 것입니다. 그러므로 물로 심판을 받았지만 지금 이 하늘과 땅은 불로 심판을 받을 것입니다. 그 모델은 소돔과 고모라입니다. 소돔과 고모라는 하나님의 말씀을 농담으로 여겼습니다. 하나님의 말씀을 일부러 잊어버리려고 하고 농담으로 여기며 눈에 보이는 세상만 사랑함이 죄악이 가득한 모습입니다.

창세기 5:25~31 여러분이 아래의 숫자를 더하기 해 보시기 바랍니다. 므두셀라가 라멕을 낳은 나이 187, 라멕이 노아를 낳은 나이 182, 노아 600세 때 홍수가 일어납니다.^{창 7:6} 세 숫자를 더하면 969가 나옵니다. 이 숫자는 므두셀라가 죽는 해입니다.^{창 5:27} 그러므로 에녹이 므두셀라는 낳고 예언자가 되었다는 말은 세상의 심판을 예언한 것입니다. 그런데 그 심판이 므두셀라 죽던 해가 노아의 600세 되던 해입니다. 그런데 그런 심판을 말한 때에 라멕이 아들을 낳고 이름을 노아라고 합니다. 노아의 뜻은 '안위함' 이라는 뜻입니다. 그 이유는 에덴동산에서 추방된 인간의 삶은 저주받은 땅이라서 수고롭게 일해야 살아갑니다. 그러므로 참된 안식을 소원하면서 이름을 노아라고 지은 것입니다. 그러므로 저주의 땅의 심판을 받음으로 안식이 주어짐을 노아 언약에서 이미 다 계시하고 있습니다. 노아 시대의 악은 어떤 모습입니까?

창세기 6:1~7 "사람이 땅 위에 번성하기 시작할 때에 그들에게서 딸들이 나니 하나님의 아들들이 사람의 딸들의 아름다움을 보고 자기들이 좋아하는 모든 여자를 아내로 삼는지라 여호와께서 이르시되 나의 영이 영원히 사람과 함께 하지 아니하리니 이는 그들이 육신이 됨이라 그러나 그들의 날은 백이십 년이 되리라 하시니라 당시에 땅에는 네피림이 있었고 그 후에도 하나님의 아들들이 사람의 딸들에게로 들어와 자식을 낳았으니 그들은 용사라 고대에 명성이 있는 사람들이었더라 여호와께서 사람의 죄악이 세상에 가득함과 그의 마음으로 생각하는 모든 계획이 항상 악할 뿐임을 보시고 땅 위에 사람 지으셨음을 한탄하사 마음에 근심하시고 이르시되 내가 창조한 사람을 내가 지면에서 쓸어버리되 사람으로부터 가축과 기는 것과 공중의 새까지 그리하리니 이는 내가 그것들을 지었음을 한탄함이니라 하시니라"

에덴동산에서 아담과 하와가 추방된 후에 가인이 아벨을 살해합니다. 살해한 아벨 대신이 하나님께서 셋을 주십니다. 그러므로 이 당시에 크게 두 종류의 사람이 있습니다. 하나는 셋 계열로 이들이 하나님의 아들들로 봅니다. 그러나 가인 계열은 사람들의 딸들로 봅니다. 그 이유는 가인의 후손들이 성을 쌓고 무기를 만들고 악기를 만들고 도시 문명을 건설합니다. 그런데 셋 계열은 그런 내용이 없습니다. 그러므로 하나님의 아들들이 사람들의 딸들의 아름다움을 보고 자기들이 좋아하는 모든 여자를 아내로 삼았습니다. 이러한 모습을 보고 하나님의 영이 사람과 영원히 사람과 함께 하지 않겠다고 하십니다. 이는 그들이 육신이 되었다고 합니다. 육신이란 히브리어로 '바사르' 몰락할 인간이 되었다는 말입니다. 하나님의 영이 함께 하지 않으면 인간의 자기 욕망으로 살다가 영원한 멸망에 이르게 됩니다. 그러므로 절대로 사람 마음의 생각과 계획이 항상 악한 것은 뉴스에 나오는 흉악한 범죄만을 말하는 것이 아니라 '자기 좋아하는 대로 살아가기' 입니다.

지금, 이 세상이 요란한 이유도 이 이유 때문입니다. 선악과를 따 먹은 후의 인간들은 모두가 선악의 판단을 자기중심으로 합니다. 그러므로 사람마다 자기 좋아하는 대로 살아가고 있습니다. 그러면 대부분 사람이 자기 좋은 대로 살아가지 않는다고 말할 것입니다. 학생들은 공부하기 싫은데도 공부하는 것은 자가 좋은 대로 살아가지 않는 것이라고 합니다. 그런데 공부하지 않으면 밥도 안 주고 용돈도 안 주기에 하는 수 없어서 하는 겁니다. 물론 공부가 가장 쉬웠다는 학생도 있기는 합니다. 그런데 그런 아이도 자기 좋은 대로 한 것입니다. 이것은 어른도 마찬가지입니다. 내가 이렇게 희생하는데, 무엇이 내 좋은 대로 살아가느냐고 하겠지만, 그런 희생을 하지 않으면 더 불행해질 것 같으니 그렇게라도 희생하는 것 아닙니까? 그러니 결국 자기 좋은 대로 살아갑니다.

요한복음 7:7 "세상이 너희를 미워하지 아니하되 나를 미워하나니 이는 내가 세상의 일들을 악하다고 증언함이라" 세상의 일들 전체가 악하다고 합니다. 유대인들은 거룩한 하나님을 섬긴다고 성전을 멋지게 단장하였습니다. 안식일을 거룩하게 지킨다고 일을 하지 않기 위한 규칙을 수십 가지로 만들어 지킵니다. 십일조도, 구제도, 금식도, 할례도 잘하고 있습니다. 그런데 예수님은 그런 모든 일이 세상의 일이기에 악하다고 하였습니다. 그러므로 성전을 허물어 버리라고 하신 말씀은 성전에서 하나님을 예배한다는 자기가 복을 받고 천국도 가기 위한 일이라는 말입니다. 오늘 우리의 모든 삶이 자기 좋아서 하는 일인데 이것을 예수님은 악하다고 합니다.

그러므로 하나님께서 노아에게 언약을 맺으신 일은 노아의 의로움이 아닙니다. 다음 주에 보겠습니다만 노아가 당대의 의인이었다는 말씀이 나옵니다.창 6:9 그러나 그 이전에 창세기 6:8이 먼저 있습니다. "그러나 노아는 여호와께 은혜를 입었더라" 노아도 아담의 타락 이후의 인간입니다. 에녹도 아담의 타락 이후의 인간입니다. 그런데 에녹이 하나님과 300년을 동행하며 살아간 것은 므두셀라는 낳고서 하나님의 계시를 받았기 때문입니다. 그러므로 에녹과 노아도 모두가 자기 좋아하는 대로 살아가는 자들이었지만 하나님의 은혜를 받았기 때문에 의인이 됩니다.

오늘은 장로와 권사 선택을 위한 공동의회가 있어서 설교를 짧게 합니다. 그런데 우리 마음의 생각과 계획이 항상 악함을 인정하고 공동의회를 하시기를 바랍니다. 우리는 무엇을 해도 내가 좋아하는 사람을 투표합니다. 그 사람의 신앙을 보고 투표를 한다고 하지만 역시 나의 취향에 맞아야 합니다. 그러므로 누가 되고 안 되고 하는 일에 너무 마음 두지 마시기를 바랍니다. 우리 마음의 생각과 계획이 항상 악하다는 사실을 인정하신다면 어떤 결과든 가볍게 받을 수 있을 것입니다.

시편 62편을 보면 사람이 넘어지는 담과 흔들리는 울타리 같다고 합니다. 입으로는 축복인데 속으로 저주합니다. 그래서 슬프다고 합니다. 사람이 입김이며 인생도 속임수라서 저울에 달면 입김보다 가볍습니다. 그러므로 나의 구원과 영광은 흔들리지 않는 하나님께 있습니다. 그 하나님께서 사람이 되시고 십자가로 다 이루셨습니다. 그 다 이루심 안에서만 흔들림이 없습니다. 어떻게 이런 일이 일어납니까? 우리 마음의 생각과 계획이 항상 악할 뿐인 줄 아시는 하나님께서 은혜를 베풀어 주셨기에 주님 안에서 흔들림이 없습니다. 그러므로 노아가 은혜를 입었듯이 마음의 생각과 계획이 항상 악한 우리에게도 그 십자가의 은혜를 내려 주시기를 소원합니다.

노아 언약 (2)

창세기 6:8~22 그러나 노아는 여호와께 은혜를 입었더라 이것이 노아의 족보니라 노아는 의인이요 당대에 완전한 자라 그는 하나님과 동행하였으며 세 아들을 낳았으니 셈과 함과 야벳이라 그 때에 온 땅이 하나님 앞에 부패하여 포악함이 땅에 가득한지라 하나님이 보신즉 땅이 부패하였으니 이는 땅에서 모든 혈육 있는 자의 행위가 부패함이었더라 하나님이 노아에게 이르시되 모든 혈육 있는 자의 포악함이 땅에 가득하므로 그 끝 날이 내 앞에 이르렀으니 내가 그들을 땅과 함께 멸하리라 너는 고페르 나무로 너를 위하여 방주를 만들되 그 안에 칸들을 막고 역청을 그 안팎에 칠하라 네가 만들 방주는 이러하니 그 길이는 삼백 규빗, 너비는 오십 규빗, 높이는 삼십 규빗이라 거기에 창을 내되 위에서부터 한 규빗에 내고 그 문은 옆으로 내고 상 중 하 삼층으로 할지니라 내가 홍수를 땅에 일으켜 무릇 생명의 기운이 있는 모든 육체를 천하에서 멸절하리니 땅에 있는 것들이 다 죽으리라 그러나 **너와는 내가 내 언약을 세우리니** 너는 네 아들들과 네 아내와 네 며느리들과 함께 그 방주로 들어가고 혈육 있는 모든 생물을 너는 각기 암수 한 쌍씩 방주로 이끌어들여 너와 함께 생명을 보존하게 하되 새가 그 종류대로, 가축이 그 종류대로, 땅에 기는 모든 것이 그 종류대로 각기 둘씩 네게로 나아오리니 그 생명을 보존하게 하라 너는 먹을 모든 양식을 네게로 가져다가 저축하라 이것이 너와 그들의 먹을 것이 되리라

노아가 그와 같이 하여 하나님이 자기에게 명하신 대로 다 준행하였더
라

성경의 시작이 창세기인데 창세기 6장에서 온 세상을 물로 심판하신다
는 말씀이 있습니다. 그 이유가 무엇인지 지난 주에 보았습니다. 왜 온 세
상이 물로 심판을 받아야 합니까? 그 이유는 사람의 마음으로 생각하는
모든 계획이 항상 악하기 때문입니다.^{창6:5} 항상 악하기에 잠깐이라도 선
한 계획이 없다는 말씀입니다. 마음의 생각하는 모든 계획이 항상 악한
모습은 흉악하고 끔찍한 범죄만을 말하는 것이 아니라 '자기 좋은 대로
살아가기' 입니다.^{창6:2} 자기 마음에 좋은 대로 먹고 마시며 사고팔고 시
집가고 장가가는 일을 선이며 진리라고 여깁니다. 선악의 판단을 자기중
심으로 하고 사는 타락한 인생의 실상입니다. 이런 삶이 죄악이 가득한
모습입니다.^{창6:5}

그러므로 하나님께서 이런 세상을 물로 심판을 하십니다. 그러나 하나
님은 이미 아담에게 하신 말씀이 있습니다. 생육하고 번성하고 땅을 다스
리라고 말씀하셨습니다.^{창1:28} 이 말씀도 하나님의 언약이기에 노아 때에
모든 자를 다 멸망시키지 않고 노아 가족을 살려내십니다. 노아도 자기
좋은 대로 살아가는 사람입니다. 그러므로 노아가 선행先行적인 의가 있
어서 방주를 만든 것이 아니라 하나님의 언약을 이루시기 위하여 노아를
선택하시고 은혜를 베푸신 것입니다. 성경에 나오는 모든 믿음의 사람은
하나님의 언약을 이루기 위하여 은혜를 받은 사람입니다.

창세기 6:8~10 우리는 8절과 9절을 잘라서 보는 경향이 있습니다. 그래
서 9절만 강조하면 노아가 방주를 만들 수 있었던 것은 노아가 의인이며
당대에 완전한 자이며 하나님과 동행하였다고 말합니다. 그러나 지난 주
에 보았듯이 에녹이 하나님과 동행하고 노아가 방주를 예비한 것은 하나

님의 은혜 때문입니다. 그 은혜를 베풀어 주심도 하나님의 영원한 언약을 이루시기 위하여 은혜를 베풀어 주신 것입니다. 그러므로 노아가 의인이며 당대에 완전한 자며 하나님과 동행하였다고 하는 말씀도 다 하나님의 언약을 이루기 위하여 은혜를 입었기 때문입니다.

본문 11~13절입니다. 노아 시대에 이미 온 땅이 하나님 앞에 부패하여 포악함이 땅에 가득합니다. 하나님이 보신즉 땅이 부패하였으니 이는 땅에서 모든 혈육 있는 자의 행위가 부패함이었다고 합니다. 이런 모습이 흉악한 범죄가 가득함만을 말하는 것이 아닙니다. 일상적인 삶인 먹고 마시며, 사고팔고, 시집가고 장가가고, 교회당에 오고, 장로 권사 투표도 하고, 휴가도 가고 하는 이런 일들조차 다 자기 좋은 대로 하고 사는 삶을 말합니다. 방금 말씀드린 이런 일상적인 삶을 살 때 정말로 하나님을 기쁘시게 하려고 하는 일이 우리에게 얼마나 있습니까? 그러므로 세상에 모든 악이 다른 곳에 있는 것이 아니라 자기 속에 있는 것을 아는 자들이 은혜받은 자입니다.

본문 14~17절입니다. 하나님께서 노아에게 방주를 만들라고 합니다. 방주의 재료와 설계도까지 말씀하십니다. 이 방주의 크기가 현대 최첨단 조선 기술로 시뮬레이션을 해 보니 폭풍우에 가장 안전한 크기라는 말을 조선공학자에게 들어보았습니다. 하나님께서 홍수로 심판하시는 이유는 바로 앞에서 말씀드린 대로입니다. 그러므로 생명의 기운이 있는 모든 육체를 천하에서 멸절하리니 땅에 있는 것들이 다 죽을 것이라고 합니다. 인간의 타락으로 인하여 땅의 짐승들과 공중의 새들까지 다 심판받습니다. 이미 아담 언약에서 말씀드렸습니다. 대표성의 원리인데 아담 안에서 사망이 왕 노릇을 하지만 마지막 아담인 예수님 안에서 생명이 왕 노릇 함을 보여줍니다.

본문 18절입니다. 세상에 죄악이 가득함으로 온 세상을 심판하십니다. 그러나 노아에게는 언약을 세우신다고 합니다. 여기서 언약을 세우시는 분이 여호와 하나님입니다. 여호와 하나님께서 자기 언약을 세운다고 합니다. 그래서 내 언약이라고 합니다. 여기서 언약이라는 단어가 성경에서 처음 나옵니다. '베리트' 는 언약인데 세운다는 말은 '카라트' 입니다. '카라트' 는 자른다는 뜻입니다. '카라트' 에 관하여 여러 해석이 분분합니다만 언약 체결 방식에서 짐승을 쪼개는 모습을 말씀드렸습니다. 그러므로 짐승이 쪼개지는 것도 자르는 것이지만 하나님께서 자기 백성에게 언약을 체결하면 죄와 사망의 줄을 끊으시고 의와 생명으로 옮기심이 언약을 체결하는 방식입니다.

본문 19~22절입니다. 혈육 있는 모든 생물을 너는 각기 암수 한 쌍씩 방주로 이끌어 들여 너와 함께 생명을 보존하도록 합니다. 그뿐 아니라 먹을 모든 양식을 저축하라고 합니다. 노아가 하나님께서 자기에게 명하신 대로 다 준행하였다고 합니다. **7:5에서도** 노아가 여호와의 명하신 대로 다 준행하였다고 합니다. 노아가 다 준행하였다는 것도 하나님의 은혜입니다. 바울 사도도 자기의 수고가 자신이 아니라 하나님의 은혜가 헛되지 않았기 때문이라고 합니다. ^{고전15:10}

창세기 7:6~12 "홍수가 땅에 있을 때에 노아가 육백 세라 노아는 아들들과 아내와 며느리들과 함께 홍수를 피하여 방주에 들어갔고 정결한 짐승과 부정한 짐승과 새와 땅에 기는 모든 것은 하나님이 노아에게 명하신 대로 암수 둘씩 노아에게 나아와 방주로 들어갔으며 칠 일 후에 홍수가 땅에 덮이니 노아가 육백 세 되던 해 둘째 달 곧 그달 열이렛날이라 그날에 큰 깊음의 샘들이 터지며 하늘의 창문들이 열려 사십 주야를 비가 땅에 쏟아졌더라 곧 그 날에 노아와 그의 아들 셈, 함, 야벳과 노아의 아내와 세

며느리가 다 방주로 들어갔고 그들과 모든 들짐승이 그 종류대로, 모든 가축이 그 종류대로, 땅에 기는 모든 것이 그 종류대로, 모든 새가 그 종류대로 무릇 생명의 기운이 있는 육체가 둘씩 노아에게 나아와 방주로 들어갔으니 들어간 것들은 모든 것의 암수라 하나님이 그에게 명하신 대로 들어가매 여호와께서 그를 들여보내고 문을 닫으시니라"

짐승들이 방주에 들어가게 되는 것은 하나님께서 노아에게 명하신 대로 들어갑니다. 이런 모습을 짐승들이 사람들보다 천재지변의 감각이 뛰어나서 그렇다고 하는 분도 있지만 그렇다면 모든 짐승이 다 들어오려고 하였을 것입니다. 그러므로 짐승들도 하나님께서 선택하여 이끌어 들이신 것입니다. 그리고 방주에 타고 나서 칠 일 후에 비가 옵니다. 그러므로 방주에 타는 동안 비가 올 조짐도 없었습니다. 방주에 타고 나니 여호와께서 문을 닫으십니다. 방주가 이미 닫혔지만, 비가 오지 않는 모습을 사람들이 보았다면 어떤 마음이었을까요? 역시 노아가 미친 사람이라고 할 것입니다. 그러나 칠일 그 완전한 때에 어김없이 비가 쏟아집니다. 하늘에서 창이 열리듯이 40일을 주야로 비가 쏟아지고 땅에서도 큰 샘들이 열려서 물이 솟구쳐 오릅니다. 천지를 창조하실 때 물과 뭍을 나누기 전의 모습으로 돌아갑니다. 방주에 타지 않은 사람과 짐승이 다 죽습니다.

창세기 8:10~14 "또 칠 일을 기다려 다시 비둘기를 방주에서 내놓으매 저녁때에 비둘기가 그에게로 돌아왔는데 그 입에 감람나무 새 잎사귀가 있는지라 이에 노아가 땅에 물이 줄어든 줄을 알았으며 또 칠 일을 기다려 비둘기를 내놓으매 다시는 그에게로 돌아오지 아니하였더라 육백일 년 첫째 달 곧 그달 초하룻날에 땅 위에서 물이 걷힌지라 노아가 방주 뚜껑을 제치고 본즉 지면에서 물이 걷혔더니 둘째 달 스무이렛날에 땅이 말랐더라"

노아가 방주에 들어가서 홍수가 시작된 때가 노아 600년 2월 17일입니다. ^{7:10} 방주에서 나오는 때는 601년 2월 27일입니다. ^{8:14} 아라랏 산에 머물게 된 방주에서 창을 열어보니 산봉우리가 보였습니다. 방주에서 나오기 전에 땅에 물이 말랐는지 까마귀를 방주 밖으로 날려 보냅니다. 까마귀는 방주에 돌아오지 않고 물이 마르기까지 왕래하였습니다. 다음에 비둘기를 날려 보내니 아직 발붙일 곳을 얻지 못하여 다시 돌아왔습니다. 다시 칠 일을 기다려 비둘기를 보내니 감람나무 잎사귀를 물어왔습니다. 이제 물이 빠진 것을 알았습니다. 다시 칠 일을 기다려 비둘기를 날려 보내니 돌아오지 않았습니다. 이를 통하여 물이 빠졌음을 알고 방주에서 나옵니다.

창세기 8:15~19 "하나님이 노아에게 말씀하여 이르시되 너는 네 아내와 네 아들들과 네 며느리들과 함께 방주에서 나오고 너와 함께 한 모든 혈육 있는 생물 곧 새와 가축과 땅에 기는 모든 것을 다 이끌어내라 이것들이 땅에서 생육하고 땅에서 번성하리라 하시매 노아가 그 아들들과 그의 아내와 그 며느리들과 함께 나왔고 땅 위의 동물 곧 모든 짐승과 모든 기는 것과 모든 새도 그 종류대로 방주에서 나왔더라"

홍수 후 방주에서 나왔을 때 하나님께서 생육하고 번성하라고 합니다. 이 말씀은 아담과 하와에게 하신 창세기 1:28의 말씀을 다시 하십니다. 인간이 아무리 타락하고 반역하여도 하나님의 자기 약속은 이루어 내심을 보여줍니다. 하나님께서 자기 약속을 이루어 내시기 위하여 선택한 자들에게 은혜를 베풀어 주신 것입니다. 그러므로 노아에게 은혜를 베푸셔서 방주를 예비하게 하시고 방주에 타게 되는 모든 일도 하나님의 자기 약속을 이루시기 위한 은혜입니다. 그러므로 이런 은혜가 누구의 희생으로 일어나게 될 것인지 홍수 후에 정결한 짐승의 희생으로 또 계시합니다.

창세기 8:20~22 "노아가 여호와께 제단을 쌓고 모든 정결한 짐승과 모든 정결한 새 중에서 제물을 취하여 번제로 제단에 드렸더니 여호와께서 그 향기를 받으시고 그 중심에 이르시되 내가 다시는 사람으로 말미암아 땅을 저주하지 아니하리니 이는 사람의 마음이 계획하는 바가 어려서부터 악함이라 내가 전에 행한 것 같이 모든 생물을 다시 멸하지 아니하리니 땅이 있을 동안에는 심음과 거둠과 추위와 더위와 여름과 겨울과 낮과 밤이 쉬지 아니하리라"

홍수 후에 노아가 여호와께 제단을 쌓고 정결한 짐승과 새 중에서 제물을 취하여 번제로 드립니다. 여호와께서 그 향기를 받으시고 그 중심에 이르시되 내가 다시는 사람으로 말미암아 땅을 저주하지 아니하리라고 합니다. 정결한 짐승의 희생이 사실 노아에게도 적용되는 것입니다. 노아가 은혜를 입어 방주를 예비하고 방주를 탄 일도 정결한 짐승의 희생이 있기 때문입니다. 시간상으로 홍수 후에 희생 제사가 드려질지라도 소급하여 적용할 수 있습니다. 그 이유는 구약의 짐승 제사가 장차 오실 세상 죄를 지고 가는 하나님의 어린 양 예수 그리스도를 예표 하기 때문입니다. 정결한 짐승의 향기를 받으시고 하나님께서 사람으로 인하여 땅을 저주하지 않으시겠다고 하십니다. 그 이유는 사람의 마음이 계획하는 바가 어려서부터 악하기 때문입니다. 홍수 이후에도 인간이 달라지지 않았다는 말입니다. 어려서부터 항상 악한 인간이기에 심판하시면 날마다 해야 합니다.

여기서 신약과 연결하여 두 가지만 살펴보겠습니다. 첫째는 홍수가 그치고 비둘기를 날려 보냈을 때 감람나무 잎사귀를 물고 왔습니다. 감람나무는 올리브나무입니다. 그러므로 구약에서 기름 부음을 받았다고 할 때 감람나무의 기름입니다. 그러므로 왕과 제사장과 선지자가 기름 부음을 받습니다. 그래서 기름 부음 받은 자를 메시아라고 합니다. 헬라어로는 그리스도입니다. 홍수 후에 비둘기가 감람나무 잎을 물고 온 장면을 보다가 예수님의 세례 장면이 생각이 났습니다.

마태복음 3:13~17 "이 때에 예수께서 갈릴리로부터 요단강에 이르러 요한에게 세례를 받으려 하시니 요한이 말려 이르되 내가 당신에게서 세례를 받아야 할 터인데 당신이 내게로 오시나이까 예수께서 대답하여 이르시되 이제 허락하라 우리가 이와 같이 하여 모든 의를 이루는 것이 합당하니라 하시니 이에 요한이 허락하는지라 예수께서 세례를 받으시고 곧 물에서 올라오실새 하늘이 열리고 하나님의 성령이 비둘기 같이 내려 자기 위에 임하심을 보시더니 하늘로부터 소리가 있어 말씀하시되 이는 내 사랑하는 아들이요 내 기뻐하는 자라 하시니라"

예수님께서 요한에게 세례를 받으십니다. 예수님은 죄인들이 받을 세례를 받으실 필요가 없습니다. 그런데도 세례를 받으시는 이유는 하나님의 의를 이루시는 일입니다. 하나님이 사람이 되어 죄를 알지도 못하신 예수님인데 하나님께서 죄로 삼으신 것은 우리가 그 안에서 하나님의 의가 되기 위함입니다. ^{고후5:21} 그러므로 예수님께서 물에서 올라오심과 성령이 비둘기 형태와 같이 임하는 모습이 노아의 홍수 후에 비둘기가 감람나무 잎을 물고 옴이 겹쳐집니다. 그러므로 홍수와 하나님의 약속까지 모두 다 예수 그리스도의 하실 일을 미리 보여주신 것입니다.

둘째는 마태복음 24:35~39입니다. "천지는 없어질지언정 내 말은 없어지지 아니하리라 그러나 그날과 그때는 아무도 모르나니 하늘의 천사들도, 아들도 모르고 오직 아버지만 아시느니라 노아의 때와 같이 인자의 임함도 그러하리라 홍수 전에 노아가 방주에 들어가던 날까지 사람들이 먹고 마시고 장가들고 시집가고 있으면서 홍수가 나서 그들을 다 멸하기까지 깨닫지 못하였으니 인자의 임함도 이와 같으리라"

천지보다 중요한 것이 예수님의 말씀입니다. 천지도 예수님의 말씀으로 창조되었습니다. ^{요1:3, 골 1:16, 롬11:36} 그러므로 예수님의 말씀대로 결론이 나는 천지입니다. 그런데도 사람들은 예수님의 말씀에 귀를 기울이

지 않습니다. 그 이유는 이 세상의 신이 눈과 귀와 마음을 진리를 보고 듣고 깨닫지 못하도록 가리고 있기 때문입니다. 그러므로 예수님께서 십자가를 지시는 그 인자의 날도 사람들이 알지 못하였지만, 재림의 때도 알지 못합니다. 그러나 노아처럼 은혜를 입은 자들은 우리 주님 다시 오시기를 간절히 사모하며 새 하늘과 새 땅을 바라봅니다. 벧후3:13

노아 언약 (3)

창세기 9:8~17 하나님이 노아와 그와 함께 한 아들들에게 말씀하여 이르시되 내가 내 언약을 너희와 너희 후손과 너희와 함께 한 모든 생물 곧 너희와 함께 한 새와 가축과 땅의 모든 생물에게 세우리니 방주에서 나온 모든 것 곧 땅의 모든 짐승에게니라 **내가 너희와 언약을 세우리니** 다시는 모든 생물을 홍수로 멸하지 아니할 것이라 땅을 멸할 홍수가 다시 있지 아니하리라 하나님이 이르시되 내가 나와 너희와 및 너희와 함께 하는 모든 생물 사이에 대대로 영원히 세우는 **언약의 증거는** 이것이니라 내가 내 무지개를 구름 속에 두었나니 이것이 나와 세상 사이의 **언약의 증거니라** 내가 구름으로 땅을 덮을 때에 무지개가 구름 속에 나타나면 내가 나와 너희와 및 육체를 가진 모든 생물 사이의 **내 언약을 기억하리니** 다시는 물이 모든 육체를 멸하는 홍수가 되지 아니할지라 무지개가 구름 사이에 있으리니 내가 보고 나 하나님과 모든 육체를 가진 땅의 모든 생물 사이의 **영원한 언약을** 기억하리라 하나님이 노아에게 또 이르시되 내가 나와 땅에 있는 모든 생물 사이에 세운 **언약의 증거가** 이것이라 하셨더라

지난 주에 본 창세기 6:18에서 최초로 언약을 세운다는 말씀을 보았습니다. **오늘은 창세기 9장을 중심으로** 하나님의 언약을 어떻게 세우시는지를 보겠습니다. 우리가 읽은 본문에서 언약이라는 단어만 일곱 번 나옵니다.

이 본문을 보기 전에 **먼저 창세기 9:1~2를 봅니다.** "하나님이 노아와 그 아들들에게 복을 주시며 그들에게 이르시되 생육하고 번성하여 땅에 충만하라 땅의 모든 짐승과 공중의 모든 새와 땅에 기는 모든 것과 바다의 모든 물고기가 너희를 두려워하며 너희를 무서워하리니 이것들은 너희의 손에 붙였음이니라" **창세기 1:28**과 거의 같은 말씀입니다.

지난 주에도 말씀을 드렸습니다만 하나님께서 생육하고 번성하고, 다스리라는 말씀은 인간이 타락하여 온 세상이 홍수로 심판을 받아도 그 말씀은 이루어져야 합니다. 그 이유는 하나님의 창세 전, 영원 전, 만세 전 언약이 이루어져야 하기 때문입니다. 홍수 이후의 인간도 그 마음으로 생각하는 계획이 항상 악하다고 합니다. 홍수 이전에는 어려서라는 말이 없는데 홍수 이후는 어려서라는 말까지 함께 나옵니다. 인간은 죽다가 살아나도 고쳐지지 않습니다. 그러므로 노아가 의인이라는 말도 하나님께서 주신 은혜로 의롭다 칭함을 받은 것이지 노아 자체로 나온 것이 아닙니다. 그러므로 홍수 이후의 모든 삶도 오직 하나님의 은혜에 의하여 심고 거두는 것입니다.

창세기 9:3~7 "모든 산 동물은 너희의 먹을 것이 될지라 채소 같이 내가 이것을 다 너희에게 주노라 그러나 고기를 그 생명 되는 피째 먹지 말 것이니라 내가 반드시 너희의 피 곧 너희 생명의 피를 찾으리니 짐승이면 그 짐승에게서, 사람이나 사람의 형제면 그에게서 그의 생명을 찾으리라 다른 사람의 피를 흘리면 그 사람의 피도 흘릴 것이니 이는 하나님이 자기 형상대로 사람을 지으셨음이니라 너희는 생육하고 번성하며 땅에 가득하여 그중에서 번성하라 하셨더라"

홍수 이후에 육식이 허락되지만, 피가 있는 채 먹지 말라고 합니다. 그 이유는 피가 생명이기 때문입니다. 그러므로 당연히 사람의 피도 흘리지 못하도록 합니다. 하나님이 자기 형상대로 사람을 지으셨기 때문입니다. 처음 아담은 하나님의 형상대로 지음을 받았으나 아담의 타락 이후로 아담의 형상이라고 합니다.^{창5:3} 그런데 여기서 하나님의 형상이라고 하는 이유는 언약 안에 있는 자로 봐야 합니다. 그러므로 사람이 사람을 죽일 수 없다고 합니다. 이렇게 말씀하심도 하나님께서 아담과 하와에게 생육하고 번성하라는 말씀을 위한 것입니다. 그러므로 노아에게 다시 생육하고 번성하라고 합니다. 이 말씀도 하나님의 자기 언약을 이루시는 일입니다. 그래서 어떤 신학자는 하나님의 약속을 위한 노아 가족의 보존이기에 노아의 언약을 보존 언약이라고도 합니다.

본문 9:8~10입니다. 하나님이 노아와 그와 함께 한 아들들에게 말씀합니다, 노아만이 아니라 아들들도 포함합니다. 나중에 아브라함 언약에서도 이삭과 야곱까지 다 포함합니다. 모세 언약에서는 태어나지도 않을 후세대까지 포함합니다. 그러므로 하나님의 언약은 당사자에게만 말씀하시는 것이 아니라 그 언약의 후손들까지 포함되는 말씀입니다. 그런데 더 놀라운 것은 노아와 그 후손들만이 아니라 방주에서 나온 모든 생물 곧 너희와 함께 한 새와 가축과 땅의 모든 생물에게 세운다고 합니다. 짐승이 언약을 이행할 능력이 없는데도 언약을 세운다고 합니다. 이 말씀은 죄인도 언약을 이행할 능력이 없는 것과 마찬가지이기에 하나님의 언약은 일방적입니다.

본문 11~17절입니다. 여호와께서 언약을 세우시는데 그 언약의 내용은 모든 생물을 홍수로 멸하지 않는다고 합니다. 그러면서 그 언약의 증거는 무지개라고 합니다. 하나님께서 하나님의 무지개를 구름 속에 두어 하나님과 세상 사이에 언약의 증거로 삼는다고 합니다. 하나님께서 구름으로 땅을 덮을 때 무지개가 구름 속에 나타나면 하나님께서 자기 언약을 기억하신다고 합니다. 하나님께서 기억하신다는 말씀은 무지개가 언약의 증거이기에 물로 심판하지 않는다는 말씀입니다. 인간의 죄를 심판하지 않고 무지개로 언약의 증거로 삼은 이유는 무엇일까요?

무지개가 히브리어 '케세트' 인데 무지개로도 번역하지만, 활삼상2:4과 화살시76:3 활 쏘는 자삼상31:3로도 번역합니다. 그러므로 무지개를 활로 보면 활의 방향이 하늘을 향합니다. 세상은 노아 홍수 이후에도 사람이 달라지지 않습니다. 마음으로 생각하는 계획이 어려서부터 항상 악합니다. 그렇다면 심판을 하셔야 하나님의 공의가 충족됩니다. 그런데 왜 무지개로 언약의 증거를 세워 물로 심판하지 않는다고 하신 것입니까? 그 이유는 하나님의 언약 안에 있는 자들의 죄를 하나님께서 담당하신다는 것입니다. 모든 언약이 다 은혜의 언약이지만 특히 아브라함 언약에서 하나님께서 타는 횃불의 형상으로 쪼개진 짐승 사이로 지나감으로 언약을 체결하신 것은 하나님께서 자기 생명을 걸고 언약하신 것입니다. 그러므로 무지개 언약도 하나님의 은혜입니다.

에스겔 1:28 "그 사방 광채의 모양은 비 오는 날 구름에 있는 무지개 같으니 이는 여호와의 영광의 형상의 모양이라 내가 보고 엎드려 말씀하시는 이의 음성을 들으니라" 바벨론에 포로로 잡혀가 있는 상태에서 에스겔 선지자가 하나님의 영광을 봅니다. 그 사방 광채의 모양이 비 오는 날 구름에 있는 무지개 같다고 합니다. 비 오는 날 무지개를 보면 하나님께서 자기 언약을 기억하신다고 노아 언약에서 말씀하셨습니다. 그러므로 하나님의 말씀을 거역함으로 나라가 망하고 성전이 파괴되어 바벨론에 포로로 잡혀 와있지만, 그 언약은 영원함을 보여줍니다.

히브리서 11:7 "믿음으로 노아는 아직 보이지 않는 일에 경고하심을 받아 경외함으로 방주를 준비하여 그 집을 구원하였으니 이로 말미암아 세상을 정죄하고 믿음을 따르는 의의 상속자가 되었느니라” 노아가 믿은 믿음은 누가 주체가 되어 믿은 것입니까? 노아도 아담의 타락 이후의 인간이라서 마음으로 생각하고 계획하는 바가 항상 악합니다. 즉 자기 좋은 대로 살아가는 인간입니다. 그러나 하나님의 은혜가 임하니 자기 좋은 대로 살아갈 수가 없습니다. 그 은혜의 힘이 너무 커서, 그 은혜가 헛되지 않아서 마지못해 부득불 방주를 만들고 방주에 탈 수밖에 없었습니다. 이것을 믿음이라고 합니다. 그러므로 믿음에는 누군가 대신 저주를 받아야 합니다.

창세기 8:20~22 “노아가 여호와께 제단을 쌓고 모든 정결한 짐승과 모든 정결한 새 중에서 제물을 취하여 번제로 제단에 드렸더니 여호와께서 그 향기를 받으시고 그 중심에 이르시되 내가 다시는 사람으로 말미암아 땅을 저주하지 아니하리니 이는 사람의 마음이 계획하는 바가 어려서부터 악함이라 내가 전에 행한 것 같이 모든 생물을 다시 멸하지 아니하리니 땅이 있을 동안에는 심음과 거둠과 추위와 더위와 여름과 겨울과 낮과 밤이 쉬지 아니하리라”

홍수 이후에 정결한 짐승과 새 중에서 제물을 취하여 하나님께 번제로 드립니다. 그 향기를 하나님께서 받으시고 사람으로 인하여 땅을 저주하지 않으신다고 합니다. 이 저주는 물로 심판하지 않으신다는 말씀입니다. 그러면 죄는 어떻게 하십니까? 노아가 은혜를 입고 방주를 만들고 방주에 타고 나서 정결한 짐승의 희생 제물을 드립니다. 그러므로 이런 희생 제사는 소급하여 적용할 수 있습니다. 그리고 짐승의 피가 사람의 죄를 용서할 수 없기에 이것을 그림자라고 하고 예표라고 하고 모형이라고도 합니다. 실체는 예수 그리스도의 피로 세운 언약입니다. ^{눅22:20}

고린도후서 5:17~21 “그런즉 누구든지 그리스도 안에 있으면 새로운 피조물이라 이전 것은 지나갔으니 보라 새것이 되었도다 모든 것이 하나님께로서 났으며 그가 그리스도로 말미암아 우리를 자기와 화목하게 하시고 또 우리에게 화목하게 하는 직분을 주셨으니 곧 하나님께서 그리스도 안에 계시사 세상을 자기와 화목하게 하시며 그들의 죄를 그들에게 돌리지 아니하시고 화목하게 하는 말씀을 우리에게 부탁하셨느니라 그러므로 우리가 그리스도를 대신하여 사신이 되어 하나님이 우리를 통하여 너희를 권면하시는 것 같이 그리스도를 대신하여 간청하노니 너희는 하나님과 화목하라 하나님이 죄를 알지도 못하신 이를 우리를 대신하여 죄로 삼으신 것은 우리로 하여금 그 안에서 하나님의 의가 되게 하려 하심이라” 하나님의 의가 되는 길은 오직 예수 그리스도께서 대신 속죄함으로만 됩니다. 저주는 예수님이 대신 받으십니다.

갈라디아서 3:11~13 “또 하나님 앞에서 아무도 율법으로 말미암아 의롭게 되지 못할 것이 분명하니 이는 의인은 믿음으로 살리라 하였음이라 율법은 믿음에서 난 것이 아니니 율법을 행하는 자는 그 가운데서 살리라 하였느니라 그리스도께서 우리를 위하여 저주를 받은 바 되사 율법의 저주에서 우리를 속량하셨으니 기록된바 나무에 달린 자마다 저주 아래에 있는 자라 하였음이라” 율법의 의로 살려면 저주입니다. 어느 사람도 완벽하게 율법을 지킬 수 없기 때문입니다. 그러므로 예수님께서 우리의 저주를 십자가에서 대신 짊어지셨습니다. 이 일만이 믿음으로 의롭다 칭함을 받는 유일한 길입니다. 이것을 덮어주심의 은혜라고 합니다.

창세기 9:18~29 “방주에서 나온 노아의 아들들은 셈과 함과 야벳이며 함은 가나안의 아버지라 노아의 이 세 아들로부터 사람들이 온 땅에 퍼지니라 노아가 농사를 시작하여 포도나무를 심었더니 포도주를 마시고 취하여 그 장막 안에서 벌거벗은지라 가나안의 아버지 함이 그의 아버지의 하체를 보고 밖으로 나가서 그의 두 형제에게 알리매 셈과 야벳이 옷을 가져다가 자기들의 어깨에 메고 뒷걸음쳐 들어가서 그들의 아버지의 하체를 덮었으며 그들이 얼굴을 돌이키고 그들의 아버지의 하체를 보지 아니하였더라 노아가 술이 깨어 그의 작은 아들이 자기에게 행한 일을 알고 이에 이르되 가나안은 저주를 받아 그의 형제의 종들의 종이 되기를 원하노라 하고 또 이르되 셈의 하나님 여호와를 찬송하리로다 가나안은 셈의 종이 되고 하나님이 야벳을 창대하게 하사 셈의 장막에 거하게 하시고 가나안은 그의 종이 되게 하시기를 원하노라 하였더라 홍수 후에 노아가 삼백오십 년을 살았고 그의 나이가 구백오십 세가 되어 죽었더라"

홍수 후에 노아가 포도 농사를 짓고 포도주를 마시고 취하여 벌거벗고 잡니다. 그런데 함이 아버지의 하체를 보고 덮어주지 않고 형제들에게 가서 알립니다. 그러자 셈과 야벳은 옷을 가지고 뒷걸음으로 들어가 아버지를 덮어줍니다. 술에서 깨고 난 노아가 이 일을 듣고서는 함을 저주하기를 형제의 종들의 종이 되라고 합니다. 술을 마시고 취하여 벌거벗은 일은 노아가 했는데 그 일을 덮어주지 않았고 이렇게 심한 저주를 선언합니다. 그러나 이런 저주를 선언한 것은 개인적인 감정이 아니라 하나님의 은혜로 자신들이 방주에서 살아남은 일은 하나님의 덮어주심의 은혜입니다. 그런데 그 은혜를 모르고 그 은혜를 모독하는 자는 저주를 받는 일임을 계시한 일입니다. 여기서 덮어준다는 단어와 같은 뜻으로 사용된 성경 몇 곳을 보고 노아 언약을 마무리하겠습니다.

시편 32:1, 5 "허물의 사함을 받고 자신의 죄가 **가려진** 자는 복이 있도다" "내가 이르기를 내 허물을 여호와께 자복하리라 하고 주께 내 죄를 아뢰고 내 죄악을 **숨기지** 아니하였더니 곧 주께서 내 죄악을 사하셨나이다 셀라" 다윗의 시편인데 여기서 덮어진다는 단어와 같은 표현이 1절의 '가려진' 과 5절의 '숨기지' 입니다. 그러므로 나의 죄를 내가 스스로 덮어두고 가리지 않고 주께 고백하는 것입니다. 그러면 주께서 우리의 죄를 가려주시는 것입니다. 우리는 다윗이 착하지만 간음하고 살인한 것을 큰 죄라고 생각합니다. 그러나 다윗은 자신이 죄악 가운데 태어나서 죄만 생산하는 자라고 시편 51편에서 고백합니다. 그러므로 다윗이 하나님께 받은 복은 왕이 되는 것이 아니라 그 허물의 사함을 받고 죄가 가려진 것이 영원하고 참된 복임을 알았습니다.

시편 85:1~2 "여호와여 주께서 주의 땅에 은혜를 베푸사 야곱의 포로된 자들이 돌아오게 하셨으며 주의 백성의 죄악을 사하시고 그들의 **모든 죄를 덮으셨나이다** (셀라)" 이스라엘 백성들을 애굽의 종살이에서 구원하셔서 약속의 땅에 들어와 살게 하십니다. 그러나 약속의 땅에서 하나님을 배반함으로 나라가 망하여 포로로 잡혀갔습니다. 그런데 그런 자들을 돌아오게 하십니다. 돌아오게 하시는 일은 하나님의 약속 때문입니다. 바벨론에 포로로 잡혀갈지라도 70년 만에 돌아오리라고 한 예레미야의 예언대로 돌아오게 됩니다. 돌아오는 것은 그들의 스스로 회개하여 돌아오는 것이 아니라 주의 백성의 죄악을 사하시고 그들의 모든 죄를 덮어주셨기 때문입니다.

로마서 4:6~7 "일한 것이 없이 하나님께 의로 여기심을 받는 사람의 복에 대하여 다윗이 말한 바 불법이 사함을 받고 죄가 가리어짐을 받는 사람들은 복이 있고 주께서 그 죄를 인정하지 아니하실 사람은 복이 있도다 함과 같으니라" 조금 전에 찾아본 시편 32편의 말씀을 바울 사도가 인용하면서 예수님을 믿음으로 죄 사함과 죄가 가려짐을 복이라고 합니다.

요한계시록 4:3 "이 일 후에 내가 보니 하늘에 열린 문이 있는데 내가 들은바 처음에 내게 말하던 나팔 소리 같은 그 음성이 이르되 이리로 올라오

라 이후에 마땅히 일어날 일들을 내가 네게 보이리라 하시더라 내가 곧 성
령에 감동되었더니 보라 하늘에 보좌를 베풀었고 그 보좌 위에 앉으신 이
가 있는데 앉으신 이의 모양이 벽옥과 홍보석 같고 또 무지개가 있어 보좌
에 둘렸는데 그 모양이 녹보석 같더라"

요한계시록 4장과 5장은 보좌에 계신 이와 일찍 죽임당한 어린 양 예수
그리스도께서 영광과 찬송과 존귀와 영광을 돌리는 장면입니다. 그런데
그 보좌에 무지개가 둘려 있습니다. 그러므로 하나님의 언약은 자기희생
으로 이루어 내시는 영원한 언약입니다.[19:30] 이 여름에 무지개를 보시면
어제나 오늘이나 영원토록 언약에 신실한 주님을 지금 여기서부터 찬양
하며 살아갑시다.

아브라함 언약 (1)

창세기 12:1~5 여호와께서 아브람에게 이르시되 너는 너의 고향과 친척과 아버지의 집을 떠나 내가 네게 보여 줄 땅으로 가라 내가 너로 큰 민족을 이루고 네게 복을 주어 네 이름을 창대하게 하리니 너는 복이 될지라 너를 축복하는 자에게는 내가 복을 내리고 너를 저주하는 자에게는 내가 저주하리니 땅의 모든 족속이 너로 말미암아 복을 얻을 것이라 하신지라 이에 아브람이 여호와의 말씀을 따라갔고 롯도 그와 함께 갔으며 아브람이 하란을 떠날 때에 칠십오 세였더라 아브람이 그의 아내 사래와 조카 롯과 하란에서 모은 모든 소유와 얻은 사람들을 이끌고 가나안 땅으로 가려고 떠나서 마침내 가나안 땅에 들어갔더라

오늘부터 아브라함 언약을 보겠습니다. 우리는 어려서부터 아브라함에 관하여 많이 들어왔습니다. 아브라함이 믿는 모든 자의 조상이라는 말씀이 있습니다.^{히4:11} 이 말씀은 할례받은 자나 할례를 받지 못한 자나 하나님의 백성이 되는 길은 믿음으로 된다는 말씀입니다. 그런데 우리는 아브라함이 믿음이 훌륭해서 믿는 자들의 조상이 되었다고 생각합니다. 그래서 하나님께서 떠나라고 하면 갈 바를 알지 못하고 떠났다고 합니다. 물론 이 말씀이 성경에 있습니다.^{히11:8} 그리고 백 세에 낳은 아들 이삭을 하나님께 제물로 바치라는 말씀도 순종하였다고 합니다. 그런데 이렇게 설교하면 믿음의 주체가 아브라함이 됩니다. 이런 설교는 우리를 주눅 들게

합니다.

　성경에 나오는 모든 믿음은 하나님께 받은 은혜의 선물입니다.^{엡2:8} 심지어 네 믿음이 너를 구원하였다는^{마9:22} 믿음조차 하나님의 선물입니다. 그 이유는 허물과 죄로 죽은^{엡2:1} 인간에게서 스스로 주체적인 믿음이 나올 수 없기 때문입니다. 그러므로 믿음이 와야 합니다. 믿음이 온 후로는 우리가 초등교사 아래 있지 않습니다.^{갈3:23~25} 여기서 믿음이 왔다는 말은 믿음이 주어입니다. 믿음이 주어로 일하게 됩니다. 아브라함의 믿음도 주께서 주신 선물입니다.

오늘 본문 1~5절을 봅니다. 여호와께서 아브람에게 이르시되 너는 너의 고향과 친척과 아버지의 집을 떠나 내가 네게 보여 줄 땅으로 가라고 합니다. 하나님께서 아브람을 부르신 이유는 아브람에게 언약을 체결하기 위함입니다. 그러므로 언약을 체결하기 위해서는 떠남이 먼저입니다. 물론 떠나라고 하시는 말씀조차 하나님께서 말씀하신 것이기에 하나님께서 이루실 일입니다. 여호와께서 아브람에게 떠나라고 하신 장소가 오늘 본문 4절에서는 하란입니다. 그러나 하란에서 떠나라고 하시기 전에 아브람을 먼저 부른 장소는 갈대아 우르입니다.^{창15:7. 느9:7}

창세기 11:26~32 "데라는 칠십 세에 아브람과 나홀과 하란을 낳았더라 데라의 족보는 이러하니라 데라는 아브람과 나홀과 하란을 낳고 하란은 롯을 낳았으며 하란은 그 아비 데라보다 먼저 고향 갈대아인의 우르에서 죽었더라 아브람과 나홀이 장가들었으니 아브람의 아내의 이름은 사래며 나홀의 아내의 이름은 밀가니 하란의 딸이요 하란은 밀가의 아버지이며 또 이스가의 아버지더라 사래는 임신하지 못하므로 자식이 없었더라 데라가 그 아들 아브람과 하란의 아들인 그의 손자 롯과 그의 며느리 아브람의 아내 사래를 데리고 갈대아인의 우르를 떠나 가나안 땅으로 가고자 하더니 하란에 이르러 거기 거류하였으며 데라는 나이가 이백오 세가 되어 하란에서 죽었더라”

갈대아 우르에서 하란까지는 아브람이 주도하여 간 것이 아니라 데라가 주도하여 갑니다. 갈대아 우르를 떠나 가나안으로 가려고 나섰지만 데라는 하란에서 머물다가 그곳에서 죽습니다. 하나님께서 아브람을 갈대아 우르에서 부르셨는데 왜 데라가 주도하여 하란까지 갔습니까? 박영선 목사는 이렇게 말합니다. 아브람이 갈대아 우르에서 하나님으로부터 부름을 받았지만^{행 7:2}, 영광의 하나님으로부터 계시를 받은 것은 처음이니 잘 몰랐다고 봅니다. 하나님의 계시를 받는 일은 거의 죽음에 이를 지경입니다. 그런데 그 아버지 데라는 우상을 섬기는 사람이기에 자기 아들이 큰 능력이 있는 신의 계시를 받았음을 알고 데라가 주도하여 떠났다고 합니다. 그렇게 볼 수 있습니다.

여호수아 24:2~5 “여호수아가 모든 백성에게 이르되 이스라엘의 하나님 여호와께서 이같이 말씀하시기를 옛적에 너희의 조상들 곧 아브라함의 아버지, 나홀의 아버지 데라가 강 저쪽에 거주하여 **다른 신들을 섬겼으나** 내가 너희의 조상 아브라함을 강 저쪽에서 이끌어 내어 가나안 온 땅에 두루 행하게 하고 그의 씨를 번성하게 하려고 그에게 이삭을 주었으며 이삭에게는 야곱과 에서를 주었고 에서에게는 세일 산을 소유로 주었으나 야곱과 그의 자손들은 애굽으로 내려갔으므로 내가 모세와 아론을 보내었고 또 애굽에 재앙을 내렸나니 곧 내가 그들 가운데 행한 것과 같고 그 후에 너희를 인도하여 내었노라”

약속의 땅에 이스라엘 백성을 인도하여 들어간 여호수아가 죽기 전에 언약을 새롭게 하면서 아브라함과 이삭과 야곱의 이야기를 합니다. 아브라함의 아버지 데라가 강 저쪽 곧 갈대아 우르에서 다른 신을 섬겼다고 합니다. 그런 가운데서 아브라함을 불러 약속의 땅으로 오게 하시고 오늘 본문에서도 나옵니다만 씨와 땅을 약속하신 대로 이삭을 주시고 이삭에게서 야곱과 에서가 나옵니다만 에서의 후손은 세일 산에 살고 야곱의 후손들은 애굽으로 갔다가 모세의 인도로 나왔다고 합니다. 그러므로 하나님의 언약 백성은 떠나므로 시작합니다. 갈대아 우르에서, 하란에서, 애굽에서, 결국은 이 세상으로부터 떠나 영원한 새 하늘과 새 땅으로 가는 자들이 언약 백성입니다.

그런데 아브람이 하란에서 떠난 나이가 75세라고 합니다. 데라가 70세에 아브람을 낳습니다.^{창 11:26} 그런데 데라가 하란에서 죽은 나이는 205세입니다.^{창11:32} 아브람이 하란을 떠나는 나이가 데라가 죽은 나이라면 아브람이 135세여야 합니다. 그런데 아브람이 75세에 하란을 떠났다고 하니 갈대아 우르에서는 더 일찍 부름을 받았습니다. 그런데 하란에서 데라가 죽은 후에 아브람이 떠났다고 합니다. 그러면 나이가 틀리게 되는데 이 질문을 저희 교회 집사님 한 분이 『언약을 따라서』 책을 보다가 질문을 했습니다. 그런데 스데반 집사도 데라가 하란에서 죽은 후에 아브람이 떠났다는 말씀도 기록하고 있습니다.^{행7:4} 그래서 저도 언약을 따라서 책에 그렇게 썼습니다.

사도행전 7:1~5 "대제사장이 이르되 이것이 사실이냐 스데반이 이르되 여러분 부형들이여 들으소서 우리 조상 아브라함이 하란에 있기 전 메소보다미아에 있을 때에 영광의 하나님이 그에게 보여 이르시되 네 고향과 친척을 떠나 내가 네게 보일 땅으로 가라 하시니 아브라함이 갈대아 사람의 땅을 떠나 하란에 거하다가 그의 아버지가 죽으매 하나님이 그를 거기서 너희 지금 사는 이 땅으로 옮기셨느니라 그러나 여기서 발붙일 만한 땅도 유업으로 주지 아니하시고 다만 이 땅을 아직 자식도 없는 그와 그의 후손에게 소유로 주신다고 약속하셨으며"

스데반 집사가 은혜와 권능이 충만하여 복음을 전합니다. 그러자 사람들이 모세 법을 어긴다고 고발하여 대제사장이 있는 공회에 잡아 와서 심문합니다. 그러나 공회 앞에서 심문받는 스데반 집사는 그 얼굴이 천사와 같았다고 합니다. 행6:15 스데반 집사가 구약을 요약하면서 예수 그리스도를 증언합니다. 물론 이 증언을 하고 돌에 맞아서 죽습니다만 그 내용 중에 아브람을 말하면서 하란에 있기 전 메소보다미아에 있을 때 영광의 하나님이 아브람에게 나타났다고 합니다. 영광의 하나님이 나타났으니 얼마나 놀랐을까요? 그 영광의 하나님께서 나타나셔서 네 고향 친척 집을 떠나 내가 보여줄 땅으로 가라고 합니다. 그리하여 하란까지 데라가 주도했지만, 데라가 하란에서 죽고 나서 약속의 땅으로 갔다고 합니다. 그런데 아브람이 떠난 나이가 75세입니다. 데라가 죽은 나이가 205세이니 60년의 공백을 어떻게 찾아야 합니까? 그때 문득 생각난 말씀입니다.

마태복음 8:21~22 "제자 중에 또 한 사람이 이르되 주여 내가 먼저 가서 내 아버지를 장사하게 허락하옵소서 예수께서 이르시되 죽은 자들이 그들의 죽은 자들을 장사하게 하고 너는 나를 따르라 하시니라"

유교적인 이 땅에서 이런 말씀이 얼마나 불효자식의 모습이겠습니까? 그래서 해석하기를 아버지가 당장 죽은 것은 아니라는 식의 해석을 합니다. 물론 유대 사회에서도 아버지의 장례는 아주 중요하게 생각하고 있다고 합니다. 그러나 예수님의 말씀은 죽은 자들이 그들의 죽은 자들을 장사하게 하고 너는 나를 따르라고 합니다. 그 제자가 따랐는지 따르지 않았는지는 언급이 없습니다만 예수님은 이 세상의 모든 자를 죽은 자로 봅니다. 죽은 자들이 어떻게 죽은 자들을 장사할 수 있겠습니까? 그러므로 살아 있다는 자들도 죽은 자이고 죽은 자들도 죽은 자이기에 죽은 자들은 죽은 자들이 장사하게 하고 너는 나를 따르라고 하십니다. 예수님을 따른다는 말은 세상의 모든 사람이 죽은 자임을 알기에 그 죽음의 자리에서 떠나라는 말씀입니다. 그렇다면 데라가 아직 살아있고 60년 후에 죽는다고 하여도 그는 죽은 자이기에 죽었다고 할 수 있습니다.

아브라함 언약 첫 시간에 언약의 백성은 떠나므로 시작한다는 말씀을 드리고 있습니다. 하나님의 백성으로 부름을 받은 언약의 백성들은 이 땅에서 정주하지 않습니다. 모두가 떠나는 자들로 나타납니다. 지금까지 살펴본 말씀에서도 계속하여 떠나라고 합니다. 아브람이 갈대아 우르에 있을 때 영광의 하나님께서 네 본토 친척 아버지 집을 떠나라고 합니다. 갈대아 우르에서 하란까지 왔지만, 하란에서 지체하고 있을 때 다시 하나님께서 아브람에게 떠나라고 합니다. 떠나게 하시면서 하신 약속은 씨와 땅에 관한 약속입니다. 그런데 아브람은 씨도 없고 약속의 땅에 땅 한 평도 없는 사람입니다. 그러나 하나님의 약속대로 이삭을 낳고 무덤 자리 하나 마련하고 죽습니다.

사도행전 7:4~8을 봅니다. "**아브라함이 갈대아 사람의 땅을 떠나** 하란에 거하다가 그의 아버지가 죽으매 **하나님이 그를 거기서 너희 지금 사는 이 땅으로 옮기셨느니라** 그러나 여기서 발붙일 만한 땅도 유업으로 주지 아니하시고 다만 이 땅을 아직 자식도 없는 그와 그의 후손에게 소유로 주신다고 약속하셨으며 하나님이 또 이같이 말씀하시되 그 후손이 다른 땅에서 나그네가 되리니 그 땅 사람들이 종으로 삼아 사백 년 동안을 괴롭게 하리라 하시고 또 이르시되 종 삼는 나라를 내가 심판하리니 그 후에 그들이 나와서 이곳에서 나를 섬기리라 하시고 할례의 언약을 아브라함에게 주셨더니 그가 이삭을 낳아 여드레 만에 할례를 행하고 이삭이 야곱을, 야곱이 우리 열두 조상을 낳으니라"

하나님의 약속을 얼마나 신실하게 이루셨는지 사도행전 7장 전체에서 스데반 집사가 증언합니다. 눈여겨볼 말씀이 4절입니다. 아브라함이 갈대아 사람의 땅을 떠난 것은 앞에서 본 대로 영광의 하나님께서 떠나라고 하셨지만, 주도하는 사람은 아브라함의 아버지 데라입니다. 그런데 하란에서 약속의 땅에 들여놓은 일은 아브라함이 떠났다는 표현보다 하나님이 그를 거기서 곧 하란에서 지금 너희 사는 이 땅으로 옮기셨다고 합니다. 하나님께서 아브라함을 떠나라고 하셨지만 결국 떠나게 하시고 약속의 땅으로 옮기신 일을 하나님께서 하셨다고 스데반 집사가 증언합니다.

　이어지는 말씀을 보면 구약 성경 전체를 요약하면서 예수 그리스도를 증언합니다. 그런데 그리스도를 증거 한 자들을 핍박한 자들의 후손이 오시리라 약속하신 그 예수를 십자가에 못 박아 죽였다고 전합니다. 그러자 사람들이 마음에 찔려 이를 갑니다. 그때 스데반 집사가 성령이 충만하여 하늘을 보는데 하늘이 열리고 하나님 영광의 보좌 우편에 예수님이 서 계신다고 하자 사람들이 귀를 막고 달려들어 돌로 스데반 집사를 쳐 죽였습니다. 그런데 스데반 집사는 그들의 죄를 용서하여 달라고 하고 죽습니다. 성령이 충만한 스데반 집사가 이렇게 세상을 떠납니다.

오늘 본문을 다시 봅니다. 고향 친척과 아버지 집을 떠나라고 합니다. 하나님께서 보여주시는 땅과 씨에 관한 약속입니다. 아브람이 복이 되게 하시겠다고 하시는 것은 아브람을 축복하면 하나님께서 그 사람에게 복을 주시고 아브람을 저주하면 하나님께서 저주하신다고 합니다. 그렇게 떠나게 하셔서 5절을 보면 마침내 약속의 땅에 들어왔다고 합니다. 이 '마침내'를 박영선 목사는 '하나님의 마침내'라고 합니다. 하나님께서 등 떠밀어서 마침내 약속의 땅에 들여놓은 것입니다. 그러므로 방금 본 사도행전 7:4의 말씀대로 하나님께서 옮기신 것입니다. 이렇게 하나님께서 일하셔서 아브람이 궁극적으로 받은 복이 무엇입니까? 예수님께서 아브라함이 나의 때 볼 것을 기대하며 즐거워하다가 보고 기뻐하였다고 말씀합니다. ^{요8:56} 참된 언약의 복은 예수님입니다.

히브리서 11:8~16 "믿음으로 아브라함은 부르심을 받았을 때에 순종하여 장래의 유업으로 받을 땅에 나아갈새 갈 바를 알지 못하고 나아갔으며 믿음으로 그가 이방의 땅에 있는 것 같이 약속의 땅에 거류하여 동일한 약속을 유업으로 함께 받은 이삭 및 야곱과 더불어 장막에 거하였으니 이는 그가 하나님이 계획하시고 지으실 터가 있는 성을 바랐음이라 믿음으로 사라 자신도 나이가 많아 단산하였으나 잉태할 수 있는 힘을 얻었으니 이는 약속하신 이를 미쁘신 줄 알았음이라 이러므로 죽은 자와 같은 한 사람으로 말미암아 하늘의 허다한 별과 또 해변의 무수한 모래와 같이 많은 후손이 생육하였느니라 이 사람들은 다 믿음을 따라 죽었으며 약속을 받지 못하였으되 그것들을 멀리서 보고 환영하며 또 땅에서는 외국인과 나그네임을 증언하였으니 그들이 이같이 말하는 것은 자기들이 본향 찾는 자임을 나타냄이라 그들이 나온바 본향을 생각하였더라면 돌아갈 기회가 있었으려니와 그들이 이제는 더 나은 본향을 사모하니 곧 하늘에 있는 것이라 이러므로 하나님이 그들의 하나님이라 일컬음 받으심을 부끄러워하지 아니하시고 그들을 위하여 한 성을 예비하셨느니라"

하나님의 언약 백성들은 떠나는 일로 시작합니다. 어떻게 본토 친척 아버지 집을 떠날 수가 있겠습니까? 고대사회일수록 씨족과 친족으로 결성된 삶을 이루고 살아갑니다. 그런 곳에서 떠난다는 일은 목숨을 걸어야 합니다. 그러므로 아브라함이 하나님의 부름을 받아 떠남이 믿음입니다. 그런데 오늘 찾아본 말씀에서 확인하였듯이 믿음이 아브라함이 주체가 아니라 하나님께서 자기 약속을 이루신 일임을 충분히 살펴보았습니다. 그러므로 스데반 집사의 증언처럼 하나님께서 아브람을 옮기셨다고 합니다. 이 말씀처럼 오늘도 하나님의 언약 백성들은 자기들이 원하지 않는 길로 떠나게 됩니다. 내가 믿던 것들이 무엇이든지 그런 것들에게서 떠나게 하십니다. 참으로 원망스럽고 힘이 들지만, 하나님의 언약 백성들은 세상에 머무르지 않고 떠나는 일이 자꾸만 일어납니다. 그러므로 세상에

믿던 것들이 끊어져 나갈 때 이 약속의 말씀을 기억하면서 사시기를 바랍
니다.

아브라함 언약 ⑵

창세기 12:1~5 여호와께서 아브람에게 이르시되 너는 너의 고향과 친척과 아버지의 집을 떠나 내가 네게 보여 줄 땅으로 가라 내가 너로 큰 민족을 이루고 네게 복을 주어 네 이름을 창대하게 하리니 너는 복이 될지라 너를 축복하는 자에게는 내가 복을 내리고 너를 저주하는 자에게는 내가 저주하리니 땅의 모든 족속이 너로 말미암아 복을 얻을 것이라 하신지라 이에 아브람이 여호와의 말씀을 따라갔고 롯도 그와 함께 갔으며 아브람이 하란을 떠날 때에 칠십오 세였더라 아브람이 그의 아내 사래와 조카 롯과 하란에서 모은 모든 소유와 얻은 사람들을 이끌고 가나안 땅으로 가려고 떠나서 마침내 가나안 땅에 들어갔더라

지난 주에 하나님께서 아브람에게 떠나라고 하신 말씀을 보았습니다. 고향 친척 아버지 집을 떠난다는 말은 자기의 삶의 근거지에서 떠나는 것입니다. 하나님께서 떠나라고 하신 말씀만 하시고 순종은 아브람이 하는 것이 아니라 그 떠남이라는 순종조차 하나님께서 이루어 내심을 보았습니다. 오늘날 우리도 하나님의 언약 백성이라면 떠나야 합니다. 그런데 떠나라고 하는데 떠나지 않은 자들이 노아 시대에는 방주에 타지 않은 자들입니다. 소돔과 고모라 성에서는 롯의 사위들이 떠나라는 말을 농담으로 여겼다가 심판을 받았습니다. 그러므로 오늘도 언약 백성은 떠납니다. 세상이라는 곳에서 십자가로 다 이루신 예수 그리스도 안으로 들어가는

것이 떠나는 일입니다.

오늘 본문 창세기 12:1~5를 봅니다. 지난 주와 같은 본문이지만 이 본문으로 떠나라고 하신 목적을 보도록 하겠습니다. 떠나라고 하신 목적은 땅을 주신다는 말씀과 큰 민족을 이룬다는 말씀입니다. 하나님께서 단순히 땅을 주시고 자식을 많이 낳아서 큰 민족을 이루게 하시려면 갈대아 우르에서 하셔도 됩니다. 갈대아 우르는 메소포타미아 문명이 발생한 살기 좋은 곳입니다. 그런데 그렇게 살기 좋은 곳에서 떠나서 때를 따라 비를 주시지 않으면 살아갈 수 없는 가나안 땅으로 이끄십니다. 그리고 아브람과 사래는 결혼해서 오랫동안 살아도 자녀도 없습니다. 그런 사람에게 가나안의 땅과 씨를 주셔서 큰 민족을 이룬다고 하십니다. 이 말씀은 아직 하나님의 일방적인 약속입니다. 아브람이 이 말씀을 믿었다는 말은 창세기 15장에 가서야 나옵니다. 그 믿음에 이르기까지 아브람에게 큰 사건이 두 가지 일어납니다. 그 사건을 통하여 하나님을 알게 됩니다.

창세기 12:6~9 "아브람이 그 땅을 지나 세겜 땅 모레 상수리나무에 이르니 그 때에 가나안 사람이 그 땅에 거주하였더라 여호와께서 아브람에게 나타나 이르시되 내가 이 땅을 네 자손에게 주리라 하신지라 자기에게 나타나신 여호와께 그가 그곳에서 제단을 쌓고 거기서 벧엘 동쪽 산으로 옮겨 장막을 치니 서쪽은 벧엘이요 동쪽은 아이라 그가 그곳에서 여호와께 제단을 쌓고 여호와의 이름을 부르더니 점점 남방으로 옮겨갔더라"

하나님께서 아브람을 떠밀어 약속에 땅에 들어오게 하신 후에 여호와께서 아브람에게 이 땅을 너와 네 자손에게 주신다고 합니다. 땅과 자손을 함께 말씀하고 있습니다. 그러자 아브람이 제단을 처음으로 쌓았습니다. 그리고 벧엘 동쪽 산을 옮겨서 그곳에서 여호와께 제단을 쌓고 여호와의 이름을 불렀습니다. 제단을 쌓고 여호와의 이름을 부르는 것은 주님과 교제가 되는 것입니다. 그러나 이렇게 되기까지 많은 세월이 지났습니다. 처음 부름을 받을 때의 나이는 나오지 않기에 오랜 세월이 지나서 이제 제단을 쌓고 여호와의 이름을 부를 정도로 믿음이 자란 것입니다.

창세기 12:10 "그 땅에 기근이 들었으므로 아브람이 애굽에 거류하려고 그리로 내려갔으니 이는 그 땅에 기근이 심하였음이라"

하나님께서 아브람에게 떠나라고 하신 처음 장소는 기근의 걱정이 별로 없는 갈대아 우르입니다. 그런데 그곳을 떠나 약속의 땅에 들어왔는데 기근이 일어납니다. 세계 문명 발상지는 메소포타미아 외에 인더스, 이집트, 황화입니다. 이 모든 곳은 큰 강이 있는 곳입니다. 강물이 있는 곳에 사람이 많이 살게 되기에 문명이 발달합니다. 그런데 이런 곳에서 떠나 약속의 땅에 왔는데 기근이 들었습니다. 약속의 땅은 때를 따라 내리는 비가 농사를 결정합니다. 그러므로 사람의 힘으로 사는 곳이 아니라 하나님께서 비를 주셔야 사는 곳입니다. 그런데 아브람은 아직 그런 믿음이 없기에 기근이 오자 나일강이 있는 애굽으로 내려갑니다. 그곳에서 아브람은 믿음이 자랍니다.

창세기 12:11~16 "그가 애굽에 가까이 이르렀을 때에 그의 아내 사래에게 말하되 내가 알기에 그대는 아리따운 여인이라 애굽 사람이 그대를 볼 때에 이르기를 이는 그의 아내라 하여 나는 죽이고 그대는 살리리니 원하건대 그대는 나의 누이라 하라 그러면 내가 그대로 말미암아 안전하고 내 목숨이 그대로 말미암아 보존되리라 하니라 아브람이 애굽에 이르렀을 때에 애굽 사람들이 그 여인이 심히 아리따움을 보았고 바로의 고관들도 그를 보고 바로 앞에서 칭찬하므로 그 여인을 바로의 궁으로 이끌어들인지라 이에 바로가 그로 말미암아 아브람을 후대하므로 아브람이 양과 소와 노비와 암수 나귀와 낙타를 얻었더라"

아브람이 가나안 땅에 기근이 와서 애굽으로 들어갑니다. 그런데 자기 아내가 아름답기에 자기를 죽이고 자기 아내를 빼앗아 갈까 하여 그의 아내를 누이라고 합니다. 물론 이복동생을 아내로 맞이하였습니다만 엄연히 자기 아내인데 자기 살려고 자기 아내를 누이라고 말하고 다니는 사람이 아브람입니다. 심지어 자기 아내를 바로 왕에게 보내므로 받은 많은 가축과 노비들로 인하여 부자가 됩니다. 세계 최고의 제국인 이집트 왕이 아름다운 아내를 얻었다고 후하게 주었습니다. 이런 아브람이 믿음으로 의롭다 칭함을 받는 자들의 조상이 되는 것은 믿음이 무언지 보여줍니다. 그러므로 지난 주 말씀드린 대로 믿음은 하나님의 언약을 따른 은혜의 선물입니다.

창세기 12:17~20 "여호와께서 아브람의 아내 사래의 일로 바로와 그 집에 큰 재앙을 내리신지라 바로가 아브람을 불러서 이르되 네가 어찌하여 나에게 이렇게 행하였느냐 네가 어찌하여 그를 네 아내라고 내게 말하지 아니하였느냐 네가 어찌 그를 누이라 하여 내가 그를 데려다가 아내를 삼게 하였느냐 네 아내가 여기 있으니 이제 데려가라 하고 바로가 사람들에게 그의 일을 명하매 그들이 그와 함께 그의 아내와 그의 모든 소유를 보내었더라"

바로 왕은 사래를 아브람의 동생으로 알고 자기 아내로 데려왔습니다. 그런데 여호와께서 바로의 그 집에 큰 재앙을 내렸습니다. 바로가 그 재앙을 통하여 사래의 일인 줄 알고 아브람을 왜 그렇게 했느냐고 하면서 아내를 돌려보내는데 그 아내를 얻었다고 주었던 가축과 노비들을 돌려받지 않고 그 모든 소유를 아브람에게 보냅니다. 이 사건을 통하여 아브람이 더 놀랐다고 봅니다. 자기를 불러 약속의 땅에 들어오게 하신 여호와 하나님께서 어떤 분인지 조금씩 알아갑니다. 세계 최고의 강대국인 바로 왕에게서 자기를 보호하시는 여호와 하나님을 알아가기 시작합니다.

창세기 13:14~15 "롯이 아브람을 떠난 후에 여호와께서 아브람에게 이르시되 너는 눈을 들어 너 있는 곳에서 북쪽과 남쪽 그리고 동쪽과 서쪽을 바라보라 보이는 땅을 내가 너와 네 자손에게 주리니 영원히 이르리라 내가 네 자손이 땅의 티끌 같게 하리니 사람이 땅의 티끌을 능히 셀 수 있을진대 네 자손도 세리라"

약속의 땅에 들어왔지만, 그 땅에 기근이 들어서 애굽으로 내려갑니다. 애굽에서 자기 아내를 누이라고 하면서 살기로 합니다. 그러다가 바로 왕에게 자기 아내를 넘겨주고 많은 재산과 노비를 받습니다. 하나님께서 바로의 집에 재앙을 내림으로 바로 왕이 사래를 아브람에게 돌려줍니다. 많은 재산을 받은 후에 다시 가나안 땅으로 돌아오지만 조카 롯과 아브람의 종들 사이에 목축지로 인한 다툼이 일어났습니다. 그래서 아브람은 조카 롯에서 먼저 좋은 곳을 택하라고 하며 조카 롯은 소돔과 고모라 지역으로 가고 자신은 광야에서 머물게 됩니다. 그렇게 롯이 떠난 후에 하나님께서 아브람에게 이 땅을 너와 네 자손에게 주겠다고 하시면서 네 자손도 땅의 티끌처럼 주시겠다고 합니다. 자녀도 없는 아브람인데 아들처럼 키운 조카마저 떠났지만, 그 약속은 계속됩니다.

창세기 14:17~20 "아브람이 그돌라오멜과 그와 함께 한 왕들을 쳐부수고 돌아올 때에 소돔 왕이 사웨 골짜기 곧 왕의 골짜기로 나와 그를 영접하였고 살렘 왕 멜기세덱이 떡과 포도주를 가지고 나왔으니 그는 지극히 높으신 하나님의 제사장이었더라 그가 아브람에게 축복하여 이르되 천지의 주재이시요 지극히 높으신 하나님이여 아브람에게 복을 주옵소서 너희 대적을 네 손에 붙이신 지극히 높으신 하나님을 찬송할지로다 하매 아브람이 그 얻은 것에서 십분의 일을 멜기세덱에게 주었더라"

조카 롯이 소돔과 고모라 성이 있는 곳이 살기 좋다고 그곳으로 갔지만 그곳은 죄악이 가득한 곳입니다. 그 소돔의 왕이 엘람 왕 그돌라오멜을 섬기다가 반역합니다. 그러자 그돌라오멜이 다른 세 명의 왕과 연합하여 소돔과 고모라를 공격합니다. 소돔의 왕도 네 명의 왕과 연합하여 대적하지만, 상대가 되지 않아 재산과 백성을 다 빼앗깁니다. 여기에 롯도 사로잡혀 갔기에 아브람이 구하여 옵니다. 아브람이 사병 318명과 동맹한 사람 세 명의 군사들과 함께 조카 롯을 구하여 오다가 멜기세덱의 축복을 받는 장면입니다. 도저히 자기의 능력으로 이길 수 없는 전쟁의 승리를 하고 돌아오다가 그 승리의 이유는 높으신 하나님께서 붙여주신 전쟁임을 알고 멜기세덱에게 십일조를 바칩니다. 전쟁의 승리가 자신의 능력이 아니라 하나님께 있다는 신앙고백입니다.

창세기 15:1~3 "이후에 여호와의 말씀이 환상 중에 아브람에게 임하여 이르시되 아브람아 두려워하지 말라 나는 네 방패요 너의 지극히 큰 상급이니라 아브람이 이르되 주 여호와여 무엇을 내게 주시려 하나이까 나는 자식이 없사오니 나의 상속자는 이 다메섹 사람 엘리에셀이니이다 아브람이 또 이르되 주께서 내게 씨를 주지 아니하셨으니 내 집에서 길린 자가 내 상속자가 될 것이니이다"

이후란 아브람이 바로 왕에게 갔다가 온 일과 조카 롯을 구하여 오다가 멜기세덱의 축복을 받은 후가 됩니다. 이 일들로 인하여 아브람은 자기를 부르신 하나님이 어떤 분인지 알아가고 믿게 됩니다. 그 여호와께서 환상 중에 아브람에게 임하여 말씀하시기를 두려워하지 말라고 합니다. 환상 중에도 하나님의 나타남은 두려움입니다. 그러면서 하신 말씀이 내가 너의 방패이며 상급이라고 합니다. 하나님 자신이 방패와 상급이라고 하시는데 아브람은 나에게 무슨 상을 주시겠느냐고 합니다. 땅과 씨를 약속하셨는데 아직 땅 한 평도 없고 여전히 자식이 없습니다. 그러므로 내게 씨를 주시지 않으셨으니 집에서 기른 다메섹 사람 엘리에셀이 상속자가 될 거라고 합니다. 행간을 보면 땅과 씨를 주신다고 하시고서는 지금까지 무엇을 주셨느냐는 불평입니다.

  창세기 15:4~7 "여호와의 말씀이 그에게 임하여 이르시되 그 사람이 네 상속자가 아니라 네 몸에서 날 자가 네 상속자가 되리라 하시고 그를 이끌고 밖으로 나가 이르시되 하늘을 우러러 뭇별을 셀 수 있나 보라 또 그에게 이르시되 네 자손이 이와 같으리라 아브람이 여호와를 믿으니 여호와께서 이를 그의 의로 여기시고 또 그에게 이르시되 나는 이 땅을 네게 주어 소유를 삼게 하려고 너를 갈대아인의 우르에서 이끌어 낸 여호와니라"

  하나님께서 말씀하시기를 네 상속자는 네 몸에서 날 자라고 하시면서 하늘의 뭇별을 보라고 하시면서 네 자손이 이와 같을 것이라고 합니다. 여호와의 이 말씀을 아브람이 믿습니다. 아브람이 아직 자식이 없지만, 자식을 주신다는 이 말씀을 믿었다는 것은 하나님께서 아브람을 갈대아 우르에서 부르시고, 하란에서 다시 부르시고, 바로 왕의 사건과 롯을 구하여 오는 사건을 통하여 하나님께서 말씀하시면 그 말씀을 이루실 분으로 믿게 된 것이기에 믿음이 선물입니다. 그런데 땅도 다시 말씀하시면서 이 땅을 네게 주려고 갈대아인의 우르에서 끌어낸 여호와라고 합니다.

  창세기 15:8~21 이 내용은 언약 체결방식을 말씀드릴 때 본 내용입니다. 하나님께서 땅과 씨를 주신다는 약속을 쪼개진 짐승 사이로 하나님 자신이 지나가는 방식으로 약속하십니다. 아브람을 깊이 잠이 들게 하심으로 환상 중에 하나님께서 행하시는 일을 볼 뿐입니다. 그러므로 하나님께서 타는 횃불의 형상으로 쪼갠 고기 사이로 지나가셨다는 말씀은 이 약속을 하나님께서 자기 생명을 걸고 한 약속입니다. 그러므로 하나님의 죽음으로 이루실 일방적인 은혜 언약이 아브라함 언약입니다. 그러므로 땅을 주시든지 씨를 주시든지 간에 하나님의 일방적인 은혜로 주시는데 그 은혜가 수여되는 자리가 구약의 속죄소 이듯이 그 실체는 예수님의 십자가입니다. 오늘은 이 씨에 관한 약속이 어떻게 그리스도에게 이루어지고 그 결과가 무엇인지만 보겠습니다.

갈라디아서 3:16 "이 약속들은 아브라함과 그 자손에게 말씀하신 것인데 여럿을 가리켜 그 자손들이라 하지 아니하시고 오직 한 사람을 가리켜 네 손이라 하셨으니 곧 그리스도라" 아브람에게 땅과 씨를 약속하십니다. 땅과 씨에 관한 내용을 다음 주에 다시 보겠습니다만 오늘은 그 씨가 그리스도라는 말씀만 봅니다. 아담에게 생육 번성을 말씀하셨고 노아에게도 아브람에게고 하신 그 모든 생육과 번성하라는 말씀의 결론은 그리스도를 위한 일입니다. 그러므로 수 많은 씨들이라고 하지 않고 단수로 그 씨라고 하신 것은 그리스도를 통한 약속의 성취입니다.

갈라디아서 3:6~9를 봅니다. "아브라함이 하나님을 믿으매 그것을 그에게 의로 정하셨다 함과 같으니라 그런즉 믿음으로 말미암은 자들은 아브라함의 자손인 줄 알지어다 또 하나님이 이방을 믿음으로 말미암아 의로 정하실 것을 성경이 미리 알고 먼저 아브라함에게 복음을 전하되 모든 이방인이 너로 말미암아 복을 받으리라 하였느니라 그러므로 믿음으로 말미암은 자는 믿음이 있는 아브라함과 함께 복을 받느니라"

하나님의 은혜로 예수님을 믿으면 아브람이 받은 복을 받습니다. 아브라함이 받은 복음 하나님을 믿음으로 그것이 그에게 의로 정하여진 것입니다. 이 믿음이란 오늘 본 창세기 15:6의 말씀입니다. 자녀를 낳지도 못하는 아브람에게 네 자손이 하늘에 별처럼 많아지리라고 하는 하나님의 약속을 믿었습니다. 이 약속의 궁극적인 실체는 예수님을 믿었다는 말입니다. 그러므로 유대인이나 이방인이나 주 예수를 믿음으로 의롭다 칭함을 받는 것이 아브라함이 받은 복을 받은 사람입니다. 우리가 예수님을 믿음으로 받은 복이 하나님 앞에서 영원히 살아갈 수 있는 의義입니다.

아브라함 언약 (3)

창세기 16:1~3 아브람의 아내 사래는 출산하지 못하였고 그에게 한 여종이 있으니 애굽 사람이요 이름은 하갈이라 사래가 아브람에게 이르되 여호와께서 내 출산을 허락하지 아니하셨으니 원하건대 내 여종에게 들어가라 내가 혹 그로 말미암아 자녀를 얻을까 하노라 하매 아브람이 사래의 말을 들으니라 아브람의 아내 사래가 그 여종 애굽 사람 하갈을 데려다가 그 남편 아브람에게 첩으로 준 때는 아브람이 가나안 땅에 거주한 지 십 년 후였더라

아브라함 언약을 두 번 보았습니다. 첫 시간은 떠남에 관하여, 둘째 시간은 자람에 관하여 보았습니다. 믿음이 하나도 없는 아브람을 하나님께서 불러내시고 약속의 땅으로 밀어 넣으십니다. 그리고 믿음의 자람이란 약속의 땅에서 기근으로 애굽으로 가서 바로 왕에게 아내를 누이라고 주었다가 되돌려 받는 사건과 네 왕의 연합군을 물리치고 조카 롯을 구하여 온 일을 경험함으로 자기를 부르신 여호와 하나님께서 누구신지 알아갑니다. 그러므로 믿음의 자람이란 하나님께서 말씀하시면 그 말씀대로 이루어진다는 사실을 믿게 됩니다. 그러므로 창세기 15장에서 하나님께서 네 자녀가 하늘의 별과 같이 많을 것이라고 말씀하시자 아브람이 그 말씀을 믿습니다. 그 믿음으로 아브람이 의롭다 칭함을 받는데 그 믿음은 바로 예수 그리스도를 믿는 믿음입니다. 갈3:16

이번 주 성경 읽기를 하였습니까? 사도행전 27:25입니다. "그러므로 여러분이여 안심하라 나는 내게 말씀하신 그대로 되리라고 하나님을 믿노라" 바울이 죄수의 신분으로 로마로 압송되는 중에 일어난 일입니다. 바울의 말을 듣지 않고 선장과 선주의 말을 듣고 겨울에 항해하다가 큰 풍랑을 만나서 14일을 바다에서 표류합니다. 그때 바울은 하나님의 말씀을 전하면서 오직 배만 손상을 입을 것이지만 사람의 생명은 하나도 잃지 않을 것이라고 합니다. 그 말대로 배는 깨어지지만, 그 배에 탄 276명은 다 살아남게 됩니다. 그러므로 믿음이란 하나님께서 하신 말씀을 하나님께서 그대로 이루실 것임을 믿는 것입니다. 이런 믿음을 성경이 증언하고 있습니다.

오늘 우리가 성경을 보는 이유도 이와 같습니다. 성경을 통하여 하나님께서 말씀하시고 말씀하신 대로 이루어 가심을 알게 되면 믿게 됩니다. 하나님께서 천지를 창조하신 목적이 성경에 나옵니다. 하나님의 뜻은 자기 아들의 희생으로 구원한 백성들을 하나님의 자기 거처 삼으시는 것입니다. 이것을 십자가의 복음으로 이루어 내십니다. 그 복음이 땅끝까지 증거되고 하나님의 백성을 다 찾아내시면 눈에 보이는 이 하늘과 땅은 사라집니다. 예수님의 피로 구원받은 자들은 하늘과 땅이 다 사라진다는 사실을 믿을 뿐 아니라 새 하늘과 새 땅도 믿기에 안심하고 살아갑니다.

오늘 본문을 창세기 16:1~3을 봅니다. 아브람의 아내가 결혼하여 수십 년이 지나도 출산하지 못하는 여인입니다. **하나님께서 아브람에게 창세기 12:2와 15:4~5에 두 번이나** 후손에 관한 약속을 하셨습니다. 아브람의 몸에서 날 자가 네 상속자가 될 것이라고 하셨습니다. 그리고 언약을 체결하였습니다. 그런데도 자녀가 생기지 않습니다. 사래는 그 당시의 풍습을 따라 애굽 사람 여종 하갈을 아브람에게 주어 자녀를 얻으려고 합니다. 아브람이 사래의 말을 듣습니다. 하갈을 아브람의 첩으로 맞았을 때는 아브람이 가나안 땅에 거주한 지 십 년 후가 됩니다. 75세에 하란을 떠났으니 지금은 85세입니다. 십 년 동안 믿음이 자랐기에 하나님께서 자녀를 주신다는 말씀을 믿었지만 아직은 하나님을 전적으로 신뢰하지 못하고 인간의 방법을 씁니다.

창세기 16:4~6 "아브람이 하갈과 동침하였더니 하갈이 임신하매 그가 자기의 임신함을 알고 그의 여주인을 멸시한지라 사래가 아브람에게 이르되 내가 받는 모욕은 당신이 받아야 옳도다 내가 나의 여종을 당신의 품에 두었거늘 그가 자기의 임신함을 알고 나를 멸시하니 당신과 나 사이에 여호와께서 판단하시기를 원하노라 아브람이 사래에게 이르되 당신의 여종은 당신의 수중에 있으니 당신의 눈에 좋을 대로 그에게 행하라 하매 사래가 하갈을 학대하였더니 하갈이 사래 앞에서 도망하였더라"

사래는 여종을 아브람에게 주어 씨를 얻게 되면 자기 자식 삼으려고 하였습니다. 그 당시의 풍습이기도 하였습니다.^{창30:3} 저는 이스마엘을 낳은 사건이 하나님의 은혜에 인간의 행위를 덧붙이는 모습이라고 봅니다. 사람의 행위로 하나님의 일을 이루려고 하니 갈등이 일어납니다. 하갈이 임신하자 사래를 멸시합니다. 사래가 아브람에게 내가 받는 모욕을 당신이 받아야 한다고 합니다. 자기가 하갈을 아브람에게 첩으로 주고서는 이렇게 말하니 이브의 딸들입니다. 그러자 아브람은 당신의 여종을 당신 뜻대로 하라고 합니다. 그래서 사래가 하갈을 학대하니 하갈이 사래를 피하여 임신한 채로 도망갔습니다.

창세기 16:7~14 "여호와의 사자가 광야의 샘물 곁 곧 술 길 샘 곁에서 그를 만나 이르되 사래의 여종 하갈아 네가 어디서 왔으며 어디로 가느냐 그가 이르되 나는 내 여주인 사래를 피하여 도망하나이다 여호와의 사자가 그에게 이르되 네 여주인에게로 돌아가서 그 수하에 복종하라 여호와의 사자가 또 그에게 이르되 내가 네 씨를 크게 번성하여 그 수가 많아 셀 수 없게 하리라 여호와의 사자가 또 그에게 이르되 네가 임신하였은즉 아들을 낳으리니 그 이름을 이스마엘이라 하라 이는 여호와께서 네 고통을 들으셨음이니라 그가 사람 중에 들나귀 같이 되리니 그의 손이 모든 사람을 치겠고 모든 사람의 손이 그를 칠지며 그가 모든 형제와 대항해서 살리라 하니라 하갈이 자기에게 이르신 여호와의 이름을 나를 살피시는 하나님이라 하였으니 이는 내가 어떻게 여기서 나를 살피시는 하나님을 뵈었는고 함이라 이러므로 그 샘을 브엘라해로이라 불렀으며 그것은 가데스와 베렛 사이에 있더라"

사래가 하갈을 학대함으로 광야로 도망가서 광야의 샘물 곁으로 갔습니다. 그때 여호와의 사자가 나타나서 다시 사래에게 돌아가 복종하라고 합니다. 그러면서 네가 아들을 낳을 것인데 그 이름을 이스마엘이라고 하라고 합니다. 하나님께서 들으셨다는 뜻입니다. 그런데 이스마엘은 모든 사람을 치겠고 모든 형제를 대항하며 살 것이라고 합니다. 이 사건을 문자대로 해석하면 지금도 이슬람과 유대와 범기독교 국가 간의 갈등과 싸움을 부추기는 내용이 됩니다. 그러면 예수님의 십자가 이후는 이런 본문을 어떻게 해석해야 합니까?

갈라디아서 4:21~26 "내게 말하라 율법 아래에 있고자 하는 자들아 율법을 듣지 못하였느냐 기록된바 아브라함에게 두 아들이 있으니 하나는 여종에게서, 하나는 자유 있는 여자에게서 났다 하였으며 여종에게서는 육체를 따라 났고 자유 있는 여자에게서는 약속으로 말미암았느니라 이것은 비유니 이 여자들은 두 언약이라 하나는 시내 산으로부터 종을 낳은 자니 곧 하갈이라 이 하갈은 아라비아에 있는 시내 산으로서 지금 있는 예루살렘과 같은 곳이니 그가 그 자녀들과 더불어 종노릇 하고 오직 위에 있는 예루살렘은 자유자니 곧 우리 어머니라"

아브라함 언약과 모세 언약의 결론과 같은 말씀입니다. 여종에게서 난 이스마엘과 자유하는 여자에게서 난 이삭을 바울은 율법과 복음으로 해석합니다. 이스마엘은 육체를 따라 났다고 합니다. 육체를 따라 났다는 말은 인간의 행위가 보태어진 자식이 이스마엘 곧 율법이며 시내산이며 지금의 예루살렘이라고 합니다. 그러나 약속의 자녀는 할례를 행하고 태어난 이삭입니다. 할례만이 아니라 사래가 이미 폐경이 된 후에 태어났기에 약속으로 태어난 이삭이라고 합니다. 그러므로 이스마엘을 율법으로 이삭을 약속의 자녀로 종과 자유를 말합니다. 이어지는 말씀에서 종의 자녀를 쫓아내라는 말씀은 율법주의를 경계하라는 말씀입니다. 십자가 이후로는 유대인이나 이방인이나 주 예수의 은혜로 구원을 받습니다.^{행15:11} 그러므로 이런 본문도 십자가로 해석합니다. 십자가는 원수 된 유대인과 이방인을 한 새 사람으로 만들어 성령 안에서 아버지께 나아가게 하십니다.

창세기 16:15~16 "하갈이 아브람의 아들을 낳으매 아브람이 하갈이 낳은 그 아들을 이름하여 이스마엘이라 하였더라 하갈이 아브람에게 이스마엘을 낳았을 때에 아브람이 팔십육 세였더라"

하갈이 다시 사래에게 복종하려고 들어와서 아들을 낳습니다. 아브람이 그 아들을 이스마엘이라고 짓습니다. 하갈의 말을 들었기에 이런 이름을 지었을 것입니다. 이스마엘을 낳았을 때의 나이가 86세입니다. 아브람이 하갈을 첩으로 맞은 나이가 가나안에 거주한 지 85세입니다.^{창16:3} 그러므로 십 년에 걸쳐서 믿음의 훈련을 받아 하나님께서 씨를 주신다는 말씀을 믿었습니다.^{창15:6} 그 믿음의 결국은 그리스도입니다.^{갈3:16} 그러나 아직 온전한 믿음이 아니기에 사래의 말을 듣고 인간적인 방법으로 그 씨를 만들어 낸 결과가 이스마엘입니다.

창세기 17:1 "아브람이 구십구 세 때에 여호와께서 아브람에게 나타나

서 그에게 이르시되 나는 전능한 하나님이라 너는 내 앞에서 행하여 완전
하라"

　　창세기 16:16과 17:1 사이에 몇 년이 걸립니까? 아브람이 자기 힘으로 이
스마엘을 낳은 나이가 86세인데 13년을 더 기다렸다가 99세에 하나님께
서 나타나셔서 나는 전능한 하나님이라고 하시면서 너는 내 앞에서 완전
히 행하라고 합니다. 전능하신 하나님 앞에서 피조물이며 불완전한 인간
이 어떻게 완전하게 행할 수가 있습니까? 이 말씀은 하나님께서 약속하신
것을 하나님께서 완전하게 이루신다는 사실을 믿으라는 말씀입니다. 그
런데 그 약속을 믿지 못하고 자기 실력으로 낳은 자식이 이스마엘입니다.
그러나 약속의 자녀는 약속의 능력으로만 나옵니다.
　그러므로 너는 내 앞에서 완전하게 행하라고 하신 말씀은 전능하신 하
나님께서 자기 약속을 완전하게 이루심을 믿으라는 말씀입니다. 믿음은
기다림입니다. 막연하게 우리의 상상한 바가 이루어질 것이라는 그런 헛
된 기다림이 아닙니다. 성경이 계시하신 분명한 약속을 믿고 기다리는 것
입니다. 그 약속을 믿지 못하여 끊임없이 인간이 무엇을 만들어 내려고
합니다. 심지어 기도하여 하늘 보좌를 흔들려고 합니다. 열심히 전도하여
재림을 앞당기자고 합니다. 성경의 약속이 아닌데도 자기들이 만들어 낸
꿈과 비전을 이루어 주실 줄 믿는다고 하는 것은 자기 욕망을 섬기는 우상
숭배입니다. 그러므로 하나님께서 13년을 기다린 후에 아브람이 더 늙은
후에 사래는 폐경이 된 후에 다시 찾아오셔서 너는 내 앞에서 행하여 완전
히 행하라고 하시면서 다시 약속을 줍니다.

　　창세기 17:2~9 "내가 내 언약을 나와 너 사이에 두어 너를 크게 번성하
게 하리라 하시니 아브람이 엎드렸더니 하나님이 또 그에게 말씀하여 이
르시되 보라 내 언약이 너와 함께 있으니 너는 여러 민족의 아버지가 될지

라 이제 후로는 네 이름을 아브람이라 하지 아니하고 아브라함이라 하리니 이는 내가 너를 여러 민족의 아버지가 되게 함이니라 내가 너로 심히 번성하게 하리니 내가 네게서 민족들이 나게 하며 왕들이 네게로부터 나오리라 내가 내 언약을 나와 너 및 네 대대 후손 사이에 세워서 영원한 언약을 삼고 너와 네 후손의 하나님이 되리라 내가 너와 네 후손에게 네가 거류하는 이 땅 곧 가나안 온 땅을 주어 영원한 기업이 되게 하고 나는 그들의 하나님이 되리라 하나님이 또 아브라함에게 이르시되 그런즉 너는 내 언약을 지키고 네 후손도 대대로 지키라"

아브람은 하나님의 약속을 믿지 못하여 이스마엘을 낳았지만, 하나님은 자기 약속을 이루시겠다고 아브람에게 다시 말씀하시면서 씨와 땅을 말씀하십니다. 계속 반복되는 말씀이 내 언약이 나와 너 사이에 있기에 내 약속을 너를 통하여 이루신다고 합니다. 그런데 하나님의 언약이 이루어지는 일은 아브람이 협력해서 이루어지지 않고 하나님의 일방적인 약속으로 이루어짐을 계속하여 성경이 보여줍니다. 여호와 하나님께서 내 언약을 나와 너와 너의 대대 후손 사이에 세워서 영원한 언약을 세운다고 합니다. 아이가 없는 아브람을 많은 무리의 아버지라는 아브라함이라고 부릅니다. 그러므로 하나님의 언약을 어떻게 이루어 내시는지 할례를 통하여 계시하여 주십니다.

창세기 17:10~16 "너희 중 남자는 다 할례를 받으라 이것이 나와 너희와 너희 후손 사이에 지킬 내 언약이니라 너희는 포피를 베어라 이것이 나와 너희 사이의 언약의 표징이니라 너희의 대대로 모든 남자는 집에서 난 자나 또는 너희 자손이 아니라 이방 사람에게서 돈으로 산 자를 막론하고 난 지 팔 일 만에 할례를 받을 것이라 너희 집에서 난 자든지 너희 돈으로 산 자든지 할례를 받아야 하리니 이에 내 언약이 너희 살에 있어 영원한 언약이 되려니와 할례를 받지 아니한 남자 곧 그 포피를 베지 아니한 자

는 백성 중에서 끊어지리니 그가 내 언약을 배반하였음이니라 하나님이
또 아브라함에게 이르시되 네 아내 사래는 이름을 사래라 하지 말고 사라
라 하라 내가 그에게 복을 주어 그가 네게 아들을 낳아 주게 하며 내가 그
에게 복을 주어 그를 여러 민족의 어머니가 되게 하리니 민족의 여러 왕이
그에게서 나리라"

99세 된 아브람에게 이름도 바꾸어 주시면서 할례를 하라고 합니다. 아
브람의 집 안에 있는 자는 모두 할례를 받으라고 합니다. 하나님의 언약
을 살에 새기는 것이며 영원한 언약이라고 합니다. 그러면 할례를 통하여
몸에 언약을 새기는 이유는 무엇입니까? 하나님의 약속은 하나님께서 이
루시는 것이지 인간이 협력해야만 이루어지는 것이 아님을 알게 하시려
고 할례를 행하라고 하십니다. 그러므로 할례는 단지 포경수술이 아니라
인간의 혈과 육의 능력으로는 약속의 자손을 만들어내지 못한다는 것을
알게 하시려고 할례를 하라고 하신 것입니다. 그리고 사래의 이름도 사라
로 바꾸게 하십니다. 여주인이라는 뜻입니다. 많은 무리의 아버지와 여주
인의 이름을 받습니다.

이어지는 17~18절입니다. "아브라함이 엎드려 웃으며 마음속으로 이르
되 백세 된 사람이 어찌 자식을 낳을까 사라는 구십 세니 어찌 출산하리요
하고 아브라함이 이에 하나님께 아뢰되 이스마엘이나 하나님 앞에 살기
를 원하나이다"

하나님께서 이렇게 언약을 세우시고 이루신다고 말씀하셔도 아브라함
은 믿지 못합니다. 엎드려 웃으며 마음속으로 백세된 사람이 어찌 자식을
낳을 수 있느냐고 하면서 사라는 구십 세라고 합니다. 심지어 폐경까지
된 여인인데창18:11 어떻게 출산하겠느냐고 속으로 생각하면서 아브라함
이 하나님께 말씀드리기를 이스마엘이나 하나님 앞에서 살기를 원한다고
합니다. 창세기 15장에서도 하나님께서 방패이며 상급이라고 말씀하실

때 아브람은 자식이 없으니, 집에서 기른 종이 후손이 될 거라고 합니다. 그러나 하나님은 아니라고 하시면서 네 몸에서 날 자라고 하셨습니다. 이제는 몸에서 난 이스마엘이 있습니다. 그러므로 아브라함과 사라 사이에 다시 자식이 태어나지 않아도 이스마엘이나 하나님 앞에서 살기를 원한다고 합니다. 그러나 하나님은 아브라함과 사라 사이에서 태어날 자식을 말씀합니다. 그런데 이 말씀을 들은 사라도 웃습니다.

이어지는 19~22절입니다. "하나님이 이르시되 아니라 네 아내 사라가 네게 아들을 낳으리니 너는 그 이름을 이삭이라 하라 내가 그와 내 언약을 세우리니 그의 후손에게 영원한 언약이 되리라 이스마엘에 대하여는 내가 네 말을 들었나니 내가 그에게 복을 주어 그를 매우 크게 생육하고 번성하게 할지라 그가 열두 두령을 낳으리니 내가 그를 큰 나라가 되게 하려니와 내 언약은 내가 내년 이 시기에 사라가 네게 낳을 이삭과 세우리라 하나님이 아브라함과 말씀을 마치시고 그를 떠나 올라가셨더라 이에 아브라함이 하나님이 자기에게 말씀하신 대로 이날에 그 아들 이스마엘과 집에서 태어난 모든 자와 돈으로 산 모든 자 곧 아브라함의 집사람 중 모든 남자를 데려다가 그 포피를 베었으니 아브라함이 그의 포피를 벤 때는 구십구 세였고 그의 아들 이스마엘이 그의 포피를 벤 때는 십삼 세였더라 그날에 아브라함과 그 아들 이스마엘이 할례를 받았고 그 집의 모든 남자 곧 집에서 태어난 자와 돈으로 이방 사람에게서 사온 자가 다 그와 함께 할례를 받았더라" 할례를 행한 후에 하나님께서 사래에게 다시 말씀하십니다.

창세기 18:9~15 "그들이 아브라함에게 이르되 네 아내 사라가 어디 있느냐 대답하되 장막에 있나이다 그가 이르시되 내년 이맘때 내가 반드시 네게로 돌아오리니 네 아내 사라에게 아들이 있으리라 하시니 사라가 그

뒤 장막 문에서 들었더라 아브라함과 사라는 나이가 많아 늙었고 사라에게는 여성의 생리가 끊어졌는지라 사라가 속으로 웃고 이르되 내가 노쇠하였고 내 주인도 늙었으니 내게 무슨 즐거움이 있으리요 여호와께서 아브라함에게 이르시되 사라가 왜 웃으며 이르기를 내가 늙었거늘 어떻게 아들을 낳으리요 하느냐 여호와께 능하지 못한 일이 있겠느냐 기한이 이를 때에 내가 네게로 돌아오리니 사라에게 아들이 있으리라 사라가 두려워서 부인하여 이르되 내가 웃지 아니하였나이다 이르시되 아니라 네가 웃었느니라"

아브라함과 사라도 하나님의 약속을 믿지 못하고 비웃었습니다. 그런 비웃음에도 불구하고 하나님의 약속대로 아브라함의 나이 백 세가 되었을 때 사라에게서 이삭이 태어났습니다. 하나님의 약속을 이성적으로 생각하면 비웃을 수밖에 없는 내용입니다. 그러나 그런 비웃음과 조롱을 배경으로 하나님의 약속이 이루어집니다. 그 약속이 완성된 자리는 십자가입니다. 유대인이나 이방인이 간에 십자가는 저주받은 죽음이며 미련하고 어리석은 죽음입니다. 조롱과 비웃음의 십자가입니다. 네가 하나님의 아들이라면 십자가에서 내려 와보라고 합니다. 자기도 구원하지 못하고 죽는 주제에 남을 구원하는 메시아라고 하니 말이 되느냐며 조롱합니다. 그런 예수님을 누가 믿겠습니까?

그러므로 그리스도 안에서 창세 전에 택한 자들만이 믿게 됩니다. 그런데 그 믿음의 과정은 아브라함과 사라가 하나님의 약속을 믿지 못하고 비웃었지만 결국은 이삭을 받았을 때 어떤 고백이 나왔을까요? 우리는 하나님의 약속을 비웃었는데 하나님은 우리에게 참 웃음을 주셨다고 고백할 것입니다. 그러므로 예수님을 믿는다는 것은 고향 친척 아버지 집을 떠나게 될 뿐 아니라 자기의 이성적 판단으로 하나님을 비웃은 일도 알게 하시는 일이 일어납니다. 하나님의 약속은 인간의 불신앙과 비웃음을 배경으로 십자가에서 다 이루심을 믿는 것이 하나님의 은혜로 믿게 된 믿음입니

다. 이런 믿음의 사람들은 자기의 행위가 죄뿐임을 알고 예수 그리스도의
십자가만 자랑합니다.

아브라함 언약 ⑷

창세기 18:16~19 그 사람들이 거기서 일어나서 소돔으로 향하고 아브라함은 그들을 전송하러 함께 나가니라 여호와께서 이르시되 내가 하려는 것을 아브라함에게 숨기겠느냐 아브라함은 강대한 나라가 되고 천하 만민은 그로 말미암아 복을 받게 될 것이 아니냐 내가 그로 그 자식과 권속에게 명하여 여호와의 도를 지켜 의와 공도를 행하게 하려고 그를 택하였나니 이는 나 여호와가 아브라함에게 대하여 말한 일을 이루려 함이니라

지난 주에 본 말씀은 아브람이 여종 하갈에게서 이스마엘을 낳은 나이가 86세입니다. 그런데 13년 만에 하나님께서 아브람에게 나타나셔서 너는 내 앞에서 행하여 완전하여지라고 하셨습니다. 어떻게 인간이 하나님 앞에서 완전할 수가 있겠습니까? 이 말씀은 자기 약속에 전능하신 하나님의 능력을 믿으라는 말씀입니다. 그런데 그 약속을 믿지 않고 인간적인 수단으로 낳은 자식이 이스마엘입니다. 그러므로 하나님께서 99세 된 아브람에게 할례를 명하시고 이름도 아브라함으로 고치게 하십니다. 그러면서 다시 약속하시기를 너와 사라 사이에서 자녀를 주겠다고 합니다.

그런데 그 약속을 받은 아브라함이 엎드려 웃으며 마음속으로 이르되 백세 된 사람이 어찌 자식을 낳을까 사라는 구십 세니 어찌 출산하겠느냐고 합니다. 그러면서 이스마엘이나 하나님 앞에 살기를 원한다고 합니다.

그러나 하나님은 네 아내 사라가 네게 아들을 낳아 줄 것이라고 하면서 이름도 지어주시는데 이삭입니다. 아브람이 속으로 웃었는데 하나님은 그 아들 이름을 이삭 곧 웃음이라고 지어주셨습니다. 이 약속의 말씀을 들은 사라도 장막 뒤에서 듣고 웃었습니다. 내가 처음부터 아이를 낳지 못하는 여인이었을 뿐만 아니라 이미 폐경이 되었는데 어떻게 아이를 낳겠느냐고 웃었습니다. 하나님께서 왜 웃었느냐고 하니 웃지 않았다고 합니다. 그러므로 하나님의 약속 성취는 인간의 비웃음을 배경으로 이루어짐이 십자가에서 나타났다고 말씀을 드렸습니다.

오늘은 아브라함이 하나님의 언약 상대자로 부름을 받아서 하는 일을 살펴보려고 합니다. 하나님께서 아브라함을 부르시고 아브라함을 통하여 모든 민족에게 복을 주시겠다고 하십니다. 아브라함이 잘하고 못하고의 문제가 아니라 아브라함을 축복하면 하나님께서 복을 주시고 아브라함을 저주하면 하나님께서 저주하시겠다고 창세기 12:3에서 이미 약속하셨습니다. 그러므로 아브라함이 하나님과 사람 사이에 중보자의 역할을 합니다. 지금까지는 아브라함의 믿음 없는 모습을 보았습니다만 오늘은 아브라함이 하나님의 언약 상대자로서 어떤 역할을 하는지 보겠습니다.

오늘 본문 창세기 18:16~19를 봅니다. 창세기 18장 1절부터 보면 아브라함이 날이 뜨거울 때 장막 문에 앉았다가 세 사람이 맞은 편에 있는 모습을 보고 달려가서 그들을 영접하며 접대합니다. 이 사건을 부지중에 천사를 대접하였다고 합니다.히13:2 세 사람으로 온 한 분은 하나님이 사람의 모습으로 온 것입니다. 그리고 두 사람은 천사입니다. 세 사람이 대접을 받고 떠나려고 할 때 여호와께서 말씀하십니다. 내가 하려는 일을 아브라함에게 숨기겠느냐고 합니다. 아브라함은 강대한 나라가 되고 천하 만민은 그로 인하여 복을 받게 될 것이라고 다시 약속의 말씀을 주십니다. 그러므로 하나님께서 아브라함을 택한 이유는 하나님께서 아브라함에게 하신 말씀을 이루시기 위함이라고 합니다. 그러면서 아브라함에게 소돔과 고모라 이야기를 하십니다.

하나님의 언약의 상대자로 부름을 받아서 이제 하나님께서 말씀하신 일이 어떻게 이루어지는지를 알게 되었습니다. 말씀하신 일은 무엇이든지 이루어진다는 사실을 수십 년의 경험을 통하여 알게 되었을 때 하나님께서 아브라함에게 자신이 하실 일을 알려주십니다. 하나님께서 알려주신 일은 소돔과 고모라 성의 죄악이 가득하여 그 울부짖음이 하늘의 하나님께까지 들린 것입니다. 그래서 그 사실을 확인하기 위하여 소돔과 고모라 성에 확인하러 간다고 합니다.

여호와 하나님의 하실 일을 들은 아브라함이 어떻게 합니까? 아브라함도 이미 소돔과 고모라 성의 죄악을 알 것입니다. 그렇다면 거룩하신 하나님께서 그 성을 반드시 심판 할 것을 압니다. 그러므로 주께서 의인과 악인을 함께 심판하시면 정의롭지 못하다고 하면서 소돔과 고모라 성에 의인 오십 명이 있다면 어떻게 하시겠느냐고 묻습니다. 여호와 하나님께서 의인 오십 명을 찾는다면 그 성을 용서하겠다고 합니다. 이 말씀을 들은 아브라함이 티끌과 재 같은 자라고 하면서 감히 아뢴다고 합니다. 의인 사십 오명이면 어떻게 하시겠느냐고 합니다. 용서하시겠다는 말씀을 듣고 삼십 명, 이십 명, 십 명까지 허락을 받은 후에 하나님께서 떠나십니다. 18:22~32

창세기 19:1~3 "저녁 때에 그 두 천사가 소돔에 이르니 마침 롯이 소돔 성문에 앉아 있다가 그들을 보고 일어나 영접하고 땅에 엎드려 절하며 이르되 내 주여 돌이켜 종의 집으로 들어와 발을 씻고 주무시고 일찍이 일어나 갈 길을 가소서 그들이 이르되 아니라 우리가 거리에서 밤을 새우리라 롯이 간청하매 그제서야 돌이켜 그 집으로 들어오는지라 롯이 그들을 위하여 식탁을 베풀고 무교병을 구우니 그들이 먹으니라"

소돔과 고모라 성에 죄악이 가득하여 동성애도 가득한 도시가 되었습니다. 롯이 아브라함을 떠나서 소돔과 고모라 성까지 들어와서 살게 되었지만, 그들과 어울릴 수는 없었습니다. 그들과 어울렸다면 저녁에 함께 먹고 마신다고 성문에 앉아 있지는 않았을 것입니다. 요즈음 말로 왕따를 당한 것이라고 봐야 합니다. 그런데 두 사람이 들어오는 것을 보고 땅에 엎드려 절하며 자기 집에 영접합니다. 이들은 소돔 성을 시찰하려고 왔기에 거리에서 밤을 지내려고 합니다. 그 도시가 얼마나 악한지 아는 롯은 그 사람을 자기 집에 간청하여 들어오게 하여 무교병을 먹게 합니다.

그러자 소돔 성의 노소를 막론하고 원근에서 다 모여서 롯의 집을 에워싸고 롯을 부릅니다. 오늘 밤에 너의 집에 온 사람을 끌어내라고 합니다. 우리가 그를 상관하겠다고 합니다. 이것은 성관계를 말합니다. 그러자 롯은 문밖의 무리에게 나서서 뒤로 문을 닫고 내 형제들아, 이런 악을 행하지 말라고 합니다. 그러면서 자기에게 남자를 가까이하지 않은 두 딸이 있으니 그 딸들에게 좋은 대로 행하고 이 손님들에게는 아무 일도 저지르지 말라고 합니다. 손님 접대를 자기 딸보다 귀하게 여긴 것입니다. 아브라함도 부지 중에 손님을 접대하고 롯도 손님을 접대하였습니다.[19:4~8]

소돔의 사람들이 롯에게 너는 물러가라고 합니다. 네가 나그네로 이 성에 굴러들어 와서는 우리의 법관이 되려고 하느냐며 롯을 밀치며 문을 부수려고 하니 사람의 모습으로 온 천사가 롯을 집안으로 이끌어 들이고 문밖에 있는 모든 사람의 눈을 어둡게 하니 그들이 문을 찾지 못하게 됩니다. 두 사람이 네게 속한 자가 또 있느냐고 하면서 네게 속한 자들을 다 성밖으로 끌어내라고 합니다. 그들의 부르짖음이 여호와 앞에 크므로 여호와께서 이곳을 멸하시려고 우리를 보내셨다고 합니다. 두 천사가 현장을 확인하였으니 이 성을 멸하겠다고 합니다.[19:9~12]

창세기 19:14~16 "롯이 나가서 그 딸들과 결혼할 사위들에게 말하여 이르기를 여호와께서 이 성을 멸하실 터이니 너희는 일어나 이곳에서 떠나라 하되 그의 사위들은 농담으로 여겼더라 동틀 때에 천사가 롯을 재촉하여 이르되 일어나 여기 있는 네 아내와 두 딸을 이끌어 내라 이 성의 죄악 중에 함께 멸망할까 하노라 그러나 롯이 지체하매 그 사람들이 롯의 손과 그 아내의 손과 두 딸의 손을 잡아 인도하여 성 밖에 두니 여호와께서 그에게 자비를 더하심이었더라”

소돔과 고모라 성이 멸망한다는 여호와의 말씀을 롯의 사위들이 농담으로 여깁니다. 노아 홍수 때도 마찬가지였습니다. 그런데 이런 말을 들은 롯도 지체합니다. 천사가 다시 말합니다. 네 아내와 두 딸을 끌어내라고 합니다. 그래도 롯이 지체합니다. 그러자 두 사람이 롯의 손과 그 아내의 손과 두 딸의 손을 잡아 인도하여 성 밖에 둡니다. 강제로 끌어낸 것입니다. 이렇게 된 것을 여호와께서 그에게 자비를 더하셨다고 합니다. 아무것도 없이 빈손으로 끌려 나옴이 여호와 하나님께서 자비를 더하신 것입니다. 끌려 나오지 않았다면 불과 유황의 심판을 받아야 합니다.

창세기 19:17 “그 사람들이 그들을 밖으로 이끌어 낸 후에 이르되 도망하여 생명을 보존하라 돌아보거나 들에 머물지 말고 산으로 도망하여 멸망함을 면하라” 돌아보지 말고 들에 머물지 말고 산으로 도망가라고 하는데 산까지 도망갈 수 없다고 하면서 작은 성으로 도망가겠다고 하니 그것도 허락합니다. 그래서 소알이라는 성에 들어가니 해가 돋았습니다. 여호와께서 유황과 불을 소돔과 고모라에 비같이 내리사 그 성들과 온 들과 거주하는 모든 백성과 땅을 다 엎어 멸하셨습니다. 그러나 롯의 아내는 뒤를 돌아보았기에 소금 기둥이 되었습니다. [18~26]

창세기 19:27~29 “아브라함이 그 아침에 일찍이 일어나 여호와 앞에 서 있던 곳에 이르러 소돔과 고모라와 그 온 지역을 향하여 눈을 들어 연기가 옹기 가마의 연기같이 치솟음을 보았더라 **하나님이 그 지역의 성을 멸하실 때 곧 롯이 거주하는 성을 엎으실 때에 하나님이 아브라함을 생각하사 롯을 그 엎으시는 중에서 내보내셨더라"**

노아 홍수의 심판을 또는 소돔과 고모라 성의 멸망을 지금도 농담으로 여기는 자들은 심판을 자조차고 있는 자들입니다. 그러므로 예수님께서 롯의 처를 기억하라고 하셨습니다.눅17:32 그러면 어떻게 롯은 그 멸망의 성에서 나오게 되었습니까? 하나님이 아브라함을 생각하셔서 롯을 그 엎으시는 중에서 내보내셨다고 합니다. 그러므로 하나님께서 아브라함을 언약의 상대자로 부르시고 아브라함을 통하여 모든 민족이 복을 받게 하시겠다는 것은 예수님을 믿음으로 의롭다고 하는 복을 받는 내용을 말씀하신 것입니다. 그러므로 아브라함의 역할이 예수님의 모형이 됩니다.

창세기 18장에서 이미 보았습니다. 하나님께서 아브라함에게 하나님이 하실 일을 알려주셨습니다. 그것은 소돔과 고모라 성의 심판입니다. 그때 아브라함은 하나님 앞에 기도하였습니다. 그 성에 의인 열 명만 있어도 그 성을 멸하지 않겠다고 하셨습니다. 그런데 그 성에 의인은 롯 뿐이었습니다. 그렇다면 롯은 어떻게 의인이 될 수 있었습니까? 그 이유는 방금 본 **창세기 19:29의 말씀대로 하나님께서 아브라함을 생각하신 것입니다.** 아브라함을 생각하셨다는 것은 아브라함의 기도를 생각한 것입니다. 베드로가 예수님을 세 번이나 저주하고 맹세하면서 부인하지만, 베드로의 믿음이 떨어지지 않은 것은 예수님께서 베드로를 위하여 기도하셨기 때문입니다.눅22:32

창세기 20:17~18 "아브라함이 하나님께 기도하매 하나님이 아비멜렉과 그의 아내와 여종을 치료하사 출산하게 하셨으니 여호와께서 이왕에 아브라함의 아내 사라의 일로 아비멜렉의 집의 모든 태를 닫으셨음이더라”

이 말씀은 다음 주에 다시 보겠습니다만 여기서도 아브라함이 하나님께 기도하여 아비멜렉과 그의 아내와 여종을 치료하여 출산하게 됩니다. 그러므로 하나님의 언약 상대자로 부름을 받은 아브라함이 하나님의 언약을 믿게 됩니다. 그뿐만 아니라 이제는 하나님께 중보자의 기도를 합니다. 이러한 역할은 장차 오실 그리스도의 중보자 역할을 보여주는 것입니다. 그러므로 아브라함의 기도로 소돔과 고모라 성에서 빠져나오게 되는데 이런 기도가 있는 자들은 어떤 삶을 살까요?

베드로후서 2:6~8 “소돔과 고모라 성을 멸망하기로 정하여 재가되게 하사 후세에 경건하지 아니할 자들에게 본을 삼으셨으며 무법한 자들의 음란한 행실로 말미암아 고통당하는 의로운 롯을 건지셨으니 (이는 이 의인이 그들 중에 거하여 날마다 저 불법한 행실을 보고 들음으로 그 의로운 심령이 상함이라)”

베드로 사도는 롯을 의로운 자라고 합니다. 그런데 오늘 본문에서는 하나님께서 소돔과 고모라를 멸망시키는 중에 아브라함을 생각하여 롯을 구하여 주십니다. 그러므로 롯이 의롭게 되는 것은 아브라함의 기도 때문이라고 생각해야 합니다. 이것은 예수님께서 우리를 위하여 기도하시면 베드로처럼 세 번이나 예수님을 모른다고 저주하고 맹세하면서 부인하여도 믿음이 떨어지지 않는 모습과 같은 것입니다. 그러므로 아브라함을 생각하여 롯을 구하였다는 말씀을 예수님께 비추어 보면 예수님께서 우리를 위하여 기도하시고 성령님이 우리를 위하여 기도하신다고 보면 됩니다.

그렇게 기도의 대상이 된 자들은 세상에 살지만, 세상과 완전히 동화同化되지 못합니다. 롯이 아브라함을 떠나 소돔과 고모라 성까지 와서 살지만 날마다 행하는 저 불법한 행실을 보고 들음으로 그 의로운 심령이 상했다고 합니다. 그렇다면 그 성에서 떠나야 할 텐데 떠날 마음은 없습니다. 그러므로 그 성에서 따돌림을 당하며 살게 됩니다. 그들과 어울릴 수 없어서 저녁에 성문 앞에 앉았다가 천사를 영접하게 되었습니다. 그러므로 오늘도 하나님의 언약 백성이 된 자들은 세상과 완전히 동화될 수가 없습니다. 예수님과 성령님께서 우리를 위하여 기도하시기 때문입니다.

창세기 3장에서 선악과를 따 먹게 유혹한 뱀을 하나님께서 저주하십니다. 그 저주는 배로 기어 다니며 흙을 먹고 살라고 하셨습니다. 이 저주란 땅에 들러붙어서 사는 삶이 저주라는 말씀입니다. 세상과 벗 되고자 하는 일이 간음이며 하나님의 원수가 되는 길입니다.^{약4:4} 그러므로 오늘도 사탄은 예수님을 유혹하였듯이 언약 백성을 유혹합니다. 먹음직하고 보암직하고 세상의 영광이 될 것들을 추구하라고 유혹합니다. 그런데 언약 백성은 완전히 세상에 동화될 수 없는 일들이 자꾸만 일어납니다. 롯이 왕따를 당하여 저녁때 성문 앞에 외롭게 앉아 있는 일들이 일어납니다.

로마서 8:23~26 "그뿐 아니라 또한 우리 곧 성령의 처음 익은 열매를 받은 우리까지도 속으로 탄식하여 양자 될 것 곧 우리 몸의 속량을 기다리느니라 우리가 소망으로 구원을 얻었으매 보이는 소망이 소망이 아니니 보는 것을 누가 바라리요 만일 우리가 보지 못하는 것을 바라면 참음으로 기다릴지니라 이와 같이 성령도 우리의 연약함을 도우시나니 우리는 마땅히 기도할 바를 알지 못하나 오직 성령이 말할 수 없는 탄식으로 우리를 위하여 친히 간구하시느니라"

성령의 처음 익은 열매를 받은 자들이 속으로 탄식하며 몸의 구속을 기다립니다. 이렇게 되는 일은 성령이 성도 안에서 기도하기 때문입니다. 그런 기도를 통하여 무엇을 이루십니까? 보이지 않는 하나님의 약속을 믿게 하시고 이루어지도록 기다리게 하십니다. 이 일들이 이루어지는 것은 소돔과 고모라 성에서 롯을 구하여 내시듯이 우리를 세상에서 끌어내십니다. 지금 하늘에서 불이 쏟아져 내려오는데 우리는 무엇을 기도하고 있습니까? 아브라함이 하나님의 뜻을 먼저 알았습니다. 소돔과 고모라가 심판받는다는 사실을 하나님께 먼저 들었습니다. 그러므로 아브라함은 자기 조카 롯을 위하여 불에 태워지는 것을 구하지 않음이 당연합니다. 그 심판에서 구원하여 달라는 기도입니다. 그러므로 성령이 임한 자들은 탄식하며 몸의 구속을 기다리게 됩니다.

이어지는 27~30절입니다. "마음을 살피시는 이가 성령의 생각을 아시나니 이는 성령이 하나님의 뜻대로 성도를 위하여 간구하심이니라 우리가 알거니와 하나님을 사랑하는 자 곧 그의 뜻대로 부르심을 입은 자들에게는 모든 것이 합력하여 선을 이루느니라 하나님이 미리 아신 자들을 또한 그 아들의 형상을 본받게 하기 위하여 미리 정하셨으니 이는 그로 많은 형제 중에서 맏아들이 되게 하려 하심이니라 또 미리 정하신 그들을 또한 부르시고 부르신 그들을 또한 의롭다 하시고 의롭다 하신 그들을 또한 영화롭게 하셨느니라"

성령이 성도 안에서 기도하는 내용이 이런 것입니다. 하나님의 아들이신 예수 그리스도의 형상을 본받게 하십니다. 이렇게 하시려고 미리 정하신 것입니다. 미리 정하신 자들을 부르시고 부르신 그들을 또한 의롭다고 하시고 그들을 또한 영화롭게 하신 것입니다. 하나님께서 아브라함을 부르시는 과정을 보시기 바랍니다. 고향 친척 아버지 집을 떠나게 하시고 결국 하나님의 약속을 믿도록 만드십니다. 그리고 하나님께서 하실 일도 알려주십니다. 소돔과 고모라 성의 심판을 알게 되자 하나님께 기도합니다. 그러자 그 기도의 대상이 된 롯이 빈손으로 그 성에서 끌려 나옵니다. 그러므로 성도란 이 세상에서 끌려 나와 의롭게 됨과 영화롭게 됨을 받는 것입니다.

이어지는 31~34절입니다. "그런즉 이 일에 대하여 우리가 무슨 말 하리요 만일 하나님이 우리를 위하시면 누가 우리를 대적하리요 자기 아들을 아끼지 아니하시고 우리 모든 사람을 위하여 내주신 이가 어찌 그 아들과 함께 모든 것을 우리에게 주시지 아니하겠느냐 누가 능히 하나님께서 택하신 자들을 고발하리요 의롭다 하신 이는 하나님이시니 누가 정죄하리요 죽으실 뿐 아니라 다시 살아나신 이는 그리스도 예수시니 그는 하나님 우편에 계신 자요 우리를 위하여 간구하시는 자시니라" 성령님은 성도 안에서, 예수님은 하나님의 우편에서 기도하십니다.

이어지는 35~39절입니다. "누가 우리를 그리스도의 사랑에서 끊으리요 환난이나 곤고나 박해나 기근이나 적신이나 위험이나 칼이랴 기록된바 우리가 종일 주를 위하여 죽임을 당하게 되며 도살당할 양 같이 여김을 받았나이다 함과 같으니라 그러나 이 모든 일에 우리를 사랑하시는 이로 말미암아 우리가 넉넉히 이기느니라 내가 확신하노니 사망이나 생명이나 천사들이나 권세자들이나 현재 일이나 장래 일이나 능력이나 높음이나 깊음이나 다른 어떤 피조물이라도 우리를 우리 주 그리스도 예수 안에 있는 하나님의 사랑에서 끊을 수 없으리라"

소돔과 고모라 성이 불과 유황으로 심판을 받을 때 롯이 천사의 손에 끌려 나온 것은 아브라함의 기도를 하나님께서 생각하셨기 때문입니다. 눈에 보이는 이 하늘과 땅이 불에 태워져 사라질 때 우리는 의에 거하는 새 하늘과 새 땅에 들어가게 됩니다. 그 이유는 예수님께서 기도하시기 때문입니다. 그러므로 오늘 우리도 세상에서 왕따를 당하고 그런 곳에서 내침을 당하였다면 예수님께서 하나님의 보좌 우편에서 기도하시고 성령님께서 우리 안에서 기도하시기 때문입니다. 그런 자들은 세상에서 버림받은 모습처럼 보일지라도 결코 우리 주 예수 그리스도 안에 있는 하나님의 사랑에서 끊어지지 않습니다. 이런 자들은 사라질 세상의 영광이 아니라 예수 그리스도의 피로 만들어진 그 영원한 아들의 나라 새 하늘과 새 땅이 임하기를 사모하며 살아갑니다.

아브라함 언약 (5)

창세기 21:1~7 여호와께서 말씀하신 대로 사라를 돌보셨고 여호와께서 말씀하신 대로 사라에게 행하셨으므로 사라가 임신하고 하나님이 말씀하신 시기가 되어 노년의 아브라함에게 아들을 낳으니 아브라함이 그에게 태어난 아들 곧 사라가 자기에게 낳은 아들을 이름하여 이삭이라 하였고 그 아들 이삭이 난 지 팔 일 만에 그가 하나님이 명령하신 대로 할례를 행하였더라 아브라함이 그의 아들 이삭이 그에게 태어날 때에 백 세라 사라가 이르되 하나님이 나를 웃게 하시니 듣는 자가 다 나와 함께 웃으리로다 또 이르되 사라가 자식들을 젖먹이겠다고 누가 아브라함에게 말하였으리요마는 아브라함의 노경에 내가 아들을 낳았도다 하니라

오늘 본문은 드디어 이삭을 낳은 내용입니다. 그러나 이 내용을 보기 전에 창세기 20:1~2를 먼저 봅니다. "아브라함이 거기서 네게브 땅으로 옮겨가 가데스와 술 사이 그랄에 거류하며 그의 아내 사라를 자기 누이라 하였으므로 그랄 왕 아비멜렉이 사람을 보내어 사라를 데려갔더니" 아브라함이 애굽 왕 바로에게 자기 아내를 누이라고 하여 바로 왕이 데려갔지만 하나님께서 바로 왕에게서 보호하여 되돌려 받았습니다. 아내로 인하여 바로 왕에게 많은 재물을 받았습니다. 그런데 다시 이런 일이 일어났습니다. 소돔과 고모라 사건 이후에 그랄에 거류하면서 아내를 누이라고 합니다. 그랄 왕

아비멜렉이 사람을 보내어 사라를 데려갔습니다. 아브라함이 할례도 행하고 이름도 고침을 받고 이삭에 관한 약속도 받았지만, 여전히 이런 모습을 보입니다.

창세기 20:3~7 "그 밤에 하나님이 아비멜렉에게 현몽하시고 그에게 이르시되 네가 데려간 이 여인으로 말미암아 네가 죽으리니 그는 남편이 있는 여자임이라 아비멜렉이 그 여인을 가까이하지 아니하였으므로 그가 대답하되 주여 주께서 의로운 백성도 멸하시나이까 그가 나에게 이는 내 누이라고 하지 아니하였나이까 그 여인도 그는 내 오라비라 하였사오니 나는 온전한 마음과 깨끗한 손으로 이렇게 하였나이다 하나님이 꿈에 또 그에게 이르시되 네가 온전한 마음으로 이렇게 한 줄을 나도 알았으므로 너를 막아 내게 범죄하지 아니하게 하였나니 여인에게 가까이 하지 못하게 함이 이 때문이니라 이제 그 사람의 아내를 돌려보내라 그는 선지자라 그가 너를 위하여 기도하리니 네가 살려니와 네가 돌려보내지 아니하면 너와 네게 속한 자가 다 반드시 죽을 줄 알지니라"

여러분은 이런 말씀을 어떻게 이해하십니까? 아비멜렉이 온전한 마음과 깨끗한 손으로 사라를 데려왔다고 합니다. 하나님도 아십니다. 그런데 하나님께서는 그 아내를 돌려보내라고 하시면서 안 돌려보내면 너와 네게 속한 자가 다 반드시 죽을 거라고 합니다. 그러면서 아브라함이 선지자라고 하시면서 그가 너를 위하여 기도하면 네가 산다고 합니다. 저는 이런 말씀을 이렇게 이해합니다. 세상에는 믿는다는 자보다 훨씬 온전한 마음과 깨끗한 손으로 사는 자들이 많습니다. 그런데 그들이 단지 예수님을 믿지 않는다고 심판을 받는다는 말씀으로 이해합니다. 하나님께서 아브라함을 부르실 때 아브라함을 축복하면 하나님께서 복을 주시고 아브라함을 저주하면 하나님께서 저주하신다고 말씀하셨습니다.^{창12:3} 이 말씀을 예수 그리스도에게 성취하시는 것입니다. 그러므로 예수님을 믿으면 하나님께서 죄 사함과 영생의 복을 주시고 믿지 않는 자는 심판하시는 것입니다.

창세기 20:8~10 "아비멜렉이 그날 아침에 일찍이 일어나 모든 종들을 불러 그 모든 일을 말하여 들려주니 그들이 심히 두려워하였더라 아비멜렉이 아브라함을 불러서 그에게 이르되 네가 어찌하여 우리에게 이렇게 하느냐 내가 무슨 죄를 네게 범하였기에 네가 나와 내 나라가 큰 죄에 빠질 뻔하게 하였느냐 네가 합당하지 아니한 일을 내게 행하였도다 하고 아비멜렉이 또 아브라함에게 이르되 네가 무슨 뜻으로 이렇게 하였느냐"

아비멜렉이 그날 아침에 종들을 불러 어젯밤에 일어난 일을 말하자 모두 두려워합니다. 그리고 아브라함을 불러 내가 네게 무슨 죄를 범하였기에 이렇게 하여 나와 내 나라가 큰 죄에 빠질 뻔하게 하였느냐고 합니다. 그러자 아브라함이 변명을 합니다. 이곳에서는 하나님을 두려워함이 없으니 내 아내로 인하여 사람들이 나를 죽일까 생각하였음이요 또 그는 정말로 나의 이복 누이로서 내 아내가 되었다고 합니다. 하나님께서 나를 내 아버지의 집에서 떠나 두루 다니게 하실 때 이렇게 하기로 하고 다녔다고 합니다. 이런 사람이 아브라함입니다. 그러므로 아브라함이 믿는 자의 조상이 되었다는 말씀은 믿음이 없는 자를 하나님의 약속을 믿도록 만드신다는 뜻입니다.

창세기 20:14~16 "아비멜렉이 양과 소와 종들을 이끌어 아브라함에게 주고 그의 아내 사라도 그에게 돌려보내고 아브라함에게 이르되 내 땅이 네 앞에 있으니 네가 보기에 좋은 대로 거주하라 하고 사라에게 이르되 내가 은 천 개를 네 오라비에게 주어서 그것으로 너와 함께 한 여러 사람 앞에서 네 수치를 가리게 하였노니 네 일이 다 해결되었느니라"

아비멜렉이 이렇게까지 하지 않아도 됩니다. 그러나 이렇게까지 한 것은 하나님께서 아비멜렉에게 나타났기 때문입니다. 아브라함은 아내를 바로 왕에게 누이라고 하였다가 많은 재물을 받았습니다. 그리고 아비멜렉에게서도 많은 재물을 받았습니다. 그런데 많은 사람이 설교하면서 아브라함의 복을 말할 때 자기 아내를 두 번이나 팔아먹었다고 말하지 않습니다. 그 이유는 아브라함이 믿음 좋은 사람의 모델로 세워놓았기 때문입니다. 그러므로 성경의 믿음의 사람들은 그들 자신에게서 나온 믿음이 아니라 하나님께서 은혜로 주신 믿음입니다. 그러므로 아브라함이 이렇게 믿음 없는 행동을 하였지만, 하나님의 은혜는 아브라함의 그런 행위에 좌우되지 않습니다.

창세기 20:17~18 "아브라함이 하나님께 기도하매 하나님이 아비멜렉과 그의 아내와 여종을 치료하사 출산하게 하셨으니 여호와께서 이왕에 아브라함의 아내 사라의 일로 아비멜렉의 집의 모든 태를 닫으셨음이더라" 하나님께서 아브라함을 선지자라고 하셨습니다. 그러므로 아브라함이 하나님께 기도함으로 아비멜렉의 아내와 여종을 치료하셔서 출산하게 하셨습니다. 하나님께서 사라의 일을 위하여 아비멜렉의 집안의 태를 닫아두신 것은 아브라함의 믿음을 자라게 하시는 일입니다. 하나님께서 씨를 약속하셨기에 그 씨를 가진 여인도 보호하여 주심을 알고 믿게 됩니다. 또한 이방인들도 아브라함의 하나님을 알게 하시는 일도 됩니다.

오늘 본문 창세기 21:1~7을 봅니다. 1~2절에서만 여호와께서 말씀하신 대로, 여호와께서 말씀하신 대로, 말씀하신 시기에 아브라함과 사라 사이에 이삭에 태어났습니다. 그러나 이미 앞에서 보았습니다만 여호와께서 말씀하실 때 아브라함도 사라도 웃었습니다. 99세 된 아브라함, 90세가 되어 생리가 끊어진 사라, 더구나 결혼하여 출산을 한 번도 하지 못한 여인에게서 내년에 아이가 태어나리라는 약속의 말씀을 믿지 못하여 웃었지만, 그러나 하나님의 그 약속의 말씀대로 아이를 낳았습니다. 아이를 낳고 팔 일 만에 할례를 행합니다. 아이의 이름도 하나님께서 웃음이라는 이삭으로 지어주셨습니다. 그러므로 이삭이 태어남으로 참된 웃음을 웃게 되었습니다. 이 소식을 듣는 자들도 나와 함께 웃는다고 합니다. 이 일도 십자가의 사건을 보여주는 것입니다. 사람들이 십자가를 조롱하고 비웃었지만, 그 십자가로 하나님의 약속을 다 이루십니다. _{요19:30}

창세기 21:8~13 "아이가 자라매 젖을 떼고 이삭이 젖을 떼는 날에 아브라함이 큰 잔치를 베풀었더라 사라가 본즉 아브라함의 아들 애굽 여인 하갈의 아들이 이삭을 놀리는지라 그가 아브라함에게 이르되 이 여종과 그 아들을 내쫓으라 이 종의 아들은 내 아들 이삭과 함께 기업을 얻지 못하리라 하므로 아브라함이 그의 아들로 말미암아 그 일이 매우 근심이 되었더니 하나님이 아브라함에게 이르시되 네 아이나 네 여종으로 말미암아 근심하지 말고 사라가 네게 이른 말을 다 들으라 이삭에게서 나는 자라야 네 씨라 부를 것임이니라"

이삭이 젖을 뗄 때 아브라함이 큰 잔치를 엽니다. 그런데 사라가 보니 이스마엘이 이삭을 놀립니다. 이스마엘의 이때 나이는 적어도 15세 이상은 되었습니다. 이스마엘을 낳고 나서 13년 만에 하나님께서 이삭을 약속하셨습니다. 그리고 이 당시 젖을 떼는 나이는 2~3세라고 합니다. 그런데 지금까지 자신이 아브라함의 유일한 아들이었는데 갑자기 이삭이 태어나니 자기의 지위가 빼앗길 위기를 느끼는 것입니다. 더구나 자신은 여종의 자식이고 이삭은 여주인의 자식입니다. 그러므로 이스마엘이 이삭을 놀리는 것은 당연하게 보입니다. 장남은 동생이 태어날 때 왕좌를 잃어버린 느낌이라고 하는데 이스마엘이 이삭을 놀리는 모습을 사라가 봤습니다. 사라는 아브라함에게 여종과 그 아들을 내쫓으라고 합니다. 아브라함은 이스마엘도 자기 자식이라서 고민합니다. 이때 하나님께서 아브라함에게 근심하지 말고 사라의 말을 들으라고 합니다. 이삭에게서 나는 자라야 네 씨라 부를 것임이라고 합니다. 이 사건을 신약이 어떻게 해석하는지를 봐야 합니다.

갈라디아서 4:21~31 "내게 말하라 율법 아래에 있고자 하는 자들아 율법을 듣지 못하였느냐 기록된바 아브라함에게 두 아들이 있으니 하나는 여종에게서, 하나는 자유 있는 여자에게서 났다 하였으며 여종에게서는 육체를 따라 났고 자유 있는 여자에게서는 약속으로 말미암았느니라 이것은 비유니 이 여자들은 두 언약이라 하나는 시내 산으로부터 종을 낳은 자니 곧 하갈이라 이 하갈은 아라비아에 있는 시내 산으로서 지금 있는 예루살렘과 같은 곳이니 그가 그 자녀들과 더불어 종노릇 하고 오직 위에 있는 예루살렘은 자유자니 곧 우리 어머니라 기록된바 잉태하지 못한 자여 즐거워하라 산고를 모르는 자여 소리 질러 외치라 이는 홀로 사는 자의 자녀가 남편 있는 자의 자녀보다 많음이라 하였으니 형제들아 너희는 이삭과 같이 약속의 자녀라 그러나 그 때에 육체를 따라 난 자가 성령을 따라 난 자를 박해한 것 같이 이제도 그러하도다 그러나 성경이 무엇을 말하느냐 여종과 그 아들을 내쫓으라 여종의 아들이 자유 있는 여자의 아들과 더불어 유업을 얻지 못하리라 하였느니라 그런즉 형제들아 우리는 여종의 자녀가 아니요 자유 있는 여자의 자녀니라"

갈라디아 교회는 주로 이방인들이 모인 교회입니다. 이방인들이 바울 사도가 전한 복음을 듣고 믿었습니다. 이들이 믿을 때 어떤 율법적인 준수를 말하지 않았습니다. 오직 예수 그리스도의 죽음과 부활의 소식을 전하였습니다. 이 복음을 듣고 믿음으로 살아가는 갈라디아 교회에 율법주의자들이 들어왔습니다. 날과 달과 절기도 지켜야 하고^{갈4:10} 할례도 받아야 한다고 합니다. 할례는 나중에 다시 보겠습니다. 그런데 이런 말을 들은 자들의 믿음이 흔들린다는 소식을 듣고 편지를 보냈습니다. 너희 눈앞에 십자가가 밝히 보이거늘 누가 너희를 꾀더냐고 합니다.갈3:1 성령을 받아 예수님을 믿게 되는 일이 율법의 행위냐 듣고 믿음이냐고갈3:2 책망하면서 율법주의로 돌아가지 말라고 강하게 말씀합니다. 그러면서 율법과 복음을 아브라함의 두 아들로 말합니다.

아브라함에게 두 아들이 있으니, 하나는 여종에게서, 하나는 자유 있는 여자에게서 났습니다. 여종에게서는 육체를 따라 났고 자유 있는 여자에게서는 약속으로 태어났습니다. 이 두 아들과 두 어머니를 두 언약으로 비유하여 설명합니다. 하나는 아라비아에 있는 시내 산으로서 지금 있는 예루살렘과 같은 곳이니 그가 그 자녀들과 더불어 종노릇 합니다. 다른 언약은 위에 있는 예루살렘이나 곧 자유 자이며 우리 어머니라고 합니다. 이사야 54:1을 인용하면서 잉태하지 못한 여인, 홀로 된 여인의 자녀가 남편 있는 자의 자녀보다 많다는 말씀은 사라를 말하고 있습니다. 사라는 물론 남편이 있었지만 잉태하지 못하는 여인이었습니다. 그런데 이삭을 낳았습니다.

그러므로 복음을 듣고 믿는 자들은 이삭과 같이 약속의 자녀라고 합니다. 종의 자녀는 아브라함의 혈과 육의 능력으로 하갈에게서 아이를 낳았습니다. 이렇게 낳은 이스마엘은 종이라는 말입니다. 사람의 행위가 들어가는 일은 땅의 일이며 종의 일입니다. 그러나 이삭은 아브라함이 할례를 행한 후에 사라의 생리가 끊어진 후에 태어났기에 오직 하나님께서 약속하신 그 약속의 능력으로 태어난 것입니다. 그러므로 이삭이 약속의 자녀이듯이 지금 복음을 듣고 믿는 너희가 약속의 자녀라고 합니다. 그런데 율법주의자들이 갈라디아 교회에 들어와서 예수 믿음으로 부족하기에 다시 율법을 지켜야 하고 할례를 행하여야 한다고 합니다. 그렇게 하지 않으면 핍박합니다. 그래서 바울은 육체로 난 이스마엘이 성령으로 난 이삭을 괴롭혔듯이 지금도 그러하다고 합니다.

그러나 성경은 그 여종과 아들을 쫓아내라고 합니다. 여종의 아들이 자유 있는 여자의 아들과 더불어 유업을 얻지 못한다고 하였습니다. 이 말씀은 하나님의 나라를 상속받는 자들은 인간의 행위로 받을 수 없다는 말입니다. 인간이 율법적인 행위를 함으로 유업을 받는다면 그것은 이스마엘과 같이 쫓겨날 자라는 말씀입니다. 그러므로 자유 있는 여자의 아들이란 이삭인데 이삭은 하나님의 약속으로 태어났기에 인간의 행위가 부인되는 자녀입니다. 그러므로 율법적인 조건을 하나도 지키지 않고 오직 복음을 듣고 믿음으로 구원을 받은 너희가 자유 있는 여자의 자녀라고 합니다. 즉 약속의 자녀라고 합니다. 이스마엘과 이삭을 세상의 잣대가 아닌 율법과 복음으로 대비합니다.

갈라디아서 5:1~4 "그리스도께서 우리를 자유롭게 하려고 자유를 주셨으니 그러므로 굳건하게 서서 다시는 종의 멍에를 메지 말라 보라 나 바울은 너희에게 말하노니 너희가 만일 할례를 받으면 그리스도께서 너희에게 아무 유익이 없으리라 내가 할례를 받는 각 사람에게 다시 증언하노니 그는 율법 전체를 행할 의무를 가진 자라 율법 안에서 의롭다 함을 얻으려 하는 너희는 그리스도에게서 끊어지고 은혜에서 떨어진 자로다"

참으로 무서운 말씀입니다. 복음을 듣고 믿음으로 의롭게 된 자들이 다시 율법의 행위로 돌아가는 것은 그리스도에게서 끊어지고 은혜에서 떨어진 자라고 합니다. 저주란 그리스도에게서 끊어짐이 저주입니다. 그러므로 바울 사도는 자신이 저주받아 그리스도에게서 끊어질지라도 자기의 동족들이 회개하고 예수님을 믿기 원한다고 합니다.롬9:3 그리스도에게서 결코 끊어질 수 없지만, 그것이 가장 큰 저주이기에 그 정도로 자기 동족이 회개하고 돌아오기를 원한 것입니다.

갈라디아서 5:5~6 "우리가 성령으로 믿음을 따라 의의 소망을 기다리노니 그리스도 예수 안에서는 할례나 무할례나 효력이 없으되 사랑으로써

역사하는 믿음뿐이니라" 복음을 듣고 믿었다면 할례받은 자도 할례받지
않은 자도 아무런 효력이 없습니다. 유대인이나 이방인이나 오직 주 예수
의 은혜로만 구원을 받습니다. 참으로 은혜를 받은 자는 사랑으로 역사하
는 믿음을 가진 자들입니다. 이 믿음을 선물로 받은 자들은 성령으로 믿
음을 따라 의의 소망 곧 우리 주 예수 그리스도의 영광의 날을 소망하며
살아갑니다. 이러한 자들이 약속의 자녀들입니다.

아브라함 언약 (6)

창세기 22:1~19 그 일 후에 하나님이 아브라함을 시험하시려고 그를 부르시되 아브라함아 하시니 그가 이르되 내가 여기 있나이다 여호와께서 이르시되 네 아들, 네 사랑하는 독자 이삭을 데리고 모리아 땅으로 가서 내가 네게 일러 준 한 산 거기서 그를 번제로 드리라 아브라함이 아침에 일찍이 일어나 나귀에 안장을 지우고 두 종과 그의 아들 이삭을 데리고 번제에 쓸 나무를 쪼개어 가지고 떠나 하나님이 자기에게 일러 주신 곳으로 가더니 제 삼일에 아브라함이 눈을 들어 그곳을 멀리 바라본지라 이에 아브라함이 종들에게 이르되 너희는 나귀와 함께 여기서 기다리라 내가 아이와 함께 저기 가서 예배하고 우리가 너희에게로 돌아오리라 하고 아브라함이 이에 번제 나무를 가져다가 그의 아들 이삭에게 지우고 자기는 불과 칼을 손에 들고 두 사람이 동행하더니 이삭이 그 아버지 아브라함에게 말하여 이르되 내 아버지여 하니 그가 이르되 내 아들아 내가 여기 있노라 이삭이 이르되 불과 나무는 있거니와 번제할 어린 양은 어디 있나이까 아브라함이 이르되 내 아들아 번제 할 어린 양은 하나님이 자기를 위하여 친히 준비하시리라 하고 두 사람이 함께 나아가서 하나님이 그에게 일러 주신 곳에 이른지라 이에 아브라함이 그곳에 제단을 쌓고 나무를 벌여 놓고 그의 아들 이삭을 결박하여 제단 나무 위에 놓고 손을 내밀어 칼을 잡고 그 아들을 잡으려 하니 여호와의 사자가 하늘에서부터 그를 불러 이르시되 아브라함아 아브라함아 하시는지라 아브라함이 이르되 내가 여기 있나이다 하매 사자가 이르시되 그 아이에게 네 손을 대지 말라 그에게 아무 일도 하지 말라 네가 네 아들 네 독자까지도 내게 아끼지 아니하였으니 내가 이제야 네가 하나님을 경외하는 줄을 아노라 아브라함이 눈을 들어 살펴본즉 한 숫양이 뒤에 있는데 뿔이 수풀에 걸려 있는지라 아브라함이 가서 그 숫양을 가져다가 아들을 대신하여 번제로 드렸더라 아브라함이 그 땅 이름을 여호와 이레라 하였으므로 오늘날까지 사람들이 이르기를 여호와의 산에서 준비되리라 하더라 여호와의 사자가 하늘에서부터 두 번째 아브라함을 불러 이르시되 여호와께서 이르시기를 내가 나를 가리켜 맹세하노니 네가 이같이 행하여 네 아들 네 독자도 아끼지 아니하였은즉 내가 네게 큰 복을 주고 네 씨가 크게 번성하여 하늘의 별과 같고 바닷가의 모래와 같게 하리니 네 씨가 그 대적의 성문을 차지하리라 또 네 씨로 말미암아 천하 만민이 복을 받으리니 이는 네가 나의 말을 준행하였음이니라 하셨다 하니라 이에 아브라함이 그의 종들에게로 돌아가서 함께 떠나 브엘세바에 이르러 거기 거주하였더라

아브라함 언약이라는 제목으로 여섯 번째입니다. 아브라함이 받은 복은 그 씨에 관한 약속이며, 그 씨는 예수 그리스도이며, 그 씨의 죽음이 예수님 곧 하나님의 자기 죽음이며, 그로 인하여 믿음으로 의롭다는 복을 받음이 아브라함의 복임을 여러 번 확인하였습니다. 그러므로 아브라함이 이삭을 바치는 사건도 예수 그리스도를 증언하는 내용입니다. 모든 성경이 예수님을 증거하고 있기에 아브라함의 이삭 바치는 사건을 통하여 하나님의 자기 약속 이루심을 보여줍니다.

본문 창세기 22:1을 봅니다. '그 일 후에' 성경을 보실 때 이런 접속사를

잘 살펴봐야 합니다. 여기서 그 일 후란 바로 앞의 성경 기록대로 보면 아브라함에게 아비멜렉이 찾아와서 언약을 체결하는 내용입니다. 그 앞에는 하갈과 이스마엘을 쫓아내는 내용입니다. 이것은 육체로 난 자식이 약속으로 난 자식과 함께 기업을 받지 못함을 살펴보았습니다. 그리고 그 앞에는 사라가 이삭을 낳았습니다. 이삭을 낳은 것은 아이를 낳을 수 없는 데서 나온 약속으로 나온 자식입니다. 아브라함은 생식능력이 있다고 하여도 할례를 행함으로 인간의 생식능력이 아님을 상징하고, 사라는 불임여성인데 생리까지 끊어진 아흔 살의 할머니가 이삭을 낳았습니다.

그러므로 '그 일 후란' 아브라함을 부르심부터 다 말씀하고 있습니다. 갈대아 우르에서 처음 부르셨는데 그때는 나이가 나오지 않습니다. 하란에서 부르실 때 나이가 75세입니다. 이스마엘을 낳은 나이는 86세입니다. 이삭을 낳은 나이는 백 세입니다. 그런데 이삭이 나뭇단을 짊어지고 모리아 산으로 가는 나이이니 적어도 15세는 되었다고 봅니다. 그렇다면 아브라함의 나이는 115세 정도 됩니다. 갈대아 우르에서 나온 나이가 기록되지 않은 이유는 데라가 주도하여 하란까지 온 것이라고 봅니다. 하란에서 데라가 죽고, 앞에서 보았듯이 살아있는 나이이지만 죽은 자로 보고 떠난 나이가 75세이니 약 40년 믿음의 훈련을 통하여 자기 죽음을 확인하는 사건입니다.

본문 1절을 다시 봅니다. 그 일 후에 하나님이 아브라함을 시험하시려고 부릅니다. 하나님은 사람을 유혹하는 시험을 하지 않습니다.^{약1:13} 그런데도 시험이라는 말은 훈련이며 연단입니다. 아브라함이 이 시험을 받는 것이 하란으로부터 약 40년 기간이라고 보았습니다. 40년이라고 하니 출애굽 한 이스라엘 백성들이 40년 광야 생활을 합니다. 그 기간이 시험의 기간입니다. 엘리야도 광야 40일을 걸어 호렙산에 이릅니다. 예수님도 성령에 이끌려 40일을 광야에서 금식하시고 사탄에게 시험을 받습니다. 그러므로 우리의 광야 생활도 40년이라고 할 수 있습니다.

신명기 8:1~3 "내가 오늘 명하는 모든 명령을 너희는 지켜 행하라 그리하면 너희가 살고 번성하고 여호와께서 너희의 조상들에게 맹세하신 땅에 들어가서 그것을 차지하리라 네 하나님 여호와께서 이 사십 년 동안에 네게 광야 길을 걷게 하신 것을 기억하라 이는 너를 낮추시며 너를 시험하사 네 마음이 어떠한지 그 명령을 지키는지 지키지 않는지 알려 하심이라 너를 낮추시며 너를 주리게 하시며 또 너도 알지 못하며 네 조상들도 알지 못하던 만나를 네게 먹이신 것은 사람이 떡으로만 사는 것이 아니요 여호와의 입에서 나오는 모든 말씀으로 사는 줄을 네가 알게 하려 하심이니라"

이스라엘 백성들이 광야 40년은 하나님께서 이스라엘 백성들을 시험하신 기간입니다. 무엇을 시험하신 것입니까? 이스라엘 백성들의 마음이 어떠한지 하나님의 명령을 지키는지 지키지 않는지 시험하셨습니다. 그런데 그 시험에 합격한 사람이 누가 있습니까? 모세조차도 약속의 땅에 들어가지 못하였습니다. 물론 여호수아와 갈렙이 들어갔지만, 그들도 그들의 행위가 아닌 믿음이라고 합니다. 믿음이란 하나님의 선물이기에 그들도 자랑할 것은 없습니다. 그러므로 40년을 광야에서 시험하신 이유는 한 가지입니다. 사람이 떡으로만 사는 것이 아니라 여호와의 입에서 나오는 말씀으로 사는 것임을 알게 하시기 위함입니다. 40년 훈련으로 이것 하나 배우는 겁니다.

본문 1~2절을 봅니다. 그 일 후에 곧 40년의 훈련을 하신 후에 하나님께서 아브라함을 시험하시려고 부르십니다. 네 아들, 네 사랑하는 독자 이삭을 데리고 모리아 땅으로 가서 네게 일러 주는 한 산에서 그를 번제로 드리라고 합니다. 엘리에셀도 아니고 이스마엘도 아니고 자기와 사라 사이에 태어난 아들이 얼마나 사랑스러울까요? 하나님께서 이 이삭을 통하여 아브라함의 복을 이어가시겠다고 말씀하셨습니다. 그런데 이 이삭을 번제로 바쳐버리면 하나님의 자기 약속이 파기되는 일이지 않습니까? 그런데 어떻게 아브라함은 이 이삭을 바치려고 갑니까?

본문 3~4절을 봅니다. 2절과 3절 사이에 아무런 갈등이 없습니다. 고민한 흔적이 없습니다. 사라에게 말하지도 않았습니다. 물론 기록은 없지만, 내적인 갈등이 있었다고 말할 수는 있습니다. 그러나 기록된 말씀으로만 보면 자식을 주신다는 말씀을 들을 때 엘리에셀이나 이스마엘 때에는 다른 말들을 했습니다. 그런데 이삭을 바치라는 사건에는 별말 없이 아침 일찍 일어나서 번제에 쓸 나무를 가지고 떠나서 하나님이 자기에게 일러 주신 곳에 갑니다. 물론 이 길이 삼일 길이라서 그 사흘 길을 가는 동안 얼마나 많은 갈등과 번민이 있었는지 추측은 할 수 있지만, 성경이 기록하지 않습니다. 저는 40년의 연단을 통하여 하나님의 약속을 믿었다고 봅니다. 그 믿음의 내용이 어떤 것인지는 결론에서 말씀드리겠습니다. 결국 우리도 이 믿음의 길로 갑니다.

본문 5~8절입니다. 여기서 아브라함의 믿음이 어떻게 나타납니까? 아브라함의 종들에게 기다리라고 합니다. 아이와 함께 예배하고 우리가 너희에게로 돌아오리라고 합니다. 아브라함이 아들에게 번제 나무를 짊어지웁니다. 아브라함은 불과 칼을 들고 두 사람이 가는 중에 이삭이 아브라함에게 불과 나무는 있는데 번제 할 어린 양은 어디에 있느냐고 묻습니다. 아브라함의 대답입니다. 내 아들아! 번제 할 어린 양은 하나님이 자기를 위하여 친히 준비하시리라고 합니다. 이 내용에서 우리는 예수님께서 십자가를 지고 가시는 모습을 볼 수 있습니다. 하나님이 자기 아들을 죽이는 일이 십자가로 일어났기 때문입니다. 그러므로 이 사건은 여호와의 준비를 보여줍니다.

본문 9~14절입니다. 하나님께서 지시하신 곳에 이르러 아브라함이 제단을 쌓고 나무를 벌려놓고 그의 아들 이삭을 결박하여 제단 나무 위에 놓았습니다. 아들이 얼마든지 반항할 수 있을 나이인데 조용히 결박당합니다. 여기서도 예수 그리스도의 십자가를 볼 수 있습니다. 아브라함이 칼로 그 아들을 잡으려고 하니 여호와의 사자가 아브라함을 불러 말립니다. 네 아들 네 독자까지 내게 아끼지 않았으니 내가 이제야 네가 하나님을 경외하는 줄 안다고 합니다. 이 내용은 하나님 아버지께서 자기 아들을 죽이시는 일을 보여주심과 동시에 하나님의 백성들에게 하나님의 약속을 어떻게 이루시는지도 보여주시는 것입니다. 그러므로 번제 할 양을 미리 준비하여 두셨습니다. 아브라함이 그 땅 이름을 '여호와 이레' 라고 합니다. 여호와의 산에서 준비된다는 말씀입니다.

본문 15~19절입니다. 여호와의 사자가 하늘에서부터 두 번째 아브라함을 불러 여호와의 말씀을 전합니다. 네게 큰 복을 주어 네 씨가 크게 번성하여 하늘의 별과 같고 바닷가의 모래와 같게 하리라고 합니다. 그런데 그 씨가 그 대적의 성문을 차지하리라고 합니다. 대적의 성문이란 사탄의 성문을 깨뜨리는 것입니다. 이 약속을 따라 아브라함과 이삭과 야곱의 후손으로 다윗의 가문에서 예수님이 태어납니다. 그 예수님께서 십자가로 사탄의 권세를 깨뜨림으로 대적의 성문을 차지하였기에 오늘 우리가 복음을 듣고 예수님을 믿는 일이 일어나는 것입니다. 죄와 사망의 권세에서 의와 생명의 권세로 넘어오는 일이 '여호와 이레' 로 이루신 일이라는 말씀입니다.

역대하 3:1 "솔로몬이 예루살렘 모리아 산에 여호와의 전 건축하기를 시작하니 그 곳은 전에 여호와께서 그의 아버지 다윗에게 나타나신 곳이요 여부스 사람 오르난의 타작마당에 다윗이 정한 곳이라"

솔로몬이 성전을 건축한 산을 예루살렘 모리아 산이라고 합니다. 아브라함이 이삭을 바치려고 간 그 산 이름이 모리아였습니다. 이곳은 다윗이 오르난의 타작마당을 산 곳입니다. 다윗은 인구조사 하다가 전염병이 임하니 이곳에서 제물을 드림으로 전염병이 멈춘 것입니다. 이곳에 솔로몬이 성전을 지었습니다. 그러나 이 성전도 바벨론에 의하여 파괴되고 백성들을 포로로 잡혀갑니다. 그러나 예레미야 선지자를 통하여 약속한 때가 되어 백성이 돌아와 성전을 재건합니다. 이 성전이 스룹바벨 성전입니다. 예수님이 이 땅에 오셨을 때 헤롯이 증축하여 보암직하였습니다.

요한복음 2:19~22 "예수께서 대답하여 이르시되 너희가 이 성전을 헐라 내가 사흘 동안에 일으키리라 유대인들이 이르되 이 성전은 사십육 년 동안에 지었거늘 네가 삼 일 동안에 일으키겠느냐 하더라 그러나 예수는 성전 된 자기 육체를 가리켜 말씀하신 것이라 죽은 자 가운데서 살아나신 후에야 제자들이 이 말씀 하신 것을 기억하고 성경과 예수께서 하신 말씀을 믿었더라"

예수님께서 건물 성전을 허물어 버리라고 합니다. 그러면 자신이 사흘 만에 일으킨다고 합니다. 나중에 예수님의 죽음과 사흘 만의 부활로 인하여 성경과 예수님께서 하신 말씀을 믿었다고 합니다. 그러므로 아브라함이 여호와 이레라고 한 내용은 여호와께서 여호와의 산에서 준비하신다는 말씀입니다. 그러므로 아브라함은 이삭의 사건을 통하여 장차 오실 예수 그리스도를 미리 보았던 것입니다. 그래서 여호와의 이레는 여호와께서 예수 그리스도의 십자가를 준비하신 것입니다.

요한복음 8:56~59 "너희 조상 아브라함은 나의 때 볼 것을 즐거워하다가 보고 기뻐하였느니라 유대인들이 이르되 네가 아직 오십 세도 못되었는데 아브라함을 보았느냐 예수께서 이르시되 진실로 진실로 너희에게 이르노니 아브라함이 나기 전부터 내가 있느니라 하시니 그들이 돌을 들어 치려 하거늘 예수께서 숨어 성전에서 나가시니라"

아브라함의 믿음은 예수 그리스도의 때를 볼 것이라고 즐거워하다가 보고 기뻐하였다고 합니다. 예수님의 이 말씀을 들은 자들이 네가 오십 세도 못 되었는데 아브라함을 보았느냐고 합니다. 예수님께서 자신은 아브라함이 나기 전부터 있었다고 합니다. 그러면 예수님이 하나님이라는 말씀입니다. 그래서 신성모독으로 여기고 예수님을 돌로 쳐 죽이려고 합니다. 결국 예수님을 십자가에 못 박아 죽입니다만 그러나 그 일조차 여호와의 이레가 성취되는 일입니다. 그러므로 아브라함이 이삭을 바쳤다가 숫양을 대신 바치는 사건을 통하여 예수 그리스도를 미리 본 것입니다.

로마서 4:17 "기록된바 내가 너를 많은 민족의 조상으로 세웠다 하심과 같으니 그가 믿은바 하나님은 죽은 자를 살리시며 없는 것을 있는 것으로 부르시는 이시니라" 여기에 인용된 말씀은 창세기 17:5에서 이삭을 약속하신 말씀입니다. 그러므로 이삭이 없는 데서 나온 자식이고 죽은 데서 살아온 일을 보여주셔서 예수님을 계시하는 일이 됩니다.

히브리서 11:17~19 "아브라함은 시험을 받을 때에 믿음으로 이삭을 드렸으니 그는 약속들을 받은 자로되 그 외아들을 드렸느니라 그에게 이미 말씀하시기를 네 자손이라 칭할 자는 이삭으로 말미암으리라 하셨으니 그가 하나님이 능히 이삭을 죽은 자 가운데서 다시 살리실 줄로 생각한지라 비유컨대 그를 죽은 자 가운데서 도로 받은 것이니라"

아브라함이 이삭을 믿음으로 드렸습니다. 이것은 아브라함의 믿음이 아니라 하나님께서 아브라함을 40년간 훈련 시켜 믿게 하신 믿음입니다.

이삭을 죽은 자 가운데서 다시 살리실 것을 믿었다고 합니다. 이것은 하나님의 자기 약속에 얼마나 신실하신지를 40년 동안 경험하였기에 이삭을 바칠 수 있었습니다. 이것이 그리스도의 영이 임하여 예수님의 죽음과 부활을 내다본 믿음입니다. 우리도 그 믿음에 속한 자라면 반드시 이런 길을 가게 될 것입니다. 그럴 때 놀라지 마시고 하나님이 자기 아들을 버리신 십자가를 바라보시기를 바랍니다.

아브라함 언약 (7)

요한복음 8:56~59 너희 조상 아브라함은 나의 때 볼 것을 즐거워하다가 보고 기뻐하였느니라 유대인들이 이르되 네가 아직 오십 세도 못 되었는데 아브라함을 보았느냐 예수께서 이르시되 진실로 진실로 너희에게 이르노니 아브라함이 나기 전부터 내가 있느니라 하시니 그들이 돌을 들어 치려 하거늘 예수께서 숨어 성전에서 나가시니라

그동안 아브라함 언약을 구약에서 주로 살펴보았습니다. 오늘부터 신약에서 아브라함 언약을 살펴보겠습니다. 성경 전체에서 아브람은 53회, 아브라함은 236회가 나오는데 구약에서 162회 신약에서 74회입니다. 총 289회나 나옵니다. 오늘은 복음서에서 아브라함 언약을 보겠습니다.

마태복음 1:1 "아브라함과 다윗의 자손 예수 그리스도의 세계라"

아브라함과 다윗의 언약을 따라 예수님이 오셨다는 말씀입니다. 아브라함이 이삭을 낳고 이삭이 야곱을 낳고 야곱의 열두 아들이 이스라엘이 됩니다. 이스라엘이 애굽에 들어갔다가 출애굽 하는 일과 약속의 땅에 들어가는 일도 다 아브라함 언약 때문에 일어난 일입니다. 약속의 땅에 들어간 이스라엘 백성들이 하나님의 말씀을 순종하지 않습니다. 사사시대를 지나 왕조시대가 열립니다. 다윗 시대에 하나님께서 아브라함에게 언약하신 땅 대부분을 차지하게 됩니다. 그 아들 솔로몬이 성전도 지었지

만, 온갖 우상숭배를 함으로 나라가 남북으로 나누어집니다. 북이스라엘은 앗수르에 망하고 남 유다는 바벨론에 망합니다. 그러나 예레미야 선지자의 예언대로 바벨론에서 돌아와서 성전을 재건합니다. 말라기 선지자를 끝으로 약 4백 년 동안 선지자가 나타나지 않았습니다. 그때 세례요한이 구약의 마지막 선지자로 나타납니다. 세례요한이 복중에 있을 때의 일입니다.

누가복음 1:54~55 "그 종 이스라엘을 도우사 긍휼히 여기시고 기억하시되 우리 조상에게 말씀하신 것과 같이 아브라함과 그 자손에게 영원히 하시리로다 하니라"

마리아가 성령으로 예수님을 잉태합니다. 천사가 마리아에게 알려준 대로 엘리사벳도 임신하지 못한 여인이었는데 나이 많아서 잉태한 지 6개월이 되었다는 말을 듣고 엘리사벳에게 가서 문안합니다. 그때 엘리사벳의 복중의 아이가 뛰놉니다. 이 아이가 세례요한입니다. 엘리사벳이 성령의 충만함을 받아 큰소리로 마리아에게 말합니다. 여자 중에 네가 복이 있으며 네 태중의 아이도 복이 있다고 합니다. 그러면서 주께서 하신 말씀이 반드시 이루어지리라고 믿은 그 여자에게 복이 있다고 합니다. 마리아가 이 말을 듣고 찬송하는 내용이 방금 읽은 말씀입니다. 마리아의 찬송에서 하나님께서 아브라함에게 하신 언약의 말씀이 나옵니다. 언약의 신실함을 보여줍니다.

마태복음 3:7~9 "요한이 많은 바리새인들과 사두개인들이 세례 베푸는 데로 오는 것을 보고 이르되 독사의 자식들아 누가 너희를 가르쳐 임박한 진노를 피하라 하더냐 그러므로 회개에 합당한 열매를 맺고 속으로 아브라함이 우리 조상이라고 생각하지 말라 내가 너희에게 이르노니 하나님이 능히 이 돌들로도 아브라함의 자손이 되게 하시리라"

세례요한도 태어날 때 천사가 알려주었습니다. 제사장의 아들입니다. 그런데 들판에 나가서 엘리야의 심정으로 회개를 외칩니다. 그러자 바리새인들과 사두개인들이 오는 것을 보고 독사의 자식들이라고 합니다. 바리새인들과 사두개인들은 다들 아브라함의 자손이며 모세의 율법을 지킨다는 자들입니다. 그런데 그들을 향하여 독사의 자식들이라고 합니다. 세례요한은 거침없이 그들을 향하여 회개에 합당한 열매를 맺으라고 하면서 속으로 아브라함이 우리 조상이라고 하지 말라고 합니다. 하나님은 능히 이 돌들로도 아브라함의 자손이 되게 하신다고 합니다. 아브라함의 자손이란 이스라엘 백성들에게 자랑스러운 이름인데 돌들로도 아브라함 자손을 만든다고 합니다.

이어지는 10~12절입니다. "이미 도끼가 나무뿌리에 놓였으니 좋은 열매를 맺지 아니하는 나무마다 찍혀 불에 던져지리라 나는 너희로 회개하게 하기 위하여 물로 세례를 베풀거니와 내 뒤에 오시는 이는 나보다 능력이 많으시니 나는 그의 신을 들기도 감당하지 못하겠노라 그는 성령과 불로 너희에게 세례를 베푸실 것이요 손에 키를 들고 자기의 타작마당을 정하게 하사 알곡은 모아 곳간에 들이고 쭉정이는 꺼지지 않는 불에 태우시리라"

세례요한이 이렇게 거침없이 회개를 외치는 이유는 예수님께서 자기에게 세례를 받을 때 성령이 예수님께 임한 것을 보았기 때문입니다. 하늘로부터 나는 음성도 들었습니다. 구약의 모든 선지자가 오시리라고 한 메시아가 온 것입니다. 메시아가 오시는 날을 여호와의 날이라고 합니다. 그날은 구원과 심판이 동시에 일어나는 날이기에 회개를 외치는 것입니다. 그러므로 자신들이 아브라함의 자손이라고 하면서 율법을 지키는 자들에게 회개하지 않으면 심판이라고 합니다. 혈통적인 아브라함의 자손이라고 안심하지 말고 회개하고 예수님을 믿어야 아브라함의 자손이라는 말입니다. 그러므로 예수님이 이 땅에 오심부터 종말이기에 회개하고 예수님을 믿으라고 합니다. 세례요한이 예수님을 증언하다가 헤롯에게 목이 잘려 죽고 예수님은 계속 천국 복음을 전합니다.

마태복음 8:10~13 "예수께서 들으시고 놀랍게 여겨 따르는 자들에게 이르시되 내가 진실로 너희에게 이르노니 이스라엘 중 아무에게서도 이만한 믿음을 보지 못하였노라 또 너희에게 이르노니 동서로부터 많은 사람이 이르러 아브라함과 이삭과 야곱과 함께 천국에 앉으려니와 그 나라의 본 자손들은 바깥 어두운 데 쫓겨나 거기서 울며 이를 갈게 되리라 예수께서 백부장에게 이르시되 가라 네 믿은 대로 될지어다 하시니 그 즉시 하인이 나으니라"

가버나움의 백부장이 자기 하인을 고쳐 달라고 예수님께 나아와 간구합니다. 평행본문을 보면 자신이 직접 나오지도 못하고 유대의 장로 몇 사람에게 부탁합니다. 식민지에서 권세를 행사할 수 있는 백부장이 식민지 나라의 예수님이 자기 집에 오신다는 소식을 듣고서는 감히 감당할 수 없다고 하면서 말씀만 하여 달라고 합니다. 자기도 상관이 있고 부하가 있는데 오라면 오고 가라면 간다고 합니다. 이 사람은 예수님이 누구신지 알아본 것입니다. 그러자 예수님은 이스라엘 중에도 이만한 믿음을 보지 못하였다고 하면서 동서로부터 많은 사람이 아브라함과 이삭과 야곱과 함께 천국에 앉겠지만 그 나라의 본 자손들은 바깥 어두운데 쫓겨나 거기서 울며 이를 갈게 된다고 합니다. 여기서 핵심은 이방인도 주 예수님을 믿으면 아브라함의 자손이 된다는 말씀입니다.

마태복음 22:29~33 "예수께서 대답하여 이르시되 너희가 성경도, 하나님의 능력도 알지 못하는 고로 오해하였도다 부활 때에는 장가도 아니 가고 시집도 아니 가고 하늘에 있는 천사들과 같으니라 죽은 자의 부활을 논할진대 하나님이 너희에게 말씀하신 바 나는 아브라함의 하나님이요 이삭의 하나님이요 야곱의 하나님이로라 하신 것을 읽어 보지 못하였느냐 하나님은 죽은 자의 하나님이 아니요 살아 있는 자의 하나님이시니라 하시니 무리가 듣고 그의 가르치심에 놀라더라"

사두개인들은 모세오경만 믿습니다. 그래서 부활을 믿지 않습니다. 모세오경에 부활이 명시되어 있지 않다고 생각한 것입니다. 그래서 예수님께 부활의 모순점을 말하려고 모세의 율법으로 공격합니다. 신명기 25:5는 형이 결혼하여 아들이 없이 죽으면 동생이 형수를 맞이하여 대를 이어 줘야 한다는 말씀입니다. 그러면 일곱 명이 한 여자를 취하였으니 그 여자는 누구의 아내가 되겠느냐고 합니다. 이때 예수님께서 너희는 성경도 모르고 하나님의 능력도 모르기에 오해하였다고 하면서 부활 때에는 결혼하지 않고 천사들 같다고 합니다. 그러면서 아브라함의 하나님 이삭의 하나님 야곱의 하나님^{출3:6, 15, 4:5}이라고 하신 말씀으로 부활을 증언합니다. 아브라함과 이삭과 야곱이 다 죽었지만, 그들은 하나님의 언약 안에서 살아있기에 하나님은 죽은 자의 하나님이 아니라 산 자의 하나님이라고 합니다. 이런 가르침을 처음 받기에 무리가 듣고 놀랍니다.

요한복음 8:31~33 "그러므로 예수께서 자기를 믿은 유대인들에게 이르시되 너희가 내 말에 거하면 참으로 내 제자가 되고 진리를 알지니 진리가 너희를 자유롭게 하리라 그들이 대답하되 우리가 아브라함의 자손이라 남의 종이 된 적이 없거늘 어찌하여 우리가 자유롭게 되리라 하느냐"

바로 앞의 말씀을 보면 예수님을 믿지 않으면 너희가 너희 죄 가운데 죽을 것이라고 합니다. 그런데 이런 말씀을 믿는 자들이 있었다고 합니다. 그러나 그들은 인자가 들리기 전이기에 아직 잘 모릅니다. 예수님은 그런 자들에게 진리가 너희를 자유롭게 할 것이라고 합니다. 그러나 그 말을 들은 자들이 우리는 아브라함의 자손이라서 남의 종이 된 적이 없다고 합니다. 그런데 어찌하여 우리가 자유롭게 되리라고 하느냐고 합니다. 세례요한도 자기들이 아브라함의 자손이라고 하는 자들을 향하여 하나님은 돌들로도 아브라함의 자손을 만들 수 있다고 하였습니다. 예수님도 이방인들이 아브라함과 이삭과 야곱과 함께 천국의 잔치에 앉을 것이라고 합니다. 그러므로 자기들이 아브라함의 자손이라고 생각하며 모세의 율법도 지키는 자로 종이 된 적이 없다고 합니다.

이어지는 34~37절입니다. "예수께서 대답하시되 진실로 진실로 너희에게 이르노니 죄를 범하는 자마다 죄의 종이라 종은 영원히 집에 거하지 못하되 아들은 영원히 거하나니 그러므로 아들이 너희를 자유롭게 하면 너희가 참으로 자유로우리라 나도 너희가 아브라함의 자손인 줄 아노라 그러나 내 말이 너희 안에 있을 곳이 없으므로 나를 죽이려 하는도다"

자신들은 아브라함이 자손이라서 종의 자손이 아니라고 생각하는 자들에게 너희는 죄의 종이라고 합니다. 이들은 모세 율법을 지켜서 의롭다고 여기는 자들입니다. 그런데 그들에게 죄의 종이라고 하는 말씀은 예수님을 믿지 않는 일이 죄라는 말씀입니다. 예수님의 말씀을 믿지 않는 일이 죄의 종이라는 말입니다. 그러므로 하나님의 아들 예수님이 자유롭게 해 주셔야 참으로 자유롭게 된다고 합니다. 그러면서 예수님께서 나도 너희가 아브라함의 자손인 줄 안다고 합니다. 이 말씀은 너희가 혈통적으로 아브라함의 자손이라고 하지만 내 말이 너희 안에 있을 자리가 없기에 너희가 나를 죽이려고 한다고 합니다. 참 아브라함의 자손이라면 예수님을 믿는다고 하신 말씀입니다.

이어지는 38~40절입니다. "나는 내 아버지에게서 본 것을 말하고 너희는 너희 아비에게서 들은 것을 행하느니라 대답하여 이르되 우리 아버지는 아브라함이라 하니 예수께서 이르시되 너희가 아브라함의 자손이면 아브라함이 행한 일들을 할 것이거늘 지금 하나님께 들은 진리를 너희에게 말한 사람인 나를 죽이려 하는도다 아브라함은 이렇게 하지 아니하였느니라” 아브라함의 자손이라면 예수님을 믿을 텐데 오히려 죽이려고 하니 아브라함의 자손이 아니라고 합니다.

이어지는 41~44절입니다. “너희는 너희 아비가 행한 일들을 하는도다 대답하되 우리가 음란한 데서 나지 아니하였고 아버지는 한 분뿐이시니 곧 하나님이시로다 예수께서 이르시되 하나님이 너희 아버지였으면 너희가 나를 사랑하였으리니 이는 내가 하나님께로부터 나와서 왔음이라 나는 스스로 온 것이 아니요 아버지께서 나를 보내신 것이니라 어찌하여 내 말을 깨닫지 못하느냐 이는 내 말을 들을 줄 알지 못함이로다 너희는 너희 아비 마귀에게서 났으니 너희 아비의 욕심대로 너희도 행하고자 하느니라 그는 처음부터 살인한 자요 진리가 그 속에 없으므로 진리에 서지 못하고 거짓을 말할 때마다 제 것으로 말하나니 이는 그가 거짓말쟁이요 거짓의 아비가 되었음이라” 아브라함의 자손이라고 철석같이 믿고 있으며 게다가 모세의 율법까지 지켜 의롭다고 여기는 그들에게 예수님의 말씀을 듣지 않는다고 너희는 마귀의 자식이라고 합니다.

이어지는 45~48절입니다. “내가 진리를 말하므로 너희가 나를 믿지 아니하는도다 너희 중에 누가 나를 죄로 책잡겠느냐 내가 진리를 말하는데도 어찌하여 나를 믿지 아니하느냐 하나님께 속한 자는 하나님의 말씀을 듣나니 너희가 듣지 아니함은 하나님께 속하지 아니하였음이로다 유대인들이 대답하여 이르되 우리가 너를 사마리아 사람이라 또는 귀신이 들렸다 하는 말이 옳지 아니하냐” 예수님께서 자기의 말을 듣지 않는 자들은 하나님께 속하지 않았기에 듣지 않는다고 합니다. 그런데 유대인들은 예수님을 사마리아 사람이라 또는 귀신이 들렸다고 합니다.

이어지는 49~53절입니다. "예수께서 대답하시되 나는 귀신 들린 것이 아니라 오직 내 아버지를 공경함이거늘 너희가 나를 무시하는도다 나는 내 영광을 구하지 아니하나 구하고 판단하시는 이가 계시니라 진실로 진실로 너희에게 이르노니 사람이 내 말을 지키면 영원히 죽음을 보지 아니하리라 유대인들이 이르되 지금 네가 귀신 들린 줄을 아노라 아브라함과 선지자들도 죽었거늘 네 말은 사람이 내 말을 지키면 영원히 죽음을 맛보지 아니하리라 하니 너는 이미 죽은 우리 조상 아브라함보다 크냐 또 선지자들도 죽었거늘 너는 너를 누구라 하느냐"

예수님의 말씀을 지키면 영원히 죽지 않는다고 합니다. 이 말씀을 문자대로 보는 자들이 말하기를 예수님을 믿으면 이 육신이 죽지 않고 영원히 산다고 합니다. 그래서 영생교도 생겼습니다만 영생교 교주가 죽었습니다. 예수님의 이 말씀은 앞에서 본 대로 아브라함의 하나님 이삭의 하나님 야곱의 하나님은 죽은 자의 하나님이 아니라 산 자의 하나님이라고 합니다. 이 말씀은 하나님의 언약 안에서 살아있는 자라는 말씀입니다. 그러므로 우리가 예수님을 믿으면 거듭나게 되며 이것을 새로운 생명을 얻었다고 합니다. 이 생명은 둘째 사망에 들어가지 않기에 영원히 죽음을 보지 않습니다. 예수 믿는 우리도 이 몸의 죽음은 죽습니다. 그러나 성도의 죽음은 안식에 들어갔다고 합니다. 이런 말씀의 이해가 없으니, 아브라함도 죽었고 선지자도 죽었는데 너는 누구냐고 합니다.

이어지는 54~59절입니다. "예수께서 대답하시되 내가 내게 영광을 돌리면 내 영광이 아무것도 아니거니와 내게 영광을 돌리시는 이는 내 아버지시니 곧 너희가 너희 하나님이라 칭하는 그이시라 너희는 그를 알지 못하되 나는 아노니 만일 내가 알지 못한다 하면 나도 너희같이 거짓말쟁이가 되리라 나는 그를 알고 또 그의 말씀을 지키노라 너희 조상 아브라함은 나의 때 볼 것을 즐거워하다가 보고 기뻐하였느니라 유대인들이 이르되 네가 아직 오십 세도 못 되었는데 아브라함을 보았느냐 예수께서 이르시되 진실로 진실로 너희에게 이르노니 아브라함이 나기 전부터 내가 있느니라 하시니 그들이 돌을 들어 치려 하거늘 예수께서 숨어 성전에서 나가시니라"

예수님께서 아브라함이 예수님의 때를 볼 것으로 즐거워하다가 보고 기뻐하였다고 합니다. 이 말씀은 지난 주에 이삭을 바치는 사건을 통하여 살펴본 말씀입니다. 아브라함이 구약에서 예수님의 때를 바라보고 즐거워한 것은 아브라함의 능력이 아니라 그리스도의 영이 임하여 그렇게 되었습니다. 그러므로 구약의 선지자들이 장차 오실 그리스도를 미리 보고 예언한 것은 그리스도의 영이 임한 것입니다. 그러므로 예수님께서 아브라함이 나의 때 볼 것을 보고 즐거워하다가 보고 기뻐하였다는 말씀은 예수님께서 아브라함에게 그리스도의 영을 보내신 것입니다. 그러나 이런 사실을 모르는 자들은 예수님을 돌로 쳐 죽이려고 합니다. 예수님은 숨어 성전에서 나가시지만 결국은 이들이 예수님을 십자가에 못 박아 죽입니다. 우리가 유대인이라면 우리도 당연히 그랬을 것입니다.

베드로전서 1:8~12 "예수를 너희가 보지 못하였으나 사랑하는도다 이제도 보지 못하나 믿고 말할 수 없는 영광스러운 즐거움으로 기뻐하니 믿음의 결국 곧 영혼의 구원을 받음이라 이 구원에 대하여는 너희에게 임할 은혜를 예언하던 선지자들이 연구하고 부지런히 살펴서 자기 속에 계신 그리스도의 영이 그 받으실 고난과 후에 받으실 영광을 미리 증언하여 누구를 또는 어떠한 때를 지시하시는지 상고하니라 이 섬긴 바가 자기를 위한 것이 아니요 너희를 위한 것임이 계시로 알게 되었으니 이것은 하늘로부터 보내신 성령을 힘입어 복음을 전하는 자들로 이제 너희에게 알린 것이요 천사들도 살펴보기를 원하는 것이니라"

아브라함이 예수님을 보았다는 말씀을 예수님께서 하셨습니다. 그 이유를 베드로 사도는 그리스도의 영이 임하여 그렇게 되었다고 합니다. 그러므로 그리스도의 영이 임한 선지자들이 그리스도의 고난과 후에 받으실 영광을 미리 증언하여 두었다고 합니다. 그러므로 아브라함도 그리스도를 부고 즐거워하고 기뻐하였다고 합니다. 그 육신의 눈으로는 보지 못하였지만, 이삭의 태어남과 제물을 바치는 사건을 통하여 장차 그리스도의 일을 보고 믿었다는 말씀입니다. 이처럼 오늘 우리도 예수님을 보지 못하였습니다. 그러나 믿고 말할 수 없는 영광스러운 즐거움을 즐거워하는 것은 우리 믿음의 결국이 영혼의 구원을 받기 때문입니다. 이것이 그리스도의 영으로 인한 일입니다. 이 일은 성령을 힘입어 복음을 전하는 자들 곧 사도들이 알려준 것인데 천사들도 몰랐던 일입니다.

아브라함 언약이라는 주제로 지금까지 살펴본 결과 구약과 신약의 그 일관성이 놀랍니다. 역사적으로는 아브라함 언약의 시작과 예수님의 완성까지는 무려 2천 년이 걸립니다. 2천 년의 역사 속에서 이스라엘 백성들이 얼마나 하나님의 언약에 불성실했는지가 다 드러납니다. 그러나 하나님의 자기 언약, 아브라함에 하신 언약은 자기 생명을 건 언약입니다. 그러므로 결국 하나님의 자기 생명을 내놓은 사건이 십자가 사건입니다. 하나님이 사람이 되어 오신 예수님께서 십자가로 아브라함 언약을 완성하신 것입니다. 그러므로 십자가로 다 이루었다고 하심으로 유대인이나 이방인이나 회개하고 예수님을 믿으면 모두가 아브라함의 자손이 됩니다. 아브라함의 자손이란 곧 언약의 자손이라는 말씀입니다. 아브라함이 예수님을 믿어 의롭다 칭함을 받았습니다. 이처럼 유대인이나 이방인이나 예수님을 믿음으로 의롭다 칭함을 받음이 아브라함의 복을 받는 것입니다. 이 복을 받은 자들은 아브라함이 예수님을 즐거이 기다렸듯이 다시 오실 주님을 즐거이 기다립니다.

아브라함 언약 (8)

로마서 4:1~8 그런즉 육신으로 우리 조상인 아브라함이 무엇을 얻었다 하리요 만일 아브라함이 행위로써 의롭다 하심을 받았으면 자랑할 것이 있으려니와 하나님 앞에서는 없느니라 성경이 무엇을 말하느냐 아브라함이 하나님을 믿으매 그것이 그에게 의로 여겨진 바 되었느니라 일하는 자에게는 그 삯이 은혜로 여겨지지 아니하고 보수로 여겨지거니와 일을 아니할지라도 경건하지 아니한 자를 의롭다 하시는 이를 믿는 자에게는 그의 믿음을 의로 여기시나니 일한 것이 없이 하나님께 의로 여기심을 받는 사람의 복에 대하여 다윗이 말한바 불법이 사함을 받고 죄가 가리어짐을 받는 사람들은 복이 있고 주께서 그 죄를 인정하지 아니하실 사람은 복이 있도다 함과 같으니라

지난 주에 아브라함 언약을 복음서에서 살펴보았습니다. 오늘은 서신서에서 아브라함 언약을 살펴봄으로 아브라함 언약을 마무리하겠습니다. 오늘 중심적으로 보려고 하는 내용은 로마서 4장과 갈라디아서 3장입니다. 본문이 상당한 양이지만 아브라함 언약을 지금까지 보았다면 결론처럼 보일 것입니다. 이미 옛날 설교에서 다 말씀드렸기에 긴 본문이라도 한 번에 보도록 합니다.

로마서 4:1~4 육신으로 우리 조상 아브라함이라고 합니다. 그러므로 일

차적인 대상은 유대인들을 말합니다. 그러나 로마서 4장 전체는 유대인만이 아니라 이방인도 다 포함하는 말씀입니다. 아브라함이 하나님께 얻은 것이 무엇입니까? 소 떼와 양 떼를 말하지 않습니다. 아브라함이 하나님께 받은 것은 하나님을 믿음으로 그것이 아브라함에게 의로 여겨진 바 되었습니다. 이것을 줄여서 이신칭의^{以信稱義} 또는 이신득의^{以信得義}라고 합니다.

이어지는 6~8절을 봅니다. 일한 것이 없이 하나님께 의로 여기심을 받는 사람의 복에 대하여 다윗이 말하였다고 합니다. **이 내용은 다윗의 시편 32:1~2를 인용합니다.** 불법이 사함을 받고 죄가 가리어짐을 받는 사람들은 복이 있고 주께서 그 죄를 인정하지 아니하실 사람은 복이 있도다. 다윗 언약에서도 다시 보겠습니다만 다윗이 율법으로 판단을 받았으면 마땅히 죽어야 합니다. 간음과 살인은 당연한 죽음입니다. 그런데 죽지 않았다는 것은 불법이 사함을 받고 그 죄가 가려진 복을 받았다고 합니다. 그렇다면 하나님이 불의하시냐고 할 수 있습니다. 그러나 하나님은 그 죄를 자기의 죽음으로 감당하십니다. 그러므로 다윗은 선지자로 그리스도를 미리 보았습니다.

사도행전 2:29~36 "형제들아 내가 조상 다윗에 대하여 담대히 말할 수 있노니 다윗이 죽어 장사 되어 그 묘가 오늘까지 우리 중에 있도다 그는 선지자라 하나님이 이미 맹세하사 그 자손 중에서 한 사람을 그 위에 앉게 하리라 하심을 알고 미리 본 고로 그리스도의 부활을 말하되 그가 음부에 버림이 되지 않고 그의 육신이 썩음을 당하지 아니하시리라 하더니 이 예수를 하나님이 살리신지라 우리가 다 이 일에 증인이로다 하나님이 오른손으로 예수를 높이시매 그가 약속하신 성령을 아버지께 받아서 너희가 보고 듣는 이것을 부어 주셨느니라 다윗은 하늘에 올라가지 못하였으나

친히 말하여 이르되 주께서 내 주에게 말씀하시기를 내가 네 원수로 네 발
등상이 되게 하기까지 너는 내 우편에 앉아 있으라 하셨도다 하였으니 그
런즉 이스라엘 온 집은 확실히 알지니 너희가 십자가에 못 박은 이 예수를
하나님이 주와 그리스도가 되게 하셨느니라 하니라"

오순절에 성령이 임한 베드로 사도가 다윗이 선지자라고 합니다. 다윗
이 선지자로 그리스도의 죽음과 부활과 승천을 미리 보았다고 구약을 인
용하여 증언합니다. 다윗에게 그리스도의 영이 임하여 무려 천년 뒤에 일
어날 예수 그리스도의 십자가 처형을 보지 않고서는 보지 않고서는 기록
할 수 없는 내용이 **시편 22편입니다.** '나의 하나님 나의 하나님 어찌하여
나를 버리시나이까?' 로 시작하는 시편은 백성의 비방과 조롱거리로 머리
흔듦을 당합니다. 수족이 찔리고 겉옷을 나누고 속옷을 제비뽑습니다. 이
러한 그리스도의 고난과 죽음과 부활과 승천까지 미리 본 다윗은 결국 자
기의 죄가 그로 인하여 용서받음을 알기에 **시편 32편과 시편 51편**을 기록
한 것입니다.

로마서 4:9~12 "그런즉 이 복이 할례자에게냐 혹은 무할례자에게도냐
무릇 우리가 말하기를 아브라함에게는 그 믿음이 의로 여겨졌다 하노라
그런즉 그것이 어떻게 여겨졌느냐 할례시냐 무할례시냐 할례시가 아니요
무할례시니라 그가 할례의 표를 받은 것은 무할례시에 믿음으로 된 의를
인친 것이니 이는 무할례자로서 믿는 모든 자의 조상이 되어 그들도 의로
여기심을 얻게 하려 하심이라 또한 할례자의 조상이 되었나니 곧 할례받
을 자에게뿐 아니라 우리 조상 아브라함이 무할례시에 가졌던 믿음의 자
취를 따르는 자들에게도 그러하니라"

아브라함의 복을 다윗이 받았다고 합니다. 그 복이란 간음과 살인에도
불구하고 그 불법이 사함을 받고 그 죄가 가려짐을 받은 것임을 앞에서 보
았습니다. 그런데 이 복을 할례 자가 받느냐 무할례자가 받느냐는 질문을

합니다. 아브라함이 그 믿음이 의로 여겨진 일은 창세기 15:6입니다. 이때의 나이는 약 85세 경입니다. 그런데 할례는 창세기 17장의 아브라함 나이 99세 때입니다. 그러므로 할례보다 앞서 믿음으로 된 의를 인친 것입니다. 그러므로 아브라함은 할례를 받거나 받지 않았거나 상관없이 모든 믿는 사람들의 조상이 되었다는 말씀입니다. 믿는 자들의 조상이 되었다는 것은 아브라함의 믿음이 좋아서가 아니라 하나님께서 믿음이 어떠함을 보여준 사람입니다.

이어지는 13~16절입니다. "아브라함이나 그 후손에게 세상의 상속자가 되리라고 하신 언약은 율법으로 말미암은 것이 아니요 오직 믿음의 의로 말미암은 것이니라 만일 율법에 속한 자들이 상속자이면 믿음은 헛것이 되고 약속은 파기되었느니라 율법은 진노를 이루게 하나니 율법이 없는 곳에는 범법도 없느니라 그러므로 상속자가 되는 그것이 은혜에 속하기 위하여 믿음으로 되나니 이는 그 약속을 그 모든 후손에게 굳게 하려 하심이라 율법에 속한 자에게뿐만 아니라 아브라함의 믿음에 속한 자에게도 그러하니 아브라함은 우리 모든 사람의 조상이라"

아브라함과 그 후손에게 세상의 상속자가 되리라고 한 말씀은 율법으로 말미암아 된 것이 아니라 오직 믿음의 의로 되었다고 반복합니다. 모세 언약을 볼 때 다시 말씀드리겠습니다만 하나님 앞에서 의로 인정받은 것은 인간의 율법 행함이 아니라 오직 믿음으로 되었다고 합니다. 그러므로 하나님 앞에서 살아갈 자격인 의가 믿음이 아니라 율법적인 행위라면 믿음은 헛것이 되고 약속이 파기되었다고 합니다. 하나님의 약속은 절대로 파기되지 않습니다. 영원하신 하나님께서 자기 생명을 걸고 언약한 내용이 파기될 수가 없는 것입니다. 그러므로 할례를 받았거나 받지 않았거나 상관없이 모든 믿음의 사람들은 조상을 아브라함이라고 하는 것은 믿음이 무언지 보여줍니다.

이어지는 17~24절입니다. "기록된바 내가 너를 많은 민족의 조상으로 세 웠다 하심과 같으니 그가 믿은바 하나님은 죽은 자를 살리시며 없는 것을 있는 것으로 부르시는 이시니라 아브라함이 바랄 수 없는 중에 바라고 믿 었으니 이는 네 후손이 이같으리라 하신 말씀대로 많은 민족의 조상이 되 게 하려 하심이라 그가 백 세나 되어 자기 몸이 죽은 것 같고 사라의 태가 죽은 것 같음을 알고도 믿음이 약하여지지 아니하고 믿음이 없어 하나님 의 약속을 의심하지 않고 믿음으로 견고하여져서 하나님께 영광을 돌리 며 약속하신 그것을 또한 능히 이루실 줄을 확신하였으니 그러므로 그것 이 그에게 의로 여겨졌느니라 그에게 의로 여겨졌다 기록된 것은 아브라 함만 위한 것이 아니요 의로 여기심을 받을 우리도 위함이니 곧 예수 우리 주를 죽은 자 가운데서 살리신 이를 믿는 자니라 예수는 우리가 범죄 한 것 때문에 내줌이 되고 또한 우리를 의롭다 하시기 위하여 살아나셨느니 라"

아브라함이 믿은 내용은 하나님의 약속은 죽은 자를 살리시며 없는 것 을 있는 것으로 부르시는 약속에 전능하신 하나님을 믿었습니다. 그 믿음 을 설명하는 내용이 그가 백 세가 되어 자기 몸이 죽은 것 같고 사라의 태 가 죽은 것 같음을 알고도 믿음이 약하여지지 않았다고 합니다. 하나님의 약속을 의심하지 않았다고 합니다. 이런 바울 사도의 증언이 이상하게 보 이지 않습니까? 우리가 지금까지 구약의 아브라함을 살펴보면 하나님의 약속을 믿지 못하여 이스마엘로 낳고 이삭을 주신다는 말씀에 아브라함 도 사라도 믿지 못하여 웃었습니다. 그런데 바울이 왜 이렇게 말할까요?

그 이유는 믿음이라는 말이 그런 불신을 배경으로 하나님의 약속이 이 루어진다는 것입니다. 그러므로 창세기 15:6에서 하나님께서 씨를 주신 다는 그 말씀을 믿었을 때 하나님께서 아브람이 의롭다고 하셨습니다. 그 믿음조차 하나님께서 훈련하셔서 믿게 하신 믿음입니다. 그 믿음 후에 아 브라함의 삶을 보면 믿지 못하는 일들이 얼마나 많이 일어납니까? 그러나 하나님께서 주신 그 믿음은 인간이 아무리 불신하여도 결국은 믿도록 내시는 하나님의 은혜라는 말씀입니다. 그러므로 하나님의 약속을 하나님께서 이루신다는 그 믿음이 의가 되는 것은 아브라함만이 아니라 오늘 이방인인 우리에게도 복입니다. 그 복은 예수님의 죽음과 부활입니다. 우리의 죄를 위하여 내어 주심이 되고 우리를 의롭게 하시려고 살아나신 예수님이 우리의 영원한 복입니다.

갈라디아서 3:1~5 "어리석도다 갈라디아 사람들아 예수 그리스도께서 십자가에 못 박히신 것이 너희 눈앞에 밝히 보이거늘 누가 너희를 꾀더냐 내가 너희에게서 다만 이것을 알려 하노니 너희가 성령을 받은 것이 율법의 행위로냐 혹은 듣고 믿음으로냐 너희가 이같이 어리석으냐 성령으로 시작하였다가 이제는 육체로 마치겠느냐 너희가 이같이 많은 괴로움을 헛되이 받았느냐 과연 헛되냐 너희에게 성령을 주시고 너희 가운데서 능력을 행하시는 이의 일이 율법의 행위에서냐 혹은 듣고 믿음에서냐" 이방인 지역의 갈라디아 교회가 율법 없이 복음을 듣고 믿어 의롭게 되었는데 다시 율법주의자들이 들어왔기에 십자가가 무엇인지 증언합니다.

이어지는 6~9절입니다. "아브라함이 하나님을 믿으매 그것을 그에게 의로 정하셨다 함과 같으니라 그런즉 믿음으로 말미암은 자들은 아브라함의 자손인 줄 알지어다 또 하나님이 이방을 믿음으로 말미암아 의로 정하실 것을 성경이 미리 알고 먼저 아브라함에게 복음을 전하되 모든 이방인이 너로 말미암아 복을 받으리라 하였느니라 그러므로 믿음으로 말미암은 자는 믿음이 있는 아브라함과 함께 복을 받느니라" 로마서 4장의 반복과 같습니다.

이어지는 10~14절입니다. "무릇 율법 행위에 속한 자들은 저주 아래에 있나니 기록된바 누구든지 율법책에 기록된 대로 모든 일을 항상 행하지 아니하는 자는 저주 아래에 있는 자라 하였음이라 또 하나님 앞에서 아무도 율법으로 말미암아 의롭게 되지 못할 것이 분명하니 이는 의인은 믿음으로 살리라 하였음이라 율법은 믿음에서 난 것이 아니니 율법을 행하는 자는 그 가운데서 살리라 하였느니라 그리스도께서 우리를 위하여 저주를 받은 바 되사 율법의 저주에서 우리를 속량하셨으니 기록된바 나무에 달린 자마다 저주 아래에 있는 자라 하였음이라 이는 그리스도 예수 안에서 아브라함의 복이 이방인에게 미치게 하고 또 우리로 하여금 믿음으로 말미암아 성령의 약속을 받게 하려 함이라”

율법의 행위 없이 예수님을 믿음으로 의를 선물을 받고 살아가는 갈라디아 교인들이 다시 율법주의자들에게 흔들리기에 바울이 예수 그리스도의 십자가가 밝히 보이는데 누가 너희를 꾀더냐고 합니다. 예수 그리스도의 십자가는 저주받아 죽은 죽음입니다.^{신21:23} 그런데 그 십자가는 율법의 저주에서 속량한 죽음입니다.^{갈3:13} 그러므로 그를 믿는 자는 율법의 저주에서 해방되었습니다. 그런데 다시 율법주의로 돌아가면 저주 아래 들어가는 것입니다. 그러므로 예수 그리스도 안에서 아브라함의 복이 이방인에게도 임한 것입니다. 그 믿음으로 성령의 약속을 받습니다.

이어지는 15~17절입니다. “형제들아 내가 사람의 예대로 말하노니 사람의 언약이라도 정한 후에는 아무도 폐하거나 더하거나 하지 못하느니라 이 약속들은 아브라함과 그 자손에게 말씀하신 것인데 여럿을 가리켜 그 자손들이라 하지 아니하시고 오직 한 사람을 가리켜 네 자손이라 하셨으니 곧 그리스도라 내가 이것을 말하노니 하나님께서 미리 정하신 언약을 사백삼십 년 후에 생긴 율법이 폐기하지 못하고 그 약속을 헛되게 하지 못하리라” 모세 언약에서 다시 보겠습니다만 미리 봐 둠으로 믿음으로 의로 여김을 받는 복이 더 풍성해질 것입니다.

이어지는 18~22절입니다. "만일 그 유업이 율법에서 난 것이면 약속에서 난 것이 아니리라 그러나 하나님이 약속으로 말미암아 아브라함에게 주신 것이라 그런즉 율법은 무엇이냐 범법하므로 더하여진 것이라 천사들을 통하여 한 중보자의 손으로 베푸신 것인데 약속하신 자손이 오시기까지 있을 것이라 그 중보자는 한 편만 위한 자가 아니나 하나님은 한 분이시니라 그러면 율법이 하나님의 약속들과 반대되는 것이냐 결코 그럴 수 없느니라 만일 능히 살게 하는 율법을 주셨더라면 의가 반드시 율법으로 말미암았으리라 그러나 성경이 모든 것을 죄 아래에 가두었으니 이는 예수 그리스도를 믿음으로 말미암는 약속을 믿는 자들에게 주려 함이라" 로 마서 4장과 갈라디아서 3장만 제대로 보아도 율법과 복음이 정리됩니다.

이어지는 23~29절입니다. "믿음이 오기 전에 우리는 율법 아래에 매인 바 되고 계시 될 믿음의 때까지 갇혔느니라 이같이 율법이 우리를 그리스도께로 인도하는 초등교사가 되어 우리로 하여금 믿음으로 말미암아 의롭다 함을 얻게 하려 함이라 믿음이 온 후로는 우리가 초등교사 아래에 있지 아니하도다 너희가 다 믿음으로 말미암아 그리스도 예수 안에서 하나님의 아들이 되었으니 누구든지 그리스도와 합하기 위하여 세례를 받은 자는 그리스도로 옷 입었느니라 너희는 유대인이나 헬라인이나 종이나 자유인이나 남자나 여자나 다 그리스도 예수 안에서 하나이니라 너희가 그리스도의 것이면 곧 아브라함의 자손이요 약속대로 유업을 이을 자니라"

중고등부 학생 여러분에게 다시 초등학교로 돌아가라고 하면 말이 안 되지요! 율법은 초등학교 선생으로 하나님의 아들 예수 그리스도가 오실 때까지 죄 아래 가두어 두는 역할을 한 것입니다. 그러므로 예수님을 믿음으로 하나님 앞에서 영원히 살아갈 자격인 의를 얻는다는 것은 오직 은혜로 오직 믿음으로 된다는 사실을 아브라함에게 먼저 보여주셨습니다.

그런 다음에 430년이 지나 율법을 주신 것은 어떤 인간도 자기 행위로 의에 이를 수가 없고 오직 예수님의 십자가 보혈로만 하나님 앞에서 영원히 살아갈 자격인 의를 선물로 받음이 아브라함 언약의 결론입니다. 이러한 아브라함 복을 이방인인 우리도 받을 수 있는 것은 오직 하나님의 약속을 따른 은혜입니다.

모세 언약 (1)

출애굽기 2:23~25 여러 해 후에 애굽 왕은 죽었고 이스라엘 자손은 고된 노동으로 말미암아 탄식하며 부르짖으니 그 고된 노동으로 말미암아 부르짖는 소리가 하나님께 상달된지라 하나님이 그들의 고통 소리를 들으시고 하나님이 아브라함과 이삭과 야곱에게 세운 그의 언약을 기억하사 하나님이 이스라엘 자손을 돌보셨고 하나님이 그들을 기억하셨더라

지난 주까지 아브라함 언약을 보았습니다. 언약의 전체적인 줄기는 창세 전 언약영원 전, 만세 전, 아담 언약, 노아 언약, 아브라함 언약, 모세 언약, 다윗 언약, 새 언약으로 이어질 것입니다. 오늘부터 보는 모세 언약은 이미 지난 주에 본 로마서 4장과 갈라디아서 3장에서 결론을 보았습니다. 그러므로 모세 언약이라고 할 때 아브라함 언약의 연장에 있는 것입니다. 모세 언약이 독립적으로 주어진 것이 아니라 아브라함 언약의 은혜성을 더욱 드러내는 모세 언약이 됩니다. 어떤 인간도 율법적인 행위로는 하나님의 의를 얻을 수 없음을 보여주는 것이 모세 언약입니다.

오늘 본문 출애굽기 2:23의 '여러 해 후'를 간략하게 보겠습니다. 아브라함의 아들 이삭, 이삭의 아들 야곱, 야곱의 열두 아들과 가족들 약 70명이 애굽으로 내려갑니다. 요셉이 애굽의 총리가 되어 있습니다. 많은 세월이 지나

요셉과 그의 그 시대의 사람은 다 죽었습니다. 그러함에도 불구하고 이스라엘 자손은 생육하고 불어나 번성하고 매우 강하여 온 땅에 가득하게 되었습니다. 출1:6~7 생육하고 번성하는 일은 아담 언약에서 노아 언약에서 아브라함 언약에서 계속 보았습니다. 그렇게 씨가 이어져야 하는 이유는 예수 그리스도가 오셔야 하기 때문입니다. 갈3:16

창세기 50:24~25를 봅니다. "요셉이 그의 형제들에게 이르되 나는 죽을 것이나 하나님이 당신들을 돌보시고 당신들을 이 땅에서 인도하여 내사 아브라함과 이삭과 야곱에게 맹세하신 땅에 이르게 하시리라 하고 요셉이 또 이스라엘 자손에게 맹세시켜 이르기를 하나님이 반드시 당신들을 돌보시리니 당신들은 여기서 내 해골을 메고 올라가겠다 하라 하였더라" 요셉의 유언도 하나님께서 아브라함과 이삭과 야곱에게 한 언약을 말합니다. 요셉은 죽어도 언약은 계속됩니다.

요셉을 알지 못하는 새 왕이 애굽을 다스립니다. 그 왕이 자기 백성들에게 이스라엘 자손이 우리보다 많고 강하다고 하면서 산아제한 정책으로 학대합니다. 그런데 학대할수록 오히려 번성하여집니다. 그래서 산파를 동원하여 사내아이를 죽이라고 하지만 산파가 여호와를 두려워하여 죽이지 않습니다. 결국 사내아이를 강물에 던지라고 합니다. 모세의 부모가 모세를 몰래 키우다가 울음소리가 커지니 갈대 상자에 역청을 칠하고 아이를 그 안에 담아 나일강 갈대 사이에 둡니다. '갈대 상자'라는 단어와 노아가 만든 '방주'라는 말은 히브리어로 같은 단어입니다.

미리암은 멀리서 보고 있습니다. 이때 바로 왕의 공주가 나일강에 목욕하려고 왔다가 갈대 상자를 보고 시녀에게 가져오라고 합니다. 갈대 상자를 여니 아이가 웁니다. 공주가 아이를 기르겠다고 할 때 미리암이 유모를 소개하겠다고 하여 모세의 친어머니 요게벳이 아이를 기르게 됩니다. 모세가 젖을 떼고 왕궁으로 들어가 왕자들과 함께 자랍니다. 나이 40세에 자기 동족을 학대하는 애굽 군인을 죽이는 일이 탄로가 나서 미디안 광야로 도망갑니다. 광야에서 십보라를 만나 결혼하여 아이를 낳고 40년을 목축하면서 지냈습니다. 여기까지가 여러 해 동안의 일입니다.

본문을 다시 봅니다. 여러 해 후에 모세를 죽이려고 찾던 바로 왕은 죽었습니다. 모세의 나이 80세가 되었습니다. 이때 이스라엘 자손은 고된 노동으로 인하여 탄식하며 부르짖습니다. 그 부르짖음이 하나님께 상달이 되었습니다. 하나님이 그들의 고통 소리를 들으시고 하나님이 아브라함과 이삭과 야곱에게 세운 그의 언약을 기억하셨습니다. 하나님께서 잊고 있다가 기억하셨다는 말씀이 아니라 하나님께서 아브라함에게 언약하신 때가 되었다는 말씀입니다. 하나님께서 그 언약을 따라 이스라엘 백성들을 돌보셨고 그들을 기억하셨다고 합니다. 그러므로 하나님께서 아브라함과 이삭과 야곱에게 언약하신 일을, 모세를 부르셔서 이루어 내시는 것이 모세 언약입니다.

출애굽기 3:1~5 "모세가 그의 장인 미디안 제사장 이드로의 양 떼를 치더니 그 떼를 광야 서쪽으로 인도하여 하나님의 산 호렙에 이르매 여호와의 사자가 떨기나무 가운데로부터 나오는 불꽃 안에서 그에게 나타나시니라 그가 보니 떨기나무에 불이 붙었으나 그 떨기나무가 사라지지 아니하는지라 이에 모세가 이르되 내가 돌이켜 가서 이 큰 광경을 보리라 떨기나무가 어찌하여 타지 아니하는고 하니 그 때에 여호와께서 그가 보려고 돌이켜 오는 것을 보신지라 하나님이 떨기나무 가운데서 그를 불러 이르시되 모세야 모세야 하시매 그가 이르되 내가 여기 있나이다 하나님이 이르시되 이리로 가까이 오지 말라 네가 선 곳은 거룩한 땅이니 네 발에서 신을 벗으라" 여호와 하나님께서 모세를 부르시는 장면입니다.

이어지는 6~10절입니다. "또 이르시되 나는 네 조상의 하나님이니 아브라함의 하나님, 이삭의 하나님, 야곱의 하나님이니라 모세가 하나님 뵈옵기를 두려워하여 얼굴을 가리매 여호와께서 이르시되 내가 애굽에 있는 내 백성의 고통을 분명히 보고 그들이 그들의 감독자로 말미암아 부르짖음을 듣고 그 근심을 알고 내가 내려가서 그들을 애굽인의 손에서 건져내고 그들을 그 땅에서 인도하여 아름답고 광대한 땅, 젖과 꿀이 흐르는 땅 곧 가나안 족속, 헷 족속, 아모리 족속, 브리스 족속, 히위 족속, 여부스 족속의 지방에 데려가려 하노라 이제 가라 이스라엘 자손의 부르짖음이 내게 달하고 애굽 사람이 그들을 괴롭히는 학대도 내가 보았으니 이제 내가 너를 바로에게 보내어 너에게 내 백성 이스라엘 자손을 애굽에서 인도하여 내게 하리라"

여호와 하나님께서 모세를 부르신 목적을 말씀하십니다. 모세에게 너의 조상 아브라함과 이삭과 야곱의 하나님이라고 말씀합니다. 아브라함에게 말씀하신 때로부터 약 4백 년이 지나서 모세에게 아브라함과 이삭과 야곱에게 하신 말씀을 이루신다고 합니다. 이스라엘 자손의 부르짖음과 애굽 사람의 학대도 여호와께서 보셨기에 모세를 바로에게 보내서 내 백성 이스라엘 자손을 애굽에서 인도하여 내신다고 합니다. 여기서 이스라엘을 하나님의 백성이라고 합니다.

이어지는 11~12절입니다. "모세가 하나님께 아뢰되 내가 누구이기에 바로에게 가며 이스라엘 자손을 애굽에서 인도하여 내리이까 하나님이 이르시되 내가 반드시 너와 함께 있으리라 네가 그 백성을 애굽에서 인도하여 낸 후에 너희가 이 산에서 하나님을 섬기리니 이것이 내가 너를 보낸 증거니라"

내가 무엇인데 그런 엄청난 일을 하겠느냐고 모세가 말합니다. 그때 하나님은 내가 반드시 너와 함께할 것이라고 말씀하시면서 그 증거를, 미래에 일어날 일을 증거로 제시합니다. 증거는 일어난 일을 증언해야 하는데 미래에 일어날 일이 네가 너를 보낸 증거라고 합니다. 이 말씀을 할 수 있는 분은 미래도 완전하게 장악하고 계신 분만이 할 수 있는 말입니다. 미래에 일어날 일을 증거로 제시하는 분은 과거도 현재도 미래도 다 자기 손 안에 있는 분이라야 할 수 있는 말입니다.

이어지는 13~14절입니다. "모세가 하나님께 아뢰되 내가 이스라엘 자손에게 가서 이르기를 너희의 조상의 하나님이 나를 너희에게 보내셨다 하면 그들이 내게 묻기를 그의 이름이 무엇이냐 하리니 내가 무엇이라고 그들에게 말하리이까 하나님이 모세에게 이르시되 나는 스스로 있는 자이니라 또 이르시되 너는 이스라엘 자손에게 이같이 이르기를 스스로 있는 자가 나를 너희에게 보내셨다 하라"

방금 읽은 이 말씀을 제대로 하려고 하여도 책 한 권을 써도 부족한 내용입니다. 하나님의 이름에 관한 문제입니다. 모세가 이스라엘 자손에게 가서 너희의 조상 하나님이 나를 너희에게 보내셨다고 하면 그들이 내게 묻기를 그의 이름이 무어냐고 하면 뭐라고 말할 수 있느냐고 합니다. 우리가 어떤 대상의 이름을 부른다는 것은 내가 그를 파악한다는 말입니다. 그런데 하나님의 이름으로 규정할 수 없는 분입니다. 우리가 생각하는 이름에 하나님을 담아둘 수 없는 크고 영원하신 분이십니다. 그러므로 하나님께서 대답하시기를 나는 스스로 있는 자라고 합니다. 이런 답변은 모세가 여러 이름 중의 하나로 부를 수 없는 이름이라는 말씀입니다. 그래서 스스로 있는 자입니다.

'스스로'의 각주를 보면 히브리어로 '나는 나다'라는 뜻입니다. 14절의 새번역입니다. "하나님이 모세에게 대답하셨다. 나는 곧 나다. 너는 이스라엘 자손에게 이르기를, '나' 라고 하는 분이 너를 그들에게 보냈다고 하여라." 새

번역의 각주입니다. "칠십인 역에는 '나는 스스로 있는 자다', '나는 되고자 하는 대로 될 나일 것이다'" 칠십인 역은 구약 히브리어를 헬라어로 번역한 성경입니다. BC3~2세기에 번역된 성경입니다. 여기서 나는 스스로 있는 자라는 헬라어 번역은 "에고 에이미"입니다. 예수님께서 '내가 그'라고 말씀하신 그 단어가 "에고 에이미"입니다. 예수님의 이 말씀을 누가 믿겠습니까? 그러나 예수님은 내 양은 내 음성을 듣는다고 말씀하십니다.

이어지는 15절입니다. "하나님이 또 모세에게 이르시되 너는 이스라엘 자손에게 이같이 이르기를 너희 조상의 하나님 여호와 곧 아브라함의 하나님, 이삭의 하나님, 야곱의 하나님께서 나를 너희에게 보내셨다 하라 이는 나의 영원한 이름이요 대대로 기억할 나의 칭호니라" 여호와는 스스로 있는 자 곧 '나는 나다'는 뜻입니다. 그런데 그런 하나님께서 아브라함의 하나님 이삭의 하나님 야곱의 하나님으로 불리겠다고 합니다. 그 이름이 영원한 이름이며 대대로 기억할 이름입니다.

무릇 이름을 지어주는 자가 부모입니다. 아이가 태어나면 자기가 스스로 이름을 붙이지 않습니다. 그런데 피조물인 인간이 하나님의 이름을 물어보는 것은 하나님을 알려고 물어본 말이지만 인간의 지성 안에 하나님을 가두는 일이 됩니다. 그러므로 여호와는 스스로 있는 자라고 말씀하신 후에 너희의 조상의 하나님 여호와라고 합니다. 너희의 조상 하나님은 스스로 계시는 분이시기에 누구에게도 얽매이지 않는 하나님이라는 말씀입니다. 그러나 오직 하나 자기 약속을 하시면 그 약속을 이루시는 하나님을 여호와의 이름으로 알려주십니다. 그러므로 여호와를 아브라함의 하나님, 이삭의 하나님, 야곱의 하나님이라고 하십니다. 그 약속을 이루는 하나님이 '나'라고 하십니다.

이어지는 16~22절입니다. "너는 가서 이스라엘의 장로들을 모으고 그들에게 이르기를 여호와 너희 조상의 하나님 곧 아브라함과 이삭과 야곱의 하나님이 내게 나타나 이르시되 내가 너희를 돌보아 너희가 애굽에서 당한 일을 확실히 보았노라 내가 말하였거니와 내가 너희를 애굽의 고난 중에서 인도하여 내어 젖과 꿀이 흐르는 땅 곧 가나안 족속, 헷 족속, 아모리 족속, 브리스 족속, 히위 족속, 여부스 족속의 땅으로 올라가게 하리라 하셨다 하면 그들이 네 말을 들으리니 너는 그들의 장로들과 함께 애굽 왕에게 이르기를 히브리 사람의 하나님 여호와께서 우리에게 임하셨은즉 우리가 우리 하나님 여호와께 제사를 드리려 하오니 사흘 길쯤 광야로 가도록 허락하소서 하라 내가 아노니 강한 손으로 치기 전에는 애굽 왕이 너희가 가도록 허락하지 아니하다가 내가 내 손을 들어 애굽 중에 여러 가지 이적으로 그 나라를 친 후에야 그가 너희를 보내리라 내가 애굽 사람으로 이 백성에게 은혜를 입히게 할지라 너희가 나갈 때에 빈손으로 가지 아니하리니 여인들은 모두 그 이웃 사람과 및 자기 집에 거류하는 여인에게 은 패물과 금 패물과 의복을 구하여 너희의 자녀를 꾸미라 너희는 애굽 사람들의 물품을 취하리라"

하나님께서 모세에게 하신 이 말씀대로 출애굽이 일어난 일을 우리는 성경을 통하여 압니다. 바로 왕이 이스라엘 백성을 바로 보내지 않고 열 가지 재앙을 당한 후에 보냅니다. 그러므로 스스로 계시는 하나님은 과거와 현재와 미래가 하나입니다. 그러므로 하나님께서는 미래의 일도 이미 일어난 과거로 말씀하실 수 있습니다. 여호와 하나님께서 지금 모세에게 하시는 모든 말씀은 아브라함과 이삭과 야곱에게 하신 말씀이 이루어지고 있는 것입니다. 그러나 하나님 앞에서는 아브라함과 모세도 지금 우리도 현재형이 됩니다. 하나님의 이름이 현재형이기 때문입니다. 그러므로 우리가 성경을 보면서 여호와 하나님께서 말씀하신 일은 반드시 그 말씀대로 이루어짐을 믿는 것입니다. 아브라함도 그것을 믿음으로 하나님께서 의롭다고 하신 것입니다.

출애굽기 6:2~8 "하나님이 모세에게 말씀하여 이르시되 나는 여호와이니라 내가 아브라함과 이삭과 야곱에게 전능의 하나님[1]으로 나타났으나 나의 이름을 여호와로는 그들에게 알리지 아니하였고 가나안 땅 곧 그들이 거류하는 땅을 그들에게 주기로 그들과 언약하였더니 이제 애굽 사람이 종으로 삼은 이스라엘 자손의 신음 소리를 내가 듣고 나의 언약을 기억하노라 그러므로 이스라엘 자손에게 말하기를 나는 여호와라 내가 애굽 사람의 무거운 짐 밑에서 너희를 빼내며 그들의 노역에서 너희를 건지며 편 팔과 여러 큰 심판들로써 너희를 속량하여 너희를 내 백성으로 삼고 나는 너희의 하나님이 되리니 나는 애굽 사람의 무거운 짐 밑에서 너희를 빼낸 너희의 하나님 여호와인 줄 너희가 알지라 내가 아브라함과 이삭과 야곱에게 주기로 맹세한 땅으로 너희를 인도하고 그 땅을 너희에게 주어 기업을 삼게 하리라 나는 여호와라 하셨다 하라"

각주 1)은 창세기 17:1에서 이미 보았습니다. 여기서 전능하신 하나님이란 '엘 샤다이'입니다. 전능하신 하나님의 능력을 왜 믿지 못하느냐고 아브라함에게 말씀하시면서 할례 언약을 말씀하시고 다시 이삭을 약속하셨습니다. 그 전능하신 하나님을 모세에게 여호와로 알리시는 일은 그 전능하신 하나님의 약속을 이루시는 여호와로 자신을 알리십니다. 그러므로 여호와의 이름은 자기 약속을 신실하게 이루시는 하나님으로 모세에게 알리셨기에 계속하여 아브라함과 이삭과 야곱에게 약속하신 내용을 이루신다는 말씀입니다. 그 약속을 이루시는 일은 결국 하나님께서 어린 양의 피로 구원한 이스라엘을 자기 백성 삼으신다는 말씀입니다. 그리고 약속의 땅을 주셔서 여호와가 누구신지 알게 하시겠다고 합니다. 하나님의 약속을 하나님께서 이루심을 보여줍니다.

마태복음 22:32 "나는 아브라함의 하나님이요 이삭의 하나님이요 야곱의 하나님이로라 하신 것을 읽어 보지 못하였느냐 하나님은 죽은 자의 하나님이 아니요 살아 있는 자의 하나님이시니라 하시니" 사두개인들은 모세오경만 믿기에 모세오경에서 문자적인 부활이 없다고 생각하여 예수님께 율법의 조문으로 질문합니다. 그때 예수님께서 출애굽기 3:6의 말씀으로 부활을 증언합니다. 스스로 계시는 여호와 하나님 안에서는 죽은 자도 살아있다는 말씀입니다. 스스로 계시는 분이 스스로 자기를 낮추어 스스로 십자가를 짐으로 우리가 영원한 생명을 얻습니다. 그러므로 우리가 하나님의 은혜로 예수님을 믿게 되면 살아도 죽어도 영원한 생명 안에 거하게 됩니다.

모세 언약 (2)

출애굽기 12:1~14 여호와께서 애굽 땅에서 모세와 아론에게 일러 말씀하시되 이달을 너희에게 달의 시작 곧 해의 첫 달이 되게 하고 너희는 이스라엘 온 회중에게 말하여 이르라 이달 열흘에 너희 각자가 어린 양을 취할지니 각 가족대로 그 식구를 위하여 어린 양을 취하되 그 어린 양에 대하여 식구가 너무 적으면 그 집의 이웃과 함께 사람 수를 따라서 하나를 취하며 각 사람이 먹을 수 있는 분량에 따라서 너희 어린 양을 계산할 것이며 너희 어린 양은 흠 없고 일 년 된 수컷으로 하되 양이나 염소 중에서 취하고 이달 열나흗날까지 간직하였다가 해 질 때에 이스라엘 회중이 그 양을 잡고 그 피를 양을 먹을 집 좌우 문설주와 인방에 바르고 그 밤에 그 고기를 불에 구워 무교병과 쓴 나물과 아울러 먹되 날것으로나 물에 삶아서 먹지 말고 머리와 다리와 내장을 다 불에 구워 먹고 아침까지 남겨 두지 말며 아침까지 남은 것은 곧 불사르라 너희는 그것을 이렇게 먹을지니 허리에 띠를 띠고 발에 신을 신고 손에 지팡이를 잡고 급히 먹으라 이것이 여호와의 유월절이니라 내가 그 밤에 애굽 땅에 두루 다니며 사람이나 짐승을 막론하고 애굽 땅에 있는 모든 처음 난 것을 다 치고 애굽의 모든 신을 내가 심판하리라 나는 여호와라 내가 애굽 땅을 칠 때에 그 피가 너희가 사는 집에 있어서 너희를 위하여 표적이 될지라 내가 피를 볼 때에 너희를 넘어가리니 재앙이 너희에게 내려 멸하지 아니하리라 너희는 이날을 기념

오늘은 모세 언약 두 번째 시간으로 유월절을 중심으로 보겠습니다. 지난 주는 하나님께서 모세를 부르시고 이스라엘 백성을 출애굽 하게 합니다. 출애굽을 하는 이유는 하나님께서 아브라함과 이삭과 야곱에게 약속하셨기 때문입니다. 그 약속의 때가 되었기에 모세를 불러 아브라함과 이삭과 야곱에게 하신 언약을 이루신다고 하셨습니다. 그 기간이 무려 430년이 걸렸습니다. 그런데 바로 왕이 모세가 전하는 여호와의 말씀을 듣고 순순히 백성을 내어놓지 않습니다. 여호와가 누구관데 내 재산을 내놓으라고 하느냐는 식입니다. 그런데 하나님께서 그렇게 될 일도 다 말씀하셨습니다. 그래서 열 가지 재앙을 내림으로 여호와가 누구신지 온 세상에 알리십니다. 출9:16

본문 1~2절을 봅니다. 마지막 재앙이 내리기 전에 유월절에 관한 내용입니다. 유월절을 해의 첫 달이 되게 하라고 합니다. 기존의 달력이 있지만, 유월절을 첫 달로 시작하라고 합니다. 유월절은 이스라엘이라는 국가의 시작이며 동시에 이스라엘의 정체성입니다. 유월절을 시작으로 이어지는 무교절과 모든 절기는 예수 그리스도의 일을 보여줍니다. 그러므로 이스라엘의 가장 중요한 절기가 유월절입니다. 유월절의 정신을 잊어버리면 이스라엘이 아닙니다. 이스라엘 백성들이 출애굽 한 것도 이스라엘 백성들이 독립운동한 것이 아니라 하나님의 언약 때문에 일어나는 일입니다. 그런데 그 언약의 완성이 예수님의 십자가이기에 유월절이 너무나 중요한 내용입니다.

3~14절입니다. 유월절 10일에 각자의 식구가 먹을 어린 양을 준비하라고 합니다. 식구의 다소를 따라 이웃과 함께 준비하여도 됩니다. 각 사람

이 먹을 만큼의 일 년 된 흠 없는 숫양이나 염소를 취하여 14일까지 간직하였다가 해 질 때에 그 양을 잡고 그 피를 양을 먹을 집 좌우 문설주와 인방에 바르라고 합니다. 그 밤에 그 고기를 불에 구워 무교병과 쓴 나물과 아울러 먹고 아침까지 남겨 두지 말며 아침까지 남은 고기는 곧 불사르라고 합니다. 그리고 먹는 자세는 바로 떠날 준비를 하고 먹으라고 합니다. 그러므로 유월절은 이스라엘이라는 국가의 출발만이 아니라 모든 신앙의 출발이 됩니다. 그 밤에 애굽 땅에 있는 사람과 짐승의 처음 난 것을 다 치고 애굽의 신을 심판하신다고 합니다. 그러나 그 피가 있는 집은 너희를 넘어가리라고 합니다. 넘어간다고 하여 이날을 유월逾越절이라고 합니다. 이날을 기념하여 영원한 규례로 지키라고 합니다.

유월절 어린 양을 잡아서 그 피를 문설주와 인방에 바른 집은 죽음의 천사가 넘어갑니다. 애굽 온 땅에서 가장 착한 사람이 살아도 피가 없으면 죽음의 천사가 그 집의 장자와 짐승의 처음 태어난 수컷을 죽입니다. 그러나 어떠한 죄인이라도 그 피만 있으면 죽음의 천사가 넘어갑니다. 그러므로 그동안 아홉 가지 재앙을 통하여 이스라엘의 하나님, 모세의 하나님이 말씀하시면 그 말씀대로 된다는 사실을 애굽 사람이라도 믿었다면 어린 양의 피를 바를 것입니다. 그러면 애굽 사람이라도 그 피를 보고 넘어가는 날이 유월절 밤입니다. 그러므로 유월절은 피의 능력을 보여줍니다.

출애굽기 12:48~51 "너희와 함께 거류하는 타국인이 여호와의 유월절을 지키고자 하거든 그 모든 남자는 할례를 받은 후에야 가까이하여 지킬지니 곧 그는 본토인과 같이 될 것이나 할례받지 못한 자는 먹지 못할 것이니라 본토인에게나 너희 중에 거류하는 이방인에게 이 법이 동일하니라 하셨으므로 온 이스라엘 자손이 이와 같이 행하되 여호와께서 모세와 아론에게 명령하신 대로 행하였으며 바로 그날에 여호와께서 이스라엘 자손을 그 무리대로 애굽 땅에서 인도하여 내셨더라"

이방인이라도 할례를 하면 유월절에 참여할 수 있습니다. 유월절이 지나니 애굽의 바로 왕이 속히 나가라고 합니다. 애굽 사람들이 보물들을 이스라엘 백성들에게 줍니다. 그렇게 애굽에서 나와서 홍해 바다 앞에 옵니다. 바로 왕이 다시 애굽 군대를 보내어 사로잡아 오게 합니다. 앞에는 바다, 뒤에는 바로 왕의 군대입니다. 열 가지 재앙을 경험하고 나온 이스라엘 백성들이 당장 모세를 원망합니다. 우리가 애굽에서 매장지가 없어서 여기서 죽게 하느냐고 합니다. 그때 모세는 너희는 가만히 서서 여호와의 구원을 보라고 합니다. 그래서 홍해가 갈라지고 마른 땅으로 건너게 되었습니다. 추격하던 바로 왕의 군대는 바닷물에 수장됩니다. 홍해를 건넌 후 모세가 찬송합니다.

출애굽기 15:17~18 "주께서 백성을 인도하사 그들을 주의 기업의 산에 심으시리이다 여호와여 이는 주의 처소를 삼으시려고 예비하신 것이라 주여 이것이 주의 손으로 세우신 성소로소이다 여호와께서 영원무궁 하도록 다스리시도다 하였더라" 홍해를 건넌 후 모세의 찬양입니다. 13절을 보면 주의 인자하심으로 구원한 자들을 주의 힘으로 주의 처소에 들어가게 하십니다. 그렇게 하시는 이유는 하나님의 자기 처소를 만들기 위함입니다. 이렇게 출애굽 하여 홍해를 건넜지만, 광야 40년 동안 반역만 하다가 출애굽 1세대는 광야에서 다 죽고 여호수아와 갈렙과 광야 2세대가 요단강을 건너서 약속의 땅에 들어갑니다. 그곳에서 한 일을 봅니다.

여호수아 5:6~9 "이스라엘 자손들이 여호와의 음성을 청종하지 아니하므로 여호와께서 그들에게 대하여 맹세하사 그들의 조상들에게 맹세하여 우리에게 주리라고 하신 땅 곧 젖과 꿀이 흐르는 땅을 그들이 보지 못하게 하리라 하시매 애굽에서 나온 족속 곧 군사들이 다 멸절하기까지 사십 년 동안을 광야에서 헤매었더니 그들의 대를 잇게 하신 이 자손에게 여호수아가 할례를 행하였으니 길에서는 그들에게 할례를 행하지 못하였으므로 할례 없는 자가 되었음이었더라 또 그 모든 백성에게 할례 행하기를 마치매 백성이 진중 각 처소에 머물며 낫기를 기다릴 때에 여호와께서 여호수아에게 이르시되 내가 오늘 애굽의 수치를 너희에게서 떠나가게 하였다 하셨으므로 그곳 이름을 오늘까지 길갈이라 하느니라"

요단강 건너서 가장 먼저 한 일이 할례입니다. 광야에서 할례를 하지 못하였기에 지금 합니다. 적들 바로 앞에서 할례를 하는 것도 믿음이 없이는 할 수가 없습니다. 성인 남자들이 항생제도 없이 돌칼로 할례를 했으니, 적들이 공격하면 꼼짝없이 당할 것입니다. 그러나 적들은 두려움에 사로잡혀 있기에 공격할 수가 없습니다. 그런데 이렇게 할례를 하는 이유는 이미 앞에서 보았듯이 본토인이나 이방인이나 할례를 해야 유월절에 참여할 수 있습니다. 할례는 아브라함 언약입니다. 아브라함이 할례를 받은 나이가 99세입니다. 약속의 자녀는 인간의 혈육으로 되는 것이 아님을 알게 하신 것이 할례입니다. 그러므로 할례를 받은 자들이 유월절에 참여하는 것은 혈육으로 만들어 낸 나의 피와 땀이 아니라 나 대신에 죽은 어린 양의 피에 참여함을 알게 하기 위함입니다.

이렇게 중요한 유월절을 이스라엘 백성들이 약속의 땅에 들어가서 제대로 지킨 적이 없습니다. 여호수아 시대에도 사사들의 시대에도 유월절을 지켰다는 기록이 없습니다. 사사시대는 백성들이 자기 소견에 옳은 대로 살았습니다. 그렇게 사사시대를 지나고 왕들의 시대에 유월절을 몇 번 지킨 기록이 있습니다. 남 유다의 왕 히스기야와 요시야 때 유월절을 지킨 기록이 있습니다.

역대하 30:1~5 "히스기야가 온 이스라엘과 유다에 사람을 보내고 또 에브라임과 므낫세에 편지를 보내어 예루살렘 여호와의 전에 와서 이스라엘 하나님 여호와를 위하여 유월절을 지키라 하니라 왕이 방백들과 예루살렘 온 회중과 더불어 의논하고 둘째 달에 유월절을 지키려 하였으니 이는 성결하게 한 제사장들이 부족하고 백성도 예루살렘에 모이지 못하였으므로 그 정한 때에 지킬 수 없었음이라 왕과 온 회중이 이 일을 좋게 여기고 드디어 왕이 명령을 내려 브엘세바에서부터 단까지 온 이스라엘에 공포하여 일제히 예루살렘으로 와서 이스라엘 하나님 여호와의 유월절을 지키라 하니 이는 기록한 규례대로 오랫동안 지키지 못하였음이더라"

히스기야 왕은 성전을 청결하게 하고 온갖 우상들을 버리게 합니다. 그리고 유월절을 지키려고 온 이스라엘과 유다와 에브라임과 므낫세에 편지를 보냅니다. 북이스라엘은 이미 앗수르에 멸망하였지만, 유월절을 함께 지키자고 사람들을 보냅니다. 여호와의 유월절을 오랫동안 규례대로 지키지 못하였다고 합니다. 히스기야의 아버지가 아하스 왕입니다. 온갖 우상숭배를 한 사람이었기에 성전까지 우상이 가득하게 하였던 왕입니다. 그런데 히스기야는 성전 제사를 회복할 뿐만 아니라 유월절을 지키려고 북이스라엘 사람들까지 초대합니다. 그러나 온 사람은 얼마 되지 않습니다.

역대하 30:10~12 "보발꾼이 에브라임과 므낫세 지방 각 성읍으로 두루 다녀서 스불론까지 이르렀으나 사람들이 그들을 조롱하며 비웃었더라 그러나 아셀과 므낫세와 스불론 중에서 몇 사람이 스스로 겸손한 마음으로 예루살렘에 이르렀고 하나님의 손이 또한 유다 사람들을 감동시키사 그들에게 왕과 방백들이 여호와의 말씀대로 전한 명령을 한마음으로 준행하게 하셨더라"

유월절을 지키지 않았다는 것은 이스라엘 백성들이 우상을 섬긴 것입니다. 그러다가 북이스라엘은 앗수르에 망하였습니다. 남 유다도 온갖 우상숭배로 가득하였습니다. 그러나 하나님의 은혜가 히스기야에게 임하여 성전을 깨끗이 하고 우상을 버리고 유월절을 지키자고 북이스라엘 사람들에게도 말하였지만, 그들은 조롱하였습니다. 그러나 몇 사람이 스스로 겸손한 마음으로 유월절에 참여하기 위하여 왔습니다. 그리고 하나님께서 유다 사람들을 감동하게 하여 유월절을 지킵니다. 그러나 히스기야가 죽고 그 아들 므낫세가 왕이 되자 다시 온갖 우상숭배로 가득합니다. 결국 므낫세의 죄악으로 인하여 나라가 망하게 되지만 망하기 전에 요시야 왕이 다시 개혁합니다.

열왕기하 23:21~23 "왕이 뭇 백성에게 명령하여 이르되 이 언약 책에 기록된 대로 너희의 하나님 여호와를 위하여 유월절을 지키라 하매 사사가 이스라엘을 다스리던 시대부터 이스라엘 여러 왕의 시대와 유다 여러 왕의 시대에 이렇게 유월절을 지킨 일이 없었더니 요시야 왕 열여덟째 해에 예루살렘에서 여호와 앞에 이 유월절을 지켰더라"

아몬의 아들 요시야 왕이 성전을 수리하다가 율법 책을 발견합니다. 그런데 율법책을 언약 책이라고 합니다.[23:2, 21] 그러므로 율법도 언약입니다. 그 언약에 있는 내용대로 모든 우상을 다 제거하여 버리고 유월절을 지킵니다. 사사시대와 왕들의 시대에도 이렇게 유월절을 지킨 일이 없다고 합니다. 히스기야 왕도 요시야 왕만큼은 유월절을 지키지 못하였다는 말입니다. 그러므로 요시야 왕 때에 유월절만이 아니라 철저한 언약의 말씀을 회복시킵니다. 그러나 므낫세의 악으로 인하여 결국 나라가 망하게 되어 바벨론의 포로로 잡혀갑니다. 포로로 잡혀가지만, 그 언약의 말씀을 기억하고 갑니다. 포로에서 70년 만에 돌아온 후에 스스로 반성하며 철저하게 율법을 지키는 시대에 예수님께서 오십니다. 예수님이 오셨을 때는 모든 율법을 철저하게 지키는 시대입니다. 그러나 세례요한은 율법을 지킨다는 그들을 향하여 독사의 자식들이라고 하면서 회개하라고 합니다.

요한복음 1:29~30 "이튿날 요한이 예수께서 자기에게 나아오심을 보고 이르되 보라 세상 죄를 지고 가는 하나님의 어린 양이로다 내가 전에 말하기를 내 뒤에 오는 사람이 있는데 나보다 앞선 것은 그가 나보다 먼저 계심이라 한 것이 이 사람을 가리킴이라” 구약의 마지막 선지자 세례요한이 예수님을 향하여 세상 죄를 지고 가는 하나님의 어린 양이라고 합니다. 그러므로 회개하라 천국이 가까이 왔다는 것은 예수님을 믿으라는 말입니다.

마태복음 26:2 “너희가 아는 바와 같이 이틀이 지나면 유월절이라 인자가 십자가에 못 박히기 위하여 팔리리라 하시더라” 유월절에 예수님께서 십자가에 못 박히기 위하여 팔릴 것이라고 합니다. 그러므로 예수님은 유월절 어린 양으로 오신 것입니다. 그래서 최후의 만찬을 엽니다.

마태복음 26:26~28 “그들이 먹을 때에 예수께서 떡을 가지사 축복하시고 떼어 제자들에게 주시며 이르시되 받아서 먹으라 이것은 내 몸이니라 하시고 또 잔을 가지사 감사 기도 하시고 그들에게 주시며 이르시되 너희가 다 이것을 마시라 이것은 죄 사함을 얻게 하려고 많은 사람을 위하여 흘리는바 나의 피 곧 언약의 피니라” 유월절 최후의 만찬에서 떡을 자기의 몸이라고 하시고 잔을 주시면서 죄 사함을 얻게 하려고 많은 사람을 위해 흘리는 나의 피 언약의 피라고 합니다. 모세 언약에서 말한 유월절을 예수님은 자신의 십자가로 다 이루셨습니다.

고린도전서 5:7 “너희는 누룩 없는 자인데 새 덩어리가 되기 위하여 묵은 누룩을 내버리라 우리의 유월절 양 곧 그리스도께서 희생되셨느니라 이러므로 우리가 명절을 지키되 묵은 누룩으로도 말고 악하고 악의에 찬 누룩으로도 말고 누룩이 없이 오직 순전함과 진실함의 떡으로 하자”

신약의 성도는 구약의 절기를 지키는 자들이 아니라 유월절 양으로 오신 예수 그리스도의 희생을 믿는 자들입니다. 그러면 묵은 누룩이 무엇입니까? 고린도 교회 안에 음행이 있습니다. 음행만이 아니라 파당이 있고 자기 자랑도 있습니다. 다른 복음 다른 예수 다른 영을 전하는 자도 있습니다. 이런 모습들이 다 묵은 누룩입니다. 그러므로 누룩이 없는 순전하고 진실한 떡은 예수님입니다. 예수님의 살과 피를 먹고 마시는 모든 날이 성도의 명절이며 동시에 떠날 준비를 합니다.

모세 언약 (3)

출애굽기 24:1~8 또 모세에게 이르시되 너는 아론과 나답과 아비후와 이스라엘 장로 칠십 명과 함께 여호와께로 올라와 멀리서 경배하고 너 모세만 여호와께 가까이 나아오고 그들은 가까이 나아오지 말며 백성은 너와 함께 올라오지 말지니라 모세가 와서 여호와의 모든 말씀과 그의 모든 율례를 백성에게 전하매 그들이 한 소리로 응답하여 이르되 여호와께서 말씀하신 모든 것을 우리가 준행하리이다 모세가 여호와의 모든 말씀을 기록하고 이른 아침에 일어나 산 아래에 제단을 쌓고 이스라엘 열두 지파대로 열두 기둥을 세우고 이스라엘 자손의 청년들을 보내어 여호와께 소로 번제와 화목제를 드리게 하고 모세가 피를 가지고 반은 여러 양푼에 담고 반은 제단에 뿌리고 언약 서를 가져다가 백성에게 낭독하여 듣게 하니 그들이 이르되 여호와의 모든 말씀을 우리가 준행하리이다 모세가 그 피를 가지고 백성에게 뿌리며 이르되 이는 여호와께서 이 모든 말씀에 대하여 너희와 세우신 언약의 피니라

지난 주는 모세 언약 두 번째 시간으로 유월절을 보았습니다. 오늘은 모세 언약 세 번째 시간으로 언약 체결을 보겠습니다. 이스라엘 백성들이 유월절에 출애굽 한 후 3개월 만에 시내산 앞에 도착합니다. 19:1~2 출애굽의 1차 목적이 출애굽기 3:12에 있습니다. "하나님이 이르시되 내가 반드시 너와 함께 있으리라 네가 그 백성을 애굽에서 인도하여 낸 후에 너희가

이 산에서 하나님을 섬기리니 이것이 내가 너를 보낸 증거니라" 이 말씀대로 시내 산에 도착하였습니다.

출애굽 하여 시내산에 도착하기까지의 여정을 간략히 봅니다. 홍해를 건너기 전에 구름 기둥이 나타납니다. 홍해를 마른 땅처럼 건넙니다. 애굽 군대는 홍해에 수장됩니다. 홍해를 건넌 후 찬송하지만 3일 만에 물이 없어 원망합니다. 마라에 물이 있었지만 써서 마실 수가 없자 모세가 기도합니다. 여호와의 지시를 받아 한 나무를 물에 던지니 물이 달아졌습니다. 출애굽 하여 둘째 달 십오일에 양식이 떨어집니다. 만나와 메추라기를 먹이십니다. 반석에서 물이 나옵니다. 아말렉 사람들의 공격을 물리칩니다. 모세의 장인 이드로의 방문으로 백성의 지도자들을 세웁니다. 이러한 엄청난 일들을 목격한 후에 시내산에 도착하여 진을 칩니다. 이곳에서 언약을 체결합니다.

출애굽기 19:1~3 "이스라엘 자손이 애굽 땅을 떠난 지 삼 개월이 되던 날 그들이 시내 광야에 이르니라 그들이 르비딤을 떠나 시내 광야에 이르러 그 광야에 장막을 치되 이스라엘이 거기 산 앞에 장막을 치니라 모세가 하나님 앞에 올라가니 여호와께서 산에서 그를 불러 말씀하시되 너는 이같이 야곱의 집에 말하고 이스라엘 자손들에게 말하라" 하나님과 이스라엘 사이에 언약의 중재자로 모세가 섭니다. 모세를 통하여 하나님께서 이스라엘 백성에게 말씀합니다.

이어지는 4~6절입니다. "내가 애굽 사람에게 어떻게 행하였음과 내가 어떻게 독수리 날개로 너희를 업어 내게로 인도하였음을 너희가 보았느니라 세계가 다 내게 속하였나니 너희가 내 말을 잘 듣고 내 언약을 지키면 너희는 모든 민족 중에서 내 소유가 되겠고 너희가 내게 대하여 제사장 나라가 되며 거룩한 백성이 되리라 너는 이 말을 이스라엘 자손에게 전할지니라"

언약을 체결하기 전에 여호와 하나님께서 이스라엘 백성들에게 행하신 일을 말씀합니다. 어떻게 출애굽 하여 나왔는지 그들이 목격하였습니다. 그러므로 모든 세계가 다 주님의 소유이지만 너희가 내 말을 잘 듣고 나의 언약을 지키면 모든 민족 중에서 하나님의 특별한 소유가 되고 너희가 내게 대하여 제사장 나라가 되며 거룩한 백성이 되리라고 하십니다. 이 말씀을 모세가 이스라엘 백성들에게 전합니다. 이 말씀을 들은 이스라엘 백성들이 어떻게 응답합니까?

이어지는 8절입니다. "백성이 일제히 응답하여 이르되 여호와께서 명령하신 대로 우리가 다 행하리이다 모세가 백성의 말을 여호와께 전하매" 백성들이 여호와의 말씀대로 하겠다고 합니다. 이들이 이렇게 답할 수 있는 것은 앞에서 출애굽의 여정을 간략하게 말씀드린 대로 몇 개월 동안 엄청난 하나님의 기적을 보았습니다. 그러므로 여호와의 명령대로 하겠다고 합니다. 이렇게 하나님의 말씀에 동의함으로 이제 상호언약의 체결이 됩니다. 이스라엘 백성들이 여호와의 말씀을 순종하여 그 언약을 지키면 여호와 하나님께서 이스라엘의 보호자가 되어 주시는 것입니다.

이어지는 9~12절입니다. "여호와께서 모세에게 이르시되 내가 빽빽한 구름 가운데서 네게 임함은 내가 너와 말하는 것을 백성들이 듣게 하며 또한 너를 영영히 믿게 하려 함이니라 모세가 백성의 말을 여호와께 아뢰었으므로 여호와께서 모세에게 이르시되 너는 백성에게로 가서 오늘과 내일 그들을 성결하게 하며 그들에게 옷을 빨게 하고 준비하게 하여 셋째 날을 기다리게 하라 이는 셋째 날에 나 여호와가 온 백성의 목전에서 시내 산에 강림할 것임이니 너는 백성을 위하여 주위에 경계를 정하고 이르기를 너희는 삼가 산에 오르거나 그 경계를 침범하지 말지니 산을 침범하는 자는 반드시 죽임을 당할 것이라"

여호와 하나님과 이스라엘 백성이 언약을 체결하기 위하여 여호와께서 시내산에 강림하시겠다고 합니다. 백성들이 옷을 빨고 여인을 가까지 하지 않고 셋째 날을 기다립니다. 경계를 정하여 사람이나 짐승도 가까이 못 하게 합니다. 여호와 하나님께서 시내산에 강림하시는데 우레와 번개와 빽빽한 구름이 산 위에 있고 나팔 소리가 매우 크게 들리니 진중에 있는 모든 백성이 다 떱니다. 이렇게 여호와께서 나타나셔서 말씀하시는 이유는 여호와 하나님께서 모세와 말씀하심을 보여줌으로 백성들이 모세를 믿게 하기 위함이라고 합니다. 곧 모세가 전한 말이 여호와의 말씀입니다.

출애굽기 20:1~2 "하나님이 이 모든 말씀으로 말씀하여 이르시되 나는 너를 애굽 땅, 종 되었던 집에서 인도하여 낸 네 하나님 여호와니라" 출애굽기 19장은 언약을 체결하기 전에 언약의 서론입니다. 이스라엘 백성들이 여호와 하나님의 말씀을 듣겠다고 하였기에 하나님께서 이스라엘 백성들에게 언약 백성으로 지켜야 할 계명을 주십니다. 그 계명을 먼저 열 가지 말씀들로 여호와께서 친히 시내산에서 사람들이 알아들을 수 있는 말씀으로 하십니다.

출애굽기 20:18~21 "뭇 백성이 우레와 번개와 나팔 소리와 산의 연기를 본지라 그들이 볼 때에 떨며 멀리 서서 모세에게 이르되 당신이 우리에게 말씀하소서 우리가 들으리이다 하나님이 우리에게 말씀하시지 말게 하소서 우리가 죽을까 하나이다 모세가 백성에게 이르되 두려워하지 말라 하나님이 임하심은 너희를 시험하고 너희로 경외하여 범죄 하지 않게 하려 하심이니라 백성은 멀리 서 있고 모세는 하나님이 계신 흑암으로 가까이 가니라"

하나님의 음성을 직접 들으면 죽을 것 같기에 모세가 듣고 대신 전하여 달라고 합니다. 그래서 모세가 흑암으로 들어가서 여호와의 말씀을 듣고 와서 백성들에게 전하는 내용이 22절부터 시작됩니다. 23장까지 나옵니다. 간략한 제목만 보면 여호와 하나님께 제사하는 법, 종에 관한 법과 폭행에 관한 법과 짐승의 주인에 관한 법, 배상에 관한 내용과 이웃과의 삶에서 일어나는 법입니다. 안식년과 안식일에 관한 법과 세 가지 절기와 여러 가지 명령들이 나옵니다.

오늘 본문 1~3절입니다. 오늘 본문을 보기 위하여 출애굽기 19장부터 간략하게 살펴본 것입니다. 언약을 체결하기 위한 서론의 말씀을 듣고 이스라엘 백성들이 언약의 백성이 되겠다고 합니다. 그래서 구체적인 언약 백성의 법을 여호와 하나님께서 친히 말씀하시니 너무 두려워서 모세가 대신 여호와의 말씀을 듣고 전해달라고 합니다. 그렇게 전한 내용이 23장까지입니다. 모세가 여호와께 가까이 나아가 여호와의 말씀을 듣고 여호와의 모든 말씀과 그의 모든 율례를 백성에게 전하니 그들이 한 소리로 응답하여 여호와께서 말씀하신 모든 명령을 우리가 준행하겠다고 합니다. 시내산 앞에서 이렇게 말하지 않을 자가 없을 것입니다. 그러므로 언약을 체결합니다.

본문 4~8절입니다. 모세가 여호와의 모든 말씀을 기록하여 이른 아침에 일어나 산 아래에 제단을 쌓습니다. 이스라엘 열두 지파대로 열두 기둥을 세웁니다. 이스라엘 자손의 청년들을 보내어 여호와께 소로 번제와 화목제를 드리게 하고 모세가 피를 가지고 반은 여러 양푼에 담고 반은 제단에 뿌리고 언약 서를 가져다가 백성에게 낭독하여 듣게 하니 그들이 이르되 여호와의 모든 말씀을 우리가 준행하겠다고 합니다. 그러자 모세가 그 피를 가지고 백성에게 뿌리며 말합니다. 여호와께서 이 모든 말씀에 대하여 너희와 세우신 언약의 피라고 합니다. 그러므로 피는 제단에도 뿌리고 백성들에게도 뿌림으로 언약을 어기면 죽는다는 피의 언약을 세운 것입니다.

우리가 아브라함 언약에서 보았을 때는 여호와 하나님께서 홀로 쪼개진 짐승 사이로 횃불의 형상으로 지나갔습니다. 하나님의 자기 생명을 걸고 언약하신 것입니다. 아브라함은 깊은 잠이 들어 환상 중에 그 내용만 봅니다. 그런데도 언약이 체결되었다고 하십니다. 그래서 아브라함의 언약을 일방적인 은혜 언약이라고 하였습니다. 그런데 모세 언약에서는 분명하게 쌍방雙方에 피를 뿌리므로 쌍무雙務언약입니다. 피를 뿌려 언약을 체결하였기에 그 언약을 어기면 피를 흘려야 합니다. 구체적인 언약을 어길 시에 여러 가지 배상법과 제사법이 있습니다만 결국 피의 언약입니다.

출애굽기 24:8~11 "모세가 그 피를 가지고 백성에게 뿌리며 이르되 이는 여호와께서 이 모든 말씀에 대하여 너희와 세우신 언약의 피니라 모세와 아론과 나답과 아비후와 이스라엘 장로 칠십 인이 올라가서 이스라엘의 하나님을 보니 그의 발아래에는 청옥을 편 듯하고 하늘 같이 청명하더라 하나님이 이스라엘 자손들의 존귀한 자들에게 손을 대지 아니하셨고 그들은 하나님을 뵙고 먹고 마셨더라"

언약을 체결한 후 언약의 잔치를 합니다. 여호와의 발아래서 먹고 마셨지만, 하나님께서 그들에게 손을 대지 않았기에 하나님을 뵙고 마셨다고 합니다. 이들이 그 앞에서 먹고 마시는데 하나님께서 그들에게 손을 대지 않으신 이유는 무엇입니까? 짐승이라도 그 산으로 올라오면 죽는다고 하셨습니다. 그 정도로 거룩하신 하나님 앞에서 먹고 마시는데도 손을 대지 않은 이유는 바로 언약의 피로 인한 것입니다. 언약의 피를 뿌리므로 거룩하신 하나님 앞에서 먹고 마실 수 있습니다.

출애굽기 24:12~18 "여호와께서 모세에게 이르시되 너는 산에 올라 내게로 와서 거기 있으라 네가 그들을 가르치도록 내가 율법과 계명을 친히 기록한 돌판을 네게 주리라 모세가 그의 부하 여호수아와 함께 일어나 모세가 하나님의 산으로 올라가며 장로들에게 이르되 너희는 여기서 우리가 너희에게로 돌아오기까지 기다리라 아론과 훌이 너희와 함께 하리니 무릇 일이 있는 자는 그들에게로 나아갈지니라 하고 모세가 산에 오르매 구름이 산을 가리며 여호와의 영광이 시내 산 위에 머무르고 구름이 엿새 동안 산을 가리더니 일곱째 날에 여호와께서 구름 가운데서 모세를 부르시니라 산 위의 여호와의 영광이 이스라엘 자손의 눈에 맹렬한 불같이 보였고 모세는 구름 속으로 들어가서 산 위에 올랐으며 모세가 사십 일 사십 야를 산에 있으니라"

모세가 언약의 돌판을 받기 위하여 산에 올라갑니다. 언약의 돌판을 받아온다는 것은 하나님께서 친히 쓰신 돌판을 받아옴으로 이스라엘 백성들과 여호와 하나님의 언약이 체결되었다는 증거의 두 판입니다. ^{출34:29} 그런데 증거의 두 돌판만 받아오지 않고 모든 제사 제도와 제사장과 성막에 관한 내용도 다 받아 오는 시간이 40일 걸립니다. 이 내용이 출애굽기 25장부터 31장까지의 내용입니다. 이러한 제사 제도가 필요한 이유가 무엇입니까? 이스라엘 백성들이 율법을 제대로 지키지 못할 것임을 하나님은 이미 아십니다. 그러므로 속죄의 길을 열어주시는 일이 성막과 제사의 제도입니다. 그런데 그 40일간 시내 산 아래에서는 무엇을 합니까?

출애굽기 32:1~6 "우리를 위하여 우리를 인도할 신을 만들라 이 모세 곧 우리를 애굽 땅에서 인도하여 낸 사람은 어찌 되었는지 알지 못함이니라 아론이 그들에게 이르되 너희의 아내와 자녀의 귀에서 금 고리를 빼어 내게로 가져오라 모든 백성이 그 귀에서 금 고리를 빼어 아론에게로 가져가매 아론이 그들의 손에서 금 고리를 받아 부어서 조각칼로 새겨 송아지 형상을 만드니 그들이 말하되 이스라엘아 이는 너희를 애굽 땅에서 인도하여 낸 너희의 신이로다 하는지라 아론이 보고 그 앞에 제단을 쌓고 이에 아론이 공포하여 이르되 내일은 여호와의 절일이니라 하니 이튿날에 그들이 일찍이 일어나 번제를 드리며 화목제를 드리고 백성이 앉아서 먹고 마시며 일어나서 뛰놀더라" 40일 만에 언약을 배반하고 금송아지와 언약하고 잔치합니다.

출애굽기 32:18~19 "모세가 이르되 이는 승전가도 아니요 패하여 부르짖는 소리도 아니라 내가 듣기에는 노래하는 소리로다 하고 진에 가까이 이르러 그 송아지와 그 춤 추는 것들을 보고 크게 노하여 손에서 그 판들을 산 아래로 던져 깨뜨리니라"

오늘 본문에서 모세 언약의 체결은 쌍방에 피를 뿌린 언약입니다. 그렇다면 정면으로 언약을 배반하고 금송아지를 여호와 하나님이라고 섬기며 언약의 잔치를 열고 있는 이들은 모두 죽어 마땅합니다. 피의 언약이기에 피를 흘려 죽어야 합니다. 그런데 모세가 들고 있는 돌판을 산 아래로 던져 깨뜨려 버립니다. 말씀이 깨어짐으로 그들이 죽지 않았습니다. 쌍방에 피를 뿌렸기에 언약을 배반한 사람이 다 죽어야 합니다. 그런데 하나님의 말씀이 깨어짐으로 말씀이 육신이 되어 오신 예수님께서 십자가에 자기 몸을 깨뜨리심을 예표로 보여주는 사건이 됩니다.

출애굽기 32:30~32 "이튿날 모세가 백성에게 이르되 너희가 큰 죄를 범하였도다 내가 이제 여호와께로 올라가노니 혹 너희를 위하여 속죄가 될까 하노라 하고 모세가 여호와께로 다시 나아가 여짜오되 슬프도소이다 이 백성이 자기들을 위하여 금 신을 만들었사오니 큰 죄를 범하였나이다 그러나 이제 그들의 죄를 사하시옵소서 그렇지 아니하시오면 원하건대 주께서 기록하신 책에서 내 이름을 지워 버려 주옵소서"

모세가 이스라엘 백성들의 죄를 용서하여 달라고 하면서 자신의 생명을 걸고 기도합니다. 이런 모습이 예수님의 모형입니다. 예수님은 십자가에서 저들이 하는 짓을 알지 못하고 하오니 저들의 죄를 사하여 달라고 하였습니다. 예수님의 그 십자가 피 흘림으로 죄인이 용서받음을 구약이 미리 보여줍니다. 그러므로 율법의 용도는 죄를 알게 하여 예수님을 믿게 합니다. 그러므로 우리가 율법을 통하여 우리의 죄를 볼수록 더욱더 예수님을 믿고 의지하게 됩니다.

모세 언약 (4)

출애굽기 34:1~7 여호와께서 모세에게 이르시되 너는 돌판 둘을 처음 것과 같이 다듬어 만들라 네가 깨뜨린 처음 판에 있던 말을 내가 그 판에 쓰리니 아침까지 준비하고 아침에 시내 산에 올라와 산꼭대기에서 내게 보이되 아무도 너와 함께 오르지 말며 온 산에 아무도 나타나지 못하게 하고 양과 소도 산 앞에서 먹지 못하게 하라 모세가 돌판 둘을 처음 것과 같이 깎아 만들고 아침에 일찍이 일어나 그 두 돌판을 손에 들고 여호와의 명령대로 시내 산에 올라가니 여호와께서 구름 가운데에 강림하사 그와 함께 거기 서서 여호와의 이름을 선포하실새 여호와께서 그의 앞으로 지나시며 선포하시되 여호와라 여호와라 자비롭고 은혜롭고 노하기를 더디하고 인자와 진실이 많은 하나님이라 인자를 천대까지 베풀며 악과 과실과 죄를 용서하리라 그러나 벌을 면제하지는 아니하고 아버지의 악행을 자손 삼사 대까지 보응하리라

지난 주에 본 내용은 이스라엘 백성이 출애굽 한 지 3개월 만에 시내산에 도착하여 하나님과 이스라엘 백성 사이에 피를 뿌리는 언약을 체결하는 내용이었습니다. 모세가 언약의 돌판을 받기 위하여 시내산에 40일간 올라가 있는 동안 산 아래서는 언약을 정면으로 배반하고 금송아지를 만들어 그들의 신이라고 언약의 잔치를 벌이고 있습니다. 모세가 그런 모습을 보고 분노하여 하나님께서 친히 쓰신 언약의 돌판을 깨뜨려 버렸습니

다. 그 돌판이 깨어지지 않고 그 말씀대로 적용해 버리면 그들은 다 죽어야 합니다. 금송아지 앞에서 먹고 마시며 뛰어노는 자들 3천 명이 죽임을 당합니다. 그리고 금송아지를 빻아서 시냇물에 뿌려 이스라엘 백성들로 마시게 하는 내용이었습니다. 바울 사도는 이런 모습을 오늘날에도 거울로 삼으라고 합니다. 고전10:6~8 오늘날 세상의 축제가 심지어 교회 안에서도 온갖 축제가 무엇을 위한 축제인지 분별하시기를 바랍니다.

오늘 본문 1~4절을 봅니다. 여호와께서 모세에게 돌판 둘을 처음 것과 같이 다듬어 만들라고 합니다. 네가 깨뜨린 처음 판에 있던 말을 내가 그 판에 쓰리니 아침까지 준비하고 아침에 시내 산에 올라와 산꼭대기에서 내게 보이라고 합니다. 다른 사람이나 짐승도 산에 올라오지 못하도록 합니다. 모세가 돌판 둘을 처음 것과 같이 깎아 만들고 아침에 일찍이 일어나 그 두 돌판을 손에 들고 여호와의 명령대로 시내 산에 올라갑니다. 처음 돌판이 깨어졌지만, 하나님은 다시 돌 판을 들고 올라오라고 하신 이유는 언약을 다시 세우신다는 것입니다. 이것이 주의 은혜입니다.

본문 5~7절입니다. 여호와의 이름을 선포하십니다. 모세에게 처음 알려주신 '나는 스스로 있는 자' 라는 여호와의 이름의 뜻을 선포하여 주십니다. "여호와라 여호와라 자비롭고 은혜롭고 노하기를 더디하고 인자와 진실이 많은 하나님이라 인자를 천대까지 베풀며 악과 과실과 죄를 용서하리라 그러나 벌을 면제하지는 아니하고 아버지의 악행을 자손 삼사 대까지 보응하리라" 이 내용이 여호와의 이름의 선포입니다. 이 선포로 인하여 금송아지를 섬긴 그들을 다 죽이지 않고 살려주신 것입니다. 인자는 천대이며 벌은 삼 사대이기에 인자는 영원하고 벌은 잠깐입니다.

출애굽기 34:8~9 "모세가 급히 땅에 엎드려 경배하며 이르되 주여 내가 주께 은총을 입었거든 원하건대 주는 우리와 동행하옵소서 이는 목이 뻣뻣한 백성이니이다 우리의 악과 죄를 사하시고 우리를 주의 기업으로 삼으소서” 모세가 주의 이름의 선포 앞에서 이 간구를 할 수 있습니다. 주의 인자를 천대까지 베풀어 주신다는 그 주님 앞에 자신이 주의 은총을 입었다면 주는 우리와 동행하여 달라고 합니다. 우리는 목이 뻣뻣한 백성이기에 우리의 악과 죄를 사하시고 우리를 주의 기업으로 삼아 달라고 합니다. 이런 간구도 주의 이름을 알았기에 간구하는 것입니다.

이어지는 10절을 봅니다. “여호와께서 이르시되 보라 내가 언약을 세우나니 곧 내가 아직 온 땅 아무 국민에게도 행하지 아니한 이적을 너희 전체 백성 앞에 행할 것이라 네가 머무는 나라 백성이 다 여호와의 행하심을 보리니 내가 너를 위하여 행할 일이 두려운 것임이니라” 이스라엘 백성들이 40일 만에 언약을 배반하였지만, 여호와 하나님은 다시 언약을 세우신다고 합니다. 그러므로 처음 언약 체결 시에 길게 언약의 조건을 말씀하셨지만 여기서는 요약하여 말씀하십니다.

출애굽기 34:27~28 “여호와께서 모세에게 이르시되 너는 이 말들을 기록하라 내가 이 말들의 뜻대로 너와 이스라엘과 언약을 세웠음이니라 하시니라 모세가 여호와와 함께 사십 일 사십 야를 거기 있으면서 떡도 먹지 아니하였고 물도 마시지 아니하였으며 여호와께서는 언약의 말씀 곧 십계명을 그 판들에 기록하셨더라” 처음 돌판이 깨어졌지만, 다시 돌판에 언약의 말씀 곧 십계명을 기록하여 주셨습니다. 모세가 사십일 주야를 떡도 먹지 않고 물도 마시지 않았지만, 그 얼굴에 광채가 납니다. 그 이유는 다음 말씀에서 나옵니다.

출애굽기 34:29~35 “모세가 그 증거의 두 판을 모세의 손에 들고 시내

산에서 내려오니 그 산에서 내려올 때에 모세는 자기가 여호와와 말하였음으로 말미암아 얼굴 피부에 광채가 나나 깨닫지 못하였더라 아론과 온 이스라엘 자손이 모세를 볼 때에 모세의 얼굴 피부에 광채가 남을 보고 그에게 가까이 하기를 두려워하더니 모세가 그들을 부르매 아론과 회중의 모든 어른이 모세에게로 오고 모세가 그들과 말하니 그 후에야 온 이스라엘 자손이 가까이 오는지라 모세가 여호와께서 시내 산에서 자기에게 이르신 말씀을 다 그들에게 명령하고 모세가 그들에게 말하기를 마치고 수건으로 자기 얼굴을 가렸더라 그러나 모세가 여호와 앞에 들어가서 함께 말할 때에는 나오기까지 수건을 벗고 있다가 나와서는 그 명령하신 일을 이스라엘 자손에게 전하며 이스라엘 자손이 모세의 얼굴의 광채를 보므로 모세가 여호와께 말하러 들어가기까지 다시 수건으로 자기 얼굴을 가렸더라"

모세의 얼굴에 광채가 납니다. 생명의 원천이신 여호와의 영광 앞에 있었기 때문이기도 하지만 여호와의 율법도 계명도 거룩하고 선합니다.롬 7:12 그러므로 그 율법의 말씀을 받은 자가 영광이 있어서 그 얼굴에 광채가 납니다. 그러므로 이런 율법을 그대로 적용해 버리면 어떤 인간도 살아남을 자가 없습니다. 모세조차도 하나님의 말씀을 믿지 않고 하나님의 거룩함을 드러내지 않았다고 약속의 땅에 들어가지 못하도록 하셨습니다.민20:13 그러므로 이 거룩한 두 돌판을 어디에 보관해야 하겠습니까? 함부로 둘 수가 없습니다. 그러므로 언약궤 안에 두게 하십니다.

신명기 10:1~5 "그 때에 여호와께서 내게 이르시기를 너는 처음과 같은 두 돌판을 다듬어 가지고 산에 올라 내게로 나아오고 또 나무궤 하나를 만들라 네가 깨뜨린 처음 판에 쓴 말을 내가 그 판에 쓰리니 너는 그것을 그 궤에 넣으라 하시기로 내가 조각목으로 궤를 만들고 처음 것과 같은 돌판 둘을 다듬어 손에 들고 산에 오르매 여호와께서 그 총회 날에 산 위 불 가운데에서 너희에게 이르신 십계명을 처음과 같이 그 판에 쓰시고 그것을 내게 주시기로 내가 돌이켜 산에서 내려와서 여호와께서 내게 명령하신 대로 그 판을 내가 만든 궤에 넣었더니 지금까지 있느니라"

신명기는 출애굽한 지 40년이 지나서 언약을 갱신한 내용입니다. 그래서 시내 산에 언약의 돌판을 다시 받아 언약궤 안에 두어 지금까지 있다고 합니다. 그런데 이 언약궤는 뚜껑이 있습니다. 그 뚜껑 이름이 속죄소입니다. 출25:16~22 속죄소는 언약궤를 덮는 뚜껑으로 두 날개를 금으로 쳐서 하나로 만들게 하였습니다. 그 언약궤 안의 돌판에 기록된 말씀대로 하면 모두가 죽어야 하지만 놀랍게도 그 속죄소로 인하여 그 죄가 덮어짐을 이미 구약에서 다 계시하고 있습니다. 그래서 언약궤를 지성소에 두게 하시고 일 년에 한 번 대제사장이 속죄의 피를 뿌리게 합니다. 이러한 모든 내용이 모두 다 예수 그리스도를 증언하는 모형과 그림자들입니다.

요한복음 1:14~18 "말씀이 육신이 되어 우리 가운데 거하시매 우리가 그의 영광을 보니 아버지의 독생자의 영광이요 은혜와 진리가 충만하더라 요한이 그에 대하여 증언하여 외쳐 이르되 내가 전에 말하기를 내 뒤에 오시는 이가 나보다 앞선 것은 나보다 먼저 계심이라 한 것이 이 사람을 가리킴이라 하니라 우리가 다 그의 충만한 데서 받으니 은혜 위에 은혜러라 율법은 모세로 말미암아 주어진 것이요 은혜와 진리는 예수 그리스도로 말미암아 온 것이라 본래 하나님을 본 사람이 없으되 아버지 품속에 있는 독생하신 하나님이 나타내셨느니라"

세례요한이 예수님을 증거한 내용입니다. 말씀이 육신이 되어 우리 가운데 거하신 예수님이 아버지 독생자의 영광이며 은혜와 진리가 충만하다고 합니다. 우리가 다 그의 충만한 데서 받으니 은혜 위에 은혜라고 합니다. 그러므로 율법은 모세로 인하여 주어졌지만, 예수님이 이 땅에 오시므로 율법과 선지자와 시편이 증거 한 그리스도가 바로 예수님이시기에 새로운 시대가 열린 것입니다. 그 예수님께서 최후의 만찬에서 자기의 살과 피를 새로운 언약이라고 하셨습니다.

누가복음 22:19~20 "또 떡을 가져 감사 기도하시고 떼어 그들에게 주시며 이르시되 이것은 너희를 위하여 주는 내 몸이라 너희가 이를 행하여 나를 기념하라 하시고 저녁 먹은 후에 잔도 그와 같이하여 이르시되 이 잔은 내 피로 세우는 새 언약이니 곧 너희를 위하여 붓는 것이라"

예수님 당시에 건물 성전은 있었지만, 언약궤는 없었습니다. 예레미야가 언약궤를 말하지 않을 것이고 생각하지 않을 것이고 기억하지 않을 것이고 찾지 않을 것이고 다시는 만들지 않을 것이라고 합니다.^{렘3:16} 그 이유는 바벨론의 침략으로 성전이 파괴될 때 언약궤도 파괴되어 사라지는 것입니다. 그러므로 예레미야 선지자는 새 언약을 예언합니다.^{렘31:31~34} 그 새 언약을 예수님은 자신의 피로 세우시는 것입니다. 이스라엘 백성들이 시내산에서 피의 언약을 세웠기에 그 언약을 지키지 못하면 모두가 죽어야 합니다. 그러나 돌판을 담은 언약궤와 그 뚜껑인 속죄소에 피를 뿌리므로 속죄되는 일들은 모두 예수 그리스도의 피로 세우는 새 언약을 계시합니다.

누가복음 24:44~49 "또 이르시되 내가 너희와 함께 있을 때에 너희에게 말한바 곧 모세의 율법과 선지자의 글과 시편에 나를 가리켜 기록된 모든 것이 이루어져야 하리라 한 말이 이것이라 하시고 이에 그들의 마음을 열어 성경을 깨닫게 하시고 또 이르시되 이같이 그리스도가 고난을 받고 제 삼 일에 죽은 자 가운데서 살아날 것과 또 그의 이름으로 죄 사함을 받게 하는 회개가 예루살렘에서 시작하여 모든 족속에게 전파될 것이 기록되었으니 너희는 이 모든 일의 증인이라 볼지어다 내가 내 아버지께서 약속

하신 것을 너희에게 보내리니 너희는 위로부터 능력으로 입혀질 때까지
이 성에 머물라 하시니라”

이 본문의 바로 앞의 내용도 부활의 소식을 듣고도 실망하여 엠마오 마을
로 내려가는 두 제자에게 부활하신 예수님께서 모세와 모든 선지자의 글
로 시작하여 모든 성경에 쓴 자기에 관한 고난과 죽음과 부활에 관한 내용
을 자세히 설명하여 주십니다. 식사 시간에 예수님께서 기도하여 주시자
그들이 눈이 밝아져 예수님을 알아보는 순간에 예수님은 사라집니다. 그
래서 이들이 다시 예루살렘으로 올라가 제자들과 함께 있을 때 예수님께
서 나타나셔서 하신 말씀입니다. 모세의 글과 선지자의 글과 시편 곧 구
약 성경 전체가 예수님의 고난과 죽음과 부활을 증거하고 있다고 하시면
서 예수님께서 성령을 보내시면 너희가 이 일의 증인이 되리라고 하십니
다. 그 말씀대로 이천년이 지난 우리가 이 증거의 말씀을 우리가 보고 듣
고 믿게 되는 일이 주님의 살아계신 증거입니다.

고린도후서 3:5~11 “우리가 무슨 일이든지 우리에게서 난 것 같이 스스
로 만족할 것이 아니니 우리의 만족은 오직 하나님으로부터 나느니라 그
가 또한 우리를 새 언약의 일꾼 되기에 만족하게 하셨으니 율법 조문으로
하지 아니하고 오직 영으로 함이니 율법 조문은 죽이는 것이요 영은 살리
는 것이니라 돌에 써서 새긴 죽게 하는 율법 조문의 직분도 영광이 있어
이스라엘 자손들은 모세의 얼굴의 없어질 영광 때문에도 그 얼굴을 주목
하지 못하였거든 하물며 영의 직분은 더욱 영광이 있지 아니하겠느냐 정
죄의 직분도 영광이 있은즉 의의 직분은 영광이 더욱 넘치리라 영광되었
던 것이 더 큰 영광으로 말미암아 이에 영광될 것이 없으나 없어질 것도
영광으로 말미암았은즉 길이 있을 것은 더욱 영광 가운데 있느니라”
　바울 사도가 옛 언약과 새 언약을 비교하고 있습니다. 옛 언약인 율법의

조문은 죽이는 것이라고 합니다. 율법의 조문 한가지라도 어기면 죄가 되기에 죄의 삯은 사망입니다. 그러므로 누구도 율법의 의로는 의로워질 수가 없습니다. 그러므로 영은 살리는 것인데 그 살리는 영의 일이 새 언약입니다. 모세의 직분은 정죄의 직분이지만 모세의 얼굴이 없어질 영광 때문에 그 얼굴을 주목하여 보지 못하였다고 합니다. 그러므로 모세의 얼굴에 광채가 점점 사라지는데 그 사라지는 광채를 보지 못하도록 하려고 수건을 가렸다고 합니다. 오늘 우리가 앞에서 본 내용에는 그런 말씀이 없습니다. 백성들이 두려워하기에 수건을 가렸다고 합니다. 그러나 바울 사도는 담대하게 말합니다.

이어지는 12~18절입니다. "우리가 이 같은 소망이 있으므로 담대히 말하노니 우리는 모세가 이스라엘 자손들에게 장차 없어질 것의 결국을 주목하지 못하게 하려고 수건을 그 얼굴에 쓴 것 같이 아니하노라 그러나 그들의 마음이 완고하여 오늘까지도 구약을 읽을 때에 그 수건이 벗겨지지 아니하고 있으니 그 수건은 그리스도 안에서 없어질 것이라 오늘까지 모세의 글을 읽을 때에 수건이 그 마음을 덮었도다 그러나 언제든지 주께로 돌아가면 그 수건이 벗겨지리라 주는 영이시니 주의 영이 계신 곳에는 자유가 있느니라 우리가 다 수건을 벗은 얼굴로 거울을 보는 것 같이 주의 영광을 보매 그와 같은 형상으로 변화하여 영광에서 영광에 이르니 곧 주의 영으로 말미암음이니라"

바울 사도가 담대하게 말하는 내용은 율법의 문자 속에는 없는 내용을 말하기 때문입니다. 모세가 장차 없어질 율법의 결국을 주목하지 못하도록 하려고 그 얼굴에 수건을 가렸다고 합니다. 모세의 수건이 가려져 있다면 율법만이 아니라 신약을 설교하여도 율법의 조문으로 전하게 된다는 말씀입니다. 그러므로 아직도 모세의 수건에 가려져 있다면 그리스도에게로 돌아가야 그 수건이 벗겨진다고 합니다. 바울도 모세의 수건이 가려져 있을 때는 복음 전하는 스데반을 돌로 쳐 죽이고 또 예수 믿는 자를 다 잡아 죽이는 일이 하나님의 영광인 줄 알았습니다. 그런데 부활하신 예수님을 만나고 나서 사흘 동안 눈이 멀어버립니다. 사흘 후에 아나니아 선지자가 안수하니 눈에 비늘과 같은 것이 벗겨졌다고 합니다. 그러자 곧 예수를 하나님의 아들로 증언합니다.행9:1~22 우리가 모세 언약을 보면서도 이렇게 신약까지 연결하는 이유는 모세 언약의 성취까지 보기 위함입니다. 그러므로 모든 성경을 통하여 예수님이 누구신지 알고 믿는 일이 모세 언약의 완성입니다.

모세 언약 (5)

신명기 5:1~6 모세가 온 이스라엘을 불러 그들에게 이르되 이스라엘아 오늘 내가 너희의 귀에 말하는 규례와 법도를 듣고 그것을 배우며 지켜 행하라 우리 하나님 여호와께서 호렙 산에서 우리와 언약을 세우셨나니 이 언약은 여호와께서 우리 조상들과 세우신 것이 아니요 오늘 여기 살아 있는 우리 곧 우리와 세우신 것이라 여호와께서 산 위 불 가운데에서 너희와 대면하여 말씀하시매 그 때에 너희가 불을 두려워하여 산에 오르지 못하므로 내가 여호와와 너희 중간에 서서 여호와의 말씀을 너희에게 전하였노라 여호와께서 이르시되 나는 너를 애굽 땅, 종 되었던 집에서 인도하여 낸 네 하나님 여호와라

지난 주에 본 내용은 출애굽 한 지 3개월 만에 시내산에 도착하여 언약을 체결하였지만 40일 만에 피를 뿌려 체결한 언약을 배반하고 금송아지를 섬긴 사건과 다시 돌판을 만들어 주신 내용을 보았습니다. 오늘 보는 신명기는 출애굽 한 지 40년 11월 1일에 모압에서 언약을 갱신한 내용입니다.[신1:3] 그러므로 신명기는 출애굽 1세대가 광야에서 40년간 거의 다 죽고 출애굽 2세대가 언약을 새롭게 한 내용입니다. 그러므로 신명기申命記의 신申자는 거듭한다는 뜻으로 신명기는 전체가 언약의 갱신입니다. 오늘 본문을 보기 전에 광야 40년 동안 죽은 이유를 봅니다.

민수기 14:22~23 "내 영광과 애굽과 광야에서 행한 내 이적을 보고서도 이같이 열 번이나 나를 시험하고 내 목소리를 청종하지 아니한 그 사람들은 내가 그들의 조상들에게 맹세한 땅을 결단코 보지 못할 것이요 또 나를 멸시하는 사람은 한 사람도 그것을 보지 못하리라"

민수기 13장과 14장이 가데스 바네아의 사건입니다. 열두 정탐꾼을 보냈는데 여호수아와 갈렙만 믿음으로 들어갈 수 있다고 하고 나머지 열 명은 들어가지 못한다고 함으로 백성 전체가 새 지도자를 뽑아서 애굽으로 돌아가자고 하였습니다. 하나님께서 분노하십니다. 그래서 모세에게 애굽에서 지금까지 인도하여 내신 그 큰 기적을 보고서도 믿지 않는 이들을 다 죽이고 새로운 민족을 만들어 주겠다고 말씀합니다. 모세가 주의 이름을 위하여 이 백성을 용서하여 달라고 합니다. 하나님께서 하나님의 약속을 믿지 않는 자들은 광야에서 다 죽게 하겠다고 합니다. 그러므로 정탐한 40일의 하루를 1년으로 환산하여 40년 동안 20세 이상의 모든 자는 광야에서 죽습니다.

그러나 갈렙과 여호수아는 약속의 땅에 들어갑니다. 그 이유는 적들이 아무리 강하다고 하여도 하나님의 약속을 믿고 들어가면 된다고 하였습니다. 결국 광야에서 죽은 자들은 하나님의 약속을 믿지 못한 것입니다. 그런데 하나님께서 애굽에서 열 가지 재앙을 통하여 하나님의 능력을 보여주셨습니다. 그뿐 아니라 출애굽 하여 홍해를 건너고 시내산에 오기까지 그리고 가데스 바네아에 오기까지 약 1년 정도의 기간에 늘 하나님의 동행하심을 구름 기둥과 불기둥으로 만나 사건으로 보여주셨습니다. 그러함에도 불구하고 열 번이나 하나님을 시험하고 순종하지 않았다고 말씀합니다.

제가 오래전에 열 번을 광야 40년으로 계산하여 4년에 한 번 원망한 것이지만 4년 동안 부글부글 끓고 있다고 폭발한 것이라고 말씀드렸습니다. 그런데 다시 말씀을 보니 일 년 정도에 열 번이나 거역하였다고 합니

다. 하나님을 거역한 내용은 홍해에서출 14:11, 12, 마라에서출15:23, 24, 신
광야에서출16:2, 만나 사건출16:20,27, 르비딤 사건출17:1~3, 금송아지 사건
출 32:1~6, 다베라 사건민11:1, 기브롯 핫다아와 사건민11:4~23, 가데스 바네아
민14장 사건들이 있습니다. 횟수로는 아홉 번이라고 할 수 있지만 열 번이
라고 한 것은 이들이 늘 거역한 것입니다. 그러므로 사람 마음의 생각과
계획이 항상 악함을 율법으로 더욱 분명하게 드러납니다.

오늘 본문 신명기 5:1~6을 봅니다. 모세가 온 이스라엘을 불러 언약의 중재
자로서 언약을 새롭게 갱신합니다. 우리 하나님 여호와께서 호렙산 곧 시
내 산에서 우리와 언약을 세우셨다고 합니다. 그런데 이 언약은 여호와께
서 우리 조상들과 세우신 것이 아니라 오늘 여기 살아 있는 우리 곧 우리
와 세운 것이라고 합니다. 시내산 앞에서 언약 체결은 그 조상들과 세운
것이지만 그 언약의 효력은 그들만이 아니라 그 당시에 미성년자이었던
아이들까지 그리고 앞으로 올 세대들도 언약의 백성이라는 말씀을 하면
서 언약을 갱신하는 것입니다.

유아세례가 가능한지 아닌지 신학적인 논쟁들이 있습니다. 그러나 저
는 이런 말씀을 근거로 하여 유아세례를 하고 있습니다. 시내산 앞에서
미성년자로부터 젖먹이까지 있었습니다. 젖먹이들이 그들의 조상들이 언
약을 체결할 때 아이들이 무엇을 할 수 있었겠습니까? 그런데 모세는 그
때의 아이들도 그 언약에 참여한 것이라고 합니다. 그러므로 부모들이 이
아이가 예수님의 피 흘리심의 구속이 없이는 구원받을 수 없다는 부모의
신앙고백으로 유아세례를 하고 부모는 그 신앙으로 키우는 것입니다. 그
리고 그 아이가 청소년이 되었을 때 본인의 신앙고백을 확인하여 입교합
니다.

신명기 29:10~15 "오늘 너희 곧 너희의 수령과 너희의 지파와 너희의

장로들과 너희의 지도자와 이스라엘 모든 남자와 너희의 유아들과 너희의 아내와 및 네 진중에 있는 객과 너를 위하여 나무를 패는 자로부터 물 긷는 자까지 다 너희의 하나님 여호와 앞에 서 있는 것은 네 하나님 여호와의 언약에 참여하며 또 네 하나님 여호와께서 오늘 네게 하시는 맹세에 참여하여 여호와께서 네게 말씀하신 대로 또 네 조상 아브라함과 이삭과 야곱에게 맹세하신 대로 오늘 너를 세워 자기 백성을 삼으시고 그는 친히 네 하나님이 되시려 함이니라 내가 이 언약과 맹세를 너희에게만 세우는 것이 아니라 오늘 우리 하나님 여호와 앞에서 우리와 함께 여기 서 있는 자와 오늘 우리와 함께 여기 있지 아니한 자에게까지이니"

신명기 전체가 언약의 갱신이기에 언약의 내용을 다 말한 후 언약에 참여한 자들을 말하고 있습니다. 이스라엘 모든 남자와 유아와 아내와 진중의 객과 종들까지 여호와의 언약에 참여한다고 합니다. 참으로 놀라운 언약입니다. 언약의 내용은 아브라함과 이삭과 야곱에게 맹세하신 대로 여호와 하나님이 그들의 하나님이 되고 그들은 하나님의 백성이 되는 것입니다. 그런데 이 언약과 맹세는 지금 언약을 갱신하는 사람들에게만 세우는 것이 아닙니다. 우리와 함께 여기에 있지 아니한 자들에게까지 언약을 세운다고 합니다. 그러므로 언약 안에서 앞으로 올 세대까지 포함합니다. 그러므로 이스라엘을 개별적 존재로 보지 않고 언약 안에서 한 덩어리로 보는 것입니다.

신명기 5:6을 봅니다. "나는 너를 애굽 땅, 종 되었던 집에서 인도하여 낸 네 하나님 여호와라" 40년 전에 시내 산에 언약을 체결한 그 내용을 반복합니다. 그러면서 이어지는 언약의 내용은 십계명입니다. 십계명은 여호와 하나님께서 친히 말씀하시고 나머지의 말씀은 모세가 받아서 전합니다. 그런데 40년 전과 40년 후의 십계명 내용 중에 달라지는 내용이 있습니다. 왜 40년 만에 언약을 갱신하면서 십계명의 내용이 달라지는 것입니까? 물론 모압 언약에서 추가되는 내용이 있습니다만 가장 중요하게 여기는 계명은 십계명입니다. 그중에 제4계명의 내용이 달라집니다.

출애굽기 20:8~11 "안식일을 기억하여 거룩하게 지키라 엿새 동안은 힘써 네 모든 일을 행할 것이나 일곱째 날은 네 하나님 여호와의 안식일인즉 너나 네 아들이나 네 딸이나 네 남종이나 네 여종이나 네 가축이나 네 문 안에 머무는 객이라도 아무 일도 하지 말라 이는 엿새 동안에 나 여호와가 하늘과 땅과 바다와 그 가운데 모든 것을 만들고 일곱째 날에 쉬었음이라 그러므로 나 여호와가 안식일을 복되게 하여 그날을 거룩하게 하였느니라" 시내산 언약에서 안식일을 기억하여 거룩하게 지키는 방법은 노동 금지입니다. 그 내용은 천지 창조입니다.

신명기 5:13~15 "엿새 동안은 힘써 네 모든 일을 행할 것이나 일곱째 날은 네 하나님 여호와의 안식일인즉 너나 네 아들이나 네 딸이나 네 남종이나 네 여종이나 네 소나 네 나귀나 네 모든 가축이나 네 문 안에 유하는 객이라도 아무 일도 하지 못하게 하고 네 남종이나 네 여종에게 너 같이 안식하게 할지니라 너는 기억하라 네가 애굽 땅에서 종이 되었더니 네 하나님 여호와가 강한 손과 편 팔로 거기서 너를 인도하여 내었나니 그러므로 네 하나님 여호와가 네게 명령하여 안식일을 지키라 하느니라"

안식일을 지키는 방법은 같지만, 안식일을 지키는 내용이 달라집니다. 40년 전에는 천지를 창조하신 하나님을 기억하여 안식일을 지키라고 합니다. 천지 창조는 사람이 손댈 수 없는 영역입니다. 그러므로 일한 것이 없이 거저 받아 누리는 창조의 선물을 기억하게 하시려고 아무런 노동도 하지 말게 하셨습니다. 그런데 창조의 선물만이 아니라 출애굽이라는 구원의 선물도 오직 은혜가 아니면 안 된다는 것을 40년 광야 생활을 통하여 알게 하시고 모압 언약에서는 출애굽 한 것을 기억하여 안식일을 지키라고 합니다. 그러므로 창조도 구원도 전부 언약을 따른 은혜의 선물입니다. 창조와 구원이 은혜의 선물임을 알게 하시려고 언약 체결에서 복과 저주를 말씀하십니다.

언약을 체결의 결론 부분은 언약의 순종에 따른 복과 언약의 불순종에 따른 저주를 선포합니다. 그 내용이 신명기 28장입니다. 신명기 28:1~14는 복의 선포입니다. 15~68절은 저주의 선포입니다. 복을 받으려면 28:1입니다. "네가 네 하나님 여호와의 말씀을 삼가 듣고 내가 오늘 네게 명령하는 그의 모든 명령을 지켜 행하면 네 하나님 여호와께서 너를 세계 모든 민족 위에 뛰어나게 하실 것이라" 복을 받으려면 모든 명령을 지켜 행하여야 합니다. 그러나 모든 명령을 지키지 못하면 저주입니다. 신명기 28:15입니다. "네가 만일 네 하나님 여호와의 말씀을 순종하지 아니하여 내가 오늘 네게 명령하는 그의 모든 명령과 규례를 지켜 행하지 아니하면 이 모든 저주가 네게 임하며 네게 이를 것이니" 우리가 복을 받으려면 모든 명령과 규례를 다 지켜야 합니다. 만약 하나라도 어기면 모든 저주를 받는다는 것이 쌍무雙務언약의 복과 저주입니다.

신명기 30:15~20 "보라 내가 오늘 생명과 복과 사망과 화를 네 앞에 두었나니 곧 내가 오늘 네게 명령하여 네 하나님 여호와를 사랑하고 그 모든 길로 행하며 그의 명령과 규례와 법도를 지키라 하는 것이라 그리하면 네가 생존하며 번성할 것이요 또 네 하나님 여호와께서 네가 가서 차지할 땅에서 네게 복을 주실 것임이니라 그러나 네가 만일 마음을 돌이켜 듣지 아니하고 유혹을 받아 다른 신들에게 절하고 그를 섬기면 내가 오늘 너희에게 선언하노니 너희가 반드시 망할 것이라 너희가 요단을 건너가서 차지할 땅에서 너희의 날이 길지 못할 것이니라 내가 오늘 하늘과 땅을 불러 너희에게 증거를 삼노라 내가 생명과 사망과 복과 저주를 네 앞에 두었은즉 너와 네 자손이 살기 위하여 생명을 택하고 네 하나님 여호와를 사랑하

고 그의 말씀을 청종하며 또 그를 의지하라 그는 네 생명이시요 네 장수이
시니 여호와께서 네 조상 아브라함과 이삭과 야곱에게 주리라고 맹세하
신 땅에 네가 거주하리라"

신명기 28장의 복과 저주를 요약하여 말씀합니다. 이스라엘 백성들 앞에 생
명과 복 사망과 화를 두었다고 합니다. 이스라엘 백성들이 생명과 복된
삶을 살려면 하나님의 언약을 지켜야 합니다. 그런데 이스라엘 역사를 보
면 모압에서 언약을 갱신한 후에 여호수아의 인도로 약속의 땅에 들어갑
니다. 여호수아가 죽으면서 후계자를 정하지 않습니다. 약속의 땅에서는
하나님의 언약을 따라 살면 됩니다. 여호수아 이후에 사사시대에 백성들
이 자기 소견에 옳은 대로 행합니다. 사사시대 말기 사무엘 시대에 이스
라엘 백성들이 왕을 요구하자 하나님께서 허락하십니다. 그러나 왕을 구
한 것은 여호와 하나님의 왕 됨을 버림이라고 말씀합니다. 그러므로 인간
왕은 온전한 구원자가 되지 못하기에 결국 북이스라엘은 BC722년에 망하
고 남 유다는 BC586년에 망해버립니다. 이스라엘이 이렇게 망한 이유가
무엇입니까? 신명이 28장의 언약의 저주를 받았기 때문입니다.

야고보서 2:10~11 "누구든지 온 율법을 지키다가 그 하나를 범하면 모
두 범한 자가 되나니 간음하지 말라 하신 이가 또한 살인하지 말라 하셨은
즉 네가 비록 간음하지 아니하여도 살인하면 율법을 범한 자가 되느니라"
모든 율법을 지키다가 하나만 어겨도 모두 어긴 것이라고 합니다. 그 이
유는 모든 율법을 주신 분이 하나님이시기 때문입니다. 그러므로 신명기
28장의 저주를 보면 온갖 저주가 다 나오는데 기근, 전염병, 적군의 포위
로 자녀를 잡아먹는 일, 나라가 망하여 포로로 잡혀가는 일이 다 일어났
습니다. 율법을 지키지 못한 저주입니다.

갈라디아서 3:10~14 "무릇 율법 행위에 속한 자들은 저주 아래에 있나니 기록된바 누구든지 율법책에 기록된 대로 모든 일을 항상 행하지 아니하는 자는 저주 아래에 있는 자라 하였음이라 또 하나님 앞에서 아무도 율법으로 말미암아 의롭게 되지 못할 것이 분명하니 이는 의인은 믿음으로 살리라 하였음이라 율법은 믿음에서 난 것이 아니니 율법을 행하는 자는 그 가운데서 살리라 하였느니라 그리스도께서 우리를 위하여 저주를 받은 바 되사 율법의 저주에서 우리를 속량하셨으니 기록된바 나무에 달린 자마다 저주 아래에 있는 자라 하였음이라 이는 그리스도 예수 안에서 아브라함의 복이 이방인에게 미치게 하고 또 우리로 하여금 믿음으로 말미암아 성령의 약속을 받게 하려 함이라"

율법은 인간의 죄가 어떠한지를 드러내며 인간을 죄 안에 가두는 정죄의 역할을 합니다. 이 사실을 이스라엘의 역사를 통하여 자세하게 보여주십니다. 그러므로 어떤 인간도 율법적인 행위나 선행으로 하나님의 의에 이를 수가 없다는 것을 계시하여 주신 내용이 구약입니다. 그러므로 모세 언약 이전에 아브라함 언약이 먼저입니다. 아브라함 언약은 하나님의 일방적인 은혜 언약이라고 말씀을 드렸습니다. 그런데 모세 언약은 쌍방에 피를 뿌린 쌍무언약雙務言約입니다. 그러므로 모든 이스라엘 백성이 다 저주받아 멸망해야 합니다. 그런데 죽지 않은 것은 아브라함 언약이 먼저이기 때문입니다. 그러므로 모세 언약을 주신 이유는 왜 인간의 행위로 의에 이를 수가 없는지 보여주면서 인간의 저주를 대신 받으신 예수님을 증언하기 위함입니다.

그러므로 나무에 달려 죽는 자는 저주를 받아 죽는 죽음이라고 신명기 21:23에 말씀하고 있습니다. 예수님께서 나무에 달려 죽은 모습은 유대인들이라면 누가 봐도 저주받아 죽은 죽음입니다. 그러나 누가 알았겠습니까? 우리는 모두 양 같아서 각기 제 길로 갔는데 우리 모두의 죄악을 대신 짊어진 저주임을 누가 알았겠습니까? 그러므로 오직 하나님의 은혜로 택하심을 입은 자들은 예수님의 십자가 저주가 바로 자신의 저주를 대신 받은 저주임을 알고 믿게 됩니다. 그러므로 예수님을 믿는다는 말은 성령이 임하여 나의 행위로는 저주받을 수밖에 없음을 깊이 인식하게 됩니다. 이런 자들은 예수 그리스도의 십자가 외에는 자랑할 것이 없는 자들이 됩니다.

모세 언약 (6)

예레미야 2:1~8 여호와의 말씀이 내게 임하니라 이르시되 가서 예루살렘의 귀에 외칠지니라 여호와께서 이와 같이 말씀하시기를 내가 너를 위하여 네 청년 때의 인애와 네 신혼 때의 사랑을 기억하노니 곧 씨 뿌리지 못하는 땅, 그 광야에서 나를 따랐음이니라 이스라엘은 여호와를 위한 성물 곧 그의 소산 중 첫 열매이니 그를 삼키는 자면 모두 벌을 받아 재앙이 그들에게 닥치리라 여호와의 말씀이니라 야곱의 집과 이스라엘의 집 모든 족속들아 여호와의 말씀을 들으라 나 여호와가 이와 같이 말하노라 너희 조상들이 내게서 무슨 불의함을 보았기에 나를 멀리 하고 가서 헛된 것을 따라 헛되이 행하였느냐 그들이 우리를 애굽 땅에서 인도하여 내시고 광야 곧 사막과 구덩이 땅, 건조하고 사망의 그늘진 땅, 사람이 그 곳으로 다니지 아니하고 그 곳에 사람이 거주하지 아니하는 땅을 우리가 통과하게 하시던 여호와께서 어디 계시냐 하고 말하지 아니하였도다 내가 너희를 기름진 땅에 인도하여 그것의 열매와 그것의 아름다운 것을 먹게 하였거늘 너희가 이리로 들어와서는 내 땅을 더럽히고 내 기업을 역겨운 것으로 만들었으며 제사장들은 여호와께서 어디 계시냐 말하지 아니하였으며 율법을 다루는 자들은 나를 알지 못하며 관리들도 나에게 반역하며 선지자들은 바알의 이름으로 예언하고 무익한 것들을 따랐느니라 오늘은 언약을 따라서 28번째 모세 언약 6번째입니다. 예레미야서에서 모세 언약을 한 번 더 보고 나서 복음서에서 율법과 서신서에서 율법을 보겠습니다. 예레미야 선지자는 예루살렘의 멸망과 성전의 파괴까지 목격한 선지자입니다. 이런 엄청난 재앙이 닥친 이유가 무엇입니까? 하나님의 율법을 버리고 배반하였기 때문입니다. 예레미야 선지자는 예루살렘의 멸망을 예언하면서 새 언약을 예언하고 있습니다. 율법을 받은 이스라엘이 왜 멸망하는지를 봐야 새 언약을 이해합니다.

오늘 본문 예레미야 2:1~8을 봅니다. 예레미야 1장은 예레미야 선지자가 부름을 받는 내용입니다. 오늘 본문은 예레미야가 전해야 할 여호와의 말씀입니다. 여호와 하나님께서 남 유다의 백성들에게 말씀합니다. 북이스라엘은 앗수르에 BC722년에 이미 멸망했습니다. 이제 남은 유다의 백성들에게 하나님께서 네 청년 때의 인애와 네 신혼 때의 사랑을 기억한다고 합니다. 이때는 출애굽 한 시대를 말합니다. 이때를 신혼 때라고 하는데 신혼 때에 인애 곧 언약을 따른 사랑이 있었다고 합니다. 그런데 오래전 예레미야 설교 시에 말씀을 드렸습니다만 그때는 광야이기 때문에 구름 기둥 불기둥의 인도를 따르지 않으면 죽을 수밖에 없기 때문입니다. 그러므로 지난 주에 본 대로 이스라엘 백성은 출애굽 하여 가데스바네아까지 약 일 년 동안 열 번이나 거역한 자들입니다. 그러나 그 광야 길에서 어쩔 수 없이 따라온 것도 하나님은 인애와 사랑으로 기억합니다.

그리고 이스라엘은 여호와를 위한 성물 곧 그의 소산 중 첫 열매이니 그를 삼키는 자면 모두 벌을 받아 재앙이 그들에게 닥치리라고 여호와께서 말씀하신 대로 여호와 하나님께서 보호하시고 인도하셔서 출애굽을 하고 광야를 지나 약속의 땅에 들어오게 하셔서 기름진 땅에서 아름다운 것을 먹게 하였습니다. 그런데 이스라엘 백성들은 여호와를 버리고 헛된 것을 따라갔습니다. 그래서 여호와 하나님은 내가 무엇을 잘못했다고 너희가 그렇게 하였느냐고 합니다. 제사장과 백성의 지도자들이 율법을 잘 전해야 하는데 오히려 온갖 우상을 따라갔다고 합니다. 지도자들이 이런 모습이니 백성들도 마찬가지입니다. 이어지는 말씀을 보면 모든 백성도 하나님을 버렸습니다.

예레미야 2:13 "내 백성이 두 가지 악을 행하였나니 곧 그들이 생수의 근원 되는 나를 버린 것과 스스로 웅덩이를 판 것인데 그것은 그 물을 가두지 못할 터진 웅덩이들이니라"

이방 나라는 헛된 우상을 섬기는데도 그 신을 바꾸지 않는데 이스라엘은 여호와 하나님의 놀라운 구원을 경험하고도 하나님의 영광을 무익한 우상과 바꾸었다고 말씀합니다. 그러므로 하나님의 백성이라는 자들이 두 가지 악이 생수의 근원인 하나님을 버린 일과 스스로 웅덩이를 판 것입니다. 스스로 판 웅덩이란 세상의 강대국을 의지하는 것입니다. 이러한 죄가 율법을 어긴 죄가 되기에 율법의 저주를 따라 적들이 쳐들어오게 되고 나라가 망하게 되는 일이 일어납니다.

신명기 28:62~64 "너희가 하늘의 별같이 많을지라도 네 하나님 여호와의 말씀을 청종하지 아니하므로 남는 자가 얼마 되지 못할 것이라 여호와께서 너희에게 선을 행하시고 너희를 번성하게 하시기를 기뻐하시던 것 같이 이제는 여호와께서 너희를 망하게 하시며 멸하시기를 기뻐하시리니 너희가 들어가 차지할 땅에서 뽑힐 것이요 여호와께서 너를 땅 이 끝에서 저 끝까지 만민 중에 흩으시리니 네가 그곳에서 너와 네 조상들이 알지 못하던 목석 우상을 섬길 것이라" 율법을 지키지 않으면 받을 저주 중의 하나인데 예레미야 시대에 이 저주를 받습니다.

예레미야 6:17~19 "내가 또 너희 위에 파수꾼을 세웠으니 나팔 소리를 들으라 하나 그들의 대답이 우리는 듣지 않겠노라 하였도다 그러므로 너희 나라들아 들으라 무리들아 그들이 당할 일을 알라 땅이여 들으라 내가 이 백성에게 재앙을 내리리니 이것이 그들의 생각의 결과라 그들이 내 말을 듣지 아니하며 내 율법을 거절하였음이니라”

여호와 하나님께서 파수꾼, 곧 선지자를 세워서 여호와의 말씀을 들으라고 합니다. 그런데 백성의 지도자나 백성이 모두 무슨 대답을 합니까? 우리는 듣지 않겠다고 합니다. 그러므로 율법을 어긴 것이 되기에 여호와께서 재앙을 내린다고 합니다. 여호와의 말씀을 듣지 않음이 율법을 거절하는 것입니다. 그러므로 재앙이 임한다는 말씀이 방금 본 예레미야 2장과 6장의 말씀 외에도 반복하여 율법을 어겼다고 합니다. 렘8:8, 9:13, 16:11, 26:4, 32:23, 44:10, 44:23 율법을 어겼다는 것은 피를 뿌려 언약을 체결한 시내산 언약과 모압의 언약 갱신도 다 어긴 것입니다.

예레미야 11:1~5 “여호와께로부터 예레미야에게 임한 말씀이라 이르시되 너희는 이 언약의 말을 듣고 유다인과 예루살렘 주민에게 말하라 그들에게 이르기를 이스라엘의 하나님 여호와께서 이와 같이 말씀하시되 이 언약의 말을 따르지 않는 자는 저주를 받을 것이니라 이 언약은 내가 너희 조상들을 쇠풀무 애굽 땅에서 이끌어내던 날에 그들에게 명령한 것이라 곧 내가 이르기를 너희는 내 목소리를 순종하고 나의 모든 명령을 따라 행하라 그리하면 너희는 내 백성이 되겠고 나는 너희의 하나님이 되리라 내가 또 너희 조상들에게 한 맹세는 그들에게 젖과 꿀이 흐르는 땅을 주리라 한 언약을 이루리라 한 것인데 오늘이 그것을 증언하느니라 하라 하시기로 내가 대답하여 이르되 아멘 여호와여 하였노라” 시내산에서 피를 뿌려 언약을 체결하였습니다. 언약을 지키면 복을 받고 어기면 저주를 받는다는 그 언약의 조문이 시행되는 것입니다.

이어지는 6~10절입니다. "여호와께서 내게 이르시되 너는 이 모든 말로 유다 성읍들과 예루살렘 거리에서 선포하여 이르기를 너희는 이 언약의 말을 듣고 지키라 내가 너희 조상들을 애굽 땅에서 인도하여 낸 날부터 오늘까지 간절히 경계하며 끊임없이 경계하기를 너희는 내 목소리를 순종하라 하였으나 그들이 순종하지 아니하며 귀를 기울이지도 아니하고 각각 그 악한 마음의 완악한 대로 행하였으므로 내가 그들에게 행하라 명령하였어도 그들이 행하지 아니한 이 언약의 모든 규정대로 그들에게 이루게 하였느니라 하라 여호와께서 또 내게 이르시되 유다인과 예루살렘 주민 중에 반역이 있도다 그들이 내 말 듣기를 거절한 자기들의 선조의 죄악으로 돌아가서 다른 신들을 따라 섬겼은즉 이스라엘 집과 유다 집이 내가 그들의 조상들과 맺은 언약을 깨뜨렸도다" 지금 유다가 멸망함이 지극히 당연한 언약의 저주라는 말씀입니다.

이어지는 11~13절입니다. "그러므로 나 여호와가 이와 같이 말하노라 보라 내가 재앙을 그들에게 내리리니 그들이 피할 수 없을 것이라 그들이 내게 부르짖을지라도 내가 듣지 아니할 것인즉 유다 성읍들과 예루살렘 주민이 그 분향하는 신들에게 가서 부르짖을지라도 그 신들이 그 고난 가운데에서 절대로 그들을 구원하지 못하리라 유다야 네 신들이 네 성읍의 수와 같도다 너희가 예루살렘 거리의 수대로 그 수치스러운 물건의 제단 곧 바알에게 분향하는 제단을 쌓았도다" 하나님께서 예레미야에게 이 백성을 위하여 기도하지 말라고 합니다. 언약을 어겨서 다른 신을 찾았으니 다른 신이 너희를 구원하게 하라고 합니다. 그러나 하나님은 다시 돌이켜 주십니다.

예레미야 30:1~3 "여호와께로부터 말씀이 예레미야에게 임하여 이르시니라 이스라엘의 하나님 여호와께서 이와 같이 말씀하여 이르시기를 내

가 네게 일러 준 모든 말을 책에 기록하라 여호와의 말씀이니라 보라 내가
내 백성 이스라엘과 유다의 포로를 돌아가게 할 날이 오리니 내가 그들을
그 조상들에게 준 땅으로 돌아오게 할 것이니 그들이 그 땅을 차지하리라
여호와께서 말씀하시니라" 율법을 어겨서 나라가 망하는데도 왜 이런 약
속을 주십니까?

예레미야 30:10~11 "여호와의 말씀이니라 그러므로 나의 종 야곱아 너
는 두려워하지 말라 이스라엘아 놀라지 말라 내가 너를 먼 곳으로부터 구
원하고 네 자손을 잡혀가 있는 땅에서 구원하리니 야곱이 돌아와서 태평
과 안락을 누릴 것이며 두렵게 할 자가 없으리라 이는 여호와의 말씀이라
내가 너와 함께 있어 너를 구원할 것이라 너를 흩었던 그 모든 이방을 내
가 멸망시키리라 그럴지라도 너만은 멸망시키지 아니하리라 그러나 내가
법에 따라 너를 징계할 것이요 결코 무죄한 자로만 여기지는 아니하리라"
주의 자비는 천대를 베풀며 징계는 삼사 대라고 하신 율법의 조문대로 하
신 것입니다. ^{출34:7} 그러므로 언제나 주의 자비로 구원이 일어납니다.

예레미야 31:31~34 "여호와의 말씀이니라 보라 날이 이르리니 내가 이
스라엘 집과 유다 집에 새 언약을 맺으리라 이 언약은 내가 그들의 조상들
의 손을 잡고 애굽 땅에서 인도하여 내던 날에 맺은 것과 같지 아니할 것
은 내가 그들의 남편이 되었어도 그들이 내 언약을 깨뜨렸음이라 여호와
의 말씀이니라 그러나 그날 후에 내가 이스라엘 집과 맺을 언약은 이러하
니 곧 내가 나의 법을 그들의 속에 두며 그들의 마음에 기록하여 나는 그
들의 하나님이 되고 그들은 내 백성이 될 것이라 여호와의 말씀이니라 그
들이 다시는 각기 이웃과 형제를 가르쳐 이르기를 너는 여호와를 알라 하
지 아니하리니 이는 작은 자로부터 큰 자까지 다 나를 알기 때문이라 내가
그들의 악행을 사하고 다시는 그 죄를 기억하지 아니하리라 여호와의 말

씀이니라"

새 언약을 주시는 이유를 말씀하십니다. 옛 언약인 율법이나 새 언약이나 그 내용은 같습니다. 나는 너희의 하나님이 되고 너희는 내 백성이 될 것이라는 내용입니다. 그런데 옛 언약인 율법의 조건으로는 누구도 하나님의 백성 될 자격이 없습니다. 옛 언약대로 하면 복은커녕 저주만 받게 됩니다. 옛 언약은 돌판에 기록되었기에 마음이 따라오지 못하였습니다. 그런데 새 언약은 마음에 기록하여 주십니다. 이러한 새 언약의 효력은 여호와가 누구신지 알려주실 뿐만 아니라 그들의 악행을 사하시고 다시는 그 죄를 기억하지 않는다고 하십니다. 이러한 새 언약은 옛 언약이라는 율법을 받은 이스라엘 백성들이 그 율법을 지키지 못하여 저주받는 상황에서 주어집니다.

예레미야 32:14~15 "만군의 여호와 이스라엘의 하나님께서 이와 같이 말씀하시기를 너는 이 증서 곧 봉인하고 봉인하지 않은 매매 증서를 가지고 토기에 담아 오랫동안 보존하게 하라 만군의 여호와 이스라엘의 하나님께서 이와 같이 말씀하시니라 사람이 이 땅에서 집과 밭과 포도원을 다시 사게 되리라 하셨다 하니라"

예레미야가 옥에 갇혀있는데 하나님의 말씀이 임하여 숙부의 땅을 사라고 합니다. 예레미야가 기업 무를 자이기에 땅을 사서 보관하여 두라고 합니다. 바룩이 이 일을 대행합니다. 나라가 망하는데 왜 땅을 사 두라고 합니까? 그 이유는 여호와 하나님께서 유다를 심판하셔서 나라가 망하게 되지만 때가 되면 돌아오게 하시겠다고 하십니다. 그 이유는 이스라엘 백성들이 율법을 지켜서 하나님의 백성이 될 자는 한 명도 없다는 것을 이스라엘의 역사를 통하여 아주 분명하게 계시합니다. 그래서 나라가 완전히 망하여 포로로 잡혀가는 상황에서 새 언약을 주십니다.

그러므로 새 언약을 일방적인 은혜 언약인 아브라함 언약과 연결이 됩니다. 그렇다면 아브라함 언약과 새 언약의 중간에 모세 언약이 들어가는 이유는 분명합니다. 어떤 인간도 하나님과 쌍무적인 언약을 체결하여 그 언약의 조건을 채움으로 구원에 이를 자가 한 명도 없다는 것을 너무나 분명하게 계시합니다. 그러므로 구약 전체를 통하여 율법을 받은 이스라엘이 완전히 멸망함을 통하여 인간이 율법적인 행위로 의에 이를 자가 없음을 보여주셨습니다. 그러나 인간은 그 정도로는 자기 행위를 포기할 자들이 아닙니다. 그래서 바벨론 포로에서 돌아온 후에 스스로 율법을 지킵니다.

바벨론 포로에서 돌아온 후에 율법을 스스로 지키자는 운동이 일어납니다. 그 이유는 나라가 망하였다가 돌아왔지만, 여전히 식민 지배하에 있습니다. 그런데 율법을 보니 율법을 잘 지키면 복을 주신다고 하셨기에 이들을 철저하게 율법을 지킵니다. 이 운동으로 바리새인들이 나왔습니다. 얼마나 철저하게 율법을 지켰는지 율법의 조문만이 아니라 그 율법의 조문을 잘 지키기 위한 율법의 세칙까지 만들어 철저하게 율법을 지키는 시대에 예수님께서 오셨습니다. 그들의 시각으로 보면 예수님은 율법을 모르는 자이며 율법을 어기는 자로 보였기에 예수님을 정죄하고 죽입니다. 이 내용은 다음 주와 그다음 주에 신약에서 율법의 내용을 살펴보면서 말씀을 드리겠습니다.

예수님께서 이 땅에 오신 것은 모든 율법을 완성하기 위하여 오셨습니다. 그 모든 율법의 완성이란 율법을 어기면 저주를 받습니다. 율법을 다 이루면 의가 주어집니다. 그런데 예수님께서 율법의 조문을 하나하나 바리새인들처럼 지킨 것이 아닙니다. 예수님은 율법의 핵심 내용인 마음을 다하고 뜻을 다하고 힘을 다하고 목숨을 다하여 하나님을 사랑하고 이웃을 사랑함으로 율법을 다 지킨 것입니다. 그러므로 예수님은 율법의 저주를 대신 받으시며 동시에 율법이 요구하는 의를 성취하시는 자리가 십자가입니다. 그러므로 십자가라는 새 언약이 율법의 완성입니다.

히브리서 9:7~8, 13, 28 "저 첫 언약이 무흠하였더라면 둘째 것을 요구할 일이 없었으려니와 그들의 잘못을 지적하여 말씀하시되 주께서 이르시되 볼지어다 날이 이르리니 내가 이스라엘 집과 유다 집과 더불어 새 언약을 맺으리라. 새 언약이라 말씀하셨으매 첫 것은 낡아지게 하신 것이니 낡아지고 쇠하는 것은 없어져 가는 것이니라" 첫 언약인 율법이 흠이 없었다면 둘째 언약을 요구할 일이 없었습니다. 그러므로 예수님의 피로 세운 새 언약만이 완전하고 영원합니다. 그리스도께서 사람의 죄를 담당하시려고 단번에 자시를 드리셨고 구원에 이르게 하려고 죄와 상관없이 자기를 바라는 자들에게 두 번째 나타나실 것입니다. ^{히9:28}

모세 언약 (7)

마태복음 5:17~20 내가 율법이나 선지자를 폐하러 온 줄로 생각하지 말라 폐하러 온 것이 아니요 완전하게 하려 함이라 진실로 너희에게 이르노니 천지가 없어지기 전에는 율법의 일점일획도 결코 없어지지 아니하고 다 이루리라 그러므로 누구든지 이 계명 중의 지극히 작은 것 하나라도 버리고 또 그같이 사람을 가르치는 자는 천국에서 지극히 작다 일컬음을 받을 것이요 누구든지 이를 행하며 가르치는 자는 천국에서 크다 일컬음을 받으리라 내가 너희에게 이르노니 너희 의가 서기관과 바리새인보다 더 낫지 못하면 결코 천국에 들어가지 못하리라

오늘은 복음서에서 모세 언약을 보려고 합니다. 복음서에서 율법이라는 단어가 35회 나옵니다. 그 내용만 차례대로 다 살펴보아도 율법의 뜻을 알 수가 있습니다. 그런 내용은 이미 복음서 설교 시간에 다 말씀을 드렸기에 오늘은 징검다리를 건너듯이 복음서에서 율법의 의미를 봅니다.

마태복음 5:17~20 예수님께서 율법이나 선지자를 폐하러 오셨습니까? 완전하게 하려고 오셨습니까? 완전하게 하려고 오셨습니다. 그러면 예수님은 율법을 일점일획도 없이 문자대로 다 지켜서 완전하게 하셨습니까? 그의 죽음으로 완전하게 하셨습니까? 그의 죽음으로 완전하게 하셨습니다. 그런데 오늘날까지도 예수님께서 십자가의 죽음은 수동적 순종으로

죄를 용서하신 것이며 능동적 순종으로 율법을 다 지켜서 율법 지킴의 의를 주셨다고 하는 자들이 나옵니다.

오늘 본문을 다시 봅니다. 예수님은 율법의 일점일획도 없어지지 않고 다 이루어진다고 하셨습니다. 율법의 요구는 한마디로 의를 요구합니다. 거룩하신 하나님 앞에서 살아가려면 의로운 자라야 살아갑니다. 절대적으로 의롭고 거룩하신 하나님 앞에서 살아가려면 인간의 상대적인 의로서는 결코 살아갈 수가 없습니다. 그러므로 예수님 당시에 가장 거룩하고 의롭다고 하는 서기관들과 바리새인들의 의보다 더 나은 의가 있어야 한다고 합니다. 서기관과 바리새인들은 율법의 의로는 흠이 없다고 하는 자들입니다. 그런데 이들이 율법의 완성자로 오신 예수님을 살해하였습니다.

마태복음 7:11~12 "너희가 악한 자라도 좋은 것으로 자식에게 줄 줄 알거든 하물며 하늘에 계신 너희 아버지께서 구하는 자에게 좋은 것으로 주시지 않겠느냐 그러므로 무엇이든지 남에게 대접을 받고자 하는 대로 너희도 남을 대접하라 이것이 율법이요 선지자니라"

율법과 선지자가 말하는 원래의 뜻은 너희가 남에게 대접받고자 하는 대로 남을 대접하는 일이 율법과 선지자라고 합니다. 이 말씀은 사람이 구하고 찾고 두드리면 하나님께서 좋은 것을 주신다는 말씀의 결론입니다. 악한 자라도 자기 자식에게 좋은 것을 줄 줄 아는데 하물며 하늘에 계신 너희 아버지께서 좋은 것을 주시지 않겠느냐고 하십니다. 그 좋은 것을 누가복음에서는 성령이라고 합니다.눅11:13 성령을 선물로 받은 자들은 율법과 선지자 곧 모든 구약 성경이 증거 한 예수님을 선물로 받은 것입니다.요5:39 다른 말로 하면 복음의 대접을 받았기에 복음에 빚진 자라고 합니다.롬1:14, 15 복음을 선물로 받은 자가 복음을 전하는 것이 가장 좋은 대접입니다.

마태복음 11:13~14 "모든 선지자와 율법이 예언한 것은 요한까지니 만일 너희가 즐겨 받을진대 오리라 한 엘리야가 곧 이 사람이니라" 모든 선지자와 율법이 예언한 것은 요한까지입니다. 세례요한이 오리라고 예언된 그 엘리야라고 합니다. 그러므로 세례요한은 모든 구약 성경을 자기 손가락에 모아서 예수님을 향하여 '보라 세상 죄를 지고 가는 하나님의 어린 양'이라고 증언합니다.요1:29 그러므로 모든 구약 성경은 예수님께서 완성하셔야 합니다.

마태복음 12:1~8 "그 때에 예수께서 안식일에 밀밭 사이로 가실새 제자들이 시장하여 이삭을 잘라 먹으니 바리새인들이 보고 예수께 말하되 보시오 당신의 제자들이 안식일에 하지 못할 일을 하나이다 예수께서 이르시되 다윗이 자기와 그 함께 한 자들이 시장할 때에 한 일을 읽지 못하였느냐 그가 하나님의 전에 들어가서 제사장 외에는 자기나 그 함께 한 자들이 먹어서는 안 되는 진설병을 먹지 아니하였느냐 또 안식일에 제사장들이 성전 안에서 안식을 범하여도 죄가 없음을 너희가 율법에서 읽지 못하였느냐 내가 너희에게 이르노니 성전보다 더 큰 이가 여기 있느니라 나는 자비를 원하고 제사를 원하지 아니하노라 하신 뜻을 너희가 알았더라면 무죄한 자를 정죄하지 아니하였으리라 인자는 안식일의 주인이니라 하시니라"

율법을 문자적으로 지키는 바리새인들이 예수님의 제자들이 안식일에 밀 이삭을 잘라 먹는 것을 보고 예수님을 공격합니다. 예수님께서 이들에게 다윗과 모세와 호세아의 글을 인용하시면서 하나님께서 원하시는 것이 제사가 아니라 자비임을 배우라고 합니다. 그러면서 제사장이 안식일에 성전에서 일하여도 죄가 안 되는데 성전보다 크신 예수님, 안식일의 주인이신 예수님께서 안식일을 완성하러 오셨다고 말씀합니다. 이어지는 말씀에서 안식일에 회당에서 병자를 고쳐주십니다. 그러자 바리새인들이 예수를 어떻게 죽일까를 의논합니다.^{마12:14} 율법의 의가 이런 모습입니다.

마태복음 22:34~40 "예수께서 사두개인들로 대답할 수 없게 하셨다 함을 바리새인들이 듣고 모였는데 그 중의 한 율법사가 예수를 시험하여 묻되 선생님 율법 중에서 어느 계명이 크니이까 예수께서 이르시되 네 마음을 다하고 목숨을 다하고 뜻을 다하여 주 너의 하나님을 사랑하라 하셨으니 이것이 크고 첫째 되는 계명이요 둘째도 그와 같으니 네 이웃을 네 자신 같이 사랑하라 하셨으니 이 두 계명이 온 율법과 선지자의 강령이니라"

사두개인들이 예수님께 부활이 없다는 것을 확인하려고 질문하였다가 오히려 대답할 말이 없게 되었습니다. 사두개인들은 모세오경만 믿기에 모세오경에서 문자적인 부활이 없다고 보았습니다. 그런데 예수님은 출애굽기에서 하나님께서 모세에게 말씀하실 때 아브라함의 하나님 이삭의 하나님 야곱의 하나님이라고 하심으로 하나님은 죽은 자의 하나님이 아니라 산자의 하나님이라고 하셨습니다. 아브라함과 이삭과 야곱이 이미 죽었지만, 하나님의 약속 안에서 살아있다는 말씀입니다. 그러자 이들보다 율법을 더 잘 안다는 바리새인들이 예수님께 율법의 핵심을 질문합니다.

예수님이 누구신지 몰라보고 질문한 것입니다. 그때 예수님께서 율법과 선지자의 핵심을 분명하게 전하십니다. 네 마음을 다하고 목숨을 다하고 뜻을 다하여 주 너의 하나님을 사랑하라 하셨으니, 이것이 크고 첫째 되는 계명이요 둘째도 그와 같으니 네 이웃을 너 자신 같이 사랑하라 하셨으니 이 두 계명이 온 율법과 선지자의 강령이라고 합니다. 강령^{綱領}이란 으뜸이 되는 큰 줄거리입니다. 그러므로 율법과 선지자의 핵심은 하나님 사랑 이웃 사랑입니다. 그러므로 사랑이 율법의 완성인데 누가 이 사랑을 할 수 있느냐는 문제입니다. 어떤 사람도 이 사랑을 할 수가 없습니다.

마태복음 23:23 "화 있을진저 외식하는 서기관들과 바리새인들이여 너희가 박하와 회향과 근채의 십일조는 드리되 율법의 더 중한바 정의와 긍휼과 믿음은 버렸도다 그러나 이것도 행하고 저것도 버리지 말아야 할지니라" 서기관들과 바리새인들은 율법을 철저하게 지킨다고 텃밭에 키우는 향신료도 십일조로 계산하여 드립니다. 그런데 율법이 말하는 더 중요한 긍휼과 믿음은 버렸다고 합니다. 이 말씀으로 율법의 더 중요한 뜻도 지켜야 하지만 십일조도 해야 한다고 하는 분들이 많습니다. 그러나 아직 십자가로 다 이루었다고 하시기 전의 말씀입니다. 그러므로 구약의 모든 내용이 다 예수 그리스도를 증언하는 그림자이기에 십일조도 예수님을 증언하는 것입니다.

마태복음 23:33~35 "뱀들아 독사의 새끼들아 너희가 어떻게 지옥의 판결을 피하겠느냐 그러므로 내가 너희에게 선지자들과 지혜 있는 자들과 서기관들을 보내매 너희가 그중에서 더러는 죽이거나 십자가에 못 박고 그중에서 더러는 너희 회당에서 채찍질하고 이 동네에서 저 동네로 따라다니며 박해하리라 그러므로 의인 아벨의 피로부터 성전과 제단 사이에서 너희가 죽인 바라갸의 아들 사가랴의 피까지 땅 위에서 흘린 의로운 피가 다 너희에게 돌아가리라"

예수님께서 율법의 의로 흠이 없다는 서기관과 바리새인들을 독사의 새끼라고 하셨습니다. 이들이 하는 말이 우리가 조상들의 시대에 살았다면 선지자를 핍박하거나 죽이지 않았을 거라고 합니다. 그러자 예수님께서 너희가 그 선지자 죽인 자들의 후손임을 스스로 증언한다고 하시면서 너희가 너희 조상의 분량을 채우라고 하시면서 뱀들아 독사의 새끼들이라고 합니다. 그 분량을 채우라고 하십니다. 그 분량의 채움도 예수님의 죽음이기에 예수님의 말씀대로 이들은 예수님을 죽입니다.

누가복음 11:43~46 "화 있을진저 너희 바리새인이여 너희가 회당의 높은 자리와 시장에서 문안받는 것을 기뻐하는도다 화 있을진저 너희여 너희는 평토장한 무덤 같아서 그 위를 밟는 사람이 알지 못하느니라 한 율법 교사가 예수께 대답하여 이르되 선생님 이렇게 말씀하시니 우리까지 모욕하심이니이다 이르시되 화 있을진저 또 너희 율법 교사여 지기 어려운 짐을 사람에게 지우고 너희는 한 손가락도 이 짐에 대지 않는도다"

예수님은 바리새인들에게 저주를 퍼붓습니다. 그런 저주를 들은 율법 교사가 예수님을 향하여 자기들을 모욕한다고 합니다. 그때 예수님은 율법 교사를 저주합니다. 예수님 당시에 율법 교사는 가장 존경받는 사람입니다. 부모 공경보다 우선이 율법 교사입니다. 그런데 이런 자들에게 화를 선포하시니 이들이 예수님 어떻게든지 죽이려고 예수님의 말을 책잡으려고 합니다. 그러나 예수님은 이들을 향하여 지식의 열쇠를 가지고 너희도 들어가지 않고 또 들어가려고 하는 자도 막았다고 합니다. ^{눅11:52} 소경이 소경을 인도하면 둘 다 구덩이에 빠지는 일입니다. ^{눅6:39}

요한복음 1:17 "율법은 모세로 말미암아 주어진 것이요 은혜와 진리는 예수 그리스도로 말미암아 온 것이라" 율법은 모세로 인하여 주어졌습니다. 그런데 언제까지 그 역할을 합니까? 예수 그리스도가 오실 때까지입니다. 이런 내용은 다음 주 서신서에서 다시 살펴보겠습니다만 오늘도 한 곳은 결론으로 함께 보겠습니다. 그러므로 사복음서의 설명이 모든 서신서입니다.

요한복음 7:19~20 "모세가 너희에게 율법을 주지 아니하였느냐 너희 중에 율법을 지키는 자가 없도다 너희가 어찌하여 나를 죽이려 하느냐 무리가 대답하되 당신은 귀신이 들렸도다 누가 당신을 죽이려 하나이까" 율법을 완성하려고 오신 예수님을 율법을 어기는 자라고 죽이려고 합니다. 그런데 이들은 예수님을 오히려 귀신이 들린 자라고 하면서 누가 당신을 죽이려고 하느냐고 합니다. 그러나 유대 지도자들은 예수님을 죽이기로 결의하였습니다. 눅19:47, 요11:53

요한복음 15:23~25 "나를 미워하는 자는 또 내 아버지를 미워하느니라 내가 아무도 못한 일을 그들 중에서 하지 아니하였더라면 그들에게 죄가 없었으려니와 지금은 그들이 나와 내 아버지를 보았고 또 미워하였도다 그러나 이는 그들의 율법에 기록된 바 그들이 이유 없이 나를 미워하였다 한 말을 응하게 하려 함이라"

예수님을 미워하는 일이 하나님 아버지를 미워하는 일입니다. 예수님을 믿지 않는 일이 죄입니다. 그런데 예수님께서 오셔서 말씀하셨고 아무도 할 수 없는 일을 하셨습니다. 그러므로 이제 핑계할 수가 없습니다. 그런데도 예수님을 미워하는 이유는 율법에 기록된 대로 그들이 이유 없이 나를 미워하였다는 말을 응하게 하기 위함이라고 합니다. 예수님은 미움을 받아야 한다는 말씀도 말씀대로 이루어져야 한다고 하시면서 율법에 기록된 말씀이라고 하시는데 이유 없이 미워한다는 말씀은 시편 35:19와 69:4입니다. 그러므로 구약 전체를 율법이라고도 하고, 율법과 선지자라고도 하고, 율법과 선지자와 시편이라고도 합니다. 그러면 그 모든 구약이 무엇을 전합니까?

요한복음 19:30 "예수께서 신 포도주를 받으신 후에 이르시되 다 이루었다 하시고 머리를 숙이니 영혼이 떠나가시니라" 예수님께서 십자가에서 저주받아 죽는 죽음인데 도대체 무엇을 다 이루었다고 하시는 것입니까? 요한복음 자체에서 예수님께서 친히 자신이 나무에 달리면 영원한 생명을 주시는 것과^{요3장} 예수님이 누구신지 알게 하여 주시는 것과^{요8장} 자신에게로 이끌겠다고 하셨습니다.^{요12장} 이뿐 아니라 구약의 모든 하나님의 약속을 다 이루신 것입니다.

누가복음 24:44 "또 이르시되 내가 너희와 함께 있을 때에 너희에게 말한바 곧 모세의 율법과 선지자의 글과 시편에 나를 가리켜 기록된 모든 것이 이루어져야 하리라 한 말이 이것이라 하시고 이에 그들의 마음을 열어 성경을 깨닫게 하시고 또 이르시되 이같이 그리스도가 고난을 받고 제삼일에 죽은 자 가운데서 살아날 것과 또 그의 이름으로 죄 사함을 받게 하는 회개가 예루살렘에서 시작하여 모든 족속에게 전파될 것이 기록되었으니 너희는 이 모든 일의 증인이라 볼지어다 내가 내 아버지께서 약속하신 것을 너희에게 보내리니 너희는 위로부터 능력으로 입혀질 때까지 이 성에 머물라 하시니라"

부활의 소식을 듣고도 믿지 못하고 실망하여 엠마오 마을로 내려가는 두 제자에게 예수님은 부활하신 모습을 보여주시면서 나를 믿으라고 하신 것이 아니라 율법과 선지자의 글로 그리스도의 고난과 부활을 증언하십니다.^{눅24:27} 그 후에 제자들에게 다시 오셔서 율법과 선지자의 글과 시편에 나를 가리켜 기록된 모든 내용이 이루어져야 하리라 한 말이 이것이라고 합니다, 즉 구약 성경이 그리스도의 죽음과 부활을 증언한다고 하시면서 그들의 마음을 열어 성경을 깨닫게 하시고 성령을 약속하시십니다. 승천하신 후 오순절 성령이 임하니 사도들이 구약 성경으로 예수 그리스도의 죽음과 부활과 다시 오심을 증언합니다. 구체적인 내용은 다음 주에 보겠습니다.

로마서 13:8~10 "피차 사랑의 빚 외에는 아무에게든지 아무 빚도 지지 말라 남을 사랑하는 자는 율법을 다 이루었느니라 간음하지 말라, 살인하지 말라, 도둑질하지 말라, 탐내지 말라 한 것과 그 외에 다른 계명이 있을지라도 네 이웃을 네 자신과 같이 사랑하라 하신 그 말씀 가운데 다 들었느니라 사랑은 이웃에게 악을 행하지 아니하나니 그러므로 사랑은 율법의 완성이니라" 율법은 완성은 사랑입니다. 예수님께서 십자가로 그 사랑을 완성하시고 우리에게 선물로 주셨습니다. 그 사랑을 받은 자만 그 사랑을 알고 그 사랑을 누리며 그 사랑을 전합니다.

모세 언약 (8)

로마서 3:19~24 우리가 알거니와 무릇 율법이 말하는 바는 율법 아래에 있는 자들에게 말하는 것이니 이는 모든 입을 막고 온 세상으로 하나님의 심판 아래에 있게 하려 함이라 그러므로 율법의 행위로 그의 앞에 의롭다 하심을 얻을 육체가 없나니 율법으로는 죄를 깨달음이니라 이제는 율법 외에 하나님의 한 의가 나타났으니 율법과 선지자들에게 증거를 받은 것이라 곧 예수 그리스도를 믿음으로 말미암아 모든 믿는 자에게 미치는 하나님의 의니 차별이 없느니라 모든 사람이 죄를 범하였으매 하나님의 영광에 이르지 못하더니 그리스도 예수 안에 있는 속량으로 말미암아 하나님의 은혜로 값없이 의롭다 하심을 얻은 자 되었느니라

모세 언약 마지막입니다. 지난 주에 복음서에서 율법의 완성이 어떠한지를 보았습니다. 예수님께서 오신 이유는 율법을 완성하기 위하여 오셨습니다. 그 율법의 완성은 율법의 문자를 다 지켜서 완성하신 일이 아니라 그 율법의 원래 뜻인 마음을 다하고 힘을 다하고 목숨을 다하여 하나님을 사랑하고 이웃을 사랑하는 일을 예수님은 십자가로 다 이루셨습니다. 그 십자가로 율법과 모든 언약을 다 이루신 후에 부활 승천하셔서 성령을 보내십니다. 성령이 임한 사도들이 복음을 전합니다.

본문 로마서 3:19~20을 봅니다. 로마서 1장과 2장은 유대인이나 이방인이나 모두 죄 아래 갇혀있다는 말씀을 전합니다. 율법을 받은 유대인들이 죄 아래 갇혀있다는 사실은 율법의 의로는 흠이 없다고 자부하는 서기관들과 바리새인들이 율법의 완성자로 오신 예수님을 죽인 일로 드러났습니다. 유대인들이 이러하다면 이방인은 말할 것도 없이 죄 아래 갇힌 것입니다. 그러므로 율법이 말하는 바는 율법 아래에 있는 자들에게 말하는 것이니 이는 모든 입을 막고 온 세상으로 하나님의 심판 곧 정죄 아래에 있게 하려 함이라고 합니다. 그러므로 율법의 행위로는 누구도 하나님 앞에 의롭다고 함을 얻을 육체가 없습니다. 그러면 율법을 왜 주셨습니까? 율법으로 죄를 깨닫게 하기 위함입니다. 하나님의 은혜로 율법으로 죄를 깨달은 자들은 예수님을 믿습니다.

본문 21~24절입니다. 이제는 율법 외에 하나님의 한 의가 나타났습니다. 왜 율법의 의로는 안 되고 율법 외에 하나님의 한 의가 나타나야 하는지 율법과 선지자들에게 증거를 받았습니다. 율법과 선지자는 구약 전체를 말합니다. 구약 전체를 통하여 살펴보면 율법을 지킬 자가 한 명도 없고 오히려 율법을 철두철미하게 지킨다는 자들이 예수님을 살해하였습니다. 그러므로 모든 사람이 죄를 범하였습니다. 유대인이나 이방인이나 자기의 행위로는 하나님의 영광에 이를 수가 없습니다. 오직 예수 그리스도를 믿음으로만 의義를 얻습니다. 이러한 의는 어떤 차별이 있을 수 없습니다. 오직 하나님의 은혜로 값없이 의롭다고 하는 선물을 받았기 때문입니다.

로마서 3:25~28을 봅니다. "이 예수를 하나님이 그의 피로써 믿음으로 말미암는 화목제물로 세우셨으니 이는 하나님께서 길이 참으시는 중에 전에 지은 죄를 간과하심으로 자기의 의로우심을 나타내려 하심이니 곧 이 때에 자기의 의로우심을 나타내사 자기도 의로우시며 또한 예수 믿는 자를 의롭다 하려 하심이라 그런즉 자랑할 데가 어디냐 있을 수가 없느니라 무슨 법으로냐 행위로냐 아니라 오직 믿음의 법으로니라 그러므로 사람이 의롭다 하심을 얻는 것은 율법의 행위에 있지 않고 믿음으로 되는 줄 우리가 인정하노라" 예수님의 피를 믿음으로 의롭다고 함을 받는 일은 예수님의 십자가 외에는 자랑할 것이 없고 감사할 것뿐입니다.

이어지는 29~31절입니다. "하나님은 다만 유대인의 하나님이시냐 또한 이방인의 하나님은 아니시냐 진실로 이방인의 하나님도 되시느니라 할례자도 믿음으로 말미암아 또한 무할례자도 믿음으로 말미암아 의롭다 하실 하나님은 한 분이시니라 그런즉 우리가 믿음으로 말미암아 율법을 파기하느냐 그럴 수 없느니라 도리어 율법을 굳게 세우느니라"

유대인이나 이방인이나 믿음으로 의롭다 칭함을 받았습니다. 그러면 율법을 파기하는 것입니까? 그럴 수 없다고 합니다. 도리어 율법을 굳게 세운다고 합니다. 율법을 굳게 세운다는 말씀은 다시 율법을 지켜 행한다는 말입니까? 많은 사람이 이 말씀을 이렇게 해석합니다. 성령이 임하기 전에는 율법을 지킬 수 없었는데 예수님께서 십자가를 지시고 부활 승천하셔서 성령을 부어 주셨기에 이제는 율법을 지킬 수 있는 자가 되었다고 합니다. 그러나 율법을 굳게 세운다는 것은 율법의 요구가 완성되었다는 말씀입니다. 율법의 요구는 의를 요구합니다. 구약을 통하여 어떤 인간도 의를 이룰 수 없음을 보여주시고 믿음으로 얻는 의를 주심으로 율법의 요구가 완성된 것입니다.

로마서 4:25 "예수는 우리가 범죄 한 것 때문에 내줌이 되고 또한 우리를 의롭다 하시기 위하여 살아나셨느니라" 로마서 4장은 아브라함 언약에서 말씀을 드렸기에 이 한 곳만 봅니다. 우리의 범죄로 예수님이 자신을 십자가에 내어 주셨습니다. 율법의 저주를 대신 지셨습니다. 그리고 그 죄가 용서받고 의롭다고 하시기 위하여 살아나셨습니다. 지난 주에도 말씀드렸습니다만 능동 순종을 말하는 자들은 예수님의 율법 지킴으로 의를 완성하여 넘겨주셨다고 하지만 하나님의 말씀은 그의 죽음과 부활이 우리의 용서와 의가 됨을 너무나 분명하게 증거하고 있습니다.

로마서 5:20~21 "율법이 들어온 것은 범죄를 더하게 하려 함이라 그러나 죄가 더한 곳에 은혜가 더욱 넘쳤나니 이는 죄가 사망 안에서 왕 노릇 한 것 같이 은혜도 또한 의로 말미암아 왕 노릇 하여 우리 주 예수 그리스도로 말미암아 영생에 이르게 하려 함이라"

율법은 아브라함 언약 이후 430년 지나서 들어왔습니다. 율법이 들어온 이유는 범죄를 더하게 하려고 합니다. 율법이 고의로 범죄를 더하게 하려는 것이 아니라 율법이 있기 전에는 죄를 죄로 알지 못하였습니다. 그러므로 아담부터 모세의 율법을 받기까지 율법이 없었지만, 죄로 인한 사망이 계속되었습니다. 그런데 율법이 들어오자 왜 죽는지 알게 되었습니다. 그러므로 죄가 사망으로 왕 노릇을 하는 세상에 아브라함 언약을 먼저 주시고 모세 언약을 주신 것은 인간이 생명을 얻는 일은 오직 하나님의 은혜 언약에 의한 것임을 율법과 선지자가 너무나 분명하게 보여줍니다.

그렇다면 죄와 사망의 법에서 벗어나 의와 생명 안에 들어온 삶은 어떻습니까? 21절의 말씀대로 죄가 사망 안에서 왕 노릇을 하였는데 예수님을 믿으면 이제 은혜가 왕 노릇을 하여 예수 그리스도로 인하여 영생에 이르게 합니다. 죄와 사망이 왕 노릇을 한 곳에서 의와 생명이 왕 노릇을 하는 곳으로 옮겨졌다면 죄를 지을 생각도 나지 않습니까? 아니면 여전히 죄가 나옵니까? 이 갈등을 겪어 보지 않은 사람은 이런 질문 자체가 따분한 질문일 수 있습니다. 그러나 죄의 삯은 사망이라는 말씀을 믿는다면 예수 믿는다는 자신에게서 죄가 나옴이 심각할 수밖에 없습니다.

로마서 7:21~25 "그러므로 내가 한 법을 깨달았노니 곧 선을 행하기 원하는 나에게 악이 함께 있는 것이로다 내 지체 속에서 한 다른 법이 내 마음의 법과 싸워 내 지체 속에 있는 죄의 법으로 나를 사로잡는 것을 보는도다 오호라 나는 곤고한 사람이로다 이 사망의 몸에서 누가 나를 건져내랴 우리 주 예수 그리스도로 말미암아 하나님께 감사하리로다 그런즉 내 자신이 마음으로는 하나님의 법을 육신으로는 죄의 법을 섬기노라"

예수님을 믿기 전에는 하나님의 생명의 법이 우리 안에 들어오지 않습니다. 바울이 예수님을 만나기 전에는 율법의 의로는 흠이 없었기에 이런 갈등이 없었습니다. 그런데 예수님을 믿고 나서 깨달은 법입니다. 자기 안에 두 법이 싸우는 것입니다. 하나는 하나님의 법입니다. 하나님의 법은 생명의 성령의 법입니다. 그런데 죄의 법은 율법의 의로 흠이 없다는 그 법입니다. 이런 법은 끊임없이 자신의 의를 주장하게 만듭니다. 자기 육신을 신뢰하게 합니다. 이것이 사망의 법인데 이 사망에 법에서 자기를 누가 구원하겠느냐고 합니다. 그런데 이런 상태를 감사한다고 합니다. 마음으로는 하나님의 법을 섬기고 육신으로는 죄의 법을 섬기고 있는 데도 감사하는 이유를 봅니다.

로마서 8:1~4 "그러므로 이제 그리스도 예수 안에 있는 자에게는 결코 정죄함이 없나니 이는 그리스도 예수 안에 있는 생명의 성령의 법이 죄와 사망의 법에서 너를 해방하였음이라 율법이 육신으로 말미암아 연약하여 할 수 없는 그것을 하나님은 하시나니 곧 죄로 말미암아 자기 아들을 죄 있는 육신의 모양으로 보내어 육신에 죄를 정하사 육신을 따르지 않고 그 영을 따라 행하는 우리에게 율법의 요구가 이루어지게 하려 하심이니라"

로마서 7장에서 갈등하지만 감사하다고 한 이유가 여기서 밝혀집니다. 그런 갈등의 상황에서 살아가는 자가 역사적 성도의 실존입니다. 그러나 이런 자라고 하여도 그리스도 예수 안에 있는 자는 결코 정죄함이 없습니다. 그 이유는 그리스도 예수 안에 있는 생명과 성령의 법이 죄와 사망의 법에서 해방하셨기 때문입니다. 이것은 묵시적으로 완성이 되었지만, 역사적으로는 이중적인 삶을 살고 있습니다. 그러나 감사하는 이유는 우리의 육신이 연약하여서 할 수 없는 그 율법의 요구를 하나님께서 하십니다. 율법의 요구는 죄를 지으면 사망입니다. 그런데 그 사망의 일을 하나님이 자기 아들을 죄 있는 육신의 모양으로 보내서 육신에 죄를 정하신 것입니다. 죄를 알지도 못한 분을 죄로 삼으신 것은 우리가 그 안에서 하나님의 의가 되게 하기 위함입니다.^{고후5:21} 그러므로 육신을 따르지 않고 그 영을 따라 행하는 우리 곧 예수님을 믿는 자들에게 율법의 요구가 이루어지는 것입니다. 그러므로 율법을 굳게 세운다는 말씀은 율법의 요구가 완성된 것입니다.

로마서 10:2~4 "내가 증언하노니 그들이 하나님께 열심이 있으나 올바른 지식을 따른 것이 아니니라 하나님의 의를 모르고 자기 의를 세우려고 힘써 하나님의 의에 복종하지 아니하였느니라 그리스도는 모든 믿는 자에게 의를 이루기 위하여 율법의 마침이 되시니라" 율법 외에 나타난 하나님의 의를 모르고 율법의 의를 세우려고 열심히 달려간 자들이 예수님을 죽였습니다. 그러므로 율법 외에 나타난 하나님의 의, 곧 십자가로 다 이루었다는 그 예수님을 믿는 자는 하나님의 의가 됩니다. 예수님께서 그 의를 십자가로 이루심이 율법의 마침이며 완성입니다.

고린도후서 3:6 "그가 또한 우리를 새 언약의 일꾼 되기에 만족하게 하셨으니 율법 조문으로 하지 아니하고 오직 영으로 함이니 율법 조문은 죽이는 것이요 영은 살리는 것이니라" 율법 조문은 죽이는 것이며 영은 살리는 것입니다. 여기서 영으로 한다는 말씀은 예수님의 말씀을 율법의 조문으로 전하는 것이 아니라 새 언약의 성취로 전하는 것입니다. 그러므로 예수님의 말이 영이며 생명입니다. ^{요6:63} 새 언약도 율법의 조문으로 전하면 죽이는 문자가 됩니다.

갈라디아서 2:20~21 "내가 그리스도와 함께 십자가에 못 박혔나니 그런 즉 이제는 내가 사는 것이 아니요 오직 내 안에 그리스도께서 사시는 것이라 이제 내가 육체 가운데 사는 것은 나를 사랑하사 나를 위하여 자기 자신을 버리신 하나님의 아들을 믿는 믿음 안에서 사는 것이라 내가 하나님의 은혜를 폐하지 아니하노니 만일 의롭게 되는 것이 율법으로 말미암으면 그리스도께서 헛되이 죽으셨느니라" 믿음으로 사는 일이 무엇인지 말씀합니다. 의롭게 되는 일이 율법으로 된다면 하나님의 은혜를 폐하는 것이며 예수 그리스도의 죽음을 헛되게 합니다.

갈라디아서 5:3~4 "내가 할례를 받는 각 사람에게 다시 증언하노니 그는 율법 전체를 행할 의무를 가진 자라 율법 안에서 의롭다 함을 얻으려 하는 너희는 그리스도에게서 끊어지고 은혜에서 떨어진 자로다" 믿음으로 의롭다고 함을 받은 갈라디아 교인들이 예수 믿는 것으로는 구원에 부족하니 할례를 행하여야 한다고 하는 자들에게 흔들립니다. 그런 말에 흔들리는 자들에게 다시 율법으로 돌아가면 그리스도에게서 끊어지고 은혜에서 떨어진 자라고 합니다.

골로새서 2:14~17 "우리를 거스르고 불리하게 하는 법조문으로 쓴 증서를 지우시고 제하여 버리사 십자가에 못 박으시고 통치자들과 권세들을 무력화하여 드러내어 구경거리로 삼으시고 십자가로 그들을 이기셨느니라 그러므로 먹고 마시는 것과 절기나 초하루나 안식일을 이유로 누구든지 너희를 비판하지 못하게 하라 이것들은 장래 일의 그림자이나 몸은 그리스도의 것이니라"

우리를 거스르고 불리하게 하는 법조문의 증서를 지우시고 제하여 버리시고 십자가에 못 박았다고 합니다. 십자가에 못 박힌 분은 예수님입니다. 예수님의 십자가 못 박힘은 율법의 저주에서 우리를 속량한 못 박힘입니다. 어떤 율법의 요구도 예수님의 십자가로 다 이루신 것입니다. 그러므로 구약의 모든 날과 달과 절기와 안식일이 다 그림자로써 예수님을 예표 한 것입니다. 예수님께서 십자가에 못 박힘으로 율법의 저주를 대신 받으셨기에 우리가 예수를 믿으면 율법의 정죄에서 자유를 얻는 것입니다. 죄와 사망의 법에서 생명과 성령의 법안에 들어온 것입니다.

히브리서 9:19~22 "모세가 율법대로 모든 계명을 온 백성에게 말한 후에 송아지와 염소의 피 및 물과 붉은 양털과 우슬초를 취하여 그 두루마리와 온 백성에게 뿌리며 이르되 이는 하나님이 너희에게 명하신 언약의 피라 하고 또한 이와 같이 피를 장막과 섬기는 일에 쓰는 모든 그릇에 뿌렸느니라 율법을 따라 거의 모든 물건이 피로써 정결하게 되나니 피흘림이 없은즉 사함이 없느니라" 시내산에서 모세 언약의 체결한 내용입니다. 이 완성을 봅니다.

히브리서 10:8~10 "위에 말씀하시기를 주께서는 제사와 예물과 번제와 속죄제는 원하지도 아니하고 기뻐하지도 아니하신다 하셨고 (이는 다 율법을 따라 드리는 것이라) 그 후에 말씀하시기를 보시옵소서 내가 하나님의 뜻을 행하러 왔나이다 하셨으니 그 첫째 것을 폐하심은 둘째 것을 세우려 하심이라 이 뜻을 따라 예수 그리스도의 몸을 단번에 드리심으로 말미암아 우리가 거룩함을 얻었노라"

모세 언약의 완성이 예수님의 십자가입니다. 그러므로 그 십자가로 첫째 것을 폐하시고 둘째 것을 세우셨습니다. 둘째 것이란 예수님의 피로 세우신 새 언약입니다. 예수 그리스도께서 자기 몸을 단번에 드리심으로 거룩함을 얻은 자들은 어떻게 살아갈까요? 나의 죄가 당신을 죽였는데 당신은 나를 용서하셨다는 이 엄청난 복음이 우리에게 성령으로 임하였다면 어떻게 살겠습니까? 전에는 율법을 지키면 복, 못 지키면 저주, 더 나아가 지키면 구원, 못 지키면 지옥이라는 두려움으로 살았다면 이제는 그 복음이 주는 자유와 감사를 누리며 전하며 살아갈 것입니다. 이 은혜가 임한 자들은 예수 그리스도의 그 십자가의 은혜를 누리며 전하며 사는 일이 자연스럽습니다.

다윗 언약 (1)

사무엘상 16:1~3 여호와께서 사무엘에게 이르시되 내가 이미 사울을 버려 이스라엘 왕이 되지 못하게 하였거늘 네가 그를 위하여 언제까지 슬퍼하겠느냐 너는 뿔에 기름을 채워 가지고 가라 내가 너를 베들레헴 사람 이새에게로 보내리니 이는 내가 그의 아들 중에서 한 왕을 보았느니라 하시는지라 사무엘이 이르되 내가 어찌 갈 수 있으리이까 사울이 들으면 나를 죽이리이다 하니 여호와께서 이르시되 너는 암송아지를 끌고 가서 말하기를 내가 여호와께 제사를 드리러 왔다 하고 이새를 제사에 청하라 내가 네게 행할 일을 가르치리니 내가 네게 알게 하는 자에게 나를 위하여 기름을 부을지니라

모세 언약에서 다윗 언약으로 넘어왔습니다. 오늘 본문은 다윗이 소년 때의 일이기에 약 15세의 나이로 봅니다. 출애굽부터 다윗이 기름 부음을 받는 때까지 약 400년의 기간을 간략하게 살펴봅니다. 하나님께서 아브라함과 이삭과 야곱에게 약속하신 대로 출애굽이 일어납니다. 유월절 어린 양의 피로 출애굽 하여 홍해를 건너고 시내 산에서 언약을 체결한 후에 광야 40년을 지냅니다. 모세가 죽고 여호수아가 이스라엘 백성을 인도하여 요단강을 건너 약속의 땅에 들어옵니다. 하나님께서 약속하신 땅을 여호수아가 다 정복하지 못합니다. 그래서 나머지 땅을 지도로 그려서 지파별로 제비 뽑아 나누어 약속의 땅을 차지하라고 합니다. 여호수아가 죽기

전 언약을 갱신합니다.

여호수아 24:1을 봅니다. "여호수아가 이스라엘 모든 지파를 세겜에 모으고 이스라엘 장로들과 그들의 수령들과 재판장들과 관리들을 부르매 그들이 하나님 앞에 나와 선지라" 여호수아가 죽기 전에 이스라엘 백성들을 세겜에 모아놓고 언약을 새롭게 합니다. 언약을 갱신할 때는 항상 하나님께서 어떤 일을 하셨는지 먼저 선포합니다. 여호와 하나님께서 강 저편에서 아브라함을 불러내시고 약속하신 내용을 이루셨다는 것을 14절까지 선포합니다. 그리고 결단을 요청합니다.

여호수아 24:15~18 "만일 여호와를 섬기는 것이 너희에게 좋지 않게 보이거든 너희 조상들이 강 저쪽에서 섬기던 신들이든지 또는 너희가 거주하는 땅에 있는 아모리 족속의 신들이든지 너희가 섬길 자를 오늘 택하라 오직 나와 내 집은 여호와를 섬기겠노라 하니 백성이 대답하여 이르되 우리가 결단코 여호와를 버리고 다른 신들을 섬기기를 하지 아니하오리니 이는 우리 하나님 여호와께서 친히 우리와 우리 조상들을 인도하여 애굽 땅 종 되었던 집에서 올라오게 하시고 우리 목전에서 그 큰 이적들을 행하시고 우리가 행한 모든 길과 우리가 지나온 모든 백성들 중에서 우리를 보호하셨음이며 여호와께서 또 모든 백성들과 이 땅에 거주하던 아모리 족속을 우리 앞에서 쫓아내셨음이라 그러므로 우리도 여호와를 섬기리니 그는 우리 하나님이심이니이다 하니라" 여호수아의 말을 들은 이스라엘 백성이 자기들도 여호와를 섬기겠다고 합니다.

이어지는 19~21절입니다. "여호수아가 백성에게 이르되 너희가 여호와를 능히 섬기지 못할 것은 그는 거룩하신 하나님이시요 질투하시는 하나님이시니 너희의 잘못과 죄들을 사하지 아니하실 것임이라 만일 너희가 여호와를 버리고 이방 신들을 섬기면 너희에게 복을 내리신 후에라도 돌이켜 너희에게 재앙을 내리시고 너희를 멸하시리라 하니 백성이 여호수아에게 말하되 아니니이다 우리가 여호와를 섬기겠나이다 하는지라"

여호와를 섬기겠다고 하는 이스라엘 백성들에게 너희가 여호와를 섬기지 못할 것이라고 합니다. 이런 말은 모세도 이미 이스라엘 백성들에게 하였습니다.^{신31:20} 그 이유는 여호와는 거룩하시고 질투하시는 하나님이시기에 너희가 여호와를 버리고 이방 신을 섬기면 복을 내리신 후에라도 멸하실 것이라고 합니다. 그러자 백성들이 자기들은 여호와를 배신하지 않을 거라고 하면서 여호와를 섬기겠다고 합니다. 여호수아가 백성에게 말하기를 너희가 여호와를 택하고 그를 섬기리라고 하였으니 스스로 증인이 되었다고 합니다. 그러자 그들이 증인이 되었다고 합니다. 그러므로 언약을 갱신한 내용을 율법 책에 기록하고 큰 돌을 세워 증거로 삼습니다.

그러나 이렇게 언약을 갱신한 자들이 어떻게 살아갑니까? 사사시대 약 400년을 한마디로 말하면 왕이 없으므로 백성들이 자기 소견에 옳은 대로 살았습니다. 그러면 여호수아가 죽을 때 왜 왕이나 지도자를 세우지 않고 왜 언약만 갱신한 후에 죽었습니까? 육신의 눈에 보이는 왕이 없어도 출애굽을 시켜 약속의 땅에 들여놓으신 여호와가 그들의 왕입니다. 그리고 왕이 주신 율법이 있습니다. 율법을 가르치는 제사장이 있습니다. 죄를 지으면 속죄하는 제사장도 있습니다. 그러므로 이스라엘 나라는 제사장 나라로 살면 됩니다.^{출19:6} 그런데 사사시대 말기에 왕을 원합니다.

사무엘상 8:4~7 "이스라엘 모든 장로가 모여 라마에 있는 사무엘에게 나아가서 그에게 이르되 보소서 당신은 늙고 당신의 아들들은 당신의 행위를 따르지 아니하니 모든 나라와 같이 우리에게 왕을 세워 우리를 다스리게 하소서 한지라 우리에게 왕을 주어 우리를 다스리게 하라 했을 때에 사무엘이 그것을 기뻐하지 아니하여 여호와께 기도하매 여호와께서 사무엘에게 이르시되 백성이 네게 한 말을 다 들으라 이는 그들이 너를 버림이 아니요 나를 버려 자기들의 왕이 되지 못하게 함이니라"

사무엘의 두 아들은 사사의 자격이 없습니다. 그래서 백성들이 사무엘에게 왕을 세워달라고 합니다. 이 말을 들은 사무엘이 자신이 늙었다고 자신을 버리는 줄 알고 섭섭하였던 모양입니다. 그래서 그 말을 기뻐하지 않고 여호와께 기도합니다. 여호와께서 사무엘에게 말씀하시기를 그들의 말을 들어주라고 합니다. 그러시면서 그들이 너를 버림이 아니라 나를 버렸다고 합니다. 하나님의 왕 되심을 버리는 일이 다른 나라들처럼 사람을 왕으로 세우는 일입니다. 다른 나라처럼 왕을 요구하는 것 자체가 여호와 하나님의 왕 되심을 버리는 일인데도 왕을 요구합니다.

이스라엘 백성들이 왕을 요구한 이유가 무엇일까요? 자기들의 왕이신 여호와 하나님의 말씀을 순종하지 않으므로 적들이 쳐들어옵니다. 적들이 쳐들어오면 자기들의 생명과 재산을 빼앗깁니다. 그런 일이 일어나면 우리가 여호와의 말씀을 순종하지 않아서 이렇게 되었음을 알고 주께로 돌이켜야 합니다. 그런데 적들이 쳐들어와서 자신들의 생명과 재산을 빼앗아 가는 일이 일어나는 것은 다른 나라들처럼 왕이 없어서 그렇다고 생각한 것입니다. 그래서 다른 나라들처럼 왕을 요구한 것입니다. 그러자 하나님께서 그들에게 왕을 세우면 어떤 일이 있을지 말하고 허락하라고 합니다.

사무엘상 8:8~9 "내가 그들을 애굽에서 인도하여 낸 날부터 오늘까지 그들이 모든 행사로 나를 버리고 다른 신들을 섬김 같이 네게도 그리하는도다 그러므로 그들의 말을 듣되 너는 그들에게 엄히 경고하고 그들을 다스릴 왕의 제도를 가르치라"

이스라엘 백성들이 생명과 재산이 보호받지 못하는 것은 왕이 없어서가 아니라 여호와를 왕으로 믿지 않았기 때문입니다. 여호와를 왕으로 섬기면 제사장에게 돌아가는 십일조만 하면 됩니다. 물론 삼 년에 한 번씩 더 하는 십일조도 있습니다. 그런데 왕을 세우면 기존의 십일조만이 아니라 왕에게 십일조를 드려야 합니다. 십일조만 더 내는 정도가 아니라 아들들과 딸들까지 데려가서 왕의 종으로 삼을 것이라고 합니다. 이런 말을 들어도 백성들은 왕을 요구합니다. 그 이유는 자신들의 생명과 재산을 왕이 지켜주리라 생각하기 때문입니다. 그런데 더 큰 문제가 있습니다.

사무엘상 8:18~21 "그 날에 너희는 너희가 택한 왕으로 말미암아 부르짖되 그 날에 여호와께서 너희에게 응답하지 아니하시리라 하니 백성이 사무엘의 말 듣기를 거절하여 이르되 아니로소이다 우리도 우리 왕이 있어야 하리니 우리도 다른 나라들 같이 되어 우리의 왕이 우리를 다스리며 우리 앞에 나가서 우리의 싸움을 싸워야 할 것이니이다 하는지라 사무엘이 백성의 말을 다 듣고 여호와께 아뢰매 여호와께서 사무엘에게 이르시되 그들의 말을 들어 왕을 세우라 하시니 사무엘이 이스라엘 사람들에게 이르되 너희는 각기 성읍으로 돌아가라 하니라"

왕을 세우면 엄청난 세금을 내야 하고 딸과 아들을 왕의 종으로 보내야 합니다. 그런 부담을 감당하더라도 다른 나라처럼 왕이 세워지면 자신들의 생명과 재산을 지켜준다고 생각하기에 왕을 요구합니다. 그런데 왕이 백성의 생명과 재산을 지켜주지 않고 오히려 백성의 생명과 재산을 자기의 욕망을 위하여 마음대로 한다면 백성들이 왕의 폭정으로 인하여 부르짖게 될 것입니다. 그럴 때 너희는 여호와 하나님을 버렸기에 여호와 하나님께서 도와주지 않을 것이라고 말씀하시는데도 이스라엘 백성은 왕을 세워달라고 합니다. 이 말을 사무엘이 여호와께 아룁니다. 그러자 여호와께서 그들의 말을 들어 왕을 세워주라고 합니다. 왕을 세워준다는 말을 듣고 백성들이 돌아갑니다.

사무엘상 10:23~24 "그들이 달려가서 거기서 그를 데려오매 그가 백성 중에 서니 다른 사람보다 어깨 위만큼 컸더라 사무엘이 모든 백성에게 이르되 너희는 여호와께서 택하신 자를 보느냐 모든 백성 중에 짝할 이가 없느니라 하니 모든 백성이 왕의 만세를 외쳐 부르니라"

사무엘이 여호와의 지시를 받아 미리 사울을 택하여 두었습니다. 이제 이스라엘 전체에서 공식적으로 사울을 왕으로 세우는 자리에서 다시 여호와를 버리고 왕을 세운 이야기를 하면서 각 지파에서 제비를 뽑자 사울이 뽑힙니다. 그런데 사울이 짐보따리들 사이에 숨어있다가 사람들이 데려옵니다. 아직은 겸손한 모습입니다. 그런데 사울이 백성들보다 어깨 위만큼 컸습니다. 사무엘이 사울을 여호와께서 택하신 왕이라고 하자 모든 백성이 왕의 만세를 부릅니다. 만약 왕이 백성들보다 작고 못난 모습이라면 왕 만세를 부르지 않았을 것입니다. 그런데 이 사울이 어떻게 됩니까?

적들이 쳐들어왔을 때 하나님의 영이 임하여 적들을 물리칩니다. 그런데 자신의 기념비를 세웁니다. 전쟁에서 승리하고 나자 교만하여집니다. 자신이 하나님을 움직이려고 합니다. 전쟁하기 전에 하나님께 제물을 드려야 하는데 사무엘이 약속한 때에 오지 않으니 자기가 제물을 여호와께 드립니다. 그 이유는 백성들의 흩어짐을 면하기 위하여 그렇게 하였다고 합니다. 오늘날도 예배를 새롭게 하여 사람들의 흩어짐을 막아보려는 것은 하나님의 약속을 믿지 않고 우상을 섬기는 것입니다. 그러므로 여호와께서 사울을 버리십니다. 또 하나의 사건은 아말렉을 진멸하라고 하였는데 좋은 것을 남겨와서 하나님께 제사하기 위함이라고 합니다. 그때 사무엘이 순종이 제사보다 낫다고 하였습니다. 결국 사람들이 원한 왕이 하나님의 말씀을 버리므로 왕이 버려집니다.

오늘 본문 사무엘상 16:1~3을 봅니다. 여호와께서 사무엘에게 말씀하십니다. 사울을 버렸는데 왜 너는 슬퍼만 하고 있느냐고 합니다. 그래서 너는 뿔에 기름을 채워서 베들레헴 사람 이새에게 가라고 합니다. 그의 아들 중에서 한 왕을 보았다고 합니다. 사무엘이 사울이 들으면 나를 죽일 거라고 합니다. 기존의 왕이 있는데 사무엘이 누구에게 기름을 부어 왕으로 세우는 일은 사울의 입장에서는 반역하는 일이기 때문입니다. 여호와께서 작전을 알려주십니다. 암송아지를 끌고 가서 말하기를 여호와께 제사 지낸다고 하라고 합니다. 이새의 집에 가서 아들들을 제사에 모으라고 하니 일곱 아들이 왔는데 막내는 오지 않았습니다. 어리니 양이나 돌보라고 하였습니다.

사무엘상 16:6~7 "그들이 오매 사무엘이 엘리압을 보고 마음에 이르기를 여호와의 기름 부으실 자가 과연 주님 앞에 있도다 하였더니 여호와께서 사무엘에게 이르시되 그의 용모와 키를 보지 말라 내가 이미 그를 버렸노라 내가 보는 것은 사람과 같지 아니하니 사람은 외모를 보거니와 나 여호와는 중심을 보느니라 하시더라" 평생에 기도하기를 쉬지 않은 사무엘도 사람을 외모로 보고 있습니다. 그러나 하나님은 중심을 보십니다. 중심을 보신다는 말씀은 사람의 판단과 전혀 다릅니다. 이새의 아들 일곱을 다 보았지만, 하나님께서 택하여 기름 부을 자가 없습니다.

사무엘상 16:11~13 "또 사무엘이 이새에게 이르되 네 아들들이 다 여기 있느냐 이새가 이르되 아직 막내가 남았는데 그는 양을 지키나이다 사무엘이 이새에게 이르되 사람을 보내어 그를 데려오라 그가 여기 오기까지는 우리가 식사 자리에 앉지 아니하겠노라 이에 사람을 보내어 그를 데려오매 그의 빛이 붉고 눈이 빼어나고 얼굴이 아름답더라 여호와께서 이르시되 이가 그니 일어나 기름을 부으라 하시는지라 사무엘이 기름 뿔 병을 가져다가 그의 형제 중에서 그에게 부었더니 이날 이후로 다윗이 여호와의 영에게 크게 감동되니라 사무엘이 떠나서 라마로 가니라"

모세 언약을 받아서 약속의 땅에 들어갔지만, 이스라엘 그 언약을 지키지 못합니다. 그 결과로 적들이 쳐들어옵니다. 그러면 부르짖습니다. 여호와께서 사사를 세워주시면 평안합니다. 이런 일이 계속되는 것은 여호와가 왕이심을 믿지 않아서 일어나는 일인데도 사람들은 왕이 없어서 그런 줄 알고 왕을 요구합니다. 사람들이 원하는 왕이 사울과 같은 키가 크고 힘이 센 사람입니다. 이런 왕은 힘이 없으면 백성들에게 버림받습니다. 그러므로 끊임없이 백성들의 요구를 들어주어야 하기에 하나님의 말씀을 버립니다. 사울이 하나님의 말씀을 버림으로 사울 왕도 버림받습니다.

사무엘상 16:11~13을 다시 봅니다. 소년 다윗을 하나님께서 택하시고 기름을 부어 왕으로 세우십니다. 아직 공식적인 등극을 하지는 않았지만, 그 기름 부음으로 하나님의 영이 임하여 구원자의 일을 합니다. 하나님께서 세우시는 왕은 사람들의 기대와 전혀 다른 사람을 세우십니다. 다윗은 형들에 비하면 아이라서 형들이 다 참여하는 제사에도 초대받지 못하고 양이나 돌보게 하였습니다. 그런데 하나님을 그런 소년 다윗을 기름 부음으로 하나님의 일을 보여주십니다.

여호와 하나님께서 한 왕을 주셨습니다. 그 왕은 사람들의 기대와는 전혀 달리 아브라함과 다윗의 언약을 따라 처녀 마리아에게서 성령으로 잉태하여 짐승의 먹이통에 오신 예수 그리스도입니다. 짐승처럼 땅에 속한 것만 추구하며 사는 우리에게 자기의 살과 피를 주셔서 영원한 생명을 주십니다. 이것이 성탄의 의미이며 성찬의 의미입니다. 오늘 학습 받고 입교하는 여러분들이나 이미 학습 입교 세례를 받은 자들도 명심하여야 할 말씀입니다. 모세 언약으로는 어떤 인간도 하나님의 의에 이를 수가 없고 오직 예수 그리스도의 피로만 의롭다고 함을 입습니다. 이 진리를 성령께서 말씀과 성찬을 통하여 새 언약의 완성인 예수님의 십자가가 더욱 밝히 보이기를 소원합니다.

다윗 언약 ⑵

사무엘상 17:45~49 다윗이 블레셋 사람에게 이르되 너는 칼과 창과 단창으로 내게 나아 오거니와 나는 만군의 여호와의 이름 곧 네가 모욕하는 이스라엘 군대의 하나님의 이름으로 네게 나아가노라 오늘 여호와께서 너를 내 손에 넘기시리니 내가 너를 쳐서 네 목을 베고 블레셋 군대의 시체를 오늘 공중의 새와 땅의 들짐승에게 주어 온 땅으로 이스라엘에 하나님이 계신 줄 알게 하겠고 또 여호와의 구원하심이 칼과 창에 있지 아니함을 이 무리에게 알게 하리라 전쟁은 여호와께 속한 것인즉 그가 너희를 우리 손에 넘기시리라 블레셋 사람이 일어나 다윗에게로 마주 가까이 올 때에 다윗이 블레셋 사람을 향하여 빨리 달리며 손을 주머니에 넣어 돌을 가지고 물매로 던져 블레셋 사람의 이마를 치매 돌이 그의 이마에 박히니 땅에 엎드러지니라

다윗 언약 두 번째 시간입니다만 서론을 좀 더 보도록 하겠습니다. 모세 언약을 모압에서 갱신한 후에 여호수아의 인도로 약속의 땅에 들어왔습니다. 여호수아가 죽을 때 후계자를 세우지 않은 것은 여호와 하나님이 왕으로 계시기 때문입니다. 그러나 여호수아가 죽고 또 여호수아와 함께한 세대들도 죽고 나니 여호와를 알지 못하고 여호와께서 이스라엘을 위하여 행하신 일도 알지 못하였습니다. 그 결과는 여호와 앞에서 악을 행하였는데 그 악은 우상을 섬긴 것입니다. 여호와를 버리고 다른 신을 섬

기면 저주가 임하리라는 모세 언약으로 인하여 적들이 쳐들어옵니다.

적들이 쳐들어와서 괴롭게 되면 부르짖게 됩니다. 그러면 여호와께서 사사를 세우셔서 그들을 구원하여 주십니다. 그러나 사사가 죽게 되면 또 다시 우상숭배로 돌아갑니다. 이런 사사시대를 한마디로 말하면 '백성들이 왕이 없으므로 자기 소견에 옳은 대로 행하였다' 라는 말씀입니다. 그러나 왕이 없었던 것이 아니라 여호와 하나님을 왕으로 믿지 않았던 것입니다. 그래서 사사시대 말기에 백성들이 사무엘에게 우리도 다른 나라처럼 왕을 세워달라고 합니다. 이 말은 백성들이 사무엘을 버린 일이 아니라 하나님을 버린 일입니다. 그래서 왕을 세우면 담당해야 할 부역을 말한 후에 왕을 세우라고 합니다. 왕이 세워지면 레위 지파를 위한 십일조만이 아니라 왕을 위한 십일조도 드려야 합니다. 그뿐 아니라 아들과 딸로 군대를 위하여 보내야 하고 백성들도 왕의 종이 되어야 한다고 전하였는데도 이스라엘 백성들은 왕을 세워 달라고 하여 사울을 왕으로 세웁니다.

사무엘이 사울을 찾아가 기름을 붓고 앞으로 일어날 일을 말해줍니다. 기름 부음을 받음으로 새 마음이 주어지고 하나님의 영이 임하게 됩니다. 이런 사울을 백성들 앞에서 왕으로 세우는 일은 지난 주에 보았습니다. 사울이 왕으로 뽑혔는데도 겸손하여 짐보따리들 뒤에 숨어있었습니다. 사무엘 2장에 한나의 찬송과 누가복음 1장의 마리아의 찬양을 보면 하나님께서는 겸손한 자를 높이시고 교만한 자를 심판하신다고 찬양합니다. 한나는 사무엘의 잉태를 통하여 이 찬양을 하고 마리아는 예수를 잉태할 때 이 찬양을 합니다. 그러므로 이스라엘의 지도자 곧 왕이 될 사람은 겸손의 사람입니다. 그런데 사람들이 사울을 데리고 오자 백성들보다 어깨 위만큼 키가 컸습니다. 백성들이 사울을 보고 왕의 만세를 부릅니다. 하나님의 뜻과 이스라엘 백성들의 뜻이 다릅니다.

겸손하였던 사울이 왕이 되고 적을 물리치게 되자 교만하게 됩니다. 사무엘이 자신이 와서 제사할 때까지 기다리라고 하였는데 사무엘이 오기 전에 백성들의 흩어짐을 면하려고 자신이 제사를 지냅니다. 이 일로 사울의 왕조가 끝이 날것이라는 말씀을 듣습니다. 그리고 전쟁에 승리하자 자기를 위하여 기념비를 세웁니다. 그 후에 아말렉을 진멸하라고 하였는데 좋은 것을 남겨와서 하나님께 제사를 지내겠다고 합니다. 그러나 순종이 제사보다 낫다는 말씀을 들으면서 사울 왕이 버림받았다고 전한 후에 슬퍼하고 있는데 여호와께서 다시 기름 부을 자가 있다고 하십니다.

사무엘상 16:12~13 "이에 사람을 보내어 그를 데려오매 그의 빛이 붉고 눈이 빼어나고 얼굴이 아름답더라 여호와께서 이르시되 이가 그니 일어나 기름을 부으라 하시는지라 사무엘이 기름 뿔병을 가져다가 그의 형제 중에서 그에게 부었더니 이날 이후로 다윗이 여호와의 영에게 크게 감동되니라 사무엘이 떠나서 라마로 가니라"

하나님은 사람을 외모로 보시지 않고 중심을 보신다고 하셨습니다.^{삼상 16:7} 이 말씀은 사무엘이 이새의 장남 엘리압을 보고 왕이 될 상이라고 보고 기름을 부으려고 하였습니다. 그런데 다윗의 외모만 말하고 있습니다. 그러나 이런 외모는 아직 동안이라는 말입니다. 소년이기에 그의 빛이 붉고 눈이 빼어나고 얼굴이 아름다웠다고 합니다. 그런데 하나님은 다윗을 마음에 합한 자라고 하십니다. 그 이유는 사울과 같은 키고 힘 있는 왕을 원하는 자들에게 하나님의 뜻을 알려주시는 자로 합한 자라는 것입니다. 사람들이 원하는 왕과 하나님께서 원하시는 왕은 완전히 다릅니다.

사무엘상 16:14~16 "여호와의 영이 사울에게서 떠나고 여호와께서 부리시는 악령이 그를 번뇌하게 한지라 사울의 신하들이 그에게 이르되 보소서 하나님께서 부리시는 악령이 왕을 번뇌하게 하온즉 원하건대 우리 주께서는 당신 앞에서 모시는 신하들에게 명령하여 수금을 잘 타는 사람을 구하게 하소서 하나님께서 부리시는 악령이 왕에게 이를 때에 그가 손으로 타면 왕이 나으시리이다 하는지라”

다윗은 기름 부음을 받고 사울 왕은 여호와의 영이 떠나버립니다. 그 결과 악령으로 번뇌할 때 수금 잘 타는 자로 왕을 구하게 하라는 신하의 조언을 받고는 다윗을 불러오게 합니다. 사울이 괴로워할 때 다윗이 수금을 타면 악령이 떠나므로 사울이 상쾌하게 나았습니다. 다윗이 기름 부음을 받았지만, 아직 현실적인 왕은 사울입니다. 그러므로 다윗은 왕의 부름을 받아서 왕궁에 왔다가 왕이 나아지면 다시 자기 아버지 집에서 양을 치고 있습니다.

그러던 중에 블레셋 사람들이 이스라엘을 치려고 왔습니다. 블레셋 진영의 싸움 돋우는 자가 골리앗입니다. 키가 3m가 넘습니다. 갑옷의 무게가 60kg, 창날만 약 7kg입니다. 이런 자가 이스라엘을 향하여 누구든지 일대일로 붙자는 것입니다. 그래서 지는 자는 이기는 자의 종이 되어 섬기도록 하자고 합니다. 모든 백성보다 키가 어깨 위에 더한 사울 왕도 골리앗 앞에서 꼼짝 못 합니다. 이런 중에 다윗의 형 세 명도 전쟁터에 나와 있습니다. 이새가 다윗에게 형들 면회를 하도록 합니다. 형들의 양식과 천 부장에게 줄 치즈를 들고 전쟁터에 가 보니 골리앗이 이러고 있습니다.

다윗이 형들에게 문안 한 후에 골리앗이 이스라엘의 하나님을 모독하고 이스라엘 백성들을 조롱하는 것을 보았습니다. 백성들은 두려워서 도망을 가기도 합니다. 그때 사울 왕은 골리앗을 죽이는 자는 많은 재물을 주고 자기의 딸을 줄 것이며 그 아버지의 집은 세금을 면제하여 준다고 합니다. 그러나 누가 골리앗을 물리칠 수 있겠습니까? 사울 왕도 다윗의 형들도 다른 어떤 군인들도 감당을 못할 때 양이나 치고 형들을 면회나 온 소년 다윗이 골리앗에 대하여 분노합니다. 할례도 받지 않은 이방인이 살아 계신 하나님의 군대인 이스라엘을 모독한다고 하면서 자기가 물리치겠다고 합니다. 그러자 왕에게 소개하고 왕이 갑옷을 주자 자기 몸에 맞지 않습니다. 그래서 갑옷을 벗어두고 양을 치던 그 모습대로 골리앗을 물리치기 위하여 갑니다.

사무엘상 17:41~44 "블레셋 사람이 방패 든 사람을 앞세우고 다윗에게로 점점 가까이 나아가니라 그 블레셋 사람이 둘러보다가 다윗을 보고 업신여기니 이는 그가 젊고 붉고 용모가 아름다움이라 블레셋 사람이 다윗에게 이르되 네가 나를 개로 여기고 막대기를 가지고 내게 나아왔느냐 하고 그의 신들의 이름으로 다윗을 저주하고 그 블레셋 사람이 또 다윗에게 이르되 내게로 오라 내가 네 살을 공중의 새들과 들짐승들에게 주리라 하는지라"

골리앗이 다윗을 업신여깁니다. 그런데 다윗의 형들도 다윗에게 교만하다고 하였습니다. 사무엘상 17:28입니다. "큰형 엘리압이 다윗이 사람들에게 하는 말을 들은지라 그가 다윗에게 노를 발하여 이르되 네가 어찌하여 이리로 내려왔느냐 들에 있는 양들을 누구에게 맡겼느냐 나는 네 교만과 네 마음의 완악함을 아노니 네가 전쟁을 구경하러 왔도다"

골리앗이나 다윗의 큰형 엘리압이나 사울 왕이나 이스라엘 모든 백성도 사람을 외모로 봅니다. 골리앗이 40일 동안 아침저녁으로 이스라엘을 조롱하여도 아무도 대적할 자가 없었습니다. 그런데 소년 다윗이 특별한 무기도 없이 매끄러운 돌 다섯 개와 목자의 주머니와 물매를 가지고 골리앗을 대적하려고 나오니 골리앗이 업신여긴 것입니다. 업신여긴다는 말은 교만한 마음으로 상대를 낮추어 보거나 하찮게 여긴다는 말입니다. 그런데 다윗의 말을 들어봅시다.

사무엘상 17:45~47 너는 칼과 창과 단창으로 오지만 나는 만군의 여호와 이름 곧 네가 모욕하는 이스라엘 군대의 하나님 이름으로 네게 나아간다고 합니다. 이 말은 다윗이 이스라엘의 왕 여호와 하나님을 믿는다는 신앙의 고백입니다. 이 고백은 다윗 개인의 능력이 아니라 하나님의 기름 부음으로 인한 것입니다. 주의 기름 부음으로 인하여 새로운 마음이 된 자들은 하나님의 왕 되심을 믿게 됩니다. 그런데 사울은 이미 기름 부음이 떠났기에 골리앗 앞에서 꼼짝을 못합니다. 그러나 어린 소년 다윗이 기름 부음을 받았기에 눈에 보이지 않지만, 만군의 여호와가 자기의 왕이며 하나님임을 고백하며 만군의 여호와 이름으로 골리앗에게 나아갑니다.

본문 46~47절을 다시 봅니다. 오늘 여호와께서 너를 내 손에 넘길 것이라고 합니다. 다윗이 이기는 것이 아니라 여호와 하나님께서 이기실 것이라고 합니다. 그러므로 내가 너를 쳐서 네 목을 베고 블레셋 군대의 시체를 오늘 공중의 새와 땅의 들짐승에게 줄 거라고 합니다. 골리앗은 다윗을 죽여서 공중의 새와 땅의 들짐승에게 줄 것이라고 하였지만, 오히려 다윗은 골리앗과 함께한 블레셋 군대가 공중의 새와 들짐승의 밥이 될 것이라고 합니다. 이렇게 하시는 가장 중요한 이유는 여호와의 구원이 칼과 창에 있지 않음을 이 무리에게 알게 하겠다고 합니다. 이 무리란 블레셋만이 아니라 오히려 이스라엘 백성들을 위하여 더욱 알게 하겠다는 뜻입니다. 그러므로 전쟁은 여호와께 속한 것이기에 그가 너희를 온전히 우리 손에 넘길 것이라고 합니다.

이후의 싸움은 잘 아는 내용입니다. 소년 다윗이 물매에 돌을 넣어서 던지니 그 돌이 골리앗의 이마에 박혀서 땅에 엎드려집니다. 다윗은 칼이 없어서 골리앗의 칼로 그를 죽이고 머리를 베어버립니다. 전의를 상실한 블레셋은 도망가고 이스라엘은 공격하여 대승을 이룹니다. 골리앗의 머리는 예루살렘으로 가져가고 그 갑옷은 다윗의 장막에 둡니다. 다윗은 당장 군대의 장군이 되고 사울 왕의 사위가 됩니다. 그러나 전쟁에서 승리하고 돌아올 때 사울은 천천이며 다윗은 만만이라는 환영의 노래를 듣고 사울이 분노하여 다윗을 죽이려고 주목하게 됩니다. 이 내용은 다음에 보겠습니다만 오늘은 다윗이 기름 부음을 받음으로 적을 물리치지만 업신여김받았음을 보겠습니다.

다윗이 기름 부음을 받음으로 새 마음이 주어졌습니다. 이것은 다윗의 능력이 아니라 하나님의 선택과 주의 영이 임함으로 되는 일입니다. 이렇게 기름 부음을 받은 다윗은 여호와의 전쟁이 어떤지를 알고 믿게 됩니다. 다른 사람들은 세상의 창과 칼과 용사의 수와 힘을 믿지만, 다윗은 보이지 않는 여호와 하나님이 용사이심을 믿습니다. 그러므로 여호와께서 적들을 물리칠 것을 믿는 믿음이 기름 부음 받음으로 인하여 받은 믿음입니다. 구약과 신약에서 그리스도의 영이 임한 모든 선지자와 사도는 이런 전쟁을 알고 있습니다. 그래서 모세도 다윗도 이런 찬양을 합니다.

출애굽기 15:3~6 "여호와는 용사시니 여호와는 그의 이름이시로다 그가 바로의 병거와 그의 군대를 바다에 던지시니 최고의 지휘관들이 홍해에 잠겼고 깊은 물이 그들을 덮으니 그들이 돌처럼 깊음 속에 가라앉았도다 여호와여 주의 오른손이 권능으로 영광을 나타내시니이다 여호와여 주의 오른손이 원수를 부수시니이다"

홍해를 건넌 후에 모세가 찬양하는 내용입니다. 모세가 바로 왕에게 여호와의 백성을 내놓으라고 하였습니다. 그러나 바로 왕은 여호와가 누구기에 감히 내 재산을 내놓으라고 하느냐는 식입니다. 바로 왕은 여호와를 그의 노예인 이스라엘 백성들이 섬기는 여러 신중에 하나라 생각하고 아주 업신여긴 것입니다. 얼마나 못난 신이면 자기 백성들이 400년이나 포로로 되어 있는데 그대로 두었겠는가 하는 생각입니다. 그러나 그 기간도 하나님께서 아브라함에게 약속하신 기간입니다. 이런 여호와를 업신여긴 바로 왕이 열 가지 재앙을 당합니다. 마지막 재앙은 장자의 죽음인데 어린 양의 피를 바르면 장자가 죽임을 당하지 않습니다. 이스라엘 백성이라도 어린 양의 피를 바르지 않으면 장자가 죽습니다. 애굽의 모든 장자가 죽는 이 놀라운 일이 일어나고 출애굽 하여 홍해를 건너 이 찬송을 합니다. 여호와가 용사이시기에 주의 오른손으로 구원하셨다고 찬송합니다.

시편 33:16~19 "많은 군대로 구원 얻은 왕이 없으며 용사가 힘이 세어도 스스로 구원하지 못하는도다 구원하는 데에 군마는 헛되며 군대가 많다 하여도 능히 구하지 못하는도다" 주의 기름 부음을 받은 자들의 한결같은 고백입니다. 그러므로 다윗이 기름 부음을 받은 후에 형들의 업신여김을 받습니다. 사울 왕은 다윗을 죽이려고 합니다. 그래서 다윗이 도망을 다니게 됩니다. 이런 다윗에게 모이는 자들은 어떤 자들이 모였을까요? 이미 하나님의 영이 떠나 사울의 체제에서 잘 먹고 잘사는 자들이 아니라 그 체제에서 억울하고 원통한 자들이 모여듭니다.

사무엘상 22:1~2 "그러므로 다윗이 그곳을 떠나 아둘람 굴로 도망하매 그의 형제와 아버지의 온 집이 듣고 그리로 내려가서 그에게 이르렀고 환난 당한 모든 자와 빚진 모든 자와 마음이 원통한 자가 다 그에게로 모였고 그는 그들의 우두머리가 되었는데 그와 함께 한 자가 사백 명가량이었더라"

다윗이 피난 다니며 살 때 가족들을 하는 수 없이 따라가야 할 것입니다. 업신여김을 받고 쫓겨 다니는 다윗에게 오는 자들은 환난을 겪고 빚을 지고 마음이 원통한 자들이 모였습니다. 그러므로 더욱 업신여김을 받는 무리의 모습입니다. 그러나 주의 기름 부음 받은 다윗이 그들과 함께 합니다. 오늘 우리는 어떤 무리에 속하기를 원하십니까? 세상이 볼 때 힘 있고 멋있는 자들의 모임에 함께 하겠습니까? 세상이 볼 때 볼품이 없고 업신여김을 받는 무리와 함께하고 싶습니까?

우리는 교회를 다니면서도 하나님을 열심히 섬겨드려서 세상에서도 복을 받아 업신여김을 받지 않으려고 합니다. 그런데 세상에서 복을 받은 일이 잘 일어나지 않기에 어떤 말을 듣는가 하면 천국에 상이 크다는 말을 듣고서 더욱 열심히 하나님을 섬기려고 합니다. 그 하나님을 섬기는 방식은 여러분이 익히 아는 그런 방식입니다. 그렇게 열심히 하여 천국에서 큰 상을 받아서 업신여김을 받지 않겠다는 마음이 있습니다. 천국을 다시 세상의 비교 경쟁의 장으로 만들어 버리려고 하는 일인데 이런 일들을 하나님의 말씀으로 알고 참으로 열심히 살아온 자들이 많습니다.

어떤 분이 우리 교회에 오고 나서 살림살이가 나아진 것도 아니고 여전히 사는 일은 팍팍하고 힘이 들지만, 지금만큼 행복한 신앙생활을 한 적이 없다고 하는 말을 들었습니다. 그 행복이 우리 주 예수 그리스도의 십자가 은혜로 인한 것으로 생각하여 저도 행복하였습니다. 그리고 한 분은 교수님이신데 기말시험 채점하면서 카톡을 보냈습니다. '십자가의 복음을 만나기 전에는 저 역시 죽어서 천국 가면 그동안 나의 노력과 공적을 따라 상을 받는다고 배웠기에 수강생들 시험지 채점을 할 때마다 헛웃음이 납니다. 만약 나의 믿음을 예수님이 평가한다면 100점 만점에 몇 점짜리일까? 의구심이 드는데요, 내가 주인으로 살 때가 많아서 보나 마나 F 학점 재수강입니다.' 저의 답변은 그러므로 우리의 의로는 구원받을 수 없고 오직 십자가의 공로라고 하였습니다.

마태복음 18:10 "삼가 이 작은 자 중의 하나도 업신여기지 말라 너희에게 말하노니 그들의 천사들이 하늘에서 하늘에 계신 내 아버지의 얼굴을 항상 뵈옵느니라"

천국에서 누가 큰 자인가를 질문한 제자들에게 예수님께서 답변하신 결론입니다. 천국에서 큰 자는 어린아이같이 자기를 낮추는 자가 큰 자라고 합니다. 이스라엘의 왕도 겸손하면 높여주시지만 교만하면 낮추어 버리십니다. 그리고 예수님 당시에 가장 업신여김을 받는 어린아이 같은 자들을 영접하는 자가 예수님의 제자가 살아가야 할 모습이라고 합니다. 예수님은 만왕의 왕이시며 만주의 주이며 천지를 창조하신 그 말씀이 육신이 되어 자기를 비워 종의 모습으로 오셔서 우리를 영접하여 주셨습니다. 그 놀라운 일을 이루시는 데 예수님께서 업신여김 받음으로 이루어 내십니다.

누가복음 23:10~12 "대제사장들과 서기관들이 서서 힘써 고발하더라 헤롯이 그 군인들과 함께 예수를 업신여기며 희롱하고 빛난 옷을 입혀 빌라도에게 도로 보내니 헤롯과 빌라도가 전에는 원수였으나 당일에 서로 친구가 되니라"

종교와 정치의 권력들이 합동으로 예수를 업신여기고 희롱합니다. 얼마나 업신여김을 받았으면 그 얼굴에 침을 뱉었겠습니까? 눈을 가리고 얼굴을 치면서 네가 선지자라면 누가 때렸는지 맞히어 보라고 합니다. 온갖 조롱과 채찍을 다 한 후에 발가벗겨 십자가에 달아놓고서는 네가 하나님의 아들이라면 너를 구원하여 보라고 합니다. 예수님께서 어느 정도로 멸시와 천대를 받았으면 이런 업신여김을 받았을까요? 그러나 예수님이 이런 업신여김을 받음으로 자기 백성을 구원하십니다.

우리는 태어나면서부터 허물과 죄로 죽은 상태입니다. 이런 상태는 마귀에게 속아서 세상의 먹음직하고 보암직하고 세상의 자랑이 될 것만을 추구하며 살았기에 업신여김을 받는 예수님을 믿지 않았습니다. 세상에서 업신여김을 받지 않고 천국에서도 업신여김을 받지 않으려고 교회를 다녔습니다. 그런데 그 죄가 예수님을 죽인 죄가 됩니다. 그러므로 예수님이 업신여김을 받아 십자가에 죽는 이 예수님을 믿으려면 우리의 마음이 얼마나 낮아져야 하겠습니까? 세상에서 얼마나 업신여김을 받아야 십자가를 지신 예수님이 보이겠습니까? 그러므로 지금 내가 업신여김을 받아 죽고 싶을 때도 주님은 나는 너보다 더 업신여김을 받았다는 말씀이 들려진다면 구원의 소식입니다. 예수님께서 이 역사 속에서 다 이루었다고 하는 자리는 가장 업신여김을 받고 멸시와 천대를 받고 저주받은 십자가입니다. 그러나 그 십자가 안에 하늘의 영원한 영광이 감추어져 있습니다.

다윗 언약 (3)

^{사무엘상 18:1~4} 다윗이 사울에게 말하기를 마치매 요나단의 마음이 다윗의 마음과 하나가 되어 요나단이 그를 자기 생명같이 사랑하니라 그날에 사울은 다윗을 머무르게 하고 그의 아버지의 집으로 다시 돌아가기를 허락하지 아니하였고 요나단은 다윗을 자기 생명같이 사랑하여 더불어 언약을 맺었으며 요나단이 자기가 입었던 겉옷을 벗어 다윗에게 주었고 자기의 군복과 칼과 활과 띠도 그리하였더라 다윗은 사울이 보내는 곳마다 가서 지혜롭게 행하매 사울이 그를 군대의 장으로 삼았더니 온 백성이 합당히 여겼고 사울의 신하들도 합당히 여겼더라

지난 주에는 다윗이 기름 부음을 받았을 때 주변에서 다윗을 어떻게 보았는지를 살펴봤습니다. 다윗의 큰 형 엘리압이 다윗을 보고 교만하고 마음이 완악하다고 합니다.^{삼상17:28} 골리앗은 다윗을 업신여깁니다.^{삼상17:42} 다윗이 골리앗을 물리치고 돌아올 때 환영하는 여인들이 사울은 천천이며 다윗은 만만이라고 하자 사울이 다윗을 싫어합니다. 그래서 죽이려고 하자 다윗에게로 피하여 온 자들이 환난 겪고 빚지고 마음이 원통한 모든 자들이 다윗에게 갑니다.^{삼상22:2} 그런데 이런 다윗에게 가는 자들이 업신여김을 받는 자들만 간 것이 아니라 사울의 아들, 차기 왕이 될 요나단이 다윗을 자기 목숨처럼 사랑하며 지지합니다. 어떻게 이런 일이 일어날까요?

오늘 본문 1절을 봅니다. 다윗이 사울에게 말하기를 마쳤다는 것은 골리앗을 물리치기 전에 사울 왕 앞에서 한 말과 골리앗을 물리치고 난 이후의 말까지 다 마친 것입니다. 다윗의 그 말을 듣고 요나단의 마음이 다윗의 마음과 하나가 되어 요나단이 다윗을 생명같이 사랑하였다고 합니다. 요나단의 마음과 다윗의 마음이 하나가 되었다는 말은 인간적인 하나 됨이 아니라 주의 은혜가 임하여 같은 마음을 가지게 된 것입니다. 그 하나 됨은 여호와의 전쟁을 아는 것입니다.

사무엘상 14:6~7 "요나단이 자기의 무기를 든 소년에게 이르되 우리가 이 할례 받지 않은 자들에게로 건너가자 여호와께서 우리를 위하여 일하실까 하노라 여호와의 구원은 사람이 많고 적음에 달리지 아니하였느니라 무기를 든 자가 그에게 이르되 당신의 마음에 있는 대로 다 행하여 앞서 가소서 내가 당신과 마음을 같이 하여 따르리이다"

사울 왕이 모르는 사이에 요나단이 자기 무기든 자와 단둘이 블레셋 진영을 공격하면서 한 요나단의 말입니다. 요나단이 적들에게 갈 때 하나의 징조를 구하는데 적들이 우리가 너희에게 가리라고 하면 올라가지 않을 것이며 적들이 우리에게로 오라고 하면 하나님께서 그들을 자기의 손에 붙여주셨다고 생각하고 갔는데 후자의 말을 들었습니다. 그들이 올라오라고 한 이유는 이스라엘에서 몇 명이 항복하려고 온줄 생각한 것입니다. 그런데 요나단이 약 20명을 죽이니 적들에게 큰 두려움이 임합니다. 땅도 큰 흔들림이 있습니다. 적들이 자기들끼리 칼로 죽이고 있습니다.

사울 왕의 진영에서 적들을 보니 큰 혼란이 일어나고 있습니다. 그래서 인원을 점검하니 요나단이 없습니다. 사울 왕과 군사들이 적들을 치려고 가는데 이스라엘 백성인데도 블레셋에 붙었던 자들이 다시 돌아오고 또 도망간 자들이 이 소식을 듣고 함께 적들을 물리치려고 갑니다. 이때 사울 왕이 잘못된 명령을 내리는데 금식을 명한 것입니다. 요나단은 이 명을 듣지 못하여 전쟁 중에 들 꿀을 지팡이로 찍어 먹었습니다. 눈이 번쩍 뜨입니다. 그러자 다른 군인이 사울 왕의 명을 전합니다. 요나단은 자기 아버지가 잘 못 한 것이라고 말합니다. 전쟁하면서 먹을 것을 먹었다면 훨씬 더 적을 물리쳤을 것인데 금식을 명하여 백성들이 지키고 나중에 소를 잡아 피를 빼지도 않고 먹게 됩니다. 다음날 사울이 적들을 계속 칠지를 제사장을 통하여 여호와께 물어보니 어떤 응답도 없습니다. 그래서 그 죄를 묻기 위하여 제비를 뽑아보니 사울이 걸리고 결국 요나단이 걸린 것입니다. 그 이유는 사울 왕이 잘못 맹세하였지만, 왕이 여호와의 이름으로 맹세한 금식을 어긴 것입니다. 여호와의 응답이 없음은 왕을 뽑은 죄를 백성들이 담당해야 할 일이기도 합니다.

결국 요나단이 자기가 알지 못하고 먹었지만, 왕이 여호와의 이름으로 명한 것이기에 자기가 죽어 마땅하다고 합니다. 이때 백성들이 요나단을 죽이면 안 된다고 합니다. 요나단이 여호와와 함께 동역하였기에 죽일 수 없다고 하여 죽지 않게 됩니다. 이 일을 통하여 왕을 뽑으면 어떤 일이 일어나는지 보여주고 있습니다. 그러면 사울은 왜 전쟁에서 금식을 명하였을까요? 여호와의 전쟁을 모르는 것입니다. 여호와의 전쟁은 사람의 숫자나 창과 칼과 같은 무기에 있지 않음을 모릅니다. 그리고 금식이라는 인간 최고의 간절한 정성도 여호와의 전쟁에서는 소용이 없습니다. 그러므로 요나단이 여호와의 전쟁을 아는 사람이기에 다윗의 말을 듣고 마음이 통한 것입니다.

오늘 우리가 이렇게 한 교회로 모였습니다. 고향도 다르고 성씨도 다르고 취향도 다 다릅니다. 그런 사람들이 왜 한 교회로 모였습니까? 복음 때문에 모였습니다. 그렇다면 다 한 마음이어야 합니다. 그런데 우리가 한마음입니까? 우리가 자주 인사하고 만나고 교제하는 사람들을 보시기 바랍니다. 과연 복음 하나로 만납니까? 아니면 나의 취향을 따라 만납니까?

과연 우리의 모든 모임이 복음으로 인한 것입니까? 유대인이나 이방인이나 차별이 없는 복음입니다. 가진 자나 못 가진 자나, 배운 자나 못 배운 자나 한 믿음을 받았다면 어떤 차별도 없음이 당연한 일입니다.

오늘 본문 1~4절을 다시 봅니다. 사울 왕이 다윗을 보내지 않은 이유는 이용하기 위함입니다. 그런데 다윗이 사울에게 말을 마치니 요나단의 마음이 다윗의 마음과 하나가 되어 요나단이 다윗을 자기 생명같이 사랑합니다. 어떻게 이런 일이 일어난 것입니까? 여호와의 전쟁을 아는 두 사람입니다. 여호와의 전쟁은 사람의 힘에 있지 않음을 알기에 두 사람의 마음이 하나가 됩니다. 이것이 은혜입니다. 참으로 은혜를 입은 자는 여호와의 전쟁은 여호와께서 자기 언약을 이루시기 위한 전쟁임을 알기에 그 약속을 믿는 믿음으로 서로 하나가 되는 것입니다.

본문 3~4절을 다시 봅니다. 차기 왕이 될 자가 다윗을 자기 생명같이 사랑하여 더불어 언약을 맺습니다. 그 언약을 맺는 일을 무엇으로 합니까? 요나단이 자기가 입었던 겉옷을 벗어 다윗에게 주었고 자기의 군복과 칼과 활과 띠도 다 줍니다. 이것은 차기 왕이 자신이 아니라 다윗이 왕이 될 것임을 인정하는 일입니다. 그러므로 업신여김을 받는 자들만이 다윗에게 오는 것이 아니라 왕세자도 기름 부음 받은 다윗을 왕과 주인으로 인정합니다. 오늘날 우리가 예수님을 믿는다는 말은 예수님과 언약을 체결하는 것입니다. 예수님을 내 생명처럼 사랑하는 것이며 나의 모든 주권을 예수님께 넘겨드리는 일입니다. 이것이 예수님을 믿는다는 말입니다. 그런데 이런 언약을 체결하고 나면 기존의 체제가 가만히 두지 않습니다. 사울 왕은 이런 아들까지 죽이려고 합니다.

사무엘상 20:14~17 "너는 내가 사는 날 동안에 여호와의 인자하심을 내게 베풀어서 나를 죽지 않게 할 뿐 아니라 여호와께서 너 다윗의 대적들을 지면에서 다 끊어 버리신 때에도 너는 네 인자함을 내 집에서 영원히 끊어 버리지 말라 하고 이에 요나단이 다윗의 집과 언약하기를 여호와께서는 다윗의 대적들을 치실지어다 하니라 다윗에 대한 요나단의 사랑이 그를 다시 맹세하게 하였으니 이는 자기 생명을 사랑함같이 그를 사랑함이었더라"

사울이 다윗을 죽이려고 합니다. 그래서 다윗은 피하여 다니는 중에 요나단과 비밀리에 만나서 자기의 목숨이 경각간에 달렸다고 합니다. 요나단이 자기 아버지는 자기에게 모든 일을 말하기에 다윗을 죽이려고 하면 반드시 다윗에게 알려주어 죽지 않도록 하겠다고 하나님의 이름으로 자기 저주의 맹세까지 합니다. 다윗이 초하루에 왕과 함께 식사하는데 그때 분노하는지 아닌지 보고 알려주기로 합니다. 그리고 요나단이 다윗과 언약하기를 여호와께서 다윗의 대적을 칠 때 너는 너의 인자함을 내 집에 끊지 말라고 합니다. 그러면서 여호와께서 다윗의 대적을 칠 것이라고 하면서 다윗과 언약을 두 번째 맺습니다. 이 말은 자기 아버지 사울도 다윗의 대적이기에 여호와의 심판을 받아야 한다는 말입니다. 이것은 혈육을 벗어나야 할 수 있는 말입니다.

미가 7:4~6 "그들의 가장 선한 자라도 가시 같고 가장 정직한 자라도 찔레 울타리보다 더하도다 그들의 파수꾼들의 날 곧 그들 가운데에 형벌의 날이 임하였으니 이제는 그들이 요란하리로다 너희는 이웃을 믿지 말며 친구를 의지하지 말며 네 품에 누운 여인에게라도 네 입의 문을 지킬지어다 아들이 아버지를 멸시하며 딸이 어머니를 대적하며 며느리가 시어머니를 대적하리니 사람의 원수가 곧 자기의 집안사람이리로다"

이스라엘의 총체적인 부패를 고발하면서 말한 내용입니다. 백성의 지도자와 재판관들이 뇌물을 요구하며 그들의 욕심으로 서로 결합이 됩니다. 다윗과 요나단이 여호와의 전쟁을 아는 마음으로 하나가 되는데 이들은 악을 행하기 위하여 하나가 됩니다. 그러므로 가장 선하고 정직한 자라도 가시와 찔레 울타리보다 더하다고 합니다. 그러므로 그 어떤 누구도 믿지 말라고 합니다. 네 품에 누운 여인에게도 입의 문을 지키라고 합니다. 아들이 아버지를 멸시하며 딸이 어머니를 대적하며 며느리가 시어머니를 대적하니 사람의 원수가 자기 집안사람이 됩니다. 이렇게 되는 이유는 주의 기름 부음 받은 자의 등장으로 인한 것입니다. 그리스도가 오심으로 이런 일이 일어납니다.

마태복음 10:34~39 "내가 세상에 화평을 주러 온 줄로 생각하지 말라 화평이 아니요 검을 주러 왔노라 내가 온 것은 사람이 그 아버지와, 딸이 어머니와, 며느리가 시어머니와 불화하게 하려 함이니 사람의 원수가 자기 집안 식구리라 아버지나 어머니를 나보다 더 사랑하는 자는 내게 합당하지 아니하고 아들이나 딸을 나보다 더 사랑하는 자도 내게 합당하지 아니하며 또 자기 십자가를 지고 나를 따르지 않는 자도 내게 합당하지 아니하니라 자기 목숨을 얻는 자는 잃을 것이요 나를 위하여 자기 목숨을 잃는 자는 얻으리라" 미가 선지자의 말씀과 예수님의 이 말씀이 사울의 집안에 일어나고 있으며 오늘날도 일어나고 있습니다.

사무엘상 20:30~34 "사울이 요나단에게 화를 내며 그에게 이르되 패역무도한 계집의 소생아 네가 이새의 아들을 택한 것이 네 수치와 네 어미의 벌거벗은 수치 됨을 내가 어찌 알지 못하랴 이새의 아들이 땅에 사는 동안은 너와 네 나라가 든든히 서지 못하리라 그런즉 이제 사람을 보내어 그를 내게로 끌어오라 그는 죽어야 할 자이니라 한지라 요나단이 그의 아버지 사울에게 대답하여 이르되 그가 죽을 일이 무엇이니이까 무엇을 행하였나이까 사울이 요나단에게 단창을 던져 죽이려 한지라 요나단이 그의 아버지가 다윗을 죽이기로 결심한 줄 알고 심히 노하여 식탁에서 떠나고 그 달의 둘째 날에는 먹지 아니하였으니 이는 그의 아버지가 다윗을 욕되게 하였으므로 다윗을 위하여 슬퍼함이었더라" 미가서와 예수님의 말씀이 사울의 가정에 일어나고 있습니다. 시간과 공간을 초월하여 이런 일들이 일어남이 그리스도의 오심입니다.

사무엘상 23:15~18 "다윗이 사울이 자기의 생명을 빼앗으려고 나온 것을 보았으므로 그가 십 광야 수풀에 있었더니 사울의 아들 요나단이 일어나 수풀에 들어가서 다윗에게 이르러 그에게 하나님을 힘 있게 의지하게 하였는데 곧 요나단이 그에게 이르기를 두려워하지 말라 내 아버지 사울의 손이 네게 미치지 못할 것이요 너는 이스라엘 왕이 되고 나는 네 다음이 될 것을 내 아버지 사울도 안다 하니라 두 사람이 여호와 앞에서 언약하고 다윗은 수풀에 머물고 요나단은 자기 집으로 돌아가니라" 사울 왕이 다윗을 잡으려고 왔는데 요나단은 자기 아버지를 배신하고 다윗을 살려 줍니다. 요나단과 사울이 여호와 앞에서 세 번째 언약합니다.

우리가 예수님을 믿는다는 말은 예수님과 언약을 맺는 것입니다. 예수님이 나의 주인이 된다는 것입니다. 내가 요나단처럼 왕자라고 하여도 그 겉옷을 벗어 주고 활과 칼과 띠까지 다 다윗에게 줍니다. 자기 신분의 상징이며 자기를 지키고 적을 물리치는 무기까지 모두 다윗에게 다 줍니다. 나는 다윗의 신하가 되겠다는 것입니다. 이것이 예수님을 믿는 일입니다. 우리는 이런 예수님을 믿을 수가 있습니까? 우리의 혈육의 능력으로는 결코 믿을 수가 없습니다. 그러면 어떻게 예수님을 믿는 일이 일어납니까? 그것은 성경을 통하여 알 수 있습니다. 성경은 하나님의 자기 계시입니다.

우리가 새해부터 주일 오후 시간에 3년 동안 성경을 일독하려고 합니다. 그동안 성경 전체를 강해했습니다. 강해 순서는 차례가 없었지만 이제 구약과 신약 전체를 한 번에 읽어나갈 것입니다. 지금 주일 오전에 설교하는 내용은 언약을 따른 큰 줄기입니다. 이런 언약이 성경 전체에서 어떻게 대하드라마처럼 흘러가는지를 보려고 합니다. 성경이 무엇을 말하는지를 알게 되면 모든 성경이 예수님을 증언하는 것이며 이 예수님을 믿는 일이 얼마나 놀라운 기적인지를 알게 됩니다.

마태복음 10:34~39를 다시 봅니다. 크리스마스가 되면 세상 사람들도 하늘에는 영광 땅에는 평화를 말합니다. 지금도 온 세상은 전염병과 전쟁의 소식과 경제의 문제로 조용할 날이 없습니다. 이런 세상에 사람들이 평화를 원하지만, 그런 평화는 자기중심의 거짓된 평화입니다. 참된 평화의 왕은 칼을 주기 위하여 오셨습니다. 그러므로 그리스도의 오심으로 혈과 육으로 하나 된 자들의 분리가 일어납니다. 이미 앞에서 본 대로 집안 식구가 원수가 됩니다.

그런데 우리는 예수님을 믿는다고 하면서 무엇을 사랑합니까? 자기 아버지와 어머니, 자기의 아들과 딸을 예수님보다 더 사랑하지 않습니까? 이런 자는 예수님께 합당하지 않다고 합니다. 그리고 자기 십자가를 지고 예수님을 따르지 않는 자도 합당하지 않다고 합니다. 자기 목숨을 얻으려고 하면 잃어버릴 것이며 예수님을 위하여 목숨을 잃는 자는 얻을 것이라고 합니다. 그런데 누가 이 길을 갈 수 있습니까? 오늘 본 말씀에서 요나단이 이 길을 갑니다. 요나단이 다윗의 편에 서자 아버지가 아들을 죽이려고 합니다. 그러면 요나단은 어떻게 다윗을 따르게 되었습니까?

여호와의 전쟁을 알았기 때문입니다. 여호와의 전쟁을 아는 것은 은혜 외에는 설명이 안 됩니다. 다윗이 제거되면 자신이 왕이 되는 자리인데 그 자리를 다윗에게 넘겨줍니다. 오늘 우리가 믿는다는 예수님은 자기를 부인하기 위한 예수님입니까? 자기를 긍정하고 자기를 확장하기 위한 예수님입니까? 우리의 탐심이 예수님을 죽인 죄임을 알고 회개하고 예수님을 믿는 자들은 요나단과 같이 나의 모든 주권을 예수 그리스도에게 드립니다. 그러므로 예수님을 믿는다는 말은 저 작은 골 베들레헴의 말 구유에 태어나시고 장성하여 고난을 받고 십자가에 죽은 그 예수가 우리의 죄를 대속한 죽음임을 믿는 것입니다. 만왕의 왕이시며 만주의 주가 되시는 그 영원한 생명을 죽음으로 우리에게 넘겨주신 그 놀라운 성탄의 소식을 세상의 요란함에 잃어버리지 않기를 소원합니다.

다윗 언약 (4)

사무엘상 30:20~25 다윗이 또 양 떼와 소 떼를 다 되찾았더니 무리가 그 가축들을 앞에 몰고 가며 이르되 이는 다윗의 전리품이라 하였더라 다윗이 전에 피곤하여 능히 자기를 따르지 못하므로 브솔 시내에 머물게 한 이백 명에게 오매 그들이 다윗과 그와 함께 한 백성을 영접하러 나오는지라 다윗이 그 백성에게 이르러 문안하매 다윗과 함께 갔던 자들 가운데 악한 자와 불량배들이 다 이르되 그들이 우리와 함께 가지 아니하였은즉 우리가 도로 찾은 물건은 무엇이든지 그들에게 주지 말고 각자의 처자만 데리고 떠나가게 하라 하는지라 다윗이 이르되 나의 형제들아 여호와께서 우리를 보호하시고 우리를 치러 온 그 군대를 우리 손에 넘기셨은즉 그가 우리에게 주신 것을 너희가 이같이 못하리라 이 일에 누가 너희에게 듣겠느냐 전장에 내려갔던 자의 분깃이나 소유물 곁에 머물렀던 자의 분깃이 동일할지니 같이 분배할 것이니라 하고 그날부터 다윗이 이것으로 이스라엘의 율례와 규례를 삼았더니 오늘까지 이르니라

하나님께서 다윗을 기름 부으시고 왕으로 세우셔서 이루시는 일을 통하여 하나님의 뜻을 살펴보고 있습니다. 다윗이 주의 기름 부음을 받으니, 형들에게 교만하다는 책망을 받고, 골리앗은 업신여깁니다. 사울 왕은 이스라엘을 구원한 다윗을 죽이려고 합니다. 나중에 다윗이 이스라엘의 전

체 왕이 되고 나서 언약궤를 다윗성으로 메고 오면서 춤을 추니 그의 아내 미갈이 이런 다윗을 보고 업신여깁니다. 다윗의 기쁨이 무엇인지를 모르는 자는 다윗을 업신여깁니다. 그러나 사울의 아들 요나단은 다윗을 위하여 목숨을 버릴 정도로 사랑하여 언약을 맺습니다. 그러므로 한 집안에서 기름 부음 받은 자를 중심으로 누구 편에 서는지에 따라 집안 식구가 원수가 됨을 보았습니다.

오늘 본문은 다윗이 전리품에 관한 규례를 정한 내용입니다. 이 내용을 보기 전에 다윗이 사울에게 쫓겨 다니는 과정과 여호와 하나님께서 어떻게 도와주셨는지를 살펴보고 본문을 보겠습니다. 사무엘상 21장부터 보면 다윗이 사울을 피하여 도망가다가 놉 땅의 제사장 아히멜렉의 도움을 받습니다. 다윗이 제사장들이 먹는 떡을 얻어먹고 골리앗에게 빼앗은 칼도 받아서 갑니다. 이 일로 인하여 제사장 아히멜렉의 가족 85명이 죽임을 당하고 살아남은 아비아달이 다윗에게로 옵니다. 이 사건을 예수님은 안식일에 밀 이삭 잘라 먹는다고 고소하는 바리새인들에게 말씀합니다. 다윗이 제사장이 먹는 떡도 먹었다고 합니다. 떡을 물려내는 일은 안식일입니다. 그러므로 사람이 안식일을 위하여 있는 것이 아니라 안식일이 사람을 위하여 있다고 하시면서 예수님 자신이 안식일의 주인이라고 하십니다.^{눅2:23~28} 그러므로 예수님을 믿는 일은 참된 안식을 얻는 일입니다.

가드 왕 아기스에게 피난을 갔다가 그 신하들이 사울은 천천이며 다윗은 만만이라고 한 그가 왔다고 합니다. 그러자 다윗은 미친 체하여 그곳에서 살아납니다. 다윗은 피난 다니면서도 그일라 사람들을 블레셋의 공격에서 구하여 줍니다. 그런데 사울이 그일라로 다윗을 잡으려고 온다고 하자 하나님께 물어봅니다. 이 사람들이 나를 사울에게 넘겨줄 것인지 물으니 그렇다는 대답을 듣고 그일라 성에서 다시 도망갑니다. 다윗이 그일라 사람을 구원하여 주었지만 사울 왕이 공격하여 온다고 하면 그들이 다윗을 사울에게 넘겨줄 것이라고 합니다. 그래서 다시 도망을 다닙니다.

　　사무엘상 24장을 보면 사울이 다윗을 잡으려고 왔다가 볼일을 보려고 동굴에 들어갔습니다. 그 동굴 안에 다윗과 일행이 숨어있습니다. 다윗과 함께 한 사람이 다윗에게 말하기를 하나님께서 주신 기회라고 죽이라고 합니다. 변을 보기 위하여 겉옷을 벗어두고 속옷까지 벗고 볼일을 보는 중이니 단칼에 죽일 수 있습니다. 그런데 다윗은 여호와의 기름 부음 받은 자를 내 손으로 치지 않겠다고 하면서 겉옷 자락만 뱁니다. 사울이 동굴에서 나가고 나서 다윗이 사울을 부르면서 나는 당신을 죽일 의도가 없다고 말합니다. 그러면 사울이 나는 너를 학대하나 너는 나를 선대 하니 나보다 의롭다고 합니다. 그러면서 네가 반드시 왕이 될 것과 이스라엘 나라가 네 손에 견고히 세워질 것을 안다고 합니다. 그러면서 내 후손을 끊지 않고 내 아버지 집에서 내 이름을 멸하지 않을 것을 여호와의 이름으로 맹세하라고 합니다. 다윗이 맹세하니 사울이 물러갑니다.

　　사무엘상 25장은 나발이라는 부자가 양털을 깎을 때 다윗이 자기 부하들을 보내서 음식을 구합니다. 다윗의 부하들이 나발의 양을 치는 목동들을 보호하여 주었습니다. 그런데 나발이 다윗이 보낸 자들을 모독합니다. 그러자 다윗이 칼을 차고 사백 명의 사람을 데리고 나발을 죽이려고 옵니다. 이때 나발의 아내 아비가일이 소식을 듣고 음식을 준비하여 다윗을 막아섭니다. 자신은 알지 못하였다고 하면서 여호와의 싸움을 싸우는 자가 사적인 복수를 하지 않도록 권합니다. 다윗이 이 말을 듣고 돌아갑니다. 나발은 왕의 잔치같이 벌여 놓고 술에 취하였습니다. 그래서 다음날 아내가 나발에게 이 말을 하자 나발은 몸이 굳어서 죽어버리고 아비가일은 다윗의 아내가 됩니다.

　　사무엘상 26장은 다시 사울이 다윗을 잡으려고 옵니다. 이번에는 사울과 군대가 들판에서 자는 중에 다윗과 한 부하가 들어가서 사울의 물병과 창을 가지고 나옵니다. 불침번들도 다 잠에 떨어진 것입니다. 다윗이 산 위로 올라가서 큰 소리로 사울과 그 신하들에게 말합니다. 사울이 다윗을 죽이려고 하다가 오히려 죽을 위기에서 살게 되니 다윗을 왕으로 인정하고 돌아갑니다. 오늘 우리도 예수님을 주님으로 왕으로 인정할 때는 자신이 어떤 죄인인지 알 때입니다.

사울이 물러갔지만, 다윗은 사울이 두려워 가드 왕 아기스에게 약 6백 명의 사람을 데리고 망명을 갑니다. 다윗이 아기스 왕에게 지방의 성읍을 달라고 하여 거기에 거하게 되자 사울이 더는 추격하지 않습니다. 그런데 문제가 생깁니다. 가드 왕이 이스라엘을 공격하려고 다윗을 부릅니다. 다윗은 그동안 이스라엘을 공격하여 전리품을 가져왔다고 왕에게 선물하였기에 신임을 얻었습니다. 물론 다윗은 이스라엘이 아닌 다른 부족을 공격하였습니다만 이제 자기 민족을 공격하여야 합니다. 그런데 아기스의 신하들이 반대하여 다윗이 자기가 살던 곳으로 돌아옵니다.

지금까지의 말씀을 드리는 이유는 다윗이 기름 부음을 받아 하나님께 물어보고 응답을 받아 행하는 일도 있지만 자기가 살기 위하여 하나님께 물어보지도 않고 행하는 일들도 종종 일어납니다. 처음 블레셋에 피난 가려다가 생명의 위협을 느끼고 미친 체하여 살아납니다. 나발에게도 사적 복수를 하려다가 아비가일이 막아섭니다. 가드 왕에게 피난 간 일도 하나님께 물어보지 않았습니다. 그래서 이스라엘을 공격하여야 할 즈음에 왕의 신하들이 다윗이 배신하여 사울에게 돌아가면 우리가 위험하니 이스라엘을 공격하는 전쟁에서 빼라고 해서 빠져나옵니다. 이러한 일들이 일어나는 것은 하나님께서 다윗을 자기 백성을 공격하는 일에서 구하여 내셨기 때문입니다. 주의 기름 부음을 받은 다윗도 이런 모습이 나타나는 것은 오늘 우리도 같은 모습입니다. 우리 살길을 구하며 살아가지만, 주께서 원하지 않는 길에서는 그 사람들이 우리를 나가라고 하는 일이 일어납니다.

사무엘상 30:1~5 "다윗과 그의 사람들이 사흘 만에 시글락에 이른 때에 아말렉 사람들이 이미 네겝과 시글락을 침노하였는데 그들이 시글락을 쳐서 불사르고 거기에 있는 젊거나 늙은 여인들은 한 사람도 죽이지 아니하고 다 사로잡아 끌고 자기 길을 갔더라 다윗과 그의 사람들이 성읍에 이르러 본즉 성읍이 불탔고 자기들의 아내와 자녀들이 사로잡혔는지라 다윗과 그와 함께 한 백성이 울 기력이 없도록 소리를 높여 울었더라 (다윗의 두 아내 이스르엘 여인 아히노암과 갈멜 사람 나발의 아내였던 아비가일도 사로잡혔더라)"

아기스 왕의 호출을 받아 이스라엘을 공격하는 일에 가담하려다가 신하들이 반대하여 자기들이 거주하는 성읍에 사흘 만에 돌아와 보니 이런 일이 일어났습니다. 다윗에게 피하여 온 무리 중에 싸움에 나갈만한 사람 6백 명 외에는 남자로는 늙은이와 어린이 그리고 여자들뿐입니다. 그런데 그 모든 자를 아말렉 사람들이 다 사로잡아 갔습니다. 이들의 재산도 다 빼앗아 가는 것은 당연합니다. 다윗의 아내도 잡혀갔습니다. 그러자 다윗과 모든 사람이 울 기력도 없이 크게 울었습니다.

이어지는 6절을 봅니다. "백성들이 자녀들 때문에 마음이 슬퍼서 다윗을 돌로 치자 하니 다윗이 크게 다급하였으나 그의 하나님 여호와를 힘입고 용기를 얻었더라"

다윗에게 온 자들이 어떤 자들입니까? 환난을 겪고 빚지고 원통한 자들입니다. 이들이 사울의 체제하에서 살지 못하여 쫓겨 다니는 다윗에게 왔습니다. 그러므로 다윗 때문에 지금까지 살아남았습니다. 그런데 적들이 쳐들어와서 자기 자녀들을 다 사로잡아 갔음을 보고 다윗을 돌로 치려고 합니다. 모세를 돌로 치려고 하였던 이스라엘 백성들의 후손답습니다. 그런데 이런 일을 보면서 남의 일로 보지 않고 자기 일로 보는 자들이 은혜를 입은 자들입니다. 우리도 이런 일을 당하면 당장 이런 반응이 나올 것입니다. 자신이 전에 어떤 상태에서 다윗에게 도망쳐 와서 살아왔는지는 하나도 생각하지 않습니다. 그러자 다윗이 하나님 여호와를 힘입고 용기를 얻었습니다.

이어지는 7~10절입니다. "다윗이 아히멜렉의 아들 제사장 아비아달에게 이르되 원하건대 에봇을 내게로 가져오라 아비아달이 에봇을 다윗에게로 가져가매 다윗이 여호와께 묻자와 이르되 내가 이 군대를 추격하면 따라잡겠나이까 하니 여호와께서 그에게 대답하시되 그를 쫓아가라 네가 반드시 따라잡고 도로 찾으리라 이에 다윗과 또 그와 함께 한 육백 명이 가서 브솔 시내에 이르러 뒤떨어진 자를 거기 머물게 했으되 곧 피곤하여 브솔 시내를 건너지 못하는 이백 명을 머물게 했고 다윗은 사백 명을 거느리고 쫓아가니라"

다윗이 여호와를 힘입어 용기를 내어 한 일은 제사장 아비아달에게 에봇을 가져오게 하여 여호와 하나님께 물어본 것입니다. 여호와께서 응답하시기를 반드시 따라잡고 도로 찾아올 것이라는 응답을 받고 추격합니다. 그런데 중간에 피곤하여 낙오한 이백 명은 브솔 시내에 머물게 하고 사백 명을 거느리고 쫓아갑니다. 가는 중에 병든 아말렉 사람을 만납니다. 그는 아말렉 사람의 종인데 병이 들었다고 버리고 떠났습니다. 그 버려진 자에게 물과 음식을 주어 기력을 회복하게 한 후에 그들의 경로를 따라갑니다. 그들이 많은 약탈로 인하여 크게 잔치를 벌이고 있는데 기습하여 낙타 타고 도망간 4백 명 외에는 다 죽이고 모든 사람과 모든 재물을 다 가지고 돌아옵니다. 아말렉 군대가 다른 여러 성읍도 약탈하였기에 엄청난 전리품을 가지고 브솔 시내로 돌아옵니다.

오늘 본문 21~22절을 봅니다. 피곤하여 아말렉 군대를 추격하지 못한 이백 명에게 옵니다. 그들이 다윗과 그와 함께 한 백성을 영접하러 나오니 다윗이 그 백성에게 문안합니다. 그런데 다윗과 함께 갔던 사백 명 가운데 악한 자와 불량배들이 다 이르되 그들이 우리와 함께 가지 아니하였기에 우리가 도로 찾은 물건은 무엇이든지 그들에게 주지 말고 각자의 처자만 데리고 떠나가게 하라고 합니다. 여러분이라면 이 말을 들었을 때 어떻게 하겠습니까?

23~25절입니다. 다윗이 이들에게 나의 형제들이라고 부릅니다. 악한 자와 불량배라고 말한 그들을 나의 형제들이라고 하면서 여호와께서 우리를 보호하시고 우리를 치러 온 그 군대를 우리 손에 넘기신즉 그가 우리에게 주신 것을 너희가 이렇게 하지 못한다고 합니다. 이 전쟁의 승리가 우리의 힘이 아니라 여호와 하나님이 이기게 하신 전쟁이라고 합니다. 그러므로 너희의 말을 들을 자가 누가 있겠느냐며 전쟁에 나간 자의 몫이나 피곤하여 전쟁에 나가지 못하고 소유 곁에 머물렀던 자의 몫이 똑같을 것이라고 함으로 이날부터 이스라엘의 율례와 규례가 됩니다.

우리 중고등부 학생들에게 묻습니다. 여러분은 목숨을 걸고 전쟁에 나간 사람과 힘이 없어서 전쟁에 나가지 못한 사람의 몫이 똑같음을 받아들이겠습니까? 여러분이 전쟁에 나간 사람이라면 다윗의 이 말을 좋게 여기겠습니까? 좋게 여기지 않는다면 여러분은 악한 자와 불량배가 됩니다. 그 이유는 자신들이 다윗에게 올 때 환난을 겪고 빚지고 원통해서 다윗에게 피난 와서 다윗 덕분에 살았습니다. 그런데 자기 처자식을 잃어버리게 되니 다윗을 죽이려고 하였습니다. 그런 자들이 이제는 전쟁에서 승리하였다고 전쟁에 나가지 못한 자에게 가족만 돌려주고 전리품은 하나도 주지 말고 쫓아버리자고 합니다. 그런데 성경은 이런 자를 악한 자와 불량배라고 합니다.

토요일 저녁에 중고등부 학생들이 줌으로 말씀을 공부합니다. 그런데 캐나다에 있는 몇몇 분들이 그곳에는 청년회와 학생회가 없어서 우리 청년회와 학생회가 말씀을 나누는 '줌' 에 참여시켜 달라고 해서 그렇게 하고 있습니다. 우리는 저녁 8시인데 그들은 아침 6시입니다. 학생 두세 명과 청년 한 명이 들을 뿐 아니라 몇 분 어른도 듣고 있습니다. 우리 교회 청년들은 이해한다고 하여도 중고등부 학생들이 낯선 어른들이 들어오는데도 잘 참아주어서 고맙다고 치킨이라도 사 주라고 돈을 보냈습니다. 우리 학생회가 약 40명인데 줌에 들어오는 친구는 약 10명 정도입니다. 그러면 줌에 들어오는 친구들만 치킨을 사줘야 합니까? 안 들어온 친구도 다 사 줘야 합니까? 우리는 다 함께 나누어 먹습니다. 하나님의 은혜가 얼마나 놀라운지 전쟁의 낙오자도 상을 함께 받습니다.

마태복음 20장을 보면 예수님께서 천국을 비유로 말씀하십니다. 포도원 주인이 포도원에 일할 사람을 데리고 갑니다. 그런데 이런 일을 하는 사람들은 정규직이 없는 일용직 노동자들입니다. 일을 못 하면 굶어야 하는 그런 사람들입니다. 아침 6시에 일꾼을 불러서 하루 품삯을 주겠다고 일하라고 합니다. 그런데 오전 9시에도 놀고 있는 자에게 일하라고 하면서 금액을 정하지는 않고 그에 상당하게 주겠다고 합니다. 계속하여 12시에도 오후 3시에도 나중에는 오후 5시에도 부릅니다. 오후 5시에 온 사람은 한 시간 일한 값을 받아도 감사한 일입니다. 그런데 포도원 주인이 제일 나중에 온 사람에게 하루 품삯을 다 줍니다. 그렇게 모두 하루 품삯을 주니 이른 아침에 온 사람은 더 받을 줄 생각하다가 하루 품삯인 한 데나리온만 주니 불평합니다. 왜 저 사람과 나를 같이 주느냐고 합니다. 그때 주인이 내 것을 가지고 내 마음대로 하는데 나의 선함을 네가 악하다고 하느냐고 합니다. 그러므로 천국은 오직 은혜로만 들어가는 나라임을 말씀합니다.

예수님께서 이 땅에 오셔서 여호와의 전쟁을 합니다. 그 전쟁은 자기 죽음으로 세상의 임금인 마귀를 물리칩니다. 세상의 임금은 세상에 공짜가 없다고 합니다. 이런 세상은 가난한 자나 능력이 없는 자는 굶어 죽어야 하는 세상입니다. 승자독식勝者獨食의 세상입니다. 이런 세상에 예수님이 오셔서 자기 피로 값을 주고 사신 자들이 성도입니다. 이런 자들을 교회 라고 합니다. 교회는 하나님과 원수 되어 있던 자들이 예수님의 피 값으로 용서하시고 불러내셔서 교회가 되게 하셨습니다. 이 일을 이루시기 위하여 가장 높으신 분이 가장 낮은 말구유에 오셨습니다. 그 예수님의 살과 피를 먹고 마시는 자들은 어느 사람도 높고 낮음이 없는 그리스도의 한 몸이 됩니다. 전쟁에 참여한 자나 참여하지 못한 자가 그 몫이 같음을 인정하는 자는 자신이 어떤 죄인인지 아는 자들입니다. 이들은 예수님께서 십자가의 승리로 영생을 값없이 주심을 감사하며 살아갑니다.

다윗 언약 (5)

사무엘하 6:1~5 다윗이 이스라엘에서 뽑은 무리 삼만 명을 다시 모으고 다윗이 일어나 자기와 함께 있는 모든 사람과 더불어 바알레유다로 가서 거기서 하나님의 궤를 메어 오려 하니 그 궤는 그룹들 사이에 좌정하신 만군의 여호와의 이름으로 불리는 것이라 그들이 하나님의 궤를 새 수레에 싣고 산에 있는 아비나답의 집에서 나오는데 아비나답의 아들 웃사와 아효가 그 새 수레를 모니라 그들이 산에 있는 아비나답의 집에서 하나님의 궤를 싣고 나올 때에 아효는 궤 앞에서 가고 다윗과 이스라엘 온 족속은 잣나무로 만든 여러 가지 악기와 수금과 비파와 소고와 양금과 제금으로 여호와 앞에서 연주하더라

언약을 따라서 35번째 다윗 언약 5번째 시간입니다. 지난 주에 본 말씀은 다윗이 어떤 규례를 세웠습니다. 그 규례는 전쟁에 나간 자나 나가지 못한 자나 전리품을 똑같이 나누는 것입니다. 이 말을 들은 사람들이 어떻게 했을까요? 목숨 걸고 전쟁에 나가지 않아도 전리품을 똑같이 나누어 받는데 그 위험한 전쟁터에 왜 가느냐 하는 생각을 한다면 이 사람도 악한 자와 불량배가 됩니다. 그런데 우리도 그런 생각이 들지 않습니까? 내가 열심히 하나 하지 않으나 상급이 같은데 뭘 열심히 하느냐는 겁니다. 이러한 생각이 우리에게 있다면 악한 자와 불량배와 무엇이 다릅니까?

그러므로 예수님 홀로 여호와의 전쟁을 십자가로 승리하시고 자기 백성

에게 선물로 주셔야만 영원한 의와 생명을 받을 수 있습니다. 이 선물을 받아들임을 하나님의 은혜로 인한 믿음이라고 합니다. 그런데 이 선물을 받아들이지 않겠다는 사람도 있습니다. 그런 사람은 아직도 자기의 행위를 믿는 사람입니다. 자기 행위가 전적인 죄가 아니라고 생각하는 사람들은 이런 복음을 받아들일 수가 없습니다. 그러나 하나님의 택하심을 따라 불가항력적不可抗力的 은혜가 임하게 되면 자신이 어떤 죄인인지 알기에 자신이 순교할지라도 예수 그리스도의 십자가만 자랑하게 됩니다.

지난 주에 본 내용은 다윗이 아기스 왕에게 호출받아 이스라엘과 전쟁하려고 갔다가 그 신하들이 반대하여 사흘 만에 돌아오니 다윗이 거처하던 시글락이 아말렉 사람들에게 몽땅 약탈당하였습니다. 사람들이 다윗을 죽이려고 하지만 다윗은 용기를 내어 하나님께 물어보고 허락받습니다. 그래서 그들을 추격하여 사람을 다 찾아오고 엄청난 전리품을 거두어 온 지 사흘째 사울과 요나단이 죽었다는 소식을 듣습니다. 아기스의 신하들이 돌아가라고 하지 않았다면 다윗이 자기 민족을 칠 전쟁을 하였을 것입니다. 그러므로 하나님께서 적절하게 다윗을 빼돌리신 것입니다.

아기스 왕이 이스라엘을 공격한 그 전쟁에서 사울과 요나단이 죽임을 당합니다. 그리고 그 전쟁터에 약탈하러 갔던 자가 사울의 왕관과 팔찌를 다윗에게 가져왔습니다. 이 사람이 말하기를 사울이 창에 엎드려져 있었는데 죽지 않아서 사울이 자기를 죽여달라고 해서 죽였다고 합니다. 그러나 사울은 자기 칼에 엎드려져 죽었습니다.^{삼상31:4~5} 그러므로 이 사람이 이렇게 말한 것은 사울이 다윗을 죽이려고 하였으니, 다윗에게 사울의 왕관을 가져오면 더 큰 보상을 생각하고 가져왔을 것입니다. 그러나 다윗은 네가 여호와의 기름 부음 받은 자를 죽였으니 죽어야 한다고 하면서 부하에게 그를 죽이라고 하였습니다. 다윗이 사울과 요나단을 위하여 슬픈 노래를 부릅니다.

사무엘하 1:25~26 "오호라 두 용사가 전쟁 중에 엎드러졌도다 요나단이 네 산 위에서 죽임을 당하였도다 내 형 요나단이여 내가 그대를 애통함은 그대는 내게 심히 아름다움이라 그대가 나를 사랑함이 기이하여 여인의 사랑보다 더하였도다"

다윗이 사울과 요나단의 죽음을 슬퍼하면서 부른 노래인데 특히 요나단에 관하여 그대는 내게 심히 아름답다고 합니다. 그대가 나를 사랑함이 기이하여 여인의 사랑보다 더하였다고 합니다. 이 사랑은 두 사람이 여호와의 전쟁을 알았기 때문이라고 이미 말씀을 드렸습니다. 여호와의 전쟁은 사람의 수나 무기에 달린 것이 아님을 아는 요나단과 다윗의 마음이 서로 하나가 된 것입니다. 그래서 자기의 목숨처럼 사랑하였습니다. 이런 사랑을 맛볼 수 있는 곳을 그리스도의 몸 된 교회라고 합니다. 혈육과 비교할 수 없는 예수님의 보배로운 피 값으로 모인 곳이 교회입니다.

사울과 요나단이 죽었지만, 사울의 군대 장관 아브넬이 사울의 아들 이스보셋을 왕으로 세웁니다. 다윗은 유다 지파이기에 유다 지파는 다윗을 따르지만, 나머지 지파들은 이스보셋을 따릅니다. 그래서 약 2년간 다윗과 이스보셋 사이에 전쟁하지만 결국 이스보셋이 죽고 다윗이 이스라엘 전체의 왕이 됩니다. 다윗이 헤브론에서 7년 6개월 예루살렘에서 33년을 다스리는 왕이 됩니다. 다윗이 예루살렘에서 이스라엘 전체의 왕이 된 후에 아주 중요하게 여긴 일을 합니다.

오늘 본문을 봅니다. 다윗이 이스라엘에서 뽑은 무리 삼만 명을 동원합니다. 다른 번역을 보면 정병精兵입니다. 우수하고 강한 용사 삼만 명을 동원하여 또 자기와 함께 있는 모든 사람과 더불어 바알레유다로 가서 하나님의 궤를 메어오려고 합니다. 그 궤는 그룹들 사이에 좌정하신 만군의 여호와 이름으로 불리는 것입니다. 그 궤를 새 수레에 싣고 산에 있는 아비나답의 집에서 나오는데 그 아들 웃사와 아효가 새 수레를 몰고 갑니다. 정병 삼만이 호위하여 가고 여러 악기로 연주하여 가니 보암직한 행렬입니다. 다윗 왕이 언약궤를 호위하여 가는 모습입니다.

이런 행렬의 예를 우리나라의 조선시대 정조 왕이 수원의 화성을 완공하고 창경궁에서 수원화성까지 행차하는 내용으로 말씀드립니다. 이 당시의 그림과 글이 세계문화유산에 등재되었습니다. 그 그림을 보면 왕의 화공들이 얼마나 사실적으로 그렸는지 그 인물들의 표정까지 나옵니다. 강을 건너는 부교도 만들고 군인들이 앞장서며 악기를 연주합니다. 그 행렬에 동원된 사람이 육천 명, 말이 천사백 마리라고 합니다. 그런 행사를 하려면 지금의 돈으로 약 70억이 든다고 합니다. 그런데 다윗은 정병 삼만 명입니다. 정조는 지금부터 약 2백 30년 전이지만 다윗은 지금부터 약 3천 년 전입니다. 정병 삼만을 동원하여 언약궤를 호위하여 가는 모습은 장관일 것입니다.

사무엘하 6:6~10 "그들이 나곤의 타작마당에 이르러서는 소들이 뛰므로 웃사가 손을 들어 하나님의 궤를 붙들었더니 여호와 하나님이 웃사가 잘못함으로 말미암아 진노하사 그를 그곳에서 치시니 그가 거기 하나님의 궤 곁에서 죽으니라 여호와께서 웃사를 치시므로 다윗이 분하여 그곳을 베레스웃사라 부르니 그 이름이 오늘까지 이르니라 다윗이 그날에 여호와를 두려워하여 이르되 여호와의 궤가 어찌 내게로 오리요 하고 다윗이 여호와의 궤를 옮겨 다윗 성 자기에게로 메어 가기를 즐겨하지 아니하고 가드 사람 오벧에돔의 집으로 메어 간지라"

언약궤는 수레에 싣고 가는 것이 아니라 제사장이 메고 가야 합니다. 그런데 다윗이 언약궤를 수레에 싣고 갑니다. 율법으로 잘못한 것입니다. 그래서인지 언약궤를 실은 소가 뛰니 언약궤를 보호하려고 웃사가 언약궤를 손으로 잡다가 즉사합니다. 다윗이 화를 내면서 그곳을 베레스 웃사라고 이름을 붙입니다. 다윗이 여호와를 두려워하여 여호와의 궤가 어찌 내게 오겠느냐며 여호와의 궤를 메어 가기를 즐겨 하지 않고 가드 사람 오벧에돔의 집에 메어 가도록 하였습니다.

여호와께서 왜 웃사를 죽인 것입니까? 이것은 다윗을 죽인 것이나 마찬가지입니다. 그 이유는 언약궤를 레위인들이 어깨에 메고 가야 하는데 수레에 싣고 간 잘못입니다. 그렇다고 하더라도 언약궤가 떨어지려고 하는데 그것을 손으로 잡는 일이 당연하지 않습니까? 그런데 여호와 하나님께서 웃사를 쳐서 죽여버린 것은 다윗에게 알려주시는 일이며 오늘 우리에게도 알려주시는 뜻이 있습니다. 그 뜻은 다윗이 정병 삼만을 동원하여 언약궤를 호위하여 가는 것은 여호와 하나님이 주인공이 아니라 다윗이 주인공으로 드러납니다. 자신이 언약궤를 보호하는 모습입니다. 그러므로 하나님께서 소들이 뛰게 하여 언약궤를 떨어뜨려 깨뜨려 버리려고 한 것입니다.

하나님의 언약은 하나님께서 이루어 내시는데 그 언약을 다윗이 이루어 내는 것처럼 보이는 것을 허락하지 않습니다. 다윗은 아직 그 뜻을 알지 못하고 화를 내며 가드 사람 오벧에돔의 집에 맡겨버립니다. 화를 낸 이유는 정병 삼만을 동원하고 악기를 동원하여 여호와의 언약궤를 예루살렘으로 모셔 오려는 것은 여호와 하나님을 위함이라고 생각한 것입니다. 그러나 다윗의 속생각으로는 이스라엘 전체의 왕이 되었기에 언약궤를 자기가 사는 성으로 메어오면 여호와 하나님이 다윗과 함께하신다는 표가 된다고 생각하였을 것입니다. 이런 의도를 하나님께서 싫어하신 것입니다.

사무엘하 6:11~15 "여호와의 궤가 가드 사람 오벧에돔의 집에 석 달을 있었는데 여호와께서 오벧에돔과 그의 온 집에 복을 주시니라 어떤 사람이 다윗 왕에게 아뢰어 이르되 여호와께서 하나님의 궤로 말미암아 오벧에돔의 집과 그의 모든 소유에 복을 주셨다 한지라 다윗이 가서 하나님의 궤를 기쁨으로 메고 오벧에돔의 집에서 다윗 성으로 올라갈새 여호와의 궤를 멘 사람들이 여섯 걸음을 가매 다윗이 소와 살진 송아지로 제사를 드리고 다윗이 여호와 앞에서 힘을 다하여 춤을 추는데 그 때에 다윗이 베 에봇을 입었더라 다윗과 온 이스라엘 족속이 즐거이 환호하며 나팔을 불고 여호와의 궤를 메어오니라"

가드 사람 오벧에돔의 집에 언약궤를 맡긴 것은 그가 죽든지 말든지 하라는 뜻일 수도 있습니다. 그런데 오히려 그 집이 복을 받았다는 소식을 듣고 다윗이 이제는 레위인들로 준비하게 하여 제대로 언약궤를 메고 오게 합니다. 대상15:25~16:6 다윗도 베 에봇을 입었습니다. 여호와의 궤를 멘 사람들이 여섯 걸음을 가는 데 아무 일도 일어나지 않습니다. 그래서 다윗이 소와 살진 송아지로 제사를 지냅니다. 그 이유는 이제 언약궤가 자기와 함께 한다는 뜻은 여호와 하나님께서 함께하심을 알았기 때문입니다. 그래서 힘을 다하여 춤을 추고 온 이스라엘 족속도 즐거이 환호하며 나팔을 불고 여호와의 궤를 메어옵니다.

다윗이 이렇게 기뻐한 이유는 처음 언약궤를 예루살렘에 모셔 가려고 하다가 웃사의 죽음으로 실패하였습니다. 그 웃사의 죽음은 자기의 죽음과 다름이 없습니다. 그 이유는 앞에서 말씀드린 대로 정병 삼만을 동원하여 자기가 하나님의 언약궤를 호위하여 가려고 한 교만입니다. 그런데 두 번째는 겸손하게 율법에 기록된 대로 레위인들이 언약궤를 메고 갑니다. 그런데 언약궤가 함께 하는 것을 보고 다윗이 얼마나 기뻐하였는지 온 힘을 다하여 춤을 추었습니다. 그렇게 언약궤를 다윗성에 안치하여 두고 백성을 축복하고 음식을 나누어 준 후에 집에 들어옵니다.

사무엘하 6:20~23 "다윗이 자기의 가족에게 축복하러 돌아오매 사울의 딸 미갈이 나와서 다윗을 맞으며 이르되 이스라엘 왕이 오늘 어떻게 영화로우신지 방탕한 자가 염치없이 자기의 몸을 드러내는 것처럼 오늘 그의 신복의 계집종의 눈앞에서 몸을 드러내셨도다 하니 다윗이 미갈에게 이르되 이는 여호와 앞에서 한 것이니라 그가 네 아버지와 그의 온 집을 버리시고 나를 택하사 나를 여호와의 백성 이스라엘의 주권자로 삼으셨으니 내가 여호와 앞에서 뛰놀리라 내가 이보다 더 낮아져서 스스로 천하게 보일지라도 네가 말한바 계집종에게는 내가 높임을 받으리라 한지라 그러므로 사울의 딸 미갈이 죽는 날까지 그에게 자식이 없으니라"

미갈이 다윗을 업신여긴 이유는 왕이 위엄을 부려야 하는데 계집종들 앞에서 힘을 다하여 춤을 추다가 속옷도 다 보였기 때문입니다. 그러나 미갈은 다윗의 이 기쁨을 알지 못합니다. 다윗이 이렇게 기뻐한 이유는 다윗이 하나님의 언약을 지키는 것이 아니라 하나님의 언약이 나를 지켜주셔야 한다는 사실을 알았기 때문입니다. 그런데 미갈은 이 기쁨을 알지 못합니다. 그러므로 미갈은 죽는 날까지 그에게 자식이 없었다고 합니다. 다윗이 쫓겨 다니는 중에 사울이 다윗의 아내인 자기 딸 미갈을 다른 사람 발디에게 주어버립니다.^{삼상25:44} 요세푸스의 기록에 의하면 이때 미갈이 발디의 아이를 낳았다고 합니다. 그런데 미갈이 다윗의 아이를 낳지 못하면 왕비로서는 저주받은 것과 같습니다. 그러므로 다윗과 미갈을 통하여 하나님의 복이 무언지 보여줍니다.

사무엘하 9:1~13 "다윗이 이르되 사울의 집에 아직도 남은 사람이 있느냐 내가 요나단으로 말미암아 그 사람에게 은총을 베풀리라 하니라 사울의 집에는 종 한 사람이 있으니 그의 이름은 시바라 그를 다윗의 앞으로 부르매 왕이 그에게 말하되 네가 시바냐 하니 이르되 당신의 종이니이다 하니라 왕이 이르되 사울의 집에 아직도 남은 사람이 없느냐 내가 그 사람에게 하나님의 은총을 베풀고자 하노라 하니 시바가 왕께 아뢰되 요나단의 아들 하나가 있는데 다리 저는 자니이다 하니라 왕이 그에게 말하되 그가 어디 있느냐 하니 시바가 왕께 아뢰되 로드발 암미엘의 아들 마길의 집에 있나이다 하니라 다윗 왕이 사람을 보내어 로드발 암미엘의 아들 마길의 집에서 그를 데려오니 사울의 손자 요나단의 아들 므비보셋이 다윗에게 나아와 그 앞에 엎드려 절하매 다윗이 이르되 므비보셋이여 하니 그가 이르기를 보소서 당신의 종이니이다" 다윗이 사울의 집안사람을 불러오는 것은 요나단과 언약을 맺었기 때문입니다.

　　이어지는 7~13절입니다. "다윗이 그에게 이르되 무서워하지 말라 내가 반드시 네 아버지 요나단으로 말미암아 네게 은총을 베풀리라 내가 네 할아버지 사울의 모든 밭을 다 네게 도로 주겠고 또 너는 항상 내 상에서 떡을 먹을지니라 하니 그가 절하여 이르되 이 종이 무엇이기에 왕께서 죽은 개 같은 나를 돌아보시나이까 하니라 왕이 사울의 시종 시바를 불러 그에게 이르되 사울과 그의 온 집에 속한 것은 내가 다 네 주인의 아들에게 주었노니 너와 네 아들들과 네 종들은 그를 위하여 땅을 갈고 거두어 네 주인의 아들에게 양식을 대주어 먹게 하라 그러나 네 주인의 아들 므비보셋은 항상 내 상에서 떡을 먹으리라 하니라 시바는 아들이 열다섯 명이요 종이 스무 명이라 시바가 왕께 아뢰되 내 주 왕께서 모든 일을 종에게 명령하신 대로 종이 준행하겠나이다 하니라 므비보셋은 왕자 중 하나처럼 왕의 상에서 먹으니라 므비보셋에게 어린 아들 하나가 있으니 이름은 미가더라 시바의 집에 사는 자마다 므비보셋의 종이 되니라 므비보셋이 항상 왕의 상에서 먹으므로 예루살렘에 사니라 그는 두 발을 다 절더라"

　다윗이 므비보셋을 보고 두려워하지 말라고 합니다. 므비보셋이 왜 두려워합니까? 므비보셋은 사울의 손자이며 요나단의 아들입니다. 살려두면 다윗의 정적들이 므비보셋을 앞세워 다윗을 반역할 수 있습니다. 그래서 옛날에는 왕권을 잡으면 정적들을 다 제거합니다. 그런데 다윗은 사울의 집안사람을 찾아서 왕의 식탁에서 먹게 합니다. 므비보셋은 전쟁 때 유모가 안고 도망가다가 떨어뜨려서 양발을 다 저는 장애입니다. 그런 므비보셋이 자신을 죽은 개와 같은 자라고 합니다. 그런데 이런 므비보셋을 왕의 식탁에 앉게 하고 사울의 재산을 돌려준 이유는 요나단과 함께 세운 언약 때문입니다. 하나님 앞에서 서로 마음이 하나 되어 세운 언약의 결과입니다.

오늘 우리가 예수님을 믿는 일은 예수님과 함께 먹고 마시는 일과 같습니다. 예수님께서 이 땅에 오셨을 때 예수님과 함께 먹고 마신 자들은 세리와 죄인들입니다. 그들은 다윗 왕의 식탁에 참여한 므비보셋과 같은 자들입니다. 죽은 개와 같은 나에게 은혜를 베풀어 주셨다는 감사가 있는 식사 자리입니다. 그런데 자신이 죄인임을 모르는 바리새인은 예수님을 초대하였지만, 발도 씻어 주지 않고 감람유도 붓지 않고 입도 맞추지 않았습니다. 그러나 그 바리새인의 집에 죄 많은 한 여인이 와서 눈물로 예수님의 발을 씻기고 머리카락으로 닦고 삼백 데나리온이 나가는 향유를 붓고 그 발에 입을 맞추기를 쉬지 않았습니다. 그 여인의 많은 죄가 용서받았기 때문입니다.

오늘 우리가 이렇게 예배로 모인 것은 예수님의 살과 피를 먹고 마시는 일입니다. 성찬식에서만 예수님의 살과 피를 기념하는 일이 아니라 모든 성도의 모임은 예수님의 살과 피를 먹고 마시는 일입니다. 그것이 말씀을 듣고 믿는 일입니다. 오늘 오후부터 창세기부터 3년 성경 읽기를 할 것입니다. 백정하씨의 그림 묵상을 주보에 종종 올리는데 오늘 그림을 보시기 바랍니다. 마르틴 루터가 한 말이라고 하는데 성경을 짜면 피가 흐른다는 말을 그림으로 보여줍니다. 우리가 성경을 읽는 것은 하나님과 원수 된 우리가 예수님의 피 흘리심으로 용서받은 사실을 알게 됩니다.

우리는 태어나면서부터 허물과 죄로 죽었습니다. 그러므로 이 세상의 풍속을 따라 우리 육체와 우리 마음이 원하는 대로 살아가는 본질상 진노의 자식들입니다.^{엡2:1~4} 이런 우리를 연약하고 죄인 되어 있고 하나님과 원수라고 합니다. 그런데 이런 연약하고 죄인 되어 있고 원수 되어 있는 우리를 사랑하신 하나님의 사랑이 확정적으로 나타난 일이 십자가입니다. 롬5:6~10 므비보셋이 다윗의 왕좌에 앉아서 왕자들과 함께 식사할 때마다 무슨 생각이 들었을까요? 우리 할아버지는 당신을 죽이려고 하였는데 당신은 나를 이렇게 대접하는군요! 그렇게 대접받는 이유는 다윗과 요나단 사이에 맺은 언약 때문입니다. 그 언약은 여호와의 전쟁을 아는 자의 언약입니다.

사무엘하 15:24~26 "보라 사독과 그와 함께 한 모든 레위 사람도 하나님의 언약궤를 메어다가 하나님의 궤를 내려놓고 아비아달도 올라와서 모든 백성이 성에서 나오기를 기다리도다 왕이 사독에게 이르되 보라 하나님의 궤를 성읍으로 도로 메어 가라 만일 내가 여호와 앞에서 은혜를 입으면 도로 나를 인도하사 내게 그 궤와 그 계신 데를 보이시리라 그러나 그가 이와 같이 말씀하시기를 내가 너를 기뻐하지 아니한다 하시면 종이 여기 있사오니 선히 여기시는 대로 내게 행하시옵소서 하리라"

다음에 다시 보겠습니다만 이 본문은 다윗의 아들 압살롬이 반역하여 다윗을 죽이려고 합니다. 다윗이 왕궁을 버리고 피난을 갑니다. 많은 백성과 신하들이 울면서 따라가는데 사독 제사장도 언약궤를 메고 다윗 왕과 함께 가려고 합니다. 언약궤가 있는 곳에 하나님께서 함께하신다고 믿는 이스라엘 백성들이기에 언약궤가 다윗과 함께 가면 압살롬을 따르는 자들의 전의가 상실될 것입니다. 그런데 다윗은 언약궤를 도로 성으로 메고 가라고 합니다. 여호와 앞에서 은혜를 입으면 도로 나를 인도하사 내게 그 궤와 그 계신 데를 보이실 거라고 합니다. 그런데 주께서 나를 기뻐하지 않으시면 언약궤를 보지 못하게 하여도 마땅하다는 고백입니다. 이 고백을 하기까지 많은 연단이 있었습니다. 다윗 자신이 하나님의 언약을 지켜내는 것이 아니라 하나님의 언약이 자기를 지켜주심을 알았던 것입니다. 오늘 우리도 마찬가지입니다. 그러므로 바울 사도는 이렇게 말합니

다. "우리는 미쁨이 없을지라도 주는 항상 미쁘시니, 자기를 부인하실 수
없으시리라" 딤후2:13

다윗 언약 (6)

사무엘하 7:1~17 여호와께서 주위의 모든 원수를 무찌르사 왕으로 궁에 평안히 살게 하신 때에 왕이 선지자 나단에게 이르되 볼지어다 나는 백향목 궁에 살거늘 하나님의 궤는 휘장 가운데에 있도다 나단이 왕께 아뢰되 여호와께서 왕과 함께 계시니 마음에 있는 모든 것을 행하소서 하니라 그 밤에 여호와의 말씀이 나단에게 임하여 이르시되 가서 내 종 다윗에게 말하기를 여호와께서 이와 같이 말씀하시되 네가 나를 위하여 내가 살 집을 건축하겠느냐 내가 이스라엘 자손을 애굽에서 인도하여 내던 날부터 오늘까지 집에 살지 아니하고 장막과 성막 안에서 다녔나니 이스라엘 자손과 더불어 다니는 모든 곳에서 내가 내 백성 이스라엘을 먹이라고 명령한 이스라엘 어느 오직 내가 이 나라를 다 빼앗지 아니하고 내 종 다윗과 내가 택한 예루살렘을 위하여 한 지파를 네 아들에게 주리라 하셨더라"

솔로몬의 우상숭배로 인하여 나라가 남북으로 나누어집니다. 그런데 솔로몬에게서 나라를 다 빼앗지 않고 예루살렘을 위하여 한 지파를 네 아들에게 주겠다고 합니다. 그 한 지파란 유다 지파를 말합니다. 다윗과 솔로몬이 유다 지파이지만 이런 우상숭배로 인하여 유다 지파마저 왕을 따르지 않을 수 있습니다. 그런데도 유다 지파를 솔로몬에게 남겨 두신 이유는 여호와 하나님께서 다윗과 언약하셨기 때문입니다. 그 언약은 다윗의 왕위를 영원히 견고하게 하시겠다는 언약입니다.

열왕기상 15:3~5 "아비얌이 그의 아버지가 이미 행한 모든 죄를 행하고 그의 마음이 그의 조상 다윗의 마음과 같지 아니하여 그의 하나님 여호와 앞에 온전하지 못하였으나 그의 하나님 여호와께서 다윗을 위하여 예루살렘에서 그에게 등불을 주시되 그의 아들을 세워 뒤를 잇게 하사 예루살렘을 견고하게 하셨으니 이는 다윗이 헷 사람 우리아의 일 외에는 평생에 여호와 보시기에 정직하게 행하고 자기에게 명령하신 모든 일을 어기지 아니하였음이라" 남 유다의 왕들이 여호와의 언약을 어김에도 불구하고 왕조가 이어짐은 다윗 언약 때문입니다.

열왕기하 8:17~19 "여호람이 왕이 될 때에 나이가 삼십이 세라 예루살렘에서 팔 년 동안 통치하니라 그가 이스라엘 왕들의 길을 가서 아합의 집과 같이하였으니 이는 아합의 딸이 그의 아내가 되었음이라 그가 여호와 보시기에 악을 행하였으나 여호와께서 그의 종 다윗을 위하여 유다 멸하기를 즐겨하지 아니하셨으니 이는 그와 그의 자손에게 항상 등불을 주겠다고 말씀하셨음이더라" 유다 왕 여호람도 아합의 집처럼 우상을 섬겼지만, 다윗에게 등불을 주시겠다는 그 약속으로 인하여 유다 멸하기를 여호와께서 즐겨하지 않았다고 말씀합니다.

열왕기하 19:30~34 "유다 족속 중에서 피하고 남은 자는 다시 아래로 뿌리를 내리고 위로 열매를 맺을지라 남은 자는 예루살렘에서부터 나올 것이요 피하는 자는 시온 산에서부터 나오리니 **여호와의 열심**이 이 일을 이루리라 하셨나이다 하니라 그러므로 여호와께서 앗수르 왕을 가리켜 이르시기를 그가 이 성에 이르지 못하며 이리로 화살을 쏘지 못하며 방패를 성을 향하여 세우지 못하며 치려고 토성을 쌓지도 못하고 오던 길로 돌아가고 이 성에 이르지 못하리라 하셨으니 이는 여호와의 말씀이시라 내가 나와 나의 종 다윗을 위하여 이 성을 보호하여 구원하리라 하셨나이다 하였더라"

히스기야 왕 때 앗수르 왕 산헤립이 18만 5천의 군사를 몰고 예루살렘을 포위하였습니다. 히스기야 왕과 이사야 선지자가 기도하여 응답받은 내용입니다. 이런 응답의 내용은 만군의 하나님 여호와께서 다윗에게 언약하신 그 언약을 열심히 이루시기 때문입니다. 이처럼 여호와는 자기 언약을 열심히 이루시는 자기 언약에 전능하시고 성실하신 하나님입니다. 그 결과 적군들은 하루아침에 송장이 되고 왕만 도망가서 자기 신들에게 제사하다가 자기 아들들에 의하여 죽임당합니다.

이러함에도 불구하고 이스라엘 역사 전체를 보면 북이스라엘은 앗수르에 의하여 BC722 년에 멸망합니다. 남 유다는 BC586년에 바벨론에 의하여 멸망합니다. 그러면 다윗에게 약속하신 그 영원한 왕위는 어떻게 됩니까? 하나님의 약속도 파기가 되는 것입니까? 결코 그럴 수는 없습니다. 만군의 여호와 하나님은 자기 언약에 신실하십니다. 모세를 중재자로 하여 시내산에서 맺은 언약을 배반함으로 적들이 쳐들어오고 나라가 망하게 되었지만, 하나님의 언약은 영원합니다. 그러므로 바벨론에 포로로 잡혀가기 직전에 예레미야 선지자를 통하여 새 언약을 말씀하시고 바벨론에 포로로 잡혀간 후에 에스겔을 통하여서도 새 언약을 말씀합니다. 그 새 언약은 하나님의 백성들 마음에 새겨지는 일인데 이 일은 예수 그리스도의 살과 피로 세우는 새 언약입니다.

누가복음 1:30~33 "천사가 이르되 마리아여 무서워하지 말라 네가 하나님께 은혜를 입었느니라 보라 네가 잉태하여 아들을 낳으리니 그 이름을 예수라 하라 그가 큰 자가 되고 지극히 높으신 이의 아들이라 일컬어질 것이요 주 하나님께서 그 조상 다윗의 왕위를 그에게 주시리니 영원히 야곱의 집을 왕으로 다스리실 것이며 그 나라가 무궁하리라"

천사가 마리아에게 수태고지受胎告知를 합니다. 처녀가 아이를 낳을 거라는 놀라운 말씀을 전하면서 그 아이가 다윗의 왕 위에 앉아서 영원히 다스릴 거라고 합니다. 그렇게 태어난 예수님께서 어떻게 다윗 언약을 성취하십니까? 유대인들은 현실적인 종교와 정치와 경제적인 왕으로 메시아를 생각하였습니다. 그러나 예수님은 전혀 그들과 전혀 다른 방식의 하나님 나라를 말씀하십니다. 그러므로 제자들조차 예수님이 말씀하시는 나라를 이해하지 못하고 서로 높아지려고 예수님을 따라갑니다. 그러나 예수님이 말씀하신 하나님의 나라는 그의 죽음으로 섬겨주시는 나라입니다.

마태복음 20:28 "인자가 온 것은 섬김을 받으려 함이 아니라 도리어 섬기려 하고 자기 목숨을 많은 사람의 대속물로 주려 함이니라"

예수님께서 십자가에 죽음으로 자기 백성을 섬겨주시는 일이 다윗 언약의 완성입니다. 다윗이 하나님을 위하여 집을 지어드리는 것이 아니라 하나님께서 다윗을 위하여 영원한 집을 지어주는 것은 다윗의 왕위에 앉아서 영원히 다스릴 예수님이 자기 죽음으로 섬겨주심이 다윗 언약의 완성입니다. 오늘날도 우리가 예수님을 섬기기 전에 먼저 예수님의 섬김을 받는 자들이 하나님의 나라 백성들입니다. 이 섬김을 받는 자들은 그리스도가 머리가 되시고 서로는 지체가 되기에 몸의 각 지체가 서로 돌보듯이 서로 섬기며 살아가는 모습이 하나님의 나라입니다.

사도행전 17:24~25 "우주와 그 가운데 있는 만물을 지으신 하나님께서는 천지의 주재시니 손으로 지은 전에 계시지 아니하시고 또 무엇이 부족한 것처럼 사람의 손으로 섬김을 받으시는 것이 아니니 이는 만민에게 생명과 호흡과 만물을 친히 주시는 이심이라"

　바울 사도가 그리스 아테네에서 온갖 신전들을 보는 중에 알지 못하는 신에게라는 신전도 보았습니다. 그래서 우주와 만물을 지으신 참 하나님을 전한다고 합니다. 그 하나님은 사람의 손으로 지은 건물에 계시지 않습니다. 그리고 무엇이 부족한 것처럼 사람의 손으로 섬김을 받지 않는다고 합니다. 오히려 만민에게 생명과 호흡과 만물을 친히 주시는 분이라고 합니다. 그 하나님의 섬김이 십자가로 나타났습니다. 그러므로 다윗의 영원한 나라나 우리의 영원한 나라도 영원하신 예수 그리스도 안이 됩니다. 이것이 다윗을 위하여 집을 지어주시는 하나님의 약속성취입니다.

다윗 언약 (7)

사무엘하 12:1~6 여호와께서 나단을 다윗에게 보내시니 그가 다윗에게 가서 그에게 이르되 한 성읍에 두 사람이 있는데 한 사람은 부하고 한 사람은 가난하니 그 부한 사람은 양과 소가 심히 많으나 가난한 사람은 아무것도 없고 자기가 사서 기르는 작은 암양 새끼 한 마리뿐이라 그 암양 새끼는 그와 그의 자식과 함께 자라며 그가 먹는 것을 먹으며 그의 잔으로 마시며 그의 품에 누우므로 그에게는 딸처럼 되었거늘 어떤 행인이 그 부자에게 오매 부자가 자기에게 온 행인을 위하여 자기의 양과 소를 아껴 잡지 아니하고 가난한 사람의 양 새끼를 빼앗아다가 자기에게 온 사람을 위하여 잡았나이다 하니 다윗이 그 사람으로 말미암아 노하여 나단에게 이르되 여호와의 살아 계심을 두고 맹세하노니 이 일을 행한 그 사람은 마땅히 죽을 자라 그가 불쌍히 여기지 아니하고 이런 일을 행하였으니 그 양 새끼를 네 배나 갚아 주어야 하리라 한지라

오늘 본문을 읽을 때 이 내용을 처음 듣는다고 생각하시고 여러분이 다윗 왕이라면 이 이야기를 어떻게 판단했을지를 생각해 보시기 바랍니다. 우리도 다윗처럼 부자의 악함에 대하여 분노하고 그가 죽어야 마땅하다고 할 것입니다. 그러나 율법대로 하면 양 한 마리를 빼앗았다고 사람을 죽이지는 않습니다. 양 한 마리를 훔쳤다면 네 배로 갚아야 합니다. 출22:1

다윗은 이처럼 율법도 알고 있는 사람입니다. 그런데 이 비유로 책망하는 말씀을 자기의 죄로 알지 못합니다.

사무엘하 12:7~15 "나단이 다윗에게 이르되 당신이 그 사람이라 이스라엘의 하나님 여호와께서 이와 같이 이르시기를 내가 너를 이스라엘 왕으로 기름 붓기 위하여 너를 사울의 손에서 구원하고 네 주인의 집을 네게 주고 네 주인의 아내들을 네 품에 두고 이스라엘과 유다 족속을 네게 맡겼느니라 만일 그것이 부족하였을 것 같으면 내가 네게 이것저것을 더 주었으리라 그러한데 어찌하여 네가 여호와의 말씀을 업신여기고 나 보기에 악을 행하였느냐 네가 칼로 헷 사람 우리아를 치되 암몬 자손의 칼로 죽이고 그의 아내를 빼앗아 네 아내로 삼았도다"

이 범죄는 사무엘하 11장에 나옵니다. 요약하여 말씀드리면 왕들이 전쟁하러 가는 때입니다. 다윗은 수많은 전쟁에 직접 나가서 싸웠습니다. 그런데 이제는 많은 곳을 점령하였다고 생각하였는지 군대만 보내고 자기는 왕궁에 있다가 저녁때에 침상에서 일어나 왕궁 옥상에 거닐다가 이웃에 있는 한 여인이 목욕하는데 심히 아름다워 보여서 그 여인을 알아보게 합니다. 그러자 전쟁에 나간 우리아의 아내 밧세바라고 합니다. 왕이 전령을 보내어 그 여인을 왕궁으로 데리고 오라고 합니다. 그 여자가 부정함을 깨끗하게 하였다는 말은 생리가 끝난 후 목욕을 한 것입니다. 율법에는 생리 중에 관계하면 안 됩니다.^{레18:19, 20:18} 그리고 생리가 나왔했는 말은 우리아의 아이를 배지 않았다는 말입니다. 그런데 임신이 되었습니다. 이것은 백 퍼센트 다윗 왕의 아이입니다.

그래서 밧세바가 왕에게 알립니다. 다윗 왕이 자신의 알리바이를 만들기 위하여 우리아를 전쟁터에서 휴가를 보내도록 합니다. 우리아가 왕에게 왔을 때 왕이 군대 장관 요압과 군인들의 안부와 싸움이 어떠한지를 묻습니다. 그런 후에 네 집에 가서 발을 씻으라고 하면서 왕의 음식물이 뒤따라갑니다. 그런데 우리아는 충성된 여호와의 전쟁을 하는 군인이라서 왕궁 문에서 군인들과 잠을 잡니다. 왕이 다시 우리아를 불러 네가 왜 집에 가서 자지 않았느냐고 합니다. 그러자 우리아가 말하기를 요압 장군과 동료들이 전쟁터에 있는데 어떻게 내 집에 가서 먹고 마시며 아내와 잘 수 있겠느냐면서 왕의 살아 계심을 두고 맹세합니다. 그러자 왕이 하루 더 머물게 하면서 다음 날 불러서 술을 마시게 하고 취하게 하였지만 자기 집에 가지 않고 군인들과 함께 잤습니다.

우리아가 아내와 동침하여야 그 아이가 자기 아이가 아니라고 할 텐데 알리바이를 만드는 일에 실패하자 우리아를 죽이려고 요압 장군에서 밀서를 보냅니다. 우리아는 자기 죽음의 편지를 요압 장군에게 가져다줍니다. 그 밀서에는 전쟁터의 가장 위험한 곳에 우리아를 배치하고 요압은 뒤로 물러가서 그를 죽게 하라고 합니다. 요압에 왕의 명령대로 하고 왕에게 보고합니다. 밧세바가 우리아를 장사 지낸 후에 다윗이 자기 아내로 데리고 옵니다. 이 사실에 관하여 요압 장군도 알 것이며 그 여인을 데리고 온 왕의 신하도 알 것입니다. 그러나 왕의 위세에 눌려 아무런 말도 못 하니 그것으로 넘어간 줄 알았습니다. 그리고 이런 일은 그 당시에 다른 나라의 왕들은 예사로 하는 일이기도 합니다. 그러나 다윗은 여호와의 기름 부음 받음으로 왕이 되어 여호와의 전쟁을 하는 사람입니다. 그런데도 이런 간음과 살인을 하고서도 자기 죄를 알지 못하는 사람이 되었습니다.

이런 다윗 왕을 나단 선지자가 하나님의 말씀으로 책망합니다. 먼저는 비유로 책망하지만 못 알아듣습니다. 오히려 그런 악한 자를 죽여야 한다고 하였다가 율법대로 네 배로 갚아야 한다고 말했습니다. 그랬을 때 나단 선지자가 바로 그 악한 자가 당신이라고 하면서 하나님의 심판을 전합니다. 네가 나를 업신여기고 헷 사람 우리아의 아내를 빼앗아 네 아내로 삼았기에 칼이, 네 집에서 영원토록 떠나지 않을 것이라고 합니다. 여호와께서 너와 네 집에 재앙을 일으키고 내가 네 눈앞에서 네 아내를 빼앗아 네 이웃에게 주고 네 아내와 더불어 백주에 동침하리라고 합니다. 너는 은밀히 행하였으나 나는 온 이스라엘 앞에서 백주에 이 일을 행하리라 하셨습니다.

이런 책망에 다윗은 내가 여호와께 죄를 범하였다고 합니다. 그러자 나단이 다윗에게 여호와께서도 당신의 죄를 사하셨기에 당신이 죽지 않는다고 합니다. 율법대로 하면 간음레20:10, 22:22도 살인도 마땅히 죽여야 합니다. 다윗이 우리아를 직접 죽이지는 않았어도 자신이 죽인 것과 다름이 없습니다. 그러므로 모세 율법에 따르면 당연히 죽어야 하는데 하나님께서 죄를 사하셨다고 합니다. 그런데 왜 다윗의 집안에 온갖 칼부림이 일어나고 자기 아내가 자기 아들에게 동침을 당하는 일이 일어납니까? 죄를 사하셨다면 왜 이런 일이 일어나느냐는 질문을 할 수 있습니다.

사무엘하 12:7~9 여호와 하나님께서 다윗에게 해주신 일이 얼마나 엄청난지를 말씀합니다. 여호와 하나님께서 다윗에게 해주신 것이 부족하였다면 이것저것을 더 주었을 것이라고 합니다. 그런데도 이런 짓을 한 것은 하나님의 말씀을 업신여긴 것입니다. 그러면 그동안 다윗이 사울을 죽이지 않고 살려준 것이나 수많은 전쟁의 승리들은 다윗 자기의 힘이 아니라 하나님의 기름 부음으로 인한 것이지 자기의 공로가 아니라는 말씀입니다. 여호와 하나님께서 잠시라도 버려두시면 다윗처럼 되는 것이 죄인의 모습입니다. 인간의 죄가 어떠한지 드러납니다.

사무엘하 12:13~15 "다윗이 나단에게 이르되 내가 여호와께 죄를 범하였노라 하매 나단이 다윗에게 말하되 여호와께서도 당신의 죄를 사하셨나니 당신이 죽지 아니하려니와 이 일로 말미암아 여호와의 원수가 크게 비방할 거리를 얻게 하였으니 당신이 낳은 아이가 반드시 죽으리이다 하고 나단이 자기 집으로 돌아가니라"

다윗의 죄를 용서하셨다고 하시면서 다윗과 밧세바 사이에 아이가 죽게 되고 또 다윗의 집안에 형제끼리 죽이고 죽는 일이 일어나는 일이 왜 일어나는 것입니까? 그 이유는 여호와의 원수가 크게 비방할 거리를 얻게 하였기 때문이라고 합니다. 욥기를 보면 사탄이 등장합니다. 사탄은 여호와 하나님을 대적합니다. 그러므로 다윗이 이런 죄를 그대로 용서하시면 사탄이 하나님을 공의롭지 못하다고 대적할 것입니다. 그러므로 죄의 용서는 영원한 지옥의 형벌을 면하는 일이 참된 용서입니다. 그러므로 죄를 용서하시지만, 다윗을 징계하심으로 원수의 입도 막게 하십니다.

다윗의 집안에 일어나는 하나님의 징계는 사람 막대기와 인생 채찍입니다. 그러함에도 버리지는 않으심이 여호와 하나님께서 다윗에게 하신 영원한 언약 때문입니다. 모세 언약대로 하면 다윗은 벌써 죽어 마땅한 자임이 드러납니다. 그러므로 대적의 입을 막기 위한 징계는 다윗과 밧세바 사이에 태어난 아이가 죽습니다. 다윗이 금식하며 기도하여도 그 아이가 죽습니다. 그리고 자기 아들 암논이 배다른 누이 다말을 강간하고 내칩니다. 다말의 오빠 압살롬이 암논을 죽입니다. 압살롬도 나중에 다윗을 반역하고 전쟁에 쫓기다가 죽임당합니다. 아도니야도 스스로 왕이 되려고 하다가 솔로몬이 요압에게 죽이라고 하여 죽게 됩니다. 결국 네 명의 자녀가 죽습니다. 다윗이 양 네 마리로 갚아야 한다고 하였는데 양이 아니라 사람이니 자기 자식 네 명이 죽습니다.

그런데 다윗이 암논의 사건이나 압살롬의 사건이 일어날 때 그들을 책망하지 않습니다. 그래서 어떤 사람은 다윗이 다말을 범한 암논을 책망하지 않았기에 압살롬이 암논을 죽였다고 합니다. 그러나 나중에 압살롬이 반역하여 아버지를 죽이려고 하여도 압살롬을 불쌍히 여기라고 합니다. 왜 이렇게 말했을까요? 다윗은 자기 아들들의 죄를 보면서 자기 죄를 보는 것입니다. 자기 자신이 어떤 죄인인지를 간음하고 살인하고 나서 자기 죄를 제대로 보게 된 것입니다. 자신이 어떤 죄인인지 처절하게 깨닫고 나니 자기 자식들에게 일어나는 모든 죄악을 자신의 죄로 보는 것입니다. 그러므로 아들들의 죄악을 정죄하고 판단하지 못하고 불쌍히 여겨달라는 말만 하는 것입니다.

시편 51:1~5를 새번역으로 봅니다. "하나님, 주님의 한결같은 사랑으로 내게 자비를 베풀어 주십시오. 주님의 크신 긍휼을 베푸시어 내 반역죄를 없애 주십시오. 내 죄악을 말끔히 씻어 주시고, 내 죄를 깨끗이 없애 주십시오. 나의 반역을 내가 잘 알고 있으며, 내가 지은 죄가 언제나 나를 고발합니다. 주님께만, 오직 주님께만, 나는 죄를 지었습니다. 주님의 눈앞에서, 내가 악한 짓을 저질렀으니, 주님의 판결은 옳으시며 주님의 심판은 정당합니다. 실로, 나는 죄 중에 태어났고, 어머니의 태 속에 있을 때부터 죄인이었습니다."

표제어가 '다윗의 시, 인도자를 따라 부르는 노래, 다윗이 밧세바와 동침한 후 선지자 나단이 그에게 왔을 때' 입니다. 4절을 보면 주께만 죄를 지었다고 하는 내용은 사람에게 죄를 짓지 않았다는 말이 아니라 모든 죄는 주님께 죄를 지은 것입니다. 우리는 사람에게 들키지 않으면 괜찮다고 생각합니다. 다윗도 그렇게 자기 죄를 덮어버렸습니다. 그러나 주님께서 다 보시고 알고 계십니다. 다윗은 나단 선지자의 책망을 듣고 주께만 죄를 지었다는 말은 죄가 무언지 알았던 것입니다. 그러므로 자신 죄 중에 태어났고 모태로부터 죄인이었다고 합니다. 그러므로 주의 용서 외에는 소망이 없는 자임을 알았기에 주께서 원하시는 제사는 상한 심령이라고 합니다.

시편 32:1~5 "허물의 사함을 받고 자신의 죄가 가려진 자는 복이 있도다 마음에 간사함이 없고 여호와께 정죄를 당하지 아니하는 자는 복이 있도다 내가 입을 열지 아니할 때에 종일 신음하므로 내 뼈가 쇠하였도다 주의 손이 주야로 나를 누르시오니 내 진액이 빠져서 여름 가뭄에 마름 같이 되었나이다 (셀라) 내가 이르기를 내 허물을 여호와께 자복하리라 하고 주께 내 죄를 아뢰고 내 죄악을 숨기지 아니하였더니 곧 주께서 내 죄악을 사하셨나이다 (셀라)"

이 시편도 표제어에 '다윗의 시 마스길' 이라고 되어 있습니다. 마스길이란 교훈이라는 뜻입니다. 이 시편은 어떤 교훈을 주고 있습니까? 허물의 사함을 받고 자신의 죄가 가려진 자는 복이 있다고 합니다. 그러나 그냥 사함을 받고 가려진 것이 아니라 여호와 앞에 다 드러난 후에 정죄당하지 않음이 복입니다. 그러면 그 정죄를 누가 당해야 합니까? 정죄의 대가를 치르지 않고 용서하시면 공의가 아닙니다. 그러므로 하나님의 아들이 대신 정죄 당함이 십자가입니다.

그러나 이미 타락한 인간은 자기 죄를 모릅니다. 그러므로 주께서 택하신 자들에게 죄를 깨닫게 하시는 일을 주께서 누르신다고 합니다. 다윗은 나단 선지자가 비유로 책망하는 말을 듣고 자기 죄를 알지 못하였기에 그 악한 자가 바로 당신이라고 합니다. 이것이 죄를 토하도록 누름입니다. 그러자 자기 죄를 깨닫고 회개합니다. 오늘 우리가 하나님의 말씀인 성경을 보고 들으면서 성경에 나오는 모든 죄가 바로 자기 자신의 죄임을 아는 자가 하나님의 은혜를 입은 사람입니다. 성경에 나오는 모든 죄만이 아니라 세상에 일어나는 모든 죄도 자기 안에 들어있는 죄임을 아는 자들이 성령이 임한 사람입니다. 이런 자들은 그런 죄를 보면서 자기의 죄인 줄 알고 회개합니다.

디모데전서 1:13~17 "내가 전에는 비방자요 박해자요 폭행자였으나 도리어 긍휼을 입은 것은 내가 믿지 아니할 때에 알지 못하고 행하였음이라 우리 주의 은혜가 그리스도 예수 안에 있는 믿음과 사랑과 함께 넘치도록 풍성하였도다 미쁘다 모든 사람이 받을 만한 이 말이여 그리스도 예수께서 죄인을 구원하시려고 세상에 임하셨다 하였도다 죄인 중에 내가 괴수니라 그러나 내가 긍휼을 입은 까닭은 예수 그리스도께서 내게 먼저 일체 오래 참으심을 보이사 후에 주를 믿어 영생 얻는 자들에게 본이 되게 하려 하심이라 영원하신 왕 곧 썩지 아니하고 보이지 아니하고 홀로 하나이신 하나님께 존귀와 영광이 영원무궁하도록 있을지어다 아멘"

우리는 흉악한 죄를 지어야 죄인인 줄 압니다. 그러나 바울 사도는 율법의 의로 흠이 없는 자라고 자부한 사람입니다. 그래서 예수님이 하나님의 아들 곧 하나님이라고 믿는 자들은 다 죽어야 마땅하다고 여긴 것입니다. 죄는 하나님만 용서할 수 있는데 십자가에 죽은 나사렛 예수를 믿으면 죄가 용서된다는 이런 교리는 율법의 의로는 도저히 용납할 수가 없었습니다. 그러므로 예수 믿는 자를 다 잡아 죽이는 일이 하나님께 영광인 줄 알고 대제사장의 공문을 가지고 다메섹까지 예수 믿는 자를 잡으려고 가다가 주님을 만나고 완전히 새롭게 되었기에 이런 복음을 전하게 됩니다.

로마서 4:6~8 "일한 것이 없이 하나님께 의로 여기심을 받는 사람의 복에 대하여 다윗이 말한바 불법이 사함을 받고 죄가 가리어짐을 받는 사람들은 복이 있고 주께서 그 죄를 인정하지 아니하실 사람은 복이 있도다 함과 같으니라"

여기서 인용하는 시편은 앞에서 보았던 시편 32편의 내용입니다. 일한 것도 없이 모태로부터 죄만 지은 인간이 하나님께 의로 여김을 받는 일은 오직 믿음입니다. 이 믿음이 주어지기 위하여 하나님이 사람이 되시고 십자가에 죽고 부활 승천하셔서 성령을 부어 주십니다. 성령이 임하자 비로소 자신이 어떤 죄인인지 알고 예수님을 믿게 됩니다. 이런 자들은 살아갈수록 자신이 어떤 죄인인지 더욱 알아갑니다. 그럴수록 더욱 주의 은혜만 사모하게 되는 자들이 성도입니다.

　　이숙경 작가의 시 필사 중에 천양희 시인의 '무너진 사람 탑' 중 마지막 부분입니다. "그러니 꿈도 꾸지마라/ 자존심 하나로 버틸 생각/ 죄 안 짓고 살 생각/ 그러니 너는 조금씩/ 잎을 오므리듯 입을 다물라" 남보다 죄 안 지었다는 자존심일랑 꿈도 꾸지 말라는 말입니다. 시인도 이런 말을 합니다. 성도는 우리 주 예수 그리스도의 십자가 외에는 자랑할 것이 없는 사람입니다.

다윗 언약 (8)

사무엘하 23:1~7 이는 다윗의 마지막 말이라 이새의 아들 다윗이 말함이여 높이 세워진 자, 야곱의 하나님께로부터 기름 부음 받은 자, 이스라엘의 노래 잘하는 자가 말하노라 여호와의 영이 나를 통하여 말씀하심이여 그의 말씀이 내 혀에 있도다 이스라엘의 하나님이 말씀하시며 이스라엘의 반석이 내게 이르시기를 사람을 공의로 다스리는 자, 하나님을 경외함으로 다스리는 자여 그는 돋는 해의 아침 빛 같고 구름 없는 아침 같고 비 내린 후의 광선으로 땅에서 움이 돋는 새 풀 같으니라 하시도다 내 집이 하나님 앞에 이같지 아니하냐 하나님이 나와 더불어 영원한 언약을 세우사 만사에 구비하고 견고하게 하셨으니 나의 모든 구원과 나의 모든 소원을 어찌 이루지 아니하시랴 그러나 사악한 자는 다 내버려질 가시나무 같으니 이는 손으로 잡을 수 없음이로다 그것들을 만지는 자는 철과 창자루를 가져야 하리니 그것들이 당장에 불살리리로다 하니라

지난 주에 다윗의 범죄를 살펴보았습니다. 간음하고 살인하였지만 자기 죄를 모르고 있습니다. 여호와의 전쟁에 충성된 우리아를 자기의 간음죄를 덮으려고 죽여버렸습니다. 마태복음에서 예수님의 족보를 말하면서 우리아의 이름이 등장합니다. 다윗은 우리야의 아내에게서 솔로몬을 낳았다고 합니다.^{마1:6} 그냥 밧세바라고 하지 않고 우리아의 아내라고 합니

다. 다윗의 범죄로 희생된 우리아의 이름을 기록함으로 예수 그리스도의 족보가 어떠한 계통인지를 보여줍니다. 예수는 우리의 범죄로 인하여 내줌이 되고 우리를 의롭다고 하시기 위하여 살아나셨습니다. 롬4:25

오늘 본문을 봅니다. 다윗의 마지막 말이라고 합니다. 이새의 아들 다윗 자신이 높이 세워진 자, 야곱의 하나님께 기름 부음을 받은 자, 이스라엘의 노래 잘하는 자라고 말합니다. 자기를 이렇게 말하는 것은 자기의 잘남이 아니라 여호와의 영이 자기를 통하여 말씀합니다. 이스라엘의 하나님 이스라엘의 반석이 자기에게 말씀하시기를 사람을 공의로 다스리는 자, 하나님을 경외함으로 다스리는 자, 그는 돋는 해의 아침 빛 같고 구름 없는 아침 같고 비 내린 후의 광선으로 땅에서 움이 돋는 새 풀과 같다고 합니다. 자기 집이 하나님 앞에서 이렇다고 합니다.

자신의 죄를 아는 자가 어떻게 이렇게 말할 수 있습니까? 그러나 이렇게 말한 것이 하나님의 영으로 말한다고 합니다. 그러므로 다윗은 자신의 능력이 아닙니다. 하나님이 다윗과 더불어 맺은 영원한 언약 때문입니다. 하나님께서 다윗에게 영원한 언약을 말씀하셨기에 여호와 하나님께서 만사를 갖추셔서 나의 모든 구원과 나의 모든 소원을 어찌 이루지 않겠느냐고 합니다. 하나님께서 다윗에게 언약하실 때 그 언약을 영원히 견고하게 하여 달라고 하였습니다. 삼하7:29 그러므로 다윗이 간음과 살인이라는 범죄에도 불구하고 이런 노래를 부름은 그리스도의 영이 임하여 그 언약의 영원함을 노래합니다. 벧전1:11 그러므로 이 노래의 완성도 예수 그리스도 임이 분명합니다. 하나님의 언약이 영원함은 영원하신 하나님의 아들이 완성하십니다. 하나님의 영원하신 이런 언약을 믿지 않는 자를 사악한 자라고 하며 내어 버려지고 불에 태워질 가시라고 합니다.

23:1에서 다윗의 마지막 말이라고 하지만 23:8~33까지 다윗의 용사들 목록이 나오고 24장이 또 있습니다. 다윗의 마지막 말은 영원한 언약을

말하는 것으로 결론을 내리면 되는데 왜 인구 조사 사건을 다시 기록하였을까요? 인간은 하나님의 영원한 언약 외에는 아무런 소망이 없음을 너무나 분명하게 보여주기 위함이라고 봅니다. 다윗의 인구 조사 사건을 통하여 다시 다윗의 죄가 어떠함으로 보여주면서 성전 터를 발견하게 하시고 성전 터를 준비한 것으로 봅니다.

사무엘하 24:1을 봅니다. "여호와께서 다시 이스라엘을 향하여 진노하사 그들을 치시려고 다윗을 격동시키사 가서 이스라엘과 유다의 인구를 조사하라 하신지라"

여호와 하나님께서 다시 이스라엘을 향하여 진노하십니다. 그 이유는 무엇인지 말씀하지 않습니다. 그런데 다윗을 격동시키사 이스라엘과 유다의 인구를 조사하라고 하셨습니다. 그러면 다윗이 인구 조사를 한 것은 여호와 하나님께서 하라고 하신 일인데 왜 심판을 하시느냐고 물을 수 있습니다. 이런 질문을 우리가 한다는 자체가 이미 선악과를 따 먹은 인간이기에 이런 질문을 하는 것입니다. 그런데 바벨론 포로에서 돌아온 후에 기록한 역대상 21:1에서는 이 사건을 사탄이 일어나 이스라엘을 대적하고 다윗을 충동하여 이스라엘을 계수하게 하였다고 합니다.

여호와께서 이스라엘을 향하여 진노하심은 다윗 안에 있는 죄에 대한 진노이며 이 죄를 사탄이 부추기는 일을 하나님께 허락하셨습니다. 이렇게 하시는 이유를 예수님께서 베드로에게 하신 말씀으로 해석할 수 있습니다. 예수님께서 베드로에게 사탄이 너희를 밀 까부르듯 하려고 요구하였으나 예수님께서 기도하셨기에 그 믿음이 떨어지지 않는다고 합니다. 그러므로 너는 돌이킨 후에 네 형제를 굳게 하라고 합니다. 이 말씀을 들은 베드로는 내가 주와 함께 옥에도, 죽는 데에도 가기를 각오하였다고 합니다. 그러나 예수님은 베드로에게 오늘 닭 울기 전에 네가 세 번 나를 모른다고 부인하리라 하셨고 그 말씀대로 되었습니다.^{눅22:31~34} 그러므로 다윗이나 베드로나 간에 사탄이 밀 까부르듯이 할 수 있지만 영원한 언약이 그들을 지켜주신다는 것을 보여줍니다.

사무엘하 24:2~4 "이에 왕이 그 곁에 있는 군사령관 요압에게 이르되 너는 이스라엘 모든 지파 가운데로 다니며 이제 단에서부터 브엘세바까지 인구를 조사하여 백성의 수를 내게 보고하라 하니 요압이 왕께 아뢰되 이 백성이 얼마든지 왕의 하나님 여호와께서 백 배나 더하게 하사 내 주 왕의 눈으로 보게 하시기를 원하나이다 그런데 내 주 왕은 어찌하여 이런 일을 기뻐하시나이까 하되 왕의 명령이 요압과 군대 사령관들을 재촉한지라 요압과 사령관들이 이스라엘 인구를 조사하려고 왕 앞에서 물러나"

요압 장군은 왕이 사탄의 유혹을 받았음을 알고 말리려고 하였지만, 다윗이 재촉하여 하는 수 없이 인구 조사를 합니다. 이어지는 말씀을 보면 요압이 9개월 20일 만에 전체의 인구를 조사하여 이스라엘에서 칼을 빼는 담대한 자가 팔십만 명이며 유다 사람이 오십만 명이라고 보고합니다. 군대에 나갈 수 있는 자가 백 삼십만 명입니다. 그런데 인구 조사를 왜 했을까요? 하나님께서 아브라함과 이삭과 야곱에게 약속하시기를 네 후손이 하늘의 별과 같이 셀 수 없이 많을 것이라고 하셨습니다. 그 말씀을 믿지 못함도 됩니다. 그리고 여호와의 전쟁은 사람의 수에 있지 않은데 자기의 전쟁을 하려고 군대의 수를 조사한 것입니다. 이것이 유혹인 줄 시험에 들면 모릅니다.

사무엘하 24:10 "다윗이 백성을 조사한 후에 그의 마음에 자책하고 다윗이 여호와께 아뢰되 내가 이 일을 행함으로 큰 죄를 범하였나이다 여호와여 이제 간구하옵나니 종의 죄를 사하여 주옵소서 내가 심히 미련하게 행하였나이다 하니라"

인구 조사를 하려고 할 때 요압 장군이 말려도 다윗이 재촉하여 인구 조사를 하였습니다. 그때는 이것이 죄인 줄 깨닫지 못하였습니다. 그런데 인구 조사를 하고 나서 그의 마음에 자책하고 여호와께서 큰 죄를 범하였다고 합니다. 그러므로 종의 죄를 사하여 달라고 합니다. 자신이 심히 미련하게 행하였다고 합니다. 인구 조사를 민수기에서는 두 번이나 합니다. 그리고 출애굽기에서30:13, 14는 생명의 속전을 내기 위하여 인구 조사를 합니다. 그런데 다윗이 이 인구 조사는 전쟁에 나갈 용사를 조사하였기에 여호와의 전쟁을 자기 힘으로 하려고 한 것입니다. 그런데 다윗이 인구 조사를 하게 되고 죄를 깨달아 징계받는 일을 통하여 무엇을 계시하는지 봅니다.

사무엘하 24:11~13 "다윗이 아침에 일어날 때에 여호와의 말씀이 다윗의 선견자 된 선지자 갓에게 임하여 이르시되 가서 다윗에게 말하기를 여호와께서 이와 같이 말씀하시기를 내가 네게 세 가지를 보이노니 너를 위하여 너는 그중에서 하나를 택하라 내가 그것을 네게 행하리라 하셨다 하라 하시니 갓이 다윗에게 이르러 아뢰어 이르되 왕의 땅에 칠 년 기근이 있을 것이니이까 혹은 왕이 왕의 원수에게 쫓겨 석 달 동안 그들 앞에서 도망하실 것이니이까 혹은 왕의 땅에 사흘 동안 전염병이 있을 것이니이까 왕은 생각하여 보고 나를 보내신 이에게 무엇을 대답하게 하소서 하는지라"

간음과 살인 사건에서는 나단 선지자가 등장하는데 이 사건에는 갓 선지자가 등장하여 다윗에게 여호와께 받을 벌을 선택하라고 합니다. 왕의 땅에 7년 기근이 올 것인지, 왕이 원수에게 쫓겨 3개월 도망할 것인지, 사흘 동안 전염병이 있을 것인지 선택하라고 합니다. 다윗의 대답을 봅니다.

이어지는 14~17절입니다. "다윗이 갓에게 이르되 내가 고통 중에 있도다 청하건대 여호와께서는 긍휼이 크시니 우리가 여호와의 손에 빠지고 내가 사람의 손에 빠지지 아니하기를 원하노라 하는지라 이에 여호와께서 그 아침부터 정하신 때까지 전염병을 이스라엘에게 내리시니 단에서부터 브엘세바까지 백성의 죽은 자가 칠만 명이라 천사가 예루살렘을 향하여 그의 손을 들어 멸하려 하더니 여호와께서 이 재앙 내리심을 뉘우치사 백성을 멸하는 천사에게 이르시되 족하다 이제는 네 손을 거두라 하시니 여호와의 사자가 여부스 사람 아라우나의 타작마당 곁에 있는지라 다윗이 백성을 치는 천사를 보고 곧 여호와께 아뢰어 이르되 나는 범죄 하였고 악을 행하였거니와 이 양 무리는 무엇을 행하였나이까 청하건대 주의 손으로 나와 내 아버지의 집을 치소서 하니라"

여호와의 긍휼을 의지한다고 세 번째 재앙을 선택하였는데 이 선택도 여호와의 긍휼을 의지한다고 하지만 사실 자기가 적에게 3개월을 도망가는 일을 선택하지 않고 백성들이 전염병으로 3일간 죽는 일을 택하였습니다. 그로 인하여 7만 명이 죽었습니다. 물론 여호와 하나님께서 7만 명이 죽은 후에 천사에게 멈추라고 하여 여호와의 사자가 아라우나의 타작마당에 서 있습니다. 이때 다윗은 자신이 범죄하고 자신이 악을 행하였다고 하면서 이 양 무리는 자기 때문에 재앙을 당하는 일이기에 주의 손으로 나와 내 아버지의 집을 치라고 합니다. 이때 여호와의 응답이 옵니다.

사무엘하 24:18~25 "이날에 갓이 다윗에게 이르러 그에게 아뢰되 올라가서 여부스 사람 아라우나의 타작마당에서 여호와를 위하여 제단을 쌓으소서 하매 다윗이 여호와께서 명령하신바 갓의 말대로 올라가니라 아라우나가 바라보다가 왕과 그의 부하들이 자기를 향하여 건너옴을 보고 나가서 왕 앞에서 얼굴을 땅에 대고 절하며 이르되 어찌하여 내 주 왕께서 종에게 임하시나이까 하니 다윗이 이르되 네게서 타작마당을 사서 여호와께 제단을 쌓아 백성에게 내리는 재앙을 그치게 하려 함이라 하는지라 아라우나가 다윗에게 아뢰되 원하건대 내 주 왕은 좋게 여기시는 대로 취하여 드리소서 번제에 대하여는 소가 있고 땔 나무에 대하여는 마당질 하는 도구와 소의 멍에가 있나이다 왕이여 아라우나가 이것을 다 왕께 드리나이다 하고 또 왕께 아뢰되 왕의 하나님 여호와께서 왕을 기쁘게 받으시기를 원하나이다 왕이 아라우나에게 이르되 그렇지 아니하다 내가 값을 주고 네게서 사리라 값없이는 내 하나님 여호와께 번제를 드리지 아니하리라 하고 다윗이 은 오십 세겔로 타작마당과 소를 사고 그곳에서 여호와를 위하여 제단을 쌓고 번제와 화목제를 드렸더니 이에 여호와께서 그 땅을 위한 기도를 들으시매 이스라엘에게 내리는 재앙이 그쳤더라"

다윗이 선지자 갓의 말을 듣고 아라우나의 타작마당으로 올라갑니다. 아라우나가 왕 앞에서 얼굴을 땅에 대고 절하며 어찌하여 내 주 왕께서 종에게 왔느냐고 합니다. 그러자 네게서 타작마당을 사서 여호와께 제단을 쌓아 백성에게 내리는 재앙을 그치게 하려 한다고 합니다. 그러자 아라우나가 농기구와 소를 다 드릴 테니 왕의 하나님 여호와께서 기쁘시게 받으시기를 원한다고 합니다. 그러나 다윗은 자신이 값을 주고 사겠다고 하면서 타작마당과 소를 사서 여호와를 위하여 번제와 화목제를 드립니다. 번제와 화목제를 드렸는데 여호와께서 그 땅을 위한 기도를 들으셨다고 합니다. 번제와 화목제물이 속죄의 기도입니다. 그래서 이스라엘에 내리는 재앙이 그쳤습니다.

이 사건을 어떻게 해석하여야 합니까? 저도 많이 들은 내용은 죄를 지으면 반드시 대가를 치러야 한다고 하면서 타작마당과 소를 돈을 주고 샀듯이 우리도 값없이는 안 된다고 합니다. 그러면 우리의 죄가 용서받으려면 어느 정도의 값을 치러야 합니까? 다윗의 간음과 살인이 무슨 값으로 죄를 치를 수가 있습니까? 율법에는 고의로 사람을 살해하면 어떤 속전도 받지 말고 죽이라고 합니다.^{민35:31} 그런데 다윗은 용서받았습니다. 인구조사로 인하여 7만 명이 죽었습니다. 이런 다윗이 어떻게 용서받을 수 있습니까? 아라우나의 타작마당이 어떤 곳인지 보겠습니다.

창세기 22:2 "여호와께서 이르시되 네 아들, 네 사랑하는 독자 이삭을 데리고 모리아 땅으로 가서 내가 네게 일러 준 한 산 거기서 그를 번제로 드리라"

아브라함이 이삭을 바치는 땅이 모리아 땅입니다. 이삭을 제물로 바치려다 양을 대신하여 바치고 돌아온 곳이 모리아 땅입니다. 이곳의 이름을 여호와 이레라고 하였습니다. 여호와께서 준비하리라고 합니다. 무엇을 준비합니까? 그곳에 성전이 세워지고 여호와께 희생의 제사가 드려집니다.

역대하 3:1 "솔로몬이 예루살렘 모리아 산에 여호와의 전 건축하기를 시작하니 그 곳은 전에 여호와께서 그의 아버지 다윗에게 나타나신 곳이요 여부스 사람 오르난의 타작마당에 다윗이 정한 곳이라"

다윗이 성전 지을 재료를 준비하고 솔로몬이 성전을 짓는데 그 장소가 모리아 산입니다. 그곳은 여호와께서 다윗에게 나타나신 곳이며 여부스 사람 오르난의 타작마당을 산 곳입니다. 그러므로 다윗의 범죄로 인한 재앙이 멈춘 것은 하나님의 영원한 언약을 따라 모리아 산 곧 오르난의 타작마당에 세워지는 성전의 희생 제사로 인하여 용서되는 것입니다.

그러나 솔로몬이 세운 성전에는 온갖 우상이 가득하게 됩니다. 그러므로 바벨론에 의하여 파괴되고 바벨론에서 돌아와서 재건된 성전이 스룹바벨 성전입니다. 예수님 당시에는 헤롯이 건물 성전을 멋있게 증축하였습니다. 그런데 예수님은 그 성전을 헐라고 하시면서 자신이 사흘 만에 일으키겠다고 하셨습니다. 그 말씀은 예수님의 죽음과 부활입니다. 그러므로 다윗의 범죄나 오늘 우리의 범죄나 간에 용서받는 유일한 길은 하나님의 영원한 언약을 따른 그리스도의 죽음과 부활입니다.

로마서 4:22~25 "그러므로 그것이 그에게 의로 여겨졌느니라 그에게 의로 여겨졌다 기록된 것은 아브라함만 위한 것이 아니요 의로 여기심을 받을 우리도 위함이니 곧 예수 우리 주를 죽은 자 가운데서 살리신 이를 믿는 자니라 예수는 우리가 범죄 한 것 때문에 내줌이 되고 또한 우리를 의롭다 하시기 위하여 살아나셨느니라"

로마서 4장은 아브라함과 다윗이 일한 것도 없을 정도가 아니라 한 짓이라고는 죄밖에 지은 일이 없는 자들이 믿음으로 의롭다고 함을 받은 일을 기록하고 있습니다. 그러므로 예수님은 우리의 범죄로 내줌이 되고 우리를 의롭다고 하시기 위하여 살아나셨습니다. 이것이 복음입니다. 그러므로 다윗은 불법이 사함을 받고 그 죄가 가림을 받는 자가 복이 있다고 합니다. 그 복은 자신의 죄로 인하여 예수님이 십자가에서 내줌이 되고 또한 의롭다고 하시기 위하여 부활하신 것입니다.

그러므로 아브라함도 다윗도 예수님의 십자가 피로 구원받습니다. 예수님은 아브라함보다 역사적으로 이천 년 뒤에 오셨고 다윗보다 천년 뒤에 오셨습니다. 그러나 예수님은 아브라함이 자신의 때 볼 것을 즐거워하다가 보고 기뻐하였다고 합니다.^{요8:56} 다윗이 성령의 역사로 예수님을 주라고 불렀다고 합니다. 자신을 주라고 불렀다고 말씀하십니다.^{마22:43, 막12:36} 이런 말씀을 들은 자들이 예수님을 죽이려고 하였고 실제로 죽였습니다. 그 이유는 예수님이 하나님이라는 말씀이 되기 때문입니다. 그러나 이러한 복음은 이미 창세 전부터 미리 알려진 일입니다.

베드로전서 1:18~25 "너희가 알거니와 너희 조상이 물려 준 헛된 행실에서 대속함을 받은 것은 은이나 금 같이 없어질 것으로 된 것이 아니요 오직 흠 없고 점 없는 어린 양 같은 그리스도의 보배로운 피로 된 것이니라 그는 창세 전부터 미리 알린 바 되신 이나 이 말세에 너희를 위하여 나타내신 바 되었으니 너희는 그를 죽은 자 가운데서 살리시고 영광을 주신 하나님을 그리스도로 말미암아 믿는 자니 너희 믿음과 소망이 하나님께 있게 하셨느니라 너희가 진리를 순종함으로 너희 영혼을 깨끗하게 하여 거짓이 없이 형제를 사랑하기에 이르렀으니 마음으로 뜨겁게 서로 사랑하라 너희가 거듭난 것은 썩어질 씨로 된 것이 아니요 썩지 아니할 씨로 된 것이니 살아 있고 항상 있는 하나님의 말씀으로 되었느니라 그러므로 모든 육체는 풀과 같고 그 모든 영광은 풀의 꽃과 같으니 풀은 마르고 꽃은 떨어지되 오직 주의 말씀은 세세토록 있도다 하였으니 너희에게 전한 복음이 곧 이 말씀이니라"

아브라함도 다윗도 하나님의 언약 백성이 되는 것은 그들의 자격이 아닙니다. 금이나 은 같이 없어질 보배로 구속받은 것이 아닙니다. 오직 하나님의 영원한 언약을 따라 하나님의 자기희생으로 언약 백성이 된 것입니다. 그 영원한 언약의 완성을 흠 없고 점 없는 어린 양 같은 그리스도의 보배로운 피로 된 것입니다. 그러므로 우리가 거듭난 것은 썩어질 씨가 아니라 썩지 아니할 씨로 되었습니다. 그 영원한 말씀이 육신이 되어 십자가에 죽고 다시 살아나신 예수 그리스도입니다. 이 복음을 믿는 자들은 날마다 누룩 없는 순전한 떡인 예수님의 살과 피를 먹고 마시는 명절이 됩니다. ^{고전5:7~8} 오늘이 설날이지만 우리의 영원한 명절은 예수 그리스도 안에 있는 것입니다.

다윗 언약 (9)

마태복음 22:41~46 바리새인들이 모였을 때에 예수께서 그들에게 물으시되 너희는 그리스도에 대하여 어떻게 생각하느냐 누구의 자손이냐 대답하되 다윗의 자손이니이다 이르시되 그러면 다윗이 성령에 감동되어 어찌 그리스도를 주라 칭하여 말하되 주께서 내 주께 이르시되 내가 네 원수를 네 발 아래에 둘 때까지 내 우편에 앉아 있으라 하셨도다 하였느냐 다윗이 그리스도를 주라 칭하였은즉 어찌 그의 자손이 되겠느냐 하시니 한마디도 능히 대답하는 자가 없고 그날부터 감히 그에게 묻는 자도 없더라

　다윗 언약을 오늘은 복음서에서 살펴보고 다음 주에 사도행전에서 요한계시록까지 살펴보므로 마무리하겠습니다. **마태복음 1:1을 보면** '아브라함과 다윗의 자손 예수 그리스도의 계보라' 고 시작합니다. 문자대로 보면 아브라함과 다윗의 후손이 예수 그리스도라는 말입니다. 그런데 예수님은 아브라함도 나를 보고 기뻐하였고요8:56 다윗도 성령에 감동되어 그리스도를 주라고 고백하였는데 어떻게 다윗의 후손이 되겠느냐고 하신 말씀이 방금 읽은 말씀입니다. 이 말씀이 얼마나 충격적인 말씀입니까? 아브라함은 역사적으로 예수님보다 이천 년 전 사람이고 다윗은 천 년 전 사람입니다. 그러므로 예수님의 말씀을 믿든지 아니면 예수님을 귀신 들렸다거나 신성모독으로 몰아 죽이는 둘 중 하나가 일어나는 것입니다. 그러

므로 예수님의 말씀은 중간 지대가 없습니다.

디트리히 본회퍼가 이런 말을 했습니다. '예수와의 만남에는 오직 두 가지 가능성만 존재한다. 인간이 죽든지, 아니면 예수를 죽이든지' 우리가 예수님을 믿는다는 말은 내가 죽든지 아니면 예수를 죽이든지 둘 중의 하나라는 말입니다. 본회퍼의 이런 말이 울림이 있는 이유는 히틀러의 정책을 반대하다가 죽임당하였기 때문입니다. 히틀러가 어떤 짓을 했는지는 잘 아실 겁니다. 그런데 이런 히틀러를 독일의 대부분 국민이 환영하였습니다. 자기 민족을 살리는 메시아로 본 것입니다. 그런데 독일의 대부분 교회마저 이런 히틀러를 지지하였습니다. 그러나 본회퍼는 히틀러 암살 사건에 가담하였다가 발각되어 사형당합니다. 위키백과에서 히틀러에 관한 내용을 옮깁니다.

"1933년 집권한 나치의 독재에 대해서 독일교회는 예언자적인 목소리를 내면서 저항하기는커녕, 오히려 히틀러를 그리스도로 숭배하고 있었다. 당시 독일교회에서는 하나님이 영혼 구원을 위해 예수를 보내 주셨듯이 현재 독일의 "경제적, 사회적 구원을 위해 하나님께서 히틀러를 보내 주었다."라고 주장하는 것이다. 그러나 이것은 히틀러가 그리스도라고 주장하는 것이었고, 히틀러를 우상으로 치부하여 숭배하고 있었다. 그래서 본회퍼는 라디오 방송을 통해서 히틀러가 독일 국민을 히틀러라는 우상을 숭배하게 한다고 경고하는 예언자적인 목소리를 내었고, 결국 방송은 중단당하고 말았다. 신학자 칼 바르트의 표현을 빌리면 하나님의 말씀인 예수 그리스도를 따라야 할 교회가 히틀러를 그리스도로 따르고 있었기 때문에 이것을 지적한 것이다. 하지만 디트리히 본회퍼는 나치의 탄압에 굴복하지 않고, 자신이 발표한 원고를 신문에 넣었다. 이때부터 본회퍼는 나치의 미움을 받기 시작하였다." 이러한 본회퍼의 말이기에 위의 말을 인용하였습니다.

오늘 우리도 예수님을 믿는다고 이렇게 모여있습니다. 그런데 과연 우리는 죽었습니까? 아니면 나는 살아있고 예수님을 죽이고 있습니까? 예수님을 죽인다는 말이 이상하게 들립니까? 내 생각과 판단과 가치관과 삶의 목적이 죽지 않고 오히려 그런 것들을 얻기 위하여 예수님을 믿는다고 말하면 그것은 다시 예수님을 십자가에 못 박는 일입니다.^{히6:6} 예수님을 다시 십자가에 못 박는다는 말은 복음을 듣고 예수님을 믿는다는 자들이 다시 율법주의로 돌아가는 일을 경고하는 말씀입니다. 물론 성령의 역사로 회개하고 예수님을 믿은 자들은 돌아갈 수 없습니다. 그런데 왜 그런 일에 흔들리느냐는 책망의 말씀입니다. 그러므로 다윗 언약의 완성이 무엇인지 보겠습니다.

누가복음 1:26~33 "여섯째 달에 천사 가브리엘이 하나님의 보내심을 받아 갈릴리 나사렛이란 동네에 가서 다윗의 자손 요셉이라 하는 사람과 약혼한 처녀에게 이르니 그 처녀의 이름은 마리아라 그에게 들어가 이르되 은혜를 받은 자여 평안할지어다 주께서 너와 함께하시도다 하니 처녀가 그 말을 듣고 놀라 이런 인사가 어찌함인가 생각하매 천사가 이르되 마리아여 무서워하지 말라 네가 하나님께 은혜를 입었느니라 보라 네가 잉태하여 아들을 낳으리니 그 이름을 예수라 하라 그가 큰 자가 되고 지극히 높으신 이의 아들이라 일컬어질 것이요 주 하나님께서 그 조상 다윗의 왕위를 그에게 주시리니 영원히 야곱의 집을 왕으로 다스리실 것이며 그 나라가 무궁하리라"

천사 가브리엘이 다윗의 자손 요셉과 약혼한 처녀 마리아에게 하나님의 은혜를 받았다고 합니다.

그 은혜란 처녀가 잉태하여 아들을 낳는다는 것입니다. 약혼한 처녀가 남자를 알지 못하는데 잉태한다는 것은 목숨을 걸어야 하는 일입니다. 만약 요셉이 나의 아이가 아니라고 하면 마리아는 돌에 맞아 죽는 일입니다. 그런데도 네가 잉태하여 아들을 낳을 것이며 그 이름을 예수라고 하라고 합니다. 그가 큰 자가 되고 지극히 높으신 이의 아들이라 일컬어질 것이며 주 하나님께서 그 조상 다윗의 왕위를 그에게 주셔서 그가 영원히 야곱의 집을 왕으로 다스릴 거라고 합니다. 마리아는 이 말씀을 듣고 주의 여종이니 말씀대로 이루어지리라고 합니다. 이것이 은혜받은 일입니다.

마리아에게 잉태하여 태어나는 아기 예수가 다윗의 왕 위에 앉아서 영원히 다스린다는 말씀은 다윗 언약 여섯 번째 시간에 보았던 사무엘하 7:16의 말씀이 성취되는 일입니다. "네 집과 네 나라가 내 앞에서 영원히 보전되고 네 왕위가 영원히 견고하리라 하셨다" 나단 선지자가 여호와의 말씀을 다윗에게 전한 내용입니다. 이미 앞에서도 본 대로 다윗의 왕조는 바벨론에 의하여 끊어집니다. 바벨론에서 돌아왔지만 약 400년 동안 다윗의 왕조는 세워지지 않고 있습니다. 그러므로 다윗 언약의 성취를 기다리는 자들은 더욱 율법을 철저히 지켜서 다윗의 왕국이 세워지기를 기다리고 기다렸습니다. 그러나 이들이 기다린 왕국과 예수님이 세우시는 나라가 다릅니다.

마태복음 9:27~31 "예수께서 거기에서 떠나가실새 두 맹인이 따라오며 소리 질러 이르되 다윗의 자손이여 우리를 불쌍히 여기소서 하더니 예수께서 집에 들어가시매 맹인들이 그에게 나아오거늘 예수께서 이르시되 내가 능히 이 일 할 줄을 믿느냐 대답하되 주여 그러하오이다 하니 이에 예수께서 그들의 눈을 만지시며 이르시되 너희 믿음대로 되라 하시니 그 눈들이 밝아진지라 예수께서 엄히 경고하시되 삼가 아무에게도 알리지 말라 하셨으나 그들이 나가서 예수의 소문을 그 온 땅에 퍼뜨리니라"

예수님께서 열두 해 혈루증 앓는 여인을 고쳐주시고 죽은 관리의 딸도 살려주십니다. 그러자 예수님의 소문이 널리 퍼집니다. 그때 두 시각장애인이 예수님을 소리 질러 부르는데 다윗의 자손이라고 합니다. 다윗의 자손 그리스도를 기다린 사람들입니다. 그러므로 병을 고쳐주시는 일도 그리스도의 일로 보았기에 두 시각장애인이 예수님의 소문을 듣고 다윗의 자손으로 믿었기에 눈을 뜨게 되었습니다. 소경은 예수님을 다윗의 자손이라고 부르는데 눈 뜬 자들이 어떻게 하는지 봅니다.

마태복음 12:1~8 "그 때에 예수께서 안식일에 밀밭 사이로 가실새 제자들이 시장하여 이삭을 잘라 먹으니 바리새인들이 보고 예수께 말하되 보시오 당신의 제자들이 안식일에 하지 못할 일을 하나이다 예수께서 이르시되 다윗이 자기와 그 함께 한 자들이 시장할 때에 한 일을 읽지 못하였느냐 그가 하나님의 전에 들어가서 제사장 외에는 자기나 그 함께 한 자들이 먹어서는 안 되는 진설병을 먹지 아니하였느냐 또 안식일에 제사장들이 성전 안에서 안식을 범하여도 죄가 없음을 너희가 율법에서 읽지 못하였느냐 내가 너희에게 이르노니 성전보다 더 큰 이가 여기 있느니라 나는 자비를 원하고 제사를 원하지 아니하노라 하신 뜻을 너희가 알았더라면 무죄한 자를 정죄하지 아니하였으리라 인자는 안식일의 주인이니라 하시니라"

눈을 뜨고 율법을 지킨다는 바리새인들이 예수님의 제자들이 안식일을 지키지 않는다고 비난합니다. 예수님께서 다윗의 예를 들어 말씀합니다. 사무엘상 21장의 내용인데 사울이 다윗을 죽이려고 할 때 다윗이 피하여 가는 중에 제사장만 먹는 안식일에 물려낸 떡을 아히멜렉 제사장이 다윗에게 줍니다. 이 일로 인하여 제사장의 옷을 입은 85명을 죽입니다. 그중에 아비아달이 다윗에게 피하여 옵니다. 다윗도 안식일에 제사장이 먹는 떡을 먹었다고 하면서 제사장은 안식일에 성전 안에서 일하여도 죄가 없음을 율법에서 읽지 못하였냐고 하시면서 예수님 자신이 성전보다 큰 분이라고 하십니다. 그러면서 호세아서 말씀을 인용하여 나는 자비를 원하고 제사를 원하지 않는다는 뜻을 너희가 알았다면 무죄한 자를 정죄하지 않았을 거라고 하시면서 자신이 안식일의 주인이라고 합니다. 그러므로 예수님은 성전도 안식일도 자신이 완성하실 것임을 말씀하고 있습니다.

마태복음 15:21~28 "예수께서 거기서 나가사 두로와 시돈 지방으로 들어가시니 가나안 여자 하나가 그 지경에서 나와서 소리 질러 이르되 주 다윗의 자손이여 나를 불쌍히 여기소서 내 딸이 흉악하게 귀신 들렸나이다 하되 예수는 한 말씀도 대답하지 아니하시니 제자들이 와서 청하여 말하되 그 여자가 우리 뒤에서 소리를 지르오니 그를 보내소서 예수께서 대답하여 이르시되 나는 이스라엘 집의 잃어버린 양 외에는 다른 데로 보내심을 받지 아니하였노라 하시니 여자가 와서 예수께 절하며 이르되 주여 저를 도우소서 대답하여 이르시되 자녀의 떡을 취하여 개들에게 던짐이 마땅하지 아니하니라 여자가 이르되 주여 옳소이다마는 개들도 제 주인의 상에서 떨어지는 부스러기를 먹나이다 하니 이에 예수께서 대답하여 이르시되 여자여 네 믿음이 크도다 네 소원대로 되리라 하시니 그 때로부터 그의 딸이 나으니라"

이스라엘 백성이 아닌 가나안 여인이 예수님을 다윗의 자손이라고 부르면서 자기를 불쌍히 여겨달라고 합니다. 이 내용은 자주 말씀드려서 아실 것입니다. 얼마나 자존심 상하게 하시는 말씀인지 그 가나안 여인을 개 취급합니다. 반려견 보험도 드는 우리는 도저히 이해가 안 되겠지만 그 당시에는 개 취급을 받는 일이 가장 모욕적인 말입니다. 그런데 그 여인이 주님께 옳다고 합니다. 이 말은 자신이 개와 같다는 말입니다. 그런데 개들도 주인의 상에서 떨어지는 떡 부스러기를 먹는다고 합니다. 예수님을 이 여인을 향하여 네 믿음이 크다고 하시면서 네 소원대로 되라고 하시니 그 딸이 나았습니다. 율법을 지키며 자신들은 믿음이 좋다는 바리새인들은 예수님을 비난하는데 소경과 이방 여인은 예수님을 다윗의 자손이라고 부르며 믿습니다. 이것이 은혜입니다.

마태복음 21:15~17 "대제사장들과 서기관들이 예수께서 하시는 이상한 일과 또 성전에서 소리 질러 호산나 다윗의 자손이여 하는 어린이들을 보고 노하여 예수께 말하되 그들이 하는 말을 듣느냐 예수께서 이르시되 그렇다 어린 아기와 젖먹이들의 입에서 나오는 찬미를 온전하게 하셨나이다 함을 너희가 읽어 본 일이 없느냐 하시고 그들을 떠나 성 밖으로 베다니에 가서 거기서 유하시니"

예수님께서 나귀 새끼를 타시고 예루살렘에 입성할 때 사람들이 '호산나 다윗의 자손이여 찬송하리로다 주의 이름으로 오시는 이여 가장 높은 곳에서 호산나' 라고 찬송합니다. 그러자 아이들도 그렇게 노래합니다. 예수님은 성전에서 장사하는 자들을 쫓아내시며 내 집은 만민이 기도하는 집이라고 하였는데 너희는 강도의 소굴을 만들었다고 합니다. 이러한 예수님을 아이들이 호산나로 노래하자 대제사장들과 서기관들이 예수님께 이런 일이 무엇이냐고 분노합니다. 그러자 예수님은 다윗의 시편으로 답변하십니다. "주의 대적으로 말미암아 어린아이들과 젖먹이들의 입으로 권능을 세우심이여 이는 원수들과 보복자들을 잠잠하게 하려 하심이니이다. ^{시8:2}"

오늘 본문 마태복음 22:41~46을 봅니다. 바리새인들에게 예수님께서 질문합니다. 그리스도가 누구 자손이냐고 묻습니다. 그러자 다윗의 자손이라고 대답합니다. 앞에서 본 대로 병 고침 받은 자들도 다윗의 자손이라고 불렀습니다. 그러므로 유대인들은 다 다윗의 자손을 메시아로 기다렸습니다. 그런데 예수님은 **시편 110편 1절**을 인용하시면서 다윗이 성령에 감동되어 그리스도를 주라고 하였다고 합니다. 이 말씀을 잘 알고 있는 유대인들은 예수님의 이 말씀에 답을 할 수가 없습니다. 말의 논쟁은 유대인들이 가장 잘하는 일이라고 합니다. 그래서 머리가 좋다고도 합니다만 말로서 안 되면 어떻게 할까요? 항복하고 예수님을 믿을까요? 아니면 죽일까요?

아브라함 언약에서도 보았습니다만 예수님은 아브라함이 자기를 기다리다가 보고 기뻐하였다고 하였습니다. 그러자 사람들이 네 나이가 오십도 안 되어 보이는데 어떻게 아브라함을 보았다고 하느냐고 묻습니다. 그러자 예수님은 내가 아브라함 있기 전부터 있었다고 합니다. 이 말씀을 들은 유대인들이 예수님을 돌로 치려고 합니다.^{요8:56~59} 왜 예수님을 돌로 치려고 하는 것입니까? 이 말은 예수님이 하나님이라는 말입니다. 그러므로 신성모독이기에 당장 돌로 치려고 합니다. 그러나 때가 안 되어 그곳에서 숨어나가시지만 결국 이들이 예수님을 죽입니다.

예수님은 역사적으로 보면 아브라함 보다 이천 년 뒤에 오셨습니다. 다윗보다 천년 뒤에 오셨습니다. 그런데 예수님은 아브라함이 자기를 기다리다가 보고 기뻐하였다고 하시면서 아브라함 있기 전부터 계셨었다고 합니다. 그리고 다윗이 성령의 감동으로 자기를 주라고 하였다고 합니다. 이러한 모든 말씀이 성경에 있지만 이들은 예수님을 그리스도로 믿을 수가 없었기에 결국 십자가에 못 박아 죽입니다. 앞에서 본회퍼의 말을 인용하였습니다만 예수님을 만난다는 것은 내가 죽든지 그가 죽든지 둘 중의 하나라고 하였습니다. 그런데 유대인들이 예수님이 아브라함보다 먼저 있었다는 이 말씀을 듣고 돌로 쳐 죽이려고 하다가 결국 십자가에 못 박아 죽였습니다.

그런데 십자가에 죽는 예수님은 다 이루었다고 하셨습니다. 아브라함의 언약도 다윗의 언약도 자기 죽음으로 다 이루시고 자기 백성들에게 성령을 부어 주십니다. 그렇게 되면 너희가 십자가에 못 박아 죽인 예수를 하나님이 다시 살리시고 주와 그리스도가 되게 하셨다는 선포에 자기가 예수 죽인 죄인임을 인정하고 예수님을 주와 그리스도로 믿게 됩니다. 이 일이 지금까지 일어나고 있는 것은 예수님께서 다윗의 왕위에 앉아서 지금도 자기 백성을 구하여 내시기 때문입니다. 이 나라는 유대인들이 기다린 혈과 육으로 세우는 정치와 경제와 종교적인 나라가 아니라 예수 그리스도의 십자가로 이루시는 영원한 나라입니다. 이 나라는 이 세상에 속한 나라가 아닙니다. 이 세상에 속한 나라라면 예수님께서 무력을 사용하셨을 것입니다. 그러므로 다윗 언약만이 아니라 모든 언약의 완성이 십자가이며 그 십자가로 세우시는 나라가 하나님의 영원한 나라입니다.

다윗 언약 (10)

사도행전 2:22~32 이스라엘 사람들아 이 말을 들으라 너희도 아는 바와 같이 하나님께서 나사렛 예수로 큰 권능과 기사와 표적을 너희 가운데서 베푸사 너희 앞에서 그를 증언하셨느니라 그가 하나님께서 정하신 뜻과 미리 아신 대로 내준 바 되었거늘 너희가 법 없는 자들의 손을 빌려 못 박아 죽였으나 하나님께서 그를 사망의 고통에서 풀어 살리셨으니 이는 그가 사망에 매여 있을 수 없었음이라 다윗이 그를 가리켜 이르되 내가 항상 내 앞에 계신 주를 뵈었음이여 나로 요동하지 않게 하기 위하여 그가 내 우편에 계시도다 그러므로 내 마음이 기뻐하였고 내 혀도 즐거워하였으며 육체도 희망에 거하리니 이는 내 영혼을 음부에 버리지 아니하시며 주의 거룩한 자로 썩음을 당하지 않게 하실 것임이로다 주께서 생명의 길을 내게 보이셨으니 주 앞에서 내게 기쁨이 충만하게 하시리로다 하였으므로 형제들아 내가 조상 다윗에 대하여 담대히 말할 수 있노니 다윗이 죽어 장사 되어 그 묘가 오늘까지 우리 중에 있도다 그는 선지자라 하나님이 이미 맹세하사 그 자손 중에서 한 사람을 그 위에 앉게 하리라 하심을 알고 미리 본 고로 그리스도의 부활을 말하되 그가 음부에 버림이 되지 않고 그의 육신이 썩음을 당하지 아니하시리라 하더니 이 예수를 하나님이 살리신지라 우리가 다 이 일에 증인이로다 오늘로 다윗 언약을 마무리하려고 하였습니다. 그런데 말씀을 준비하다 보니 너무 양이 많아서 오늘은 사도행전에서 다윗 언약을 보고 다음 주에 마무리하도록 하겠습니다. 그동안 다윗 언약을 하면서 다윗은 이렇게 훌륭한 믿음의 사람이기에 우리도 다윗을 본받아 살면 하나님께서 우리를 높이실 거라는 말씀을 한 번도 한 적이 없습니다. 그 이유는 성경 본문이 다윗이 어떤 죄인인지를 드러내면서 오직 그리스도를 믿음으로 의롭다 칭함을 받았다고 증거 하기 때문입니다.

오늘 본문을 보기 전에 먼저 사도행전 1:16~20을 봅니다. "형제들아 성령이 다윗의 입을 통하여 예수 잡는 자들의 길잡이가 된 유다를 가리켜 미리 말씀하신 성경이 응하였으니 마땅하도다 이 사람은 본래 우리 수 가운데 참여하여 이 직무의 한 부분을 맡았던 자라 이 사람이 불의의 삯으로 밭을 사고 후에 몸이 곤두박질하여 배가 터져 창자가 다 흘러나온지라 이 일이 예루살렘에 사는 모든 사람에게 알리어져 그들의 말로는 그 밭을 아겔다마라 하니 이는 피밭이라는 뜻이라 시편에 기록하였으되 그의 거처를 황폐하게 하시며 거기 거하는 자가 없게 하소서 하였고 또 일렀으되 그의 직분을 타인이 취하게 하소서 하였도다"

이 말씀만 제대로 보려고 하여도 한 시간이 부족합니다. 간단히 말씀을 드리면 가룟 유다의 배신과 죽음이 성경대로 되었다는 말씀입니다. 괄호 부분을 보면 유다가 예수를 팔아넘긴 돈을 예수님의 죽음을 보고 양심이 가책받아 성전에 던지니 제사장들이 불의한 돈이라고 하여 밭을 사서 나그네의 무덤으로 만든 일도 스가랴 선지자의 예언대로 되었습니다.슥11:12 베드로가 가룟 유다 대신에 제자 한 명을 제비 뽑아 채우려고 다윗의 말을 인용합니다. 그의 거처가 황폐하게 하시고 그의 직분을 타인이 취하게 하여 달라고 한 다윗의 시편 69:25와 109:8을 인용합니다. 그러므로 가룟 유다의 배신과 그 직분을 타인이 취하는 일도 성경대로 된 것입니다.

오늘 본문 사도행전 2:22~24입니다. 예수님께서 십자가에서 죽은 때가 유월절입니다. 유월절과 이어지는 무교절부터 오십일 째가 오순절입니다. 예수님께서 부활하신 후에 40일간 부활을 제자들에게 보이신 후에 성령을 보내신다고 약속하시고 승천하신 지 10일 만에 성령을 보내십니다. 오순절에 성령이 임한 제자들이 복음을 전하기 시작합니다. 베드로가 이스라엘 사람들에게 들으라고 하면서 하나님께서 나사렛 예수를 너희 앞에서 증언하셨다고 합니다. 큰 권능과 기사와 표적으로 증언하셨지만, 유대인들이 자기들이 원하는 기적이 아니라고 배척하였습니다. 너희가 법 없는 자들 곧 이방인들 로마인들의 손을 빌려 못 박아 죽였으나 하나님께서 그를 사망의 고통에서 풀어 살리셨다고 합니다. 그리스도를 기다린 자들이 그리스도를 죽였다는 선포입니다.

본문 25~28절입니다. 베드로가 예수 그리스도의 죽음과 부활을 다윗의 시편으로 증거하고 있습니다. 시편 16:8~11입니다. "내가 여호와를 항상 내 앞에 모심이여 그가 나의 오른쪽에 계시므로 내가 흔들리지 아니하리로다 이러므로 나의 마음이 기쁘고 나의 영도 즐거워하며 내 육체도 안전히 살리니 이는 주께서 내 영혼을 스올에 버리지 아니하시며 주의 거룩한 자를 멸망시키지 않으실 것임이니이다 주께서 생명의 길을 내게 보이시리니 주의 앞에는 충만한 기쁨이 있고 주의 오른쪽에는 영원한 즐거움이 있나이다" 다윗의 이 시편을 베드로 사도는 그대로 인용하면서 다윗이 그리스도의 죽음과 부활을 본 것이라고 증거하고 있습니다.

본문 29~32절입니다. 성령이 임한 베드로가 조상 다윗에 대하여 담대하게 말합니다. 예수님의 십자가 앞에서 도망간 베드로가 많은 사람 앞에서 담대하게 예수님의 죽음과 부활을 다윗의 시편으로 증거 합니다. 다윗이 죽어 그 무덤이 오늘까지 우리에게 있다고 하면서 다윗은 선지자라고 합니다. 하나님이 이미 맹세하사 그 자손 중에서 한 사람을 그 위에 앉게 하리라 하심을 알고 미리 본 고로 그리스도의 부활을 말하되 그가 음부에 버림이 되지 않고 그의 육신이 썩음을 당하지 아니하시리라 하였다고 합니다. 그 결론이 십자가에 죽은 그 예수가 다윗이 바라본 그리스도이며 그 예수를 하나님이 살리셨다고 하면서 우리가 다 이 일에 증인이라고 합니다.

　　사도행전 2:33~36 사도들이 복음을 전하는 일도 하나님이 예수님을 오른손으로 높이셨기 일어나는 일이라고 합니다. 예수님께서 하나님의 보좌 우편에 앉으심을 말씀합니다. 예수님이 보좌 우편에서 하나님 아버지께 성령을 받아서 성령을 부어 주시는 분이 되셨습니다. 이 일도 다윗이 하늘에 올라가지 못하였지만, 예수님의 말씀대로 성령의 감동으로마22:43 미리 보고 전한 것입니다. 다윗이 미리 본 그 내용이 **시편 110:1**입니다. "여호와께서 내 주에게 말씀하시기를 내가 네 원수들로 네 발판이 되게 하기까지 너는 내 오른쪽에 앉아 있으라 하셨도다"

　다윗이 성령의 감동으로 주라고 고백한 그 주님이 예수님입니다. 그런데 그 예수님을 너희가 십자가에 못 박아 죽였다고 전합니다. 그러나 하나님은 다시 살리시고 하늘 보좌에 앉히심으로 주와 그리스도가 되게 하셨다고 합니다. 앞에서 말씀드린 대로 우리가 예수님을 만나는 사건은 내가 죽거나 예수를 죽이거나 하는 일인데 먼저는 내가 예수를 죽인 자로 드러나야 합니다. 내가 예수 죽인 자임을 아는 일이 내가 죽는 길입니다. 그러므로 이런 복음의 선포에 두 가지 반응이 일어납니다. 사도들의 말을 듣고 회개하고 예수님을 믿는 일이 내가 죽는 일입니다. 그런데 이 복음이 싫으면 스데반을 죽이듯이 귀를 막고 돌을 들어 쳐 죽입니다. 이것이 예수를 죽이는 일입니다.

　　사도행전 2:37~42 너희가 죽인 예수를 하나님이 다시 살리시고 주와 그리스도가 되게 하셨다는 이 선포 앞에서 마음에 찔려 어찌할까를 묻는 자들이 나옵니다. 베드로가 말합니다. 너희가 회개하여 각각 예수 그리스도의 이름으로 세례를 받고 죄 사함을 받으라 그리하면 성령의 선물을 받는다고 합니다. 이 복음은 이스라엘 자손들만이 아니라 모든 먼 데 사람, 우리 하나님이 얼마든지 부르시는 자들에게 하신 것이라고 합니다. 그날에 세례를 받은 자가 삼천이나 됩니다. 그들이 사도들의 가르침을 받아 서로 교제하며 떡을 떼며 오로지 기도하기를 힘씁니다. 여기서 시작된 복음이 지금 이 먼 곳까지 증거되고 있습니다. 그러므로 오늘 우리도 이 복음을 듣고 회개하고 예수님을 믿으면 성령을 선물로 받습니다. 그런데 이 복음을 전하는데 마음에 찔려 회개하는 자들이 나오는가 하면 이 복음이 싫다고 핍박하는 자들이 나옵니다.

　　사도행전 4:23~26 "사도들이 놓이매 그 동료에게 가서 제사장들과 장로들의 말을 다 알리니 그들이 듣고 한마음으로 하나님께 소리를 높여 이르되 대주재여 천지와 바다와 그 가운데 만물을 지은 이시오 또 주의 종 우리 조상 다윗의 입을 통하여 성령으로 말씀하시기를 어찌하여 열방이 분노하며 족속들이 허사를 경영하였는고 세상의 군왕들이 나서며 관리들이 함께 모여 주와 그의 그리스도를 대적하도다 하신 이로소이다" 복음을 전하다가 핍박받는 일도 다윗의 시편^{시2:1~2}에 나온 말씀의 성취라고 베드로 사도가 전하고 있습니다.

　　베드로전서 4:16~19 "만일 그리스도인으로 고난을 받으면 부끄러워하지 말고 도리어 그 이름으로 하나님께 영광을 돌리라 하나님의 집에서 심판을 시작할 때가 되었나니 만일 우리에게 먼저 하면 하나님의 복음을 순종하지 아니하는 자들의 그 마지막은 어떠하며 또 의인이 겨우 구원을 받으면 경건하지 아니한 자와 죄인은 어디에 서리요 그러므로 하나님의 뜻대로 고난을 받는 자들은 또한 선을 행하는 가운데에 그 영혼을 미쁘신 창조주께 의탁할지어다"

여호와 하나님께서 그 우편에 계신 주님에게 너의 원수들을 너의 발등상이 되게 하기까지 너는 우편에 있으라고 하신 그 말씀은 예수님을 믿지 않으면 심판이라는 말씀입니다. 그러므로 십자가를 지신 예수님을 내가, 나의 죄가 그를 죽인 것을 알고 회개하는 일이 예수님을 믿는다는 말입니다. 그런데 하나님의 집이라는 교회에서 이런 복음을 믿지 않는다면 심판을 받는다는 말씀입니다. 교회가 먼저 심판을 받는다면 하나님의 복음을 순종하지 않는 자들의 그 마지막이 어떠하겠느냐는 것입니다. 재림 시에 그 발에 밟히는 발등상이 되는 것이 영원한 심판입니다. 이런 복음은 어디서나 핍박받는 내용이지만 고난 중에도 그 영혼을 미쁘신 창조주께 의탁하라고 합니다.

사도행전 7:46~50 "다윗이 하나님 앞에서 은혜를 받아 야곱의 집을 위하여 하나님의 처소를 준비하게 하여 달라고 하더니 솔로몬이 그를 위하여 집을 지었느니라 그러나 지극히 높으신 이는 손으로 지은 곳에 계시지 아니하시나니 선지자가 말한바 주께서 이르시되 하늘은 나의 보좌요 땅은 나의 발등상이니 너희가 나를 위하여 무슨 집을 짓겠으며 나의 안식할 처소가 어디냐 이 모든 것이 다 내 손으로 지은 것이 아니냐 함과 같으니라"

성령과 지혜가 충만한 스데반 집사가 복음을 전합니다. 다윗이 은혜를 받아 하나님의 처소를 준비하게 건물 성전에 계시지 않고 다만 그 이름을 두신다고 하였습니다. 왕상8:27~29 스데반 집사는 여기서 이사야 선지자의 말을 인용하면서 하나님께서 건물로 된 성전에 계시지 않는다고 전하면서 예수님을 전합니다. 그러자 유대인들이 달려들어 스데반 집사를 돌로 쳐 죽입니다. 여기에 찬성한 사람이 사울이라는 사람입니다. ^{행8:1} 이 사울이 스데반을 죽인 일은 예수님을 핍박하고 죽인 일과 같습니다. 그러므로 예수님을 믿는다는 말은 내가 먼저 그를 죽였음을 아는 일입니다.

사도행전 9:1~5 "사울이 주의 제자들에 대하여 여전히 위협과 살기가 등등하여 대제사장에게 가서 다메섹 여러 회당에 가져갈 공문을 청하니 이는 만일 그 도를 따르는 사람을 만나면 남녀를 막론하고 결박하여 예루살렘으로 잡아오려 함이라 사울이 길을 가다가 다메섹에 가까이 이르더니 홀연히 하늘로부터 빛이 그를 둘러 비추는지라 땅에 엎드러져 들으매 소리가 있어 이르시되 사울아 사울아 네가 어찌하여 나를 박해하느냐 하시거늘 대답하되 주여 누구시니이까 이르시되 나는 네가 박해하는 예수라"

사울은 직접 예수님을 만난 적이 없습니다. 사울은 자신이 율법의 의로 흠이 없다고 할 정도로 율법을 열심히 지키는 사람입니다. ^{빌3:6} 사울이 율법을 문자대로 보고서는 예수는 이단의 괴수이기에 예수를 주님으로 믿는 자들을 다 잡아 죽이는 일이 하나님의 영광인 줄 알고 대제사장에게 예수 믿는 자들을 잡아 와도 된다는 공문을 들고 다메섹으로 가다가 부활하신 주님을 만나게 됩니다. 이방의 도시에도 대제사장의 공문이 통할 정도로 대제사장의 권력은 막강합니다.

그런데 다메섹으로 가는 중에 대낮에 하늘로부터 빛이 그를 둘러 비추자 땅에 엎드려집니다. 그때 소리가 들리기를 사울아! 사울아! 네가 어찌하여 나를 핍박하느냐고 합니다. 사울이 누구신지 물으니 나는 네가 핍박하는 예수라고 합니다. 사울은 예수님을 믿는 자를 핍박하였는데 그 일이 예수님을 핍박한 것입니다. 예수님을 믿는 자는 예수님의 몸이기 때문입니다. 이 사건으로 눈이 멀어 사흘 동안 보지 못하다가 주님의 말씀대로 아나니아 선지자의 안수로 눈이 뜨여지고 바로 복음을 전하기 시작합니다. 십자가에 못 박힌 나사렛 예수가 주와 그리스도라도 전합니다.

사도행전 13:21~23을 봅니다. "그 후에 그들이 왕을 구하거늘 하나님이 베냐민 지파 사람 기스의 아들 사울을 사십 년간 주셨다가 폐하시고 다윗을 왕으로 세우시고 증언하여 이르시되 내가 이새의 아들 다윗을 만나니 내 마음에 맞는 사람이라 내 뜻을 다 이루리라 하시더니 하나님이 약속하신 대로 이 사람의 후손에서 이스라엘을 위하여 구주를 세우셨으니 곧 예수라"

바울과 바나바가 비시디아 안디옥에서 복음을 전하는 중에 바울이 전한 내용입니다. 우리의 조상들을 택하신 하나님께서 일하신 내용을 증거합니다. 출애굽과 광야 40년간 하나님을 거역한 일과 가나안 땅을 차지한 일과 사무엘과 사울을 말한 후에 다윗을 말합니다. 하나님께서 하나님의 마음에 맞는 다윗을 택하셔서 언약하신 내용을 전하고 있습니다. ^{삼상 13:14; 시 89:20} 다윗이 하나님의 마음에 맞았다는 말씀은 다윗이 다른 사람보다 착해서가 아닙니다. 다윗도 모태로부터 죄인이며 간음하고 살인한 죄인입니다. 그런데 마음에 합하였다는 말씀은 사람들이 원하는 왕은 영웅을 원하였지만, 하나님은 양치는 소년을 택하신 일이 하나님의 마음에 맞는 일입니다.

사도행전 13:24~27 "그가 오시기에 앞서 요한이 먼저 회개의 세례를 이스라엘 모든 백성에게 전파하니라 요한이 그 달려갈 길을 마칠 때에 말하되 너희가 나를 누구로 생각하느냐 나는 그리스도가 아니라 내 뒤에 오시는 이가 있으니 나는 그 발의 신발 끈을 풀기도 감당하지 못하리라 하였으니 형제들아 아브라함의 후손과 너희 중 하나님을 경외하는 사람들아 이 구원의 말씀을 우리에게 보내셨거늘 예루살렘에 사는 자들과 그들 관리들이 예수와 및 안식일마다 외우는바 선지자들의 말을 알지 못하므로 예수를 정죄하여 선지자들의 말을 응하게 하였도다" 세례 요한의 증거와 예수님을 정죄하여 죽이는 일도 선지자들의 말이 이루어지는 것입니다.

사도행전 13:28~31 "죽일 죄를 하나도 찾지 못하였으나 빌라도에게 죽여 달라고 하였으니 성경에 그를 가리켜 기록한 말씀을 다 응하게 한 것이라 후에 나무에서 내려다가 무덤에 두었으나 하나님이 죽은 자 가운데서 그를 살리신지라 갈릴리로부터 예루살렘에 함께 올라간 사람들에게 여러 날 보이셨으니 그들이 이제 백성 앞에서 그의 증인이라" 예수님의 죽음은 성경대로 이루어진 일이며 이 일의 증인들이 사도들이라고 합니다.

사도행전 13:32~37 "우리도 조상들에게 주신 약속을 너희에게 전파하노니 곧 하나님이 예수를 일으키사 우리 자녀들에게 이 약속을 이루게 하셨다 함이라 시편 둘째 편에 기록한 바와 같이 너는 내 아들이라 오늘 너를 낳았다 하셨고 또 하나님께서 죽은 자 가운데서 그를 일으키사 다시 썩음을 당하지 않게 하실 것을 가르쳐 이르시되 내가 다윗의 거룩하고 미쁜 은사를 너희에게 주리라 하셨으며 또 다른 시편에 일렀으되 주의 거룩한 자로 썩음을 당하지 않게 하시리라 하셨느니라 다윗은 당시에 하나님의 뜻을 따라 섬기다가 잠들어 그 조상들과 함께 묻혀 썩음을 당하였으되 하나님께서 살리신 이는 썩음을 당하지 아니하였나니"

베드로가 앞에서 한 말을 거의 그대로 바울 사도가 전하고 있습니다. 예수 믿는 자를 잡아 죽이는 일이 하나님의 영광으로 알았기에 스데반까지 죽인 사람입니다. 그런데 그 바울이 예수님을 만나고 나서 예수님의 증인이 되었습니다. 그러므로 십자가에 못 박혀 죽은 그 예수가 주와 그리스도가 됨을 증거 합니다. 여기서 인용된 내용들이 전부 다윗에게 하신 언약들입니다. 너는 내 아들이나 오늘 내가 너를 낳았다는 말씀^{시2:7}과 다윗의 거룩하고 미쁜 은사를 너희에게 주겠다는 말씀^{시55:3}과 주의 거룩한 자로 썩음을 당하지 않게 하시리라는 말씀^{시16:10}이 모두 다윗 언약에서 나온 말씀입니다. 바울 사도가 이렇게 전하고 나서 결론적으로 말씀합니다.

사도행전 13:38~39 "그러므로 형제들아 너희가 알 것은 이 사람을 힘입어 죄 사함을 너희에게 전하는 이것이며 또 모세의 율법으로 너희가 의롭다 하심을 얻지 못하던 모든 일에도 이 사람을 힘입어 믿는 자마다 의롭다 하심을 얻는 이것이라"

다윗 언약과 모세 언약을 함께 말하고 있습니다. 바로 이 사람, 우리가 지금까지 베드로와 바울이 증거 한 말씀에서 살펴본 그 사람이 바로 십자가에 죽은 나사렛 예수입니다. 그런데 이 예수를 증거 하면서 너희가 죽인 그 예수를 하나님이 살리시고 주와 그리스도가 되게 하셨다고 전합니다. 이 말씀 앞에 두 가지 반응이 있습니다. 이 복음을 전하는 자를 배척하고 죽이든지 아니면 회개하고 그 복음을 받아들이든지 하는 일입니다. 스데반의 전도와 베드로의 전도로 확인하였습니다. 그런데 이 복음을 믿지 않으면 심판하신다는 말씀도 이미 예언되었다고 합니다.^{합1:5}

사도행전 15:13~18 "말을 마치매 야고보가 대답하여 이르되 형제들아 내 말을 들으라 하나님이 처음으로 이방인 중에서 자기 이름을 위할 백성을 취하시려고 그들을 돌보신 것을 시므온이 말하였으니 선지자들의 말씀이 이와 일치하도다 기록된바 이후에 내가 돌아와서 다윗의 무너진 장막을 다시 지으며 또 그 허물어진 것을 다시 지어 일으키리니 이는 그 남은 사람들과 내 이름으로 일컬음을 받는 모든 이방인들로 주를 찾게 하려 함이라 하셨으니 즉 예로부터 이것을 알게 하시는 주의 말씀이라 함과 같으니라"

사도행전 15장은 이방인들이 율법 지킴 없이 예수님을 믿음으로 구원받을 수 있느냐 없느냐 하는 아주 중요한 내용입니다. 먼저 베드로가 이방인 고넬료의 집에서 일어난 일을 말합니다. 다음에 야고보가 한 말이 방금 읽은 말씀입니다. 야고보는 아모스 9:11~12를 인용하면서 이방인들도 다윗의 장막에 들어올 수 있다고 합니다. 그러므로 유대인이나 이방인이

나 율법의 행위가 아니라 주 예수를 믿음으로 의롭다고 칭함을 받는 것입
니다. 이방인인 우리가 이런 복음을 듣고 믿게 되는 일도 모두가 성경에
기록된 대로 일어나고 있습니다. 우리가 예수님을 믿는 일이 얼마나 놀라
운 은혜인지를 날마다 말씀을 통하여 더 풍성하게 맛보고 누려가기를 소
원합니다.

다윗 언약 (11)

로마서 1:1~7 예수 그리스도의 종 바울은 사도로 부르심을 받아 하나님의 복음을 위하여 택정함을 입었으니 이 복음은 하나님이 선지자들을 통하여 그의 아들에 관하여 성경에 미리 약속하신 것이라 그의 아들에 관하여 말하면 육신으로는 다윗의 혈통에서 나셨고 성결의 영으로는 죽은 자들 가운데서 부활하사 능력으로 하나님의 아들로 선포되셨으니 곧 우리 주 예수 그리스도시니라 그로 말미암아 우리가 은혜와 사도의 직분을 받아 그의 이름을 위하여 모든 이방인 중에서 믿어 순종하게 하나니 너희도 그들 중에서 예수 그리스도의 것으로 부르심을 받은 자니라 로마에서 하나님의 사랑하심을 받고 성도로 부르심을 받은 모든 자에게 하나님 우리 아버지와 주 예수 그리스도로부터 은혜와 평강이 있기를 원하노라

오늘로 다윗 언약을 마무리하겠습니다. 성경의 인물 중에 이름이 가장 많이 나오는 사람이 다윗입니다. 다윗을 통하여 하나님의 뜻을 계시한 내용이 많습니다. 시편도 다윗의 시편이 가장 많고 그 시편들은 그리스도의 고난과 죽음과 부활이라는 복음의 내용을 마치 눈으로 보듯이 말하고 있습니다. 그뿐 아니라 영원한 왕으로 다스리는 내용도 시편에 다 나옵니다. 그러므로 다윗이 받은 그 언약의 내용을 오늘은 로마서와 디모데후서와 히브리서와 요한계시록에서 보겠습니다.

로마서 1:1~2 바울 사도가 로마에 있는 성도들에게 편지를 보내면서 전하는 인사말입니다. 인사말 안에 복음의 핵심을 다 담고 있습니다. 이 복음은 하나님이 선지자들을 통하여 그의 아들에 관하여 미리 성경에 약속하신 것입니다. 이때의 성경은 구약입니다. 구약 성경이 미리 약속한 내용이 그의 아들에 관한 내용이라고 바울 사도가 전합니다. 예수님은 모든 성경이 자신에 관하여 증거 한다고 말씀하셨습니다. 요5:39

로마서 1:3~4 하나님의 아들에 관하여 말합니다. 육신으로는 다윗의 혈통에서 나셨다고 합니다. '혈통' 이란 각주를 보면 헬라어로 '씨' 라고 되어 있습니다. 이 씨라는 약속은 하나님께서 아브라함과 이삭과 야곱에게 하신 약속입니다. 그러므로 야곱의 열두 아들 중에 유다를 통하여 다윗이 나옵니다. 그러나 성결의 영으로는 죽은 자들 가운데서 부활하심으로 능력으로 하나님의 아들로 선포되셨으니 곧 우리 주 예수 그리스도라고 증거 합니다.

로마서 1:5~7 바울은 예수 그리스도를 통하여 은혜로 사도의 직분을 받았다고 합니다. 자신의 자격이나 능력이 아닙니다. 그는 예수님을 만나기 전에는 예수 믿는 자를 핍박하고 죽인 사람입니다. 그러므로 구원도 은혜이지만 사도의 직분을 받아 이방인에게 복음을 전하는 일도 은혜입니다. 자신이 사도가 된 것은 모든 이방인 중에도 믿어 순종하도록 복음을 전합니다. 복음을 믿고 순종한다는 말씀은 우리의 전부가 주님의 것이라는 말입니다. 그러면 우리는 우리의 모든 것이 주님의 것입니까? 아니라면 우리가 주님의 것으로 부름을 받지 않았거나, 주님의 것으로 부름을 받았지만 지금 주님의 것으로 바뀌고 있든지 둘 중의 하나일 것입니다. 그러므로 예수님을 믿는 자들에게 하는 인사말은 참으로 놀라운 내용입니다. 하나님의 사랑하심을 받고 성도로 부르심을 받은 자에게 하나님 우리 아버지와 주 예수 그리스도로부터 은혜와 평강을 전합니다.

로마서 4:6~8 "일한 것이 없이 하나님께 의로 여기심을 받는 사람의 복에 대하여 다윗이 말한바 불법이 사함을 받고 죄가 가리어짐을 받는 사람들은 복이 있고 주께서 그 죄를 인정하지 아니하실 사람은 복이 있도다 함과 같으니라"

여기서는 다윗을 말하고 있지만 앞뒤를 싸고 있는 문맥은 아브라함을 말하고 있습니다. 그러므로 아브라함이나 다윗이 모두 일한 것이 없이 하나님께 의로 여기심을 받았다고 합니다. 일한 것들이 없는 정도가 아니라 죄인에게서는 죄 밖에 나오지 않음을 아브라함과 다윗 언약에서 다 살펴보았습니다. 그런데도 믿음이 나온 것은 그들에게서 나올 수가 없고 오직 하나님의 언약을 따라 믿음이 무언지 보여주시는 하나님의 일임을 보았습니다. 그러므로 바울 사도는 시편 32편의 내용을 인용하면서 다윗이 일한 공로도 없이 그 불법이 사함을 받고 죄가 가리어짐을 받는 사람은 복이 있고 주께서 그 죄를 인정하지 아니하실 사람은 복이 있다고 합니다. 그러면 하나님의 공의는 어떻게 됩니까? 죄를 지은 자가 벌을 받아야 공의입니다. 죄는 크고 작음의 문제가 아니라 죄의 삯은 사망입니다. 이 사망은 목숨 끊어지는 문제가 아니라 영원한 둘째 사망이라는 지옥입니다.

로마서 4:23~25 "그에게 의로 여겨졌다 기록된 것은 아브라함만 위한 것이 아니요 의로 여기심을 받을 우리도 위함이니 곧 예수 우리 주를 죽은 자 가운데서 살리신 이를 믿는 자니라 예수는 우리가 범죄 한 것 때문에 내줌이 되고 또한 우리를 의롭다 하시기 위하여 살아나셨느니라"

아브라함이 어떤 행위로 의롭다고 함을 받지 않고 오직 믿음으로 의롭다고 함을 받았습니다. 그 믿음은 하나님께서 후손 곧 씨를 주신다는 약속입니다. 창15:6 이 약속의 성취는 혈육의 능력으로 여종 하갈에게서 낳은 이스마엘이 아니라 아브라함이 할례를 행하고 사라의 생리가 끊어진 후에 태어난 이삭입니다. 그러므로 약속의 자녀는 없는 데서 나온 것이며 죽은 데서 살아나는 방식입니다. 이러한 아브라함이 받은 언약의 씨는 결국 예수 그리스도입니다.^{갈3:16} 그러므로 아브라함도 다윗도 오늘 우리도 일한 것도 없이 받은 복은 예수 그리스도의 내어줌입니다. 우리가 범죄함으로 우리가 들어가야 할 사망의 자리에 예수님 자신이 들어가신 일이 십자가입니다.

그러므로 복음을 전한다는 말은 우리의 범죄가 무엇인지 먼저 전하는 것입니다. 우리의 죄가 어떠한지를 알지 못하면 예수님을 믿으라는 말이 사람을 장사하는 사람들이 손님을 호객하는 말과 다를 바가 없습니다. 지금도 수많은 전도의 방법들이 동원되고 있습니다. 사람들을 교회로 모으려고 인기 연예인들을 초청하고 세상에서 성공하였다는 사람을 초청하여 간증합니다. 그러나 성경의 전도란 회개하라는 말이 먼저입니다. 여기서 회개란 자기의 모든 율법적인 행위의 의를 버리라는 말입니다. 자기의 의를 버리고 십자가에 저주받아 죽은 예수를 믿으라는 말입니다. 이 선포 앞에 두 가지 반응이 일어납니다. 회개하고 예수님을 믿든지 돌로 치든지 둘 중의 하나입니다.

로마서 11:5~10 "그런즉 이와 같이 지금도 은혜로 택하심을 따라 남은 자가 있느니라 만일 은혜로 된 것이면 행위로 말미암지 않음이니 그렇지 않으면 은혜가 은혜 되지 못하느니라 그런즉 어떠하냐 이스라엘이 구하는 그것을 얻지 못하고 오직 택하심을 입은 자가 얻었고 그 남은 자들은 우둔하여졌느니라 기록된바 하나님이 오늘까지 그들에게 혼미한 심령과 보지 못할 눈과 듣지 못할 귀를 주셨다 함과 같으니라 또 다윗이 이르되 그들의 밥상이 올무와 덫과 거치는 것과 보응이 되게 하시옵고 그들의 눈은 흐려 보지 못하고 그들의 등은 항상 굽게 하옵소서 하였느니라"

로마서 11장은 유대인 가운데 남은 자들이 있다고 합니다. 이들은 자기들의 행위로 남은 자가 아니라 은혜로 남은 자가 있다고 합니다. 그런데 유대인들이 복음을 믿지 않는 일에 대하여도 율법과 선지서와 다윗의 말을 인용합니다. 오늘까지도 혼미한 심령과 보지 못하는 눈과 듣지 못하는 귀를 주셨다는 말씀은 이사야 29:10과 신명기 29:4의 말씀입니다. 그리고 다윗의 시편 69:22~23을 인용하여 그들의 밥상이 올무가 되게 하시며 그들의 평안이 덫이 되며 그들의 눈이 어두워 보지 못하게 하시며 그들의 허리가 항상 떨리게 하여 달라고 한 것입니다. 그러므로 유대인이나 이방인이 십자가에서 다 이루었다는 예수님을 믿는 일은 오직 은혜입니다.

디모데후서 2:8~13 "내가 전한 복음대로 다윗의 씨로 죽은 자 가운데서 다시 살아나신 예수 그리스도를 기억하라 복음으로 말미암아 내가 죄인과 같이 매이는 데까지 고난을 받았으나 하나님의 말씀은 매이지 아니하니라 그러므로 내가 택함 받은 자들을 위하여 모든 것을 참음은 그들도 그리스도 예수 안에 있는 구원을 영원한 영광과 함께 받게 하려 함이라 미쁘다 이 말이여 우리가 주와 함께 죽었으면 또한 함께 살 것이요 참으면 또한 함께 왕 노릇 할 것이요 우리가 주를 부인하면 주도 우리를 부인하실 것이라 우리는 미쁨이 없을지라도 주는 항상 미쁘시니 자기를 부인하실 수 없으시리라"

바울이 전한 복음이라고 하면서 다윗의 씨로 죽은 자 가운데서 다시 살아나신 예수 그리스도를 기억하라고 합니다. 유대인들은 다윗의 후손으로 오신 예수를 자기들의 혈통적인 나라를 세워 줄 것으로 생각하였습니다. 그러나 그런 혈통적인 나라가 아니라 예수님의 죽음과 부활은 유대인만이 아니라 이방인도 포함이 되는 새로운 나라입니다. 이 나라는 세상에 속한 나라가 아닙니다. 세상의 법에 매이지 않는 예수님의 살과 피를 먹고 마시는 자들이 하나님의 나라입니다. 그러므로 바울 자신은 죄인과 같이 매이는 고난을 받았지만, 하나님의 말씀은 매이지 않습니다.

바울이 이런 복음을 전하는 이유를 10절에서 말씀하고 있습니다. 택함을 받은 모든 자들을 위하여 자기가 참는다고 합니다. 그 이유는 그들도 그리스도 예수 안에 있는 구원을 영원한 영광과 함께 받게 하려고 한다고 합니다. 구원 따로 영광 따로가 아니라 믿음의 결국이 영혼의 구원이며 이러한 구원은 영원한 영광이라는 말입니다. 그런데 이런 주님을 우리가 부인한다면 주님도 우리를 부인할 것이라고 합니다. 그런데 우리는 얼마나 사소한 일에 주님을 모른 척 외면합니까? 분명히 주님은 우리의 모든 일상에서도 말씀과 성령으로 인도하십니다. 그런데 우리는 나의 작은 이익 앞에서 주님을 부인하고 살아갑니다. 그러면 주님도 우리를 당연히 부인하여야 합니다.

우리가 흔히 하는 속된 말에 '생까다'는 말이 있습니다. 서로 아는 사이이지만 모른 척하거나 무시하면 이런 말을 합니다. 우리가 그런 일을 당하면 우리도 그 사람을 '생까는' 겁니다. 그러면 우리가 얼마나 평소에 예수님을 '생까며' 살아갑니까? 한두 번이 아닙니다. 아예 대놓고 생까며 살려고 우리는 성경도 보지 않고 말씀도 듣지 않습니다. 그러면 주님도 우리를 생까야 마땅합니다. 그런데 주님은 한결같이 미쁘시므로 자기를 부인할 수가 없습니다. 그러므로 우리의 구원은 우리의 미쁨이 아니라 주님의 미쁘심, 주님의 신실하심 때문입니다.

히브리서 4:4~8 "제칠일에 관하여는 어딘가에 이렇게 일렀으되 하나님은 제 칠일에 그의 모든 일을 쉬셨다 하였으며 또다시 거기에 그들이 내 안식에 들어오지 못하리라 하였으니 그러면 거기에 들어갈 자들이 남아 있거니와 복음 전함을 먼저 받은 자들은 순종하지 아니함으로 말미암아 들어가지 못하였으므로 오랜 후에 다윗의 글에 다시 어느 날을 정하여 오늘이라고 미리 이같이 일렀으되 오늘 너희가 그의 음성을 듣거든 너희 마음을 완고하게 하지 말라 하였나니 만일 여호수아가 그들에게 안식을 주었더라면 그 후에 다른 날을 말씀하지 아니하셨으리라 그런즉 안식할 때가 하나님의 백성에게 남아 있도다 이미 그의 안식에 들어간 자는 하나님이 자기의 일을 쉬심과 같이 그도 자기의 일을 쉬느니라"

오늘 안식교에 40년이나 다닌 장로님께서 등록하였습니다. 안식일을 지켜야 구원받는다고 평생을 토요일 안식일을 지켰습니다. 직장생활을 하면 안식일 지키기 힘이 든다고 농사지으며 안식교를 다녔지만 아무리 애를 써도 안식일을 율법대로 지킬 수가 없었다고 합니다. 그러므로 안식일을 주신 이유는 어떤 인간도 자기 힘으로 안식을 얻을 수가 없고 오직 하나님의 은혜로 안식을 얻는데 그것이 믿음이라고 합니다. 그러므로 히브리서 4장에서 안식일에 관한 말씀은 하나님께서 천지를 창조하심부터 시작하여 여호수아와 다윗까지 말하면서 참된 안식이 무엇인지 말씀합니다.

안식일에 나무하였다고 돌로 쳐 죽인 율법이 있습니다.^{민15:32~36} 안식일에 불도 피우지 말라고 합니다.^{출35:3} 오늘날 불을 켜는 것은 전기 스위치 올리는 일입니다. 안식교인 중에 토요일 전기 켜지 않는 사람이 아무도 없을 것입니다. 그러므로 안식일을 지키라는 말씀은 우리 인간이 율법을 지켜서 안식을 얻을 수가 없고 안식일의 주인이신 예수님께서 십자가에 죽음으로 모든 율법을 완성하셔서 우리에게 안식을 주셔야 한다는 말씀입니다. 베데스다 연못 가에 38년 된 병자를 고치신 날이 안식일입니다. 그런데 안식일 율법을 지킨다는 바리새인들이 예수님을 향하여 안식을 어긴다고 죽이려고 하였고 결국 죽였습니다. 그러므로 안식교 40년 다니시다가 복음을 듣고 예수님을 믿어 안식을 얻었다면 오늘도 베데스다 연못가의 기적이 일어난 것입니다.

히브리서 4:12~13 "하나님의 말씀은 살아있고 활력이 있어 좌우에 날선 어떤 검보다도 예리하여 혼과 영과 및 관절과 골수를 찔러 쪼개기까지 하며 또 마음의 생각과 뜻을 판단하나니 지으신 것이 하나도 그 앞에 나타나지 않음이 없고 우리의 결산을 받으실 이의 눈앞에 만물이 벌거벗은 것 같이 드러나느니라” 하나님의 말씀을 우리를 벌거벗깁니다. 우리가 만들어 입은 무화과 나뭇잎으로 벗기시고 가죽옷을 입히시듯이 예수 그리스도를 옷 입게 하십니다.

히브리서 4:14~16 “그러므로 우리에게 큰 대제사장이 계시니 승천하신 이 곧 하나님의 아들 예수시라 우리가 믿는 도리를 굳게 잡을지어다 우리에게 있는 대제사장은 우리의 연약함을 동정하지 못하실 이가 아니요 모든 일에 우리와 똑같이 시험을 받으신 이로되 죄는 없으시니라 그러므로 우리는 긍휼하심을 받고 때를 따라 돕는 은혜를 얻기 위하여 은혜의 보좌 앞에 담대히 나아갈 것이니라” 율법이든 다른 말씀이든 성령님께서 일하시면 우리의 죄를 알게 하셔서 우리의 영원한 대제사장 예수 그리스도에게 때를 따라 은혜를 입도록 하십니다.

요한계시록 3:7, 5:5, 22:16 “빌라델비아 교회의 사자에게 편지하라 거룩하고 진실하사 다윗의 열쇠를 가지신 이 곧 열면 닫을 사람이 없고 닫으면 열 사람이 없는 그가 이르시되”. “장로 중의 한 사람이 내게 말하되 울지 말라 유대 지파의 사자 다윗의 뿌리가 이겼으니 그 두루마리와 그 일곱 인을 떼시리라 하더라”. “나 예수는 교회들을 위하여 내 사자를 보내어 이것들을 너희에게 증언하게 하였노라 나는 다윗의 뿌리요 자손이니 곧 광명한 새벽 별이라 하시더라”

요한계시록에서 다 본 내용이라 간략히 봅니다. 천국의 문을 여닫을 수 있는 분이 예수님입니다. 유대 지파의 사자 다윗의 뿌리인 예수님만이 두루마리의 말씀을 성취하십니다. 다윗의 뿌리며 자손이며 광명한 새벽 별이 예수님입니다. 다윗이 예수 그리스도를 보고 믿음으로 모태로부터 죄인인 다윗이 구원받았습니다. 우리에게도 다윗에게 임한 그 은혜가 임하기를 소원합니다.

새 언약 (1)

예레미야 31:31~34 여호와의 말씀이니라 보라 날이 이르리니 내가 이스라엘 집과 유다 집에 새 언약을 맺으리라 이 언약은 내가 그들의 조상들의 손을 잡고 애굽 땅에서 인도하여 내던 날에 맺은 것과 같지 아니할 것은 내가 그들의 남편이 되었어도 그들이 내 언약을 깨뜨렸음이라 여호와의 말씀이니라 그러나 그날 후에 내가 이스라엘 집과 맺을 언약은 이러하니 곧 내가 나의 법을 그들의 속에 두며 그들의 마음에 기록하여 나는 그들의 하나님이 되고 그들은 내 백성이 될 것이라 여호와의 말씀이니라 그들이 다시는 각기 이웃과 형제를 가르쳐 이르기를 너는 여호와를 알라 하지 아니하리니 이는 작은 자로부터 큰 자까지 다 나를 알기 때문이라 내가 그들의 악행을 사하고 다시는 그 죄를 기억하지 아니하리라 여호와의 말씀이니라

오늘부터 새 언약을 봅니다. 새 언약이라는 말은 옛 언약이 있다는 말입니다. 옛 언약이란 이스라엘 백성들이 출애굽 하여 시내 산에서 여호와 하나님과 맺은 언약을 옛 언약이라고 합니다. 그런데 여호와 하나님은 모든 것을 아시고 모든 일을 하실 수 있는 하나님이신데 왜 지키지 못할 옛 언약을 주신 것입니까? 이런 질문은 왜 생명나무만 만드시지, 선악을 알게 하는 나무를 만드셨는가 하는 질문과 같은 맥락입니다. 이런 질문을 하는 것 자체가 우리가 이미 선악과를 따 먹은 아담과 하와의 후손임을 증

거 하는 질문입니다. 그러므로 성경은 하나님의 택하심을 입어 성령이 임하여야 알 수 있습니다. 그런 자들은 자기의 선악 판단을 죄로 알고 말씀을 믿게 됩니다.

예레미야 1:10을 봅니다. "보라 내가 오늘 너를 여러 나라와 여러 왕국 위에 세워 네가 그것들을 뽑고 파괴하며 파멸하고 넘어뜨리며 건설하고 심게 하였느니라 하시니라"

예레미야 선지자의 일이 여러 나라와 여러 왕국을 뽑고 파괴하고 파멸하고 넘어뜨리고 나서 건설하게 심게 합니다. 이것은 여러 나라의 흥망성쇠興亡盛衰를 말하기도 합니다. 그러므로 예레미야 선지자는 바벨론이 가장 강력한 세력일 때 이미 멸망을 말하고 있습니다. 다니엘 선지자도 제국들의 흥망성쇠를 말합니다. 그러나 그런 물리적으로 무너뜨림보다 더 중요한 것을 뽑고 파괴되고 파멸하고 넘어져야 할 것은 하나님을 대적하여 높아진 우리 마음의 생각과 이론들입니다.

고린도후서 10:4~6 "우리의 싸우는 무기는 육신에 속한 것이 아니요 오직 어떤 견고한 진도 무너뜨리는 하나님의 능력이라 모든 이론을 무너뜨리며 하나님 아는 것을 대적하여 높아진 것을 다 무너뜨리고 모든 생각을 사로잡아 그리스도에게 복종하게 하니 너희의 복종이 온전하게 될 때에 모든 복종하지 않는 것을 벌하려고 준비하는 중에 있노라"

우리의 싸움은 육신의 싸움이 아닙니다. 우리 안에 견고하게 자리 잡은 진을 무너뜨리는 하나님의 능력입니다. 우리 안에 견고한 진이란 선악과를 따 먹은 모든 인간이 가지고 있는 자기중심의 선악 판단이라는 견고한 진陣입니다. 이것은 하나님을 아는 것을 대적하여 높아진 우리의 이론입니다. 이론이란 우리의 생각이 논리성을 갖춘 것입니다. 이런 진을 무너뜨리고 모든 생각을 사로잡아 그리스도에게 복종하는 일이 예수님을 믿는 일입니다. 그러므로 나의 모든 생각과 이론들이 말씀으로 완전히 무너지고 나서 새롭게 말씀이 심어지는 일이 새 언약입니다. 이러한 일이 택한 자들에게 다 일어나고 나면 복음을 복종하지 않는 자들을 벌하려고 준비하고 있습니다.

오늘 본문 31~32절입니다. 여호와의 말씀을 예레미야 선지자가 전합니다. 예레미야 선지자는 예루살렘의 멸망과 성전의 파괴를 목격한 선지자입니다. 예루살렘이 망하고 성전이 파괴되고 백성들이 포로로 잡혀간 이유는 이스라엘 백성들이 시내 산에서 받은 율법을 지키지 못하였기 때문입니다. 그러므로 이스라엘 집과 새 언약을 맺는다고 말씀합니다. 이 언약은 그들의 조상들의 손을 잡고 애굽 땅에서 인도하여 내던 날에 맺은 방식과 같지 않다고 합니다.

그때 맺은 언약은 돌판에 기록이 되었습니다. 그 언약을 받은 이스라엘 백성들은 하나님의 아내가 되고 하나님이 남편이 되었습니다. 하나님께서 아내의 손을 잡고 끌어냈지만, 그들은 마음은 늘 애굽으로 향하였습니다. 마치 소돔과 고모라 성에서 하나님의 천사가 롯의 아내 손을 잡아 끌어내었지만, 뒤를 돌아보다가 소금 기둥이 되는 것처럼 마음이 따라오지 못합니다. 그러므로 새 언약을 맺는다고 하십니다. 새 언약은 돌판에 기록하는 것이 아니라 마음에 기록하는 것입니다.

모세 언약에서 말씀을 드렸습니다만 이스라엘 백성들이 시내산에서 하나님과 언약을 체결할 때 하나님의 모든 율법을 다 지키겠다고 소를 잡아 피를 흘려 쌍방에 뿌림으로 언약을 체결하였습니다. 예레미야 시대에 나라가 망하고 성전이 파괴되고 왕과 백성들이 포로로 잡혀갑니다. 그 이유는 옛 언약을 지키지 못하였기 때문입니다. 그러면 하나님과 이스라엘 사이에 언약 중재자가 되어 율법을 전한 모세는 이스라엘 백성들이 율법을 못 지킬 것을 알았을까요? 몰랐을까요?

신명기 31:19~22 "그러므로 이제 너희는 이 노래를 써서 이스라엘 자손들에게 가르쳐 그들의 입으로 부르게 하여 이 노래로 나를 위하여 이스라엘 자손들에게 증거가 되게 하라 내가 그들의 조상들에게 맹세한바 젖과 꿀이 흐르는 땅으로 그들을 인도하여 들인 후에 그들이 먹어 배부르고 살찌면 돌이켜 다른 신들을 섬기며 나를 멸시하여 내 언약을 어기리니 그들이 수많은 재앙과 환난을 당할 때에 그들의 자손이 부르기를 잊지 아니한 이 노래가 그들 앞에 증인처럼 되리라 나는 내가 맹세한 땅으로 그들을 인도하여 들이기 전 오늘 나는 그들이 생각하는 바를 아노라 그러므로 모세가 그날 이 노래를 써서 이스라엘 자손들에게 가르쳤더라"

율법을 노래로 이스라엘 백성들에게 가르치라고 합니다. 그 이유는 율법을 어길 때 노래로 기억한 율법이 증거가 되기 때문입니다. 그러므로 하나님은 이스라엘 백성들이 약속의 땅에 들어가서 먹고 배가 부르게 되면 하나님을 배반하고 다른 신들을 섬기며 하나님을 멸시하고 언약을 어길 것을 아셨습니다. 그런데도 옛 언약을 먼저 주신 이유는 왜 새 언약으로 하나님의 백성을 만들어 내어야 하시는지를 보여주기 위함입니다. 어떤 인간도 율법의 의로나 윤리나 도덕적인 자기 착함이라는 행위로는 결코 하나님의 의에 이를 수가 없다는 것을 알려주시기 위함입니다.

우리가 아브라함 언약에서도 보고 모세 언약과 다윗 언약에서 살펴보았습니다만 하나님께서 이스라엘 백성들에게 모세 언약을 먼저 세운 것이 아니라 아브라함 언약을 먼저 세우신 것입니다. 그 이유는 하나님의 백성이 되는 일은 하나님의 일방적인 언약을 따른 은혜로 되는 일이기 때문입니다. 그러므로 아브라함에게 언약하신 후에 모세 언약은 430년 뒤에 체결합니다. 아브라함 언약을 먼저 체결하신 후에 모세 언약을 주신 이유는 어떤 인간도 자기의 행위로는 하나님의 의에 이를 수가 없다는 사실을 알려주시기 위함입니다. 이러한 말씀을 바울의 서신에서 봅니다.

갈라디아서 3:15~19 "형제들아 내가 사람의 예대로 말하노니 사람의 언약이라도 정한 후에는 아무도 폐하거나 더하거나 하지 못하느니라 이 약속들은 아브라함과 그 자손에게 말씀하신 것인데 여럿을 가리켜 그 자손들이라 하지 아니하시고 오직 한 사람을 가리켜 네 자손이라 하셨으니 곧 그리스도라 내가 이것을 말하노니 하나님께서 미리 정하신 언약을 사백삼십 년 후에 생긴 율법이 폐기하지 못하고 그 약속을 헛되게 하지 못하리라 만일 그 유업이 율법에서 난 것이면 약속에서 난 것이 아니리라 그러나 하나님이 약속으로 말미암아 아브라함에게 주신 것이라 그런즉 율법은 무엇이냐 범법하므로 더하여진 것이라 천사들을 통하여 한 중보자의 손으로 베푸신 것인데 약속하신 자손이 오시기까지 있을 것이라"

바울 사도는 아브라함 언약과 모세 언약을 한 번에 다 말하고 있습니다. 아브라함 언약이 먼저이고 모세 언약이 후에 주어진 이유는 어떤 인간도 자기 행위로는 하나님의 의에 이를 수가 없음을 알게 하시기 위함입니다. 그러므로 율법을 주신 이유는 죄를 알게 하십니다. 아담부터 모세 때까지 아담과 같이 범죄 하지 않았는데도 사람들이 죽어간 이유를 몰랐습니다. 그래서 율법이 그 죽는 이유를 알게 하는 것입니다. 롬5:14 하나님이 모든 사람을 순종하지 아니하는 가운데 가두어 두심은 모든 사람에게 긍휼을 베풀기 위함입니다. 롬11:32 그러므로 아브라함 언약이 먼저이고 모세 언약이 나중인 이유는 하나님의 긍휼로 구원하시는 새 언약을 보여주시기 위함입니다.

오늘 본문 31~32절을 다시 봅니다. 여호와 하나님께서 새 언약을 맺겠다고 하신 이 말씀을 이해하기 위하여 지금까지 여러 성경을 살펴보았습니다. 하나님께서 새 언약을 맺으시는 이유는 이스라엘 백성들이 율법을 어길 줄 몰랐는데 어겼기에 하는 수 없이 다시 새 언약을 맺으시는 것이 아니라 천지를 창조하시기도 전에 새 언약을 목표로 천지를 창조하신 것입니다.

그러므로 새 언약으로 구원하시는 일은 천사들도 알지 못하였던 내용입니다.^{벧전1:12} 그러므로 새 언약은 옛 언약과 전혀 다릅니다. 옛 언약이라는 율법은 상호언약이지만, 새 언약은 일방적인 은혜 언약으로 마음에 기록됩니다. 이런 새 언약은 사람이 세울 수도 없고 깨뜨릴 수도 없는 언약입니다.

본문 33~34절입니다. 그날 후란 옛 언약을 폐하시고 새 언약을 체결하시는 때를 말씀합니다. 새 언약은 하나님의 법을 그들의 속에 기록합니다. 그렇게 하여 하나님이 이스라엘 백성들의 하나님이 되고 이스라엘 백성들은 하나님의 백성이 되는 것입니다. 옛 언약도 내용은 같습니다. 그러나 어떤 인간도 율법을 지켜서 하나님의 백성이 될 능력이 없습니다. 모세조차도 안 됩니다. 그러므로 새 언약은 하나님의 법이 하나님의 말씀이 하나님의 생명이 사람의 속에 들어오는 일입니다. 새 언약을 받은 자는 이웃과 형제를 가리켜 여호와를 알라고 하지 않아도 됩니다.

그 이유는 작은 자로부터 큰 자까지 나를 알기 때문이라고 합니다. 이 말씀은 성령이 임한다는 말씀입니다. 성령이 임하여야 자기 죄를 알고 예수님을 믿게 됩니다. 그러므로 새 언약을 이루시기 위하여 하나님의 아들이 죽는 죽음 외에는 다른 길이 없습니다. 그러므로 예수님께서 십자가에 죽고 부활하신 후에 승천하셔서 하나님 아버지께 성령을 받아서 부어 주시는 분이 되셨습니다. 이렇게 새 언약의 백성이 되면 그 악행을 사하고 다시는 그 죄를 기억하지 않는다고 하십니다. 이 얼마나 놀라운 언약입니까? 이 언약을 하나님께서 반드시 이루실 것을 다시 말씀하십니다.

예레미야 31:35~37 "여호와께서 이와 같이 말씀하셨느니라 그는 해를 낮의 빛으로 주셨고 달과 별들을 밤의 빛으로 정하였고 바다를 뒤흔들어 그 파도로 소리치게 하나니 그의 이름은 만군의 여호와니라 이 법도가 내

앞에서 폐할진대 이스라엘 자손도 내 앞에서 끊어져 영원히 나라가 되지
못하리라 여호와의 말씀이니라 여호와께서 이와 같이 말씀하시니라 위에
있는 하늘을 측량할 수 있으며 밑에 있는 땅의 기초를 탐지할 수 있다면
내가 이스라엘 자손이 행한 모든 일로 말미암아 그들을 다 버리리라 여호
와의 말씀이니라"

새 언약을 반드시 이루신다는 말씀을 천지를 창조하신 만군의 여호와
이름으로 약속하십니다. 우리가 낮과 밤을 바꿀 수가 없습니다. 하늘을
측량할 수가 없으며 땅의 기초를 탐지할 수가 없습니다. 낮과 밤, 추위와
더위가 이 땅이 있을 때까지 계속됩니다.^{창8:22} 이러한 천지를 창조하시고
그 약속을 신실하게 이루시는 하나님께서 새 언약도 반드시 이루신다는
말씀입니다.

예레미야 33:20~21은 우리가 낮과 밤에 대한 하나님의 언약을 깨뜨려
주야로 그때를 잃게 할 수 있다면 하나님께서 세우신 다윗의 언약도 깨어
질 것이라고 합니다. 그러므로 어떤 인간도 하나님의 언약을 깨뜨릴 수가
없고 반드시 하나님께서 이루신다는 말씀입니다.

예레미야 31:38~40 "보라, 날이 이르리니 이 성은 하나넬 망대로부터
모퉁이 문에 이르기까지 여호와를 위하여 건축될 것이라 여호와의 말씀
이니라 측량줄이 곧게 가렙 언덕 밑에 이르고 고아로 돌아 시체와 재의 모
든 골짜기와 기드론 시내에 이르는 모든 고지 곧 동쪽 마문의 모퉁이에 이
르기까지 여호와의 거룩한 곳이니라 영원히 다시는 뽑거나 전복하지 못
할 것이니라"

새 언약을 완성하시는 모습을 예루살렘 성의 회복으로 말씀하십니다.
예레미야 시대에 바벨론에 의하여 예루살렘이 무너지고 성전이 무너졌습
니다. 그러므로 여기에 언급된 망대와 문들이 파괴되었지만, 하나님께서

다시 세우시고 거룩하게 하시고 영원히 뽑히거나 전복하지 못할 거라고 합니다. 이 말씀을 문자대로 이루신다면 지금의 팔레스타인 땅 예루살렘의 이슬람 모스크가 무너지고 성전이 세워져야 합니다. 그래서 문자적으로 해석하는 사람들은 그날을 기다리며 준비하고 있습니다. 그러나 어떤 건물이라도 물질적인 건물은 결코 영원할 수가 없습니다.

그러므로 예수님은 이미 2천 년 전에 건물로 된 성전을 헐라고 하셨습니다. 그리고 자신이 사흘 만에 세우신다고 하셨습니다. 그 성전은 건물이 아닙니다. 새 언약의 완성자이신 예수님의 죽음과 부활로 세워지는 성전을 말씀합니다. 그러므로 예수님이 성전이며 예수 그리스도의 살과 피를 먹고 마시는 자들이 성전이 됩니다. 이런 성전은 건물이 아닙니다. 건물이라면 영원할 수가 없습니다. 그러므로 하나님께서 새 언약으로 세우시는 영원한 성전은 그리스도의 몸을 말합니다.

요한계시록 21:9~14 "일곱 대접을 가지고 마지막 일곱 재앙을 담은 일곱 천사 중 하나가 나아와서 내게 말하여 이르되 이리 오라 내가 신부 곧 어린 양의 아내를 네게 보이리라 하고 성령으로 나를 데리고 크고 높은 산으로 올라가 하나님께로부터 하늘에서 내려오는 거룩한 성 예루살렘을 보이니 하나님의 영광이 있어 그 성의 빛이 지극히 귀한 보석 같고 벽옥과 수정같이 맑더라 크고 높은 성곽이 있고 열두 문이 있는데 문에 열두 천사가 있고 그 문들 위에 이름을 썼으니 이스라엘 자손 열두 지파의 이름들이라 동쪽에 세 문, 북쪽에 세 문, 남쪽에 세 문, 서쪽에 세 문이니 그 성의 성곽에는 열두 기초석이 있고 그 위에는 어린 양의 열두 사도의 열두 이름이 있더라"

새 언약으로 만들어 내시는 어린 양의 신부는 구약과 신약의 모든 구원 받은 자들입니다. 이들이 어린 양의 신부입니다. 옛 언약에서 하나님이 남편이 되어 그들의 손을 잡아 끌어내었지만, 마음이 따라오지 않았습

니다. 그러나 새 언약은 영원한 하나님의 말씀이 사람이 되어 십자가에서
죽고 부활 승천하셔서 우리 안에 오십니다. 그러므로 새 언약의 백성은
예수님의 공로만 믿습니다.

새 언약 (2)

에스겔 16:60~63 그러나 내가 너의 어렸을 때에 너와 세운 언약을 기억하고 너와 영원한 언약을 세우리라 네가 네 형과 아우를 접대할 때에 네 행위를 기억하고 부끄러워할 것이라 내가 그들을 네게 딸로 주려니와 네 언약으로 말미암음이 아니니라 내가 네게 내 언약을 세워 내가 여호와인 줄 네가 알게 하리니 이는 내가 네 모든 행한 일을 용서한 후에 네가 기억하고 놀라고 부끄러워서 다시는 입을 열지 못하게 하려 함이니라 주 여호와의 말씀이니라

지난 주에 예레미야서에서 새 언약을 보았습니다. 오늘과 다음 주는 에스겔서에서 새 언약을 보겠습니다. 예레미야 선지자는 예루살렘과 성전이 바벨론에 의하여 파괴되고 왕과 백성들이 포로로 잡혀가는 것을 목격한 선지자입니다. 옛 언약인 율법을 받은 이스라엘 나라가 망하는 것은 하나님의 언약을 어겼기 때문입니다. 그러므로 옛 언약으로는 망할 수밖에 없음을 드러내면서 새 언약을 예언하고 있습니다. 그러므로 새 언약을 목표로 옛 언약이 주어진 것임을 지난 주에도 말씀을 드렸습니다. 오늘 보는 에스겔서는 바벨론에 포로로 잡혀간 상태에서 받은 계시입니다.

에스겔 15:1~8을 봅니다. "여호와의 말씀이 내게 임하여 이르시되 인자야 포도나무가 모든 나무보다 나은 것이 무엇이랴 숲속의 여러 나무 가운

데에 있는 그 포도나무 가지가 나은 것이 무엇이랴 그 나무를 가지고 무엇을 제조할 수 있겠느냐 그것으로 무슨 그릇을 걸 못을 만들 수 있겠느냐 불에 던질 땔감이 될 뿐이라 불이 그 두 끝을 사르고 그 가운데도 태웠으면 제조에 무슨 소용이 있겠느냐 그것이 온전할 때에도 아무 제조에 합당하지 아니하였거든 하물며 불에 살라지고 탄 후에 어찌 제조에 합당하겠느냐 그러므로 주 여호와께서 이같이 말씀하셨느니라 내가 수풀 가운데에 있는 포도나무를 불에 던질 땔감이 되게 한 것 같이 내가 예루살렘 주민도 그같이 할지라 내가 그들을 대적한즉 그들이 그 불에서 나와도 불이 그들을 사르리니 내가 그들을 대적할 때에 내가 여호와인 줄 너희가 알리라 내가 그 땅을 황폐하게 하리니 이는 그들이 범법함이니라 나 주 여호와의 말이니라 하시니라"

이스라엘을 포도나무로 비유합니다. 애굽에서 빼내어 약속의 땅에 심었더니 들 포도만 맺었습니다. ^{시80:8, 사5:2} 열매 없는 포도나무 가지는 아무 쓸모가 없어서 불에 태워질 뿐입니다. 이처럼 예루살렘 주민을 불 속에 던지겠다고 합니다. 그러자 예루살렘 사람들이 그 심판을 벗어나려고 다른 자구책을 구하려고 심판에서 도망갑니다. 그러나 그렇게 피하여도 다시 불이 그들을 삼킨다고 합니다. 그 말씀대로 예루살렘이 심판받을 때 비로소 여호와 하나님께서 주인인 줄 알게 될 것이라고 합니다. 예루살렘 사람들이 하나님의 언약을 배신하였기에 심판당함이 마땅합니다. 에스겔 15장은 열매 없는 포도나무와 16장은 버려진 여자아이로 예루살렘에 비유하여 책망합니다. 그러므로 이러한 비유는 이스라엘 역사 전체를 말하는 것이며 압축하면 한 사람으로 봐도 됩니다.

에스겔 16:1~5 "또 여호와의 말씀이 내게 임하여 이르시되 인자야 예루살렘으로 그 가증한 일을 알게 하여 이르기를 주 여호와께서 예루살렘에 관하여 이같이 말씀하시되 네 근본과 난 땅은 가나안이요 네 아버지는 아모리 사람이요 네 어머니는 헷 사람이라 네가 난 것을 말하건대 네가 날 때에 네 배꼽 줄을 자르지 아니하였고 너를 물로 씻어 정결하게 하지 아니하였고 네게 소금을 뿌리지 아니하였고 너를 강보로 싸지도 아니하였나니 아무도 너를 돌보아 이 중에 한 가지라도 네게 행하여 너를 불쌍히 여긴 자가 없었으므로 네가 나던 날에 네 몸이 천하게 여겨져 네가 들에 버려졌느니라”

에스겔 15장에서는 포도나무 비유로 이스라엘 책망하신 후에 에스겔 16장은 태어나면서부터 부정하여 버려진 여자아이로 비유합니다. 그 태어난 땅이 가나안이며 아버지가 아모리 사람이며 어머니가 헷 사람이라는 말은 심판받을 이방인이라는 말씀입니다. 자기들은 아브라함의 자손이라고 여기며 모세 율법을 지킨다는 예루살렘 사람들이 태어나기 전부터 부정한 자라고 하는 것입니다. 이것을 신약으로 말하면 허물과 죄로 죽은 상태에서 태어난 것입니다. 그래서 버려졌는데 탯줄도 자르지 않고 소금도 뿌리지 않고 강보에 싸지도 않고 들판에 버려졌으니 사나운 짐승의 밥이 될 수밖에 없습니다. 이런 모습이 하나님의 택한 백성이라는 이스라엘과 예루살렘의 실상입니다.

에스겔 16:6~14 “내가 네 곁으로 지나갈 때에 네가 피투성이가 되어 발짓하는 것을 보고 네게 이르기를 너는 피투성이라도 살아 있으라 다시 이르기를 너는 피투성이라도 살아 있으라 하고 내가 너를 들의 풀 같이 많게 하였더니 네가 크게 자라고 심히 아름다우며 유방이 뚜렷하고 네 머리털이 자랐으나 네가 여전히 벌거벗은 알몸이더라 내가 네 곁으로 지나며 보니 네 때가 사랑을 할 만한 때라 내 옷으로 너를 덮어 벌거벗은 것을 가리고 네게 맹세하고 언약하여 너를 내게 속하게 하였느니라 나 주 여호와의 말이니라 내가 물로 네 피를 씻어 없애고 네게 기름을 바르고 수 놓은 옷을 입히고 물돼지 가죽신을 신기고 가는 베로 두르고 모시로 덧입히고 패물을 채우고 팔고리를 손목에 끼우고 목걸이를 목에 걸고 코고리를 코에 달고 귀고리를 귀에 달고 화려한 왕관을 머리에 씌웠나니 이와 같이 네가 금, 은으로 장식하고 가는 베와 모시와 수 놓은 것을 입으며 또 고운 밀가루와 꿀과 기름을 먹음으로 극히 곱고 형통하여 왕후의 지위에 올랐느니라 네 화려함으로 말미암아 네 명성이 이방인 중에 퍼졌음은 내가 네게 입힌 영화로 네 화려함이 온전함이라 나 주 여호와의 말이니라"

태어나면서부터 부정하여 버려진 여자아이가 피투성이가 되어 발짓하는 것을 하나님께서 보시고 피투성이라도 살라고 하시면서 돌보고 기르셨습니다. 결혼할 처녀로 자랐지만 벌거벗었기에 옷으로 덮고 맹세하고 언약하여 내게 속하게 하였다고 합니다. 이것이 결혼입니다. 여호와 하나님의 신부가 되어 얼마나 멋지게 장식하였는지 온갖 화려함과 명성이 이방인 중에 퍼졌다고 합니다. 이것은 다윗과 솔로몬 시대의 영광으로 봐도 됩니다. 그런데 이스라엘 백성들이 그때부터 한 일이 무엇입니까? 솔로몬이 온갖 우상숭배를 하였기에 솔로몬 사후에 나라가 남북으로 나누어집니다. 그러면서 주변의 강대국들과 연합하고 의지하는 일들이 온갖 음행하는 일로 말씀합니다.

에스겔 16:15~22 "그러나 네가 네 화려함을 믿고 네 명성을 가지고 행음하되 지나가는 모든 자와 더불어 음란을 많이 행하므로 네 몸이 그들의 것이 되도다 네가 네 의복을 가지고 너를 위하여 각색으로 산당을 꾸미고 거기에서 행음하였나니 이런 일은 전무후무하니라 네가 또 내가 준 금, 은 장식품으로 너를 위하여 남자 우상을 만들어 행음하며 또 네 수 놓은 옷을 그 우상에게 입히고 나의 기름과 향을 그 앞에 베풀며 또 내가 네게 주어 먹게 한 내 음식물 곧 고운 밀가루와 기름과 꿀을 네가 그 앞에 베풀어 향기를 삼았나니 과연 그렇게 하였느니라 주 여호와의 말씀이니라 또 네가 나를 위하여 낳은 네 자녀를 그들에게 데리고 가서 드려 제물로 삼아 불살랐느니라 네가 네 음행을 작은 일로 여겨서 나의 자녀들을 죽여 우상에게 넘겨 불 가운데로 지나가게 하였느냐 네가 어렸을 때에 벌거벗은 몸이었으며 피투성이가 되어서 발짓하던 것을 기억하지 아니하고 네가 모든 가증한 일과 음란을 행하였느니라"

하나님께서 주신 모든 선물로 우상을 섬기는 일을 합니다. 하나님이 남편이시고 이스라엘이 아내이기에 하나님의 언약을 버리고 우상을 섬김이 음행입니다. 온갖 우상들이 이스라엘 땅에 가득하게 되었습니다. 심지어 자기 자식을 우상의 제단에 불살라 바치는 일까지 합니다.^{왕하17:17} 그러므로 에스겔 선지자가 하나님의 권능에 이끌려 이미 무너졌지만 무너지기 전의 성전을 보니 그 안에 온갖 우상숭배가 가득합니다.^{겔8:1~18} 그러므로 성전이 파괴되고 무너지는 것이 마땅합니다. 그런데 이렇게 된 이유는 이스라엘이 어렸을 때 벌거벗은 몸과 피투성이가 되어 발짓하던 것을 기억하지 않았기 때문이라고 합니다. 하나님의 아내로 부름을 받았던 때를 잊어버린 것입니다.

에스겔 16:23~43을 요약하여 말씀드립니다. 이스라엘 백성들이 남편이신 하나님을 버리고 하나님이 주신 것으로 바람을 피웁니다. 그것은 애굽을 의지하고 앗수르를 의지하고 바벨론을 의지하는 것입니다. 창녀는 돈을 받고 몸을 팔지만, 이스라엘은 돈을 주고 남자를 사 옵니다. 이것은 주변의 강대국을 의지하는 일입니다. 그러므로 하나님께서 질투하셔서 그 모든 자를 모아서 너를 대적하게 하겠다고 합니다. 그러므로 이스라엘은 그들이 믿었던 애굽과 앗수르와 바벨론에 의하여 모든 소유물을 빼앗깁니다. 북이스라엘은 앗수르에 남 유다는 바벨론에 의하며 멸망합니다. 그래서 바벨론에 포로로 잡혀 온 상태에서 에스겔 선지자가 하나님의 계시를 받아서 전합니다. 바벨론에 포로로 잡혀 온 이유가 네가 어렸을 때의 일을 기억하지 않았다고 합니다.^{겔16:43}

에스겔 16:44~52도 요약하여 말씀을 드리면 남 유다의 출생을 다시 언급합니다. 자신들은 아브라함의 후손이며 모세의 율법을 지키며 성전도 있다고 자랑하는 자들이지만 그러나 그 부모가 이방인이라고 말합니다. 남 유다의 형을 사마리아로 그 딸들을 소돔으로 말합니다. 그런데 지금 남 유다는 사마리아와 소돔보다 더 악을 행한다고 합니다. 소돔의 죄악은 교만함과 음식물의 풍족함과 태평함이 있었지만 가난하고 궁핍한 자를 도와주지 않았기에 하나님께 없이 하셨습니다. 그런데 사마리아는 남 유다에 비하면 그 죄가 절반도 범하지 않았다고 합니다. 그러므로 남 유다의 악행으로 인하여 오히려 의롭게 되었다고 합니다. 이 말씀은 남 유다를 완전히 버리신다면 사마리아와 소돔도 소망이 없겠지만 남 유다를 다시 용서하시기에 그들도 소망이 있습니다.

에스겔 16:53~58을 봅니다. "내가 그들의 사로잡힘 곧 소돔과 그의 딸들의 사로잡힘과 사마리아와 그의 딸들의 사로잡힘과 그들 중에 너의 사로잡힌 자의 사로잡힘을 풀어 주어 네가 네 수욕을 담당하고 네가 행한 모든 일로 말미암아 부끄럽게 하리니 이는 네가 그들에게 위로가 됨이라 네 아우 소돔과 그의 딸들이 옛 지위를 회복할 것이요 사마리아와 그의 딸들도 그의 옛 지위를 회복할 것이며 너와 네 딸들도 너희 옛 지위를 회복할 것이니라 네가 교만하던 때에 네 아우 소돔을 네 입으로 말하지도 아니하였나니 곧 네 악이 드러나기 전이며 아람의 딸들이 너를 능욕하기 전이며 너의 사방에 둘러 있는 블레셋의 딸들이 너를 멸시하기 전이니라 네 음란과 네 가증한 일을 네가 담당하였느니라 나 여호와의 말이니라"

남 유다의 죄악은 사마리아와 소돔보다 더 악하다고 합니다. 그 이유는 그들보다 많은 사랑을 받았기 때문입니다. 선지자도 부지런히 보냈습니다. 왕들이 잘못하여도 하나님께서 다윗과의 언약을 지키시기 위하여 그렇게 오래 참고 기다리심에도 불구하고 그들은 끊임없이 언약을 배반하였습니다. 그런데도 유다는 아직 멸망하지 않았다고 교만하였습니다. 그렇게 교만할 때 소돔을 그 입으로 말하지도 않았습니다. 유다의 죄가 훨씬 더 큼에도 불구하고 아직 망하지 않았다고 자기들이 의로워서 그런 줄 알고 소돔을 말도 하지 않았습니다. 그러나 그렇게 교만한 것은 남 유다의 악이 드러나기 전이었다고 합니다. 남 유다의 죄악이 벌을 받아 사방의 적들에 의하여 능욕당하고 나라가 망하고 바벨론에 포로로 잡혀감으로 그들의 죄가 드러나기 전에는 교만하였습니다.

오늘날 우리의 모습이 이렇지 않습니까? 교회당에 와서 자기보다 윤리도덕적으로 못하다고 여기는 사람들을 비웃지 않습니까? 나는 그래도 저 사람보다 낫다고 생각한다면 아직 그 사람의 악이 드러나지 않았기 때문입니다. 자기의 죄가 어떠한지 드러나게 되면 어떤 죄인을 향하여서도 정죄할 수가 없습니다. 우리도 세상의 수많은 악을 보면서 분노합니다. 어떻게 인간이 저럴 수가 있느냐고 막 욕을 합니다. 그러나 그런 사람은 아직도 자기의 악이 드러나지 않아서 교만하여 그렇습니다. 그러므로 유다의 악을 드러내므로 오히려 사마리아와 소돔을 하나님이 잘 대해주십니다. 이러한 하나님의 일하심에 대하여 분노하는 자는 아직도 자기의 악이 드러나지 않은 사람입니다.

에스겔 15장의 포도나무 비유와 에스겔 16장의 버림받은 여자아이의 비유를 통하여 이스라엘 전체를 말씀하고 있습니다. 그리고 한 개인으로 봐도 됩니다. 오늘 우리도 이 여자아이에게 대비하여 보시기 바랍니다. 우리의 출생이 어떠한지를 안다면 우리도 입을 닫을 수밖에 없는 자들입니다. 우리는 태어나면서부터 허물과 죄로 죽어서 태어났을 뿐만 아니라 아예 이방인입니다. 그러므로 유대인을 향하여 교만할 수도 없고롬11:20 다른 교인들을 향하여도 교만할 수가 없습니다. 그런데도 아직도 우리가 남을 정죄한다면 아직도 우리의 죄가 드러나지 않았기 때문입니다. 그러므로 성령의 역사로 말씀을 보게 되면 성경의 모든 악이 자기의 악으로 보입니다.

에스겔 16:60~63 오늘 본문의 말씀을 이제 봅니다. 남 유다의 죄가 어떠한지를 다 드러내는 일이 구약 전체로 책망하였습니다. 그들의 행위대로 갚으신다면 영원히 멸망 받아 마땅합니다. 그러나 하나님께서 이스라엘이 어렸을 때 세운 언약을 기억하고 영원한 언약을 세운다고 합니다. 어렸을 때 세운 언약이 오늘 본문으로 보면 버려진 여자아이가 피투성이로 버려진 상태입니다. 피투성이라도 살라고 하신 그 언약의 말씀으로 인하여 영원한 언약을 체결하신다고 합니다. 시내산 언약으로 죄악이 다 드러나서 나라가 망하였는데도 세우시는 언약은 영원한 언약입니다. 이 언약은 나라가 망하여도 눈에 보이는 하늘과 땅이 사라져도 상관이 없는 언약입니다.

이 언약으로는 유다의 형과 아우인 사마리아와 소돔을 접대하는 언약입니다. 예수님께서 새 언약을 이루시기 위하여 이 땅에 오셔서 접대한 자들이 세리와 죄인들과 창기들과 이방인들입니다. 그런데 율법을 지킨다는 대제사장과 서기관들과 바리새인들은 예수님과 그들을 향하여 비방하였습니다. 이들은 아직도 자기들의 죄가 드러나지 않았기 때문입니다. 그러므로 이들이 예수를 십자가에 못 박아 죽인 후에 성령이 임하여 그들의 죄를 알게 되면 더는 부끄러워 입을 닫게 됩니다.

오늘 본문을 다시 봅니다. 나라가 망하고 포로로 잡혀간 상황에서 새 언약인 영원한 언약을 말씀하고 있습니다. 그러므로 새 언약은 우리의 죄를 다 드러내는 일이 먼저입니다. 우리의 죄가 다 드러나고 그 죄를 용서받은 다음에는 지난 일들을 기억하고 놀라고 부끄러워서 다시는 입도 열지 못하게 됩니다. 바울 사도가 율법의 의로 행한 일이 부끄럽고 죄스러워 배설물로 여겼습니다. 그러므로 새 언약이신 예수님의 살과 피로 구원받은 자들은 예수 그리스도의 십자가 외에는 자랑할 것이 없게 됩니다. 새 언약의 백성 된 이 은혜가 우리에게도 임하기를 소원합니다.

새 언약 (3)

에스겔 36:23~28 여러 나라 가운데에서 더럽혀진 이름 곧 너희가 그들 가운데에서 더럽힌 나의 큰 이름을 내가 거룩하게 할지라 내가 그들의 눈앞에서 너희로 말미암아 나의 거룩함을 나타내리니 내가 여호와인 줄을 여러 나라 사람이 알리라 주 여호와의 말씀이니라 내가 너희를 여러 나라 가운데에서 인도하여 내고 여러 민족 가운데에서 모아 데리고 고국 땅에 들어가서 맑은 물을 너희에게 뿌려서 너희로 정결하게 하되 곧 너희 모든 더러운 것에서와 모든 우상숭배에서 너희를 정결하게 할 것이며 또 새 영을 너희 속에 두고 새 마음을 너희에게 주되 너희 육신에서 굳은 마음을 제거하고 부드러운 마음을 줄 것이며 또 내 영을 너희 속에 두어 너희로 내 율례를 행하게 하리니 너희가 내 규례를 지켜 행할지라 내가 너희 조상들에게 준 땅에서 너희가 거주하면서 내 백성이 되고 나는 너희 하나님이 되리라

지난 주에는 에스겔 16장을 중심으로 새 언약을 살펴보았습니다. 새 언약이 선포되는 본문의 배경은 예루살렘이 망하고 성전이 파괴되고 바벨론에 포로로 잡혀갈 때인 예레미야와 에스겔 선지자 시대입니다. 바벨론에서 돌아온 후에도 새 언약 곧 메시아의 오심을 계속 예언하고 있습니다. 그러므로 구약 성경 전체가 오실 그리스도를 증거하고 있습니다. 요 5:39

에스겔 36:1~6을 봅니다. "인자야 너는 이스라엘 산들에게 예언하여 이르기를 이스라엘 산들아 여호와의 말씀을 들으라 주 여호와께서 이같이 말씀하시기를 원수들이 네게 대하여 말하기를 아하 옛적 높은 곳이 우리의 기업이 되었도다 하였느니라 그러므로 너는 예언하여 이르기를 주 여호와께서 이같이 말씀하시기를 그들이 너희를 황폐하게 하고 너희 사방을 삼켜 너희가 남은 이방인의 기업이 되게 하여 사람의 말거리와 백성의 비방거리가 되게 하였도다 그러므로 이스라엘 산들아 주 여호와의 말씀을 들을지어다 산들과 멧부리들과 시내들과 골짜기들과 황폐한 사막들과 사방에 남아 있는 이방인의 노략거리와 조롱거리가 된 버린 성읍들에게 주 여호와께서 이같이 말씀하셨느니라 주 여호와께서 이같이 말씀하시기를 내가 진실로 내 맹렬한 질투로 남아 있는 이방인과 에돔 온 땅을 쳐서 말하였노니 이는 그들이 심히 즐거워하는 마음과 멸시하는 심령으로 내 땅을 빼앗아 노략하여 자기 소유를 삼았음이라 그러므로 너는 이스라엘 땅에 대하여 예언하되 그 산들과 멧부리들과 시내들과 골짜기들에 관하여 이르기를 주 여호와께서 이같이 말씀하시기를 내가 내 질투와 내 분노로 말하였나니 이는 너희가 이방의 수치를 당하였음이라"

여호와 하나님은 질투하시는 하나님입니다. 출20:5, 34:14 자기 백성이 하나님을 버리고 다른 신을 섬기면 벌을 내리십니다. 이스라엘 백성들이 하나님의 언약을 어겼기에 질투하시는 하나님께서 주변의 나라들을 징계의 몽둥이로 사용하십니다. 그런데 주변의 나라들이 자기들이 하나님의 손에 들린 몽둥이로 생각하지 않고 자기들의 힘이 강하여 이스라엘을 공격한 줄로 착각합니다. 그러므로 하나님께서 이스라엘을 공격하여 나라를 차지한 그들의 교만을 심판하십니다. 질투하시는 하나님이시기에 자기 백성을 징계하시기도 하시지만 또한 돌이켜도 주시는 것입니다.

에스겔 36:7~15를 봅니다. "그러므로 주 여호와께서 이같이 말씀하시기를 내가 맹세하였은즉 너희 사방에 있는 이방인이 자신들의 수치를 반드시 당하리라 그러나 너희 이스라엘 산들아 너희는 가지를 내고 내 백성 이스라엘을 위하여 열매를 맺으리니 그들이 올 때가 가까이 이르렀음이라 내가 돌이켜 너희와 함께하리니 사람이 너희를 갈고 심을 것이며 내가 또 사람을 너희 위에 많게 하리니 이들은 이스라엘 온 족속이라 그들을 성읍들에 거주하게 하며 빈 땅에 건축하게 하리라 내가 너희 위에 사람과 짐승을 많게 하되 그들의 수가 많고 번성하게 할 것이라 너희 전 지위대로 사람이 거주하게 하여 너희를 처음보다 낫게 대우하리니 내가 여호와인 줄을 너희가 알리라 내가 사람을 너희 위에 다니게 하리니 그들은 내 백성 이스라엘이라 그들은 너를 얻고 너는 그 기업이 되어 다시는 그들이 자식들을 잃어버리지 않게 하리라 주 여호와께서 이같이 말씀하셨느니라 그들이 너희에게 이르기를 너는 사람을 삼키는 자요 네 나라 백성을 제거한 자라 하거니와 네가 다시는 사람을 삼키지 아니하며 다시는 네 나라 백성을 제거하지 아니하리라 주 여호와의 말씀이니라 내가 또 너를 여러 나라의 수치를 듣지 아니하게 하며 만민의 비방을 다시 받지 아니하게 하며 네 나라 백성을 다시 넘어뜨리지 아니하게 하리라 주 여호와의 말씀이니라 하셨다 하라"

지금 바벨론에 포로로 잡혀가 있는 사람들에게 이 약속의 말씀은 소망이 됩니다. 자기들의 죄로 인하여 나라가 망하여 포로로 잡혀 와 있지만 하나님은 자기 약속을 이루시려고 다시 돌이켜 주시겠다는 말씀입니다. 예루살렘이 망했을 때 사람들이 하는 말이 사람을 삼키는 땅이며 자식을 빼앗아 간 땅이라고 말하였습니다. 그러나 하나님께서는 이제는 그런 말을 하지 않게 하겠다고 합니다. 하나님께서 이렇게 돌이켜 주심은 질투하시는 하나님이시기도 하시지만 자기의 이름을 거룩하게 하시기 위한 일이기도 합니다. 하나님의 자기 이름의 거룩함을 위하여 돌이켜 주십니다.

에스겔 36:16~21을 봅니다. "여호와의 말씀이 또 내게 임하여 이르시되 인자야 이스라엘 족속이 그들의 고국 땅에 거주할 때에 그들의 행위로 그 땅을 더럽혔나니 나 보기에 그 행위가 월경 중에 있는 여인의 부정함과 같았느니라 그들이 땅 위에 피를 쏟았으며 그 우상들로 말미암아 자신들을 더럽혔으므로 내가 분노를 그들 위에 쏟아 그들을 그 행위대로 심판하여 각국에 흩으며 여러 나라에 헤쳤더니 그들이 이른바 그 여러 나라에서 내 거룩한 이름이 그들로 말미암아 더러워졌나니 곧 사람들이 그들을 가리켜 이르기를 이들은 여호와의 백성이라도 여호와의 땅에서 떠난 자라 하였음이라 그러나 이스라엘 족속이 들어간 그 여러 나라에서 더럽힌 내 거룩한 이름을 내가 아꼈노라"

이스라엘 백성들이 포로로 잡혀간 이유를 말씀하고 있습니다. 포로로 잡혀간 이유는 하나님의 언약을 어겼기 때문입니다. 언약을 어긴 것을 월경하는 여인의 부정함으로 말합니다. 세상은 여자가 처음 생리하면 결혼할 때가 되었다고 축하하며 댕기를 메어 줍니다. 그런데 성경은 생리하는 여인을 부정하게 여기는 이유는 죄인에게서 죄만 나오기 때문입니다. 그래서 남자의 몽정이나 설정도 다 부정하게 여깁니다. 인간의 생식능력으로 나오는 것이 다 부정합니다. 그러므로 이스라엘 백성들이 약속의 땅에서 한 일은 죄만 생산하였던 것입니다. 그러므로 이스라엘을 바벨론의 몽둥이로 징계하셨지만 이제 여호와 하나님께서 자기 이름의 거룩함을 위하여 돌이켜 주십니다.

오늘 본문 에스겔 36:22~23을 봅니다. 이스라엘 족속이 한 일이라고는 하나님의 이름을 더럽힌 일밖에 없습니다. 애굽에서도 음행하였고[겔23:3, 21], 광야에서도 음행하였고, 약속의 땅에 들어와서도 음행하였기에 나라가 망하게 되었습니다. 이스라엘이 망함으로 이스라엘의 하나님은 별 볼 일이 없는 신 중의 하나로 취급되는 것도 하나님의 이름을 더럽힌 것입니다. 그러나 이스라엘 백성들이 더럽혀 버린 하나님의 자기 이름을 위하여 이스라엘을 구원하십니다. 그러므로 예수님께서 가르쳐주신 기도에서 하늘에 계신 우리 아버지의 이름이 거룩히 여김을 받도록 기도하라고 합니다. 하나님의 이름이 거룩히 여김을 받는 일로 인하여 죄인의 구원이 일어납니다.

본문 에스겔 36:24~28입니다. 옛 언약이나 새 언약이나 여호와가 이스라엘의 하나님이 되고 이스라엘은 하나님의 백성이 된다는 말씀입니다. 그러므로 하나님과 자기 백성의 관계를 왕과 백성으로, 남편과 아내로, 목자와 양으로 말씀하십니다. 그런데 옛 언약으로는 하나님의 백성이 될 수가 없습니다. 하나님의 말씀을 들어도 마음이 돌과 같이 딱딱하여 말씀을 받아들일 수가 없습니다. 그러므로 새 언약은 하나님의 백성을 물로 씻으시고 새 영을 사람 안에 두셔서 새 마음을 주신다고 합니다. 이렇게 새 영으로 새 마음이 된 자들은 그 마음이 살과 같이 부드러워져 하나님의 말씀을 받을 수가 있습니다. 이렇게 새 언약이 이루어지면 어떤 마음이 될까요?

지난 주에 본 에스겔 16:62~63을 다시 봅니다. "내가 네게 내 언약을 세워 내가 여호와인 줄 네가 알게 하리니 이는 내가 네 모든 행한 일을 용서한 후에 네가 기억하고 놀라고 부끄러워서 다시는 입을 열지 못하게 하려 함이니라 주 여호와의 말씀이니라" 자신이 행한 모든 일이 죄이기에 그 모든 죄를 용서받고 나면 놀라고 부끄러워 입을 열지 못하게 됩니다.

에스겔 36:29~32 "내가 너희를 모든 더러운 데에서 구원하고 곡식이 풍성하게 하여 기근이 너희에게 닥치지 아니하게 할 것이며 또 나무의 열매와 밭의 소산을 풍성하게 하여 너희가 다시는 기근의 욕을 여러 나라에게 당하지 아니하게 하리니 그 때에 너희가 너희 악한 길과 너희 좋지 못한 행위를 기억하고 너희 모든 죄악과 가증한 일로 말미암아 스스로 밉게 보리라 주 여호와의 말씀이니라 내가 이렇게 행함은 너희를 위함이 아닌 줄을 너희가 알리라 이스라엘 족속아 너희 행위로 말미암아 부끄러워하고 한탄할지어다"

하는 짓이라고는 하나님의 이름을 더럽힌 일만 한 이스라엘 백성을 하나님께서 구원하여 내시는 일이 새 언약으로 이루실 일입니다. 그래서 물로 씻으시고 새 영을 부어주시면 새 마음이 되는 모습이 지난 주에 본 내용과 같습니다. 구원받은 후에 자기의 악한 길과 좋지 못한 행위를 기억하고 모든 죄악과 가증한 일로 인하여 스스로 자신을 밉게 봅니다. 새 언약의 백성이 되면 어떻게 내가 행한 일이 죄뿐인지 알게 되기에 자기의 그 가증스러운 행위를 미워하게 됩니다.

에스겔 36:33~38 "주 여호와께서 이같이 말씀하셨느니라 내가 너희를 모든 죄악에서 정결하게 하는 날에 성읍들에 사람이 거주하게 하며 황폐한 것이 건축되게 할 것인즉 전에는 지나가는 자의 눈에 황폐하게 보이던 그 황폐한 땅이 장차 경작이 될지라 사람이 이르기를 이 땅이 황폐하더니 이제는 에덴동산 같이 되었고 황량하고 적막하고 무너진 성읍들에 성벽과 주민이 있다 하리니 너희 사방에 남은 이방 사람이 나 여호와가 무너진 곳을 건축하며 황폐한 자리에 심은 줄을 알리라 나 여호와가 말하였으니 이루리라 주 여호와께서 이같이 말씀하셨느니라 그래도 이스라엘 족속이 이같이 자기들에게 이루어 주기를 내게 구하여야 할지라 내가 그들의 수효를 양 떼 같이 많아지게 하되 제사 드릴 양 떼 곧 예루살렘이 정한 절기의 양 무리 같이 황폐한 성읍을 사람의 떼로 채우리라 그리한즉 그들이 나를 여호와인 줄 알리라 하셨느니라"

사람은 망치고 하나님은 이루십니다. 옛 언약이라는 율법을 받은 이스라엘 백성들이 언약을 지키지 못하여 나라가 망하고 성전이 파괴되고 포로로 잡혀갔지만 자기 언약에 신실하신 하나님께서 돌이켜 주십니다. 그렇게 하심으로 여호와가 누구신지 알려주십니다. 그러나 이스라엘 족속이 이같은 일이 자기들에게 이루어지기를 기도하라고 합니다. 이 말씀은 기도가 무언지 보여줍니다. 우리는 완전히 망쳤지만, 하나님께서 완전히 새롭게 하여 주심을 기억하라고 기도하라고 하신 것입니다. 하나님께서 새 언약을 어떻게 이루실지 그림처럼 보여주는 내용이 에스겔 37장입니다.

에스겔 37:1~8 "여호와께서 권능으로 내게 임재하시고 그의 영으로 나를 데리고 가서 골짜기 가운데 두셨는데 거기 뼈가 가득하더라 나를 그 뼈 사방으로 지나가게 하시기로 본즉 그 골짜기 지면에 뼈가 심히 많고 아주 말랐더라 그가 내게 이르시되 인자야 이 뼈들이 능히 살수 있겠느냐 하시기로 내가 대답하되 주 여호와여 주께서 아시나이다 또 내게 이르시되 너는 이 모든 뼈에게 대언하여 이르기를 너희 마른 뼈들아 여호와의 말씀을 들을지어다 주 여호와께서 이 뼈들에게 이같이 말씀하시기를 내가 생기를 너희에게 들어가게 하리니 너희가 살아나리라 너희 위에 힘줄을 두고 살을 입히고 가죽으로 덮고 너희 속에 생기를 넣으리니 너희가 살아나리라 또 내가 여호와인 줄 너희가 알리라 하셨다 하라 이에 내가 명령을 따라 대언하니 대언할 때에 소리가 나고 움직이며 이 뼈, 저 뼈가 들어맞아 뼈들이 서로 연결되더라 내가 또 보니 그 뼈에 힘줄이 생기고 살이 오르며 그 위에 가죽이 덮이나 그 속에 생기는 없더라"

이스라엘 백성들의 현 상태가 마른 뼈들과 같습니다. 그래서 여호와의 말씀을 대언하니 뼈들이 서로 맞추어지고 힘줄이 생기고 살이 오르며 가죽이 덮이나 그 속에 생기는 없습니다. 하나님께서 아담을 만드시고 그 코에 불어 넣으신 생기는 오늘 본문의 생기와 다릅니다. 창세기는 '니쉬마트 하임' 으로 '살아 있는 숨결' 입니다. 그러나 오늘 본문의 생기는 '루아흐' 로 '성령' 입니다. 성령이 부어지는 일은 새 언약으로 이루십니다. 그러므로 구약에서 새 언약을 미리 예언합니다.

에스겔 37:9~14 "또 내게 이르시되 인자야 너는 생기를 향하여 대언하라 생기에게 대언하여 이르기를 주 여호와께서 이같이 말씀하시기를 생기야 사방에서부터 와서 이 죽음을 당한 자에게 불어서 살아나게 하라 하셨다 하라 이에 내가 그 명령대로 대언하였더니 생기가 그들에게 들어가매 그들이 곧 살아나서 일어나 서는데 극히 큰 군대더라 또 내게 이르시되 인자야 이 뼈들은 이스라엘 온 족속이라 그들이 이르기를 우리의 뼈들이 말랐고 우리의 소망이 없어졌으니 우리는 다 멸절되었다 하느니라 그러므로 너는 대언하여 그들에게 이르기를 주 여호와께서 이같이 말씀하시기를 내 백성들아 내가 너희 무덤을 열고 너희로 거기에서 나오게 하고 이스라엘 땅으로 들어가게 하리라 내 백성들아 내가 너희 무덤을 열고 너희로 거기에서 나오게 한즉 너희는 내가 여호와인 줄을 알리라 내가 또 내 영을 너희 속에 두어 너희가 살아나게 하고 내가 또 너희를 너희 고국 땅에 두리니 나 여호와가 이 일을 말하고 이룬 줄을 너희가 알리라 여호와의 말씀이니라"

바벨론 포로에서 돌아오는 일을 죽은 자들이 무덤을 열고 나오는 것처럼 말씀하고 있습니다. 그런데 이 일이 물리적으로 바벨론에서 돌아왔다고 해서 하나님의 영이 임한 것이 아닙니다. 하나님의 영이 임하여 허물과 죄로 죽은 자들이 살아서 일어나는 일은 예수님께서 말씀하셨습니다.

요한복음 5:24~25 "내가 진실로 진실로 너희에게 이르노니 내 말을 듣고 또 나 보내신 이를 믿는 자는 영생을 얻었고 심판에 이르지 아니하나니 사망에서 생명으로 옮겼느니라 진실로 진실로 너희에게 이르노니 죽

은 자들이 하나님의 아들의 음성을 들을 때가 오나니 곧 이 때라 듣는 자
는 살아나리라"

예수님의 말씀을 듣고 믿는 일은 허물과 죄로 죽은 상태에서 살아나는
것입니다. 이것이 에스겔 선지자가 예언한 새 언약의 내용인데 이 일을
예수님은 십자가로 이루시고 승천하셔서 성령을 부어주심으로 이루십니
다. 그러므로 우리가 복음을 듣고 믿는 일은 죽은 자가 살아나는 일입니
다.

새 언약 (4)

요엘서 2:28~32 그 후에 내가 내 영을 만민에게 부어 주리니 너희 자녀들이 장래 일을 말할 것이며 너희 늙은이는 꿈을 꾸며 너희 젊은이는 이상을 볼 것이며 그 때에 내가 또 내 영을 남종과 여종에게 부어 줄 것이며 내가 이적을 하늘과 땅에 베풀리니 곧 피와 불과 연기 기둥이라 여호와의 크고 두려운 날이 이르기 전에 해가 어두워지고 달이 핏빛같이 변하려니와 누구든지 여호와의 이름을 부르는 자는 구원을 얻으리니 이는 나 여호와의 말대로 시온 산과 예루살렘에서 피할 자가 있을 것임이요 남은 자 중에 나 여호와의 부름을 받을 자가 있을 것임이니라

지난 주에 에스겔서 36장과 37장을 중심으로 새 언약을 보았습니다. 옛 언약을 받은 이스라엘 백성들이 그 언약을 지키지 못하여 나라가 망하고 바벨론에 포로로 잡혀 와 있는 상태에서 새 언약이 주어졌습니다. 새 언약은 돌판에 기록되는 것이 아니라 마음에 기록되게 하신다고 합니다. 이렇게 하시려고 이스라엘 백성들을 포로로 잡혀간 곳에서 돌아오게 해서 물로 씻고 새 영을 부어 새 마음이 되게 하신다고 합니다. 이렇게 하실 내용을 에스겔 37장에서 그림처럼 보여줍니다. 마른 뼈들에 말씀을 대언 하니 사람의 형태가 되고 다시 생기를 대언 하니 큰 군대가 일어납니다. 여기서 생기는 히브리어로 '루아흐' 성령입니다. 그러므로 새 언약은 성령

이 사람의 육체 안에 오심을 말씀합니다. 그러므로 새 언약은 하나님의 말씀이 사람의 마음에 받아지는 것입니다.

구약에서는 하나님의 영이 사람 안에 오시지 않고 사람 밖에 있습니다. 이런 내용은 하나님께서 천지를 창조하실 때 하나님의 영이 수면 위에 운행하신다고 하는 표현을 볼 수 있습니다.^{창1:2} 수면 안에는 혼돈상태의 땅이 있습니다. 하나님께서 물과 물을 나누시고 아래 물속에서 육지와 물을 분리합니다. 그리고 흙으로 사람을 지으시고 그 코에 '생기'를 불어 넣으시는데 여기서 '생기'는 히브리어로 '니쉬마트 하임'으로 '생명의 호흡'입니다. 그런데 에스겔서의 '생기'는 히브리어로 '루아흐' 곧 '성령'입니다. 그러므로 구약의 아담은 '루아흐'를 불어 넣으신 것이 아니라 '니쉬마트 하임'을 불어넣으심으로 '생령'이 되었습니다. 생령은 히브리어로 '네페쉬 하야'로 살아 있는 존재입니다. 이 단어의 뜻은 갈망하는 인간입니다. 하나님을 갈망하는 인간이 산 존재입니다.

그런데 '네페쉬 하야'라는 단어는 짐승도 같이 사용하는 단어입니다. 그러면 사람과 짐승의 차이가 무엇입니까? 사람은 하나님께서 흙으로 빚으시고 그 코에 생명의 기운을 불어넣으신 것입니다. 그러나 짐승은 그냥 말씀으로만 생물이 나오라고 하니 만들어진 것입니다. 그런데 이 차이는 하늘과 땅의 차이가 납니다. 사람은 하나님을 갈망할 수 있는 존재가 되었습니다. 그러나 짐승은 하나님을 갈망하지 않고 살아가는 존재입니다. 그런데 창세기 3장에서 뱀의 유혹을 받아 선악과를 먹고 나니 스스로 선악을 판단하며 하나님을 갈망하지 않고 자기의 욕망을 따라 살아갑니다. 이렇게 된 인간은 존귀에 처하나 깨닫지 못하면 멸망하는 짐승과 같습니다.^{시49:20}

창세기 6:1~3 "사람이 땅 위에 번성하기 시작할 때에 그들에게서 딸들이 나니 하나님의 아들들이 사람의 딸들의 아름다움을 보고 자기들이 좋

아하는 모든 여자를 아내로 삼는지라 여호와께서 이르시되 나의 영이 영
원히 사람과 함께 하지 아니하리니 이는 그들이 육신이 됨이라 그러나 그
들의 날은 백이십 년이 되리라 하시니라"

창세기 3장에서 타락한 인간은 그 마음의 생각과 계획이 항상 악하기에 모
든 삶을 자기 좋아하는 대로 살아갑니다. 범사에 하나님의 뜻을 묻고 하
나님의 뜻을 따라 살아가지 않고 자기 마음에 좋은 대로 살아가는 이런 모
습이 죄악이 가득한 모습입니다. 그러므로 여호와께서 나의 영이 영원히
사람과 함께 하지 않겠다고 합니다. 여기서 하나님의 영도 '루아흐' 성
령입니다. 그러므로 하나님의 영이 구약에서 사람 위에 또는 사람과 함께
계시는 것입니다. 하나님이 영이 떠나가면 육체가 되었다고 합니다. 이
육체는 히브리어로 '바사르' 인데 몰락하는 인간입니다. 그러므로 하나님
의 영이 떠나버리면 그것이 몰락입니다. 그러나 심판의 기간을 120년으
로 유예하여 주십니다. 그 이유는 노아에게 은혜를 입히시고 방주를 준비
하게 하여 하나님의 약속을 이루시기 위한 것입니다.

오늘 본문 요엘서 2:28을 봅니다. 제일 먼저 '그 후에'라는 단어가 있습니다. 그
후에라는 말은 앞에 있는 말씀을 봐야 합니다. 1:1~20을 보면 메뚜기 재
앙과 여호와의 날에 관한 말씀입니다. 여호와의 날은 심판의 날과 구원
의 날이 동시에 이루지는 날이지만 여기서는 심판을 예고하고 있습니다.
그러므로 2:1~11은 메뚜기 떼의 재앙을 묘사하면서 여호와의 날이 크고
심히 두렵기에 당할 자가 누구냐고 합니다. 이런 여호와의 날에 대한 소
식을 들었기에 회개하라고 합니다. 금식하고 울고 애통하면서 모든 백
성 곧 장로들과 어린아이와 젖먹이와 신랑과 신부도 나오게 하여 회개하
라고 합니다. 그 회개는 우리를 불쌍히 여겨 달라고 하는 것입니다. 그리
고 주의 기업이 이방의 조롱거리가 되지 않도록 하여 달라고 기도합니다.

2:18~27은 여호와께서 자기의 땅을 극진히 사랑하시어 그의 백성을 불쌍히 여기신다고 합니다. 이런 자들은 여호와의 이름을 찬송하게 되며 영원히 수치를 당하지 않는다고 합니다. 영원한 수치를 당하는 곳은 지옥입니다.

다시 본문 28절을 봅니다. 그 후에 하나님의 영 곧 성령을 만민에게 부어주신다고 합니다. 이스라엘 백성만이 아니라 만민에게 하나님의 영을 육체에 부어주시는 것입니다. 만민의 각주를 보면 모든 육체라고 되어 있습니다. 새 언약은 하나님의 영이 사람 안에 오시는 것입니다. 하나님의 영이 육체에 부어지면 너희의 자녀들이 장래 일을 말할 것이며 너희 늙은이는 꿈을 꾸며 너희 젊은이는 이상을 본다고 합니다. 이 내용이 무엇일까요? 구약에서 하나님의 택한 백성들이 장래의 일을 말하며 꿈을 꾸며 이상을 볼 것이 무엇입니까? 메시아의 오심입니다. 그 메시아 오시는 날이 여호와의 날인데 그날이 어떤 사람에게는 구원의 날이 되지만 어떤 사람에게는 심판의 날이 됩니다. 그러므로 하나님의 영이 부어지면 자기의 죄가 어떠함을 알고 회개하게 됩니다.

본문 29~32절을 봅니다. 여기서 하나님의 영을 부어주신다는 그때와 그날이 언제입니까? 나중에 사도행전 2장에서 찾아보겠습니다만 오순절입니다. 그렇다면 구약에서 말씀하시는 여호와의 날은 심판과 구원이 동시에 일어나는 날인데 그날이 언제입니까? 십자가의 때입니다. 그 십자가의 때로 구약을 마감하고 신약을 여시는데 그 십자가의 때가 여호와의 날입니다. 그러므로 십자가의 때가 하나님께서 말씀하시는 이적이 하늘과 땅에서 일어납니다. 하늘과 땅에서 일어나는 이적이 피와 불과 연기 기둥입니다. 해가 어두워지고 달이 핏빛 같이 변하게 됩니다.

이러한 내용을 출애굽 때와 연결하여 생각해 보겠습니다. 출애굽 때에 열 가지 재앙 중에 메뚜기 재앙이 일어납니다. 그리고 우박 재앙 때는 땅에 불이 함께 내립니다.^{출9:23} 그런 재앙들 후에 유월절 어린 양의 피를 바르고 출애굽 합니다. 광야에서 구름 기둥과 불기둥이 이스라엘 백성과 함께합니다. 이러한 출애굽의 내용에서 피, 불, 연기가 다 등장합니다. 이러한 일이 십자가로 나타납니다. 예수님의 피를 흘리실 때 하늘의 징조는 해가 어두워집니다. 이러한 십자가의 피 흘림의 일에 성부와 성령이 함께 하십니다. 그러므로 하늘과 땅의 징조가 십자가로 일어난 것입니다.

마태복음 24:29~31 "그날 환난 후에 즉시 해가 어두워지며 달이 빛을 내지 아니하며 별들이 하늘에서 떨어지며 하늘의 권능들이 흔들리리라 그 때에 인자의 징조가 하늘에서 보이겠고 그 때에 땅의 모든 족속들이 통곡하며 그늘이 인자가 구름을 타고 능력과 큰 영광으로 오는 것을 보리라 그가 큰 나팔 소리와 함께 천사들을 보내리니 그들이 그의 택하신 자들을 하늘 이 끝에서 저 끝까지 사방에서 모으리라"

우리는 이 내용을 예수님의 재림 때로 대부분 해석해 왔습니다. 그러나 이 내용도 예수님의 십자가로 이루실 일입니다. 그 이유는 우리가 지금까지 요엘서를 통하여 본 내용이 예수님의 말씀과 같습니다. 그러므로 구약의 모든 내용은 예수님의 십자가로 이루어져야 합니다. 그러므로 예수님께서 십자가를 지실 때 해가 어두워지고 지진이 일어났습니다. 십자가의 피는 땅에서 보이는 것이지만 하늘의 징조인 불과 연기는 성령과 성부께서 함께 하시는 것이기에 가시적으로 보이지 않습니다. 그러나 해가 어두워지고 구름을 타고 영광과 능력으로 오는 모습을 볼 것이라고 합니다. 이때란 십자가의 때입니다. 그들이 통곡하는 이유는 그 십자가의 날이 그들에게 심판의 날이 되기 때문입니다. 그러나 하나님의 택한 백성들은 하늘 이 끝에서 저 끝까지 사방에서 모아내십니다.

베드로전서 3:18~20 "그리스도께서도 단번에 죄를 위하여 죽으사 의인으로서 불의한 자를 대신하셨으니 이는 우리를 하나님 앞으로 인도하려 하심이라 육체로는 죽임을 당하시고 영으로는 살리심을 받으셨으니 그가 또한 영으로 가서 옥에 있는 영들에게 선포하시니라 그들은 전에 노아의 날 방주를 준비할 동안 하나님이 오래 참고 기다리실 때에 복종하지 아니하던 자들이라 방주에서 물로 말미암아 구원을 얻은 자가 몇 명뿐이니 겨우 여덟 명이라"

이 말씀도 십자가로 일어난 일입니다. 예수 그리스도께서 죄를 위하여 죽음으로 불의한 자를 대신하셨습니다. 이렇게 하심은 우리는 하나님 앞으로 인도하기 위함입니다. 이 일을 위하여 육체로 죽임을 당하신 일이 십자가입니다. 그리고 영으로는 살림을 받았습니다. 그러므로 그 십자가의 때에 영으로 옥에 있는 영들에 선포하십니다. 이들은 노아의 방주를 준비할 동안 오래 참고 기다리실 때 복종하지 않은 자들입니다. 120년이나 유예 기간을 주면서 노아가 은혜를 입어 방주를 예비합니다만 그 방주에 타지 않은 자들이 심판받았다는 내용을 전하신 것입니다. 그러므로 십자가는 구약의 모든 내용을 구원과 심판까지 다 이루신 자리입니다.

그러므로 예수님께서 십자가를 지시기 전에 구약의 사람들도 주의 이름을 불러야 합니다. 그런데 누가 주의 이름을 불렀습니까? 대제사장과 서기관들과 바리새인들은 오히려 예수님을 십자가에 못 박아 죽이는 일에 앞장을 섭니다. 그러나 구약의 남은 자들은 주의 이름을 부릅니다. 시므온과 같은 자는 아기 예수를 품에 안고 주의 구원을 보았다고 합니다. 그 외에 남은 자들과 예수님께서 친히 부르신 자들은 예수님을 주와 그리스도로 믿게 됩니다. 세리와 죄인들과 창기들과 이방인들도 주의 이름을 부르는 자는 구원을 얻는다는 말은 첫째로 구약의 사람들입니다. 아브라함도 모세도 예수님을 믿고 예수님을 주라고 하였다고 예수님께서 말씀하셨습니다. 요8:56, 막12:36 그러므로 구약의 약속을 십자가로 다 이루시고 부활 승천하셔서 성령을 보내 주십니다.

　사도행전 2:14~21 "베드로가 열한 사도와 함께 서서 소리를 높여 이르되 유대인들과 예루살렘에 사는 모든 사람들아 이 일을 너희로 알게 할 것이니 내 말에 귀를 기울이라 때가 제 삼 시니 너희 생각과 같이 이 사람들이 취한 것이 아니라 이는 곧 선지자 요엘을 통하여 말씀하신 것이니 일렀으되 하나님이 말씀하시기를 말세에 내가 내 영을 모든 육체에 부어 주리니 너희의 자녀들은 예언할 것이요 너희의 젊은이들은 환상을 보고 너희의 늙은이들은 꿈을 꾸리라 그 때에 내가 내 영을 내 남종과 여종들에게 부어 주리니 그들이 예언할 것이요 또 내가 위로 하늘에서는 기사를 아래로 땅에서는 징조를 베풀리니 곧 피와 불과 연기로다 주의 크고 영화로운 날이 이르기 전에 해가 변하여 어두워지고 달이 변하여 피가 되리라 누구든지 주의 이름을 부르는 자는 구원을 받으리라 하였느니라"

　예수님께서 십자가에 죽고 사흘 만에 부활하셔서 40일 동안 땅에 계시면서 제자들에게 부활을 보여주셨습니다. 그리고 성령을 약속하시고 승천하십니다. 예수님의 제자들과 함께 모인 자들이 약 120명입니다.^{행1:15} 이들 위에 승천하신 지 10일 만에 성령이 임합니다.^{행2:1} 이날이 오순절입니다. 이때로부터 복음을 전하기 시작합니다. 그러자 사람들이 술에 취한 것이라고 합니다. 베드로가 아침 아홉 시부터 술에 취할 수 없다고 하면서 요엘서 2장의 성취라고 합니다. 그러므로 베드로 사도는 요엘서 2장의 내용이 이미 십자가로 성취되었기에 성령이 임한 것이라고 합니다. 그러므로 십자가 이후에 성령이 임하여 복음을 전하는 내용은 십자가의 예수님을 주와 그리스도로 믿으라고 전하는 것입니다. 그러므로 피와 불과 연기 기둥이 십자가로 이루어진 것입니다.

　사도행전 2:20~21을 다시 봅니다. 앞에서도 말씀드린 대로 이 내용은 이

중적입니다. 예수님의 십자가로 구약을 완성하십니다. 구약에서 구원받을 자와 심판받을 자는 십자가로 확증되었습니다. 그러므로 십자가 이후로도 구원은 예수의 이름을 부르는 자가 구원받습니다. 그러므로 사도들이 전하는 복음은 너희가 십자가에 못 박아 죽인 예수를 하나님이 주와 그리스도가 되게 하셨다고 전합니다. 그 복음의 선포 앞에 회개하고 예수님을 믿으면 성령을 선물로 받습니다.

사도행전 4:36~39 "그런즉 이스라엘 온 집은 확실히 알지니 너희가 십자가에 못 박은 이 예수를 하나님이 주와 그리스도가 되게 하셨느니라 하니라 그들이 이 말을 듣고 마음에 찔려 베드로와 다른 사도들에게 물어 이르되 형제들아 우리가 어찌할꼬 하거늘 베드로가 이르되 너희가 회개하여 각각 예수 그리스도의 이름으로 세례를 받고 죄 사함을 받으라 그리하면 성령의 선물을 받으리니 이 약속은 너희와 너희 자녀와 모든 먼 데 사람 곧 주 우리 하나님이 얼마든지 부르시는 자들에게 하신 것이라 하고"

예수님의 죽음과 부활은 하나님의 뜻대로 일어난 일입니다. 그리고 승천과 성령의 임하심도 하나님의 뜻대로 이루어지는 일입니다. 그러므로 오순절에 성령이 임한 사도들이 전한 복음이 너희가 십자가에 못 박아 죽인 예수를 하나님이 살리시고 주와 그리스도가 되게 하셨다는 내용입니다. 그러자 마음에 찔려 '어찌할꼬?' 하는 자들에게 회개하고 각각 예수 예수 그리스도의 이름으로 세례를 받고 죄 사함을 받으라고 합니다. 그러면 성령의 선물을 받는다고 합니다. 복음을 듣고 회개하고 예수님을 믿는 자들은 성령이 임하게 됩니다. 성령이 임하면 새 언약의 백성이 됩니다. 이 일을 주님 다시 오시는 그날까지 계속하여 이루고 있습니다. 그러므로 주님 다시 오시는 그 크고 두려운 날이 이르기 전에 지금 여기서 회개하고 주 예수 그리스도를 믿으시기를 바랍니다.

새 언약 (5)

미가 5:2~5 "베들레헴 에브라다야 너는 유다 족속 중에 작을지라도 이스라엘을 다스릴 자가 네게서 내게로 나올 것이라 그의 근본은 상고에, 영원에 있느니라 그러므로 여인이 해산하기까지 그들을 붙여 두시겠고 그 후에는 그의 형제 가운데에 남은 자가 이스라엘 자손에게로 돌아오리니 그가 여호와의 능력과 그의 하나님 여호와의 이름의 위엄을 의지하고 서서 목축하니 그들이 거주할 것이라 이제 그가 창대하여 땅끝까지 미치리라 이 사람은 평강이 될 것이라"

지난 주에 요엘서를 통하여 새 언약을 살펴보았습니다. 모든 구약 성경이 그리스도를 증거 하기에 구약 성경 전체가 이미 새 언약을 예언하고 있습니다. 구체적인 내용들은 구약 성경을 설교하면서 이미 다 말씀을 드렸습니다. 지금은 언약이라는 큰 줄기를 따라가고 있기에 오늘은 미가서와 아모스에서 새 언약에 관한 내용을 살펴보고 다음 주는 스가랴서와 말라기에서 보겠습니다.

미가 선지자는 이사야 선지자와 같은 시대에 활동한 선지자로 주로 남 유다에서 활동하였습니다. 그러나 남 유다만이 아니라 북이스라엘도 책망합니다. 솔로몬 사후에 이스라엘이 남과 북으로 나누어집니다. 북이스라엘은 단과 벧엘에 금송아지를 만들어 하나님이라고 섬깁니다. 그런데 남 유다는 예루살렘에 성전이 있기에 자기들은 우상을 섬기지 않는다고 생각하였습니다. 그러나 북이스라엘이나 남 유다나 간에 모두 심판을 받아 마땅함을 선지자들이 선포하고 있습니다.

미가 3:9~12 "야곱 족속의 우두머리들과 이스라엘 족속의 통치자들 곧 정의를 미워하고 정직한 것을 굽게 하는 자들아 원하노니 이 말을 들을지어다 시온을 피로, 예루살렘을 죄악으로 건축하는도다 그들의 우두머리들은 뇌물을 위하여 재판하며 그들의 제사장은 삯을 위하여 교훈하며 그들의 선지자는 돈을 위하여 점을 치면서도 여호와를 의뢰하여 이르기를 여호와께서 우리 중에 계시지 아니하냐 재앙이 우리에게 임하지 아니하리라 하는도다 이러므로 너희로 말미암아 시온은 갈아엎은 밭이 되고 예루살렘은 무더기가 되고 성전의 산은 수풀의 높은 곳이 되리라"

미가서 1:1부터 사마리아와 예루살렘에 관하여 죄악을 책망합니다. 여호와께서 심판하시려고 그의 처소에서 나오신다고 합니다. 그러므로 방금 읽은 미가서의 말씀을 보면 이스라엘의 지도자들이 얼마나 타락하였는지를 보여주고 있습니다. 이스라엘의 지도자는 제사장과 왕과 선지자들입니다. 그런데 이들이 백성을 양처럼 여기고 가죽을 벗기며 살을 먹고 뼈까지 고아 먹습니다. 복과 저주를 휘두르면서 백성들을 종으로 삼습니다. 재판관들은 뇌물을 받고 제사장은 삯을 위하여 교훈하고 선지자는 돈을 위하여 점을 치면서 여호와가 우리와 함께하시니 우리는 재앙이 닥치지 않을 거라고 합니다. 이러므로 예루살렘이 무더기가 되고 심판을 받습니다. 이러한 심판이 끝이 아니라 그 심판을 통하여 새로운 언약을 말씀하시며 메시아가 어디에서 오실지도 예언합니다.

미가 5:2~5 미가서 4장부터 보면 끝날을 말씀합니다. 미가서 3장까지 죄악에 관한 심판을 말씀하신 후에 끝날에 메시아가 오실 것을 말씀하시는데 그 메시아가 하시는 일은 저는 자를 모으며 환난 받게 한 자를 모아 남은 백성이 되게 하고 멀리 쫓겨난 자들이 강한 나라가 되게 하고 여호와께서 시온산에서 이제부터 영원까지 그들을 다스리겠다고 합니다.⁴:¹~⁷ 이 말씀은 시온 곧 예루살렘을 무너뜨린 후에 주십니다. 그러므로 이런 약속의 말씀은 옛 언약과 새 언약을 말씀하시는 것이지 다시 이 땅에 민족적이고 지역적인 회복을 말하지 않습니다. 그러므로 그 새 언약을 이루실 분이 어디에 오시는지를 미가 선지자는 예언하는데 베들레헴이라고 합니다.

마태복음 2:1~6 "헤롯 왕 때에 예수께서 유대 베들레헴에서 나시매 동방으로부터 박사들이 예루살렘에 이르러 말하되 유대인의 왕으로 나신 이가 어디 계시냐 우리가 동방에서 그의 별을 보고 그에게 경배하러 왔노라 하니 헤롯 왕과 온 예루살렘이 듣고 소동한지라 왕이 모든 대제사장과 백성의 서기관들을 모아 그리스도가 어디서 나겠느냐 물으니 이르되 유대 베들레헴이오니 이는 선지자로 이렇게 기록된바 또 유대 땅 베들레헴아 너는 유대 고을 중에서 가장 작지 아니하도다 네게서 한 다스리는 자가 나와서 내 백성 이스라엘의 목자가 되리라 하였음이니이다"

헤롯 왕 때 동방의 박사들이 유대인의 왕으로 나신 이가 여기 계시느냐며 헤롯이 사는 궁에 들어가서 물었습니다. 왕은 왕궁에 당연히 태어나야 한다고 생각한 것입니다. 이 소식을 듣고 왕과 온 예루살렘이 소동이 일어났습니다. 헤롯이 대제사장들과 백성의 서기관들에게 그리스도가 어디서 나겠냐고 물어보니 유대 땅 베들레헴이라고 우리가 방금 읽은 미가서의 말씀으로 대답합니다. 헤롯이 박사들에게 그리스도를 만나면 자신에게도 알려달라고 합니다. 자신도 경배하겠다고 하지만 자기 외에 다른 왕이 나온다면 죽여야 한다고 생각하고 그렇게 말한 것입니다.

결국 동방박사들이 천사의 지시를 받아 다른 길로 돌아가고 요셉과 마리아도 아기 예수를 데리고 애굽으로 피난 갑니다. 애굽으로 피난 가는 일도 성경의 예언대로 됩니다.^{호11:1} 헤롯은 속은 줄 알고 베들레헴의 두 살 이하의 아이를 죽입니다. 그러므로 미가서에서 유다의 타락상을 말하면서 장차 메시아가 오실 것을 예언하였고 그 예언대로 오신 분이 예수님입니다. 그러므로 예수님은 옛 언약의 상징과 같은 성전을 헐어버리라고 하시면서 자신이 사흘 만에 세운다고 하셨습니다.^{요2:19} 이처럼 모든 구약 성경은 오실 그리스도께서 이루실 새 언약을 내다보고 있는 것입니다.

아모스 9:11~12 "그 날에 내가 다윗의 무너진 장막을 일으키고 그것들의 틈을 막으며 그 허물어진 것을 일으켜서 옛적과 같이 세우고 그들이 에돔의 남은 자와 내 이름으로 일컫는 만국을 기업으로 얻게 하리라 이 일을 행하시는 여호와의 말씀이니라"

아모스 선지자는 남 유다 지역에서 농사짓는 사람인데 하나님의 부르심을 받아 북이스라엘에 가서 하나님의 말씀을 전합니다. 그러므로 조롱도 받지만, 여호와께서 사자같이 부르짖으시니 자신이 말하지 않을 수 없다고 하면서 하나님의 말씀을 전합니다.^{암3:8} 아모스 선지자가 활동할 때의 북이스라엘은 경제적으로 부요한 시대입니다. 그러므로 부요한 자들의 안일함을 책망하면서 하나님께서 완전히 심판하셔서 다 무너뜨리신다고 합니다. 그 내용을 9장에서만 보겠습니다.

아모스 9:1~4 "내가 보니 주께서 제단 곁에 서서 이르시되 기둥머리를 쳐서 문지방이 움직이게 하며 그것으로 부서져서 무리의 머리에 떨어지게 하라 내가 그 남은 자를 칼로 죽이리니 그중에서 한 사람도 도망하지 못하며 그 중에서 한 사람도 피하지 못하리라 그들이 파고 스올로 들어갈지라도 내 손이 거기에서 붙잡아 낼 것이요 하늘로 올라갈지라도 내가 거기에서 붙잡아 내릴 것이며 갈멜산 꼭대기에 숨을지라도 내가 거기에서 찾아낼 것이요 내 눈을 피하여 바다 밑에 숨을지라도 내가 거기에서 뱀을 명령하여 물게 할 것이요 그 원수 앞에 사로잡혀 갈지라도 내가 거기에서 칼을 명령하여 죽이게 할 것이라 내가 그들에게 주목하여 화를 내리고 복을 내리지 아니하리라 하시니라” 우상 숭배한 자들에 대한 무시무시한 심판의 말씀입니다.

아모스 9:8~10 “보라 주 여호와의 눈이 범죄 한 나라를 주목하노니 내가 그것을 지면에서 멸하리라 그러나 야곱의 집은 온전히 멸하지는 아니하리라 여호와의 말씀이니라 보라 내가 명령하여 이스라엘 족속을 만국 중에서 체질하기를 체로 체질함 같이 하려니와 그 한 알갱이도 땅에 떨어지지 아니하리라 내 백성 중에서 말하기를 화가 우리에게 미치지 아니하며 이르지 아니하리라 하는 모든 죄인은 칼에 죽으리라”

북이스라엘은 단과 벧엘에 금송아지를 만들어 섬기면서 하나님을 섬긴다고 합니다. 그런 자들을 다 심판하십니다. 그런데 자기들은 그런 심판을 받지 않으리라고 하는 모든 죄인은 칼에 죽을 것이라고 합니다. 그러므로 북이스라엘 모든 자들이 심판을 받아 마땅하지만, 하나님께서 야곱의 집은 온전히 멸하지 않겠다고 합니다. 그 이유는 하나님의 언약 때문입니다. 그러므로 자기 언약의 백성들은 하나도 잃어버리지 않고 다 찾아내신다는 말씀도 하십니다.

아모스 9:11~12를 봅니다. 그날이란 심판을 말씀하십니다. 북이스라엘의 우상숭배를 심판하시는 날입니다. 이것은 북이스라엘만이 아니라 앞에서 본 유다도 마찬가지로 심판을 받습니다. 그렇게 심판을 받게 하신 후에 하나님께서 다윗의 무너진 장막을 일으키고 그것들의 틈을 막으며 그 허물어진 것을 일으켜서 옛적과 같이 세운다고 합니다. 이럴 때 그들이 에돔의 남은 자와 주의 이름으로 일컫는 만국을 기업으로 얻게 하겠다고 합니다. 여기서 그들이란 다윗의 무너진 장막을 말하는 것입니다. 그러나 이것은 건물이 아니라 새 언약의 백성들입니다. 새 언약의 백성은 에돔 사람도 있고 만국에서 나오기에 이방인도 포함됩니다. 그러므로 다윗의 무너진 장막이 세워지면 그 장막에 이방인들도 들어옵니다. 옛 언약으로 죄를 드러내면서 새 언약을 이루십니다.

사도행전 15:13~18 "말을 마치매 야고보가 대답하여 이르되 형제들아 내 말을 들으라 하나님이 처음으로 이방인 중에서 자기 이름을 위할 백성을 취하시려고 그들을 돌보신 것을 시므온이 말하였으니 선지자들의 말씀이 이와 일치하도다 기록된바 이후에 내가 돌아와서 다윗의 무너진 장막을 다시 지으며 또 그 허물어진 것을 다시 지어 일으키리니 이는 그 남은 사람들과 내 이름으로 일컬음을 받는 모든 이방인들로 주를 찾게 하려 함이라 하셨으니 즉 예로부터 이것을 알게 하시는 주의 말씀이라 함과 같으니라"

사도행전 15장은 새 언약의 성취를 사도들이 아주 분명하게 확정하는 내용입니다. 지난 주에 본 대로 요엘서의 예언대로 사도행전 2장에서 성령이 임합니다. 성령이 임한 제자들이 복음을 전합니다. 너희가 십자가에 못 박아 죽인 예수를 하나님이 주와 그리스도가 되게 하셨다고 전합니다. 그런데 아직은 예루살렘에만 복음을 전하고 있습니다. 예수님은 성령이 임하면 예루살렘과 유다와 사마리아와 땅끝까지 내 증인이 되리라고 하셨습니다. ^{행1:8} 이 말씀은 예수님의 의지입니다. 그 말씀대로 성령이 임하였는데도 복음을 다른 곳에 전하지 않고 예루살렘에서만 머물러 있기에 복음 전하는 자들에게 핍박이 임하여 유다와 사마리아로 흩어져서 복음이 전해지도록 합니다.

흩어진 자들이 사마리아로 흩어져서 그곳에서도 복음이 전하여졌다는 소식을 듣고 베드로와 요한이 확인합니다. 그리고 베드로는 성령에 이끌려서 이방인 백부장 고넬료의 집에 가서 복음을 전하게 됩니다. 그리고 복음을 핍박하던 바울이 주님을 만나고 나서 이방인들에 복음을 전합니다. 그러므로 초대교회 때 심각한 갈등이 일어납니다. 유대인이면서 예수님을 믿는 자들과 이방인으로 예수님을 믿는 자들 사이의 갈등입니다. 유대인들을 예수님을 믿어도 율법을 지켜야 한다고 합니다. 그런데 바울은 이방인들이 아무런 율법의 조건 없이 예수님을 믿음으로 구원받는다고 전합니다. 이 문제를 의논하기 위하여 모인 자리가 사도행전 15장입니다.

　이 모임에서 많은 변론이 있고 난 뒤에 베드로가 말합니다. 하나님이 이방인들로 내 입에서 복음의 말씀을 들어 믿게 하시려고 오래전부터 너희 가운데서 나를 택하시고 마음을 아시는 하나님이 우리와 같이 그들에게도 성령을 주어 증언하시고 믿음으로 그들의 마음을 깨끗이 하사 그들이나 우리나 차별하지 아니하셨다고 합니다. 그 사실을 베드로는 사마리아 사람들에게 가서 확인하였고, 이방인 고넬료를 통하여서도 확인한 사실입니다. 그러므로 사도들과 바울과 바나바가 모인 자리에서 지금 너희가 어찌하여 하나님을 시험하여 우리 조상과 우리도 능히 메지 못하던 멍에를 제자들의 목에 두려느냐고 합니다. 이 멍에는 율법의 멍에를 말합니다. 그러므로 베드로가 분명하게 말하기를 이방인들도 우리와 같이 주 예수의 은혜로 구원받는 줄을 믿는다고 합니다.

　베드로가 말한 후에 바나바와 바울도 하나님께서 자기들로 인하여 이방인 중에서 행하신 표적과 기사에 관하여 말하였습니다. 이때 야고보가 결론적으로 한 말이 방금 우리가 읽은 사도행전 15:13~18 말씀입니다. 이 말씀은 아모스 9:11~12의 말씀입니다. 다윗의 무너진 장막을 세우리라는 그 말씀이 예수님의 십자가로 이루어졌음을 말합니다. 그러므로 유대인이나 이방인이나 주 예수의 은혜로 구원받아 그리스도의 몸이 되고 성전됨이 새 언약입니다.

그러므로 다윗의 장막은 민족이나 건물이 아니라 예수님의 피로 값을
주고 산 유대인과 이방인들입니다. 이들이 하나님의 백성이며 어린 양의
신부이며 하나님의 영원한 거처가 되는 것입니다. 그런데 지금도 많은 사
람이 다시 지상에 성전을 세워야 한다고 하는 자들이 있습니다. 그러나
이미 예수님의 십자가와 부활로 다윗의 무너진 장막이 세워졌다고 사도
들이 결론을 내렸습니다. 그러므로 건물로 된 성전을 다시 세워야 한다는
자들은 주님이 허문 것을 다시 세우는 반역입니다.

갈라디아서 2:15~21 "우리는 본래 유대인이요 이방 죄인이 아니로되 사
람이 의롭게 되는 것은 율법의 행위로 말미암음이 아니요 오직 예수 그리
스도를 믿음으로 말미암는 줄 알므로 우리도 그리스도 예수를 믿나니 이
는 우리가 율법의 행위로써가 아니고 그리스도를 믿음으로써 의롭다 함
을 얻으려 함이라 율법의 행위로써는 의롭다 함을 얻을 육체가 없느니라
만일 우리가 그리스도 안에서 의롭게 되려 하다가 죄인으로 드러나면 그
리스도께서 죄를 짓게 하는 자냐 결코 그럴 수 없느니라 만일 내가 헐었던
것을 다시 세우면 내가 나를 범법한 자로 만드는 것이라 내가 율법으로 말
미암아 율법에 대하여 죽었나니 이는 하나님에 대하여 살려 함이라 내가
그리스도와 함께 십자가에 못 박혔나니 그런즉 이제는 내가 사는 것이 아
니요 오직 내 안에 그리스도께서 사시는 것이라 이제 내가 육체 가운데 사
는 것은 나를 사랑하사 나를 위하여 자기 자신을 버리신 하나님의 아들을
믿는 믿음 안에서 사는 것이라 내가 하나님의 은혜를 폐하지 아니하노니
만일 의롭게 되는 것이 율법으로 말미암으면 그리스도께서 헛되이 죽으
셨느니라"

베드로가 안디옥에서 이방인과 식사하다가 예루살렘에서 보낸 사람들
이 오자 음식을 안 먹은 척 외식하였기에 바울이 베드로를 책망합니다.
율법을 십자가로 다 이루셨기에 율법이 허물어진 것이라고 합니다. 그러

므로 허문 것을 다시 세우는 일은 범법자가 되는 것이라고 하면서 예수 그리스도의 죽음을 헛되이 하지 말라고 합니다. 우리는 그리스도의 죽음을 헛되이 하지는 않습니까?

새 언약 (6)

스가랴 9:9~10 시온의 딸아 크게 기뻐할지어다 예루살렘의 딸아 즐거이 부를지어다 보라 네 왕이 네게 임하시나니 그는 공의로우시며 구원을 베푸시며 겸손하여서 나귀를 타시나니 나귀의 작은 것 곧 나귀 새끼니라 내가 에브라임의 병거와 예루살렘의 말을 끊겠고 전쟁하는 활도 끊으리니 그가 이방 사람에게 화평을 전할 것이요 그의 통치는 바다에서 바다까지 이르고 유브라데 강에서 땅끝까지 이르리라

지난 주는 미가서와 아모스에서 새 언약을 이루실 예수 그리스도에 관한 예언과 신약의 성취를 살펴보았습니다. 오늘은 스가랴서와 말라기에서 간단하게 살펴보려고 합니다. 그 이유는 이미 구약의 선지서 설교할 때 다 말씀드린 내용이기 때문이며 지금은 언약이라는 큰 줄거리를 잡아가는 시간이기 때문입니다. 모든 구약은 새 언약을 이루실 그리스도를 예언하고 있습니다.

스가랴 9:9~10 히브리어에서 나라나 성읍을 말할 때 여성명사로 사용합니다. 그러므로 시온의 딸과 예루살렘의 딸이란 예루살렘의 백성들입니다. 이들에게 기뻐하고 즐거워하라고 합니다. 그 이유는 네 왕이 네게 온다고 합니다. 스가랴서가 기록된 시기는 바벨론 포로에서 돌아온 때입니다. 이 당시는 페르시아 제국이 예루살렘을 다스리는 시대입니다.

페르시아 제국이 얼마나 강대한 나라인지는 세계사를 보면 잘 나옵니다. 그리고 영화 300에서 스파르타를 공격한 왕이 아하수에르크세르크세스입니다. 영화에서 300명의 용사가 멋있게 싸우지만 결국은 전멸합니다. 이러한 강력한 제국의 시대에 예루살렘에 왕이 온다면 어떤 왕이 와야 할까요? 페르시아 제국의 왕보다 더 강력한 왕이 와야 할 것입니다. 그래야 즐겁고 기쁜 소식이 아니겠습니까? 그런데 왕이 겸손하게 나귀 새끼를 타신다고 되어 있습니다. 히브리어로는 겸손하다는 단어가 가난하다는 뜻입니다. 겸손하고 가난하여 나귀 새끼를 타고 오시는 왕이라고 합니다.

그런데 나귀 새끼를 타고 오시는 왕이 병거와 말을 많이 가져서 적을 물리치는 것이 아니라 에브라임의 병거와 예루살렘의 말을 끊겠다고 합니다. 에브라임은 북이스라엘을 대표하는 이름입니다. 예루살렘은 남 유다의 수도입니다. 그러므로 북이스라엘이나 남 유다나 간에 그들이 의지하는 병거와 말을 다 끊어 버리고 전쟁하는 활도 끊어 버리고 이방 사람에게 화평을 전하겠다고 합니다. 그런 왕의 통치는 바다에서 바다까지 이르고 유브라데 강에서 땅끝까지 이르게 될 것이라고 합니다. 우리가 예루살렘의 백성이라면 이런 왕이 오신다는 말씀을 기뻐하고 즐거워하겠습니까?

마태복음 21:1~5 "그들이 예루살렘에 가까이 가서 감람 산 벳바게에 이르렀을 때에 예수께서 두 제자를 보내시며 이르시되 너희는 맞은편 마을로 가라 그리하면 곧 매인 나귀와 나귀 새끼가 함께 있는 것을 보리니 풀어 내게로 끌고 오라 만일 누가 무슨 말을 하거든 주가 쓰시겠다 하라 그리하면 즉시 보내리라 하시니 이는 선지자를 통하여 하신 말씀을 이루려 하심이라 일렀으되 시온 딸에게 이르기를 네 왕이 네게 임하나니 그는 겸손하여 나귀, 곧 멍에 메는 짐승의 새끼를 탔도다 하라 하였느니라"

예수님께서 예루살렘 성으로 들어가시면서 제자들에게 나귀 새끼를 끌고 오라고 합니다. 이렇게 하시는 이유는 스가랴 선지자의 예언을 이루시기 위함이라고 합니다. 유대인들은 스가랴서의 말씀을 알고 있으니 이제 예수님이 왕으로 등극하는 줄 알고 그 길에 옷을 깔고 종려나무 가지를 흔들며 호산나를 외칩니다. 여호와께서 지금 우리를 구원하여 달라는 말입니다. 그런데 예수님은 예루살렘에 들어가셔서 성전에서 장사하는 자들을 내쫓으시면서 내 집은 만민이 기도하는 집이라고 일컬어져야 하는데 너희는 강도의 굴로 만들었다고 책망합니다. 그리고 예루살렘 밖으로 나가십니다. 그러자 유대의 지도자라는 자들이 예수를 신성모독으로 몰아 죽이려고 하자 호산나를 외치던 그 군중들이 며칠 만에 돌변하여 예수를 십자가에 못 박아 죽이라고 합니다. 성경대로 나귀 새끼를 타고 예루살렘에 입성하여도 그들이 원하는 왕이 아니기에 예수를 배척합니다.

스가랴 11:12~13을 새번역으로 봅니다. "내가 그들에게 말하였다. "너희가 좋다고 생각하면, 내가 받을 품삯을 내게 주고, 줄 생각이 없으면, 그만두어라." 그랬더니 그들은 내 품삯으로 은 삼십 개를 주었다. 주님께서 내게 말씀하셨다. "그것을 토기장이에게 던져 버려라." 그것은 그들이 내게 알맞은 삯이라고 생각해서 쳐 준 것이다. 나는 은 삼십 개를 집어, 주의 성전에 있는 토기장이에게 던져 주었다." 이 말씀의 성취가 어떻게 일어나는지 신약을 봅니다.

마태복음 27:3~10 "그 때에 예수를 판 유다가 그의 정죄됨을 보고 스스로 뉘우쳐 그 은 삼십을 대제사장들과 장로들에게 도로 갖다주며 이르되 내가 무죄한 피를 팔고 죄를 범하였도다 하니 그들이 이르되 그것이 우리에게 무슨 상관이냐 네가 당하라 하거늘 유다가 은을 성소에 던져 넣고 물러가서 스스로 목매어 죽은지라 대제사장들이 그 은을 거두며 이르되 이것은 핏값이라 성전고에 넣어 둠이 옳지 않다 하고 의논한 후 이것으로 토기장이의 밭을 사서 나그네의 묘지를 삼았으니 그러므로 오늘날까지 그 밭을 피밭이라 일컫느니라 이에 선지자 예레미야를 통하여 하신 말씀이 이루어졌나니 일렀으되 그들이 그 가격 매겨진 자 곧 이스라엘 자손 중에서 가격 매긴 자의 가격 곧 은 삼십을 가지고 토기장이의 밭 값으로 주었으니 이는 주께서 내게 명하신 바와 같으니라 하였더라” 스가랴 선지자의 예언이 이렇게 이루어졌습니다.

스가랴 12:10, 13:1 “내가 다윗의 집과 예루살렘 주민에게 은총과 간구하는 심령을 부어 주리니 그들이 그 찌른 바 그를 바라보고 그를 위하여 애통하기를 독자를 위하여 애통하듯 하며 그를 위하여 통곡하기를 장자를 위하여 통곡하듯 하리로다”. “그날에 죄와 더러움을 씻는 샘이 다윗의 족속과 예루살렘 주민을 위하여 열리리라”

예수님께서 구약의 예언을 이루시기 위하여 나귀 새끼를 타고 예루살렘으로 입성하셨습니다. 그러나 예루살렘의 사람들은 예수님이 이루실 나라를 원하지 않았습니다. 스가랴서에서 본 내용은 전쟁의 무기들을 끊어버리고 평화를 온 세상에 전하는 왕으로 오신다고 하셨지만, 그들이 원하는 왕이 아니라고 십자가에 못 박아 죽여버렸습니다. 그러므로 성경을 보아도 자기 좋은 말씀만 취사선택하는 인간들입니다. 우리도 마찬가지입니다. 진짜 들어야 할 말은 떠넘겨 버리는 것입니다. 그러므로 하나님께서 은총과 간구하는 심령을 부어주시면 그 찌른바 그를 바라보고 애통하게 되며 그날에 죄와 더러움을 씻는 샘이 다윗의 족속과 예루살렘 주민을 위하여 열린다고 합니다.

사도행전 2:36~41 “그런즉 이스라엘 온 집은 확실히 알지니 너희가 십자가에 못 박은 이 예수를 하나님이 주와 그리스도가 되게 하셨느니라 하니라 그들이 이 말을 듣고 마음에 찔려 베드로와 다른 사도들에게 물어 이르되 형제들아 우리가 어찌할꼬 하거늘 베드로가 이르되 너희가 회개하여 각각 예수 그리스도의 이름으로 세례를 받고 죄 사함을 받으라 그리하면 성령의 선물을 받으리니 이 약속은 너희와 너희 자녀와 모든 먼 데 사람 곧 주 우리 하나님이 얼마든지 부르시는 자들에게 하신 것이라 하고 또 여러 말로 확증하며 권하여 이르되 너희가 이 패역한 세대에서 구원을 받으라 하니 그 말을 받은 사람들은 세례를 받으매 이날에 신도의 수가 삼천이나 더하더라"

스가랴서의 예언대로 예수님은 나귀 새끼를 타고 예루살렘에 입성하셨습니다. 그리고 은 삼십에 팔리셨습니다. 십자가에서 죽고 사흘 만에 부활하시고 사십일을 땅에서 부활을 증언하시고 승천하신 지 십일만에 성령을 보내십니다. 성령이 임한 것은 은총과 간구하는 심령이 부어지는 것입니다. 그래서 사도들이 전하는 복음은 너희가 십자가에 못 박아 죽인 예수를 하나님이 살리시고 주와 그리스도가 되게 하셨다는 이 선포 앞에 찔림을 받는 자들에게 회개하고 예수를 믿으라고 합니다. 그러면 성령을 선물로 받는다고 합니다. 그러므로 우리도 복음을 듣고 회개하고 예수님을 믿으면 죄와 더러움을 씻는 샘이 열린다고 하신 말씀대로 죄와 더러움이 씻어집니다. 이 평화의 복음이 예루살렘에서 유다로 사마리아로 땅끝까지 전하여지고 있습니다. 슥9:10, 행1:8

말라기 1:10~11을 봅니다. "만군의 여호와가 이르노라 너희가 내 제단 위에 헛되이 불사르지 못하게 하기 위하여 너희 중에 성전 문을 닫을 자가 있었으면 좋겠도다 내가 너희를 기뻐하지 아니하며 너희가 손으로 드리는 것을 받지도 아니하리라 만군의 여호와가 이르노라 해 뜨는 곳에서부터 해 지는 곳까지의 이방 민족 중에서 내 이름이 크게 될 것이라 각처에서 내 이름을 위하여 분향하며 깨끗한 제물을 드리리니 이는 내 이름이 이방 민족 중에서 크게 될 것임이니라"

말라기는 구약의 마지막 성경입니다. 만군의 여호와께서 말씀하시기를 하나님의 제단 위에 헛되이 불사르지 못하게 하려고 너희 중에 성전 문을 닫을 자가 있었으면 좋겠다고 합니다. 그 이유는 하나님께 제사한다는 제사장들이 주의 이름을 멸시합니다. 주의 제단에 더러운 떡을 드리며 눈멀고 병들고 저는 희생 제물을 드리면서 번거롭다고 합니다. 그러므로 성전 문을 닫을 자가 있었으면 좋겠다고 합니다. 이 말씀대로 성전 문을 닫으려고 오신 분이 예수님입니다.

예수님은 성전 문을 닫는 정도가 아니라 성전을 무너뜨리라고 하신 분입니다. 성전을 무너뜨리면 자신은 사흘 만에 세운다고 하셨습니다. 이 말씀은 예수님의 죽음과 부활로 자신이 성전 됨을 말씀합니다.^{요2:19~22} 이러한 예수님께서 자기의 몸 된 성전을 만들어내시는 일을 십자가로 이루시고 그 복음을 전하게 하십니다. 그러므로 말라기 1:11의 말씀대로 해 뜨는 곳에서부터 해 지는 데까지 복음이 증거되고 이방인들도 주의 이름으로 구원받아 주를 찬양합니다.

말라기 3:1~3 "만군의 여호와가 이르노라 보라 내가 내 사자를 보내리니 그가 내 앞에서 길을 준비할 것이요 또 너희가 구하는 바 주가 갑자기 그의 성전에 임하시리니 곧 너희가 사모하는바 언약의 사자가 임하실 것이라 그가 임하시는 날을 누가 능히 당하며 그가 나타나는 때에 누가 능히 서리요 그는 금을 연단하는 자의 불과 표백하는 자의 잿물과 같을 것이라 그가 은을 연단하여 깨끗하게 하는 자 같이 앉아서 레위 자손을 깨끗하게 하되 금, 은같이 그들을 연단 하리니 그들이 공의로운 제물을 나 여호와께 바칠 것이라"

구약에서 만군의 여호와의 날이란 메시아가 오시는 날입니다. 그날은 구원과 심판이 동시에 일어나는 일로 이스라엘 백성들이 기다리고 있습니다. 그런데 그 여호와가 오시기 전에 먼저 여호와의 사자를 보낸다고 합니다. 그가 길을 준비할 것인데 그를 언약의 사자라고 합니다. 이 사람은 언약을 완성하실 분의 길을 준비하는 사람입니다. 이 사람이 하는 일은 회개하게 하여 주께로 돌이키는 일을 하는 사람입니다. 이 사람을 예수님께서 세례요한이라고 말씀하십니다.

마태복음 11:7~15 "그들이 떠나매 예수께서 무리에게 요한에 대하여 말씀하시되 너희가 무엇을 보려고 광야에 나갔더냐 바람에 흔들리는 갈대냐 그러면 너희가 무엇을 보려고 나갔더냐 부드러운 옷 입은 사람이냐 부드러운 옷을 입은 사람들은 왕궁에 있느니라 그러면 너희가 어찌하여 나갔더냐 선지자를 보기 위함이었더냐 옳다 내가 너희에게 이르노니 선지자보다 더 나은 자니라 기록된바 보라 내가 내 사자를 네 앞에 보내노니 그가 네 길을 네 앞에 준비하리라 하신 것이 이 사람에 대한 말씀이니라 내가 진실로 너희에게 말하노니 여자가 낳은 자 중에 세례 요한보다 큰 이가 일어남이 없도다 그러나 천국에서는 극히 작은 자라도 그보다 크니라 세례 요한의 때부터 지금까지 천국은 침노를 당하나니 침노하는 자는 빼앗느니라 모든 선지자와 율법이 예언한 것은 요한까지니 만일 너희가 즐겨 받을진대 오리라 한 엘리야가 곧 이 사람이니라 귀 있는 자는 들을지어다"

세례요한의 제자들이 예수님께 질문하고 떠난 후에 예수님께서 세례요한에 관하여 말씀하신 내용입니다. 예수님은 말라기 3:1의 언약의 사자가 세례요한이라고 말씀하십니다. 여자가 낳은 자 중에 세례요한보다 큰 자가 없다고 하신 이유는 모든 구약의 선지자들이 바라본 메시아를 요한은 직접 보고 증거 하였기 때문입니다. 이 요한이 오리라고 한 엘리야라고 예수님께서 말씀합니다.

말라기 4:5~6 "보라 여호와의 크고 두려운 날이 이르기 전에 내가 선지자 엘리야를 너희에게 보내리니 그가 아버지의 마음을 자녀에게로 돌이

키게 하고 자녀들의 마음을 그들의 아버지에게로 돌이키게 하리라 돌이
키지 아니하면 두렵건대 내가 와서 저주로 그 땅을 칠까 하노라 하시니
라"

구약의 마지막 성경 마지막 내용입니다. 여호와의 크고 두려운 날이 이
른다고 합니다. 여호와의 크고 두려운 날은 여호와께서 임하시는 날이기
에 이날은 심판과 구원이 동시에 일어나는 일입니다. 그런데 이날이 이르
기 전에 여호와 하나님께서 선지자 엘리야를 너희에게 보낸다고 합니다.
그가 할 일은 아버지의 마음을 자녀에게로 돌이키고 자녀들의 마음을 그
들의 아버지께로 돌이키는 일입니다. 돌이키지 않으면 여호와께서 저주
로 땅을 치실 것입니다. 그러므로 유대인들은 메시아가 오기 전에 엘리야
가 온다고 생각하고 있었습니다. 그 엘리야를 예수님께서 세례요한이라
고 하셨습니다. 그러므로 여호와의 날은 바로 예수님이 오신 날이 여호와
의 날이 됩니다.

그러므로 구약의 마지막 선지자 세례요한이 예수님을 향하여 보라 세상
죄를 지고 가는 하나님의 어린 양이라고 증거 합니다.^{요1:29} 그러므로 모
든 구약 성경이 세례요한의 손가락에 모아져 예수님을 가리킵니다. 그러
므로 구약의 사람들이나 신약의 사람들이나 세상 죄를 지고 가시는 예수
님을 믿는 자들이 죄를 용서받는 길이며 하나님 아버지께로 돌이키는 길
입니다. 모든 구약 성경으로 예수님이 주와 그리스도가 되심을 증거 하는
일이 성령이 임한 증인의 일입니다.

그러므로 성령이 임한 자들이 전한 복음은 너희가 죽인 예수를 하나님
이 살리시고 주와 그리스도가 되게 하셨다는 이 선포 앞에 마음에 찔려 회
개하고 예수님을 믿는 자들이 성령이 임한 자들입니다. 이 복음이 땅끝까
지 증거되어 주님의 백성이 다 찾아지면 이 역사가 마감됩니다. 오늘도
우리가 이 복음의 선포를 들을 수 있고 믿을 수 있게 된 것은 예수님께서
지금도 자기 약속을 신실하게 이루고 계시기 때문입니다. 그러므로 지금

회개하고 예수님을 믿으시기를 바랍니다.

새 언약 (7)

누가복음 22:14~20 때가 이르매 예수께서 사도들과 함께 앉으사 이르시되 내가 고난을 받기 전에 너희와 함께 이 유월절 먹기를 원하고 원하였노라 내가 너희에게 이르노니 이 유월절이 하나님의 나라에서 이루기까지 다시 먹지 아니하리라 하시고 이에 잔을 받으사 감사 기도 하시고 이르시되 이것을 갖다가 너희끼리 나누라 내가 너희에게 이르노니 내가 이제부터 하나님의 나라가 임할 때까지 포도나무에서 난 것을 다시 마시지 아니하리라 하시고 또 떡을 가져 감사 기도 하시고 떼어 그들에게 주시며 이르시되 이것은 너희를 위하여 주는 내 몸이라 너희가 이를 행하여 나를 기념하라 하시고 저녁 먹은 후에 잔도 그와 같이하여 이르시되 이 잔은 내 피로 세우는 새 언약이니 곧 너희를 위하여 붓는 것이라

언약을 따라서 마흔여덟 번째 새 언약이라는 제목으로 일곱 번째 시간입니다. 그동안 새 언약이라는 제목으로 구약에서 살펴보았습니다. 구약은 흔히 옛 언약이라고 하고 신약은 새 언약이라고 하지만 이미 구약에서 새 언약을 예언하고 있음을 보았습니다. 새 언약은 옛 언약을 받은 이스라엘 백성들이 하나님의 언약을 순종하지 못하여 북이스라엘은 앗수르에 멸망하였고 남 유다는 바벨론에 멸망한 시기에 주어진 것임을 예레미야서와 에스겔을 통하여 살펴보았습니다. 그리고 선지자들의 글을 통하여

새 언약을 이루실 메시아가 오신다는 내용을 보았습니다. 말라기에서 메시아가 오시기 전에 엘리야가 온다는 그 엘리야를 예수님은 세례요한이라고 하였습니다. 마11:14

요한복음 1:29~30을 봅니다. "이튿날 요한이 예수께서 자기에게 나아오심을 보고 이르되 보라 세상 죄를 지고 가는 하나님의 어린 양이로다 내가 전에 말하기를 내 뒤에 오는 사람이 있는데 나보다 앞선 것은 그가 나보다 먼저 계심이라 한 것이 이 사람을 가리킴이라"

세례요한은 구약의 마지막 선지자입니다. 모든 구약 성경의 선지자들이 증거 한 메시아를 직접 눈으로 목격하고 증언한 자가 세례요한입니다. 세례요한은 제사장의 아들로 태어났습니다. 사가랴 제사장과 그 아내 엘리사벳이 나이가 많았습니다. 결혼하여 아이가 없었습니다. 사가랴 제사장이 성소의 당번이 되었을 때 천사가 나타나서 아이를 주실 것과 그 아이가 할 일을 알려줍니다. 사가랴가 믿지 못하여 아이가 태어날 때까지 말을 못 하게 됩니다. 그러므로 세례요한은 태어나면서부터 주목받았지만, 사역할 나이가 되자 성전에 머물지 않고 광야로 가서 회개를 외칩니다. 옷은 낙타 털 옷을 입고 메뚜기와 석청을 먹으면서 들에서 살아갑니다. 엘리야의 모습으로 활동합니다.

많은 사람이 세례요한에게 가서 물로 세례를 받습니다. 그때 예수님도 요한에게 세례를 받으려고 오십니다. 요한은 자신이 예수님께 세례를 받아야 하는데 어떻게 자신에게 세례를 받느냐고 묻습니다. 예수님은 그렇게 하는 일이 하나님의 뜻을 이루는 길이라고 합니다. 세례는 죄인들이 받는 것인데 죄가 없는 하나님의 아들이 세례를 받는다는 것은 죄인들과 연합되기 위한 것입니다. 그래서 여자에게 나시고 율법 아래 나신 것은 율법 아래 있는 자들 곧 죄 아래 있는 자들을 구원하여 하나님의 아들 명분을 얻게 하기 위함입니다. 갈4:4~5 그래서 세례요한이 예수님께 물로 세례를 줄 때 하늘에서 성령이 비둘기 형체로 예수님 위에 머물렀습니다. 예수님은 앞으로 성령으로 세례를 주실 분입니다. 이 일을 위하여 먼저 고난을 받으시고 대속代贖하셔야 합니다.

요한복음 5:39~42 "너희가 성경에서 영생을 얻는 줄 생각하고 성경을 연구하거니와 이 성경이 곧 내게 대하여 증언하는 것이니라 그러나 너희가 영생을 얻기 위하여 내게 오기를 원하지 아니하는도다 나는 사람에게서 영광을 취하지 아니하노라 다만 하나님을 사랑하는 것이 너희 속에 없음을 알았노라"

세례요한이 예수님을 향하여 세상 죄를 지고 가는 하나님의 어린 양이라고 증거 하였습니다. 그런데도 성경에서 영생을 얻을 줄 생각하고 성경을 부지런히 연구한 사람들이 예수님을 믿지 않습니다. 그러나 예수님은 성경이 자신을 증거 하는 것이라고 합니다. 여기서 성경은 구약 성경입니다. 그러므로 모든 구약 성경은 세례요한의 손가락으로 모아져 예수님을 가리키지만, 사람들이 예수님을 믿지 않습니다. 그 이유가 무엇일까요? 예수님을 믿어서 영생을 얻는 길은 자기를 자랑할 것이 없기 때문입니다. 자신이 아무것도 할 수 없는 38년 된 병자와 같아야 합니다. 세리와 죄인과 창기와 같은 전적인 죄인이 믿어서 의롭다고 여김을 받는 것입니다. 율법을 지킬 수 있는 자들은 그런 믿음은 자기들이 받을 영광이 없으므로 그런 믿음을 받아들이지 않습니다. ^{요8:44} 이런 자들은 결국 하나님을 사랑하는 것이 아니라 자기의 이름과 자기 영광을 사랑하는 것입니다.

요한복음 6:26~29 "예수께서 대답하여 이르시되 내가 진실로 진실로 너희에게 이르노니 너희가 나를 찾는 것은 표적을 본 까닭이 아니요 떡을 먹고 배부른 까닭이로다 썩을 양식을 위하여 일하지 말고 영생하도록 있는 양식을 위하여 하라 이 양식은 인자가 너희에게 주리니 인자는 아버지 하나님께서 인치신 자니라 그들이 묻되 우리가 어떻게 하여야 하나님의 일을 하오리이까 예수께서 대답하여 이르시되 하나님께서 보내신 이를 믿는 것이 하나님의 일이니라 하시니"

보리떡 다섯 개와 물고기 두 마리로 오천 명이 먹고도 열두 광주리가 남았습니다. 그러자 사람들이 예수님을 억지로 임금 삼으려고 합니다. 예수님은 제자들에게 배를 타고 무리를 떠나라고 하시고 자신도 피하여 가십니다. 다음 날 사람들이 배를 타고 예수님께로 왔을 때 예수님께서 하신 말씀입니다. 무리가 예수님을 찾아온 이유는 먹고 배부른 썩을 양식을 위하여 찾아왔습니다. 예수님은 썩는 양식을 위하여 일하지 말고 영생하도록 있는 양식을 위하여 일하라고 합니다. 이 양식은 예수님께서 주신다고 합니다. 예수님은 하나님 아버지께서 인치신 자라고 합니다. 그러자 사람들이 우리가 어떻게 하여야 하나님의 일을 하겠느냐고 합니다. 영생하도록 있는 양식을 위하여 할 일은 하나님의 일이기에 그런 하나님의 일이 무엇이냐고 묻습니다. 그때 예수님은 하나님께서 보내신 이를 믿는 일이 하나님의 일이라고 합니다. 예수님을 믿는 일이 하나님의 일입니다.

앞에서도 말씀을 드렸습니다만 예수님을 믿는 일은 자신은 영생을 위하여 할 수 있는 일이 하나도 없다는 것을 인정하는 일이 믿는다는 고백입니다. 그런데 율법을 지킨다는 자들은 예수님을 믿지 않고 믿을만한 표적을 보여달라고 합니다. 자기 조상들은 광야에서 하늘에서 내리는 만나를 먹었다고 모세 때의 일을 말합니다. 그러자 예수님은 모세 때 그 만나를 먹은 자들도 다 죽었다고 합니다.^{요6:50} 그러므로 예수님 자신이 하늘에서 내려온 영생의 떡이라고 합니다.

요한복음 6:51~58 "나는 하늘에서 내려온 살아 있는 떡이니 사람이 이 떡을 먹으면 영생하리라 내가 줄 떡은 곧 세상의 생명을 위한 내 살이니라 하시니라 그러므로 유대인들이 서로 다투어 이르되 이 사람이 어찌 능히 자기 살을 우리에게 주어 먹게 하겠느냐 예수께서 이르시되 내가 진실로 진실로 너희에게 이르노니 인자의 살을 먹지 아니하고 인자의 피를 마시지 아니하면 너희 속에 생명이 없느니라 내 살을 먹고 내 피를 마시는 자는 영생을 가졌고 마지막 날에 내가 그를 다시 살리리니 내 살은 참된 양식이요 내 피는 참된 음료로다 내 살을 먹고 내 피를 마시는 자는 내 안에 거하고 나도 그의 안에 거하나니 살아 계신 아버지께서 나를 보내시매 내가 아버지로 말미암아 사는 것 같이 나를 먹는 그 사람도 나로 말미암아 살리라 이것은 하늘에서 내려온 떡이니 조상들이 먹고도 죽은 그것과 같지 아니하여 이 떡을 먹는 자는 영원히 살리라"

예수님의 이 말씀을 제자 중 여러 사람이 듣고 어렵다고 합니다. 예수님의 이 말씀이 제자들에게 걸림이 되었습니다. 그래서 예수님께서 내가 이전에 있던 곳 곧 하늘에 올라가는 것을 본다면 어떻게 하겠느냐고 하십니다. 그러면서 살리는 것은 영이니 육은 무익하다고 합니다. 여기서 육이란 인간에게서 나올 수 있는 모든 것들입니다. 인간이 행할 수 있는 그 어떤 것으로도 생명을 얻을 수 없다는 말씀입니다. 그러므로 살리는 것은 영인데 영이란 예수님께서 하신 말씀이 영이며 생명입니다. 그러므로 예수님의 아버지께서 오게 하여 주지 않으시면 누구든지 예수님께 올 수 없다고 합니다. 그러자 제자 중 많은 사람이 떠나가고 다시는 예수님과 함께 다니지 않았습니다.

오늘 본문 누가복음 22:14~20을 봅니다. 때가 이르렀다고 합니다. 예수님이 말씀하신 때란 유월절입니다. 예수님께서 십자가의 고난을 받기 전에 제자들과 함께 유월절 먹기를 원하고 원하였다고 합니다. 그 이유는 예수님이 유월절 어린 양으로 오셨기에 제자들에게 그 유월절의 뜻과 성취를 알려주시기 위함입니다. 그러므로 이 유월절이 하나님의 나라에서 이루기까지 다시 먹지 아니하리라 합니다. 유월절이 하나님의 나라에서도 이루어진다는 말은 무슨 뜻입니까?

하나님의 나라에서 이루어진다는 말씀은 예수님의 살과 피로 유월절이 완성된다는 말씀입니다. 그러므로 예수님의 십자가 이후로는 유월절이라는 절기를 지키는 것이 아닙니다. 예수님의 살과 피를 먹고 마시는 일이 하나님의 나라에서는 예수님을 믿는 일입니다. 우리가 예수님을 믿으면 하나님의 나라가 됩니다. 그러므로 하나님의 나라는 예수님과 함께 살아가는 나라입니다. 그러므로 하나님의 나라가 임할 때까지 포도나무에서 난 것을 다시 먹지 않겠다고 합니다. 그런데 십자가에서 신 포도주를 마십니다. 이 말씀은 조금 있다가 다시 보도록 하겠습니다.

누가복음 22:19~20을 다시 봅니다. 떡을 가져 감사 기도 하시고 떼어 그들에게 주시며 이르시되 이것은 너희를 위하여 주는 내 몸이라 너희가 이를 행하여 나를 기념하라 하십니다. 저녁 먹은 후에 잔도 그와 같이하여 이르시되 이 잔은 내 피로 세우는 새 언약이니 곧 너희를 위하여 붓는다고 합니다. 최후의 만찬에서 떡을 자기 살이라고 하시고 잔을 예수님이 피로 세우는 새 언약이라고 합니다. 예수님의 살과 피가 새 언약입니다. 그러므로 모든 구약의 유월절이나 희생의 제사들도 옛 언약으로 예수 그리스도께서 이루실 새 언약을 예언한 모형과 그림자입니다.

요한복음 19:28~30 "그 후에 예수께서 모든 일이 이미 이루어진 줄 아시고 성경을 응하게 하려 하사 이르시되 내가 목마르다 하시니 거기 신 포도주가 가득히 담긴 그릇이 있는지라 사람들이 신 포도주를 적신 해면을 우슬초에 매어 예수의 입에 대니 예수께서 신 포도주를 받으신 후에 이르시되 다 이루었다 하시고 머리를 숙이니 영혼이 떠나가시니라"

누가복음 22:18에서 하나님의 나라가 임할 때까지 포도나무에서 난 것을 먹지 않겠다고 예수님께서 말씀하셨습니다. 그런데 예수님은 십자가 위에서 모든 일이 이루어진 줄 아시고 성경을 응하게 하시려고 내가 목마르다고 합니다. 신 포도주를 마시는 말씀도 시편 69:21에 있습니다. 그러므로 그 말씀을 이루시려고 목마르다고 하시고 신 포도주를 받으신 후에 다 이루었다고 합니다. 그러면 예수님께서 최후의 만찬에서 포도나무에서 난 것을 하나님의 나라가 임할 때 까지 마시지 않겠다고 하셨는데 십자가에서 마심으로 하나님의 나라의 임함이 십자가로 시작됩니다.

고린도전서 11:23~26 "내가 너희에게 전한 것은 주께 받은 것이니 곧 주 예수께서 잡히시던 밤에 떡을 가지사 축사하시고 떼어 이르시되 이것은 너희를 위하는 내 몸이니 이것을 행하여 나를 기념하라 하시고 식후에 또한 그와 같이 잔을 가지시고 이르시되 이 잔은 내 피로 세운 새 언약이니 이것을 행하여 마실 때마다 나를 기념하라 하셨으니 너희가 이 떡을 먹으며 이 잔을 마실 때마다 주의 죽으심을 그가 오실 때까지 전하는 것이니라"

바울 사도는 예수님을 믿는 사람을 다 잡아 죽이는 일이 하나님의 영광인 줄 알았습니다. 그래서 예수 믿는 사람을 잡으려고 다메섹으로 가다가 주님을 만납니다. 그리고 주님의 사도가 되어 이방인들에게 복음을 전합니다. 베드로는 최후의 만찬에 참여하지 않았는데도 자신이 주께 받은 것이라고 하면서 예수님의 살과 피를 전합니다. 예수님의 피로 세운 새 언약이라고 누가복음에서 본 말씀 그대로 전하고 있습니다. 그러므로 이 떡을 먹으며 이 잔을 마실 때마다 주의 죽음을 주님이 오실 때까지 전하는 것입니다.

오늘 성찬식을 합니다. 예수님의 살과 피를 기념하며 떡을 먹고 잔을 받습니다. 우리가 이것을 먹고 마실 때마다 주의 죽음을 기념할 뿐 아니라 이 십자가의 복음을 주님 오시는 그날까지 전하는 것입니다. 그러므로 성찬식 때만 주님의 살과 피를 기념하는 것이 아니라 모든 성도의 모임은 언제나 주의 살과 피를 기억하고 기념하고 전하는 것입니다. 이것이 새 언약의 백성입니다.

오늘 세례를 받고 성찬에 참여하는 72세 된 분이 있습니다. 2년 전에 사촌을 따라 교회 와서 지금까지 말씀을 듣고 예수님을 믿게 되었습니다. 지난해 학습을 받고 오늘 세례를 받습니다. 예수님이 나의 죄를 위하여 대신 죽음으로 나의 죄가 용서받았다는 사실을 믿게 되었습니다. 성찬에 참여한다는 것은 예수님과 한 몸이 되는 것입니다. 내가 예수님 안에 살아가는 것이며 예수님이 내 안에 살아가는 것입니다. 이것이 영원한 생명 안에 살아가는 새 언약의 백성입니다. 이런 자들은 예수 그리스도의 몸이 다 찾아져서 완성되는 그 영광의 날에는 우리가 주의 은혜로 주의 얼굴을 마주 볼 것입니다. 그 영광의 날까지 주님의 피로 세운 새 언약을 믿고 전하기를 바랍니다.

새 언약 (8)

고린도후서 3:1~6 우리가 다시 자천하기를 시작하겠느냐 우리가 어찌 어떤 사람처럼 추천서를 너희에게 부치거나 혹은 너희에게 받거나 할 필요가 있느냐 너희는 우리의 편지라 우리 마음에 썼고 뭇사람이 알고 읽는 바라 너희는 우리로 말미암아 나타난 그리스도의 편지니 이는 먹으로 쓴 것이 아니요 오직 살아 계신 하나님의 영으로 쓴 것이며 또 돌판에 쓴 것이 아니요 오직 육의 마음 판에 쓴 것이라 우리가 그리스도로 말미암아 하나님을 향하여 이 같은 확신이 있으니 우리가 무슨 일이든지 우리에게서 난 것 같이 스스로 만족할 것이 아니니 우리의 만족은 오직 하나님으로부터 나느니라 그가 또한 우리를 새 언약의 일꾼 되기에 만족하게 하셨으니 율법 조문으로 하지 아니하고 오직 영으로 함이니 율법 조문은 죽이는 것이요 영은 살리는 것이니라

지난 주는 새 언약의 성취를 예수님의 최후의 만찬에서 살펴보았습니다. 최후의 만찬을 예수님은 유월절에 행하신 것입니다. 유월절은 이스라엘의 가장 중요한 명절입니다. 이집트에서 430년이나 종살이하다가 자유를 얻어 나온 날입니다. 이날은 이스라엘 백성들이 독립운동하여 나온 날이 아니라 하나님께서 아브라함과 이삭과 야곱에게 언약하셨기 때문에 일어났습니다. 유월절 전에 이집트에 아홉 가지 재앙이 일어났습니다. 다. 마지막 재앙은 장자의 죽음인데 어린 양의 피를 잡아서 그 피를 문

에 바른 집은 장자가 죽지 않았습니다. 그 유월절을 해의 첫 달로 정하라고 하나님께서 말씀하셨습니다. 그러므로 유월절은 이스라엘의 정체성을 보여주는 가장 중요한 절기입니다.

구약의 마지막 선지자 세례요한이 예수님을 가리키면서 보라 세상 죄를 지고 가는 하나님의 어린 양이라고 합니다.요1:29 그러므로 모든 구약 성경이 증거 한 그리스도가 바로 예수님이라는 말씀입니다. 그런데 이 예수님께서 유월절에 잡히시고 죽는 것입니다. 그 이유는 세상 죄를 담당하실 유월절 어린 양으로 죽기 위함입니다. 그런데 예수님을 죽이려고 한 종교 지도자들은 유월절에는 죽이지 않으려고 하였습니다. 예수님을 따르는 자들이 많기에 명절에 사람이 많이 모였을 때 예수님을 잡아 죽이면 민란이 일어날까 염려하여 명절 끝나고 조용할 때 죽이려고 하였습니다.

마태복음 26:1~5 "예수께서 이 말씀을 다 마치시고 제자들에게 이르시되 너희가 아는 바와 같이 이틀이 지나면 유월절이라 인자가 십자가에 못 박히기 위하여 팔리리라 하시더라 그 때에 대제사장들과 백성의 장로들이 가야바라 하는 대제사장의 관정에 모여 예수를 흉계로 잡아 죽이려고 의논하되 말하기를 민란이 날까 하노니 명절에는 하지 말자 하더라"

예수님을 죽이려고 하는 자들이 죽는 날을 정하는 것이 아니라 십자가에서 죽는 분이 그 죽음의 날짜를 정하는 것입니다. 그러므로 십자가에서 무력하게 죽어가는 그 예수님이 천지를 창조하신 하나님입니다. 그러므로 만물이 그에게서 창조되었고 그를 위하여 유지되고 있으며 그를 위하여 마무리될 것입니다.롬11:36 그 만물의 주가 되시는 분이 사람의 손에 죽임을 당하는 일을 주님이 작정하시고 이루어 내시는 것입니다. 그 놀라운 신비를 십자가의 다 이루심이라고 합니다.

그 다 이루심으로 예수님은 부활하시고 승천하셔서 성령을 보내십니다. 성령이 임한 자들이 너희가 십자가에 못 박아 죽인 그 예수를 하나님이 살리시고 주와 그리스도가 되게 하셨다고 전합니다. 그럴 때 두 가지 반응이 일어납니다. 하나는 어찌할꼬? 하는 자들입니다. 이들을 향하여 회개하고 주 예수를 믿으라고 합니다. 그러면 성령을 선물로 받는다고 합니다. 그날 회개하고 믿은 자가 삼천이나 되었습니다. ^{행2:32~42} 그러나 이 복음을 듣고 이를 갈면서 돌로 치는 자들이 나옵니다. 그렇게 예수 믿는 자를 잡아 죽인 자가 오늘 본문을 기록한 바울입니다. ^{행7:54~8:1}

바울이 예수님을 만나기 전에는 예수 믿는 자를 다 잡아 죽여서 세상에서 교회를 없애버리는 것이 하나님의 뜻인 줄 알고 많은 핍박을 하였습니다. 심지어 다메섹에 있는 예수 믿는 자들을 잡아 오려고 대제사장의 공문을 받아서 사람들과 함께 가다가 대낮에 햇빛보다 더 밝은 빛이 비추어져서 땅에 엎드려졌습니다. 다른 일행들도 빛을 보고 천둥소리를 들었습니다. 그러나 분명한 음성은 바울만 들었습니다. 사울아! 사울아! 네가 왜 나를 핍박하느냐는 음성이 들립니다. 그러자 사울이 주여 누구십니까? 라고 물으니 나는 네가 핍박하는 나사렛 예수라고 합니다. 예수님께서 사울을 택하여 이방인의 사도로 삼는다고 하십니다. 그날로부터 사흘을 눈이 보이지 않습니다. 예수님께서 아나니아 선지자에게도 알려주시고 사울에게도 알려주어 안수받고 눈을 뜨게 됩니다. 눈에 비늘과 같은 것이 벗겨지고 나서 바로 예수를 그리스도로 전하기 시작합니다. ^{행 9, 22, 26장}

바울 사도가 여러 지역에 복음을 전하기 시작합니다. 그리스 아테네 지역에도 복음을 전합니다. 그리스도 아테네는 철학의 도시입니다. 노예가 아닌 자유인들은 하는 일이 없기에 무엇이 바른 지혜인지를 많이 토론하여 철학이 발달한 도시입니다. 예수님이 이 땅에 오시기 전에 이미 소크라테스 플라톤 아리스토텔레스 같은 철학자들이 활동한 도시입니다. 그런데 그런 도시에 온갖 우상의 신전들이 가득하였습니다. 얼마나 종교성이 많은지 알지 못하는 신에게라는 신전도 있었습니다. 그런 곳에서 바울이 복음을 전하였습니다. 그들과 토론도 하며 복음을 전하였지만, 열매가 별로 없었습니다. 그래서 고린도 지역으로 내려가면서 십자가의 도만 전하기로 결심합니다.

고린도에서 복음을 전하여 열매가 나타났습니다. 이방인들은 율법도 모르고 율법을 지키지도 않았는데 복음을 듣고 예수님을 믿음으로 구원받는다고 전합니다. 그러자 어려서부터 율법을 지키다가 예수님을 믿은 유대인 기독교인들과 율법 없이 예수님을 믿음으로 구원받는다는 이방인과의 충돌이 일어납니다. 사도행전 15장에서 사도들의 모임에서 유대인이나 이방인이나 주 예수의 은혜로 구원받는다고 결론이 났습니다. 그러나 고린도 교회는 아직 이런 문제들이 있습니다. 다른 교회들도 이런 문제가 있습니다. 그래서 바울은 율법이 무언지 새 언약이 무언지 전합니다.

오늘 본문 고린도후서 3:1~6입니다. 바울은 예루살렘 사도들의 추천서가 없이 자신이 직접 고린도 사람들에게 복음을 전했습니다. 그러자 율법을 지킨다는 유대 기독교인들이 바울은 자격이 없다고 말을 합니다. 그런 말을 듣고 고린도 교인들이 흔들립니다. 복음을 듣고 믿는 것으로 부족한가 하는 의문이 든 것입니다. 그래서 바울 사도는 너희가 우리의 편지라고 합니다. 바울이 전한 복음은 먹으로 쓴 것이 아니요 오직 살아 계신 하나님의 영으로 쓴 것입니다. 이것은 옛 언약처럼 돌판에 쓴 것이 아니라 오직 육의 마음 판에 쓴 것이라고 합니다. 이것은 하나님으로부터 난 것이니 큰 확신이 있다고 합니다. 하나님이 우리를 새 언약의 일꾼 되기에 만족하게 하셨으니 율법 조문으로 하지 아니하고 오직 영으로 한다고 합니다. 율법 조문은 죽이는 것이요 영은 살리는 것입니다. 구약이든 신약이든 율법의 조문처럼 설교한다면 사람이 다 지킬 수 없기에 죽이는 일이 됩니다. 또한 십자가로 다 이루심을 헛되게 하는 일이기에 사람을 죽이는 일이 됩니다.

고린도후서 3:7~11 "돌에 써서 새긴 죽게 하는 율법 조문의 직분도 영광이 있어 이스라엘 자손들은 모세의 얼굴의 없어질 영광 때문에도 그 얼굴을 주목하지 못하였거든 하물며 영의 직분은 더욱 영광이 있지 아니하겠느냐 정죄의 직분도 영광이 있은즉 의의 직분은 영광이 더욱 넘치리라 영광되었던 것이 더 큰 영광으로 말미암아 이에 영광될 것이 없으나 없어질 것도 영광으로 말미암았은즉 길이 있을 것은 더욱 영광 가운데 있느니라"

모세가 시내 산에서 언약의 돌판을 받아오는 기간이 40일이었습니다. 그 40일을 음식도 물도 먹지 않았는데 그 얼굴에 광채가 났습니다. 그런데 모세 자신은 모릅니다. 사람들이 두려워서 모세 얼굴을 보지 못할 정도입니다. 그런데 이 영광은 없어질 영광입니다. 그런데 없어질 영광도 그 얼굴을 주목하지 못하였다면 영의 직분은 더욱 영광이 있지 않겠느냐고 합니다. 정죄의 직분 즉 모세의 율법은 죄를 정하는 직분입니다. 그런데 그것도 영광이라면 죄의 용서를 전하는 새 언약의 직분은 얼마나 더 큰 영광이겠느냐는 말씀입니다. 이 영광은 세상의 영광이 아닙니다.

고린도후서 3:12~15 "우리가 이 같은 소망이 있으므로 담대히 말하노니 우리는 모세가 이스라엘 자손들에게 장차 없어질 것의 결국을 주목하지 못하게 하려고 수건을 그 얼굴에 쓴 것 같이 아니하노라 그러나 그들의 마음이 완고하여 오늘까지도 구약을 읽을 때에 그 수건이 벗겨지지 아니하고 있으니 그 수건은 그리스도 안에서 없어질 것이라 오늘까지 모세의 글을 읽을 때에 수건이 그 마음을 덮었도다 그러나 언제든지 주께로 돌아가면 그 수건이 벗겨지리라"

새 언약을 전하는 영원한 영광은 역사 속에서 드러나는 영광이 아니기에 소망으로 말합니다. 이 소망이 있기에 담대하게 말한다고 합니다. 모세가 수건을 가린 것은 이스라엘 자손들에게 장차 없어질 것의 결국을 주목하지 못하게 하려고 수건을 가렸다고 합니다. 모세 얼굴의 광채는 점점 사라져가는 것입니다. 그런데 그 없어지는 광채를 보지 못하게 하려고 가렸다고 합니다. 언제까지 가려야 합니까? 예수님의 십자가로 새 언약을 완성할 때까지 가려두어야 합니다. 그러므로 예수님의 십자가로 세우신 새 언약에서는 모세의 영광, 사라질 영광을 구하지 않습니다. 그런데도 아직도 모세의 글을 읽을 때 수건이 그 마음을 덮고 있어서 복음을 전하지 못하는 자가 있다고 합니다. 그 '아직은'이 '지금도' 계속됩니다. 신약도 율법의 조문으로 전하면 죽이는 일이 됩니다.

그러므로 그 수건이 벗겨지려면 주께로 돌아가야 합니다. 주께로 돌아간다는 말은 예수님을 믿는다는 말입니다. 예수님을 믿지 않으면 사람들마다 자기들의 눈에 가려진 것을 믿습니다. 이 세상의 신이 복음의 광채가 비치지 못하도록 온갖 수건으로 가려놓았습니다. 돈을 사랑하는 사람은 돈으로 권력을 사랑하는 사람은 권력으로 명예를 사랑하는 사람은 명예로 그 눈을 가려놓았습니다. 우리가 다 자기의 수건이 있습니다. 자신의 가치관이라는 수건이 눈을 가리고 있습니다. 그래서 성경을 보고 설교를 들어도 자기 보고 싶고 듣고 싶은 대로 보고 듣습니다.

고린도후서 4:3~7 "만일 우리의 복음이 가리었으면 망하는 자들에게 가리어진 것이라 그 중에 이 세상의 신이 믿지 아니하는 자들의 마음을 혼미하게 하여 그리스도의 영광의 복음의 광채가 비치지 못하게 함이니 그리스도는 하나님의 형상이니라 우리는 우리를 전파하는 것이 아니라 오직 그리스도 예수의 주 되신 것과 또 예수를 위하여 우리가 너희의 종 된 것을 전파함이라 어두운 데에 빛이 비치라 말씀하셨던 그 하나님께서 예수 그리스도의 얼굴에 있는 하나님의 영광을 아는 빛을 우리 마음에 비추셨느니라 우리가 이 보배를 질그릇에 가졌으니 이는 심히 큰 능력은 하나님께 있고 우리에게 있지 아니함을 알게 하려 함이라"

바울이 전하는 복음은 십자가로 다 이루었다는 새 언약입니다. 이것이 그리스도의 영광을 선포하는 복음의 광채입니다. 그런데 그 영광은 세상의 영광이 아니라 십자가에 감추어진 영광이기에 이 세상의 신이 믿지 않는 자들의 마음을 혼미하게 하여 그 영광을 보지 못하게 한 것입니다. 그런데 복음을 전한다는 자가 십자가로 나타난 하나님의 영광을 말하지 않고 세상의 영광을 말한다면 그 복음을 말하는 자나 듣는 자가 다 이 세상의 신인 사탄에게 속고 있는 것입니다. 그러면 그 십자가로 다 이루신 복음을 듣고 믿는 자들은 어떻게 믿게 됩니까? 하나님께서 천지를 창조하실 때 빛이 있으라고 하신 그 창조의 능력으로 믿게 되기에 참된 믿음은 하나님의 선물입니다. 그 보배로운 믿음이 질그릇과 같은 우리 안에 담긴 것은 우리의 능력이 아니라 하나님의 능력입니다.

그러나 아직도 새 언약을 전하지 못하고 구약이나 신약이나 간에 성경을 설교한다고 하면서 율법의 조문으로 전하고 있다면 사람을 살리는 일이 아니라 죽이는 일을 하는 것입니다. 그러므로 우리가 성경을 어떻게 읽고 또 설교를 들을 때도 말씀이 과연 그러한가 하고 말씀을 보셔야 합니다. 올해 나는 신이라고 하는 넷플릭스의 다큐멘터리가 한국의 이단들을 조명한 것입니다. 여기서 언급되지 않은 수많은 이단도 있습니다. 그 이단들의 특징은 특정한 교리와 특정한 교주의 말을 들어야 구원받는다는 식입니다. 그 교리와 교주의 말만이 영생의 길이라고 집단 세뇌洗腦합니다. 세뇌의 특징은 무한반복입니다. 그렇게 세뇌된 교리를 전하는 자나 믿는 자나 모두 소경입니다.

요한복음 9:39~41 "예수께서 이르시되 내가 심판하러 이 세상에 왔으니 보지 못하는 자들은 보게 하고 보는 자들은 맹인이 되게 하려 함이라 하시니 바리새인 중에 예수와 함께 있던 자들이 이 말씀을 듣고 이르되 우리도 맹인인가 예수께서 이르시되 너희가 맹인이 되었더라면 죄가 없으려니와 본다고 하니 너희 죄가 그대로 있느니라"

구약에서 그리스도가 오시면 하실 일이 심판과 구원입니다. 방금 읽은 이 말씀에서는 예수님의 오심을 심판으로 말씀하십니다. 물론 다른 말씀에서는 구원하려고 오셨다고 말씀합니다. 예수님은 보지 못하는 자들은 보게 하고 보는 자들은 맹인되게 하겠다고 합니다. 이 말씀은 자신이 무엇을 보고 안다고 하는 바리새인과 같은 자들이 소경이라는 말씀입니다. 그러므로 자신이 아무것도 보지 못하는 소경이라고 한다면 죄가 없었겠지만 본다고 하니 죄가 그대로 있다고 합니다.

우리도 늘 자기의 지식과 경험으로 만들어진 자기중심적인 선악의 판단을 진리로 여깁니다. 그러므로 똑같은 성경의 말씀을 들어도 사람들마다 다른 이유는 자기들의 수건이 가려져 있기 때문입니다. 그러므로 주께로 돌아간다는 것은 나의 모든 판단이 죄임을 아는 것입니다. 내가 지금까지 한 모든 말과 행위들과 생각들이 하나님을 아는 것을 대적하여 높아진 내 마음의 생각과 이론이 죄임을 알고 회개하고 예수님을 주와 그리스도로 믿는 것이 성령이 임하여 주께로 돌아가는 것입니다. 이런 자들에게는 바울의 눈에 비늘이 떨어져 나가듯이 성경을 통하여 예수 그리스도의 십자가가 밝히 보여지는 것입니다. 이런 자들에게는 참된 자유가 있습니다.

고린도후서 3:17~18 "주는 영이시니 주의 영이 계신 곳에는 자유가 있느니라 우리가 다 수건을 벗은 얼굴로 거울을 보는 것 같이 주의 영광을 보매 그와 같은 형상으로 변화하여 영광에서 영광에 이르니 곧 주의 영으로 말미암음이니라"

새 언약의 백성은 십자가로 다 이루신 예수님의 영광을 봅니다. 이렇게 되는 일이 주의 영으로 되는 것이기에 주의 영이 계시는 곳에 자유가 있습니다. 율법의 종이 아니라 생명 안에서 참된 자유를 맛보게 됩니다. 이런 자들은 수건을 벗은 얼굴로 거울을 보는 것같이 주의 영광을 봅니다. 이들은 그와 같은 형상으로 변화하여 영광에서 영광에 이르니 주의 영으로

이루어집니다. 이 영광은 성령이 임하여 보증으로 주신 것입니다. 성도는
이 소망으로 믿음의 길을 걸어갑니다.

새 언약 (9)

히브리서 8:1~13 지금 우리가 하는 말의 요점은 이러한 대제사장이 우리에게 있다는 것이라 그는 하늘에서 지극히 크신 이의 보좌 우편에 앉으셨으니 성소와 참 장막에서 섬기는 이시라 이 장막은 주께서 세우신 것이요 사람이 세운 것이 아니니라 대제사장마다 예물과 제사 드림을 위하여 세운 자니 그러므로 그도 무엇인가 드릴 것이 있어야 할지니라 예수께서 만일 땅에 계셨더라면 제사장이 되지 아니하셨을 것이니 이는 율법을 따라 예물을 드리는 제사장이 있음이라 그들이 섬기는 것은 하늘에 있는 것의 모형과 그림자라 모세가 장막을 지으려 할 때에 지시하심을 얻음과 같으니 이르시되 삼가 모든 것을 산에서 네게 보이던 본을 따라 지으라 하셨느니라 그러나 이제 그는 더 아름다운 직분을 얻으셨으니 그는 더 좋은 약속으로 세우신 더 좋은 언약의 중보자시라 저 첫 언약이 무흠하였더라면 둘째 것을 요구할 일이 없었으려니와 그들의 잘못을 지적하여 말씀하시되 주께서 이르시되 볼지어다 날이 이르리니 내가 이스라엘 집과 유다 집과 더불어 새 언약을 맺으리라 또 주께서 이르시기를 이 언약은 내가 그들의 열조의 손을 잡고 애굽 땅에서 인도하여 내던 날에 그들과 맺은 언약과 같지 아니하도다 그들은 내 언약 안에 머물러 있지 아니하므로 내가 그들을 돌보지 아니하였노라 또 주께서 이르시되 그날 후에 내가 이스라엘 집과 맺을 언약은 이것이니 내 법을 그들의 생각에 두고 그들의 마음에 이

것을 기록하리라 나는 그들에게 하나님이 되고 그들은 내게 백성이 되
리라 또 각각 자기 나라 사람과 각각 자기 형제를 가르쳐 이르기를 주
를 알라 하지 아니할 것은 그들이 작은 자로부터 큰 자까지 다 나를 앎
이라 내가 그들의 불의를 긍휼히 여기고 그들의 죄를 다시 기억하지
아니하리라 하셨느니라 새 언약이라 말씀하셨으매 첫 것은 낡아지게
하신 것이니 낡아지고 쇠하는 것은 없어져 가는 것이니라

오늘은 히브리서에서 새 언약을 봅니다. 새 언약은 구약에서부터 지난
주에 본 고린도후서까지 살펴보니 예수 그리스도의 피가 새 언약임을 보
았습니다. 구약의 언약 체결은 짐승의 피로 하였지만, 짐승의 피가 사람
의 죄를 용서할 수는 없습니다. 아무리 흠이 없고 순전한 짐승이라도 사
람의 죄를 담당할 수가 없습니다. 그러므로 예수님께서 최후의 만찬에서
잔을 주시면서 내 피로 세우는 새 언약이니 곧 너희를 위하여 붓는 것이라
고 하셨습니다.[눅22:20] 그리고 십자가에서 다 이루었다고 하셨습니다.[요
19:30] 베드로는 대속함을 받는 길은 오직 흠 없고 점 없는 어린 양 같은 그
리스도의 보배로운 피로 된 것이라고 합니다.[벧전1:19] 그러므로 새 언약은
예수님의 피입니다.

히브리서 8:1의 앞부분을 봅니다. "지금 우리가 하는 말의 요점은" 이 말은 히브
리서 시작부터 지금까지 한 모든 말씀을 요약한다는 말입니다. 히브리서
1:1~7:28까지를 말한 후에 이 말을 하는 것입니다. 그러면 1:1부터 다 봐
야 이 요점을 알 수가 있다는 말입니다. 이 앞부분의 전체를 다 볼 수는 없
고 히브리서는 시작하는 몇 절을 보면서 그 하려고 한 말이 무언지 봅니
다.

히브리서 1:1~3 "옛적에 선지자들을 통하여 여러 부분과 여러 모양으

로 우리 조상들에게 말씀하신 하나님이 이 모든 날 마지막에는 아들을 통하여 우리에게 말씀하셨으니 이 아들을 만유의 상속자로 세우시고 또 그로 말미암아 모든 세계를 지으셨느니라 이는 하나님의 영광의 광채시요 그 본체의 형상이시라 그의 능력의 말씀으로 만물을 붙드시며 죄를 정결하게 하는 일을 하시고 높은 곳에 계신 지극히 크신 이의 우편에 앉으셨느니라"

1절의 **옛적이란** 구약을 말합니다. 구약의 선지자들을 통하여 여러 부분과 여러 모양으로 말씀하셨습니다. 율법과 선지자와 시편에서 모두 그리스도를 증언하였습니다. 그런데 모든 날 마지막이라는 때는 예수님이 이 땅에 오신 때입니다. 그때로부터 하나님의 아들을 통하여 우리에게 말씀하십니다. 그러므로 우리는 모든 성경으로 아들의 말을 들어야 합니다. 이 아들이 만유의 상속자이시며 그로 말미암아 모든 세계를 지은 것입니다. 하나님의 아들 예수 그리스도는 하나님의 영광을 나타내는 광채이며 그 본체의 형상입니다. 그의 능력으로 말씀으로 만물을 붙드시며 죄를 정결하게 하시는 일을 하시고 높은 곳에 계신 지극히 크신 이의 우편에 앉으셔서 온 세상을 다스리고 계십니다. 구약에 나타난 천사들도, 모든 제사 제도도, 모세도, 멜기세덱도 모두 예수 그리스도를 증언 합니다. 이 모든 내용을 요약하여 말한다면 이라고 히브리서 8:1에서 시작합니다.

히브리서 8:2~5를 봅니다. 구약에서 율법 아래 제사장이 있었지만, 그 제사장은 자신도 흠이 있어서 자신을 위하여 속죄해야 하는 제사장입니다. 그러나 우리의 대제사장 예수님은 땅의 제사장이 아니라 하늘에서 지극히 크신 이의 보좌 우편에 앉으신 하늘의 제사장입니다. 세상의 성소와 섬기는 것들과 제사장은 하늘의 모형과 그림자라고 합니다. 하늘에 있는 참 성전은 사람의 손으로 만들 수 없고 오직 예수님의 피로 만드시고 또한 영원한 제사장이 되셨습니다.

히브리서 8:6~13 예레미야서의 새 언약을 인용하면서 옛 언약의 한계를 말하고 있습니다. 옛 언약 곧 첫 언약이 흠이 없었다면 둘째 것을 요구할 일이 없었을 것이라고 합니다. 그러면 첫 언약인 율법을 주신 것은 인간의 죄가 어떠함을 알게 하는 것입니다. 어떤 인간도 하나님의 율법을 다 지켜서 의에 이를 수가 없음을 보여줍니다. 그러므로 짐승의 피가 아니라 하나님의 아들 예수님의 피로 세우는 새 언약으로만 영원한 하나님의 백성이 됩니다. 그러므로 옛 언약은 흠이 있고 낡아지는 것입니다. 그 영광은 점점 사라질 영광입니다. 그러므로 영원한 영광은 예수님의 피로 세운 새 언약입니다. 새 언약은 하나님의 말씀이 우리 안에 새겨집니다.

하나님의 말씀이 우리 안에 새겨진다는 것은 성령을 우리 안에 보내신다는 말씀입니다. 성령이 우리 안에 오시려면 반드시 예수님께서 새 언약을 이루셔야 합니다. 그러므로 예수님께서 십자가로 새 언약을 이루시고 부활 승천하셔서 성령을 우리에게 보내시는 것입니다. 그러므로 예수님을 믿으면 성령이 우리 안에 오셔서 보증하여 주십니다. 고후1:22, 5:5, 엡 1:13~14 성령이 오신 증거는 우리가 전적인 죄인이며 오직 예수님의 피 만이 우리의 죄를 용서하여 주신다는 복음을 믿게 됩니다. 그리고 그 예수님이 나의 주인임을 고백하게 됩니다. 그런데 아직도 내가 주인이라고 생각하고 사는 분들이라도 예수님이 주인이 된 사람은 반드시 예수님이 주인 노릇을 하여 주십니다. 그 일은 힘들고 어렵습니다. 내 뜻대로 되는 일이 없습니다. 그런데도 예수님을 부인할 수 없습니다. 옛 언약에는 도망갈 수 있었지만, 새 언약은 도망갈 수도 없도록 우리 안에 오셨습니다.

히브리서 9:8~10 "성령이 이로써 보이신 것은 첫 장막이 서 있을 때는 성소에 들어가는 길이 아직 나타나지 아니한 것이라 이 장막은 현재까지의 비유니 이에 따라 드리는 예물과 제사는 섬기는 자를 그 양심상 온전하게 할 수 없나니 이런 것은 먹고 마시는 것과 여러 가지 씻는 것과 함께 육체의 예법일 뿐이며 개혁할 때까지 맡겨 둔 것이니라"

히브리서 9:1~8까지 보면 구약의 여러 가지를 다시 말씀하면서 이런 것들은 다 말할 수 없다고 합니다. 구약의 모든 의식과 절기와 제사와 제도들은 육체의 예법일 뿐이기에 양심상 온전하게 할 수가 없다고 합니다. 그러므로 개혁할 때까지 맡겨 둔 것이라고 합니다. 개혁이란 고치는 정도가 아니라 완전히 교체하는 것이며 새롭게 세우는 것입니다. 그러므로 이 개혁도 우리가 하는 일이 아니라 예수님께서 이루십니다. 이 창조에 속하지 않는 온전한 장막으로 이루십니다.

히브리서 9:11~15 "그리스도께서는 장래 좋은 일의 대제사장으로 오사 손으로 짓지 아니한 것 곧 이 창조에 속하지 아니한 더 크고 온전한 장막으로 말미암아 염소와 송아지의 피로 하지 아니하고 오직 자기의 피로 영원한 속죄를 이루사 단번에 성소에 들어가셨느니라 염소와 황소의 피와 및 암송아지의 재를 부정한 자에게 뿌려 그 육체를 정결하게 하여 거룩하게 하거든 하물며 영원하신 성령으로 말미암아 흠 없는 자기를 하나님께 드린 그리스도의 피가 어찌 너희 양심을 죽은 행실에서 깨끗하게 하고 살아 계신 하나님을 섬기게 하지 못하겠느냐 이로 말미암아 그는 새 언약의 중보자시니 이는 첫 언약 때에 범한 죄에서 속량하려고 죽으사 부르심을 입은 자로 하여금 영원한 기업의 약속을 얻게 하려 하심이라"

그리스도께서 하신 일이 무엇입니까? 이 창조에 속한 성전을 무너뜨리라고 하셨습니다. 그리고 자신이 사흘 만에 세운다고 하셨습니다. 이 말씀은 그의 죽음과 부활입니다. 그의 죽음과 부활로 이 창조에 속하지 않는 더 크고 온전한 장막을 완성하신 것입니다. 짐승의 피가 아닌 자기 피로 영원한 속죄를 단번에 이루신 것입니다. 영원하신 성령으로 말미암아 흠 없는 자기를 하나님께 드린 그리스도의 피가 죽은 행실을 깨끗하게 하고 살아 계신 하나님을 섬기게 하는 것입니다. 그러므로 우리가 예수님을 믿는다면 이것은 새 언약의 효력이 우리에게 나타난 것입니다. 이런 자들에게 영원한 기업의 약속을 얻게 하십니다. 그 기업은 하나님의 나라를 상속받는 것입니다.

히브리서 9:16~22 "유언은 유언한 자가 죽어야 되나니 유언은 그 사람이 죽은 후에야 유효한즉 유언한 자가 살아 있는 동안에는 효력이 없느니라 이러므로 첫 언약도 피 없이 세운 것이 아니니 모세가 율법대로 모든 계명을 온 백성에게 말한 후에 송아지와 염소의 피 및 물과 붉은 양털과 우슬초를 취하여 그 두루마리와 온 백성에게 뿌리며 이르되 이는 하나님이 너희에게 명하신 언약의 피라 하고 또한 이와 같이 피를 장막과 섬기는 일에 쓰는 모든 그릇에 뿌렸느니라 율법을 따라 거의 모든 물건이 피로써 정결하게 되나니 피 흘림이 없은즉 사함이 없느니라" 첫 언약의 피는 모형이고 새 언약은 예수님의 피로 세웁니다.

히브리서 9:23~26 "그러므로 하늘에 있는 것들의 모형은 이런 것들로써 정결하게 할 필요가 있었으나 하늘에 있는 그것들은 이런 것들보다 더 좋은 제물로 할지니라 그리스도께서는 참 것의 그림자인 손으로 만든 성소에 들어가지 아니하시고 바로 그 하늘에 들어가사 이제 우리를 위하여 하나님 앞에 나타나시고 대제사장이 해마다 다른 것의 피로써 성소에 들어가는 것 같이 자주 자기를 드리려고 아니하실지니 그리하면 그가 세상을 창조한 때부터 자주 고난을 받았어야 할 것이로되 이제 자기를 단번에 제물로 드려 죄를 없이 하시려고 세상 끝에 나타나셨느니라"

구약의 날과 달과 절기와 성막과 성전과 모든 제사의 내용들은 예수 그리스도를 나타내는 그림자입니다. 그림자는 실체를 나타내는 것입니다. 모든 구약의 그림자를 제대로 찾아가면 예수님을 만납니다. 그런데 그 눈에 모세의 수건이 가려져 있으면 아직도 그림자를 붙들고 있습니다. 그러므로 예수님께서 단번에 영원히 자기 피로 그 모든 그림자를 완성하시기 위하여 세상 끝에 오셨습니다. 그 세상 끝이 예수님께서 이 땅에 처음 오신 일입니다. 모든 구약의 선지자들이 메시아가 오시는 날을 세상 끝이라고 합니다. 그러므로 처음 오심부터 세상은 종말입니다.

히브리서 9:27~28 "한 번 죽는 것은 사람에게 정해진 것이요 그 후에는 심판이 있으리니 이와 같이 그리스도도 많은 사람의 죄를 담당하시려고 단번에 드리신 바 되셨고 구원에 이르게 하기 위하여 죄와 상관없이 자기를 바라는 자들에게 두 번째 나타나시리라"

한 번 죽는 것은 사람에게 정한 것입니다. 사람이 왜 죽습니까? 선악을 알게 하는 나무의 과일을 먹으면 반드시 죽는다고 하였습니다.^{창2:17} 이 죽음은 하나님과의 관계가 끊어지는 죽음입니다. 이 죽음은 또한 육신의 죽음으로 이어집니다. 그래서 죄의 삯은 사망입니다.^{롬6:23} 의사가 사망 진단서에 사망의 원인을 죄라고 쓰는 의사가 있겠습니까? 그런데 사망의 진단을 내리는 의사도 다 죽습니다. 이런 죽음은 죄로 인한 죽음이라고 성경이 말씀합니다. 한번 죽는 죽음이 끝이 아닙니다. 더 무서운 죽음이 죽음 이후에 심판받아 둘째 사망에 들어가는 것이 영원한 지옥입니다.

그러므로 그 둘째 사망의 해를 받지 않는 유일한 길은 예수님을 믿는 일입니다. 예수님께서 우리의 죄를 대신 짊어지고 십자가에서 죽고 사흘 만에 살아나셨습니다. 여기서 대신이란 우리를 배제하는 대신이 아니라 우리를 묵시적으로 품에 안으시고 함께 죽고 함께 살아나시고 함께 하늘에 앉히심이 그의 죽음과 부활입니다. 그래서 예수 그리스도 안에서라고 말합니다. 그리고 부활 승천하셔서 성령을 보내십니다. 성령이 임한 자는 자기 죄를 알고 회개하고 예수님을 믿기 때문에 이런 자들은 죄와 상관없이 예수님을 바라게 됩니다. 이런 자들에게 두 번째 나타나십니다.

히브리서 12:23~29 "하늘에 기록된 장자들의 모임과 교회와 만민의 심판자이신 하나님과 및 온전하게 된 의인의 영들과 새 언약의 중보자이신 예수와 및 아벨의 피보다 더 나은 것을 말하는 뿌린 피니라 너희는 삼가 말씀하신 이를 거역하지 말라 땅에서 경고하신 이를 거역한 그들이 피하지 못하였거든 하물며 하늘로부터 경고하신 이를 배반하는 우리일까보냐 그 때에는 그 소리가 땅을 진동하였거니와 이제는 약속하여 이르시되 내가 또 한 번 땅만 아니라 하늘도 진동하리라 하셨느니라 이 또 한 번이라 하심은 진동하지 아니하는 것을 영존하게 하기 위하여 진동할 것들 곧 만드신 것들이 변동될 것을 나타내심이라 그러므로 우리가 흔들리지 않는 나라를 받았은즉 은혜를 받자 이로 말미암아 경건함과 두려움으로 하나님을 기쁘시게 섬길지니 우리 하나님은 소멸하는 불이심이라"

땅에서 경고한 이는 모세입니다. 모세가 하나님의 말씀을 받아 전할 때 시내 산이 진동하였습니다. 그러나 모세가 증거 한 그 예수 그리스도께서 다시 임하실 때는 땅만 아니라 하늘도 흔들어버립니다. 그런데 성도는 그 날에 흔들리는 것이 아니라 지금 역사 속에서 흔들립니다. 영원하지 않은 것, 예수님 재림하시면 사라질 것들을 지금 흔들어서 흔들리지 않는 것들을 바라보게 합니다. 흔들리지 않을 영원한 나라를 받은 자들은 세상에서 흔들릴수록 더욱 은혜를 받으면서 살아가게 됩니다. 강원도 산불로 자폐 화가인 이장우 씨가 전시회를 위하여 마련한 그림들과 그 이전의 그림들이 불에 탔다는 뉴스를 보았습니다. 오늘 우리에게 일어나는 모든 흔들림은 흔들리지 않는 영원함을 사모하라고 주시는 하나님의 은혜입니다. 그러므로 이 은혜는 세상이 알 수도 없고 줄 수도 없고 빼앗을 수도 없는 예수 그리스도의 영원한 언약의 피로 세운 새 언약입니다.

히브리서 13:20~21 "양들의 큰 목자이신 우리 주 예수를 영원한 언약의 피로 죽은 자 가운데서 이끌어 내신 평강의 하나님이 모든 선한 일에 너희

를 온전하게 하사 자기 뜻을 행하게 하시고 그 앞에 즐거운 것을 예수 그
리스도로 말미암아 우리 가운데서 이루시기를 원하노라 영광이 그에게
세세무궁토록 있을지어다 아멘"

십자가 (1)

마태복음 10:34~39 내가 세상에 화평을 주러 온 줄로 생각하지 말라 화평이 아니요 검을 주러 왔노라 내가 온 것은 사람이 그 아버지와, 딸이 어머니와, 며느리가 시어머니와 불화하게 하려 함이니 사람의 원수가 자기 집안 식구리라 아버지나 어머니를 나보다 더 사랑하는 자는 내게 합당하지 아니하고 아들이나 딸을 나보다 더 사랑하는 자도 내게 합당하지 아니하며 또 자기 십자가를 지고 나를 따르지 않는 자도 내게 합당하지 아니하니라 자기 목숨을 얻는 자는 잃을 것이요 나를 위하여 자기 목숨을 잃는 자는 얻으리라

지난 주까지 새 언약을 구약과 신약에서 살펴보았습니다. 새 언약은 예수님께서 십자가로 다 이루신 것입니다. 그러므로 오늘부터 보는 십자가라는 주제도 새 언약을 말씀하는 것입니다. 오늘날 십자가를 말하면 기독교의 종교적인 표지로 생각합니다. 그런데 신약성경이 기록될 당시의 십자가는 어떤 십자가입니까? 로마를 반역하는 이방인들을 처형하는 가장 끔찍하고 고통스럽고 수치스러운 죽음입니다. 오늘날 우리가 가장 혐오하는 말보다 더 끔찍한 단어가 십자가입니다. 그런데 예수님과 사도들은 십자가를 말씀합니다. 왜 모두 피하고 싶은 그 십자가를 말씀하실까요? 십자가라는 단어가 신약에 72회 나옵니다. 그 단어의 문맥을 통하여 반복되는 부분은 생략하고 그 뜻을 살펴보겠습니다. 오늘은 자기를 부인하고

자기 십자가를 지고 따르라는 말씀입니다.

본문을 보기 전에 마태복음 10:1부터 보면 예수님께서 열두 제자를 부르시고 파송합니다. 이스라엘의 잃어버린 자에게 가라고 합니다. 이들이 복음을 전해야 하는 곳은 이방인이 우선이 아니라 이스라엘이 우선입니다. 그렇다면 지금 이스라엘이 구원받아야 한다는 말씀입니다. 그래서 천국이 가까이 왔다고 전하라고 합니다. 천국은 예수님이 계시는 곳이 천국이기에 예수님을 받아들이라는 말씀입니다. 예수님께서 제자들을 보내실 때 양을 이리 가운데 보내는 것과 같다고 합니다. 그러므로 제자들은 핍박받고 이방인에게도 넘겨질 것이라고 합니다. 그러나 몸을 죽이는 자를 두려워하지 말고 몸과 영혼을 능히 지옥에 멸하실 수 있는 이를 두려워하라고 합니다.

오늘 본문 마태복음 10:34~39입니다. 우리가 처음 교회로 올 때 어떤 마음으로 오셨습니까? 우리 학생들은 집안 내력이라서 왔을 것입니다. 어른들은 왜 왔습니까? 교회 다니는 사람들이 일요일 날 부부가 아이들 손 잡고 교회당에 가는 것이 그렇게 부러워서 왔다는 분도 있습니다. 자기 남편은 그렇게 안 하는데 저렇게 교회 다니면 행복하겠다고 생각한 것입니다. 그러나 일요일 교회 나오는 그 부부가 과연 행복할까요? 겉으로 그렇게 보여도 지옥 같은 삶을 살 수 있습니다. 그런데 예수님은 무엇이라고 하십니까? 세상의 화평과 가정의 화목을 주려고 오신 것이 아니라 오히려 불화하게 하려고 오셨다고 합니다. 그 이유는 부모 자식보다 예수님을 더 사랑하지 않는 자는 예수님께 합당하지 않다고 합니다. 그뿐 아니라 또 자기 십자가를 지고 나를 따르지 않는 자도 내게 합당하지 않다고 합니다. 자기 십자가란 자기 죽음을 말합니다. 그러므로 자기 목숨을 얻는 자는 잃을 것이요 나를 위하여 자기 목숨을 잃는 자는 얻는다고 합니다. 우리가 스스로 이러한 예수님을 믿을 수 있을까요? 이런 예수라면 천리만리 도망가지 않을까요?

마태복음 16:13~16 "예수께서 빌립보 가이사랴 지방에 이르러 제자들에게 물어 이르시되 사람들이 인자를 누구라 하느냐 이르되 더러는 세례 요한, 더러는 엘리야, 어떤 이는 예레미야나 선지자 중의 하나라 하나이다 이르시되 너희는 나를 누구라 하느냐 시몬 베드로가 대답하여 이르되 주는 그리스도시요 살아 계신 하나님의 아들이시니이다 예수께서 대답하여 이르시되 바요나 시몬아 네가 복이 있도다 이를 네게 알게 한 이는 혈육이 아니요 하늘에 계신 내 아버지시니라 또 내가 네게 이르노니 너는 베드로라 내가 이 반석 위에 내 교회를 세우리니 음부의 권세가 이기지 못하리라 내가 천국 열쇠를 네게 주리니 네가 땅에서 무엇이든지 매면 하늘에서도 매일 것이요 네가 땅에서 무엇이든지 풀면 하늘에서도 풀리리라 하시고 이에 제자들에게 경고하사 자기가 그리스도인 것을 아무에게도 이르지 말라 하시니라"

예수님께서 제자들에게 사람들이 자신을 누구라고 하느냐고 묻습니다. 제자들이 대답하기를 사람들이 선지자 중의 한 사람이라고 한다고 합니다. 그때 예수님은 너희는 나를 누구냐고 물으실 때 베드로가 잘 대답합니다. 주는 그리스도시며 살아계신 하나님의 아들이라고 합니다. 이 대답을 들으신 예수님께서 시몬에게 네가 복이 있다고 합니다. 그 이유는 예수님을 바르게 알고 고백하는 일은 사람의 능력이 아니라 하늘에 계신 예수님의 아버지 곧 하나님의 능력이기 때문입니다. 그래서 예수님은 시몬에게 베드로라고 하시면서 이 반석 위에 교회를 세우겠다고 합니다. 이 반석이란 베드로의 인격이 아니라 베드로의 신앙고백입니다. 베드로의 신앙고백은 하나님께로 나온 것이기에 음부의 권세가 이길 수 없습니다. 그러면서 베드로에게 천국 열쇠를 주신다고 하시면서 땅에서 매면 하늘에서 매이고 땅에서 풀면 하늘에서 풀린다고 합니다. 이것은 베드로가 교황권으로 파문의 권세를 가졌다는 가톨릭의 주장이 아니라 하늘과 땅이 교회로 연결된 것을 말씀합니다. 교회란 지상에서 예수님의 피로 값을 주고 산 자들이기에 하늘에 매인 자들이라는 말씀입니다. 그런데 예수님이 그리스도이심을 아무에게 알리지 말라고 합니다. 십자가 때까지는 비밀이어야 합니다.

마태복음 16:21~24 "이때로부터 예수 그리스도께서 자기가 예루살렘에 올라가 장로들과 대제사장들과 서기관들에게 많은 고난을 받고 죽임을 당하고 제삼 일에 살아나야 할 것을 제자들에게 비로소 나타내시니 베드로가 예수를 붙들고 항변하여 이르되 주여 그리 마옵소서 이 일이 결코 주께 미치지 아니하리이다 예수께서 돌이키시며 베드로에게 이르시되 사탄아 내 뒤로 물러가라 너는 나를 넘어지게 하는 자로다 네가 하나님의 일을 생각하지 아니하고 도리어 사람의 일을 생각하는도다 하시고 이에 예수께서 제자들에게 이르시되 누구든지 나를 따라오려거든 자기를 부인하고 자기 십자가를 지고 나를 따를 것이니라"

이때란 베드로의 바른 신앙고백을 한 후에 예수님은 자신의 고난을 말씀합니다. 예루살렘에서 장로들과 대제사장들과 서기관들에게 많은 고난을 받고 죽임을 당하고 사흘 만에 살아날 것을 말씀합니다. 그러자 베드로가 예수를 붙들고 항변합니다. 아주 강력하게 말린 것입니다. 십자가를 지지 말라는 것입니다. 그러면서 결코 그런 일이 주님께 미치지 않게 하겠다고 합니다. 자신이 목숨을 걸고 그런 일을 막겠다는 말입니다. 얼마나 가상한 말입니까? 그런데 예수님은 그런 베드로를 향하여 '사탄아 내 뒤로 물러가라' 라고 합니다. 조금 전에 주는 그리스도시여 살아 계신 하나님의 아들이라는 고백을 하나님 아버지로부터 하게 되었기에 복이 있다는 소리를 들은 베드로가 갑자기 사탄이라는 책망을 듣습니다. 그 이유는 하나님의 일인 십자가를 생각하지 않고 사람의 일인 예수님이 세상의 임금이 되는 일을 생각한 것입니다. 이러한 사람의 일이 곧 사탄의 일입니다.

마태복음 4:1~11을 보면 예수님께서 세례를 받으시고 광야에서 사십일을 금식한 후에 사탄에게 시험을 받습니다. 첫째 시험은 돌로 떡을 만들어 먹으라는 시험에 예수님은 사람이 떡으로만 살 것이 아니라 하나님의 입에서 나오는 모든 말씀으로 살 것이라 하여 물리칩니다. 두 번째는 성전 꼭대기에서 뛰어내리면 천사가 너의 발을 지켜 줄 것이라고 하면서 성경을 인용하여 시험합니다. 예수님은 주 너의 하나님을 시험하지 말라는 말씀으로 물리칩니다. 세 번째 시험은 사탄이 자기에게 엎드려 경배하면 세상의 영광을 준다고 하였습니다. 예수님은 사탄아 물러가라고 하시면서 주 너의 하나님께 경배하고 다만 그를 섬기라는 말씀으로 사탄을 물리칩니다. 그 시험을 물리치시고 가시는 길이 십자가의 길입니다. 예수님께서 십자가를 지심이 하나님의 뜻인데 그 십자가를 지지 못하도록 베드로가 말리기에 사탄아 내 뒤로 물러가라고 하신 것입니다. 베드로의 생각에 예수님께서 십자가를 지시고 죽어버린다면 자신이 예수님을 따른 모든 공로와 자신의 꿈이 허사가 된다고 본 것입니다. 이런 생각으로 예수님을 따르는 일이 사탄의 일이라고 합니다.

24절을 다시 봅니다. 베드로가 예수님의 십자가의 길을 막으려고 할 때 사탄아 내 뒤로 물러가라는 책망받은 후에 예수님께서 하신 말씀입니다. 제자들에게 말씀하시기를 누구든지 나를 따라오려거든 자기를 부인하고 자기 십자가를 지고 나를 따르라고 합니다. 자기를 부인하라는 말은 자기 금욕적인 그런 부인이 아닙니다. 고진감래가 아닙니다. 만약 그런 자기 부인이라면 불교가 됩니다. 불교는 철저한 자기 부인을 말합니다. 세상의 모든 괴로움은 집착에서 오는 것이기에 그 집착을 멸하여야 한다고 합니다. 그 방법으로 팔정도가 있습니다. 그래서 법정 스님은 철저하게 무소유로 살았더니 어떤 불자가 한때 유명하였던 요정 건물을 법정 스님께 시주하여 실상사가 되었습니다. 무소유가 이익이 된 것입니다. 그러면 성경이 말하는 자기 부인은 무엇일까요?

마태복음 16:25~28 "누구든지 제 목숨을 구원하고자 하면 잃을 것이요 누구든지 나를 위하여 제 목숨을 잃으면 찾으리라 사람이 만일 온 천하를 얻고도 제 목숨을 잃으면 무엇이 유익하리요 사람이 무엇을 주고 제 목숨과 바꾸겠느냐 인자가 아버지의 영광으로 그 천사들과 함께 오리니 그 때에 각 사람이 행한 대로 갚으리라 진실로 너희에게 이르노니 여기 서 있는 사람 중에 죽기 전에 인자가 그 왕권을 가지고 오는 것을 볼 자들도 있느니라"

우리가 교회당으로 오는 이유는 자기 목숨을 잃어버리려고 옵니까? 구원하려고 옵니까? 구원하려고 왔기에 온갖 사기꾼들이 그 구원의 욕망을 이용하여 자기의 사욕을 챙기는 것입니다. 구원파처럼 우리처럼 하면 구원받는다고 말합니다. 신천지는 자기들이 육 천년 성경의 역사가 이루어진 현장이라고 합니다. 전에는 온갖 거짓말로 하더니 이제는 아무도 무시 못 할 세력이 되었다고 생각하는지 노골적으로 신천지를 드러냅니다. 그런 이단들에 빠지는 자들이 왜 그럴까요? 자신은 구원받아야 한다는 욕망이 강하기 때문입니다. 그러므로 자기 목숨을 구원하려고 하면 잃어버릴 것입니다. 예수님을 위하여 목숨을 잃으면 찾는다고 합니다. 그런데 누가 목숨을 버립니까?

마태복음 26:31~35 "그 때에 예수께서 제자들에게 이르시되 오늘 밤에 너희가 다 나를 버리리라 기록된 바 내가 목자를 치리니 양의 떼가 흩어지

리라 하였느니라 그러나 내가 살아난 후에 너희보다 먼저 갈릴리로 가리
라 베드로가 대답하여 이르되 모두 주를 버릴지라도 나는 결코 버리지 않
겠나이다 예수께서 이르시되 내가 진실로 네게 이르노니 오늘 밤 닭 울기
전에 네가 세 번 나를 부인하리라 베드로가 이르되 내가 주와 함께 죽을지
언정 주를 부인하지 않겠나이다 하고 모든 제자도 그와 같이 말하니라"

　　예수님께서 오늘 밤에 너희가 다 나를 버릴 것이라고 합니다. 버린다는
각주를 보면 실족한다는 말입니다. 그런데도 베드로는 모두 주를 버려도
자신을 절대 버리지 않겠다고 합니다. 그러나 예수님은 오늘 밤 닭 울기
전에 네가 세 번 나를 부인하리라고 합니다. 그런데 베드로는 주와 함께
죽을지언정 주를 부인하지 않겠다고 합니다. 그러자 다른 제자들도 다 그
렇게 대답합니다. 그런데 만약 베드로가 정말로 예수님을 부인하지 않고
함께 죽는다면 어떤 일이 일어나겠습니까? 베드로는 예수님이 필요 없는
사람이 될 것입니다. 예수님 말씀대로 다 예수님을 부인합니다.^{26:56}

　　마태복음 26:69~75에 베드로는 예수님의 말씀대로 닭 울기 전에 세 번
이나 예수님을 모른다고 부인합니다. 그것도 저주하고 맹세하며 부인합
니다. 이런 저주는 내가 예수의 제자라면 하나님이 나에게 벌 위에 벌을
내리시기를 원한다는 식의 자기 저주일 것입니다.^{삼하3:35, 왕상2:23} 그렇게
철저하게 예수님을 부인한 베드로가 어떻게 예수님의 증인이 되겠습니
까? 베드로가 만약 부인하지 않았다면 나처럼 부인하지 말라고 말할 것입
니다. 그러나 베드로는 그렇게 전할 수가 없습니다. 나는 주님을 부인하
였지만, 주님이 나를 부인하지 않았다고 전할 수밖에 없습니다.

　　누가복음 22:31~34 "시몬아, 시몬아, 보라 사탄이 너희를 밀 까부르듯
하려고 요구하였으나 그러나 내가 너를 위하여 네 믿음이 떨어지지 않기
를 기도하였노니 너는 돌이킨 후에 네 형제를 굳게 하라 그가 말하되 주여

내가 주와 함께 옥에도, 죽는 데에도 가기를 각오하였나이다 이르시되 베드로야 내가 네게 말하노니 오늘 닭 울기 전에 네가 세 번 나를 모른다고 부인하리라 하시니라”

예수님께서 베드로에게 사탄이 너를 가지고 논다고 합니다. 그러자 베드로는 자기는 주와 함께 옥에도 가고 죽는 데에도 가기를 각오하였다고 합니다. 그러나 여기서도 오늘 닭 울기 전에 네가 나를 세 번 부인하리라고 합니다. 예수님의 말씀대로 베드로는 부인합니다. 그런데 예수님은 베드로의 믿음이 떨어지지 않도록 기도하였다고 합니다. 베드로는 세 번이나 부인하지만 믿음이 떨어지지 않았다는 말은 예수님께서 베드로를 버리지 않는다는 말씀입니다. 그러므로 예수님께서 베드로에게 네가 돌이킨 후에 형제를 굳게 하라고 합니다. 베드로는 양들을 어떻게 굳건하게 할까요?

나는 주님을 세 번이나 저주하고 맹세하면서 부인하였지만, 주님은 나를 부인하지 않았다는 말로 형제를 굳게 할 것이 너무나 분명합니다. 바울도 같은 고백을 합니다. 우리가 주님을 부인하면 주님도 우리를 부인하는 일이 당연하지만, 그러나 주님은 한결같이 미쁘시기에 자기를 부인하실 수가 없다고 합니다.^{딤후2:13} 그러므로 성령이 임한 베드로나 바울이 형제를 굳건하게 하는 일은 주님께서 자기 언약에 신실함을 증언하는 것입니다. 말씀이 이러한데도 다시 자기 행위를 따라 구원받고 복도 받는다고 말하는 자들은 예수님의 죽음을 헛되게 하는 것입니다.^{갈2:21}

요한복음 21:17~18 “세 번째 이르시되 요한의 아들 시몬아 네가 나를 사랑하느냐 하시니 주께서 세 번째 네가 나를 사랑하느냐 하시므로 베드로가 근심하여 이르되 주님 모든 것을 아시오매 내가 주님을 사랑하는 줄을 주님께서 아시나이다 예수께서 이르시되 내 양을 먹이라 내가 진실로 진실로 네게 이르노니 네가 젊어서는 스스로 띠 띠고 원하는 곳으로 다녔</p>

거니와 늙어서는 네 팔을 벌리리니 남이 네게 띠 띠우고 원하지 아니하는 곳으로 데려가리라"

부할 후에 예수님께서 베드로에게 세 번이나 자기를 사랑하느냐고 물으시면서 내 양을 먹이라고 합니다. 그러면 양을 먹이고 양을 칠 때 어떻게 하겠습니까? 자기는 세 번이나 주님을 부인하였지만, 예수님은 자기를 부인할 수 없으시기에 나를 버리지 않았다는 사실을 전하는 목양을 하는 것입니다. 그러므로 자기 부인의 길이란 나의 결단과 결심으로 가는 일이 아니라 주께서 나를 내가 원하지 않는 길로 이끌어 가시는 것입니다. 이런 말씀에 반발이 일어난다면 베드로가 예수님을 부인하기 전의 모습일 것입니다. 그러므로 자기를 부인하고 자기 십자가를 지고 나를 따르라는 말씀은 예수님께서 우리를 죽은 자로 여기고 끌고 가겠다는 말씀입니다.

십자가 ⑵

마태복음 20:17~19 예수께서 예루살렘으로 올라가려 하실 때에 열두 제자를 따로 데리시고 길에서 이르시되 보라 우리가 예루살렘으로 올라가노니 인자가 대제사장들과 서기관들에게 넘겨지매 그들이 죽이기로 결의하고 이방인들에게 넘겨주어 그를 조롱하며 채찍질하며 십자가에 못 박게 할 것이나 제 삼 일에 살아나리라

성경은 하나님의 자기 계시의 말씀입니다. 하나님의 자기 계시란 하나님의 뜻을 알려주시고 그 뜻을 하나님이 이루어 내신다는 것도 말씀합니다. 그러므로 성경에서 사람에게 하신 모든 명령문도 하나님이 이루어 내신다는 하나님의 의지를 담고 있는 말씀입니다. 이렇게 말씀드리면 그러면 '아무것도 안 하고 가만히 있어야 하겠네!' 라는 반응이 나옵니다. 이런 반응은 내가 무엇을 할 수 있다고 생각하기 때문입니다. 그런데 성경에서 나온 명령문을 인간이 지킬 수 있는 내용이 과연 있을까요? 구약과 신약의 명령 그 어느 것 하나라도 인간이 순종할 수 있는 것이 있을까요?

지난 주에 말씀드린 대로 예수님을 따르려고 하면 자기를 부인하고 자기 십자가를 지고 따르라고 하였습니다. 그러자 베드로와 제자들은 자기를 부인하고 예수님을 따를 수 있다고 장담하였습니다. 옥에도 같이 가고 죽는 자리도 같이 가겠다고 하였습니다. 그러나 예수님은 베드로를 향하여 네가 닭이 울기 전에 네게 세 번 나를 부인하리라고 하였습니다. 예수

님의 말씀대로 베드로는 세 번이나 부인하였습니다. 그런데도 믿음이 떨어지지 않은 이유는 예수님이 베드로를 위하여 기도하셨고눅22:32 예수님께서 베드로를 부인하지 않았기 때문입니다.딤후2:13 그러므로 자기를 부인하고 자기 십자가를 지고 따라오라고 하신 말씀도 예수님께서 베드로에게 이루십니다. 자기가 원하지 않는 길로 데려간다고 하셨기에 자기 부인의 길로 이끌려 가는 것입니다.요21:18

오늘 본문을 봅니다. 예수님께서 예루살렘으로 올라가실 때 제자들에게 말씀하십니다. 우리가 예루살렘으로 올라가노니 인자가 대제사장들과 서기관들에게 넘겨지매 그들이 죽이기로 결의하고 이방인들에게 넘겨주어 그를 조롱하며 채찍질하며 십자가에 못 박게 할 것이지만 사흘 만에 다시 살아나신다고 말씀하십니다. 마태복음 16장에서 예수님의 이런 말씀에 베드로가 말리다가 '사탄아, 물러가라' 라는 책망을 들었습니다. 그런데 이 말씀에 다른 반응이 나옵니다.

마태복음 20:20~23 "그 때에 세베대의 아들의 어머니가 그 아들들을 데리고 예수께 와서 절하며 무엇을 구하니 예수께서 이르시되 무엇을 원하느냐 이르되 나의 이 두 아들을 주의 나라에서 하나는 주의 우편에, 하나는 주의 좌편에 앉게 명하소서 예수께서 대답하여 이르시되 너희는 너희가 구하는 것을 알지 못하는도다 내가 마시려는 잔을 너희가 마실 수 있느냐 그들이 말하되 할 수 있나이다 이르시되 너희가 과연 내 잔을 마시려니와 내 좌우편에 앉는 것은 내가 주는 것이 아니라 내 아버지께서 누구를 위하여 예비하셨든지 그들이 얻을 것이니라"

예수님의 고난과 죽음과 부활은 오늘 본문까지 세 번째 하신 말씀입니다.16:21, 17:22~23 그러나 제자들의 관심이 다른 데 있습니다. 예수님은 예루살렘에 죽기 위하여 올라가시는데 제자들은 전혀 다른 데 관심이 있습니다. 그래서 세베대의 아들 야고보와 요한의 어머니가 예수님께 절하며 구합니다. 예수님께서 무엇을 구하느냐고 물어보시니 주의 나라에서 두 아들을 주님의 좌우 편에 앉게 하여 달라고 합니다. 예수님은 이들에게 너희가 구하는 것을 알지 못한다고 하시면서 내가 마시는 잔을 마시겠느냐고 합니다. 그 마신다는 잔은 십자가를 진다는 말씀입니다. 그런데 그들이 마실 수 있다고 합니다. 그때 예수님은 너희가 그 잔 곧 십자가를 진다고 하여도 내 좌우 편에 앉을 자는 내 아버지께서 예비하신 자가 앉을 것이라고 합니다.

이 말씀은 내가 십자가를 지고 가도 내가 원하는 자리를 얻을 수 없다는 말씀입니다. 세상의 원리는 내가 일한 만큼 받는 것입니다. 그런데 하나님의 나라는 내가 목숨을 걸고 일하여도 내 원하는 자리를 차지할 수 없는 나라입니다. 그렇다면 열심히 일하려고 할까요? 하지 않으려고 할까요? 열심히 하지 않는다면 그 사람은 아직도 세상의 원리에 속한 사람입니다. 은혜를 모르는 사람입니다. 그러므로 예수님의 이런 말씀은 하나님의 나라가 어떤지를 보여주는 말씀입니다. 높은 자리 차지하기 위한 싸움이 쓸데없다는 말입니다. 그런데 제자들은 어떻게 합니까?

마태복음 20:24~28 "열 제자가 듣고 그 두 형제에 대하여 분히 여기거늘 예수께서 제자들을 불러다가 이르시되 이방인의 집권자들이 그들을 임의로 주관하고 그 고관들이 그들에게 권세를 부리는 줄을 너희가 알거니와 너희 중에는 그렇지 않아야 하나니 너희 중에 누구든지 크고자 하는 자는 너희를 섬기는 자가 되고 너희 중에 누구든지 으뜸이 되고자 하는 자는 너희의 종이 되어야 하리라 인자가 온 것은 섬김을 받으려 함이 아니라 도리어 섬기려 하고 자기 목숨을 많은 사람의 대속물로 주려 함이니라"

야고보와 요한의 어머니가 예수님께 청탁하는 것을 보고 다른 제자들이 화가 납니다. 그러자 예수님은 제자들을 불러서 하나님의 나라가 어떤

지 말씀하십니다. 이방인의 집권자들은 권력을 가지고 섬기는 것이 아니라 권력을 가지고 마구 내리누르고 세도를 부리는 자들입니다. 그러나 하나님의 나라에서 으뜸이 되고자 하는 자는 너희의 종이 되어야 한다고 합니다. 제자들이 예수님을 따라가는 이유는 높아지려고 따라가는데 예수님은 전혀 다른 말씀을 하십니다. 그러면서 예수님께서 자신이 오신 이유를 말씀합니다. 예수님이 오신 이유는 섬김을 받으려고 함이 아니라 도리어 섬기려 하고 자기 목숨을 많은 사람의 대속물代贖物로 주시기 위함이라고 합니다. 그 대속물로 주시는 일이 십자가의 죽음입니다. 그런데 우리가 생각하는 십자가와 예수님 당시의 십자가는 다릅니다. 예수님 당시의 십자가 죽음에 어떠한지 '예수의 마지막 말들, 플레밍 러틀러지'에서 인용합니다.

[예수님 당시의 십자가 처형은 오늘날 우리가 생각하는 것과 전혀 다릅니다. 신약시대의 십자가 처형은 우리가 직접 목격한 것이 아니기에 그 끔찍한 고통을 헤아리지 못합니다. 당시 모든 유대인과 이방인은 십자가에 못 박힌 이를 천시하고 경멸하였습니다. 십자가는 그 모두에게 보내는 명백한 신호와 같습니다. 어떤 신호입니까? '당신들 눈앞에 있는 이 사람은 살만한 가치가 없다. 이 사람은 인간이 아니다' 라는 신호입니다. 로마인들의 표현을 빌리자면 "저주받아 죽어야 마땅한 짐승"이었습니다. 오늘날은 짐승을 십자가 처형으로 죽인다면 처벌받는 시대다. 동물학대죄가 있다. 그런데 하나님의 아들이 십자가에서 죽는 죽음입니다.

그러므로 본래 십자가형에는 어떤 종교적인 의미도, 어떠한 희망도, 어떠한 영감을 주는 요소도 없었습니다. 오히려 십자가형은 사람들이 '음란함' obscene이라는 말의 본래 의미, 옥스퍼드 영어 사전에 따르면 "역겹고, 혐오스럽고, 더럽고, 악취가 나며, 구역질 나는" 감정을 느끼게 하려는 의도로 만들어졌습니다. 이러한 와중에, 로마 제국 전역에서 십자가형이 빈번하게 이루어지고 있던 때 그리스도인들은 십자가에 못 박힌 타락한 범죄자, 저주받은, 짐승만도 못한 자가 하나님의 아들이자 세상의 구세주라고 선언하였습니다. 이 사실이 가장 중요합니다. 어떠한 기준으로도, 종교라는 기준으로 볼 때는 더더욱, 이는 상상할 수 없는 일이었습니다. 십자가에 못 박힌 나사렛 예수가 우리의 구세주라는 선언은 기독교 신앙의 가장 중요한 주장입니다. 이는 인간의 종교적 상상력으로는 만들어 낼 수 없는 주장입니다. 대다수 사람이 받아들이는 영적 관념들로는 십자가에 못 박힌 메시아라는 낯선 관념에 이를 수 없습니다.]

예수님이 십자가로 대속하실 그때의 시대를 우리가 그 시대에 살면서 직접 보았다면 우리도 예수님을 믿을 수 없었습니다. 그런데 지금은 십자가라고 하면 교회당의 표지로, 기독교의 상징으로 여깁니다. 심지어 목걸이나 반지나 장식품으로 사용하고 있습니다. 이런 시대에 예수님의 십자가는 왜곡되고 종교적 색깔로 덧칠이 되어 있습니다. 그러므로 예수님 당시의 십자가는 전혀 종교적일 수 없습니다. 끔찍하고 혐오스러운 십자가입니다. 그런 시대에 성령이 임한 사도들이 전한 복음은 너희가 십자가에 못 박은 예수를 하나님이 살리시고 주와 그리스도가 되게 하셨다고 전합니다. 이것은 가장 미련하고 어리석은 방식의 전도입니다.

그러므로 오늘날 우리가 십자가를 지고 간다는 말과 예수님 당시의 십자가를 진다는 말은 전혀 다른 차원입니다. 지금은 십자가를 진다는 의미가 다른 사람을 대신하여 희생한다는 의미로는 알려졌습니다. 심지어 조직폭력배 사이에서도 혼자 범죄를 짊어지고 갈 때 사용하는 단어가 되었습니다. 이런 시대에 교회가 전하는 십자가의 의미가 얼마나 왜곡되고 퇴색되어 가는지 보셔야 합니다. 십자가를 말하는데 지난 주에 본 것처럼 자기 금욕적인 말로 해석하여 이단의 교주를 위하여 몸과 마음을 다 바치는 데 십자가를 사용합니다. 자기의 더 큰 욕망을 이루기 위하여 견디는 일을 십자가로 말합니다. 그렇다면 오늘 우리에게 십자가는 어떤 의미가 있습니까?

예수님께서 나를 따라오려거든 자기를 부인하고 자기 십자가를 지고 나를 따르라고 하셨습니다. 그러나 지난 주에 본 대로 아무도 따라갈 수가 없었음을 보았습니다. 그러므로 예수님의 이 말씀을 예수님이 먼저 십자가를 지고 가신 후에 다시 살아나시고 부활 승천하신 후에 성령을 보내십니다. 성령이 임한 자들은 자기들이 원하는 방식대로 살아갈 수가 없고 성령에 이끌려 살아가게 됩니다. 이것이 예수님의 자기 말씀을 이루시는 방식입니다. 이러한 삶이 성도의 길입니다.

그런데 오늘날 예수님을 믿는다고 교회로 모인 우리는 자기를 부인하기를 원합니까? 자기를 긍정하기를 원합니까? 자아가 부수어지기를 원합니까? 자아가 실현되기를 원합니까? 윤리적 개념에서 인간의 행복이 자아실현自我實現에 있다고 하였습니다. 자아실현이라는 단어를 검색하면 이렇게 나옵니다. '자아의 가능성을 완전히 실현하는 일을 도덕의 궁극 목적인 최고선最高善으로 삼는 완전설의 주장' 그러나 제가 종종 말씀드리지만 나 아我는 손에 창을 들고 있는 것이라서 내가 남을 해쳐서라도 나의 욕망을 이루려고 하는 것입니다. 금요 모임에서 이런 말을 했습니다. 인간은 자신을 위하여 모든 인류를 적으로 돌릴 수 있다. 이런 자아는 결국 예수를 죽이는 일로 드러났다. 그러므로 십자가를 지신 예수님을 믿는다는 말은 우리의 자아가 무너지는 길입니다.

예수님께서 십자가를 지실 그 당시에 수백 명 수천 명이 십자가에 처형당하였습니다. 아무도 그 십자가를 중요하게 여기지 않습니다. 십자가는 유대인이 볼 때 나무에 달려 죽었으니 저주받은 죽음이며신21:23, 갈3:13 이방인들이 볼 때는 로마를 반역하다가 죽은 미련하고 어리석은 죽음입니다. 누가 그 십자가에 죽은 나사렛 예수를 주와 그리스도로 하나님의 아들로 믿겠습니까?

그러므로 예수님의 십자가 지심은 홀로 지셨지만 놀랍게도 그 십자가에 감추어진 비밀은 하나님께서 예수님에게 주신 모든 자들에게 피를 뿌려 죄를 용서하시고 함께 일으키시고 함께 하늘에 앉히신 일을 하신 것입니다. 예수님 홀로 십자가 지시고 부활하시고 하늘에 오르신 것이 아니라 하나님의 자기 백성들을 다 품에 안으시고 함께 죽고 함께 살아나셔서 함께 하늘에 앉히신 것입니다. 이런 일은 시간과 공간을 초월하는 전능하신 하나님만이 하실 수 있는 일이기 때문입니다. 그러나 십자가에 죽은 그분이 천지를 창조하신 하나님의 말씀입니다. 그 말씀이 육신이 되어 이 땅에 오셨고 사람의 손에 의하여 십자가에 죽은 그 분이 어떤 일을 이루신 것입니까?

에베소서 2:1~3 "그는 허물과 죄로 죽었던 너희를 살리셨도다 그 때에 너희는 그 가운데서 행하여 이 세상 풍조를 따르고 공중의 권세 잡은 자를 따랐으니 곧 지금 불순종의 아들들 가운데서 역사하는 영이라 전에는 우리도 다 그 가운데서 우리 육체의 욕심을 따라 지내며 육체와 마음의 원하는 것을 하여 다른 이들과 같이 본질상 진노의 자녀이었더니"

지난 주 장례식에 가서 고인의 증손자에게 예수님을 믿느냐고 물으니 믿지 않는다고 하였습니다. 그래서 당신은 지금 살아있다고 하지만 죽은 자라고 하였습니다. 허물과 죄로 죽은 자는 자신이 허물과 죄로 죽은 자임을 알지 못합니다. 그래서 살아가는 방식은 이 세상의 풍조를 따라 사는데 그런 삶이 공중 권세 잡은 자 사탄에게 사로잡힌 삶입니다. 이 삶은 육체의 욕심을 따라 지내며 육체와 마음이 원하는 것을 하여 다른 이들과 같이 본질상 진노의 자녀입니다. 그런데 예수를 믿어도 아직 옛사람이 생물학적 죽음을 죽을 때까지 나오기에 내 육체와 마음이 원하는 대로 살려고 하지만 성도는 십자가에 함께 못 박혔기에 내가 원치 하는 길로 이끌려 갑니다. 요21:18

에베소서 2:4~6 "긍휼이 풍성하신 하나님이 우리를 사랑하신 그 큰 사랑을 인하여 허물로 죽은 우리를 그리스도와 함께 살리셨고 (너희는 은혜로 구원을 받은 것이라) 또 함께 일으키사 그리스도 예수 안에서 함께 하늘에 앉히시니"

우리가 다 본질상 진노의 자녀였습니다. 그러나 긍휼하심이 풍성하신 하나님의 그 큰 사랑이 허물과 죄로 죽은 우리를 그리스도와 함께 살리시고 함께 일으키시고 함께 하늘에 앉히신 것입니다. 이 말씀이 정말로 믿어지십니까? 지난 주에 어떤 분과 교제하였는데 이 말씀이 정말로 믿어졌다고 합니다. 그래서 암이 재발 되어 병원에 오라고 하는 것을 미리 약속된 일이 있어서 외국에 한 달 넘게 갔다 와서 가겠다고 하였답니다. 물론 암도 여러 종류가 있지만 그래도 암이라고 하는 데도 마음 편하게 다녀와서 병원에 가보니 괜찮다고 하더랍니다. 이런 이야기를 가지고 예수 믿으면 병이 낫는다고 일반화하면 안 됩니다. 이미 하늘에 앉혔다면 죽어도 괜찮다는 말입니다.

에베소서 2:7~10 "이는 그리스도 예수 안에서 우리에게 자비하심으로써 그 은혜의 지극히 풍성함을 오는 여러 세대에 나타내려 하심이라 너희는 그 은혜에 의하여 믿음으로 말미암아 구원을 받았으니 이것은 너희에게서 난 것이 아니요 하나님의 선물이라 행위에서 난 것이 아니니 이는 누구든지 자랑하지 못하게 함이라 우리는 그가 만드신 바라 그리스도 예수 안에서 선한 일을 위하여 지으심을 받은 자니 이 일은 하나님이 전에 예비하사 우리로 그 가운데서 행하게 하려 하심이니라"

우리의 구원은 자기를 자랑할 수가 없고 오직 십자가의 공로로 주신 은혜의 선물을 자랑하게 됩니다. 우리가 지음을 받은 목적은 선한 일을 위한 것입니다. 그 선한 일이란 사람이 만들어 내는 것이 아니라 성부와 성자와 성령께서 이루신 일입니다. 그 선하신 일이 이 역사 속에서는 거리끼고 미련하고 어리석은 십자가입니다. 그 십자가의 다 이루심을 믿는 일이 기적이며 은혜입니다.

십자가 ⑶

마태복음 26:1~5 예수께서 이 말씀을 다 마치시고 제자들에게 이르시되 너희가 아는 바와 같이 이틀이 지나면 유월절이라 인자가 십자가에 못 박히기 위하여 팔리리라 하시더라 그 때에 대제사장들과 백성의 장로들이 가야바라 하는 대제사장의 관정에 모여 예수를 흉계로 잡아 죽이려고 의논하되 말하기를 민란이 날까 하노니 명절에는 하지 말자 하더라

예수님께서 이 말씀을 다 마치셨다는 내용을 마태복음 24장과 25장을 말씀합니다. 많은 사람이 마태복음 24장을 작은 계시록이라고 합니다. 그러나 마태복음 24장도 예수님의 십자가로 이루신 내용이고 요한계시록도 예수님의 십자가로 이루신 내용입니다. 마태복음 24장의 큰 환난을 말합니다만 큰 환난은 하나님이 사람이 되어 십자가에서 죽는 일보다 더 큰 환난은 없습니다. 그러므로 마태복음 24장은 예수님께서 십자가에 죽음을 말씀하시며 25장은 부활을 말씀하십니다. 예수님의 죽음과 부활로 혼인잔치와 달란트 결산과 양과 염소라는 분리가 일어납니다. 이러한 분리가 십자가의 다 이루심으로 구약은 이루어졌기에 재림 때까지 이 복음으로 갈라지고 있습니다.

마태복음 26:1~5를 봅니다. 예수님께서 자기의 죽음과 부활로 이루실 일

이 무엇인지 말씀하신 후에 제자들에게 말씀하십니다. 제자들도 알고 있듯이 이틀이 지나면 유월절입니다. 유월절이란 이스라엘의 가장 중요한 절기입니다. 애굽에서 430년 종살이하다가 어린 양의 피를 바르고 나온 날입니다. 그 유월절에 예수님이 십자가에 못 박히기 위하여 팔릴 것을 말씀합니다. 그때 대제사장들과 백성의 장로들이 관저官邸에 모여 예수를 흉계로 잡아 죽일 계획을 합니다. 이미 죽이기로 결의한 자들이 죽일 날짜를 정하는데 유월절에는 죽이지 말자고 합니다.

그 이유는 명절에는 사람들이 예루살렘에 많이 모입니다. 그리고 예수를 따르는 자들이 많기에 예수를 잡으면 민란이 일어날까 염려하여 다른 날에 죽이려고 합니다. 그러나 놀랍게도 죽이려고 하는 자들은 유월절에 죽이지 않으려고 하는데 죽어야 하는 자는 유월절에 죽어야 한다고 합니다. 죽이는 사람의 권세가 높습니까? 죽는 자의 권세가 높습니까? 누가 봐도 죽이는 자의 권세가 높아 보입니다. 그런데 예수님의 십자가 사건은 죽임을 당하는 분이 죽는 날짜를 정합니다. 그러므로 죽임당하는 분이 죽이는 자들의 권세보다 높은 것입니다. 이런 말씀을 몇 곳에서 확인합니다.

요한복음 10:14~18 "나는 선한 목자라 나는 내 양을 알고 양도 나를 아는 것이 아버지께서 나를 아시고 내가 아버지를 아는 것 같으니 나는 양을 위하여 목숨을 버리노라 또 이 우리에 들지 아니한 다른 양들이 내게 있어 내가 인도하여야 할 터이니 그들도 내 음성을 듣고 한 무리가 되어 한 목자에게 있으리라 내가 내 목숨을 버리는 것은 그것을 내가 다시 얻기 위함이니 이로 말미암아 아버지께서 나를 사랑하시느니라 이를 내게서 빼앗는 자가 있는 것이 아니라 내가 스스로 버리노라 나는 버릴 권세도 있고 다시 얻을 권세도 있으니 이 계명은 내 아버지에게서 받았노라 하시니라"

예수님만 선한 목자입니다. 하나님 아버지께서 예수님께 맡기신 양들

을 구원하기 위하여 자기의 목숨을 버린다고 합니다. 예수님의 목숨 버림
으로 이 우리에 들지 않는 다른 양들도 인도한다고 합니다. 다른 양들이
란 이방인들입니다. 이방인들도 예수님의 음성을 듣고 한 목자에게 속할
것입니다. 이 일을 위하여 예수님은 자기 목숨을 버린다고 합니다. 예수
님이 목숨을 버림은 얻기 위함인데 홀로 버림받아 홀로 얻는 것이 아니라
하나님 아버지께서 자기에게 맡겨주신 모든 자에게로 버림을 받아 그들
을 함께 얻어 내는 것임을 지난 주에 말씀드렸습니다. ^{엡1~2장}

예수님의 이 일을 하나님이 기뻐하신다고 하시면서 예수님의 목숨을 빼
앗을 자가 없다고 합니다. 그러므로 예수님은 자기 목숨을 스스로 버린
다고 합니다. 예수님은 목숨을 버릴 권세도 있고 다시 얻을 권세도 있는
데 이것은 하나님 아버지로부터 받았다고 합니다. 그런데 세상에서도 스
스로 목숨을 버려 다른 사람을 살리는 일들이 있습니다. 일본의 지하철에
사람이 떨어졌는데 아무도 건지지 않았습니다. 그런데 한국의 유학생이
뛰어들어 그 사람을 구하고 그 사람은 죽었습니다. 소방관이 불이나 물에
서 사람을 구하다가 죽는 일이 있습니다. 이들은 죽음을 각오하고 구하다
가 죽은 것입니다. 스스로 죽으려고 뛰어들지는 않았습니다. 그러면 차이
가 무엇입니까?

일본 지하철에서 일본인을 구하고 죽은 사람이 고 이수현 씨입니다. 이
사람을 세상은 얼마나 존경하는지 의인이라고 합니다. 그리고 소방관이
나 다른 사람들이 재난의 현장에서 사람을 구하다 죽으면 의인義人이라고
합니다. 또는 나라를 위하여 목숨을 버려 구하면 의사義士라고 합니다. 그
런데 이렇게 살려내다 죽은 자나 살아난 자들이 다 죄인입니다. 그래서
죄인이 죄인을 구하면 목숨은 연장하여 낼 수 있지만 죄 용서와 영원한 생
명을 줄 수는 없습니다. 세상에서는 이런 사람의 기념비를 세우고 존경하
며 기억합니다. 이런 일을 잘못했다고 할 사람이 없을 것입니다.

그러나 예수님은 죄가 없는 하나님이 아들입니다. 그가 스스로 십자가

에 죽는 죽음을 선택하신 것은 아무도 그 죽음을 존경하지 않는 죽음으로 여기는 시대입니다. 지난 주에 본 대로 십자가의 죽음은 가장 처참하고 수치스러운 죽음입니다. 십자가에 죽은 자는 사람이 아니라 짐승의 죽음만도 못하게 취급받는 시대에 예수님은 그 죽음을 죽은 것입니다. 유대인들에게는 나무에 달려 죽는 자는 저주받아 죽는 죽음임을 너무나 잘 알고 있습니다.^{신21:23} 그 저주가 우리의 죄를 대신한 저주임을 아는 일은 성령이 임하여야 알게 됩니다.^{갈3:13} 그러므로 그 일을 아무도 알지 못한 때 예수님께서 십자가에 스스로 죽는다고 하신 예수님을 제자들이 말리는 것은 당연합니다.

그런데 그런 제자를 향하여 예수님은 '사탄아, 물러가라' 라고 합니다. 베드로가 예수님의 고난과 죽음을 말리고 나서는 일이 사탄의 일이 됩니다. 사탄은 예수님이 십자가로 자기 백성을 구원하여 내시는 일을 하지 말고 세상의 힘과 권력과 영광으로 구하여 내라고 시험하였습니다. 만약 예수님께서 사탄의 시험에 넘어갔다면 예수님은 고난과 십자가의 저주받는 죽음을 죽지 않고 세상의 영광스러운 왕이 되었을 것입니다. 그렇다면 대제사장들과 서기관들과 바리새인들이 예수님 앞에 무릎을 꿇고 왕으로 인정하였을 것입니다. 그러면 이방인들도 함부로 하지 못할 것입니다. 그런데 예수님은 이미 사탄의 시험을 물리치셨기에 십자가의 길로 가시는 것입니다.

요한복음 18:3~6 "유다가 군대와 대제사장들과 바리새인들에게서 얻은 아랫사람들을 데리고 등과 횃불과 무기를 가지고 그리로 오는지라 예수께서 그 당할 일을 다 아시고 나아가 이르시되 너희가 누구를 찾느냐 대답하되 나사렛 예수라 하거늘 이르시되 내가 그니라 하시니라 그를 파는 유다도 그들과 함께 섰더라 예수께서 그들에게 내가 그니라 하실 때에 그들이 물러가서 땅에 엎드러지는지라"

가룟 유다가 은 삼십에 예수님을 팔고 예수님을 잡기 위하여 군대와 대제사장들과 바리새인들에게 얻은 무리를 데리고 왔습니다. 예수님께서 그들에게 누구를 찾느냐고 묻습니다. 그들이 나사렛 예수라고 합니다. 그러자 예수님께서 '내가 그니라' 라고 합니다. 헬라어로 '에고 에이미' 입니다. 히브리어로 하면 '여호와' 입니다.출3:14 이 말 한마디에 예수님을 잡으러 온 자들이 물러가서 땅에 엎드려집니다. 이때 베드로가 칼을 들고 설치다가 대제사장 종의 귀를 잘라버립니다. 예수님은 칼을 도로 칼집에 꽂으라고 하시면서 칼을 가진 자는 다 칼로 망한다고 합니다. 예수님은 하나님 아버지께 구하면 열두 군단 더 되는 천사를 보내시게 할 수 있다고 합니다. 그러나 그렇게 한다면 이런 일이 있으리라고 한 성경이 어떻게 이루어지겠느냐고 합니다. 그러므로 예수님은 성경의 말씀을 이루시기 위하여 스스로 십자가의 길로 가신 것입니다. 그러므로 십자가에 죽겠다는 분이 유월절 날짜를 정하시는 것이지 예수님을 죽이려고 하는 자들이 날짜를 정하지 못합니다.

그렇다면 예수님이 왜 유월절에 잡히시고 죽어야 합니까? 구약의 유월절은 이스라엘 백성의 출발점이며 정체성이 됩니다. 하나님께서 아브라함과 이삭과 야곱에게 약속하신 때가 되어 이스라엘 백성들을 애굽에서 나오게 하실 때 열 가지 재앙이 일어납니다. 마지막 재앙이 사람이나 짐승이나 처음 태어난 수컷이 죽는 재앙입니다. 그런데 어린 양의 피를 바른 집은 죽음의 천사가 넘어갑니다. 유월절 어린 양의 피안에 있는 자가 이스라엘 백성입니다. 그러므로 구약의 마지막 선지자 세례 요한이 예수님을 향하여 세상 죄를 지고 가는 어린 양을 보라고 하였습니다.요1:29

구약 이스라엘은 짐승인 어린 양의 피로 만들어냅니다. 그러나 짐승의 피는 모형이며 그림자입니다. 짐승의 피로 사람의 죄가 용서될 수 없습니다. 그러므로 죄가 없는 사람이 대신 죽어야 하는데 아담의 타락 이후로 모든 인간은 허물과 죄로 죽은 자들입니다. 앞에서 예를 든 대로 다른 사람을 위하여 대신 죽어서 의인이라는 칭송을 들어도 하나님이 보실 때는 의가 되지 않습니다. 죄인이 죄인을 구한 것이기에 죽은 자가 죽은 자를 구한 일은 의미가 없습니다. 오직 죄 없는 하나님의 아들만이 죄를 용서할 수 있기에 유월절 어린 양이 사람이 되신 것입니다. 그러므로 예수 그리스도 피 안에서 유대인이나 이방인이나 새로운 하나님의 백성이 됩니다. 엡2:11~22

고린도전서 5:7~8 "너희는 누룩 없는 자인데 새 덩어리가 되기 위하여 묵은 누룩을 내버리라 우리의 유월절 양 곧 그리스도께서 희생되셨느니라 이러므로 우리가 명절을 지키되 묵은 누룩으로도 말고 악하고 악의에 찬 누룩으로도 말고 누룩이 없이 오직 순전함과 진실함의 떡으로 하자"

고린도 교회는 바울이 전한 복음을 듣고 모인 이방인들이 많았습니다. 그러므로 세상의 음행을 하던 자들이 교회 안에 있었습니다. 이런 세상의 풍속을 바울 사도는 묵은 누룩이라고 합니다. 예수님의 살과 피를 먹고 마시는 자들은 묵은 누룩을 버리라고 합니다. 예수님은 바리새인들의 누룩과 헤롯의 누룩을 주의하라고 하였습니다.막8:15 바리새인들의 누룩이란 율법주의의 외식입니다.눅12:1 헤롯의 누룩은 세상의 정치라는 누룩입니다. 그런데 고린도 교회에서 일어나는 세상의 더러운 풍속도 누룩이 됩니다. 그러므로 예수님의 피로 값을 주고 산 자들은 유대인이나 이방인이나 주 예수의 살과 피를 먹고 마시는 자들입니다. 그러므로 누룩이 없는 순전한 떡을 먹고 마시는 것이 참된 명절을 지키는 자들입니다. 날과 달과 절기를 예수님의 십자가로 다 이루신 것입니다.

베드로전서 1:18~19 "너희가 알거니와 너희 조상이 물려 준 헛된 행실에서 대속함을 받은 것은 은이나 금 같이 없어질 것으로 된 것이 아니요 오직 흠 없고 점 없는 어린 양 같은 그리스도의 보배로운 피로 된 것이니라"

우리의 조상들이 물려준 헛된 행실에서 우리가 대속함을 받았다고 합니다. 우리의 조상들이 우리에게 무엇을 가르쳐주었습니다. 대한민국이라는 이방인의 때에 태어난 우리들의 조상, 우리들의 할아버지 할머니, 우리의 아버지 어머니가 무엇을 우리에게 가르쳐 주었습니까? 보이는 것들은 잠깐이며 보이지 않는 것들이 영원하다고 가르쳐주었습니까? 썩을 것을 구하지 말고 썩지 아니할 것을 구하라고 가르쳐 주었습니까? 지금 대한민국의 경제체제는 자본주의입니다. 자유와 시장경제를 말하는 이유는 무한 경쟁사회에서 돈을 많이 버는 일이 최고의 성공이라는 말입니다. 그러므로 돈을 가장 큰 신으로 섬기라는 가르침을 받았습니다. 우리는 여기서 구원받아야 합니다.

우리의 조상들이 물려준 행실은 이방인인 우리에게는 이 세상의 풍속과 이 세상의 가치관입니다. 그런데 유대인들이 물려받은 행실은 율법주의입니다. 그러므로 유대인이나 이방인이 볼 때 예수 그리스도의 십자가는 모두가 버려야 할 미련하고 어리석은 것입니다. 그런데 성령이 임한 사도들은 예수님의 십자가를 유일한 대속代贖함이라고 전합니다. 율법의 행위로도 이방인의 어떤 행실로도 대속함을 받지 못합니다. 금이나 은같이 없어질 것, 없어질 썩어질 것으로는 대속함을 얻을 수 없습니다. 없어지고 썩어질 것들은 인간의 행위입니다. 오직 우리가 대속함을 받는 길은 흠 없고 점 없는 어린 양 같은 그리스도의 보배로운 피, 곧 십자가의 피로 된 것입니다.

이어지는 20~21절입니다. "그는 창세 전부터 미리 알린 바 되신 이나 이 말세에 너희를 위하여 나타내신 바 되었으니 너희는 그를 죽은 자 가운데서 살리시고 영광을 주신 하나님을 그리스도로 말미암아 믿는 자니 너희 믿음과 소망이 하나님께 있게 하셨느니라"

십자가에 죽은 그 예수님이 창세 전부터 미리 알려진 분이라는 말씀입니다. 그러므로 예수님의 십자가는 우발적으로 일어난 사건이 아니라 천지를 창조하기도 전에 성부와 성자와 성령의 뜻이었습니다. 그 영원한 뜻을 말세 곧 예수님의 십자가로 드러내신 것입니다. 그러므로 우리를 위하여 나타내신 바 된 예수 그리스도, 그를 죽은 자 가운데서 살리시고 영광을 주신 하나님을 그리스도로 믿는 자들은 그 믿음과 소망이 사람이 아니라 하나님께 있게 하신 것입니다. 이런 믿음을 은혜로 받은 믿음이라고 합니다. 이런 자들은 자기의 믿음을 자랑할 수 없고 감사할 뿐입니다.

이어지는 22~25절입니다. "너희가 진리를 순종함으로 너희 영혼을 깨끗하게 하여 거짓이 없이 형제를 사랑하기에 이르렀으니 마음으로 뜨겁게 서로 사랑하라 너희가 거듭난 것은 썩어질 씨로 된 것이 아니요 썩지 아니할 씨로 된 것이니 살아 있고 항상 있는 하나님의 말씀으로 되었느니라 그러므로 모든 육체는 풀과 같고 그 모든 영광은 풀의 꽃과 같으니 풀은 마르고 꽃은 떨어지되 오직 주의 말씀은 세세토록 있도다 하였으니 너희에게 전한 복음이 곧 이 말씀이니라"

진리를 순종하였다는 것은 십자가의 복음을 듣고 믿었다는 말입니다. 이런 자들은 서로 사랑합니다. 그러므로 마음으로 뜨겁게 서로 사랑하라고 합니다. 십자가의 복음을 듣고 믿은 자라면 사랑하는 일이 자연스러운 것입니다. 왜냐하면 우리가 거듭난 것이 썩어질 씨, 인간의 율법적인 행위나 이방인의 선행이 아니라 썩지 아니할 씨 곧 살아있고 항상 있는 하나님의 말씀으로 되었기 때문입니다. 항상 있는 그 살아있는 하나님의 말씀이 육신이 되어 십자가에서 살을 찢고 피를 흘리심으로 거듭나게 되었습니다. 그러므로 모든 육체는 풀과 같고 그 모든 영광은 풀의 꽃과 같기에 풀은 마르고 꽃은 떨어집니다. 그러나 주의 말씀 곧 복음은 영원합니다. 이 복음을 우리가 듣고 믿었다면 우리는 새로운 피조물로서 새 하늘과 새 땅을 사모하며 살아감이 자연스럽습니다.

십자가 (4)

마태복음 27:15~26 명절이 되면 총독이 무리의 청원대로 죄수 한 사람을 놓아주는 전례가 있더니 그 때에 바라바라 하는 유명한 죄수가 있는데 그들이 모였을 때에 빌라도가 물어 이르되 너희는 내가 누구를 너희에게 놓아주기를 원하느냐 바라바냐 그리스도라 하는 예수냐 하니 이는 그가 그들의 시기로 예수를 넘겨준 줄 앎이더라 총독이 재판석에 앉았을 때에 그의 아내가 사람을 보내어 이르되 저 옳은 사람에게 아무 상관도 하지 마옵소서 오늘 꿈에 내가 그 사람으로 인하여 애를 많이 태웠나이다 하더라 대제사장들과 장로들이 무리를 권하여 바라바를 달라하게 하고 예수를 죽이자 하게 하였더니 총독이 대답하여 이르되 둘 중의 누구를 너희에게 놓아주기를 원하느냐 이르되 바라바로소이다 빌라도가 이르되 그러면 그리스도라 하는 예수를 내가 어떻게 하랴 그들이 다 이르되 십자가에 못 박혀야 하겠나이다 빌라도가 이르되 어찜이냐 무슨 악한 일을 하였느냐 그들이 더욱 소리 질러 이르되 십자가에 못 박혀야 하겠나이다 하는지라 빌라도가 아무 성과도 없이 도리어 민란이 나려는 것을 보고 물을 가져다가 무리 앞에서 손을 씻으며 이르되 이 사람의 피에 대하여 나는 무죄하니 너희가 당하라 백성이 다 대답하여 이르되 그 피를 우리와 우리 자손에게 돌릴지어다 하거늘 이에 바라바는 그들에게 놓아주고 예수는 채찍질하고 십자가에 못 박히게 넘겨 주니라 지난 주에는 십자가에서 죽는 자가 죽이는 자보다 더 큰 권세가 있음을 살펴보았습니다. 죽이려고 하는 자들은 유월절에 죽이지 말자고 하였지만, 예수님은 유월절에 죽어야 한다고 하셨습니다. 그런데 죽는 방법도 십자가에 못 박혀야 한다고 하셨습니다. 그러므로 예수님의 십자가 죽음은 예수님이 스스로 선택하여 가신 길입니다. 겉으로는 유대의 종교 지도자들이 백성을 선동하였기에 종교와 로마의 정치가 합동하여 예수님을 십자가에 못 박는 것으로 보이지만 실상은 예수님이 선택하신 길입니다. 그러므로 예수님은 유월절 어린 양으로 십자가에 못 박혀 죽는 길로 갑니다.

오늘 본문 15~19절을 봅니다. 우리나라도 특별사면 제도가 있습니다. 대통령의 권한인데 사형수라도 사면하면 풀려납니다. 예수님 당시에도 명절에 죄수 한 사람을 놓아주는 전례가 있었습니다. 유대인의 최대 명절이 유월절이기에 유월절 특사로 빌라도 총독은 예수를 풀어 주려고 하였습니다. 그 이유는 빌라도가 유대 지역의 총독으로 대제사장과 종교 지도자들이 예수를 시기하여 넘겨준 것임을 알기 때문입니다. 그리고 빌라도의 아내도 예수님을 옳은 사람이라고 하면서 당신은 상관하지 말라고 합니다. 그때 민란을 일으키고 살인한 바라바가 옥에 갇혀있습니다. 그래서 빌라도는 바라바와 예수 중에 누구를 놓아주면 좋겠느냐고 백성들에 묻습니다.

본문 20~23절입니다. 대제사장들과 장로들이 무리를 선동하여 바라바를 달라고 하고 예수를 죽이자고 하였습니다. 예수는 민란을 일으키고 살인한 바라바보다 싫은 것입니다. 바라바는 민족해방을 위하여 민란을 일으킨 자로 봅니다. 그런데 대제사장과 장로들은 기득권자로 민란을 싫어합니다. 민란이 계속 일어나면 로마 군대가 자기들의 완전히 멸할까 염려

하기 때문입니다. 그런데 예수로 인하여 민란이 일어나는 것도 싫어하여 예수를 죽이는 편이 낫다고 합니다. 요11:48~40 대제사장들과 장로들이 백성을 선동하여 예수 대신 바라바를 달라고 합니다. 빌라도가 예수가 무슨 잘못을 하였느냐고 물어도 그들의 소리가 빌라도를 이깁니다. 무조건 십자가에 못 박아야 한다고 합니다. 이렇게 민심이 돌변한 것도 예수님의 말씀이 이루어지기 위함입니다.

본문 24~26절입니다. 빌라도는 예수를 풀어 주기 위하여 사면을 이야기하였지만 죄가 없는 분이라면 죄가 없다고 풀어 주어야 하는데 왜 십자가에 못 박도록 내어주어야 합니까? 빌라도도 자기 자리를 보전하기 위하여 죄가 없는 자를 십자가에 죽이도록 넘겨주었습니다. 그래서 자신은 손을 씻으며 이 사람의 피에 대하여 나는 무죄하다고 하면서 너희가 담당하라고 합니다. 그러자 백성들이 대답하기를 그 피를 우리와 우리 자손에게 돌리라고 합니다. 예수님의 피 값이 어떠한지 이들이 모르고 이렇게 소리를 지릅니다. 그러자 빌라도는 바라바는 놓아주고 예수는 채찍질하고 십자가에 못 박히게 넘겨줍니다. 빌라도가 이렇게 한 것도 자기의 권세가 아닙니다.

요한복음 19:7~11 "유대인들이 대답하되 우리에게 법이 있으니 그 법대로 하면 그가 당연히 죽을 것은 그가 자기를 하나님의 아들이라 함이니이다 빌라도가 이 말을 듣고 더욱 두려워하여 다시 관정에 들어가서 예수께 말하되 너는 어디로부터냐 하되 예수께서 대답하여 주지 아니하시는지라 빌라도가 이르되 내게 말하지 아니하느냐 내가 너를 놓을 권한도 있고 십자가에 못 박을 권한도 있는 줄 알지 못하느냐 예수께서 대답하시되 위에서 주지 아니하셨더라면 나를 해할 권한이 없었으리니 그러므로 나를 네게 넘겨준 자의 죄는 더 크다 하시니라"

대제사장들과 아랫사람들이 예수를 십자가에 못 박으라고 빌라도에게 압력을 가합니다. 빌라도가 말하기를 너희가 친히 데려다가 십자가에 못 박으라고 합니다. 로마를 반역한 이방인을 십자가에 처형하는데 빌라도가 예수님을 심문하여 보니 로마를 반역한 정치적인 죄를 보지 못하고 종교적인 문제이기에 너희가 십자가에 못 박으라고 합니다. 그러자 유대인들이 우리의 법대로 하면 당연히 그가 죽어야 한다고 합니다. 사람 주제에 자신을 하나님의 아들이라고 하였기에 신성모독이라고 합니다. 이 말을 유대인들은 두려워하지 않는데 빌라도는 두려워하여 예수님께 다시 물어보지만, 예수님은 아무 대답을 하지 않습니다. 그러자 빌라도가 내가 너를 놓을 권한도 있고 십자가에 못 박을 권한도 있다고 합니다. 그러자 예수님은 위에서 주지 않았다면 네가 나를 해할 권한이 없다고 합니다. 그러므로 십자가의 길은 하나님의 뜻인데 예수님을 넘겨준 자의 죄는 더 큽니다.

예수를 십자가에 못 박으라고 한 그 무리가 빌라도에게 무엇을 말합니까? 이 피 값에 대하여 너희가 담당하라고 하니 그들이 우리와 우리 자손들이 담당하겠다고 합니다. 군중심리에 휘둘리면 자신이 무슨 말을 하는지도 모르고 그들의 분위기에 어울리게 됩니다. 그런데 예수의 피 값을 우리와 우리 자손에게 돌리라는 이 말이 얼마나 무서운 말인지 알았다면 감히 그런 말을 하지 못하였을 것입니다. 이 세상이 저주받고 멸망하는 이유는 예수님이 피를 흘린 땅이기 때문입니다. 예수님을 증언한 구약의 선지자들과 신약의 사도들도 피를 흘린 땅입니다. 그러므로 이 땅이 멸망하는 이유는 핵전쟁이나 환경재앙이 아니라 의로운 자의 피를 흘린 땅이기에 멸망합니다. 계18:24

마태복음 27:27~31 "이에 총독의 군병들이 예수를 데리고 관정 안으로 들어가서 온 군대를 그에게로 모으고 그의 옷을 벗기고 홍포를 입히며 가시관을 엮어 그 머리에 씌우고 갈대를 그 오른손에 들리고 그 앞에서 무릎을 꿇고 희롱하여 이르되 유대인의 왕이여 평안할지어다 하며 그에게 침 뱉고 갈대를 빼앗아 그의 머리를 치더라 희롱을 다 한 후 홍포를 벗기고 도로 그의 옷을 입혀 십자가에 못 박으려고 끌고 나가니라" 십자가를 지기 전의 고난입니다.

이어지는 32~38절입니다. "나가다가 시몬이란 구레네 사람을 만나매 그에게 예수의 십자가를 억지로 지워 가게 하였더라 골고다 즉 해골의 곳이라는 곳에 이르러 쓸개 탄 포도주를 예수께 주어 마시게 하려 하였더니 예수께서 맛보시고 마시고자 하지 아니하시더라 그들이 예수를 십자가에 못 박은 후에 그 옷을 제비 뽑아 나누고 거기 앉아 지키더라 그 머리 위에 이는 유대인의 왕 예수라 쓴 죄 패를 붙였더라 이 때에 예수와 함께 강도 둘이 십자가에 못 박히니 하나는 우편에, 하나는 좌편에 있더라" 고난과 십자가도 구약의 예언대로 됩니다.

이어지는 39~44절입니다. "지나가는 자들은 자기 머리를 흔들며 예수를 모욕하여 이르되 성전을 헐고 사흘에 짓는 자여 네가 만일 하나님의 아들이어든 자기를 구원하고 십자가에서 내려오라 하며 그와 같이 대제사장들도 서기관들과 장로들과 함께 희롱하여 이르되 그가 남은 구원하였으되 자기는 구원할 수 없도다 그가 이스라엘의 왕이로다 지금 십자가에서 내려올지어다 그리하면 우리가 믿겠노라 그가 하나님을 신뢰하니 하나님이 원하시면 이제 그를 구원하실지라 그의 말이 나는 하나님의 아들이라 하였도다 하며 함께 십자가에 못 박힌 강도들도 이와 같이 욕하더라"

예수님께서 십자가에 달려 있습니다. 이때 예수님을 어떻게 조롱합니까? 지나가는 자들과 대제사장들과 서기관들과 장로들과 함께 십자가에 못 박힌 강도들까지 조롱하고 욕합니다. 자기 머리를 흔들며 예수를 모욕하는데 성전을 헐고 사흘에 짓는다고 하더니 네가 만이 하나님의 아들이라면 자기를 구원하고 십자가에서 내려와 보라고 합니다. 남은 구원하면서 자기를 구원하지 못하는가 하면서 이스라엘의 왕이여 지금 십자가에서 내려오면 우리가 믿겠다고 합니다.

저는 이 장면을 말씀드릴 때마다 예수님이 최후의 유혹을 받는 자리라고 말씀드렸습니다. 예수님께서 세례요한에게 세례를 받으시고 성령에 이끌려 광야로 가십니다. 사십일을 금식한 후에 사탄에게 시험을 받습니다. 네가 하나님의 아들이라면 돌로 떡을 만들어 먹으라, 네가 하나님의 아들이라면 성전 꼭대기에서 뛰어내리라고 합니다. 그러나 예수님은 그 시험을 하나님의 말씀으로 물리칩니다. 그러자 마지막 유혹은 '네가 하나님의 아들이라면' 을 제시하지 않습니다. 천하만국의 영광을 보여주면서 네가 나에게 엎드려 경배하면 이 모든 것을 네게 주겠다고 합니다. 즉 사탄을 하나님으로 경배하라고 하는 것입니다. 예수님은 기록된 말씀으로 주 너의 하나님을 경배하고 그만 섬기라고 함으로 사탄이 물러갑니다. 그 시험을 물리치시고 십자가의 길로 가십니다.

이제는 십자가에 달려 있습니다. 만약 사탄의 유혹을 받아들였다면 예수님은 십자가에 달리지 않아도 됩니다. 지나가는 자들도 대제사장과 서기관과 장로들도 심지어 빌라도조차 예수님 앞에 무릎을 꿇고 왕관을 바쳤을 것입니다. 물론 그런 일이 일어날 수 없지만 만약 그렇게 되었다면 예수님은 사탄의 유혹에 넘어간 것입니다. 그런데 오늘날 우리가 예수님을 믿는다고 하면서 예수님이 물리친 그 유혹 거리를 달라고 한다면 그 사람이야말로 사탄의 유혹에 넘어간 사람입니다.

예수님께서 사탄의 시험을 물리치고 십자가로 가시는 길에 베드로를 통하여 또 시험합니다. 예수님은 십자가를 지신다고 하시는데 베드로가 말리다가 예수님께 '사탄아, 물러가라' 라는 책망을 듣습니다. 예수님께서 십자가를 지지 않고 메시아의 일을 하려고 한다면 그것이 사탄의 유혹입니다. 그러므로 최후의 유혹은 예수님이 십자가에 달려 있을 때 받습니다. 지나가는 자들과 대제사장들과 서기관들과 장로들과 심지어 강도까지 네가 하나님의 아들이라면 너를 구원하여 보라고 합니다. 그런데 예수님은 그 십자가에서 그 조롱과 수치를 그대로 감내하십니다. 그 십자가 위에서 예수님은 일곱 말씀을 합니다. 오늘은 그 십자가 위에서 하신 두 말씀만 보도록 하겠습니다.

누가복음 23:34 "이에 예수께서 이르시되 아버지 저들을 사하여 주옵소서 자기들이 하는 것을 알지 못함이니이다 하시더라" 십자가에 못 박으라고 고함지르는 자들이나 십자가에 못 박는 자들을 향하여 저들을 사하여 달라고 합니다. 못 박히는 자가 못 박는 자를 용서하여 달라고 합니다. 그들이 하는 짓을 알지 못하기 때문이라고 합니다. 우리도 우리의 마음과 생각과 계획과 뜻과 하는 모든 일들이 죄인 줄 알지 못하고 오히려 자기는 언제나 옳다고 생각합니다. 그런데 예수님의 십자가 위에서의 이 말씀은 예수님을 배신하고 도망간 제자들이나 십자가에 못 박는 자들이나 십자가 좌우에 못 박혀 죽는 강도들에게도 선포되는 놀라운 말씀입니다.

누가복음 23:39~43 "달린 행악자 중 하나는 비방하여 이르되 네가 그리스도가 아니냐 너와 우리를 구원하라 하되 하나는 그 사람을 꾸짖어 이르되 네가 동일한 정죄를 받고서도 하나님을 두려워하지 아니하느냐 우리는 우리가 행한 일에 상당한 보응을 받는 것이니 이에 당연하거니와 이 사람이 행한 것은 옳지 않은 것이 없느니라 하고 이르되 예수여 당신의 나라에 임하실 때에 나를 기억하소서 하니 예수께서 이르시되 내가 진실로 네게 이르노니 오늘 네가 나와 함께 낙원에 있으리라 하시니라"
마태복음에서는 함께 욕하던 강도가 여기는 한 사람이 자기 죄를 알고 한편 강도를 책망하면서 예수님께 당신의 나라가 임할 때 나를 기억하여 달라고 합니다. 이러한 고백을 하게 된 이유는 예수님의 십자가 위에서 하신 말씀 때문이라고 봅니다. 자기를 못 박는 자들을 향하여 저들을 용서하여 달라고 저들이 하는 짓을 알지 못하여 저렇게 한다는 그 말씀을 들은 강도는 예수님은 죄가 없이 죽는 의로운 분임을 알았습니다. 그러나 한 강도는 끝까지 예수를 욕하며 믿지 않았습니다. 그러므로 한 강도가 예수님을 믿게 된 것은 하나님이 일방적인 은혜의 선물입니다.

예수님은 이 강도를 향하여 오늘 네가 나와 함께 낙원에 있으리라고 합니다. 내일이 아닌 오늘이라고 합니다. 예수님께서 십자가에서 죽는 그 날에 예수님과 함께 낙원에 있으리라고 하십니다. 전에도 말씀드렸습니다만 예수님의 죽음과 부활과 승천은 하나님의 강력한 능력입니다.엡1:17~23 그런데 그 강력한 능력이 예수님 홀로 죽고 부활하여 승천하신 것이 아니라 하나님의 자기 백성을 품에 안고 함께 죽고 함께 살아나고 함께 하늘에 앉히신 것입니다.엡2:5~6 그러므로 예수님은 그 강도에게 오늘 네가 나와 함께 낙원에 있으리라고 하신 것입니다.

우리가 믿는 예수님은 어떤 예수님입니까? 십자가에서 다 이루었다고 하시는 그 예수 그리스도입니까? 아니면 네가 하나님의 아들이라면 십자가에서 내려와 보라 그러면 믿겠다고 하는 그런 예수 그리스도입니까? 우리는 이런 생각을 합니다. 내가 전능하신 하나님을 믿는 사람인데 왜 이 모양이냐고 한탄하면서 예수 믿는 내가 세상의 권세를 가지는 것이 하나님의 뜻이라고 하는 자들이 얼마나 많은지 모릅니다. 그러나 하나님의 권세와 영광과 능력은 사람들이 싫어하는 십자가 안에 감추어져 있습니다. 어떤 사람만이 이 복음을 받아들입니까? 자신이 행한 일이 죄뿐인 줄 아는 자라야 압니다. 자신이 강도와 같은 자임을 아는 자들에게 예수님의 말씀이 들립니다.

새번역으로 누가복음 23:34, 42, 43을 봅니다. "아버지, 저 사람들을 용서

하여 주십시오. 저 사람들은 자기네가 무슨 일을 하는지를 알지 못합니다. "예수님, 주님이 주님의 나라에 들어가실 때에, 나를 기억해 주십시오." 예수께서 그에게 말씀하셨다. "내가 진정으로 네게 말한다. 너는 오늘 나와 함께 낙원에 있을 것이다." 예수님의 말씀에 한편 강도의 간구와 그에 대한 주님의 답변이 우리에게도 들려지고 믿어지는 은혜가 임하기를 소원합니다.

십자가 (5)

마가복음 15:33~39 제육시가 되매 온 땅에 어둠이 임하여 제구시까지 계속하더니 제구시에 예수께서 크게 소리 지르시되 엘리 엘리 라마 사박다니 하시니 이를 번역하면 나의 하나님, 나의 하나님 어찌하여 나를 버리셨나이까 하는 뜻이라 곁에 섰던 자 중 어떤 이들이 듣고 이르되 보라 엘리야를 부른다 하고 한 사람이 달려가서 해면에 신 포도주를 적시어 갈대에 꿰어 마시게 하고 이르되 가만 두라 엘리야가 와서 그를 내려 주나 보자 하더라 예수께서 큰 소리를 지르시고 숨지시니라 이에 성소 휘장이 위로부터 아래까지 찢어져 둘이 되니라 예수를 향하여 섰던 백부장이 그렇게 숨지심을 보고 이르되 이 사람은 진실로 하나님의 아들이었도다 하더라

예수님께서 십자가 위에서 일곱 번 말씀하셨다고 하여 가상칠언架上七言이라고 합니다. 지난 주에는 두 가지 말씀을 보았습니다. 첫째는 아버지여 저들의 죄를 용서하소서 저들이 하는 짓을 알지 못합니다. 이 말씀을 십자가 위에서 들은 한 강도는 주님께 간구합니다. 당신의 나라에 임하실 때 나를 기억하여 달라고 합니다. 그때 예수님은 그 강도를 향하여 오늘 네가 나와 함께 낙원에 있으리라고 하신 말씀이 두 번째 하신 말씀입니다. 오늘은 세 번째와 네 번째의 말씀을 봅니다.

요한복음 19:25~27입니다. "예수의 십자가 곁에는 그 어머니와 이모

와 글로바의 아내 마리아와 막달라 마리아가 섰는지라 예수께서 자기의
어머니와 사랑하시는 제자가 곁에 서 있는 것을 보시고 자기 어머니께 말
씀하시되 여자여 보소서 아들이니이다 하시고 또 그 제자에게 이르시되
보라 네 어머니라 하신대 그 때부터 그 제자가 자기 집에 모시니라”

십자가 위에서 예수님께서 자기를 낳은 마리아를 제자 요한에게 부탁합
니다. 이 말씀의 해석이 여러 가지 있습니다. 그런데 마리아의 자녀들이
있습니다. 그런데 왜 이런 부탁을 십자가에서 가족도 아닌 제자 요한에게
하신 것입니까? 그 이유는 예수님의 십자가로 새로운 가족을 만들어 내신
다는 말씀입니다. 혈과 육의 가족이 아니라 예수님의 피로 만들어 내시는
새로운 가족을 말씀합니다. 예수님은 마리아를 향하여 어머니라고 하지
않고 일반 여자를 부르는 호칭으로 여자라고 부릅니다. 여자여! 우리 식
으로 말하면 아주머니라고 하는 말입니다. 왜 이렇게 말씀하십니까?

마가복음 3:31~35 “그 때에 예수의 어머니와 동생들이 와서 밖에 서서
사람을 보내어 예수를 부르니 무리가 예수를 둘러 앉았다가 여짜오되 보
소서 당신의 어머니와 동생들과 누이들이 밖에서 찾나이다 대답하시되
누가 내 어머니이며 동생들이냐 하시고 둘러앉은 자들을 보시며 이르시
되 내 어머니와 내 동생들을 보라 누구든지 하나님의 뜻대로 행하는 자가
내 형제요 자매요 어머니이니라”

21절부터 보면 예수님의 친족들이 예수님을 붙들려고 왔습니다. 그 이
유는 예수님이 미쳤다는 소리를 들었기 때문입니다. 이런 말을 한 자들은
예루살렘에서 내려온 서기관들이 예수님이 귀신의 왕을 힘입어 귀신을
쫓아낸다고 말하였기 때문입니다. 이럴 때 예수님의 어머니와 동생들이
예수님을 부른다는 말을 듣고 예수님이 하신 말씀입니다. 누가 내 어머
니이며 동생들이냐고 하시며 둘러앉은 자들을 보시며 내 어머니와 내 동

생들을 보라고 합니다. 누구든지 하나님의 뜻대로 행하는 자가 내 형제요 자매요 어머니라고 합니다. 그러므로 예수님은 혈육의 관계가 아니라 하나님의 뜻대로 하는 자 곧 예수님을 믿는 자들이 예수님의 새로운 가족이라고 말씀하십니다.

마가복음 10:17~27을 보면 어려서부터 율법을 다 지켰다는 한 사람이 예수님께 무엇을 해야 영생을 얻겠느냐고 묻습니다. 예수님께서 네게 있는 것을 다 팔아 가난한 자들에게 주고 나를 따르라 합니다. 그 사람은 재물이 많은 고로 이 말씀으로 인하여 슬픈 기색을 띠고 근심하며 돌아갑니다. 그 사람이 돌아간 후에 예수님께서 제자들에게 재물이 있는 자는 하나님의 나라에 들어가기가 심히 어렵다고 하시면서 낙타가 바늘귀로 나가는 것이 부자가 하나님의 나라에 들어가는 일보다 쉽다고 합니다. 제자들이 매우 놀라 서로 말하기를 누가 구원을 얻을 수 있겠느냐고 합니다. 예수님께서 말씀하시기를 사람으로는 할 수 없으되 하나님으로서는 다 하실 수 있다고 합니다.

마가복음 10:28~31 "베드로가 여짜와 이르되 보소서 우리가 모든 것을 버리고 주를 따랐나이다 예수께서 이르시되 내가 진실로 너희에게 이르노니 나와 복음을 위하여 집이나 형제나 자매나 어머니나 아버지나 자식이나 전토를 버린 자는 현세에 있어 집과 형제와 자매와 어머니와 자식과 전토를 백 배나 받되 박해를 겸하여 받고 내세에 영생을 받지 못할 자가 없느니라 그러나 먼저 된 자로서 나중 되고 나중 된 자로서 먼저 될 자가 많으니라"

율법을 어려서부터 지킨 사람이 재물을 포기하지 못하여 돌아간 이후에 베드로가 우리는 모든 것을 버리고 예수님을 따랐다고 합니다. 그때 예수님이 말씀하신 내용입니다. 나와 복음을 위하여 집과 부모 형제와 자식과 전토를 버린 자는 현세에 백배를 받고 내세에 영생을 받지 못할 자가 없다고 합니다. 그러나 먼저 된 자가 나중 되고 나중 된 자가 먼저 될 자가 많다고 합니다. 그런데 베드로도 십자가 앞에서 도망갑니다. 그러므로 예수님과 복음을 위하여 모든 것을 버리는 자는 없습니다. 그러므로 사람은 할 수 없는 구원을 하나님은 하십니다. 하나님이 하시는 구원이 십자가입니다. 하나님이 사람이 되어 사람의 손에 죽임당하는 십자가로 구원하십니다.

에베소서 2:11~22 "그러므로 생각하라 너희는 그 때에 육체로는 이방인이요 손으로 육체에 행한 할례를 받은 무리라 칭하는 자들로부터 할례를 받지 않은 무리라 칭함을 받는 자들이라 그 때에 너희는 그리스도 밖에 있었고 이스라엘 나라 밖의 사람이라 약속의 언약들에 대하여는 외인이요 세상에서 소망이 없고 하나님도 없는 자이더니 이제는 전에 멀리 있던 너희가 그리스도 예수 안에서 그리스도의 피로 가까워졌느니라 그는 우리의 화평이신지라 둘로 하나를 만드사 원수 된 것 곧 중간에 막힌 담을 자기 육체로 허시고 법조문으로 된 계명의 율법을 폐하셨으니 이는 이 둘로 자기 안에서 한 새 사람을 지어 화평하게 하시고 또 십자가로 이 둘을 한 몸으로 하나님과 화목하게 하려 하심이라 원수 된 것을 십자가로 소멸하시고 또 오셔서 먼 데 있는 너희에게 평안을 전하시고 가까운 데 있는 자들에게 평안을 전하셨으니 이는 그로 말미암아 우리 둘이 한 성령 안에서 아버지께 나아감을 얻게 하려 하심이라 그러므로 이제부터 너희는 외인도 아니요 나그네도 아니요 오직 성도들과 동일한 시민이요 하나님의 권속眷屬이라 너희는 사도들과 선지자들의 터 위에 세우심을 입은 자라 그리스도 예수께서 친히 모퉁잇돌이 되셨느니라 그의 안에서 건물마다 서로 연결하여 주 안에서 성전이 되어 가고 너희도 성령 안에서 하나님이 거하실 처소가 되기 위하여 그리스도 예수 안에서 함께 지어져 가느니라"

에베소서 1:15~23에서 하나님의 강력한 능력으로 일하심이 예수 그리스도의 죽음과 부활과 승천임을 말씀합니다. 그 예수님이 교회의 머리가 되시고 만물을 충만하게 하시는 주님이라고 합니다.

에베소서 2:1~10은 허물과 죄로 죽은 자들을 함께 죽고 함께 살아나고 함께 하늘에 앉히셨다고 합니다. 이 일을 방금 읽은 말씀에서 설명합니다. 유대인가 이방인이 원수였지만 예수님의 십자가 피 흘림으로 한 새 사람을 만들어 한 성령 안에서 아버지께 나아가는 하나님의 권속 곧 한 집안사람이라고 합니다. 이런 자들은 성령 안에서 하나님이 거하실 처소가 됩니다. 이 일을 십자가로 단번에 이루시고 역사 속에서 지금 이루고 있는 일이 우리가 복음을 벋고 예수님을 믿는 일입니다. 이렇게 교회로 모인 자들은 영원한 하늘 아버지의 가족이 되는 것입니다.

갈라디아서 3:26~28 "너희가 다 믿음으로 말미암아 그리스도 예수 안에서 하나님의 아들이 되었으니 누구든지 그리스도와 합하기 위하여 세례를 받은 자는 그리스도로 옷 입었느니라 너희는 유대인이나 헬라인이나 종이나 자유인이나 남자나 여자나 다 그리스도 예수 안에서 하나이니라"
예수님을 믿는다는 말은 그리스도로 옷을 입는 것입니다. 그리스도로 옷을 입는다는 말은 예수님을 믿는 자들이 예수님의 피로 깨끗하게 되었다는 말입니다. 그 십자가 피로 만드신 빛나고 깨끗한 세마포 옷을 입은 자들이 어린 양의 신부입니다.^{계19:7~8} 여기에는 어떤 차별이 있을 수 없습니다.^{골3:11} 그리스도의 피 값으로 산 성도들은 한 성령을 받아 한 몸이 된 교회입니다. 우리가 말하는 교회가 아니라 성경이 말하는 교회란 참으로 놀라운 그리스도의 몸입니다. 이 놀라운 일을 예수님의 십자가로 이루셨습니다. 어떤 방식으로 이루셨는지 그 십자가 사건을 봅니다.

마가복음 15:33~39를 봅니다. 시간 계산은 여섯 시간을 더하면 됩니다. 낮 열두 시부터 오후 세 시까지 어둠이 온 땅을 덮습니다. 오후 세 시에 예수님께서 '엘리 엘리 라마 사박다니' 라고 부르짖습니다. 이 말씀은 나의 하나님 나의 하나님 어찌하여 나를 버리십니까? 하는 뜻입니다. 그런데 이 말씀을 예수님보다 천 년 전에 다윗이 이 말씀을 합니다. 시편 22:1에서 다윗이 이 말로 시작을 하는데 마치 십자가에 못 박히는 예수님을 눈으로 보듯이 말하고 있습니다. 시편 22편은 예수님을 조롱하는 것과 겉옷을 나누어 가지고 속옷을 제비 뽑는 일까지 다 말하고 있습니다. 이것은 그리스도의 영이 다윗에게 임하여 장차 그리스도의 고난을 바라본 것입니다.

신 포도주를 마시는 내용은 내가 목마르다고 말씀하셨기에 신 포도주를 마시게 하는 것입니다. 이 내용은 다음 주에 보겠습니다만 '엘리 엘리 라마 사박다니' 하시고 큰 소리를 지르시고 숨지셨습니다. 여기의 큰 소리는 다 이루었다는 말씀과 아버지께 내 영혼을 부탁한다는 말씀입니다. 이렇게 십자가에서 죽는 순간에 성전 안에 있던 휘장 곧 성소와 지성소를 구분하는 두꺼운 휘장이 위에서 아래로 찢어졌습니다. 십자가에서 하나님께 버림을 받아 죽는 일이 새로운 길이 열렸습니다. 그러므로 이런 죽음을 본 백부장, 십자가 처형을 집행하는 로마 군대의 장교가 이분은 참으로 하나님의 아들이라고 합니다. 그 십자가의 죽음의 순간에 강도와 이방인 백부장이 예수님을 믿습니다. 가장 믿을 수 없는 자들이 그 죽음의 순간에 예수님을 하나님의 아들로 믿었습니다.

그러므로 예수님께서 십자가에서 하나님 아버지로부터 버림을 받는 저주를 받은 일은 우리의 저주를 대신 짊어진 저주입니다. 우리는 태어나면서부터 허물과 죄로 죽은 상태입니다.^{엡2:1} 허물과 죄로 죽은 채로 태어나서 살아가기에 하나님의 생명에서 끊어진 것을 죄와 고통으로 여기지 못합니다. 돈이 끊어지면 고통이고 내가 원하는 것들을 이루지 못하면 고통으로 여기지만 하나님의 생명에서 끊어진 것이 고통인 줄 모르고 살아갑니다. 이런 상태의 인간은 생명을 구하지 않고 생존의 필요만을 구하며 삽니다. 그런데 생존의 필요만 구한다면 지구상에 굶주릴 사람이 한 사람도 없습니다. 다른 사람은 다 죽어도 자기만은 살아야겠다고 천년만년 생존할 것들을 준비합니다. 이런 상태로 자기 육체와 마음이 원하는 대로 사는 일이 허물과 죄로 죽은 모습입니다. 이런 자들이 스스로 구원을 받을 수 없습니다. 그러므로 하나님이 하시는 구원을 봅니다.

갈라디아서 4:4~5 "때가 차매 하나님이 그 아들을 보내사 여자에게서 나게 하시고 율법 아래에 나게 하신 것은 율법 아래에 있는 자들을 속량하시고 우리로 아들의 명분을 얻게 하려 하심이라" 만세 전고전2:7, 잠8:23, 합1:12에 영원 전행3:21, 딤후1:9, 딛1:2, 유1:25에 창세 전요17:5, 17:24, 엡1:4, 벧전1:20에 예정하신 하나님의 뜻이 때가 되어 이루어진 일이 하나님이 사람이 되신 예수 그리스도께서 여자에게 나시고 율법 아래 나신 것은 율법 아래 있는 자들을 속량하시기 위함입니다. 자기 피로 값을 주고 구하여 내시기 위합니다.

빌립보서 2:5~8 "너희 안에 이 마음을 품으라 곧 그리스도 예수의 마음이니 그는 근본 하나님의 본체시나 하나님과 동등됨을 취할 것으로 여기지 아니하시고 오히려 자기를 비워 종의 형체를 가지사 사람들과 같이 되셨고 사람의 모양으로 나타나사 자기를 낮추시고 죽기까지 복종하셨으니 곧 십자가에 죽으심이라" 사복음서 이후에 기록된 신약성경은 예수님의 십자가로 일어난 일을 설명하고 있습니다. 그 십자가로 무슨 일이 일어났는지 알려줍니다.

마가복음 15:33~39를 다시 봅니다. 예수님께서 십자가에서 완전히 버림을 받습니다. 유일하게 죄가 없는 분이 버림을 받습니다. 그 버림받음의 의미를 보기 위하여 신약의 몇 곳을 먼저 보았습니다. 예수님의 버림받음은 허물과 죄로 죽은 우리에게로 버림받아 우리와 연합하여 우리를 살리시고 하늘에 앉히시는 일을 십자라고 이루신 것입니다. 물론 십자가 이후에 부활과 승천과 성령 보내심과 복음의 전파와 재림이 있습니다. 그러나 이 모든 일이 일어나는 것은 십자가로 다 이루심 때문에 일어납니다. 그러므로 십자가의 버림받음은 자기 죄를 알지도 못하고 살아가는 우리에게로 버림받아 우리를 품에 안으시고 살려내시는 일을 하시기 위한 십자가입니다.

히브리서 10:19~25 "그러므로 형제들아 우리가 예수의 피를 힘입어 성소에 들어갈 담력을 얻었나니 그 길은 우리를 위하여 휘장 가운데로 열어 놓으신 새로운 살 길이요 휘장은 곧 그의 육체니라 또 하나님의 집 다스리는 큰 제사장이 계시매 우리가 마음에 뿌림을 받아 악한 양심으로부터 벗어나고 몸은 맑은 물로 씻음을 받았으니 참 마음과 온전한 믿음으로 하나님께 나아가자 또 약속하신 이는 미쁘시니 우리가 믿는 도리의 소망을 움직이지 말며 굳게 잡고 서로 돌아보아 사랑과 선행을 격려하며 모이기를 폐하는 어떤 사람들의 습관과 같이 하지 말고 오직 권하여 그날이 가까움을 볼수록 더욱 그리하자"

십자가에서 버림받아 죽는 순간 성전의 휘장이 찢어졌습니다. 이 휘장을 예수님의 육체라고 합니다. 예수님이 십자가에 죽음으로 영원한 생명의 길이 열렸습니다. 이 사실을 믿는 자들이 성도들입니다. 이들은 함께 모여 서로 격려합니다. 모이기를 폐하는 자들의 어떤 습관과 같이 하지 말고 그날이 가까움을 볼수록 더욱 그리하자고 합니다. 코로나로 비대면이 습관이 되어버린 시대입니다. 그러나 우리 주님 다시 오시는 날을 믿고 기다리는 자들은 모이기를 힘쓰게 됩니다. 지금도 극심한 고난 가운데

있는 자들에게도 위로와 격려는 주님 다시 오신다는 말씀입니다. 예수님
께서 십자가에서 버림받음은 이미 버림받은 우리에게로 자신을 나누어주
시고 품에 안아서 살리시고 하늘에 올리신 것입니다. 그러므로 누구도 알
지 못하는 깊은 죄와 고독 중에도 주님은 함께 하십니다. 그리고 구원의
완성자가 다시 오신다는 소식이 고난 중에 있는 성도에게 격려와 소망입
니다.

십자가 (6)

요한복음 19:28~30 그 후에 예수께서 모든 일이 이미 이루어진 줄 아시고 성경을 응하게 하려 하사 이르시되 내가 목마르다 하시니 거기 신 포도주가 가득히 담긴 그릇이 있는지라 사람들이 신 포도주를 적신 해면을 우슬초에 매어 예수의 입에 대니 예수께서 신 포도주를 받으신 후에 이르시되 다 이루었다 하시고 머리를 숙이니 영혼이 떠나가시니라

　지난 주에 본 말씀은 십자가에 달린 예수님께서 요한에게 마리아를 부탁하는 것과 '엘리 엘리 라마 사박다니' 였습니다. 예수님께서 마리아를 부탁한 말씀은 단지 육체적인 가족의 문제가 아니라 예수님의 십자가 피로 만들어 내시는 새로운 가족을 말씀하고 있음을 보았습니다. 그 새로운 가족들이 새 하늘과 새 땅의 백성들입니다. 그 일을 이루시기 위하여 십자가에서 버림받으신 것입니다. 유일하게 죄가 없는 그래서 버림받을 수 없는 하나님의 아들이 하나님께 버림을 받은 일은 죄인인 우리에게로 버림받아 우리를 품에 안으시고 하늘 성소에 앉히시는 일을 하신 것입니다. 오늘은 목마르다는 말씀과 다 이루었다는 말씀과 내 영혼을 부탁한다는 말씀을 보겠습니다.

　요한복음 19:28~30 여기서 '그 후' 란 십자가에 달리신 예수님께서 요

한에게 마리아를 부탁한 후가 됩니다. 그런데 사복음서를 통하여 보면 '엘리 엘리 라마 사박다니'를 말씀하신 것입니다. 그 후에 모든 일이 이미 이루어진 줄 아신다고 합니다. 이미 이루어진 줄 아신다는 말씀은 하나님께서 예수님께 하신 모든 말씀을 이루신 것이며 또한 구약의 모든 약속도 예수님은 십자가로 이루시기에 그 이루어진 것을 아시고 성경을 응하게 하려고 내가 목마르다고 하십니다. 내가 목마르다고 하신 이유는 기록된 성경의 말씀을 이루기 위하여 하신 말씀입니다.

시편 69:21 "그들이 쓸개를 나의 음식물로 주며 목마를 때에는 초를 마시게 하였사오니" 다윗의 시편입니다. 다윗은 그리스도의 영이 임하여 오실 그리스도의 고난을 미리 보고 증언하였습니다.[마22:43, 벧전1:11] 시편 22편의 나의 하나님 나의 하나님 어찌하여 나를 버리셨나이까 하는 말씀도 다윗의 시편인데 이러한 말씀들을 예수님은 십자가로 다 이루시는 것입니다. 그러므로 시편 69:21의 말씀도 이루시기 위하여 예수님께서 목마르다고 하신 것입니다. 그래서 신 포도주, 쓸개 탄 포도주[마27:34]를 적신 해면을 우슬초에 매어 예수의 입에 댑니다. 예수님께서 신 포도주를 받으신 후에 다 이루었다고 하시고 머리를 숙이니 영혼이 떠나가십니다.

예수님께서 최후의 만찬에서 떡을 주시면서 자기의 살이라고 하셨습니다. 그리고 잔을 주시면서 많은 사람을 위하여 흘리는바 나의 피 곧 언약의 피라고 하셨습니다. 그리시면서 내가 포도나무에서 난 것을 이제부터 내 아버지의 나라에서 새것으로 너희와 함께 마시는 날까지 마시지 아니하리라고 하셨습니다.[마26:28, 29] 그런데 예수님은 십자가에서 말씀을 응하게 하려고 목마르다고 하심으로 쓸개 탄 그리고 시어진 포도주를 맛보십니다. 그러면 하나님의 나라에서 새것으로 마신다는 말씀도 결국 십자가로 이루어내시는 것입니다. 그러므로 지난 주에 본 대로 새 가족도 예수님의 십자가 피로 만들어 내시듯이 하나님의 나라도 예수님의 십자가로 만들어 내시는 것입니다.

오늘 본문 30절을 다시 봅니다. "예수께서 신 포도주를 받으신 후에 이르시되 다 이루었다 하시고 머리를 숙이니 영혼이 떠나가시니라" 예수님께서 목마르다고 하신 말씀조차 성경의 말씀을 이루기 위함입니다. 그러므로 신 포도주를 받으신 후에 다 이루었다고 합니다. 유대인들이 보면 십자가는 표적이 아니기에 거리끼는 것이며 율법에 따르면 저주받은 죽음입니다. 신21:23 헬라인들이 볼 때는 로마를 반역하다가 죽은 수치스럽고 치욕스럽고 역겨운 십자가의 처형입니다. 그런데 그 십자가에서 죽는 예수님은 다 이루었다고 합니다. 다 완성하고 끝냈다는 말씀입니다. 예수님께서 자신이 십자가에 들리면 무엇을 하실지 말씀하신 말씀을 요한복음에서 세 곳을 찾아봅니다.

첫째, 요한복음 3:13~15입니다. "하늘에서 내려온 자 곧 인자 외에는 하늘에 올라간 자가 없느니라 모세가 광야에서 뱀을 든 것 같이 인자도 들려야 하리니 이는 그를 믿는 자마다 영생을 얻게 하려 하심이니라"

요한복음 3:16은 많은 사람이 알고 외우기도 합니다. "하나님이 세상을 이처럼 사랑하사 독생자를 주셨으니 이는 그를 믿는 자마다 멸망하지 않고 영생을 얻게 하려 하심이라" 이 말씀만 읽으면 우리가 예수님을 믿으면 멸망하지 않고 영생을 얻는다고 합니다. 그러면 영생을 얻는 주도권이 우리에게 있게 됩니다. 그런데 바로 앞의 말씀을 보시면 율법 선생인 니고데모가 밤중에 예수님을 찾아왔습니다. 율법 선생이 예수님의 말씀을 알아듣지를 못합니다. 거듭나지도 못한 것입니다. 그러므로 예수님은 니고데모에게 모세가 광야에서 뱀을 든 것 같이 인자도 들려야 한다고 하십니다. 이것이 바로 십자가를 지시는 것입니다. 그러므로 십자가로 다 이루었다는 말씀은 하나님 아버지께서 자신에게 주신 자들에게 영생 주시는 일을 십자가로 다 이루었다는 말씀입니다. ^{요6:38~40}

둘째, 요한복음 8:28입니다. "이에 예수께서 이르시되 너희가 인자를 든 후에 내가 그인 줄을 알고 또 내가 스스로 아무것도 하지 아니하고 오직 아버지께서 가르치신 대로 이런 것을 말하는 줄도 알리라"

예수님께서 들리심 곧 십자가에 들리신 후에 예수님이 누구신지 알게 하여 주신다고 말씀하십니다. 사람이 스스로 예수님이 누구신지 알 수가 없다는 말씀입니다. 그런데 예수님이 누구신지 알지 못하면 너희는 너희 죄 가운데서 죽으리라고 하셨습니다. ^{요8:24} 예수님께서 누구신지 알고 믿는 것이 영원한 생명을 얻는 것입니다. ^{요17:3} 그러므로 예수님이 누구신지 알고 믿는 일도 십자가로 이루어 내신다는 말씀입니다. 이러한 내용들을 십자가에서 다 이루었다고 하시는 것입니다. 물론 역사적인 시간으로는 예수님의 부활과 승천과 성령을 보내심으로 알게 되지만 묵시적으로 십자가에서 그 일도 다 이루신 것입니다. 시간과 공간을 창조하신 하나님만이 하실 수 있는 일입니다.

셋째, 요한복음 12:32~33입니다. "내가 땅에서 들리면 모든 사람을 내게로 이끌겠노라 하시니 이렇게 말씀하심은 자기가 어떠한 죽음으로 죽을 것을 보이심이러라"

예수님께서 십자가에 들리심으로 모든 사람을 내게로 이끌겠다고 하십니다. 예수님의 죽음으로 모든 사람을 자기에게로 이끌어 간다는 말씀입니다. 그러므로 예수님의 십자가는 구약의 모든 하나님의 백성들을 이끌어 하늘에 앉히시는 일을 십자가에서 묵시적으로 완료하셨습니다. 신약의 택한 백성들도 묵시적으로 십자가에서 이끌어 하늘에 앉히신 것입니다. 구약이나 신약이나 구원받는 자들은 예수님이 십자가의 피 뿌림으로 하늘에 이끌어 가시는 것입니다. 오래전에 진 에드워드 영이 지은 책의 이야기를 한 적이 있습니다. 십자가 위에서 못 박히는 예수님이 시간을 멈추어 아담의 죄로부터 예수님이 다시 오실 그날까지의 죄를 자기에게로 이끌어 못에 박힌다는 내용입니다. 그러므로 예수님께서 십자가에 들림으로 자기 백성들을 십자가로 이끄시는데 어떻게 이끄십니까?

예수님께서 어부인 베드로를 불러서 사람을 낚는 어부가 되게 하겠다고 하셨습니다.마4:19, 막1:17 이 말씀을 어떤 목사가 설교하기를 어부는 물고기 잡는 기술이 좋기에 사람을 낚을 때도 좋은 방법을 사용해야 한다는 말을 들어보았습니다. 그러나 저는 다르게 봅니다. 처음 전도사를 부산의 광안리 바닷가 민락동에서 했습니다. 그때 직접 배를 몰고 고기를 잡는 어부가 몇 가정 있었습니다. 이분들이 전도를 잘할까요? 제가 본 그분들은 말이 별로 없습니다. 무뚝뚝하고 손은 거칩니다. 사람 사귀는 기술이 별로 없는 분입니다. 그러므로 사람을 낚는 어부가 되게 하시겠다는 말씀은 너의 능력과 실력이 아니라 십자가의 도를 전하는 사람이 되게 하겠다는 말씀입니다.

그러므로 오늘도 전도는 어리석고 미련한 십자가의 도를 전해야 합니다. 십자가의 도는 전혀 보암직하지 않고 먹음직하지 않고 세상의 영광이 없습니다. 자기를 부인하고 자기 십자가를 지는 일 곧 자기 부인의 길로 끌려가는 것입니다. 그러므로 전도란 먹음직한 미끼를 달지 않고 유대인들에게 거리끼는 것이며 이방인들에게 미련하고 어리석어 보이는 십자가라는 낚시를 던지는 것입니다. 그 십자가를 제대로 전한다면 누가 믿겠습니까? 그러므로 십자가에서 들린 그 분이 자기 백성을 낚아채서 십자가로 이끌어 하늘로 올리십니다. 구약이나 신약의 모든 자들을 십자가에서 이끌어 올리겠다는 말씀이 요한복음 12:32~33입니다. 그러므로 성도는 십자가로 이끌려 천국으로 갑니다.

오늘 본문 30절을 다시 봅니다. 저주받아 죽는 죽음이며 미련하고 어리석은 죽음인 십자가에서 예수님은 무엇을 다 이루신 것입니까? 구약의 모든 하나님의 약속을 다 이루신 것입니다. 그러므로 십자가에서조차 하나님의 말씀을 이루시기 위하여 내가 목마르다고 하신 것입니다. 그리고 요한복음에서 십자가에 들리면 이루실 일 세 가지를 보았습니다. 십자가에 들리심은 영생을 주시는데 영생은 예수님이 누구신지 알아야 합니다. 그러므로 십자가에 들림으로 예수님이 누구신 줄 알게 해 주신다고 합니다. 그러므로 그 십자가에서 자기 백성을 이끌어 올리십니다.

그렇게 다 이루었다고 하신 후에 고개를 숙이니 영혼이 떠나가셨다고 합니다. 그러나 헬라어 원문을 문자적으로 번역하면 '그가 영혼을 넘겨주셨다' 라는 뜻입니다. 그 십자가의 다 이루심으로 영혼을 넘겨주신 것입니다. 누구에게 넘겨주신 것입니까? 하나님께서 맡겨주신 자들을 구원하여 내시는 일을 위하여 그 영혼을 넘겨주신 것입니다. 오래전 중국에 가서 복음을 전할 때 이 말씀을 전하니 통역을 하는 분이 중국어 성경에는 영혼이 떠나갔다는 표현보다 영혼을 넘겨주셨다고 되어 있다고 합니다. 그래서 놀랐던 적이 있는데 그 영혼을 누구에게 어떻게 넘겨주신 것입니까?

누가복음 23:45~46 "성소의 휘장이 한가운데가 찢어지더라 예수께서 큰 소리로 불러 이르시되 아버지 내 영혼을 아버지 손에 부탁하나이다 하고 이 말씀을 하신 후 숨지시니라"

예수님께서 십자가에서 죽을 때 성소의 휘장이 찢어진 것은 지난 주 히브리서의 말씀으로 살펴보았습니다. ^{히10:20} 예수님의 육체를 그림자로 보여준 것이 성전의 휘장입니다. 그런데 예수님의 십자가 죽음으로 성소와 지성소를 가로막고 있던 휘장이 찢어짐으로 하늘 지성소의 길이 열린 것입니다. 그러므로 예수님의 십자가 위의 마지막 말씀은 내 영혼을 아버지

손에 부탁한다고 합니다. 그 영혼을 하나님 아버지께 넘기는 것입니다. 그렇게 아버지께 넘겨서 우리에게 오십니다.

사도행전 2:29~33 "형제들아 내가 조상 다윗에 대하여 담대히 말할 수 있노니 다윗이 죽어 장사 되어 그 묘가 오늘까지 우리 중에 있도다 그는 선지자라 하나님이 이미 맹세하사 그 자손 중에서 한 사람을 그 위에 앉게 하리라 하심을 알고 미리 본 고로 그리스도의 부활을 말하되 그가 음부에 버림이 되지 않고 그의 육신이 썩음을 당하지 아니하시리라 하더니 이 예수를 하나님이 살리신지라 우리가 다 이 일에 증인이로다 하나님이 오른손으로 예수를 높이시매 그가 약속하신 성령을 아버지께 받아서 너희가 보고 듣는 이것을 부어주셨느니라"

십자가에서 다 이루었다는 그 내용을 전하는 성경이 사도행전에서 요한계시록까지라고 지난 주에 말씀을 드렸습니다. 다음 주에 사도행전부터 십자가를 살펴보겠습니다. 예수님께서 십자가에 죽고 사흘 만에 부활하시고 사십일 간 제자들에게 보여주신 후에 승천하시고 오순절에 성령을 보내십니다. 성령이 임한 일을 베드로가 다윗의 말을 인용하면서 예수님의 죽음과 부활과 승천과 성령 임함을 전하고 있습니다. 그러므로 예수님께서 자기 영혼을 아버지 손에 맡김으로 이제 그 영혼이 우리에게 부어지는 것입니다. 우리가 예수님을 믿는 일은 예수님의 영이 우리 안에 오시는 일입니다. 이제부터 우리가 머리가 아니라 예수님이 머리가 되어 우리를 이끌어 가십니다.

우리는 태어나면서부터 내가 내 인생의 주인인 줄 알고 살아갑니다. 그러나 내가 내 인생의 주인이 아님을 알아가는 과정이 인생살이입니다. 그런데 어떤 사람은 자기 인생을 자기 뜻대로 살아간다고 생각하는 사람들이 많습니다. 그런 사람들은 의지가 강하고 자기 삶의 목표를 정하고 이루어 가는 사람입니다. 그런데 그런 사람일수록 예수님을 믿기는 힘이 듭니다. 그러므로 예수님을 믿는 사람은 자기 인생이 자기 것이 아님을 아는 일들이 자꾸 일어납니다. 내가 나의 주인이 아님을 알아가게 하셔서 결국은 예수님의 십자가 앞에 무릎을 꿇는 일이 일어납니다. 이런 일이 예수님을 믿는 일인데 이것은 십자가로 다 이루신 일이 이 역사 속에서 일어나고 있기 때문입니다.

우리가 성경이 말씀하는 십자가의 다 이루심을 믿는다는 말은 그 다 이루심의 일이 이 역사 속에서도 이루어지고 있다는 사실을 믿는 것입니다. 사람들이 괴로운 이유는 미완성으로 인하여 힘이 듭니다. 이사를 하고 나서 짐 정리를 밤새 해본 적이 있습니다. 짐을 정리하지 않고서는 마음이 불편하여 잠이 오지 않을 것 같아서 밤을 꼬박 새우며 다 정리한 후에 다 되었다고 하고 잤습니다. 그러나 우리가 참으로 이사해야 할 영원한 그 나라는 우리가 준비하는 나라가 아닙니다. 그 나라는 사람의 손으로 만들 수가 없습니다. 오직 예수님께서 십자가로 단번에 영원히 이루셨기에 우리는 그 다 이루심을 믿는 믿음으로 들어갑니다. 이런 믿음이 은혜의 선물입니다. 그런데 이 선물을 받은 사람은 이 역사 속에서 십자가에 끌려가는 것입니다. 내가 원하는 길로 가지 못합니다. 내가 원하지 않는 길로 이끌려 갑니다. 그 과정을 통하여 나의 머리 됨, 나의 주체성이 삭제되고 예수님이 나의 머리가 되는 일들이 성도에게 일어납니다. 그럴 때 어떤 고백이 나올까요?

금요일에 '예수의 마지막 말들'이라는 책을 보고 있는데 그중에 한 내용을 소개합니다. 이 책의 저자가 여러 신학자를 만났는데 그중에 한 신학자의 이야기를 합니다. 사십 대에 결혼하여 처음이자 마지막으로 낳은 자녀가 희소병으로 23년을 살고 죽었답니다. 그 장례식에 크게 슬퍼하면서 이런 말을 하였다고 합니다. "그리스도인의 삶은 결국 나의 아버지, 나의 아버지, 어찌하여 나를 버리셨습니까? 와 아버지, 내 영혼을 아버지 손에 맡깁니다. 사이를 살아가는 것입니다."

그리스도의 영이 임하여 살아가는 그리스도인의 삶이 이 두 질문 사이를 살아가는 것이라고 합니다. 우리의 삶에 선명한 답이 없는 경우가 너무나 많습니다. 하나님이 왜 이러시는가? 왜 응답이 없는가? 고민이 많습니다. 그래서 나는 버림받은 자가 아닌가 하는 고민도 합니다. 그래서 나의 아버지 나의 아버지 어찌하여 나를 버리시느냐고 하면서 동시에 나의 영혼을 아버지 손에 맡긴다는 그 고백이 나오는 것은 예수 그리스도의 영이 우리에게 임하였기 때문입니다. 그 영혼을 십자가에서 넘겨주셨기에 이런 일이 우리에게도 일어납니다. 이러한 일들이 일어날 때 예수 그리스도의 십자가로 다 이루신 일이 무엇인지 더욱 선명하여지는 은혜가 임하기를 소원합니다.

십자가 (7)

사도행전 2:33~36 하나님이 오른손으로 예수를 높이시매 그가 약속하신 성령을 아버지께 받아서 너희가 보고 듣는 이것을 부어주셨느니라 다윗은 하늘에 올라가지 못하였으나 친히 말하여 이르되 주께서 내 주에게 말씀하시기를 내가 네 원수로 네 발등상이 되게 하기까지 너는 내 우편에 앉아 있으라 하셨도다 하였으니 그런즉 이스라엘 온 집은 확실히 알지니 너희가 십자가에 못 박은 이 예수를 하나님이 주와 그리스도가 되게 하셨느니라 하니라

지난 주까지 예수님께서 십자가에 하신 말씀을 살펴보았습니다. 오늘은 예수님의 부활을 믿지 못한 제자들의 모습과 성령이 임한 후의 모습을 보겠습니다. 예수님은 분명하게 몇 번이나 십자가에서 죽고 사흘 만에 다시 살아나신다고 하셨습니다. 그런데도 아무도 믿지 않았습니다. 예수님이 무덤에 묻히신 날이 금요일입니다. 그다음 날이 토요일인데 유대인들에게 안식일입니다. 안식일은 아무 일도 못 하게 하기에 안식일이 지나서 여인 몇 사람이 예수님의 무덤에 갔습니다.

무덤에 간 이유는 예수님의 시신에 기름을 바르지 못하였다고 하여 기름을 들고 간 것입니다. 그런데 무덤의 돌 문은 열려있고 시체가 보이지 않습니다. 여자들이 근심하고 있을 때 문득 찬란한 옷을 입은 두 사람이 곁에 서 있습니다. 천사들입니다. 여자들이 두려워 얼굴을 땅에 댑니다.

그러나 두 천사가 살아있는 자를 죽은 자 가운데서 찾느냐고 하면서 그가 여기 계시지 않고 살아나셨다고 하면서 예수님께서 갈릴리에서 너희에게 어떻게 말씀하셨는지를 기억하라고 합니다.

누가복음 24:7~12 "이르시기를 인자가 죄인의 손에 넘겨져 십자가에 못 박히고 제삼일에 다시 살아나야 하리라 하셨느니라 한 대 그들이 예수의 말씀을 기억하고 무덤에서 돌아가 이 모든 것을 열한 사도와 다른 모든 이에게 알리니 (이 여자들은 막달라 마리아와 요안나와 야고보의 모친 마리아라 또 그들과 함께 한 다른 여자들도 이것을 사도들에게 알리니라) 사도들은 그들의 말이 허탄한 듯이 들려 믿지 아니하나 베드로는 일어나 무덤에 달려가서 구부려 들여다보니 세마포만 보이는지라 그 된 일을 놀랍게 여기며 집으로 돌아가니라"

천사들이 전한 예수님의 부활 소식을 들은 여자들의 말도 믿지 않습니다. 유대 사회에서 여자는 증인이 될 수가 없습니다. 그래서인지 제자들이 여인들의 말을 믿지 않습니다. 그러나 최초로 부활의 증인이 여자가 되었다는 사실이 놀랍습니다. 이 소식을 듣고 베드로와 요한이 달려서 무덤에 들어가 보니 예수님의 시신을 쌌던 세마포만 보였습니다. 그 된 일을 놀랍게 여기며 그냥 집으로 돌아갔습니다. 우리는 이런 제자의 모습이 놀랍습니다. 부활의 소식을 듣고 그냥 집으로 돌아갔다는 말은 아직 부활을 믿지 못하는 것입니다. 이런 이야기를 다 들은 두 사람이 엠마오 마을로 내려갑니다. 십자가에 죽어버린 예수님을 보았기에 부활의 소식을 듣고서도 엠마오로 내려갑니다.

예수님께서 그들과 같이 가셔도 알아보지 못합니다. 예수님께서 그들에게 너희가 길 가면서 서로 주고받고 하는 이야기가 무엇이냐고 묻습니다. 두 사람이 슬픈 빛을 띠고 머물러 서서 대답하기를 당신이 예루살렘에 체류하면서도 요즘 거기서 된 일을 혼자만 모르느냐고 하면서 예수님의 이야기를 합니다. 그는 하나님과 모든 백성 앞에서 말과 일에 능하신 선지자인데 우리 대제사장들과 관리들이 사형 판결에 넘겨주어 십자가에 못 박았다고 합니다. 우리는 그가 이스라엘을 속량할 자라고 바랐다고 합니다. 이뿐 아니라 이 일이 일어난 지가 사흘째요 우리 중에 어떤 여자들이 우리로 놀라게 하였으니 이는 그들이 새벽 때 무덤에 갔다가 그의 시체는 보지 못하고 와서 그가 살아나셨다고 하는 천사들의 나타남을 보았다고 하여 우리와 함께 한 자 중 두어 사람이 무덤에 가 과연 여자들이 말한 바와 같음을 보았으나 예수는 보지 못하였다고 합니다.

누가복음 24:25~27 "이르시되 미련하고 선지자들이 말한 모든 것을 마음에 더디 믿는 자들이여 그리스도가 이런 고난을 받고 자기의 영광에 들어가야 할 것이 아니냐 하시고 이에 모세와 모든 선지자의 글로 시작하여 모든 성경에 쓴바 자기에 관한 것을 자세히 설명하시니라"

부활하신 예수님께서 나의 부활을 보라고 하시지 않고 모세와 모든 선지자의 글로 시작하여 모든 성경에 기록된 자기에 관한 것을 자세히 설명합니다. 저녁 시간에 되어 두 사람이 예수님과 식사하자고 해서 들어갑니다. 예수님께서 기도하시자 제자들이 그제야 예수님을 알아봅니다. 그때 예수님은 순간에 사라집니다. 두 제자가 하는 말이 예수님이 성경을 풀어 주실 때 마음이 뜨거웠다고 합니다. 구약 성경으로 그리스도의 고난과 죽음과 부활에 관한 말씀을 풀어 주신 것입니다. 그래서 엠마오 마을로 가지 않고 다시 예루살렘으로 올라가니 제자들이 함께 모여 있습니다.

누가복음 24:44~48 "또 이르시되 내가 너희와 함께 있을 때에 너희에게 말한바 곧 모세의 율법과 선지자의 글과 시편에 나를 가리켜 기록된 모든 것이 이루어져야 하리라 한 말이 이것이라 하시고 이에 그들의 마음을 열어 성경을 깨닫게 하시고 또 이르시되 이같이 그리스도가 고난을 받고 제

삼 일에 죽은 자 가운데서 살아날 것과 또 그의 이름으로 죄 사함을 받게 하는 회개가 예루살렘에서 시작하여 모든 족속에게 전파될 것이 기록되었으니 너희는 이 모든 일의 증인이라"

예수님께서 엠마오 마을로 가던 두 제자와 다른 열한 제자들이 있는 곳에 나타나셔서 하신 말씀입니다. 모세의 율법과 선지자의 글과 시편에 예수님을 가리켜 기록된 모든 것이 이루어져야 하리라는 말씀이 그의 죽음과 부활이라고 합니다. 그리고 부활하신 주께서 제자들에게 그의 이름으로 죄 사함을 얻게 하는 회개가 예루살렘에서 시작하여 모든 족속에게 전파될 일도 기록되었다고 합니다. 이방인의 구원도 이미 기록되어 있다는 것입니다. 그러므로 이 모든 일의 증인이라고 하시고 승천하신 후에 성령을 보내십니다. 성령이 임한 사도들이 어떤 복음을 전하는지 봅니다.

사도행전 2:29~32 "형제들아 내가 조상 다윗에 대하여 담대히 말할 수 있노니 다윗이 죽어 장사되어 그 묘가 오늘까지 우리 중에 있도다 그는 선지자라 하나님이 이미 맹세하사 그 자손 중에서 한 사람을 그 위에 앉게 하리라 하심을 알고 미리 본 고로 그리스도의 부활을 말하되 그가 음부에 버림이 되지 않고 그의 육신이 썩음을 당하지 아니하시리라 하더니 이 예수를 하나님이 살리신지라 우리가 다 이 일에 증인이로다"

예수님의 말씀대로 오순절에 성령이 임합니다. 그러자 베드로가 담대하게 전합니다. 다윗이 죽어 무덤이 오늘까지 우리 중에 있다고 합니다. 그러므로 다윗의 시편에서 그가 음부에 버림이 되지 않고 육신이 썩음을 당하지 않으리라고 노래한^{시16:10} 것은 자신의 이야기가 아니라 다윗이 선지자로 미리 보았기에 한 말이라고 합니다. 그러므로 사도들이 이 일에 증인이라고 합니다.

오늘 본문 사도행전 2:33~36을 봅니다 하나님이 오른손으로 예수를 높이시매 그가 약속하신 성령을 아버지께 받아서 너희가 보고 듣는 이것을 부어주셨느니라고 합니다. 오순절 성령이 임한 것은 예수님이 하나님의 보좌 우편에 오르셨기에 이루어진 일이라고 합니다. 그러므로 이 일도 다윗의 시편으로 증언합니다. "주께서 내 주에게 말씀하시기를 내가 네 원수로 네 발등상이 되게 하기까지 너는 내 우편에 앉아 있으라^{시110:1}" 다윗은 하늘에 올라가지 못하였으나 선지자이기에 미리 보았다는 앞의 말씀을 그대로 연결합니다. 그러므로 이스라엘 온 집은 확실히 알지니 너희가 십자가에 못 박은 이 예수를 하나님이 주와 그리스도가 되게 하셨다고 전합니다.

이 말씀을 듣는 자들은 50일 전에 예수를 십자가에 못 박아 죽이라고 고함을 질렀던 자들입니다. 그 말씀을 듣고 마음에 찔린 자들이 어떻게 할지를 사도들에게 묻습니다. 그러자 너희가 회개하여 각각 예수 그리스도의 이름으로 세례를 받고 죄 사함을 받으라 그리하면 성령의 선물을 받는다고 합니다. 그 복음의 선포를 듣고 회개하고 예수님을 믿은 자가 그날에 삼천 명이나 되었습니다. 그런데 너희가 죽인 예수라고 하였기에 2천 년 예루살렘 사람들에게는 이 말이 해당이 됩니다.

그런데 오늘 우리는 그때로부터 공간적으로는 약 8,000km이며 시간 적으로 약 2천 년의 거리가 됩니다. 그런데도 오늘 우리가 들어야 할 복음도 사도들이 전한 복음과 같은 것이냐고 물을 수 있습니다. 나는 2천 년 전에 태어나지도 않았기에 예수를 죽이지 않았다고 말합니다. 흔히 말하는 것처럼 나는 선악과를 따 먹지 않았다고 말할 것입니다. 그러나 우리가 아담의 허리에 속하여 선악과를 함께 먹었습니다. 성경에서 인간을 두 사람으로 줄이면 아담과 마지막 아담 예수님입니다. 아담 안에서는 모든 사람이 죽었습니다.^{고전15:22} 아담 안에서 죽었다는 말은 허물과 죄로 죽은 것입니다. 그러므로 예수님을 믿어야 죄가 용서되고 생명을 얻습니다. 우리의 죄가 예수님을 죽인 것입니다. 그러므로 이방인인 우리가 들을 복음의 선포도 너희가 죽인 예수가 먼저입니다.

내가 예수 죽인 죄인인 줄 알아야 예수님을 믿는 것이 무엇인지도 압니다. 그렇지 않으면 예수를 믿어줄 테니 무엇을 내어놓으라는 식이 됩니다. 지난 주에도 말했듯이 어떤 사람이 교회 오면 차비를 주느냐고 물었습니다. 때로는 차량을 운행하느냐고 묻는 분도 있습니다. 왜 큰 교회들이 대형버스를 돌리는 것입니까? 그렇게 해서라도 교인 수를 늘리려고 합니다. 그게 전도입니까? 너희가 십자가에 못 박아 죽인 예수를 하나님이 주와 그리스도가 되게 하셨다는 이 말씀 앞에 회개하고 예수를 믿든지 아니면 듣기 싫어서 귀를 막고 돌을 던져 죽이든지 둘 중의 하나입니다.

사도행전 7:51~54 "목이 곧고 마음과 귀에 할례를 받지 못한 사람들아 너희도 너희 조상과 같이 항상 성령을 거스르는도다 너희 조상들이 선지자들 중의 누구를 박해하지 아니하였느냐 의인이 오시리라 예고한 자들을 그들이 죽였고 이제 너희는 그 의인을 잡아 준 자요 살인한 자가 되나니 너희는 천사가 전한 율법을 받고도 지키지 아니하였도다 하니라 그들이 이 말을 듣고 마음에 찔려 그를 향하여 이를 갈거늘" 베드로의 복음 선포나 스데반의 복음 선포에 모두 마음에 찔립니다. 그런데 반응은 예수를 믿든지 돌로 쳐 죽이든지 둘 중의 하나입니다.

이어지는 55~59절입니다. "스데반이 성령 충만하여 하늘을 우러러 주목하여 하나님의 영광과 및 예수께서 하나님 우편에 서신 것을 보고 말하되 보라 하늘이 열리고 인자가 하나님 우편에 서신 것을 보노라 한 대 그들이 큰 소리를 지르며 귀를 막고 일제히 그에게 달려들어 성 밖으로 내치고 돌로 칠새 증인들이 옷을 벗어 사울이라 하는 청년의 발 앞에 두니라 그들이 돌로 스데반을 치니 스데반이 부르짖어 이르되 주 예수여 내 영혼을 받으시옵소서 하고 무릎을 꿇고 크게 불러 이르되 주여 이 죄를 그들에게 돌리지 마옵소서 이 말을 하고 자니라”

얼마 전 십자가에 못 박아 죽이라고 고함을 질렀던 그 예수가 다시 살아 나셨다고 전하니 이를 갈고 있습니다. 이때 스데반 집사가 성령이 충만하여 하늘을 우러러 주목하여 하나님의 영광과 및 예수께서 하나님 우편에 서신 것을 보고 말합니다. 보라 하늘이 열리고 인자가 하나님 우편에 서 계신 것을 본다고 합니다. 이 말이 얼마나 듣기 싫었으면 일제히 달려들어 귀를 막고 스데반을 돌로 쳐 죽입니다. 그러나 스데반 집사는 그렇게 죽어가면서 주 예수께 자기 영혼을 부탁하면서 돌 던지는 자들의 죄를 그들에게 돌리지 말아 달라고 하고 죽는데 그 죽음을 잔다고 합니다.

예수님을 믿는 자는 둘째 사망에 들어가지 않기에 육신의 죽음을 잔다고 하는 것입니다. 그러므로 사람이 죽었다고 하거나 살았다고 하는 것도 성경은 다르게 말합니다. 아무리 살아있다고 하여도 예수님을 믿지 않으면 그 사람은 허물과 죄로 죽은 사람입니다. 그런데 예수님을 믿고 죽은 자는 비로 그가 죽었다고 할지라도 예수 그리스도 안에서 살아있는 것입니다. 아브라함과 이삭과 야곱의 하나님은 죽은 자의 하나님이 아니라 산 자의 하나님이라고 예수님께서 말씀하셨습니다. 이 말씀은 부활이 없다고 하는 사두개인들에게 하신 말씀입니다. ^{막12:26~27}

그러므로 오늘 우리가 복음을 듣고 믿는다는 말은 나의 죄가 예수님을 죽인 죄임을 시인하는 것입니다. 이런 일은 성령이 임하여야 합니다. 그러므로 우리가 말씀을 보고 설교를 들을 때 성령께서 임하시면 자기 허물과 죄를 보게 됩니다. 그럴 때는 남의 허물과 죄는 보이지 않습니다. 평소에 다른 사람이 나보다 더 많은 죄를 지었다고 생각하는 사람은 아직도 그 죄가 드러나지 않았기 때문입니다. 주의 성령이 임하여 자신의 죄와 비참함을 알게 되면 세상에서 자기보다 더 큰 죄인이 없음을 압니다. 그런 자는 자기가 예수 죽인 자임을 알고 회개하게 됩니다. 그러므로 교회가 복음을 선포한다는 것은 사도들이 전한 이 복음을 주님 다시 오실 때까지 전하는 것입니다.

사도행전 20:28~32 "여러분은 자기를 위하여 또는 온 양 떼를 위하여 삼가라 성령이 그들 가운데 여러분을 감독자로 삼고 하나님이 자기 피로 사신 교회를 보살피게 하셨느니라 내가 떠난 후에 사나운 이리가 여러분에게 들어와서 그 양 떼를 아끼지 아니하며 또한 여러분 중에서도 제자들을 끌어 자기를 따르게 하려고 어그러진 말을 하는 사람들이 일어날 줄을 내가 아노라 그러므로 여러분이 일깨어 내가 삼 년이나 밤낮 쉬지 않고 눈물로 각 사람을 훈계하던 것을 기억하라 지금 내가 여러분을 주와 및 그 은혜의 말씀에 부탁하노니 그 말씀이 여러분을 능히 든든히 세우사 거룩하게 하심을 입은 모든 자 가운데 기업이 있게 하시리라"

바울 사도가 예루살렘으로 가면서 에베소 교회 장로들과 작별하면서 하는 말입니다. 오늘날은 목사와 장로로 구별하지만, 이 당시는 구별하지 않았습니다. 이들에게 부탁하기를 하나님이 자기 피로 사신 교회를 보살피라고 합니다. 하나님이 자기 피, 곧 예수님이 하나님이시니 예수님이 흘린 피로 세워진 교회를 잘 보살피라고 합니다. 바울이 떠나고 나면 교회 안팎에서 다른 복음을 전하는 자들이 나올 것이라고 합니다. 교회의 가장 중요한 일은 하나님의 피가 제대로 흐르고 있는가를 보는 것입니다. 그러면서 여러분을 주님과 그 은혜의 말씀에 부탁한다고 합니다.

성령이 임한 사도들이 전한 복음의 가장 중요한 내용이 무엇입니까? 하나님의 피 곧 예수 그리스도의 피입니다. 그 피가 흘린 자리가 십자가입니다. 그러므로 십자가의 복음이라고 합니다. 어떤 종교적인 이미지도, 거룩함도, 대신 희생의 의미도 없었던 그 십자가, 유대인들이 보기에 저주받아 죽은 십자가, 이방인들이 보기에 미련하고 어리석은 예수님의 십자가가 복음의 핵심입니다. 그 십자가로 다 이루심이 완성된 복음입니다. 그 완성으로 인하여 참된 생명을 얻고 누리게 됩니다.

십자가 (8)

로마서 5:6~11 우리가 아직 연약할 때에 기약대로 그리스도께서 경건하지 않은 자를 위하여 죽으셨도다 의인을 위하여 죽는 자가 쉽지 않고 선인을 위하여 용감히 죽는 자가 혹 있거니와 우리가 아직 죄인 되었을 때에 그리스도께서 우리를 위하여 죽으심으로 하나님께서 우리에 대한 자기의 사랑을 확증하셨느니라 그러면 이제 우리가 그의 피로 말미암아 의롭다 하심을 받았으니 더욱 그로 말미암아 진노하심에서 구원을 받을 것이니 곧 우리가 원수 되었을 때에 그의 아들의 죽으심으로 말미암아 하나님과 화목하게 되었은즉 화목하게 된 자로서는 더욱 그의 살아나심으로 말미암아 구원을 받을 것이니라 그뿐 아니라 이제 우리로 화목하게 하신 우리 주 예수 그리스도로 말미암아 하나님 안에서 또한 즐거워하느니라

오늘은 로마서에서 예수 그리스도의 십자가 곧 그 피로 이루신 일이 무엇인지 보겠습니다. 로마서 1장부터 4장까지 간략하게 요약하면 바울 사도가 로마에 있는 성도들에 복음을 전합니다. 이미 예수님을 믿는 자들에게 복음이 어떠한지 상세하게 전합니다. 복음은 모든 믿는 자에게 구원을 주시는 하나님의 능력입니다. 복음에는 하나님의 의가 나타나서 믿음으로 믿음에 이르게 합니다. 왜 복음에 하나님의 의가 나타나는지를 이방인의 죄와 유대인의 죄를 드러내면서 전합니다. 이방인이나 유대인이나 모

두 죄 아래 갇혀있다고 합니다. 그러므로 율법 외에 나타난 하나님의 의는 율법과 선지자들의 증거를 받은 것으로 오직 예수 그리스도를 믿음으로 받는 것입니다.

이 믿음은 은혜의 선물이기에 그리스도 예수 안에 있는 속량으로 인하여 하나님의 은혜로 값없이 의롭다고 하심을 얻는 것입니다. 이러한 믿음을 아브라함과 다윗의 예로 들어서 증언합니다. 아브라함이 하나님의 약속 곧 씨를 주신다는 약속을 믿음으로 의롭다는 칭함을 받습니다.^{창15:6} 이 씨는 예수 그리스도입니다.^{갈3:16} 그리고 일한 것도 없이 하나님께 의로 여기심을 받는 사람의 복에 대하여 다윗이 말한바 불법이 사함을 받고 죄가 가리어짐을 받는 사람은 복이 있고 주께서 그 죄를 인정하지 아니하실 사람은 복이 있습니다.^{시32:1~2} 아브라함과 다윗도 자기의 행위로는 결코 의인이 될 수가 없기에 오직 믿음으로 곧 은혜로만 의롭다고 하심을 받습니다.

로마서 5:1~5 "그러므로 우리가 믿음으로 의롭다 하심을 받았으니 우리 주 예수 그리스도로 말미암아 하나님과 화평을 누리자 또한 그로 말미암아 우리가 믿음으로 서 있는 이 은혜에 들어감을 얻었으며 하나님의 영광을 바라고 즐거워하느니라 다만 이뿐 아니라 우리가 환난 중에도 즐거워하나니 이는 환난은 인내를, 인내는 연단을, 연단은 소망을 이루는 줄 앎이로다 소망이 우리를 부끄럽게 하지 아니함은 우리에게 주신 성령으로 말미암아 하나님의 사랑이 우리 마음에 부은 바 됨이니"

우리가 예수님을 믿음으로 하나님과 화평을 누리며 은혜의 세계에 들어감을 얻었습니다. 이런 자들은 하나님의 영광을 바라보며 즐거워합니다. 그러나 이 역사 속에서는 환난을 겪습니다. 그런데 환난 중에도 즐거워합니다. 환난 그 자체는 즐거움이 아니지만 환난으로 인내를 배우며 인내를 통하여 연단이 일어나기에 즐거워합니다. 연단은 세상의 썩어질 소망이 사라지고 영원한 소망을 이룹니다. 이 소망이 우리를 부끄럽게 하지 않습니다. 그 이유는 우리에게 주신 성령으로 인하여 하나님의 사랑이 우리의 마음에 부어졌기 때문입니다. 하나님의 부어진 사랑이 무엇입니까?

로마서 5:6~11 우리가 연약할 때 때를 정하신 그 약속대로 그리스도께서 경건하지 않은 자를 위하여 죽었습니다. 의인이나 선한 사람을 위하여 대신 죽는 일도 쉽지 않습니다. 그런데 죄인 되어 있을 때 그리스도께서 우리를 위하여 죽음으로 하나님께서 우리에 대한 자기의 사랑을 확정하셨습니다. 그러므로 예수 그리스도의 십자가가 하나님의 사랑을 확증한 것입니다. 사람은 태어나면서부터 이미 하나님과 원수 된 죄인입니다. 아담의 허리에 속하여 선악과를 먹은 모든 인간은 피조물인 주제에 마치 자신이 하나님인 양 착각하며 살아갑니다. 이것이 하나님과 원수 된 인간의 실상입니다. 그러므로 우리가 연약할 때, 죄인 되어 있을 때, 하나님과 원수가 되어 있을 때 예수님은 십자가로 하나님의 사랑을 확증하시고 우리에게 찾아오시는 것입니다.

하나님의 사랑을 많은 사람이 오해합니다. 자기가 원하는 것들을 주는 것이 사랑인 줄 압니다. 그런데 허물과 죄로 죽은 자들이 원하는 것들은 썩어질 것들입니다. 그러므로 복음은 생명에 속한 것입니다. 그 생명에 속한 모든 것들, 하늘에 속한 모든 신령한 것을 주신다는 확증이 예수 그리스도의 십자가입니다. 그러므로 예수님께서 십자가로 다 이루었다고 하신 것은 하나님께서 약속한 모든 내용이 십자가로 다 이루신 것입니다. 그러므로 하나님의 사랑을 확증한 십자가의 복음은 모든 사람이 듣고 믿는 것이 아닙니다. ^{살후3:2} 오직 하나님의 택하심을 입은 자만 믿게 됩니다.

로마서 5:10~11을 새번역으로 봅니다. "우리가 하나님의 원수일 때에도 하나님의 아들의 죽으심으로 말미암아 하나님과 화해하게 되었다면, 화해한 우리가 하나님의 생명으로 구원을 얻으리라는 것은 더욱더 확실한 일입니다. 그뿐만 아니라, 우리는 또한 우리 주 예수 그리스도로 말미암아 하나님을 자랑합니다. 우리는 지금 그로 말미암아 하나님과 화해하게 된 것입니다.”

우리가 연약할 때, 죄인 되어 있을 때, 하나님과 원수 되어 있을 때 하나님의 사랑을 확증한 십자가의 사건이 일어났습니다. 역사 속에서는 2천 년 전에 일어난 사건입니다. 하나님의 사랑은 예수 그리스도의 피로 세운 새 언약입니다. 그러므로 오늘도 너희가 죽인 예수를 하나님이 살리시고 주와 그리스도가 되게 하셨다는 이 복음의 선포 앞에 자신의 죄가 예수를 죽인 죄임을 아는 자들은 회개하고 예수님을 믿게 됩니다. 그러나 자기 죄를 모르는 자는 복음을 배척합니다.

로마서 5:12~14 “그러므로 한 사람으로 말미암아 죄가 세상에 들어오고 죄로 말미암아 사망이 들어왔나니 이와 같이 모든 사람이 죄를 지었으므로 사망이 모든 사람에게 이르렀느니라 죄가 율법 있기 전에도 세상에 있었으나 율법이 없었을 때에는 죄를 죄로 여기지 아니하였느니라 그러나 아담으로부터 모세까지 아담의 범죄와 같은 죄를 짓지 아니한 자들까지도 사망이 왕 노릇 하였나니 아담은 오실 자의 모형이라”

우리는 아담 안에서 다 죽은 자가 됩니다. 아담으로부터 모세까지 아담과 같은 죄를 짓지 않아도 다 죽었습니다. 그런데 그 죽음의 이유를 몰랐습니다. 모세를 통하여 율법을 받고 나서 죽음의 이유를 알았습니다. 선악과를 따 먹은 죄가 죽음에 이르는 죄가 됩니다. 아담 안에서는 죄와 사망이 왕 노릇을 하고 있습니다. 세상에는 두 사람만 있다고 봐야 합니다. 아담과 예수님입니다. 아담은 오실 자의 모형인데 어떤 모형인가 하면 아담 안에서 모두 죽은 자가 되지만 예수 안에서는 모두 산자가 된다는 역설적인 모형입니다. 그러므로 우리는 모두 아담 안에서 죽은 자가 됩니다. 스스로 생명의 나라로 들어올 수가 없습니다. 이 죽음의 세계에 죄가 없는 하나님의 아들이 들어오심으로 우리의 죄를 대신 짊어지시고 우리를 끄집어내어 옮기시는 일이 십자가입니다.

로마서 5:15~19 "그러나 이 은사는 그 범죄와 같지 아니하니 곧 한 사람의 범죄를 인하여 많은 사람이 죽었은즉 더욱 하나님의 은혜와 또한 한 사람 예수 그리스도의 은혜로 말미암은 선물은 많은 사람에게 넘쳤느니라 또 이 선물은 범죄한 한 사람으로 말미암은 것과 같지 아니하니 심판은 한 사람으로 말미암아 정죄에 이르렀으나 은사는 많은 범죄로 말미암아 의롭다 하심에 이름이니라 한 사람의 범죄로 말미암아 사망이 그 한 사람을 통하여 왕 노릇 하였은즉 더욱 은혜와 의의 선물을 넘치게 받는 자들은 한 분 예수 그리스도를 통하여 생명 안에서 왕 노릇 하리로다 그런즉 한 범죄로 많은 사람이 정죄에 이른 것같이 한 의로운 행위로 말미암아 많은 사람이 의롭다 하심을 받아 생명에 이르렀느니라 한 사람이 순종하지 아니함으로 많은 사람이 죄인 된 것 같이 한 사람이 순종하심으로 많은 사람이 의인이 되리라

이런 말씀을 대표성의 원리라고 합니다. 아담 안에서 다 죽은 자가 되지만 예수님 안에서 산자가 됩니다. 아담 안에서 죄와 사망이 왕입니다. 예수님 안에서 의와 생명이 왕입니다. 죄와 사망의 왕인 자리에서 인간이 스스로 벗어날 길은 전혀 없습니다. 의와 생명이신 예수님께서 죄와 사망 안에 오셔서 자기 죽음으로 자기 백성을 대신하시고 그 백성을 안고 짊어지셔서 끌어내셔야 합니다. 이 일을 성부와 성자와 성령께서 함께 하시는 것입니다. 그러므로 하나님께서 우리를 흑암의 권세에서 건져내셔서 그 사랑하시는 아들의 나라로 옮기신 것입니다.^{골1:13} 이것을 믿게 하시는 분이 성령입니다. 그러므로 우리가 예수님을 믿는 일이 얼마나 엄청난 일인

지 알려줍니다.

로마서 5:20~21 "율법이 들어온 것은 범죄를 더하게 하려 함이라 그러나 죄가 더한 곳에 은혜가 더욱 넘쳤나니 이는 죄가 사망 안에서 왕 노릇 한 것 같이 은혜도 또한 의로 말미암아 왕 노릇 하여 우리 주 예수 그리스도로 말미암아 영생에 이르게 하려 함이라"

죄가 더한 곳에 은혜가 넘쳤다고 하니 죄를 더 지어야 하겠다고 하는 자들이 나옵니다. 이미 허물과 죄로 죽은 자들인데 더 지을 죄가 있겠습니까? 그러므로 죄를 더 지어야겠다고 하는 자들은 아직도 자신이 어떤 죄인인지 알지 못합니다. 그러므로 예수님을 믿지 않는 것이 죄가 된다는 말씀은 자신의 행위가 전적으로 죄인임을 아는 자는 감사하겠지만 자신이 의를 행할 수 있다고 생각하는 자는 화가 나는 일입니다. 그러므로 죄가 더한 곳에 은혜가 더욱 넘쳤다고 하니 은혜를 넘치게 하려고 죄를 더 지어야겠다고 하는 자들이 나옵니다. 이런 자들에게 어떻게 말합니까?

로마서 6:1~5 "그런즉 우리가 무슨 말을 하리요 은혜를 더하게 하려고 죄에 거하겠느냐 그럴 수 없느니라 죄에 대하여 죽은 우리가 어찌 그 가운데 더 살리요 무릇 그리스도 예수와 합하여 세례를 받은 우리는 그의 죽으심과 합하여 세례를 받은 줄을 알지 못하느냐 그러므로 우리가 그의 죽으심과 합하여 세례를 받음으로 그와 함께 장사되었나니 이는 아버지의 영광으로 말미암아 그리스도를 죽은 자 가운데서 살리심과 같이 우리로 또한 새 생명 가운데서 행하게 하려 함이라 만일 우리가 그의 죽으심과 같은 모양으로 연합한 자가 되었으면 또한 그의 부활과 같은 모양으로 연합한 자도 되리라"

죄가 더한 곳에 은혜가 더욱 넘쳤다고 하니 그러면 은혜를 더하게 하려고 죄 가운데 살겠다고 말하는 자들이 나온다면 그런 사람은 아직도 자신의 죄와 하나님의 은혜를 모르는 사람입니다. 예수님을 믿는다는 것은 예수님과 연합이 됩니다. 연합이란 성령이 임하여 우리가 예수님과 하나가 된다는 말입니다. 전에는 죄와 사망이 왕이었는데 이제는 의와 생명이 왕인 세계에 들어온 자들이 예수 믿는 자들입니다. 그러므로 예수님과 함께 죽은 자들은 더 이상 죄와 사망이 왕 노릇 할 수가 없습니다. 오히려 그리스도의 부활에 참여하게 되는 것을 확실하게 보증하십니다.

고린도후서 1:20~22 "하나님의 약속은 얼마든지 그리스도 안에서 예가 되니 그런즉 그로 말미암아 우리가 아멘 하여 하나님께 영광을 돌리게 되느니라 우리를 너희와 함께 그리스도 안에서 굳건하게 하시고 우리에게 기름을 부으신 이는 하나님이시니 그가 또한 우리에게 인치시고 보증으로 우리 마음에 성령을 주셨느니라"

하나님의 모든 약속을 예수님께서 십자가로 다 이루셨습니다. 그러므로 부활 승천하셔서 성령을 보내십니다. 성령이 임한 자들이 예수님을 믿는 자들입니다. 성령이 임한 것을 기름을 부으셨다고 말씀합니다. 구약에서 하나님의 일꾼으로 세우시려고 왕과 제사장과 선지자에게 기름을 부었습니다. 기름 부음을 받은 자라는 말이 히브리어로 '메시아' 이며 헬라어로 '그리스도' 입니다. 그러므로 기름 부음이란 성령이 임함을 말합니다. 성령은 예수의 영행16:7 그리스도의 영롬8:9, 벧전1:11 하나님의 영롬8:14, 고전2:11이라고도 합니다. 그러므로 성령은 하나님입니다. 성령 하나님이 보증이 되기에 절대 버리지 않으시고 반드시 부활에도 참여시킵니다.

로마서 6:6~11 "우리가 알거니와 우리의 옛사람이 예수와 함께 십자가에 못 박힌 것은 죄의 몸이 죽어 다시는 우리가 죄에게 종노릇 하지 아니하려 함이니 이는 죽은 자가 죄에서 벗어나 의롭다 하심을 얻었음이라 만일 우리가 그리스도와 함께 죽었으면 또한 그와 함께 살 줄을 믿노니 이는 그리스도께서 죽은 자 가운데서 살아나셨으매 다시 죽지 아니하시고 사망이 다시 그를 주장하지 못할 줄을 앎이로라 그가 죽으심은 죄에 대하여 단번에 죽으심이요 그가 살아 계심은 하나님께 대하여 살아 계심이니 이와 같이 너희도 너희 자신을 죄에 대하여는 죽은 자요 그리스도 예수 안에서 하나님께 대하여는 살아 있는 자로 여길지어다"

우리가 예수님을 믿는다는 말은 예수님의 십자가에 함께 못을 박히는 것입니다. 이것은 십자가로 단번에 영원히 일어난 일입니다. 이것은 시간과 공간을 초월하기에 묵시적이라고 합니다. 그러므로 예수님을 믿는 순간 죄의 몸이 죽은 것이기에 죄의 종노릇을 할 수가 없습니다. 죄의 종이란 예수님을 믿지 않고 자신이 자기의 주인인 줄 착각하며 살아가는 것입니다. 이런 자들은 죄가 왕이 되어 있는 줄 모릅니다. 그러나 하나님의 은혜로 예수님을 믿게 되면 죄의 몸이 그리스도와 함께 십자가에 못 박힌 것입니다. 이제는 죄가 왕 노릇을 못 하고 생명이 왕 노릇을 하게 됩니다.

그러므로 죄에 대하여 죽은 자로 여기라는 말씀은 예수님의 십자가로 무엇을 다 이루었는지는 알라는 말씀입니다. 예수님을 믿는다는 말은 이미 죄에 대하여 죽은 자요 그리스도 예수 안에서 하나님께 대하여 살아있는 자로 여기라고 합니다. 여기서 여기라고 하는 말씀은 아직도 이 역사 속에서 살기 때문입니다. 우리는 몸으로 사는 한 언제나 흔들립니다. 그러므로 몸의 구속이 일어날 때까지 탄식합니다. 롬8:23 그러므로 흔들리고 탄식이 나올 때마다 예수님의 십자가로 단번에 영원히 이루신 일을 기억하라는 말씀입니다. 나는 이미 세상에 대하여 죄에 대하여 죽은 자이며 예수님에 대하여 의에 대하여 산 자임을 알라는 말씀입니다. 우리가 말씀을 보고 예배로 모이며 성도가 교제하는 것도 하나님의 사랑을 확증하는 그 십자가의 사랑을 나누고 전하는 것입니다.

십자가 (9)

고린도전서 1:10~18 형제들아 내가 우리 주 예수 그리스도의 이름으로 너희를 권하노니 모두가 같은 말을 하고 너희 가운데 분쟁이 없이 같은 마음과 같은 뜻으로 온전히 합하라 내 형제들아 글로에의 집 편으로 너희에 대한 말이 내게 들리니 곧 너희 가운데 분쟁이 있다는 것이라 내가 이것을 말하거니와 너희가 각각 이르되 나는 바울에게, 나는 아볼로에게, 나는 게바에게, 나는 그리스도에게 속한 자라 한다는 것이니 그리스도께서 어찌 나뉘었느냐 바울이 너희를 위하여 십자가에 못 박혔으며 바울의 이름으로 너희가 세례를 받았느냐 나는 그리스보와 가이오 외에는 너희 중 아무에게도 내가 세례를 베풀지 아니한 것을 감사하노니 이는 아무도 나의 이름으로 세례를 받았다 말하지 못하게 하려 함이라 내가 또한 스데바나 집 사람에게 세례를 베풀었고 그 외에는 다른 누구에게 세례를 베풀었는지 알지 못하노라 그리스도께서 나를 보내심은 세례를 베풀게 하려 하심이 아니요 오직 복음을 전하게 하려 하심이로되 말의 지혜로 하지 아니함은 그리스도의 십자가가 헛되지 않게 하려 함이라 십자가의 도가 멸망하는 자들에게는 미련한 것이요 구원을 받는 우리에게는 하나님의 능력이라

바울 사도가 고린도에 복음을 전하기 전에 그리스 아테네에 먼저 복음을 전합니다. 행17:16~34 그리스 아테네는 노예들이 경제생활을 하고 주인

인 자유인들은 할 일이 없으니 새로운 지식을 추구하는 일을 취미로 여기며 사는 도시입니다. 그래서 철학이 발달하는데 소크라테스 플라톤 아리스토텔레스와 같은 철학자들이 이 도시 사람들입니다. 이 사람들은 예수님보다 3~4백 년 전에 활동한 자들입니다. 바울이 전도할 때는 이런 철학자들의 영향을 받은 학파들이 있었기에 에피쿠로스학파와 스토아학파가 성경에 나옵니다. 그러므로 바울은 그들에게 복음을 전하며 그들 가운데 활동하는 시인의 말도 인용하였습니다. 그런 도시에 엄청난 신전들이 가득하였습니다.

바울 사도가 그 신전들을 둘러보고 격분하여 복음을 전합니다. 그 신전 중의 하나는 '알지 못하는 신' 에게라는 제단도 보았습니다. 내가 아는 신은 신전을 짓고 정성을 바쳐서 복을 받겠다고 나서는 것입니다. 그런데 얼마나 종교성이 많았는지 내가 알지 못하는 신이 있다면 그 신을 섬기지 못하여 복을 받지 못하고 저주받을까 하여 내가 알지 못하는 신이 있다면 이 신전에서 제물을 받으시고 나에게 복을 달라는 그 정도로 종교심이 많은 도시였습니다. 철학이 그렇게 발달하여도 신전이 그렇게 많았습니다. 사람들은 과학이 발달하면 미신이나 종교가 없어질 것으로 생각한 적도 있습니다. 그러나 아무리 과학이 발달하고 지식이 많아져도 미신이나 종교는 없어지지 않습니다. 그러므로 바울은 이런 자들에게 천지를 창조하신 참 하나님을 알려주겠다고 합니다.

사도행전 17:24~27 "우주와 그 가운데 있는 만물을 지으신 하나님께서는 천지의 주재시니 손으로 지은 전에 계시지 아니하시고 또 무엇이 부족한 것처럼 사람의 손으로 섬김을 받으시는 것이 아니니 이는 만민에게 생명과 호흡과 만물을 친히 주시는 이심이라 인류의 모든 족속을 한 혈통으로 만드사 온 땅에 살게 하시고 그들의 연대를 정하시며 거주의 경계를 한정하셨으니 이는 사람으로 혹 하나님을 더듬어 찾아 발견하게 하려 하심이로되 그는 우리 각 사람에게서 멀리 계시지 아니하도다"

범사에 종교성이 많은 그리스 아테네에서 바울이 이런 복음을 전합니다. 우리나라도 범사에 종교성이 많습니다. 바위와 나무와 해와 달을 향하여 빕니다. 죽은 조상들에게도 복을 달라고 빕니다. 제물이 없다면 정화수井華水라도 떠 놓고 빕니다. 내가 잘되고 우리 집안과 우리의 자식들이 잘된다면 무엇에나 빌겠다는 만반의 준비가 된 자들에게 온갖 무당과 종교사기꾼들이 달려듭니다. 이런 세상에서 바울이 전한 복음은 모든 종교성을 무너뜨립니다. 천지를 창조하신 하나님은 사람이 지은 신전에 계시지 않고 무엇이 부족한 것처럼 사람의 손으로 섬김을 받지 않습니다. 오히려 생명과 만물과 호흡을 주시는 분이십니다. 이런 복음을 전했지만, 그리스 아테네에서 별 열매가 없었습니다. 바울도 철학적 지식이 있기에 그런 지식으로 복음을 전하려고 하였지만 별 열매가 없었기에 고린도 지역으로 오면서 십자가의 도만 전하겠다고 결심하게 됩니다.

고린도전서 1:1~9 "하나님의 뜻을 따라 그리스도 예수의 사도로 부르심을 받은 바울과 형제 소스데네는 고린도에 있는 하나님의 교회 곧 그리스도 예수 안에서 거룩하여지고 성도라 부르심을 받은 자들과 또 각처에서 우리의 주 곧 그들과 우리의 주되신 예수 그리스도의 이름을 부르는 모든 자들에게 하나님 우리 아버지와 주 예수 그리스도로부터 은혜와 평강이 있기를 원하노라 그리스도 예수 안에서 너희에게 주신 하나님의 은혜로 말미암아 내가 너희를 위하여 항상 하나님께 감사하노니 이는 너희가 그 안에서 모든 일 곧 모든 언변과 모든 지식에 풍족하므로 그리스도의 증거가 너희 중에 견고하게 되어 너희가 모든 은사에 부족함이 없이 우리 주 예수 그리스도의 나타나심을 기다림이라 주께서 너희를 우리 주 예수 그리스도의 날에 책망할 것이 없는 자로 끝까지 견고하게 하시리라 너희를 불러 그의 아들 예수 그리스도 우리 주와 더불어 교제하게 하시는 하나님은 미쁘시도다"

바울 사도가 고린도에 복음을 전하여 교회가 세워진 후에 다른 지역에서 복음을 전하고 있습니다. 그런데 고린도에서 들려오는 소식을 전해 들었습니다. 파당이 생기고 이방인도 안 하는 일이 교회 안에서 일어납니다. 그런데도 인사말에서 고린도에 있는 하나님의 교회 곧 그리스도 예수 안에서 거룩하고 지고 성도라 부름을 받은 자들이라고 합니다. 어떻게 이런 인사를 할 수가 있습니까? 그 이유는 주께서 너희를 우리 주 예수 그리스도의 날에 책망할 것이 없는 자로 끝까지 견고하게 하실 것이기 때문입니다.^{8절} 그러므로 그의 아들 예수 그리스도 우리 주와 더불어 교제하게 하시는 하나님은 미쁘시다고 합니다. 사도들이 성경을 기록한 목적은 예수 그리스도와 사귀게 합니다.^{요일1:3} 이런 사귐은 그 아들 예수의 피가 우리를 모든 죄에서 깨끗하게 하심을 믿게 됩니다.^{요일1:7} 그러므로 우리가 성경을 보는 일은 그리스도와 사귀고 누리는 것입니다.

오늘 본문 고린도전서 1:10~18을 봅니다. 고린도 교회의 소식을 들은 바울 사도는 우리 주 예수 그리스도의 이름으로 권면합니다. 모두가 같은 말을 하고 같은 마음과 같은 뜻으로 온전히 합하라고 합니다. 그런데 이 말씀을 교회 성장프로그램에 도입하여 목사가 한 말에 같은 말과 같은 마음과 같은 뜻으로 온전히 합하라고 한다면 과연 바른 성경의 적용이겠습니까? 물론 그 목사가 바른 복음을 전할 때는 당연히 하나가 되어야 하지만 다른 복음을 전하는데도 하나가 되어야 한다고 하는 자들이 대부분 이단의 교주들입니다. 그러면 무엇으로 하나가 되라고 합니까?

고린도 교회에 파당이 생겼습니다. 바울파, 아볼로파, 베드로파가 있습니다. 그러자 어떤 사람은 나는 그리스도파라고 합니다. 이러한 자들에게 바울 사도가 책망합니다. 그리스도께서 어찌 나뉘었느냐고 합니다. 그러면서 바울이 너희를 위하여 십자가에 못 박혔느냐고 하는 말로 깔끔하게 정리합니다. 바울은 세례 주기 위함이 아니라 복음을 전하기 위함이라고 합니다. 복음을 전하되 말의 지혜로 하지 아니함은 그리스도의 십자가가 헛되지 않게 하려 함이라고 합니다. 말의 지혜는 철학자들의 태도입니다. 그러나 그리스 아테네에서 말의 지혜로 복음이 전해지지 않음을 알고 세상의 지혜로 보기에 미련하고 어리석은 십자가의 도만 전하겠다고 합니다. 십자가의 도는 멸망하는 자들에게는 미련한 것이지만 구원받는 자들에게는 하나님의 능력이 됩니다.

고린도전서 1:19~21 "기록된바 내가 지혜 있는 자들의 지혜를 멸하고 총명한 자들의 총명을 폐하리라 하였으니 지혜 있는 자가 어디 있느냐 선비가 어디 있느냐 이 세대에 변론가가 어디 있느냐 하나님께서 이 세상의 지혜를 미련하게 하신 것이 아니냐 하나님의 지혜에 있어서는 이 세상이 자기 지혜로 하나님을 알지 못하므로 하나님께서 전도의 미련한 것으로 믿는 자들을 구원하시기를 기뻐하셨도다"

십자가의 도를 전하는 이유는 세상의 지혜로는 하나님을 알 수 없기 때문입니다. 바울은 사람의 지혜를 멸하고 총명한 자들의 총명을 폐하리라고 한 이사야 29:14의 말씀을 인용하면서 십자가의 도를 전합니다. 2천 년 전 십자가는 결코 종교적 의미가 없었습니다. 세상에서는 수많은 멋진 죽음들이 있습니다. 이순신 장군의 죽음은 얼마나 영웅적인 모습의 죽음입니까? 그래서 지금도 이순신을 그리는 소설과 영화와 드라마가 나옵니다. 그러나 2천 년 전 십자가는 역겹고 혐오스럽고 더럽고 악취가 나며 구역질 나는 감정을 느끼게 하려는 의도로 만들어졌습니다. 감히 로마를 반역하는 자들은 이런 모습으로 죽는다는 것임을 알리려고 광장과 거리에 전시하여 죽이는 가장 고통스럽고 수치스러운 십자가 처형법입니다. 그런데 바울은 십자가의 도를 전합니다.

21절에서 전도의 미련한 것이라고 합니다. 전도傳道라는 말은 헬라어로 '케뤼그마'입니다. 전령이나 선구자가 외치는 선포宣布, 공포公布, 발표發表입니다. 다른 말로 설교說敎라고 합니다. 그러므로 전도란 전도하는 기술을 말하지 않고 십자가의 도를 전함이 전도입니다. 설교가 십자가의 도를 전하지 않으면 교양과목이나 윤리와 도덕 시간이 됩니다. 복음을 전하는 것이 전도인데 말의 지혜로 하지 않고 십자가의 도를 선포하는 이유는 십자가를 헛되이 하지 않기 위함입니다.^{17절} 하나님께서는 십자가의 도를 전파하여 믿는 자를 구원하시기를 기뻐하십니다.

고린도전서 1:22~25 "유대인은 표적을 구하고 헬라인은 지혜를 찾으나 우리는 십자가에 못 박힌 그리스도를 전하니 유대인에게는 거리끼는 것이요 이방인에게는 미련한 것이로되 오직 부르심을 받은 자들에게는 유대인이나 헬라인이나 그리스도는 하나님의 능력이요 하나님의 지혜니라 하나님의 어리석음이 사람보다 지혜롭고 하나님의 약하심이 사람보다 강하니라"

유대인들은 놀라운 표적을 본 민족입니다. 출애굽과 홍해를 건넘과 광야를 지나 요단강을 건넜습니다. 약속의 땅에서 적들을 물리치고 그들이 정착하게 되었습니다. 조상들한테서 들어왔으며 기록된 구약의 말씀으로 잘 알고 있습니다. 그래서 구약이 약속하는 메시아를 기다렸습니다. 메시아가 오면 로마의 식민 지배에서 벗어나게 해 줄 것으로 생각하였습니다. 그런데 그렇게 믿었던 예수가 십자가에 못 박혀 죽어버렸습니다. 유대인들은 나무에 달려 죽은 자는 저주받아 죽은 죽음임을 너무나 잘 압니다.^신 ^{21:23} 그러니 유대인들에게는 거리끼는 것이며 철학을 추구하는 이방인들에게는 미련한 것이 십자가의 도입니다. 그러나 오직 부르심을 받은 자들에게 유대인이나 헬라인이나 간에 그리스도는 하나님의 능력이며 하나님이 지혜임을 믿게 됩니다. 그러므로 거리끼고 미련하고 어리석은 십자가의 도를 믿는 자들은 하나님의 택한 백성들만 믿게 됩니다.

고린도전서 1:26~31 "형제들아 너희를 부르심을 보라 육체를 따라 지혜로운 자가 많지 아니하며 능한 자가 많지 아니하며 문벌 좋은 자가 많지 아니하도다 그러나 하나님께서 세상의 미련한 것들을 택하사 지혜 있는 자들을 부끄럽게 하려 하시고 세상의 약한 것들을 택하사 강한 것들을 부끄럽게 하려 하시며 하나님께서 세상의 천한 것들과 멸시받는 것들과 없는 것들을 택하사 있는 것들을 폐하려 하시나니 이는 아무 육체도 하나님 앞에서 자랑하지 못하게 하려 하심이라 너희는 하나님으로부터 나서 그리스도 예수 안에 있고 예수는 하나님으로부터 나와서 우리에게 지혜와 의로움과 거룩함과 구원함이 되셨으니 기록된바 자랑하는 자는 주 안에서 자랑하라 함과 같게 하려 함이라"

우리 교회를 향하여 사람들이 이렇게 부르면 기분이 좋겠습니까? 이 말씀은 십자가의 도를 듣고 부름을 받아 나온 성도들을 말하고 있습니다. 그러나 이런 성도를 불러내신 분이 먼저 이런 꼴을 당하였습니다. 율법학자들에게 율법도 모르는 자라고 업신여김을 받았습니다. 더구나 십자가를 진 그 예수는 모든 사람에게 멸시와 조롱과 업신여김을 받았습니다. 사람 취급을 받지 못하였습니다. 그런데 놀랍게도 그 십자가에서 예수님은 다 이루었다고 하셨습니다. 그 예수를 하나님이 다시 살리시고 주와 그리스도가 되게 하셨습니다. 십자가에 죽은 그 예수가 주와 그리스도가 되게 하셨다는 이 놀라운 복음의 선포 앞에 회개하고 예수님을 믿는 자들이 하나님의 백성입니다.

고린도전서 2:1~5 "형제들아 내가 너희에게 나아가 하나님의 증거를 전할 때에 말과 지혜의 아름다운 것으로 아니하였나니 내가 너희 중에서 예수 그리스도와 그가 십자가에 못 박히신 것 외에는 아무것도 알지 아니하기로 작정하였음이라 내가 너희 가운데 거할 때에 약하고 두려워하고 심히 떨었노라 내 말과 내 전도함이 설득력 있는 지혜의 말로 하지 아니하고 다만 성령의 나타나심과 능력으로 하여 너희 믿음이 사람의 지혜에 있지 아니하고 다만 하나님의 능력에 있게 하려 하였노라”

바울이 고린도에 복음을 전할 때 말과 지혜의 아름다운 세상의 철학으로 전한 것이 아니라고 합니다. 그런 것은 이미 그리스 아테네에서 해보았습니다. 그러므로 고린도에서 예수 그리스도와 그가 십자가에 못 박히신 것 외에는 아무것도 알지 않기로 작정하였다고 합니다. 오직 성령의 나타남과 능력으로 전한다고 합니다. 성령의 나타남과 능력이라고 하니 성령 은사 운동을 말하는 자들이 있는데 아닙니다. 성령의 나타남과 능력으로 전한 일이 십자가의 복음입니다.

고린도전서 11:23~26 “내가 너희에게 전한 것은 주께 받은 것이니 곧 주 예수께서 잡히시던 밤에 떡을 가지사 축사하시고 떼어 이르시되 이것은 너희를 위하는 내 몸이니 이것을 행하여 나를 기념하라 하시고 식후에 또한 그와 같이 잔을 가지시고 이르시되 이 잔은 내 피로 세운 새 언약이니 이것을 행하여 마실 때마다 나를 기념하라 하셨으니 너희가 이 떡을 먹으며 이 잔을 마실 때마다 주의 죽으심을 그가 오실 때까지 전하는 것이니라”

성찬식 때만 나누는 말씀이 아닙니다. 우리의 모든 예배와 성도의 모임에서 나누는 내용은 예수님의 살과 피를 나누는 것입니다. 그 십자가의 죽음으로 이루신 일을 주님 다시 오실 때까지 전하는 것입니다. 이것이 십자가라는 미련한 일로 구원하시기를 기뻐하시는 하나님의 뜻입니다. 그러므로 예수님을 믿는다는 말은 우리가 하나님으로부터 나는 것이며 예수님은 우리에게 지혜와 거룩함과 구원함이 됨을 믿는 것입니다.[고전1:30] 이런 자들은 예수 그리스도의 십자가만 자랑합니다.

십자가 (10)

고린도후서 5:14~21 그리스도의 사랑이 우리를 강권하시는도다 우리가 생각하건대 한 사람이 모든 사람을 대신하여 죽었은즉 모든 사람이 죽은 것이라 그가 모든 사람을 대신하여 죽으심은 살아 있는 자들로 하여금 다시는 그들 자신을 위하여 살지 않고 오직 그들을 대신하여 죽었다가 다시 살아나신 이를 위하여 살게 하려 함이라 그러므로 우리가 이제부터는 어떤 사람도 육신을 따라 알지 아니하노라 비록 우리가 그리스도도 육신을 따라 알았으나 이제부터는 그같이 알지 아니하노라 그런즉 누구든지 그리스도 안에 있으면 새로운 피조물이라 이전 것은 지나갔으니 보라 새 것이 되었도다 모든 것이 하나님께로서 났으며 그가 그리스도로 말미암아 우리를 자기와 화목하게 하시고 또 우리에게 화목하게 하는 직분을 주셨으니 곧 하나님께서 그리스도 안에 계시사 세상을 자기와 화목하게 하시며 그들의 죄를 그들에게 돌리지 아니하시고 화목하게 하는 말씀을 우리에게 부탁하셨느니라 그러므로 우리가 그리스도를 대신하여 사신이 되어 하나님이 우리를 통하여 너희를 권면하시는 것 같이 그리스도를 대신하여 간청하노니 너희는 하나님과 화목하라 하나님이 죄를 알지도 못하신 이를 우리를 대신하여 죄로 삼으신 것은 우리로 하여금 그 안에서 하나님의 의가 되게 하려 하심이라 오늘이 한국전쟁이 일어난 지 73년째입니다. 1945년 8월 15일 일본제국주의에서 해방되었지만, 세계열강의 이념으로 인하여 남한과 북한으로 분단되었습니다. 1950년 6월 25일 일요일 새벽에 북한이 기습적으로 남한을 공격하여 전쟁이 시작되었습니다. 만 3년을 전쟁한 후에 1953년 7월 27일 북한군, 중공군, 유엔군 대표가 정전협정에 서명하여 지금까지 정전 상태입니다. 1950년 이전에 태어난 우리 교회 교인이 몇 명인지 살펴보니 열 분입니다. 이분들이 다 돌아가시면 한국전쟁은 아주 먼 옛날이야기로 여기게 될 것입니다. 그 전쟁으로 인하여 지금까지 남북이 분단되어 있기에 수많은 문제가 일어나고 있습니다. 지금이라도 남북이 통일되면 좋겠습니다.

그러나 북한은 북한식의 통일을 주장하고 남한은 남한식의 통일을 주장합니다. 예수 믿는 사람들은 복음으로 통일되어야 한다고 합니다. 그런데 복음으로 통일되어야 한다는 말이 또 다른 힘의 논리이면 복음이 아닙니다. 복음으로 통일을 말하지만, 가톨릭의 방식이 다를 것이며 개신교의 방식이 다를 것입니다. 개신교 안에서도 교단마다 다른 방식의 통일을 말할 것입니다. 자기 방식의 전 세계 통일을 말하는 종교가 통일교입니다. 모든 종교를 초월하여 세상을 평화롭게 하자고 합니다. 그러나 그런 통일관도 힘의 통일관입니다. 그러면 참된 통일은 무엇입니까? 하늘에 있는 것이나 땅에 있는 것이 다 그리스도 안에서 통일되게 하시는 것이 하나님의 뜻입니다. 엡1:10

고린도후서 5:1~5 "만일 땅에 있는 우리의 장막 집이 무너지면 하나님께서 지으신 집 곧 손으로 지은 것이 아니요 하늘에 있는 영원한 집이 우리에게 있는 줄 아느니라 참으로 우리가 여기 있어 탄식하며 하늘로부터 오는 우리 처소로 덧입기를 간절히 사모하노라 이렇게 입음은 우리가 벗은 자들로 발견되지 않으려 함이라 참으로 이 장막에 있는 우리가 짐 진 것 같이 탄식하는 것은 벗고자 함이 아니요 오히려 덧입고자 함이니 죽을 것이 생명에 삼킨 바 되게 하려 함이라 곧 이것을 우리에게 이루게 하시고 보증으로 성령을 우리에게 주신 이는 하나님이시니라"

땅에 있는 우리의 장막이 무너지면, 우리의 몸을 장막이라고 하는데 무너진다는 말은 죽는다는 말입니다. 그러나 하나님께서 지으신 집 곧 손으로 지은 것이 아닌 하늘에 영원한 집이 있음을 아는 자들이 복음을 믿는 자들입니다. 하늘에 있는 영원한 집은 예수 그리스도께서 영광중에 계신 그 몸을 덧입는 것입니다. 나이가 들면 몸이 무거운 짐이 됩니다. 그러므로 우리의 이 죽을 몸이 생명에게 삼켜져야 합니다. 쉬운 예로 소가 풀을 뜯어 먹으면 풀은 죽는 것입니다. 그러나 그 풀은 소의 몸이 됩니다. 우리가 그 소를 잡아먹으면 소는 우리의 몸이 됩니다. 우리가 예수님을 믿는다는 말은 예수님의 생명에 삼켜지는 것입니다. 이것이 예수 그리스도를 덧입는다는 표현을 하는 것입니다. 그러므로 예수님을 믿는다는 일은 내가 예수님께 삼켜지는 것입니다.

고린도후서 5:6~10 "그러므로 우리가 항상 담대하여 몸으로 있을 때에는 주와 따로 있는 줄을 아노니 이는 우리가 믿음으로 행하고 보는 것으로 행하지 아니함이로라 우리가 담대하여 원하는 바는 차라리 몸을 떠나 주와 함께 있는 그것이라 그런즉 우리는 몸으로 있든지 떠나든지 주를 기쁘시게 하는 자가 되기를 힘쓰노라 이는 우리가 다 반드시 그리스도의 심판대 앞에 나타나게 되어 각각 선악 간에 그 몸으로 행한 것을 따라 받으려 함이라"

우리가 무거운 몸을 짊어지고 사는 동안 힘이 들어도 항상 담대합니다. 우리가 지금 몸으로 살고 있는 때는 주님과 따로 살고 있습니다. 물론 성령이 믿는 자들 안에 오셔서 함께 하시지만 이것은 보증이며 우리가 부활하여 그리스도와 함께 영원히 사는 일은 아직 남아 있습니다. 그러므로 이런 일은 믿음으로 행하는 것이지 보이는 것으로 행하는 것이 아닙니다. 이 사실을 정말로 믿는다면 차라리 몸을 떠나 주와 함께 살기를 원합니다. 그러나 이것은 내 마음대로 되는 일이 아니기에 살든지 죽든지 주를 기쁘시게 하는 자가 되기를 원하는 자들이 믿음의 사람들입니다.

지난 주 구역 예배에서 어떤 분이 질문을 했습니다. 주님 재림하실 때 예수 믿는 자들은 심판을 받지 않고 바로 천국에 간다고 하는데 어떤 말씀입니까? 믿는 자나 믿지 않는 자나 모두 주님의 심판대 앞에 섭니다.10절 우리의 몸으로 산 일을 심판받는 것입니다. 그런데 여기서 선과 악은 세상이 말하는 선악이 아닙니다. 세상이 말하는 선악의 개념은 이미 선악과를 따 먹은 후에 타락한 인간이 말하는 선과 악의 개념은 세상의 법입니다. 그런 것으로는 하나님의 의에 결코 이를 수가 없습니다. 그러므로 선악 간에 행한 일을 심판받는다는 말씀이 무언지 다음의 말씀을 봅니다.

로마서 2:6~10 "하나님께서 각 사람에게 그 행한 대로 보응하시되 참고 선을 행하여 영광과 존귀와 썩지 아니함을 구하는 자에게는 영생으로 하시고 오직 당을 지어 진리를 따르지 아니하고 불의를 따르는 자에게는 진노와 분노로 하시리라 악을 행하는 각 사람의 영에는 환난과 곤고가 있으리니 먼저는 유대인에게요 그리고 헬라인에게며 선을 행하는 각 사람에게는 영광과 존귀와 평강이 있으리니 먼저는 유대인에게요 그리고 헬라인에게라"

각 사람이 행한 대로 보응 하신다고 합니다. 참고 선을 행하여 영광과 존귀하고 썩지 않을 것들을 구하는 자의 보상은 영원한 생명입니다. 그러나 당을 지어 진리를 따르지 않고 불의를 따르는 자에게는 진노와 분노로 심판합니다. 그렇다면 인간이 선을 행한 대가로 영원한 생명을 얻을 수 있느냐는 질문이 나옵니다. 그러므로 이 말씀은 유대인이나 이방인이나 모두가 죄 아래 갇혔다는 말씀을 전하는 문맥입니다. 로마서 1장은 이방인들의 죄가 어떠한지를 말하고 로마서 2장은 유대인들의 죄가 어떠한지를 드러냅니다. 그러므로 행한 대로 보응 하시면 모두가 심판입니다.

　로마서 3:23~26 "모든 사람이 죄를 범하였으매 하나님의 영광에 이르지 못하더니 그리스도 예수 안에 있는 속량으로 말미암아 하나님의 은혜로 값없이 의롭다 하심을 얻은 자 되었느니라 이 예수를 하나님이 그의 피로써 믿음으로 말미암는 화목제물로 세우셨으니 이는 하나님께서 길이 참으시는 중에 전에 지은 죄를 간과하심으로 자기의 의로우심을 나타내려 하심이니 곧 이 때에 자기의 의로우심을 나타내사 자기도 의로우시며 또한 예수 믿는 자를 의롭다 하려 하심이라"

　그러므로 하나님 보시기에 선을 행한다는 것은 믿음으로 사는 것입니다. 믿음으로 하지 않는 모든 일이 죄가 됩니다.^{롬14:23} 믿음으로 하지 않는다는 말은 유대인들은 율법의 행위로 하는 것입니다. 이방인들은 눈에 보이는 세상이 전부인 줄 알고 세상의 풍속을 따라서 자기 육체의 욕심대로 살아가는 모든 일이 믿음으로 하지 않는 일입니다. 그러므로 유대인이나 이방인이나 자기 행위대로 살아가는 자는 다 심판을 받습니다. 그러므로 오직 믿음으로 사는 자가 심판 곧 정죄를 받지 않습니다. 한번 죽은 것은 사람에게 정한 것이며 죽음 이후에 심판이 있습니다. 그 심판대에서 자기 몸을 따라 산 것을 심판받는데 우리가 몸으로 사는 동안 무엇을 믿고 살았느냐는 것입니다. 그러므로 복음을 믿는 자들에게는 영원한 생명이 주어지지만 믿지 않는 자는 영원한 심판입니다.

　고린도후서 5:11~13을 새번역으로 봅니다. "그러므로 우리는 주님이 두려운 분이심을 알기에 사람들을 설득하려고 합니다. 우리는 이미 하나님 앞에서 환히 드러났습니다. 여러분의 양심에도 우리가 환히 드러나기를 바랍니다. 그렇다고 해서 또다시 우리가 우리 자신을 여러분에게 치켜세우려는 것은 아닙니다. 우리는 여러분이 우리를 자랑할 수 있는 근거를 여러분에게 드리려는 것입니다. 그래서 속에는 자랑할 것이 없으면서도 겉으로만 자랑하는 사람들에게, 여러분이 대답할 말을 가지게 하려는 것입니다. 우리가 미쳤다고 하면 하나님께 미친 것이요, 정신이 온전하다고 하면 여러분을 두고 온전한 것입니다"

바울 사도가 복음을 전하고 떠난 고린도 교회에 여러 전도한다는 사람들이 와서 바울이 전한 복음을 깎아내리는 것입니다. 겉으로만 자랑한다는 자들이 율법주의자들입니다. 예수님을 믿는다고 하면서도 율법의 행위도 믿는 자들이 있습니다. 이런 자들은 바울의 일행을 미쳤다고 말합니다. 그러나 우리가 미쳤다고 하면 하나님께 미친 것이라고 합니다. 그리고 우리가 온전하다면 여러분을 향하여 온전하다고 합니다. 왜 이런 말을 듣기까지 합니까? 복음을 전하기 때문입니다.

이어지는 14~16절도 새번역으로 봅니다. "그리스도의 사랑이 우리를 휘어잡습니다. 우리가 확신하기로는, 한 사람이 모든 사람을 위하여 죽으셨으니, 모든 사람이 죽은 셈입니다. 그런데 그리스도께서 모든 사람을 위하여 죽으신 것은, 이제부터는, 살아 있는 사람들이 자기 자신들을 위하여 살아가도록 하려는 것이 아니라, 자기들을 위하여서 죽으셨다가 살아나신 그분을 위하여 살아가도록 하려는 것입니다. 그러므로 이제부터 우리는 아무도 육신의 잣대로 알려고 하지 않습니다. 전에는 우리가 육신의 잣대로 그리스도를 알았지만, 이제는 그렇지 않습니다."

예수님이 죽음이 모든 사람을 위하여 죽은 것입니다. 그러므로 예수님을 믿는다는 사람은 죽은 셈입니다. 무엇에 대하여 죽었습니까? 세상에 대하여, 죄에 대하여, 자신에 대하여 죽은 것입니다. 그러므로 이제 내가 나를 위하여 사는 일이 아니라 예수님을 위하여 살아가게 하려고 예수님께서 대신 죽은 것입니다. 이 사실을 알지 못하였을 때 바울은 사람을 육신의 잣대로 보았습니다. 그래서 예수님도 죽어 마땅한 자이고, 그를 믿는 자도 다 죽여야 한다고 생각하고 실제로 예수 믿는 자를 잡아 죽이고 핍박한 사람입니다. 그런데 예수님을 만나고 나서 완전히 달라졌습니다.

이어지는 17~20절도 새번역입니다. "누구든지 그리스도 안에 있으면, 그는 새로운 피조물입니다. 옛것은 지나갔습니다. 보십시오, 새것이 되었습니다. 이 모든 것은 하나님에게서 났습니다. 하나님께서는 그리스도를 내세우셔서, 우리를 자기와 화해하게 하시고, 또 우리에게 화해의 직분을 맡겨주셨습니다. 곧 하나님께서 사람들의 죄과를 따지지 않으시고, 화해의 말씀을 우리에게 맡겨주심으로써, 세상을 그리스도 안에서 자기와 화해하게 하신 것입니다. 그러므로 우리는 그리스도의 사절입니다. 하나님께서는 우리를 시켜서 여러분에게 권고하십니다. 우리는 그리스도를 대리하여 간청합니다. 여러분은 하나님과 화해하십시오."

참으로 놀라운 복음을 전하고 있습니다. 누구든지 그리스도 안에 있으면 새로운 피조물이 됩니다. 우리가 예수님을 믿는 일이 얼마나 놀라운 은혜인지 아시겠습니까? 허물과 죄로 죽은 채로 태어난 우리가 복음을 듣고 예수님을 믿으면 새로운 피조물이 됩니다. 새로운 피조물이 된 바울이 복음을 전하는 직분을 받았습니다. 그리스도의 사도가 되어 화해의 말씀을 전합니다. 우리가 죄를 지었다면 우리가 화목제물을 들고 가야 합니다. 그러나 우리는 그럴 능력이 없기에 하나님께서 화목제물로 예수님을 보내 주셨습니다. 그러므로 우리가 예수님을 믿는 일이 하나님과 화목하게 되는 길입니다. 우리가 예수님을 믿는다는 말은 우리가 연약할 때 죄인 되어 있을 때 하나님과 원수 되어 있을 때 십자가로 나타난 하나님 사랑의 확증을 받아들이는 것입니다. ^{롬5:6~10}

이어지는 21절입니다. "하나님이 죄를 알지도 못하신 이를 우리를 대신

하여 죄로 삼으신 것은 우리로 하여금 그 안에서 하나님의 의가 되게 하려 하심이라"

하나님께서는 죄를 모르시는 분 예수님께 우리의 죄를 씌우셨습니다. 그러므로 우리가 십자가에 죽은 그 예수가 다시 살아나셨고 주와 그리스도가 됨을 믿는 자들은 예수 그리스도 안에서 하나님의 의가 되는 것입니다. 하나님의 나라는 의의 나라입니다. 의가 없으면 들어갈 수 없는 나라입니다. 그 의를 예수 믿는 자들에게 값없이 은혜로 주시는 것이 복음입니다. 그러므로 우리가 교회로 모인 자들이라면 같은 말을 하게 됩니다. 어떤 같은 말을 할까요? 나의 의는 나의 율법적인 행위와 도덕적인 선행이 아니라 오직 예수 그리스도의 피만이 나의 의가 된다고 말합니다.

이런 자들은 어떤 차별도 있을 수 없습니다. 남녀노소, 신분의 지위 고하, 정치적 이념도. 자신의 가치관도 다 무너져 내립니다. 오직 예수 그리스도만이 전부가 되는 사람입니다. 이런 자들이 그리스도의 몸으로써 하나가 됩니다. 물론 아직 우리의 옛사람이 역사 속에서 죽지 않았기에 옛 습성들이 나오고 있지만 이미 묵시적으로 죽은 자들입니다. 그러므로 그런 일들을 볼 때마다 이러하기에 예수님의 대신 죽음이 없이는 나는 단 한 순간도 살 수 없는 자임을 알고 더욱 주 안에 거하는 것입니다. 그런 모습이 비록 연약한 모습으로 보일지라도 그것이 참으로 강한 것입니다.

고린도후서 13:4 "그리스도께서 약하심으로 십자가에 못 박히셨으나 하나님의 능력으로 살아 계시니 우리도 그 안에서 약하나 너희에 대하여 하나님의 능력으로 그와 함께 살리라"

바울 사도가 연약한 모습으로 복음을 전하니 사람들이 무시합니다. 그러나 그리스도께 약하심으로 십자가에 못 박히셨지만, 하나님의 능력으로 살아 계십니다. 우리도 예수 그리스도 안에서 약하지만, 하나님의 능력으로 그분과 함께 살아나서 그와 함께 살 것입니다. 그러므로 성도는 이 땅에 사는 동안 약하심으로 십자가에 못 박히신 그 십자가의 능력 안에서 살아가는 것입니다. 한마디로 약함의 능력입니다. 그러나 그 십자가의 약함은 참으로 영원하고 영광스러운 하나님의 약속들이 다 담겨 있습니다. 이것을 알고 믿는 자들이 예수님의 피로 값을 주고 산 교회입니다.

십자가 (11)

갈라디아서 2:20~21 내가 그리스도와 함께 십자가에 못 박혔나니 그런즉 이제는 내가 사는 것이 아니요 오직 내 안에 그리스도께서 사시는 것이라 이제 내가 육체 가운데 사는 것은 나를 사랑하사 나를 위하여 자기 자신을 버리신 하나님의 아들을 믿는 믿음 안에서 사는 것이라 내가 하나님의 은혜를 폐하지 아니하노니 만일 의롭게 되는 것이 율법으로 말미암으면 그리스도께서 헛되이 죽으셨느니라

마태, 마가, 누가, 요한복음서는 예수 그리스도의 탄생과 천국 복음 전파와 고난과 십자가의 죽음과 부활과 승천을 기록하고 있습니다. 물론 그 안에는 예수님께서 성령을 보내신다는 약속과 그 하실 일도 말씀하셨습니다. 승천하신 후에 오순절 날 성령이 임합니다. 예수님의 말씀대로 성령이 임하니 예수님의 증인이 되어 복음을 전하기 시작함이 사도행전입니다. 그러므로 사도행전에서 요한계시록까지 모든 신약의 성경은 십자가에 죽은 그 예수님이 주와 그리스도가 되셔서 이루시는 일을 증거하고 있습니다. 이 복음은 유대인이나 이방인이나 도무지 받아들일 수 없는 소식이었습니다. 그러므로 우리가 복음을 듣고 믿는다면 십자가에 죽은 그 예수가 다시 살아나셨고 승천하셔서 하늘 보좌 우편에서 주와 그리스도로 다스리고 계시기에 우리가 복음을 듣고 믿게 됩니다.

오늘 본문 20절은 복음성가로도 나와서 많이 알려진 내용입니다. 그런데 이런 말씀이 나오기까지의 과정을 보려면 갈라디아서 전체의 배경을 조금은 알아야 합니다. 갈라디아 지역은 지금은 터키튀르키예의 수도 앙카라입니다. 바울 사도가 복음을 전할 때는 로마의 속주인 갈라디아입니다. 이곳은 주로 이방인들로 구성된 교회입니다. 이방인들이 어떠한 율법적인 조문을 지키지 않고 오직 십자가에 못 박힌 예수가 다시 살아나셨고 주와 그리스도가 되셨다는 복음을 듣고 믿음으로 그리스도인이 되었습니다. 그런데 유대인으로 예수를 믿은 자들은 그들에게 할례와 같은 율법의 조문을 지켜야 한다는 말을 듣고 그들의 믿음이 흔들렸기에 바울이 이 편지를 쓴 것입니다.

바울은 부활하신 주님을 만나기 전에 율법의 의로는 흠이 없다고 한 사람입니다. 그러므로 복음을 전하는 스데반 집사를 돌로 쳐서 죽이는 일에 앞장선 사람입니다. 그리고 다메섹에 있는 예수 믿는 사람을 잡아 오려고 대제사장의 공문을 가지고 가다가 주님을 만났습니다. 그러므로 자신이 전하는 복음은 사람의 뜻으로 된 것이 아니라 오직 예수 그리스도의 계시로 말미암아 된 일이라고 합니다. 자신은 하나님의 교회를 박해하고 누구보다 유대교를 지나치게 믿어 유대인의 전통에 아주 열심을 내었다고 합니다. 그러나 어머니의 태로부터 나를 택하시고 그의 은혜로 나를 부르신 하나님께서 그의 아들을 이방 사람에게 전하기 위하여 예수님을 자기 속에 나타내시기를 기뻐하셨다고 합니다. 그 일이 있었을 때 혈육과 의논하지 않고 나보다 먼저 사도 된 자들을 만나러 예루살렘으로 가지 않고 아라비아로 가서 복음을 전하고^{행9:24~25, 고후11:32~33} 다시 다메섹으로 돌아갔다고 합니다.^{갈1:11~17} 바울은 복음을 예수 그리스도에게서 직접 받았습니다.

바울 사도가 부활하신 예수님을 만난 후 바로 이방인 지역에 복음을 전합니다. 그렇게 복음을 전하다가 3년 만에 바나바와 함께 예루살렘에 가서 베드로와 야고보를 만납니다. 베드로와 바울이 전하는 복음이 같음을 알고 잠시 교제하였지만, 유대인들이 바울을 죽이려고 하기에 가이사랴로 데리고 내려가 다소로 보냅니다. 행9:26~30, 갈1:18 그리고 14년간 이방인의 지역에 복음을 전한 후에 바나바와 디도를 데리고 예루살렘에 올라갑니다. 그 이유는 계시를 따라 올라갔는데 바울이 전하는 복음을 그들에게 제시한 이유는 베드로와 야고보가 전하는 복음과 같은 것임을 확인하여 바울이 전하는 복음이 헛되지 않게 하기 위함이라고 합니다. 행15:1~29, 갈2:1~10

사도행전 15장에서 사도들과 바울과 바나바와 함께 모여 중요한 결론을 내립니다. 예수님의 제자들은 예루살렘에서 유다에서 복음을 전하다가 사마리아도 복음을 들었다는 사실을 확인하려고 베드로와 요한이 가서 확인합니다. 그리고 이방인 지역에도 복음을 전하는데 주로 유대인들에게 전합니다. 그런데 바울과 바나바는 이방인 지역에 복음을 전하니 유대인 기독교인과 이방인 기독교인 사이에 충돌이 일어나는 것입니다. 유대인 기독교인들은 예수를 믿어도 율법을 지켜야 한다는 합니다. 그런데 바울이 전한 복음은 이방인들이 율법적인 조건 없이 오직 예수님을 믿음으로 구원을 받는다는 것입니다. 이 심각한 문제를 사도행전 15장에서 결론을 내렸습니다. 몇 가지 심각한 유대인과 이방인의 충돌할 만한 문제는 이방인 기독교인들이 주의하도록 하지만 유대인이나 이방인이나 율법의 행위가 아닌 주 예수의 은혜로 구원받는다고 결론을 내렸습니다. 행15:1~35

갈라디아서 2:11~14를 보면 게바 곧 베드로가 안디옥에 왔습니다. 안디옥은 바울과 바나바를 파송한 교회가 있는 곳입니다. 베드로가 안디옥에서 바울에게 책망받습니다. 그 이유는 예루살렘의 야고보에게서 사람들이 오기 전에 이방인들과 식사하다가 그들이 오자 안 먹은 체한 것입니다. 그러자 바나바도 그 외식에 유혹되었습니다. 유대인이나 이방인이나 주 예수의 은혜로 구원받는다고 하였지만^{행15:11} 오랜 율법의 습관이 본능적으로 나온 것입니다. 그러므로 바울은 베드로를 향하여 복음의 진리를 따르지 않는다고 하면서 유대인으로 이방인을 따르며 유대인답게 살지 않으면서 어찌하여 억지로 이방인을 유대인답게 살게 하려느냐고 책망합니다.

갈라디아서 2:15~19를 보면 유대인들은 이방인들을 다 죄인으로 여깁니다. 그러므로 이방인들이 구원받으려면 철저하게 개종하여 유대인의 법을 따라야 한다고 생각합니다. 그러나 바울이 예수님을 만난 후에는 사람이 의롭게 되는 것은 율법의 행위가 아니라 오직 예수 그리스도를 믿음으로 되는 것임을 알았습니다. 자신이 율법의 의로는 흠이 없다고 한 사람이지만^{빌3:6} 그 의를 가지고 예수 믿는 자를 잡아 죽이는 일을 했기 때문입니다. 그러므로 율법의 행위로는 의로운 자가 나올 수가 없다고 합니다. 그러면 우리가 그리스도 안에서 의롭게 되려고 하다가 죄인으로 드러난다면 그리스도께서 죄를 짓게 하는 자냐고 합니다. 예수님을 믿는 일은 율법의 조문을 지키지 않는 것이기에 그러면 그것이 죄냐고 하는 질문입니다. 그럴 수 없다고 합니다. 그 이유는 내가 헐었던 것을 다시 세우면 내가 나를 범법한 자로 만든다고 합니다. 바울이 헐어버린 것들은 율법의 조문들입니다. 율법의 조문은 죽이는 것이기에 헐어버리고 복음을 전하는 것입니다. 율법을 헐어버렸다는 말은 율법에 대하여 죽었다는 말입니다. 율법에 대하여 죽었다는 말이 무엇입니까?

오늘 본문 갈라디아서 2:20~21입니다. 19절을 보면 율법에 대하여 내가 죽었다고 합니다. 율법에 대하여 죽었기에 율법의 조문이 자신을 어떻게 할 수가 없습니다. 그러므로 율법에 대하여 죽고 하나님에 대하여 사는 길을 오늘 본문이 말씀합니다. 내가 그리스도와 함께 십자가에 못 박혔기에 이제는 내가 사는 것이 아니요 오직 내 안에 그리스도께서 사시는 것이라고 합니다. 그러므로 이제 내가 육체 가운데 사는 것은 나를 사랑하사 나를 위하여 자기 자신을 버리신 하나님의 아들을 믿는 믿음 안에서 사는 것이라고 합니다. 이렇게 사는 길이 하나님의 은혜를 폐하지 않는 길입니다. 그런데 만약에 율법의 조문으로 의롭게 되는 것이라면 하나님의 은혜를 폐하는 것이며 그리스도께서 헛되이 죽은 것입니다. 그러므로 유대인이나 이방인이나 인간의 어떤 행위로 하나님의 의에 이를 수 있다고 한다면 십자가를 헛되게 하는 일이 됩니다.

본문 20~21절을 새번역으로 봅니다. "나는 그리스도와 함께 십자가에 못 박혔습니다. 이제 살고 있는 것은 내가 아닙니다. 그리스도께서 내 안에서 살고 계십니다. 내가 지금 육신 안에서 살고 있는 삶은 나를 사랑하셔서 나를 위하여 자기 몸을 내어 주신 하나님의 아들을 믿는 믿음 안에서 살아가는 것입니다. 나는 하나님의 은혜를 헛되게 하지 않습니다. 의롭다고 하여 주시는 것이 율법으로 되는 것이라면, 그리스도께서는 헛되이 죽으신 것이 됩니다."

우리는 이방인들입니다. 태어나면서부터 하나님의 약속 밖의 사람들이었습니다. 허물과 죄로 죽었기에 죄와 사망이 왕 노릇을 하는 자들이었습니다. 이런 우리가 하나님의 은혜로 예수님을 주와 그리스도로 믿어서 의와 생명이 왕 노릇을 하는 곳에 옮겨졌다는 것은 그리스도와 함께 십자가에 못 박혀 죽었다는 말입니다. 그리스도와 함께 죽었다는 말은 그리스도가 내 안에 살고 계십니다. 이제는 율법의 조문을 따라 사는 것이 아니라 예수님을 믿고 살아갑니다. 예수님을 믿고 살아간다는 말은 예수님이 이제 나의 주인이 되어 다루어 가신다는 말씀입니다. 그런데 율법의 종으로 사는 것이 아니라 그리스도의 종으로 살게 된 자들을 어떻게 유혹하는지 봅니다.

갈라디아서 3:1~5를 보면 복음을 듣고 믿는 일은 성령의 역사입니다. 그런데 복음을 듣고 믿은 자들이 다시 율법주의자들의 말에 흔들리는 것입니다. 예수님의 십자가로 다 이루심을 믿는 것은 부족하다고 하면서 할례를 받아야 한다고 합니다. 안식일도 지키고 율법의 다른 조문들을 지켜야 한다고 합니다. 이런 말에 흔들리는 갈라디아 교인들에게 바울은 너희가 성령을 받은 일이 율법의 행위로 받았느냐 듣고 믿음으로 받았느냐고 합니다. 듣고 믿음으로 받았는데 다시 율법주의로 돌아간다면 성령으로 시작하여 육체로 마치는 일이라고 합니다. 참으로 성령으로 시작되었다면 육체로 돌아갈 수 없습니다. 육체로 돌아간다는 말은 그리스도를 믿지 않고 율법주의로 돌아가는 것입니다. 그러므로 믿음으로 의롭다 받는 의에 대하여 아브라함을 예로 들어서 논증하고 있습니다.

갈라디아서 3:6~12를 보면 바울 사도가 구약을 인용하면서 아브라함이 복음을 받았다고 합니다. 그 복음은 모든 이방인이 너로 인하여 복을 받는다고 합니다. 그 복은 믿음으로 하나님의 의를 선물로 받는 복입니다. 아브라함이 믿은 것은 그리스도를 믿은 것입니다. 그런데 율법의 행위로 받고자 한다면 저주받습니다. 율법의 행위로 의에 이르고자 한다면 저주를 받을 수밖에 없습니다. 그 이유는 모든 율법을 항상 지켜 행하지 않으면 저주를 받기 때문입니다.^{신27:26, 레18:5} 그러므로 의인은 믿음으로 살리라고 한 하박국서를 인용하여 믿음의 삶을 말합니다.^{합2:4}

갈라디아서 3:13~16을 보면 예수 그리스도께서 십자가에 달리심은 우리의 저주를 대신 받으신 것입니다. 우리가 이 복음을 듣고 믿는다면 아브라함의 복을 받은 것입니다. 아브라함이 믿은 것은 장차 오실 그리스도를 믿은 것입니다. 예수님은 아브라함이 나의 때 볼 것을 즐거워하다가 보고 기뻐하였다고 합니다. 요8:56 이런 믿음은 시공간을 초월하는 주님의 일하심입니다. 그런데 이런 주님의 일하심을 믿음이라고 합니다. 그래서 믿음이 주어가 되어 일하신다고 합니다.

갈라디아서 3:23~28 "믿음이 오기 전에 우리는 율법 아래에 매인 바 되고 계시될 믿음의 때까지 갇혔느니라 이같이 율법이 우리를 그리스도께로 인도하는 초등교사가 되어 우리로 하여금 믿음으로 말미암아 의롭다 함을 얻게 하려 함이라 믿음이 온 후로는 우리가 초등교사 아래에 있지 아니하도다 너희가 다 믿음으로 말미암아 그리스도 예수 안에서 하나님의 아들이 되었으니 누구든지 그리스도와 합하기 위하여 세례를 받은 자는 그리스도로 옷 입었느니라 너희는 유대인이나 헬라인이나 종이나 자유인이나 남자나 여자나 다 그리스도 예수 안에서 하나이니라"

23절과 25절은 믿음이 주어입니다. 믿음이라는 추상명사가 어떻게 주어가 됩니까? 그러므로 이런 믿음은 믿음의 창시자이며 완성자이신 예수님의 믿음입니다. 히12:2 그러므로 이러한 믿음을 선물로 받은 자들은 유대인이나 이방인이나 그리스도 안에서 하나입니다. 그러므로 교회 안에서 자신이 다른 사람보다 낫다고 여기는 자는 자기 믿음이지 주님의 믿음이 아닙니다.

갈라디아서 5:1~4 "그리스도께서 우리를 자유롭게 하려고 자유를 주셨으니 그러므로 굳건하게 서서 다시는 종의 멍에를 메지 말라 보라 나 바울은 너희에게 말하노니 너희가 만일 할례를 받으면 그리스도께서 너희에게 아무 유익이 없으리라 내가 할례를 받는 각 사람에게 다시 증언하노니 그는 율법 전체를 행할 의무를 가진 자라 율법 안에서 의롭다 함을 얻으려

하는 너희는 그리스도에게서 끊어지고 은혜에서 떨어진 자로다"

그리스도께서 우리에게 자유를 주셨는데 다시 율법주의로 돌아가 할례를 받는다면 모든 율법을 다 지켜야 하기에 그리스도에게서 끊어지고 은혜에서 떨어진 것입니다. 이런 자는 그리스도가 아무 유익이 없는 자가 됩니다. 그러므로 복음을 듣고 자유를 얻은 자는 사랑으로 역사하는 믿음으로 살아갑니다.^{갈5:6} 바울 사도가 할례를 전하였다면 십자가의 걸림돌이 제거되었을 거라고 합니다. 십자가 복음이 걸림돌이 됩니다.^{갈5:11} 그러므로 십자가의 복음으로 율법에서 자유를 얻었다면 이제는 그 자유로 육체의 기회로 삼지 않고 사랑으로 서로 종노릇 하는 일이 바른 복음의 열매입니다.^{갈5:13} 모든 율법은 네 이웃을 네 몸처럼 사랑하는 말씀으로 완성이 됩니다.^{갈5:14} 그 율법의 완성이 십자가의 사랑이며 그 사랑을 받은 자는 서로 사랑으로 종노릇 합니다.

갈라디아서 5:24 "그리스도 예수의 사람들은 육체와 함께 그 정욕과 탐심을 십자가에 못 박았느니라" 내가 그리스도와 함께 십자가에 못 박혔다는 것은 율법에 대하여 못 박힌 것만이 아니라 그 육체와 함께 정욕과 탐심을 십자가에 못 박은 것입니다. 정욕과 탐심이 우리 육체의 본성입니다. 이것이 십자가에 못 박혔다는 말은 묵시적으로 완료되었기에 이제 역사 속에서 나의 정욕과 탐심이 무너지는 것을 경험하게 됩니다. 예수님을 믿지 않는 사람은 이일이 저주로 여겨지지만, 예수님을 믿는 사람은 고통스럽지만 수긍할 수밖에 없습니다. 이런 것이 십자가에 못 박힌 것임을 확인하여 가는 것입니다. 이런 자들은 육체의 모양을 낼 것들이 없습니다.

갈라디아서 6:12~14 "무릇 육체의 모양을 내려 하는 자들이 억지로 너희에게 할례를 받게 함은 그들이 그리스도의 십자가로 말미암아 박해를 면하려 함뿐이라 할례를 받은 그들이라도 스스로 율법은 지키지 아니하고 너희에게 할례를 받게 하려 하는 것은 그들이 너희의 육체로 자랑하려 함이라 그러나 내게는 우리 주 예수 그리스도의 십자가 외에 결코 자랑할 것이 없으니 그리스도로 말미암아 세상이 나를 대하여 십자가에 못 박히고 내가 또한 세상을 대하여 그러하니라"

육체의 모양을 내려는 자들은 십자가로 인한 박해를 면하려고 합니다. 십자가의 복음은 육체의 자랑을 할 것이 없습니다. 성도는 그리스도로 말미암아, 내 쪽에서 보면 세상이 죽었고, 세상 쪽에서 보면 내가 죽었습니다. 예수 그리스도의 십자가만 자랑하는 자들이 믿음의 창시자이며 완성자이신 예수님의 믿음을 선물로 받은 자들입니다. 이 은혜가 우리에게도 임하기를 소원합니다.

십자가 (12)

에베소서 2:11~18 그러므로 생각하라 너희는 그 때에 육체로는 이방인이요 손으로 육체에 행한 할례를 받은 무리라 칭하는 자들로부터 할례를 받지 않은 무리라 칭함을 받는 자들이라 그 때에 너희는 그리스도 밖에 있었고 이스라엘 나라 밖의 사람이라 약속의 언약들에 대하여는 외인이요 세상에서 소망이 없고 하나님도 없는 자이더니 이제는 전에 멀리 있던 너희가 그리스도 예수 안에서 그리스도의 피로 가까워졌느니라 그는 우리의 화평이신지라 둘로 하나를 만드사 원수 된 것 곧 중간에 막힌 담을 자기 육체로 허시고 법조문으로 된 계명의 율법을 폐하셨으니 이는 이 둘로 자기 안에서 한 새 사람을 지어 화평하게 하시고 또 십자가로 이 둘을 한 몸으로 하나님과 화목하게 하려 하심이라 원수 된 것을 십자가로 소멸하시고 또 오셔서 먼 데 있는 너희에게 평안을 전하시고 가까운 데 있는 자들에게 평안을 전하셨으니 이는 그로 말미암아 우리 둘이 한 성령 안에서 아버지께 나아감을 얻게 하려 하심이라

오늘은 에베소서에서 십자가의 의미를 살펴보겠습니다. 오늘 본문 11절을 보면 그러므로 생각하라고 합니다. 그러므로 생각하라는 말씀은 1:1~2:10까지를 다 봐야 합니다. 아주 간략하게 보면 창세 전에 그리스도 안에서 택하신 자들에게 하늘에 속한 신령한 복을 주셨다고 말씀하니

다. 이 복은 하나님의 아들들이 되게 하신 것입니다. 하나님의 아들들은 하나님의 나라를 기업으로 받습니다. 이 일을 위하여 하나님께서 강력한 능력으로 일하셨습니다. 그 일이 예수 그리스도의 죽음과 부활과 승천입니다. 그런데 그 죽음과 부활과 승천은 예수님 홀로 하신 것이 아니라 하나님 아버지께서 맡겨주신 모든 자들을 묵시적으로 함께 살리시고 하늘에 앉히신 것입니다.

본문 11절을 봅니다. 그러므로 생각하라 너희는 그때 육체로는 이방인이요 손으로 육체에 행한 할례를 받은 무리라 칭하는 자들로부터 할례를 받지 않은 무리라 칭함을 받는 자들이라고 합니다. 이 말씀은 에베소 교인들만이 아니라 모든 이방인에게 해당하는 말입니다. 우리는 태어나면서부터 허물과 죄로 죽은 자들입니다. 그 가운데 살 때는 이 세상의 풍속을 따라서 자기 마음과 육체가 원하는 대로 살아가는 본질상 진노의 자녀였습니다. 지금도 불순종의 아들들 가운데 역사하는 영, 공중 권세 잡은 자의 권세 아래 살았습니다. 이때는 육체로는 이방인이며 손으로 할례를 받은 무리라 칭하는 유대인들에게 할례를 받지 않은 무리라고 칭함을 받았습니다.

유대인들은 자신들이 하나님의 율법을 받은 민족이라고 대단히 자랑스러워하였습니다. 그리고 율법을 지키는 자신들은 이방인과 본질적으로 다른 사람이라고 여겼습니다. 그래서 유대인들은 이방인들을 죄인 취급하였습니다. 이방인들을 짐승들과 같이 보았습니다. 그러나 이런 유대인들 특히 율법의 의로는 흠이 없다고 하는 바리새인들과 서기관들과 대제사장들이 한 짓이 무엇입니까? 하나님의 아들 예수 그리스도를 십자가에 못 박아 죽였습니다. 그러므로 유대인이나 이방인이나 모두 죄 아래 갇혀 있었습니다. 그러함에도 유대인들은 선민의식으로 가득 차 있었습니다.

본문 12절입니다. 우리가 이방인으로 있을 때 영적으로 어떤 상태인지 말씀합니다. 이방인들은 그리스도 밖에 있었고 이스라엘 나라 밖의 사람입니다. 약속의 언약들에 대하여 외인이요 세상에서 소망이 없고 하나님도 없는 자였습니다. 여기서 이방인으로 있을 때 세상에서 소망이 없다고 합니다. 세상에 소망이 없는 자들이란 하늘에 소망이 없는 자를 말합니다. 그때는 불에 타 없어질 소망만 가득하였다는 말씀입니다. 지금도 온 세상은 할 수 있다, 하면 된다, 안 되면 되게 하라고 합니다. 심지어 교회에서도 자신의 비전과 꿈을 이루게 하려고 하늘의 보좌를 흔들라고 합니다. 돌파 기도, 임계점 기도를 말합니다. 임계점 이란 물리에서 사용하는 용어인데 저온에서 고온으로 상태가 변화될 때 저온 상태의 온도와 압력의 한계점입니다. 이것을 돌파하면 액체가 기체가 되는 것이지요! 그러므로 임계점 기도는 세 시간이라고 세 시간 이상 기도하면 기적이 일어난다는 것입니다. 그러나 그런 기도가 정말 자기를 부인하고 자기 십자가를 지는 기도인가요?

그러므로 12절에서 세상에서 소망이 없었다는 말씀은 하나님의 약속에 관하여 소망이 없었다는 말씀입니다. 하나님의 약속은 그 아들을 믿는 자마다 영원한 생명을 얻는 것입니다. 믿음의 결국도 영혼의 구원입니다.[벧전1:9] 우리가 이 세상에서 모든 영광을 다 누린다고 하여도 영원한 생명이신 예수 그리스도를 받지 못하였다면 그 사람은 보이는 이 세상에서 잠깐 부귀와 영화를 누린다고 하여도 영원한 사망인 둘째 사망에 들어가게 됩니다. 그러므로 이방인인 우리가 복음을 듣고 예수님을 믿는다는 일은 천하보다 귀한 영원한 생명을 얻는 것입니다.

본문 13절입니다. 성도는 '전' 과 '이제' 가 있습니다. 전에는 허물과 죄로 죽어서 이 세상의 풍속을 따르며 육체의 욕심과 마음이 원하는 대로 살아가는 본질상 진노의 자녀였습니다. 그런데 세상에서 정직하게 살아가는 사람에게 당신이 본질상 진노의 자녀라고 하면 누가 믿겠습니까? 그러므로 창세 전에 그리스도 안에서 택한 자들만 믿게 됩니다. 전에는 본질상 진노의 자녀였던 우리가 이제는 그리스도 예수 안에서 그리스도의 피로 가까워졌습니다. 그러므로 ‘전에는’과 ‘이제는’의 그 분명한 경계선은 예수 그리스도의 피가 됩니다. 그 피로 속죄함을 입어 그 피로 새사람이 되어 그 피로 하나님과 이웃과의 원수 됨의 담이 무너지고 하나가 됩니다.

레위기 17:11 “육체의 생명은 피에 있음이라 내가 이 피를 너희에게 주어 제단에 뿌려 너희의 생명을 위하여 속죄하게 하였나니 생명이 피에 있으므로 피가 죄를 속하느니라”

구약의 율법에서 짐승의 피를 사람이 먹지 못하게 하였습니다. 그 이유는 육체의 생명이 피에 있기 때문이라고 합니다. 우리의 생명을 위한 속죄는 제단에 피를 뿌리므로 이루어집니다. 구약의 모든 피 흘리는 제사는 속죄를 위한 모형과 그림자입니다. 이스라엘의 출발점이 되는 출애굽의 가장 중요한 내용도 어린 양의 피를 바르는 것입니다. 이사야 53장에 고난받는 어린 양도 자기 죄가 아닌 자기 백성의 죄를 담당하는 어린 양입니다. 그러므로 구약의 마지막 선지자 세례 요한은 예수님을 향하여 세상 죄를 지고 가는 하나님의 어린 양을 보라고 합니다. 요1:29 세상 죄를 지고 가는 하나님의 어린 양이 십자가를 지신 예수 그리스도라고 모든 성경이 증언합니다.

히브리서 9:18~22 “이러므로 첫 언약도 피 없이 세운 것이 아니니 모세가 율법대로 모든 계명을 온 백성에게 말한 후에 송아지와 염소의 피 및 물과 붉은 양털과 우슬초를 취하여 그 두루마리와 온 백성에게 뿌리며 이르되 이는 하나님이 너희에게 명하신 언약의 피라 하고 또한 이와 같이 피를 장막과 섬기는 일에 쓰는 모든 그릇에 뿌렸느니라 율법을 따라 거의 모든 물건이 피로써 정결하게 되나니 피 흘림이 없은즉 사함이 없느니" 옛 언약에서도 피 흘림으로 속죄를 보여줍니다. 그러나 이것은 모형으로 실체는 예수 그리스도의 피입니다.

이어지는 23~28절입니다. "그러므로 하늘에 있는 것들의 모형은 이런 것들로서 정결하게 할 필요가 있었으나 하늘에 있는 그것들은 이런 것들보다 더 좋은 제물로 할지니라 그리스도께서는 참 것의 그림자인 손으로 만든 성소에 들어가지 아니하시고 바로 그 하늘에 들어가사 이제 우리를 위하여 하나님 앞에 나타나시고 대제사장이 해마다 다른 것의 피로써 성소에 들어가는 것 같이 자주 자기를 드리려고 아니하실지니 그리하면 그가 세상을 창조한 때부터 자주 고난을 받았어야 할 것이로되 이제 자기를 단번에 제물로 드려 죄를 없이 하시려고 세상 끝에 나타나셨느니라 한 번 죽는 것은 사람에게 정해진 것이요 그 후에는 심판이 있으리니 이와 같이 그리스도도 많은 사람의 죄를 담당하시려고 단번에 드리신 바 되셨고 구원에 이르게 하기 위하여 죄와 상관없이 자기를 바라는 자들에게 두 번째 나타나시리라"

옛 언약인 구약의 피 뿌림의 제사들은 장차 오실 새 언약의 예수 그리스도의 피 뿌림을 모형으로 보여줍니다. 땅에 있는 성막이나 성전이라는 모형들은 짐승의 피를 뿌리지만 하늘의 영원한 성소는 그리스도께서 자기를 단번에 제물로 드리시기 위하여 세상 끝에 오셨습니다. 세상 끝은 약 2천 년 전 십자가에서 예수님께서 다 이루었다고 하신 때가 세상 끝입니다. 그러므로 십자가에 죽은 예수님께서 부활하시고 승천하셔서 성령을 보내십니다. 성령이 임한 모든 사도들은 세상의 끝임을 알기에 회개하고 주 예수를 믿으라고 합니다. 한 번 죽는 것은 사람에게 정한 것입니다. 누구도 죽음은 피할 수가 없습니다. 그 죽음은 개인의 종말입니다. 그러므로 죽기 전에 회개하고 예수님을 믿어야 죽음 이후에 둘째 사망에 들어가는 심판을 받지 않습니다. 그러므로 우리가 예수님을 믿으면 우리의 죄가 단번에 용서되고 몸의 부활이라는 완전한 구원에 이르게 하려고 죄와 상관없이 자기를 바라는 자들에게 두 번째 나타나실 것입니다. 이날이 재림의 날입니다.

사실 이런 복음의 내용은 기독교의 아주 중요한 기초입니다. 그런데 오늘날 이런 기초를 잘 전하지 않고 있습니다. 교회 나온 사람들은 이 정도는 다 알고 믿는다고 생각하는지 원초적인 복음을 듣기가 어렵습니다. 이 정도의 내용은 학습 문답과 세례 문답으로 끝내고 이제는 열심히 헌신 충성 봉사하라는 말만 한다면 심각한 문제가 발생합니다. 모든 운동은 기초 체력이 가장 중요합니다. 아무리 손흥민이 축구를 잘해도 매일 기초체력을 훈련하지 않는다면 일주일 만에 그 실력을 발휘하지 못합니다. 세계적인 연주자들도 하루를 연습하지 않으면 자기가 알고 이틀을 연습하지 않으면 청중이 안다고 합니다. 그런데 우리의 본성을 거스르는 복음의 내용은 매일 듣고 묵상하지 않으면 우리는 육체의 본성으로 얼마나 재빠르게 돌아가는지 당겨서 늘인 고무줄과 같습니다.

본문 14~18절을 새번역으로 봅니다. "그리스도는 우리의 평화입니다. 그리스도께서는 유대 사람과 이방 사람이 양쪽으로 갈라져 있는 것을 하나로 만드신 분이십니다. 그분은 유대 사람과 이방 사람 사이를 가르는 담을 자기 몸으로 허무셔서, 원수 된 것을 없애시고, 여러 가지 조문으로 된 계명의 율법을 폐하셨습니다. 그분은 이 둘을 자기 안에서 하나의 새 사람으로 만들어서 평화를 이루시고, 원수 된 것을 십자가로 소멸하시고 이 둘을 한 몸으로 만드셔서, 하나님과 화해시키셨습니다. 그분은 오셔서 멀리 떨어져 있는 여러분에게 평화를 전하셨으며, 가까이 있는 사람들에게도 평화를 전하셨습니다. 이방 사람과 유대 사람 양쪽 모두, 그리스도를 통하여 한 성령 안에서 아버지께 나아가게 되었습니다."

유대인이나 이방인이나 허물과 죄로 죽은 상태는 하나님과 원수 된 상태입니다. 롬5:10 원수 된 자들임이 가장 분명하게 드러난 일이 하나님의 아들을 십자가에 못 박아 죽였다는 사실입니다. 그런데 놀랍게도 그 십자가에서 죽은 분이 무슨 일을 이루신 것입니까? 하나님과 원수가 되어 있었기에 유대인과 이방인이 원수가 되어 있습니다. 남한과 북한도 한민족인데도 원수가 되어 있습니다. 남한 안에서도 서로 원수라고 싸우고 있습니다. 그런 원수들이 예수님의 십자가로 화목이 일어났다고 하는 사람들이 모인 교회에서도 내 편을 들어주지 않으면 원수라고 싸우고 있습니다. 도대체 우리가 무엇을 믿는다고 여기 이러고 있습니까? 예수 그리스도의 십자가가 무엇을 이루셨습니까? 허물과 죄로 죽어 본질상 진노의 자녀인 우리를 그의 피로 단번에 영원히 용서하신 사실이 정말로 믿어집니까? 그런데도 나를 억울하게 한 이웃이 아직 용서가 안 되지요?

그러므로 예수님의 십자가로 무엇을 이루셨는지 알고 믿는 일이 얼마나 중요한지 알아야 합니다. 예수님의 십자가는 원수 된 유대인과 이방인을 한 새 사람으로 만들어 내십니다. 유대인들은 율법의 의를 가지고 있습니다. 그 율법의 의를 주장하려면 율법이 살아있어야 합니다. 그런데 그 율법 자체를 십자가로 폐하여 버린 것입니다. 이 내용은 다음 주 골로새서에서 상세하게 보겠습니다. 그러므로 십자가 안에서는 어떤 유대인도 자신의 율법적인 의를 내세울 수가 없습니다. 또한 이방인들인 우리도 자신의 어떠한 착함이나 선행을 주장할 수가 없습니다. 유대인이나 이방인이 내세우는 자기 의로움이라는 것이 선악과를 따 먹은 죄의 결과입니다. 이것이 죄 임을 아는 자들이 그리스도 안에서 그리스도의 피로 새로운 사람이 된 사람들입니다. 이런 자들은 하나님과 화목하게 되고 유대인과 이방인이 화목하게 되어 한 성령 안에서 아버지께 나아갈 수가 있습니다.

교회가 얼마나 놀라운 곳인지 아십니까? 하나님의 피로 구속받은 자들이 모인 교회의 신비는 세상이 알 수가 없고 하늘의 천사도 몰랐던 것입니다. 우리나라에 복음이 처음 들어올 때의 시대는 반상班常의 법이 있던 시대입니다. 서울의 승동교회는 선교사가 세운 교회입니다. 그때 그 설립자이신 무어Rev. Samuel F.Noore목사는 한국에서 백정들이 가장 낮은 계급으로 취급되고 갓도 못 쓰는 사정을 측은하게 생각하고 고종황제에게 사정을 올려 이 사람들도 갓을 쓸 수 있도록 허락을 받게 되었습니다. 어떤 백정들은 너무나 기뻐서 잠잘 때도 갓을 벗지 못하고 잤다고 합니다. 그때 박이라는 한 백정이 교인으로 있다가 이 기회에 갓은 쓰게 되었는데 이에 따라 문제가 일어나서 양반 교인들이 절대로 이런 백정과 같이 예배를 드릴 수 없다고 하여 얼마 동안 교회를 떠났다가 나중에 다시 나오는 일도 있었습니다. 그런데 선교사가 이런 차별을 용납하지 않았기에 우리나라 초창기에 가난하고 신분이 낮은 이런 자들이 교회로 올 수 있었습니다. 예수님의 피로 새사람이 되었다면 자기 가치관으로 사람을 판단함이 죄인 줄 알고 회개하게 됩니다.

에베소서 2:19~22 "그러므로 이제부터 너희는 외인도 아니요 나그네도 아니요 오직 성도들과 동일한 시민이요 하나님의 권속이라 너희는 사도들과 선지자들의 터 위에 세우심을 입은 자라 그리스도 예수께서 친히 모퉁잇돌이 되셨느니라 그의 안에서 건물마다 서로 연결하여 주 안에서 성전이 되어 가고 너희도 성령 안에서 하나님이 거하실 처소가 되기 위하여 그리스도 예수 안에서 함께 지어져 가느니라"

하나님의 천지 창조의 목적은 하나님의 아들이 십자가의 희생으로 자기 백성을 구원하셔서 그들을 하나님의 처소를 삼는 일입니다. 하나님이 거하시는 처소가 성전이며 교회입니다. 그러므로 예수님께서 십자가에서 죽고 부활 승천하셔서 성령을 보내십니다. 성령이 임한 자들은 하나님의

거하시는 성전이 됩니다. 건물이 아니라 예수님의 피로 새사람이 된 자들
이 성전입니다. 그런데 이런 성전은 혼자서 되는 것이 아니라 그리스도의
몸으로서 성전입니다. 건물에도 기초 석이 있고 그 기초 석을 기준으로
집이 지어지듯이 우리의 영원한 기초는 건축자들이 버린 모퉁이 돌인 그
리스도 예수입니다. 우리가 예수님의 피로 구원을 받았다면 모두가 예수
님께 붙어서 하나님이 거하실 성전에 되기 위하여 지어져 가고 있습니다.
그런데 내 옆에 나를 찌르는 돌멩이를 하나님께 붙여주십니다. 그렇게 하
여 자신이 얼마나 죄인인지 알게 하셔서 더욱 주를 의지하게 합니다. 그
렇게 성전을 지어 가십니다. 그러므로 복음이 다 전해지고 성전이 완성되
면 주님 다시 오십니다. 그날이 올 때까지 그 피의 능력을 전하는 곳이 교
회입니다.

십자가 (13)

빌립보서 2:5~11 너희 안에 이 마음을 품으라 곧 그리스도 예수의 마음이니 그는 근본 하나님의 본체시나 하나님과 동등됨을 취할 것으로 여기지 아니하시고 오히려 자기를 비워 종의 형체를 가지사 사람들과 같이 되셨고 사람의 모양으로 나타나사 자기를 낮추시고 죽기까지 복종하셨으니 곧 십자가에 죽으심이라 이러므로 하나님이 그를 지극히 높여 모든 이름 위에 뛰어난 이름을 주사 하늘에 있는 자들과 땅에 있는 자들과 땅 아래에 있는 자들로 모든 무릎을 예수의 이름에 꿇게 하시고 모든 입으로 예수 그리스도를 주라 시인하여 하나님 아버지께 영광을 돌리게 하셨느니라

오늘은 빌립보서에서 십자가의 의미를 살펴보겠습니다. 빌립보는 지금의 그리스 북쪽 불가리아 밑에 있습니다. 알렉산더 왕의 아버지 필립이 건설한 도시라고 빌립보라고 이름을 지었습니다. 사도행전 16장을 보면 바울 사도가 아시아로 복음을 전하려 하였지만, 성령이 막으시고 마케도니아 지역으로 인도하셨습니다. 그곳에서 자주 장사 루디아에게 복음을 전하여 그 집이 교회가 됩니다. 그리고 복음을 전하다가 귀신 들려 점을 치는 여종이 바울 일행을 괴롭게 하여 귀신을 쫓아냅니다. 그러자 그 여종의 주인이 바울과 실라를 고발하여 매를 맞고 감옥에 갇힙니다.

그 감옥에서 한밤중에 기도하고 찬송하니 갑자기 큰 지진이 일어나 감

옥 터가 움직이며 옥문들이 열립니다. 죄수들의 발에 채워진 쇠고랑도 풀립니다. 간수가 자다가 깨어 옥문들이 열린 것을 보고 자결하려고 합니다. 죄수를 놓치면 자신이 죽어야 하기에 자결하려고 하는 순간 바울과 실라가 네 몸을 상하게 하지 말라고 하면서 우리가 여기에 있다고 합니다. 그러자 간수가 놀라서 그 앞에 엎드리고 그들을 데려 나가 내가 어떻게 해야 구원을 얻겠느냐고 합니다. 그러자 주 예수를 믿으라 그리하면서 너와 네 집이 구원을 얻으리라고 합니다.^{행16:31} 그 밤에 그들을 자기 집에 데려가 맞은 자리를 씻어 주고 복음을 듣고 믿어 온 가족이 세례를 받습니다.

그렇게 시작된 빌립보교회는 바울 사도에게 몇 번이나 연보를 보내서 바울의 사역에 함께 하는 교회입니다. 이 편지를 보낼 때 바울 사도는 복음을 전하다가 감옥에 갇혀있습니다. 바울 사도는 빌립보교회가 에바브로디도를 통하여 연보 보낸 것을 감사하면서 그가 병이 든 것을 염려하는 빌립보교회에 에바브로디도가 병이 나았기에 그를 빌립보교회에 보내어 그들의 근심을 들게 하려고 합니다. 그리고 복음에 협력하는 자들이 생명 책에 그 이름이 기록되어 있다는 말씀도 합니다.^{4:3} 감옥에 갇혀있으면서도 바울 사도는 항상 기뻐하라고 합니다. 예수 그리스도의 십자가로 이루신 그 복음이 얼마나 기쁜 소식인지 자신도 기뻐하고 또 성도들에게도 기뻐하라고 합니다.

빌립보서 1:20~24를 봅니다. "나의 간절한 기대와 소망을 따라 아무 일에든지 부끄러워하지 아니하고 지금도 전과 같이 온전히 담대하여 살든지 죽든지 내 몸에서 그리스도가 존귀하게 되게 하려 하나니 이는 내게 사는 것이 그리스도니 죽는 것도 유익함이라 그러나 만일 육신으로 사는 이것이 내 일의 열매일진대 무엇을 택해야 할는지 나는 알지 못하노라 내가 그 둘 사이에 끼었으니 차라리 세상을 떠나서 그리스도와 함께 있는 것이 훨씬 더 좋은 일이라 그렇게 하고 싶으나 내가 육신으로 있는 것이 너희를 위하여 더 유익하리라"

바울의 간절한 기대와 소망이 무엇입니까? 살든지 죽든지 자기 몸에서 그리스도가 존귀하게 되는 것이라고 합니다. 자기 안에 사는 분이 그리스도이기에 자신은 죽는 것이 더 유익하다고 합니다. 그러나 육신 안에 사는 것은 자기 일의 열매이기에 무엇을 택하여야 할지 모르겠다고 합니다. 그래서 사는 일과 죽는 일 둘 사이에 끼어 있다고 합니다. 자기 생각은 세상을 떠나 그리스도와 함께 있는 것이 훨씬 더 좋기에 그렇게 하고 싶지만-그는 이미 하늘의 완성된 세계를 보았기에^{고후12:2}-너희를 위하여 사는 일이 유익하다고 합니다. 그러면서 복음에 합당하게 살라고 합니다.

빌립보서 1:27~29 "오직 너희는 그리스도의 복음에 합당하게 생활하라 이는 내가 너희에게 가보나 떠나있으나 너희가 한마음으로 서서 한뜻으로 복음의 신앙을 위하여 협력하는 것과 무슨 일에든지 대적하는 자들 때문에 두려워하지 아니하는 이 일을 듣고자 함이라 이것이 그들에게는 멸망의 증거요 너희에게는 구원의 증거니 이는 하나님께로부터 난 것이라 그리스도를 위하여 너희에게 은혜를 주신 것은 다만 그를 믿을 뿐 아니라 또한 그를 위하여 고난도 받게 하려 하심이라"

복음에 합당한 삶이 은혜의 삶인데 은혜가 임하여야 예수님을 믿게 됩니다. 그런데 은혜로 믿는 것만이 아니라 예수님을 위하여 고난도 받는 일도 은혜입니다. 복음은 하나님께서 택하신 자들에게 복되고 기쁜 소식이지만 그렇지 않은 자들은 너무나 싫어하여 복음을 믿고 전하는 자들을 핍박합니다. 그러나 복음을 핍박하는 일이 그들에게는 멸망의 증거가 되며 복음 때문에 핍박받는 자들은 구원의 증거가 됩니다. 이런 싸움은 주님 다시 오실 때까지 일어납니다.

빌립보서 2:1~4 "그러므로 그리스도 안에 무슨 권면이나 사랑의 무슨 위로나 성령의 무슨 교제나 긍휼이나 자비가 있거든 마음을 같이하여 같은 사랑을 가지고 뜻을 합하며 한마음을 품어 아무 일에든지 다툼이나 허영으로 하지 말고 오직 겸손한 마음으로 각각 자기보다 남을 낫게 여기고 각각 자기 일을 돌볼뿐더러 또한 각각 다른 사람들의 일을 돌보아 나의 기쁨을 충만하게 하라"

복음에 합당한 삶을 이어서 말씀합니다. 그리스도 안에서 권면, 사랑, 위로, 성령의 교제, 긍휼, 자비와 같은 은혜로운 내용들을 나눈다는 교회의 사람들이 한마음이 안되는 것입니다. 참 이상한 일입니다. 그런데 그럴 수밖에 없는 것이 역사 속의 교회입니다. 그래서 한마음을 품고 다툼이나 허영으로 하지 말고 오직 겸손한 마음으로 자기보다 남을 나은 자로 여기라고 합니다. 구역모임이든 전도회 모임이든 교회 전체의 모임이든 나보다 못한 사람이 한 사람도 없다고 생각하라는 겁니다. 그러면서 자기 일을 돌볼 뿐 아니라 다른 사람들의 일을 돌보아 나의 기쁨을 충만하게 하라고 합니다. 바울은 그리스도의 사도이기에 사도의 기쁨이 곧 그리스도의 기쁨입니다.

오늘 본문 5절입니다. 너희 안에 예수 그리스도의 마음을 품으라고 합니다. 예수 그리스도의 마음을 품으라고 한 것은 바울의 말이 아니라 그리스도의 말이며 곧 하나님의 말씀입니다. 하나님의 모든 말씀은 하나님의 의지가 담긴 말씀입니다. 그러므로 하나님께서 반드시 이렇게 이루실 것입니다. 그러므로 성도는 이제부터 이런 삶으로 이끌려가는 것입니다. 나보다 남을 낮게 여기는 삶은 결국 자기를 비워 종의 모습으로 죽기까지 하는 그 길에 끌려들어 갑니다. 이 일이 은혜이기에 이런 은혜를 받은 자는 예수님을 믿을 뿐만 아니라 그리스도를 위하여 고난도 받게 하심이라는 말씀은[빌1:29] 그리스도의 몸이 되는 과정이기에 이 역사 속에서 고난의 길입니다. 하나님의 백성이 아무리 저항하여도 끌고 가는 힘이 더 세고 영원하기에 이끌어 가십니다.

본문 6~8절입니다. 우리에게 그리스도 예수의 마음을 품으라고 말씀하신 후에 예수님께서 어떻게 하셨는지를 말씀합니다. 이 땅에 오신 예수님의 근본은 하나님의 본체입니다. 하나님의 본체라는 말씀은 하나님과 본질이 같은 분입니다. 곧 하나님과 동등한 분이라는 말씀입니다. 그런데 하나님과 동등 됨을 당연하게 생각하지 않으시고 자기를 비워 종의 형체를 가지신 것입니다. 종의 형체란 곧 사람과 같이 되신 것입니다. 그래서 사람의 모양으로 나타나시고 자기를 낮추셔서 죽기까지 복종하였습니다. 그 복종이 십자가에서 죽음입니다.

천지를 창조하신 하나님께서 사람이 되셨습니다. 그 영원하신 말씀이 육신이 되어 이 땅에 사람으로 오신 이유는 천지를 창조하기도 전에 있었던 영원한 성부와 성자의 언약을 이루시기 위한 일입니다. 그러므로 창세 전에, 영원 전에, 만세 전에 하나님의 언약이 먼저 있었다고 언약을 따라서라는 설교를 시작하면서 먼저 말씀드렸습니다. 그 언약을 따라 천지를 창조하시고 때가 되어 하나님이 그 아들을 보내사 여자에게서 나게 하시고 율법 아래에 나게 하신 것은 율법 아래에 있는 자들을 속량하시고 우리로 아들의 명분을 얻게 하려 하시기 위함입니다. 갈4:4~5

본문 9~11절입니다. 예수님은 십자가로 하나님의 뜻을 다 이루었다고 하셨습니다. 요19:30 하나님의 뜻을 다 이루신 자리가 놀랍게도 십자가입니다. 그러므로 하나님이 그를 죽음 가운데서 부활시키시고 하늘에 앉히시고 그를 지극히 높여 모든 이름 위에 뛰어난 이름을 주신 것입니다. 그러므로 하늘에 있는 자들과 땅에 있는 자들과 땅 아래에 있는 자들로 모든 무릎을 예수의 이름에 꿇게 하시고 모든 입으로 예수 그리스도를 주라 시인하여 하나님 아버지께 영광을 돌리게 하셨습니다. 그러므로 하나님 아버지께 영광을 돌리는 일은 십자가를 지신 그 예수 그리스도의 이름에 무릎을 꿇고 주와 그리스도로 시인하는 것입니다. 이 역사 속에서 그렇게 하는 자는 하나님의 자녀이지만 끝까지 부인하는 자는 주님 재림의 날에 영원한 둘째 사망에 들어갑니다.

그러나 이 일도 허물과 죄로 죽은 우리가 스스로 할 수 있는 문제가 아닙니다. 그러므로 예수님께서 부활 승천하셔서 아버지로부터 성령을 받아서 자기 백성에게 보내심으로 믿게 됩니다. 그러므로 우리가 복음을 듣고 믿음으로 하나님을 아버지라고 부르게 되는 일도 성부와 성자와 성령의 일로 되는 것입니다. 그러므로 우리가 하나님의 아들이라면 하나님이 그 아들의 영을 우리 마음 가운데 보내셔서 예수님께서 아빠 아버지라고 부르신 그 하나님을 우리도 아빠 아버지로 부르게 됩니다. 이러한 자들은 이제 종이 아니라 아들이기에 하나님으로 인하여 유업을 받을 자들이 됩니다.^{갈4:6~7} 이런 자들은 이제 땅에 속한 자들이 아니라 하늘에 속한 자가 됩니다.

빌립보서 3:1~3 "끝으로 나의 형제들아 주 안에서 기뻐하라 너희에게 같은 말을 쓰는 것이 내게는 수고로움이 없고 너희에게는 안전하니라 개들을 삼가고 행악하는 자들을 삼가고 몸을 상해하는 일을 삼가라 하나님의 성령으로 봉사하며 그리스도 예수로 자랑하고 육체를 신뢰하지 아니하는 우리가 곧 할례파라"

바울 사도가 개들을 삼가라고 합니다. 개들을 행악하는 자들이라고 합니다. 이들이 누구입니까? 하나님의 은혜로 복음을 듣고 믿었는데 그 믿음으로 부족하다고 하면서 할례를 받아야 한다는 율법주의자들을 개들이며 행악하는 자들이라고 말합니다. 제가 종종 말씀을 드립니다만 많은 이단이 왜 저렇게 열심히 자기 교주의 말을 전하고 있습니까? 그들은 그렇게 하지 않으면 구원받지 못하기 때문입니다. 그래서 목숨 걸고 전도합니다. 그래서 모든 이단은 행위 구원론자들이 됩니다.

그러므로 성령이 임한 성도들은 하나님의 성령으로 봉사하며 그리스도 예수를 자랑하고 자기 육체를 신뢰하지 않습니다. 이들이 참으로 마음으로 할례를 행한 자라는 말씀입니다. 그리고 바울 자신도 육체를 자랑하려고 한다면 얼마든지 자랑할 수 있다고 합니다. 얼마나 유대 율법주의에 열심을 내었는지 교회를 박해하고 율법의 의로 흠이 없다고 합니다. 그러나 그 율법의 의로 행한 일이 예수 믿는 자를 잡아 죽이고 핍박한 일이기에 그 모든 것을 해로 여기며 배설물로 여긴 것입니다. 그 이유는 그리스도 예수를 아는 지식이 가장 고상하기 때문입니다. 이런 믿음은 율법에서 나온 것이 아니라 믿음으로 된 것인데 이것을 하나님에게서 나온 의라고 합니다. ^{빌3:4~9}

빌립보서 3:17~19 "형제들아 너희는 함께 나를 본받으라 그리고 너희가 우리를 본받은 것처럼 그와 같이 행하는 자들을 눈여겨 보라 내가 여러 번 너희에게 말하였거니와 이제도 눈물을 흘리며 말하노니 여러 사람들이 그리스도의 십자가의 원수로 행하느니라 그들의 마침은 멸망이요 그들의 신은 배요 그 영광은 그들의 부끄러움에 있고 땅의 일을 생각하는 자라"

바울은 자기를 본받으라고 합니다. 복음이라고 말하지만, 거짓 선생들이 있기 때문입니다. 그러므로 복음 전한다는 자들을 눈여겨보라고 합니다. 이 말을 바울이 여러 번 말하였지만, 다시 눈물을 흘리며 말하는 이유는 여러 사람이 그리스도의 십자가를 대적하는 원수로 행하기 때문입니다. 십자가의 원수는 예수님의 십자가로 다 이루심을 헛되게 하는 자들입니다. ^{갈2:21} 이들은 결국 시기와 경쟁을 시켜서 자기 욕망을 이루는 것이기에 그들의 신이 배라고 합니다. 아무리 천국과 영생을 말하여도 그 내용이 십자가로 나타난 하나님의 사랑이 아니라 세상의 인과율의 원리로 말한다면 결국은 탐심이 그들이 신이 되어 있습니다. 이들의 결국은 멸망이기에 그 영광이라고 하는 것들이 부끄러운 것이며 땅의 일을 생각하는 것입니다. 십자가의 원수가 무엇인지 선명합니다.

빌립보서 3:20~21 "그러나 우리의 시민권은 하늘에 있는지라 거기로부터 구원하는 자 곧 주 예수 그리스도를 기다리노니 그는 만물을 자기에게 복종하게 하실 수 있는 자의 역사로 우리의 낮은 몸을 자기 영광의 몸의 형체와 같이 변하게 하시리라"

우리나라의 국민이 되는 법은 속인주의屬人主義입니다. 부모가 한국 사람이면 자동으로 한국 사람이 됩니다. 그런데 미국은 속지주의屬地主義입니다. 그러나 속인주의든 속지주의든 우리는 모두 땅에서 태어났기에 땅에 속한 자들입니다. 그러므로 거듭나지 않으면 이 땅이 멸망할 때 함께 영원히 멸망합니다. 우리의 시민권이 하늘에 있으려면 하늘로부터 태어나야 합니다. 하늘로부터 태어나는 유일한 길이 예수님을 믿는 일입니다. 예수님을 믿는다는 말은 나의 죄가 예수님을 죽인 죄임을 알고 회개하고 예수님을 믿는 일입니다. 이것이 성부와 성자와 성령의 일이기에 은혜라고 합니다. 그러므로 우리가 예수님을 주와 그리스도 믿으면 하늘의 시민권을 얻습니다.

그렇다면 우리가 정말로 예수님을 믿고 하늘에 시민권이 있는지 어떻게 압니까? 주민등록증처럼 보여줄 수 있는 시민권이 아니니 말입니다. 우리가 거듭나서 하늘에 시민권이 있는 자라면 하늘로부터 구원하는 자 곧 주 예수 그리스도를 기다립니다. 이 소망이 있는 사람이라면 이 땅에서 어떤 부귀와 영광을 누린다고 하여도 그것을 배설물로 여기게 됩니다. 그리고 이 땅에서 어떤 비참한 삶의 가운데 있을지라도 낙심하지 않고 그 영광의 날을 소망하며 기쁨으로 견디게 됩니다. 그러므로 하늘에 시민권이 있는 자들은 만물을 자기에게 복종하게 하실 수 있는 자의 역사로 우리의 낮은 몸을 자기 영광의 몸의 형체와 같이 변하게 하실 그 영광의 주님을 사모하며 살아갑니다. 그러므로 히브리서 11장에 나오는 모든 믿음의 사람들, 곧 하늘에 시민권이 있는 사람들은 이 땅에서 외국인과 나그네로 살아갑니다. 그 이유는 더 나은 본향을 사모하며 살아가기 때문입니다.

십자가 (14)

골로새서 2:12~19 너희가 세례로 그리스도와 함께 장사되고 또 죽은 자들 가운데서 그를 일으키신 하나님의 역사를 믿음으로 말미암아 그 안에서 함께 일으키심을 받았느니라 또 범죄와 육체의 무할례로 죽었던 너희를 하나님이 그와 함께 살리시고 우리의 모든 죄를 사하시고 우리를 거스르고 불리하게 하는 법조문으로 쓴 증서를 지우시고 제하여 버리사 십자가에 못 박으시고 통치자들과 권세들을 무력화하여 드러내어 구경거리로 삼으시고 십자가로 그들을 이기셨느니라 그러므로 먹고 마시는 것과 절기나 초하루나 안식일을 이유로 누구든지 너희를 비판하지 못하게 하라 이것들은 장래 일의 그림자이나 몸은 그리스도의 것이니라 아무도 꾸며낸 겸손과 천사 숭배를 이유로 너희를 정죄하지 못하게 하라 그가 그 본 것에 의지하여 그 육신의 생각을 따라 헛되이 과장하고 머리를 붙들지 아니하는지라 온몸이 머리로 말미암아 마디와 힘줄로 공급함을 받고 연합하여 하나님이 자라게 하시므로 자라느니라

오늘은 골로새서에서 십자가의 의미를 살펴봅니다. 골로새서를 받는 지역은 지금의 튀르키예입니다. 이곳은 에바브라가 복음 전한 곳입니다. 바울 사도는 골로새 교회의 소식을 에바브라를 통하여 듣고서는 기도할 때마다 하나님 곧 우리 주 예수 그리스도의 아버지께 감사한다고 합니다.

그 이유는 그리스도 예수 안에서 너희의 믿음과 모든 성도에 대한 사랑을 들었기 때문이라고 합니다. 그리고 하늘에 쌓아 둔 소망을 말합니다. 복음 곧 진리의 말씀을 듣고 하나님의 은혜를 깨달은 날부터 믿음과 사랑과 소망의 열매가 나옵니다. 이러한 열매는 혈과 육으로 나올 수 없습니다.

세상 사람들도 믿음과 소망과 사랑을 말합니다. 그런데 세상에서 사람이나 어떤 투자를 할 때 믿고 합니다. 그런데 그렇게 믿었다가 얼마나 많은 낭패를 보았습니까? 소망도 마찬가지입니다. 세상의 소망은 보이는 것이지만 성경의 소망은 보이지 않는 것입니다. 세상에서도 수많은 사랑을 말하지만, 성경에서 말하는 하나님의 사랑은 사람들이 이해할 수 없는 십자가의 사랑입니다. 그러므로 성경이 말하는 믿음과 소망과 사랑은 예수 그리스도의 십자가를 통하여 자기 백성들에게 부어지는 것이며 이런 믿음과 소망과 사랑은 세상의 썩어질 믿음과 소망과 사랑이 아니라 하늘에 속한 것입니다. 그렇다면 우리에게는 하늘에 속한 믿음과 소망과 사랑이 나오고 있습니까?

골로새서 1:9~12 "이로써 우리도 듣던 날부터 너희를 위하여 기도하기를 그치지 아니하고 구하노니 너희로 하여금 모든 신령한 지혜와 총명에 하나님의 뜻을 아는 것으로 채우게 하시고 주께 합당하게 행하여 범사에 기쁘시게 하고 모든 선한 일에 열매를 맺게 하시며 하나님을 아는 것에 자라게 하시고 그의 영광의 힘을 따라 모든 능력으로 능하게 하시며 기쁨으로 모든 견딤과 오래 참음에 이르게 하시고 우리로 하여금 빛 가운데서 성도의 기업의 부분을 얻기에 합당하게 하신 아버지께 감사하게 하시기를 원하노라"

복음을 듣고 믿는 자들에게 무슨 기도를 합니까? 모든 신령한 지혜와 총명으로 하나님의 뜻을 아는 지식을 채워 주시기를 기도합니다. 복음에 합당한 삶을 살도록 기도합니다. 모든 일에서 그분을 기쁘게 해 드리고,

모든 선한 일에서 열매를 맺고, 하나님을 점점 더 알고, 하나님의 영광스
러운 권능에서 오는 모든 능력으로 강하게 되어서, 기쁨으로 끝까지 참고
견디기를 기도합니다. 그리하여 성도들이 받을 상속의 몫을 차지할 자격
을 주신 아버지께 감사를 드립니다. 그러면 하나님의 자녀가 되고 하나님
나라를 상속받는 이 엄청난 일이 우리에게 어떻게 이루어집니까?

골로새서 1:13~17 "그가 우리를 흑암의 권세에서 건져내사 그의 사랑의
아들의 나라로 옮기셨으니 그 아들 안에서 우리가 속량 곧 죄 사함을 얻었
도다 그는 보이지 아니하는 하나님의 형상이시요 모든 피조물보다 먼저
나신 이시니 만물이 그에게서 창조되되 하늘과 땅에서 보이는 것들과 보
이지 않는 것들과 혹은 왕권들이나 주권들이나 통치자들이나 권세들이나
만물이 다 그로 말미암고 그를 위하여 창조되었고 또한 그가 만물보다 먼
저 계시고 만물이 그 안에 함께 섰느니라"

하나님께서 우리를 흑암의 권세에서-죄와 허물로 죽어있기에 세상의
공중 권세 잡은 자 아래에서 세상 풍속을 따라 육체와 마음이 원하는 대
로 행하며 살아가는 본질상 진노의 자녀인 우리에게엡2:1~3-건져내셔서
하나님의 사랑의 아들 나라로 옮겨 주셨습니다. 우리를 그냥 옮기신 것이
아니라 그 아들 안에서 옮기신 것입니다. 그 아들의 십자가 피로 속량, 곧
죄를 사하심으로 옮기신 것입니다. 그 아들 예수 그리스도는 하나님의 형
상입니다. 모든 피조물보다 먼저 나신 분이십니다. 만물이 그에게서 창조
되었습니다. 하늘과 땅에서 보이는 것들과 보이지 않는 것들이 모두 예수
그리스도께서 예수 그리스도를 위하여 지으신 것입니다. 만물이 그 안에
서 존속합니다.

오래전에 이 본문을 설교하면서 에이브러햄 링컨이 커티스 버그에서 연
설한 내용을 예화로 말씀드렸습니다. '국민의, 국민에 의한, 국민을 위한
정부Government of the people, by the people, for the people' 는 이 세상에서 절대로

사라지지 않을 것이라고 하였습니다. 이런 정부를 민주주의라고 합니다. 사람이 주인이 되어 사람에 의한 사람을 위한 나라는 인본주의입니다. 그런데 오늘 말씀은 하늘과 땅의 모든 피조물은 예수님의 예수님에 의한 예수님을 위한 창조라는 말씀입니다. 하나님께서 만물과 우리를 왜 만드신 것입니까? 여름 성경학교 주제입니다만 예수님을 위하여 만드신 것입니다. 그런데 타락한 인간은 온 우주 만물이 모두 자기를 중심으로 돌아가야 한다고 생각합니다. 그러므로 타락한 인간의 이기적인 자기주장만 가득하니 세상이 지옥과 같습니다. 그러므로 우리가 예수님을 믿는다는 말은 나의 전부가 주님의 소유임을 시인하는 것입니다.

골로새서 1:18~23 "그는 몸인 교회의 머리시라 그가 근본이시요 죽은 자들 가운데서 먼저 나신 이시니 이는 친히 만물의 으뜸이 되려 하심이요 아버지께서는 모든 충만으로 예수 안에 거하게 하시고 그의 십자가의 피로 화평을 이루사 만물 곧 땅에 있는 것들이나 하늘에 있는 것들이 그로 말미암아 자기와 화목하게 되기를 기뻐하심이라 전에 악한 행실로 멀리 떠나 마음으로 원수가 되었던 너희를 이제는 그의 육체의 죽음으로 말미암아 화목하게 하사 너희를 거룩하고 흠 없고 책망할 것이 없는 자로 그 앞에 세우고자 하셨으니 만일 너희가 믿음에 거하고 터 위에 굳게 서서 너희 들은바 복음의 소망에서 흔들리지 아니하면 그리하리라 이 복음은 천하 만민에게 전파된 바요 나 바울은 이 복음의 일꾼이 되었노라"

허물과 죄로 죽었기에 하나님과 마음으로 원수가 되어 있는 자들이 아담과 하와의 타락 이후의 모든 인간입니다. 이런 자들을 십자가의 피로 화평을 이룹니다. 땅과 하늘에 있는 모든 만물이 예수님으로 인하여 화목하게 되기를 하나님이 기뻐하십니다. 화목하게 되는 정도가 아니라 거룩하고 흠 없고 책망할 것이 없는 자로 그 앞에 세우고자 하심이 하나님의 뜻입니다. 이 모든 일이 그 십자가의 피 곧 그 육체의 죽음으로 이루어내신 것입니다. 이 사실을 알고 믿는 자들이 교회입니다. 그러므로 교회의 머리는 그리스도이며 그리스도 안에 하나님의 모든 충만함이 가득합니다.

오늘 본문 골로새서 2:12~15를 봅니다. 우리가 예수님을 믿는다는 말은 예수 그리스도의 영이 임하여 그리스도와 연합되는 일을 세례라고 합니다. 이런 세례는 그리스도와 함께 죽고 또 죽은 자들 가운데서 그를 일으키신 하나님의 역사를 믿음으로 그 안에서 함께 일으키심을 받았습니다. 그리스도의 죽음과 부활과 승천은 예수님 홀로 이루신 일이 아니라 하나님 아버지께서 자기에게 주신 자들을 함께 살리시고 함께 하늘에 앉히신 것입니다. 이 일이 일어나려면 우리의 모든 죄를 사하셔야 합니다. 그 죄를 사하시는 일이 우리를 거스르고 불리하게 하는 법조문으로 쓴 증서를 제하여 버리사 십자가에 못 박으신 것입니다. 이것은 또한 통치자들과 권세들을 무력화하여 드러내어 구경거리로 삼으시고 십자가로 그들을 이기신 일입니다.

오늘 주보 그림을 보면 마르크 샤갈의 그림입니다. 19세기와 20세기를 산 사람이라서 2차 대전을 생생하게 경험한 사람입니다. 전쟁의 참혹함을 십자가 그림 주변에 그려 넣었습니다. 그러면 예수님의 십자가가 세상을 이겼다는 이김은 어떤 이김을 말하는 것입니까? 세상의 악에 의하여 죽어가는 자들과 함께하는 죽음임을 십자가는 말합니다. 그러므로 십자가의 승리는 죄와 사망에서의 승리이지 이 세상의 군사력과 경제력이라는 힘의 승리가 절대 아니라는 말씀입니다. 그런 힘을 추구하는 세상의 통치자들과 권세들을 무력화하여 버리고 이겨버린 일이 십자가의 역설입니다.

이어지는 16~19절을 봅니다. 율법이 있으면 우리가 불리합니다. 그런 법

조문으로 쓴 증서를 제거하고 십자가에 못 박아버렸기에 먹고 마시는 것과 절기나 초하루나 안식일을 이유로 누구든지 너희를 비판하지 못하게 하라고 합니다. 구약의 이러한 것들은 장래 일의 그림자입니다. 그림자는 실체가 나타나면 사라집니다. 그러므로 예수님의 피로 구원받은 자는 그리스도의 몸입니다. 이제는 어떤 누구도 정죄할 수가 없습니다. 그런데도 이런 예수 믿는 자를 핍박하는 자들은 육신의 생각을 헛되이 과장하며 머리를 붙들지 않게 됩니다. 우리가 예수님을 믿을수록 우리의 머리가 되신 그리스도를 의지하는지 아니하는지 보셔야 합니다. 세월 지나갈수록 더욱 의지하게 되는 것이 바른 믿음의 길입니다. 이런 자들은 머리로부터 모든 힘을 공급받아 온몸이 연합하여 하나님이 자라게 하시므로 자라게 됩니다. 그리스도의 몸이 완성되면^{엡2:20~22} 역사는 끝입니다.

골로새서 3:1~4 "그러므로 너희가 그리스도와 함께 다시 살리심을 받았으면 위의 것을 찾으라 거기는 그리스도께서 하나님 우편에 앉아 계시느니라 위의 것을 생각하고 땅의 것을 생각하지 말라 이는 너희가 죽었고 너희 생명이 그리스도와 함께 하나님 안에 감추어졌음이라 우리 생명이신 그리스도께서 나타나실 그 때에 너희도 그와 함께 영광중에 나타나리라"

우리가 이 땅에 태어나서 이 땅에 속한 것을 추구하며 사는 일을 지극히 정상적인 일이라고 살아왔습니다. 그런데 성경 말씀을 보면 위에 것을 생각하고 땅에 것을 생각하지 말라고 합니다. 우리가 교회로 모였다면 교회의 머리가 되신 그리스도의 말씀을 들어야 합니다. 그리스도께서 우리에게 기록된 성경으로 말씀합니다. 그런데 교회를 다니면서도 위의 것을 전혀 생각하지 않고 오직 땅의 것만 생각하는 사람이라면 거듭나지 못한 사람입니다. 그러면 내가 다시 살리심을 받은 사람인지 아닌지를 어떻게 알 수 있습니까? 우리가 무엇을 생각하는지를 보시면 됩니다.

아침에 일어나서 가장 먼저 생각하는 일이 무엇입니까? 하루 종일 공부하며 일하면서 생각하는 일이 무엇입니까? 저녁에 자기 전에 무엇을 생각하며 잠자리에 드십니까? 육신의 생각은 사망이며 영의 생각은 생명과 평안입니다. 롬8:6 육신의 생각은 율법주의로 나갑니다. 영의 생각은 예수님을 믿는 믿음으로 나갑니다. 그러므로 예수님을 믿어 우리의 영이 거듭났다면 이제는 위의 것들을 찾기 시작합니다. 물론 이 땅에 발을 딛고 사는 한 이마에 땀을 흘려야 먹고 살아갑니다. 일하기 싫거든 먹지도 말라고 말씀했습니다. 살후3:10 이 세상에서 땀을 흘리며 열심히 사는 일을 가지고 땅에 일을 생각하지 말라고 하는 말이 아닙니다. 땅의 생각이란 다음에 나옵니다.

골로새서 3:5~10 "그러므로 땅에 있는 지체를 죽이라 곧 음란과 부정과 사욕과 악한 정욕과 탐심이니 탐심은 우상 숭배니라 이것들로 말미암아 하나님의 진노가 임하느니라 너희도 전에 그 가운데 살 때에는 그 가운데서 행하였으나 이제는 너희가 이 모든 것을 벗어 버리라 곧 분함과 노여움과 악의와 비방과 너희 입의 부끄러운 말이라 너희가 서로 거짓말을 하지 말라 옛사람과 그 행위를 벗어 버리고 새 사람을 입었으니 이는 자기를 창조하신 이의 형상을 따라 지식에까지 새롭게 하심을 입은 자니라"

우리가 예수님을 믿는다는 말은 '전에는'과 '이제는'이 있다고 말씀드렸습니다. 우리도 예수님을 믿기 전에는 음란, 부정, 사욕, 악한 정욕, 탐심 곧 우상숭배를 하면서 살았습니다. 이 모든 내용을 줄이면 육신의 정욕과 안목의 정욕과 이생의 자랑입니다. 이런 일에 하나님의 진노가 임합니다. 그런데도 우리는 그 가운데 살았습니다. 그러나 이제는 이 모든 것을 벗어 버리라고 합니다. 분함, 노여움, 악의와 비방, 부끄러운 말, 거짓말, 옛사람의 행위를 벗어 버리라고 합니다. 그 이유는 새 사람을 입었기 때문입니다. 이제는 자기를 창조하신 이의 형상을 따라 지식에까지 새롭게 하심을 입은 자라고 합니다. 새롭게 하심을 입은 자들을 주의 뜻대로 이끌어 가십니다.

그러므로 복음을 전한다는 것은 세상과 반대되는 말을 하는 것입니다. 세상은 땅의 것, 눈에 보이는 것이 영원하다고 합니다. 그래서 이것을 많이 차지하는 것이 성공이라고 합니다. 그러나 성경은 눈에 보이는 하늘과 땅이 불에 사라진다고 합니다. 이렇게 복음은 세상의 원리와 반대로 말합니다. 이번의 홍수로 인하여 오송의 지하차도에서 여러 사람이 죽었습니다. 그런데 어떤 사람이 지하차도로 들어가다가 물이 차는 것을 보고 그 좁은 길에서 유턴하고 역주행을 하면서 사람들을 막았습니다. 평소라면 큰일 날 불법을 저지른 것입니다. 그러나 그 일로 다른 사람들을 살린 일이 됩니다. 예수님께서 이 땅에 오신 때부터 재림까지 전체의 기간이 말세입니다. 그렇다면 말세에 무엇이 전해야 합니까? 위의 것을 생각하고 땅의 것을 생각하지 말라고 해야 합니다.

골로새서 3:11~17 "거기에는 헬라인이나 유대인이나 할례파나 무할례파나 야만인이나 스구디아인이나 종이나 자유인이 차별이 있을 수 없나니 오직 그리스도는 만유시요 만유 안에 계시니라 그러므로 너희는 하나님이 택하사 거룩하고 사랑받는 자처럼 긍휼과 자비와 겸손과 온유와 오래 참음을 옷 입고 누가 누구에게 불만이 있거든 서로 용납하여 피차 용서하되 주께서 너희를 용서하신 것 같이 너희도 그리하고 이 모든 것 위에 사랑을 더하라 이는 온전하게 매는 띠니라 그리스도의 평강이 너희 마음을 주장하게 하라 너희는 평강을 위하여 한 몸으로 부르심을 받았나니 너희는 또한 감사하는 자가 되라 그리스도의 말씀이 너희 속에 풍성히 거하여 모든 지혜로 피차 가르치며 권면하고 시와 찬송과 신령한 노래를 부르며 감사하는 마음으로 하나님을 찬양하고 또 무엇을 하든지 말에나 일에나 다 주 예수의 이름으로 하고 그를 힘입어 하나님 아버지께 감사하라"

예수님의 피로 값 주고 산 교회는 지금 말씀한 이러한 은혜를 맛보는 곳입니다. 예수 믿기 이전의 어떤 것으로 차별하지 않습니다. 그러나 여전히 역사 속 교회는 이런 은혜만이 아니라 온갖 문제들이 나오고 있습니다. 그러나 십자가로 승리한 주님께서 완성하신 그 나라가 있기에 우리는 죽는 날까지 또는 주님 다시 오시는 그날까지 예수의 힘을 입어 하나님께 감사하며 살게 됩니다.

십자가 (15)

데살로니가전서 4:13~18 형제들아 자는 자들에 관하여는 너희가 알지 못함을 우리가 원하지 아니하노니 이는 소망 없는 다른 이와 같이 슬퍼하지 않게 하려 함이라 우리가 예수께서 죽으셨다가 다시 살아나심을 믿을진대 이와 같이 예수 안에서 자는 자들도 하나님이 그와 함께 데리고 오시리라 우리가 주의 말씀으로 너희에게 이것을 말하노니 주께서 강림하실 때까지 우리 살아남아 있는 자도 자는 자보다 결코 앞서지 못하리라 주께서 호령과 천사장의 소리와 하나님의 나팔 소리로 친히 하늘로부터 강림하시리니 그리스도 안에서 죽은 자들이 먼저 일어나고 그 후에 우리 살아남은 자들도 그들과 함께 구름 속으로 끌어올려 공중에서 주를 영접하게 하시리니 그리하여 우리가 항상 주와 함께 있으리라 그러므로 이러한 말로 서로 위로하라

사도행전 17:1~3 "그들이 암비볼리와 아볼로니아로 다녀가 데살로니가에 이르니 거기 유대인의 회당이 있는지라 바울이 자기의 관례대로 그들에게로 들어가서 세 안식일에 성경을 가지고 강론하며 뜻을 풀어 그리스도가 해를 받고 죽은 자 가운데서 다시 살아나야 할 것을 증언하고 이르되 내가 너희에게 전하는 이 예수가 곧 그리스도라 하니 그 중의 어떤 사람 곧 경건한 헬라인의 큰 무리와 적지 않은 귀부인도 권함을 받고 바울과 실라를 따르나"

바울과 실라가 데살로니가에서 복음을 전한 내용입니다. 유대인의 회당에 들어가서 세 번의 안식일에 구약 성경을 강론하며 뜻을 풀어 그리스도가 해를 받고 죽은 자 가운데서 다시 살아나야 할 것을 증언하면서 내가 너희에게 전하는 이 예수가 곧 그리스도라고 전합니다. 바울이 전한 복음의 핵심입니다. 유대인들이 보기에 저주받아 죽은 죽음이며^{신21:23} 이방인들이 보기에는 로마의 황제를 거역하다가 죽은 어리석은 죽음의 자리가 십자가입니다. 그러므로 십자가에 처형 된 자는 인간 취급도 받지 못하고 짐승처럼 죽임을 당한 십자가이기에 십자가에서 죽은 자는 아주 역겨운 취급을 받았습니다. 그런데 모든 사도들은 십자가에 죽은 예수가 다시 살아나셨고 주와 그리스도가 되셨다고 전합니다. 복음을 전하는 자들은 이 내용이 가장 중요한 핵심입니다.

이 엄청난 복음을 이방인 중에는 받아들이고 믿는 자가 나오는데 유대인들은 극렬하게 반대합니다. 그 이유는 예수가 그리스도임을 믿으려고 한다면 자기들이 메시아를 죽인 자임을 인정해야 하는 것입니다. 유대의 율법주의 전통에서 사람을 하나님으로 믿을 수가 없습니다. 그러므로 유대인들이 깡패들을 동원하여 소동을 일으킵니다. 이들이 소동을 일으키면서 하는 말이 복음 전하는 자들은 천하를 어지럽게 하는 전염병과 같은 자라고 합니다.^{행24:5} 로마의 황제 가이사 외에 다른 임금 곧 예수를 전한다고 고소합니다. 유대인들이 하나님이 왕이심을 믿는 것이 아니라 세상의 임금을 왕으로 믿고 살기에 복음을 배척합니다.^{행17:5~7} 그래서 바울은 베뢰아로 갑니다.

그런데 유대인만이 아니라 오늘날 세상의 모든 사람도 복음은 환영할 수 없는 내용입니다. 그 이유는 지난 주 골로새서 말씀에서도 보았습니다. 위의 것을 생각하고 땅의 것을 생각하지 말라고 합니다.^{골3:1} 우리는 땅에서 태어나서 땅의 것을 먹고 살면서 땅의 것을 많이 가지면 인생 성공이라는 땅에 속한 사람들입니다. 그런 사람들이 종교를 가진다고 하여도 자신들이 땅에서 잘 살 것을 생각합니다. 물론 사후의 세계도 생각은 하지만 땅의 원리를 그대로 밀어붙이는 식입니다. 그래서 피라미드가 나오고 진시황제의 무덤이 만들어집니다. 그런 사후세계는 땅의 연장일 뿐입니다. 그러므로 성경이 말하는 위의 것은 사람이 스스로 찾을 수 없는 내용입니다. 다시 살리심을 받은 자만 찾을 수 있습니다. 그러면 나는 다시 살리심을 받았는지 어떻게 알 수 있습니까?

성경이 말씀하는 복음의 내용이 마음으로 믿어지고 입으로 시인이 됩니까롬10:10? 우리의 죄가 예수님을 죽인 죄임을 알고 그 십자가의 죽음만이 우리의 죄를 용서하시는 능력임이 믿어집니까? 지금 계속하여 수동태로 말씀드립니다. 이런 내용은 우리가 능동적으로 순종하여 이루어 낼 수 없는 문제이기에 믿어지느냐고 묻는 것입니다. 우리가 태어나고 싶어서 태어난 사람은 없습니다. 이처럼 하나님의 나라 백성으로 거듭나는 것도 우리가 원해서 되는 일이 아닙니다. 오직 믿음으로 된다는 말은 우리의 능력이 아니라 하나님의 은혜임을 말합니다. 그러므로 그리스도 안에서 창세 전에 택한 자들은 하나님의 말씀이 믿어집니다. 그런 자들은 땅의 이야기보다 하늘의 이야기를 듣고 싶어 하고 믿게도 됩니다. 그런 자들은 복음의 내용을 들을 마음도 열어 주십니다. 행16:14

오늘 본문 14절을 봅니다. 데살로니가 전후서는 교회의 여러 문제를 말하고 있지만 오늘 살펴보려고 하는 내용은 예수님의 죽음과 부활에 관한 내용입니다. 그래서 데살로니가 교회의 성도들을 형제라고 부르면서 자는 자들에 관하여 알지 못함을 원하지 않는다고 합니다. 이것은 이중부정으로 아주 강조하는 어법입니다. 여기서 자는 자들이란 예수님을 믿고 죽은 자를 말합니다. 예수님을 믿고 죽은 자를 왜 자는 자라고 합니까? 예수님을 믿는 자는 생물학적인 죽음을 죽어도 산자의 하나님 안에 있기에마22:32 둘째 사망계2:11, 20:6, 20:14, 21:8에 들어가지 않는 것입니다. 그러므

로 그리스도 안에서 죽은 자를 잔다고 하고 복된 죽음이라고 합니다. 계
14:13

예수님은 자신이 부활이며 생명이기에 자신을 믿는 자는 죽어도 살겠고 살아서 믿는 자는 영원히 죽지 않는다고 하셨습니다. 요11:25~26 이 말씀을 문자대로 믿고 예수님을 믿으면 이 육신이 영생한다고 한 사람들이 한국에 있었고 지금도 있습니다. 한국에 영생교가 있었는데 교주가 죽었습니다. 다른 이단들도 교주가 죽지 않는다고 믿는 사람들이 있다고 합니다. 그래서 그 교주가 죽으면 그 이단에서 나오겠다고 한 사람도 있다고 합니다. 그러나 교주가 죽으면 교리를 바꾸어 다른 사람이 다시 교주로 등장하기에 나오기는 힘들 것입니다. 그러나 하나님께서 택하신 자들은 때가 되면 나오게 되어 있습니다. 그러므로 예수 믿고 죽은 사람은 자는 것이며 안식하는 겁니다.

본문 14절을 다시 봅니다. '우리가 예수께서 죽었다가 다시 살아나심을 믿는다면' 이것이 복음의 핵심이라고 사도행전 17장에서도 보았습니다. 예수님의 죽음과 부활이 복음의 근본입니다. 복음을 듣는다고 온 사람 중에 부활을 믿지 않는 사람을 만나 보았습니다. 예수님의 부활을 믿지 않는다는 것은 자신의 부활도 믿지 못하는 것입니다. 이런 사람은 예수님을 믿지 않는 사람이며 성경의 말씀도 믿지 않는 사람입니다. 이 사람에게 하나님을 아는 것을 대적하는 교만한 생각이 당신 안에 견고한 진으로 자리 잡고 있다고 전하였습니다. 복음은 그러한 견고한 진을 무너뜨리고 그리스도에게 복종하게 하는 것입니다. 이 복음이 땅끝까지 전하여지고 택한 백성들이 그 복음에 다 복종하게 되면 복음을 거절한 자들은 심판을 받습니다. 고후10:4~6 그러므로 예수의 죽음과 부활을 믿는다면 반드시 그리스도의 강림도 믿게 됩니다. 강림降臨을 재림再臨이라고도 합니다.
제가 만난 또 어떤 사람은 예수님을 믿는다고 하는데 예수님의 재림을

믿지 않는 사람도 있었습니다. 예수님의 재림은 예수님을 믿을 때 자기에게 이미 일어났다는 것입니다. 그것은 성령이 임하신 일인데도 이것을 재림으로 말합니다. 예수님이 이 땅에 오심이 초림初臨이고 성령이 임하신 일도 강림降臨이니 재림再臨이라고 합니다. 성령 임함을 재림이라고 하는 한 사람은 직접 만나서 이야기했고 다른 한 사람은 카톡과 메일로 수십 번 말씀을 나누었지만 성령 강림을 예수님의 재림으로 믿기에 예수님께서 마지막 날 영광중에 재림하심을 믿지 않는 것입니다. 그래서 두 사람 모두에게 사도행전 7장의 말씀을 전했습니다.

사도행전 7:55~56 "스데반이 성령 충만하여 하늘을 우러러 주목하여 하나님의 영광과 및 예수께서 하나님 우편에 서신 것을 보고 말하되 보라 하늘이 열리고 인자가 하나님 우편에 서신 것을 보노라 한 대" 스데반 집사는 은혜와 권능이 충만하여 지혜와 성령으로 복음을 전합니다. 성령이 충만한 스데반 집사가 하나님의 영광과 예수님이 하나님 우편에 서신 것을 본다고 합니다. 이 말씀을 하자 사람들이 귀를 막고 돌을 던져 스데반을 죽입니다. 스데반은 저들의 죄를 용서하여 달라고 하고 죽습니다. 이 말씀으로 성령 임한 것이 예수님의 재림이 아니라고 하니 더는 말을 하지 못하였습니다. 원어를 말한다는 사람들 가운데 그런 자가 많습니다.

성령 임함을 재림으로 여기는 사람들은 성령의 '임함' 또는 성령 '강림'이라는 단어가 헬라어로 '파루시아' 이기에 성령이 임함을 재림으로 말하는 것입니다. 그러나 '파루시아' 라는 단어는 사람 사이에서도 사용하는 단어입니다. 디도가 바울 사도에게 온다고 할 때 '온다' 는 단어도 '파루시아' 입니다. 고후7:5, 7 그리고 바울 사도가 빌립보에 가서 '함께' 한다는 말도 '파루시아' 입니다. 빌1:26 심지어 사탄의 나타남도 '파루시아' 로 말합니다. 살후2:9 그러므로 한 단어를 살펴본다고 하여도 문맥을 따라 그 단어를 봐야 합니다. 성령이 임함은 재림再臨이 아니라 보증保證하십니다.^{고후1:22} 성령이 임하면 무엇을 보증합니까? 우리가 구원받는 일도 보증하시고 영원한 기업을 받는 일도 보증합니다.^{엡1:13~14} 그리고 그리스도의 재림으로 몸의 속량도 보증합니다.

로마서 8:22~25 "피조물이 다 이제까지 함께 탄식하며 함께 고통을 겪고 있는 것을 우리가 아느니라 그뿐 아니라 또한 우리 곧 성령의 처음 익은 열매를 받은 우리까지도 속으로 탄식하여 양자 될 것 곧 우리 몸의 속량을 기다리느니라 우리가 소망으로 구원을 얻었으매 보이는 소망이 소망이 아니니 보는 것을 누가 바라리요 만일 우리가 보지 못하는 것을 바라면 참음으로 기다릴지니라"

피조물이 다 탄식하며 함께 고통을 겪고 있는 것을 우리가 안다고 합니다. 우리란 성령이 임한 자들입니다. 이들은 세상의 탄식 소리가 들립니다. 그뿐 아니라 성령의 처음 익은 열매, 곧 그리스도께서 죽었다가 살아나신 그 첫 열매를 성령이 임하여 보증받은 자들이 성도입니다. 이들을 거듭났다고 합니다. 그러나 이들도 탄식하면서 몸의 구속, 곧 그리스도의 재림으로 우리도 그 영광의 몸으로 변화될 날을 기다리는 것입니다.^{빌3:21, 골3:4}, 그런데 이런 일은 보이는 일로 설명할 수가 없습니다. 보이지 않는 일이기에 참고 기다리라고 합니다. 이것이 소망의 인내입니다.

고린도후서 5:1~5 "만일 땅에 있는 우리의 장막 집이 무너지면 하나님께서 지으신 집 곧 손으로 지은 것이 아니요 하늘에 있는 영원한 집이 우리에게 있는 줄 아느니라 참으로 우리가 여기 있어 탄식하며 하늘로부터 오는 우리 처소로 덧입기를 간절히 사모하노라 이렇게 입음은 우리가 벗은 자들로 발견되지 않으려 함이라 참으로 이 장막에 있는 우리가 짐 진 것 같이 탄식하는 것은 벗고자 함이 아니요 오히려 덧입고자 함이니 죽을 것이 생명에 삼킨 바 되게 하려 함이라 곧 이것을 우리에게 이루게 하시고 보증으로 성령을 우리에게 주신 이는 하나님이시니라" 성령이 임한 자들은 그리스도의 재림으로 죽을 몸이 생명에 삼켜질 날을 기다립니다.

본문 14~18절을 봅니다. 예수께서 죽었다가 다시 살아나심을 믿는다면 예수 안에서 자는 자들도 하나님께서 그와 함께 데리고 오신다고 합니다. 이런 말씀을 하는 이유는 예수님의 재림도 있기 전에 예수 믿고 죽은 자들은 어떻게 되느냐는 염려에 대한 답변입니다. 그러므로 사도가 주의 말씀으로 전합니다. 주께서 강림하실 때까지 우리 살아남아 있는 자가 자는 자보다 앞서지 못합니다. 주께서 호령과 천사 장의 소리와 하나님의 나팔 소리로 친히 하늘로부터 강림하시리니 그리스도 안에서 죽은 자들이 먼저 일어나고 그 후에 우리 살아남은 자들도 그들과 함께 구름 속으로 끌어올려 공중에서 주를 영접하게 하시리니 그리하여 우리가 항상 주와 함께 있을 것입니다. 이 말씀은 주님 재림의 순간에 시간이 멈추게 되기에 동시에 일어나는 일입니다.

그러므로 자는 자가 먼저라는 말은 그리스도 안에서 죽은 자로 인하여 슬퍼하는 자를 위로하라고 합니다. 예수님의 죽음과 부활을 믿으십니까? 그렇다면 승천과 성령 임함도 믿기 마련입니다. 성령이 임하여야 그리스도의 죽음과 부활을 믿기 때문입니다. 이런 사람들을 성도라고 하고 거듭난 자라고 합니다. 이들의 시민권은 하늘에 있기에 거기로부터 구원하는 자를 기다립니다. 이 구원하는 자는 재림의 주님으로 몸의 구원을 이루실 것입니다. 그러나 그때까지 복음을 믿지 않는 자들은 심판의 날이 됩니다. 그러므로 지금 복음을 듣고 믿는 일이 가장 큰 복입니다.

데살로니가전서 1:10 "또 죽은 자들 가운데서 다시 살리신 그의 아들이 하늘로부터 강림하실 것을 너희가 어떻게 기다리는지를 말하니 이는 장래의 노하심에서 우리를 건지시는 예수시니라" 데살로니가의 교인들이 그리스도의 죽음과 부활과 재림의 소식을 듣고 믿었습니다. 그러므로 믿음의 역사와 사랑의 수고와 소망의 인내가 나오는 사람들입니다. 그런데 이들이 그리스도 안에서 죽은 자로 인하여 염려하고 슬퍼하니 바울 사도가 오늘 본문의 내용을 보낸 것입니다. 그리고 데살로니가전서 5장에서는 주의 날이 도적같이 오지만 성도에게는 도적같이 오지 않습니다. 그이유는 성도는 주님의 다시 오심을 간절히 사모하며 기다리는 자들이기 때문입니다.

데살로니가후서 1:6~10 "너희로 환난을 받게 하는 자들에게는 환난으로 갚으시고 환난을 받는 너희에게는 우리와 함께 안식으로 갚으시는 것이 하나님의 공의시니 주 예수께서 자기의 능력의 천사들과 함께 하늘로부터 불꽃 가운데에 나타나실 때에 하나님을 모르는 자들과 우리 주 예수의 복음에 복종하지 않는 자들에게 형벌을 내리시리니 이런 자들은 주의 얼굴과 그의 힘의 영광을 떠나 영원한 멸망의 형벌을 받으리로다 그날에 그가 강림하사 그의 성도들에게서 영광을 받으시고 모든 믿는 자들에게서 놀랍게 여김을 얻으시리니 이는 (우리의 증거가 너희에게 믿어졌음이라)"

예수님의 재림 시에 영원한 멸망의 형벌을 받는 자는 주 예수의 복음에 복종하지 않은 자들입니다. 그러나 복음이 믿어진 성도에게는 주님이 영광을 받으십니다. 그러므로 예수 그리스도의 죽음과 부활을 믿는 일이 복음의 근본입니다. 예수의 죽음과 다시 사심을 성령의 역사로 믿게 되었다면 그의 재림은 아주 당연하게 믿게 됩니다. 부활과 재림을 믿지 않는 두 사람의 예를 들었습니다만 이 두 사람의 특징은 너무나 우울합니다. 부활과 재림을 믿지 못하니 그렇다고 봅니다.

히브리서 9:27~28 "한 번 죽는 것은 사람에게 정해진 것이요 그 후에는 심판이 있으리니 이와 같이 그리스도도 많은 사람의 죄를 담당하시려고 단번에 드리신 바 되셨고 구원에 이르게 하기 위하여 죄와 상관없이 자기를 바라는 자들에게 두 번째 나타나시리라” 예수님의 십자가는 단번에 영원한 속죄를 이루셨습니다. 이 복음을 믿는 자들은 죄와 상관없이 자기를 바라는 자들에게 두 번째 나타나십니다.^{호라오} 이것이 재림이며 이 역사의 마감과 새 하늘과 새 땅의 시작입니다. 이 말씀을 믿는 자는 잠시의 환난 중에도 기쁨으로 그날을 소망하며 살아갑니다.

십자가 (16)

디모데후서 2:8~13 내가 전한 복음대로 다윗의 씨로 죽은 자 가운데서 다시 살아나신 예수 그리스도를 기억하라 복음으로 말미암아 내가 죄인과 같이 매이는 데까지 고난을 받았으나 하나님의 말씀은 매이지 아니하니라 그러므로 내가 택함 받은 자들을 위하여 모든 것을 참음은 그들도 그리스도 예수 안에 있는 구원을 영원한 영광과 함께 받게 하려 함이라 미쁘다 이 말이여 우리가 주와 함께 죽었으면 또한 함께 살 것이요 참으면 또한 함께 왕 노릇 할 것이요 우리가 주를 부인하면 주도 우리를 부인하실 것이라 우리는 미쁨이 없을지라도 주는 항상 미쁘시니 자기를 부인하실 수 없으시리라

오늘은 목회서신에서 십자가의 의미를 살펴보겠습니다. 목회서신은 바울 사도가 디모데와 디도에게 보낸 편지를 말합니다. 사람들이 목회서신이라고 이름을 붙인 이유는 바울이 전한 복음을 듣고 믿은 젊은 제자인 디모데와 디도가 복음을 전하는 교회에서 일어나는 여러 가지 문제를 말하고 있기에 목회서신이라고 이름을 붙인 것입니다. 그러므로 하나님의 집이라고 불리는 교회에서 어떻게 가르치고 본을 보여야 할지를 말씀하면서 교회 안에 직분 자를 세우는 일이나 구제의 문제도 상세하고 말씀하고 있습니다. 그러나 그 모든 내용의 중심은 언제나 복음입니다.

디모데전서 1:15~17 "미쁘다 모든 사람이 받을 만한 이 말이여 그리스도 예수께서 죄인을 구원하시려고 세상에 임하셨다 하였도다 죄인 중에 내가 괴수니라 그러나 내가 긍휼을 입은 까닭은 예수 그리스도께서 내게 먼저 일체 오래 참으심을 보이사 후에 주를 믿어 영생 얻는 자들에게 본이 되게 하려 하심이라 영원하신 왕 곧 썩지 아니하고 보이지 아니하고 홀로 하나이신 하나님께 존귀와 영광이 영원무궁하도록 있을지어다 아멘"

바울 사도가 디모데에게 편지를 보내면서 '우리 구주 하나님과 우리의 소망이신 그리스도 예수의 명령을 따라 그리스도 예수의 사도 된 바울은 믿음 안에서 참 아들 된 디모데' 딤전1:1~2라고 합니다. 복음을 전하여 믿은 디모데를 자신의 참 아들이라고 하므로 이미 혈육의 가족이 아닌 예수님께서 말씀하신 새 가족을 말씀합니다. 그리고 자신이 사도 된 일도 자기의 뜻이 아니라 우리 구주 하나님과 우리의 소망인 그리스도의 명령을 따라 되었다고 합니다. 그러면서 율법을 잘못 사용하는 자들을 주의하라고 하면서 자신이 전하는 내용은 주님께서 자기에게 맡기신 것이라고 합니다. 그 맡긴 것은 복 되신 하나님의 영광스러운 복음을 따라 된 것이라고 합니다.

그 영광스러운 복음이 바울에게 어떻게 나타난 것입니까? 그리스도 예수께서 죄인을 구원하려고 세상에 오셨다고 합니다. 의인을 구하려고 오신 것이 아니라는 말씀입니다. 바울은 예수님을 만나기 전에 율법의 의로는 흠이 없는 자라고 하였습니다. 빌3:6 그런 의로운 자라야 하나님의 나라에 합당한 자가 되는 줄 알았기에 예수님을 믿음으로 의롭다고 하는 예수의 제자들 곧 교회를 다 없애버리는 것이 하나님의 영광인 줄 알았습니다. 그러므로 십자가에 죽은 그 예수가 부활하셨고 주와 그리스도가 되셨다고 믿는 사람들을 잡기 위하여 가는 바울에게 예수님께서 나타나셨습니다. 자신이 진리라고 믿고 행한 일이 참 진리인 예수님을 핍박하는 일이었습니다.

그러므로 바울이 전하는 복음은 인간들이 만들어 낸 자기의 의로움이라는 것이 예수님을 죽인 죄가 됨을 알았습니다. 유대인들이 의로움이란 율법의 조문을 다 지킨 것입니다. 이방인들은 양심을 따라 윤리 도덕적으로 선하게 산 것입니다. 그러나 그런 것으로는 결코 구원에 이를 수가 없습니다. 그러한 인간의 의가 많을수록 오히려 죄인을 구원하려고 오신 예수님을 핍박하고 배척합니다. 이 사실을 바울이 알고서는 자신에게 유익하다고 생각한 모든 것을 배설물로 여기고 해롭다고 여긴 것입니다. 그러므로 바울은 자신이 죄인 중에 괴수라고 합니다.

이러한 고백은 오늘날도 마찬가지입니다. 지난 주 인천의 디아스포라 교회의 목사님과 한 집사님이 오셨습니다. 약 5년 전에 그 교회에서 말씀을 전한 적이 있는데 제가 설교 중에 그 교회 이야기를 하여 그 교회를 찾아가신 분입니다. 그분의 말인데 어떻게 나 같은 자를 50년 동안 부르시면서 참아주셨느냐고 하였습니다. 그러면서 늘 소원이 마음의 평안이었는데 복음을 듣고 나서 정말로 마음에 평안을 누리며 살게 되었다고 합니다. 그런데 일하는 현장이 힘든 곳이라 좀 불편하였다고 합니다. 그런데 어느 날 이마에 땀을 흘리며 먹고 사는 일이 당연하다는 말씀을 듣고는 땀 흘리는 일이 기뻤다고 합니다. 그래서 지금도 기쁘게 일하러 간다고 합니다.

또 한 사람의 이야기를 합니다. 몇 달 전에 가족과 함께 우리 교회 왔던 중학교 3학년의 짧은 시를 그의 어머니가 보냈습니다. 말해도 된다고 하여 옮깁니다. '가슴 속에서 빠져나간 무언가 깃털처럼 가벼워진 발걸음으로/ 모든 것이 아름다워 보여 입꼬리가 절로 올라가/ 그 얘기를 할 때마다 심장이 막 두근거려/ 잊고 있다가도 다시 떠올리면 정성스레 먼지를 닦는다./ 내 보물, 내 모든 것. 내게 가장 큰 선물' 복음을 듣고 믿는 자들은 오십 대나 십 대나 간에 자신들의 죄가 무언지 알고 그 은혜에 감사하게 됩니다. 죄인을 구하려고 오신 예수님을 믿는다는 말은 자신이 전적인 죄인임을 아는 자에게 은혜의 복음입니다. 그러므로 바울은 죄인 중의 괴수라고 합니다.

디모데전서 3:14~16 "내가 속히 네게 가기를 바라나 이것을 네게 쓰는 것은 만일 내가 지체하면 너로 하여금 하나님의 집에서 어떻게 행하여야 할지를 알게 하려 함이니 이 집은 살아 계신 하나님의 교회요 진리의 기둥과 터니라 크도다 경건의 비밀이여, 그렇지 않다 하는 이 없도다 그는 육신으로 나타난 바 되시고 영으로 의롭다 하심을 받으시고 천사들에게 보이시고 만국에서 전파되시고 세상에서 믿은 바 되시고 영광 가운데서 올려지셨느니라"

교회는 살아 계신 하나님의 집이며 진리의 기둥과 터가 됩니다. 그러므로 이런 교회에서 직분 자를 세울 때 여러 조건을 말하지만 가장 중요한 내용은 믿음의 비밀을 가진 자라고 봅니다.딤전3:9 믿음의 비밀이 있는 자는 예수님이 누구신지 분명하게 알고 믿는 것입니다. 믿음의 비밀이란 경건의 비밀입니다. 경건의 비밀이 예수 그리스도입니다. 그는 육신으로 나타나셨습니다. 영원 자존하신 하나님의 본체 이신 분이 사람으로 오신 성 육신을 말씀합니다.빌2:6~8 영으로 의롭다고 하심을 받았다는 말씀은 십자가에 죽은 그분이 부활하심으로 그의 죽음이 예수님 자신의 죄로 인한 죽음이 아니라 의로운 분이 죄인을 대신하여 죽은 분임을 드러내신 것입니다. 그리고 천사들에게 보이심은 천사들도 알지 못하는 십자가로 이루신 하나님의 구원을 말합니다.벧전1:12 이 복음이 만국에 전파되고 세상에서 믿은 바 되시고 영광 가운데 승천하신 분이 십자가에 죽은 예수님임을 알고 믿는 일이 경건의 비밀입니다. 경건의 비밀을 알고 믿는 자들이 성도이며 직분 자입니다.

디모데전서 6:6~10 "그러나 자족하는 마음이 있으면 경건은 큰 이익이 되느니라 우리가 세상에 아무것도 가지고 온 것이 없으매 또한 아무 것도 가지고 가지 못하리니 우리가 먹을 것과 입을 것이 있은즉 족한 줄로 알 것이니라 부하려 하는 자들은 시험과 올무와 여러 가지 어리석고 해로운 욕심에 떨어지나니 곧 사람으로 파멸과 멸망에 빠지게 하는 것이라 돈을 사랑함이 일만 악의 뿌리가 되나니 이것을 탐내는 자들은 미혹을 받아 믿음에서 떠나 많은 근심으로써 자기를 찔렀도다”

예수님을 믿는다는 말의 다른 표현은 예수님이 내 안에 계시면 자족한 다는 말입니다. 앞에서 두 사람의 예를 들었습니다만 복음을 듣고 믿으니 지금 하는 일이 흔히 말하는 3D업종이지만 즐겁고 기쁘다고 합니다. 중학교 3학년도 기쁘다고 합니다. 그 이유는 예수님이 만유이기 때문입니다. 예수님이 전부입니다. 예수님이 있으면 전부 있는 것이고 예수님이 없으면 전부 없는 것입니다. 이런 예수님이 나 같은 죄인을 오래 참아 주시고 그 크신 긍휼 곧 십자가에서 살을 찢고 피를 흘려 구속하여 주시니 감사합니다. 예수님을 아는 일이 돈을 사랑함보다 더 기쁜 일입니다. 그러므로 복음을 듣고 기쁜 자들은 복음을 위하여 헌신하는 일도 억지가 아닌 기쁨이 됩니다.

디모데전서 6:13~16 “만물을 살게 하신 하나님 앞과 본디오 빌라도를 향하여 선한 증언을 하신 그리스도 예수 앞에서 내가 너를 명하노니 우리 주 예수 그리스도께서 나타나실 때까지 흠도 없고 책망받을 것도 없이 이 명령을 지키라 기약이 이르면 하나님이 그의 나타나심을 보이시리니 하나님은 복되시고 유일하신 주권자이시며 만왕의 왕이시며 만주의 주시오 오직 그에게만 죽지 아니함이 있고 가까이 가지 못할 빛에 거하시고 어떤 사람도 보지 못하였고 또 볼 수 없는 이시니 그에게 존귀와 영원한 권능을 돌릴지어다 아멘”

이런 내용도 경건의 비밀입니다. 세상에 속한 사람들은 이런 말을 결코

믿지 못합니다. 그러므로 믿음은 모든 사람의 것이 아닙니다.^{살후3:2} 방
금 읽은 이 말씀을 제대로 성경을 찾아가며 말씀드리려면 열 시간도 부족
합니다. 그러나 지금은 성경 전체에서 언약이라는 흐름을 따라가기에 징
검다리 건너듯이 건너갑니다. 만물을 살게 하신 하나님으로 인하여 오늘
우리도 살고 있습니다. 그 하나님과 본디오 빌라도에게 선한 증언을 하신
그리스도 예수 앞에서 디모데에게 명합니다. 우리 주 예수 그리스도께서
나타나실 때까지 흠도 없고 책망받을 것도 없이 이 명령을 지키라고 합니
다. 그 명령이 복음을 바르게 지키고 전하라는 것입니다. 약속의 때가 이
르면 하나님이 그의 나타나심을 보실 것입니다. 하나님은 복되시고 유일
하신 주권자이시며 만왕의 왕이시며 만주의 주가 되십니다. 오직 그에게
만 죽지 아니함이 있고 가까이 가지 못할 빛에 거하시고 어떤 사람도 보지
못하였고 또 볼 수 없는 분이신데 그 하나님께서 주님의 나타나심을 보이
실 것입니다. 십자가에 죽은 그 예수님이 하나님의 영광된 본체가 되심을
온 우주에 나타내실 때가 재림입니다.

디모데후서 1:8~11 "그러므로 너는 내가 우리 주를 증언함과 또는 주를
위하여 갇힌 자 된 나를 부끄러워하지 말고 오직 하나님의 능력을 따라 복
음과 함께 고난을 받으라 하나님이 우리를 구원하사 거룩하신 소명으로
부르심은 우리의 행위대로 하심이 아니요 오직 자기의 뜻과 영원 전부터
그리스도 예수 안에서 우리에게 주신 은혜대로 하심이라 이제는 우리 구
주 그리스도 예수의 나타나심으로 말미암아 나타났으니 그는 사망을 폐
하시고 복음으로써 생명과 썩지 아니할 것을 드러내신지라"

바울은 복음을 전하다가 감옥에 갇혔습니다. 그 이유는 세상이 복음을
싫어하기 때문입니다. 복음은 세상에서 떠나게 만드는 것이 복음입니다.
그러므로 복음을 전하는 일이나 믿는 일은 고난을 받는 일이 당연하게 일
어납니다. 그러므로 이런 복음을 믿는 일은 사람의 일이나 능력이 아닙니

다. 그래서 우리를 구원하시려고 거룩한 부르심으로 부르심은 우리의 행위가 아닙니다. 오직 하나님의 뜻과 영원 전부터 그리스도 예수 안에서 우리에게 주신 은혜대로 하신 것입니다. 이 내용은 영원 전 언약에서 살펴본 내용입니다. 그러므로 그 영원 전에 약속된 복음을 예수 그리스도를 통하여 나타내신 것입니다. 그러므로 예수 그리스도의 예언과 탄생과 복음 전파와 고난과 죽음과 부활과 승천과 성령 임함과 복음 전파와 재림으로 생명의 부활과 심판의 부활을 완성함과 세상의 멸망과 새 하늘과 새 땅이 나타남이 모두 복음의 내용입니다. 그러므로 이런 복음은 생명을 말하는 것이며 썩지 않음을 말합니다. 그러므로 생명이 아닌 썩을 것은 복음의 내용이 아닙니다.

오늘 본문 디모데후서 2:8~13입니다. 바울이 전한 복음대로 다윗의 씨로 죽은 자 가운데서 다시 살아나신 예수 그리스도를 기억하라고 합니다. 그러므로 복음은 그리스도의 죽음과 부활입니다. 다윗의 씨라는 말은 육신의 혈통을 말하지만, 예수님은 마리아에게 성령으로 잉태되신 분이시기에 다윗에게 말씀하신 하나님의 언약이 예수 그리스도에게서 성취가 됩니다. 복음을 전함으로 죄인과 같이 매이고 고난을 받지만, 하나님의 말씀은 매이지 않습니다. 그러므로 온 세상이 다 달려들어 복음을 없애버리고 전하지 못하게 하려고 하여도 하나님의 말씀을 막을 수가 없습니다. 그러므로 오늘 우리가 복음을 듣고 믿는 일도 하나님의 말씀이 살아있기 때문입니다.

그러므로 바울은 택함을 받은 자들을 위하여 모든 것을 참는다고 합니다. 그렇게 하는 이유는 택함받은 모든 자들도 복음을 듣고 그리스도 예수 안에 있는 구원을 영원한 영광과 함께 받게 하기 위함이라고 합니다. 지금 복음을 듣고 믿는 일은 고난을 겸하여 받습니다. 그러나 그리스도께서 다시 오시는 그날에는 그 구원의 완성인 영광과 함께 받을 것입니다.

그러므로 이 역사 속에서는 죽은 자가 되지만 오히려 주와 함께 살게 될 것이기에 미쁘다고 합니다. 미쁘다는 말은 신실하다는 말입니다. 그러므로 우리가 복음으로 인하여 고난받아도 참으면 또한 함께 왕 노릇 할 것입니다. 그런데 우리가 주를 부인하면 주도 우리를 부인하실 것입니다. 이 말씀으로 끝이 난다면 저는 아무런 소망이 없는 사람입니다. 그런데 얼마나 놀라운 복음의 말씀인지 13절을 봅니다. "우리는 미쁨이 없을지라도 주는 항상 미쁘시니 자기를 부인하실 수 없으시리라" 하나님은 항상 신실하시기에 자기를 부인할 수 없습니다. 자기 언약에 신실하신 주님이 그 언약을 이루십니다.

디도서 3:4~7 "우리 구주 하나님의 자비와 사람 사랑하심이 나타날 때에 우리를 구원하시되 우리가 행한바 의로운 행위로 말미암지 아니하고 오직 그의 긍휼하심을 따라 중생의 씻음과 성령의 새롭게 하심으로 하셨나니 우리 구주 예수 그리스도로 말미암아 우리에게 그 성령을 풍성히 부어 주사 우리로 그의 은혜를 힘입어 의롭다 하심을 얻어 영생의 소망을 따라 상속자가 되게 하려 하심이라" 우리 하나님의 자비와 사람 사랑하심을 이렇게 나타내셨습니다.

끝으로 디모데후서 3:14~17입니다. "그러나 너는 배우고 확신한 일에 거하라 너는 네가 누구에게서 배운 것을 알며 또 어려서부터 성경을 알았나니 성경은 능히 너로 하여금 그리스도 예수 안에 있는 믿음으로 말미암아 구원에 이르는 지혜가 있게 하느니라 모든 성경은 하나님의 감동으로 된 것으로 교훈과 책망과 바르게 함과 의로 교육하기에 유익하니 이는 하나님의 사람으로 온전하게 하며 모든 선한 일을 행할 능력을 갖추게 하려 함이라"

바울 사도가 디모데에게 그리고 오늘 우리에게도 배우고 확신한 일에 거하라고 합니다. 그 배우고 확신한 일은 성경입니다. 성령이 임한 구약의 선지자들이나 신약의 사도들이 기록한 모든 성경은 그리스도 예수 안에 있는 믿음으로 인하여 구원에 이르는 지혜를 알려줍니다. 그러므로 성경을 읽으면 구원이 무엇인지 성령이 임하여 믿게 되는 일이 무엇인지 몸의 부활과 재림도 알게 됩니다. 또한 교훈과 책망과 바르게 함과 의로 교육하기에 유익하며 하나님의 사람으로 온전하게 하며 모든 선한 일을 행할 능력을 갖추게 합니다. 그러므로 성경을 밥 먹듯이 읽기를 바랍니다.

십자가 (17)

히브리서 2:5~10 하나님이 우리가 말하는 바 장차 올 세상을 천사들에게 복종하게 하심이 아니니라 그러나 누구인가가 어디에서 증언하여 이르되 사람이 무엇이기에 주께서 그를 생각하시며 인자가 무엇이기에 주께서 그를 돌보시나이까 그를 잠시 동안 천사보다 못하게 하시며 영광과 존귀로 관을 씌우시며 만물을 그 발아래에 복종하게 하셨느니라 하였으니 만물로 그에게 복종하게 하셨은즉 복종하지 않은 것이 하나도 없어야 하겠으나 지금 우리가 만물이 아직 그에게 복종하고 있는 것을 보지 못하고 오직 우리가 천사들보다 잠시 동안 못하게 하심을 입은 자 곧 죽음의 고난 받으심으로 말미암아 영광과 존귀로 관을 쓰신 예수를 보니 이를 행하심은 하나님의 은혜로 말미암아 모든 사람을 위하여 죽음을 맛보려 하심이라 그러므로 만물이 그를 위하고 또한 그로 말미암은 이가 많은 아들들을 이끌어 영광에 들어가게 하시는 일에 그들의 구원의 창시자를 고난을 통하여 온전하게 하심이 합당하도다

오늘은 히브리서에서 십자가의 의미를 살펴보겠습니다. 히브리서는 히브리인들이 일차 독자입니다. 히브리인은 구약 성경을 하나님의 말씀으로 받은 자들입니다. 그러므로 구약 성경으로 십자가에 죽은 그 예수가 주와 그리스도가 됨을 아주 풍성하고 자세하게 증언합니다. 히브리인들

이 복음을 듣고 예수님을 믿었습니다. 그러나 복음을 들은 자들에게 언제나 다른 복음을 전하는 자들이 와서 그들의 믿음을 흔들려고 합니다. 그러므로 더욱 구약으로 복음을 드러냅니다.

히브리서 1:1~3 "옛적에 선지자들을 통하여 여러 부분과 여러 모양으로 우리 조상들에게 말씀하신 하나님이 이 모든 날 마지막에는 아들을 통하여 우리에게 말씀하셨으니 이 아들을 만유의 상속자로 세우시고 또 그로 말미암아 모든 세계를 지으셨느니라 이는 하나님의 영광의 광채시요 그 본체의 형상이시라 그의 능력의 말씀으로 만물을 붙드시며 죄를 정결하게 하는 일을 하시고 높은 곳에 계신 지극히 크신 이의 우편에 앉으셨느니라"

구약의 선지자들은 여러 부분과 여러 모양으로 하나님의 말씀을 전하였습니다. 율법과 성막과 제사 제도와 날과 달과 절기들을 통하여 말씀하신 내용은 구약의 마지막 선지자 세례 요한의 손가락에 모아져서 보라 세상 죄를 지고 가는 하나님의 어린 양이라고 하였습니다.^{요1:29} 그러므로 모든 날 마지막이란 예수님이 이 땅에 오신 날입니다. 그러므로 이 모든 날 마지막은 아들을 통하여 말씀합니다. 그 아들이 바로 십자가에 죽고 다시 살아나신 주와 그리스도가 되신 예수님입니다. 그 아들을 만유의 상속자로 세우시고 그로 인하여 모든 세계를 지으신 것입니다. 그러므로 그 아들이 하나님의 영광스러운 광채며 그 본체의 형상입니다. 그의 능력으로 만물을 붙들고 죄를 정결하게 하시는 일을 하시고 높은 곳에 계시 지극히 크신 이의 우편에 앉으셨습니다.

히브리서 1:10~12 "또 주여 태초에 주께서 땅의 기초를 두셨으며 하늘도 주의 손으로 지으신 바라 그것들은 멸망할 것이나 오직 주는 영존할 것이요 그것들은 다 옷과 같이 낡아지리니 의복처럼 갈아입을 것이요 그것들은 옷과 같이 변할 것이나 주는 여전하여 연대가 다함이 없으리라 하였으나"

시편 102:25~27을 인용하여 주를 위하여 창조한 모든 피조물은 창조의 뜻이 완성되면 멸망하고 옷처럼 낡아질 것이기에 의복처럼 갈아입을 것이라고 합니다. 그러므로 눈에 보이는 이 하늘과 땅은 절대로 영원하지 않습니다. 하나님의 말씀을 믿지 않는 과학자들도 우주가 영원하지 않다고 합니다. 순간에 태어났고 순간에 사라진다고 합니다. 그리고 첨단 물리학자들은 보이는 것이 사실이 아니라고 합니다. 시간과 공간도 절대적인 것들이 아니라고 합니다. 그런데 성경은 이미 수천 년 전부터 다 말씀하고 있습니다. 그러므로 하나님의 말씀을 믿는다면 우리는 낡아지는 이 세상의 것이 아니라 낡아지지 않고 더러워지지 않는 영원한 새 하늘과 새 땅을 사모함이 마땅합니다.

오늘 본문 히브리서 2:5~10을 봅니다. 방금 말씀드린 새 하늘과 새 땅 곧 우리가 말하는바 장차 올 세상은 누가 다스립니까? 천사가 아니라 천사보다 조금 못하게 하신 예수님이라고 합니다. 왜 천사보다 잠시 조금 못하게 하신 것입니까? 천사는 죽지 않는 피조물입니다. 그러므로 천사보다 잠시 못하게 하신 것은 죽음을 맛보기 위함입니다. 그러면 예수님이 죽고 부활하셨기에 만물이 그에게 복종하여야 하는데 아직 눈으로는 볼 수 없습니다. 언제까지 그렇게 보지 못합니까? 복음이 땅끝까지 증거되고 주의 택한 백성이 다 찾아지고 주님께서 영광중에 재림하실 때까지 육신의 눈으로 보지 못합니다. 그러나 기록된 성경의 말씀을 성령으로 믿는 자들은 예수님도 보지 못하지만 사랑합니다. 믿고 말할 수 없는 영광스러운 즐거움으로 기뻐합니다. ^{벧전1:8}

그처럼 지금 만물이 예수님의 발 앞에 복종한 것을 보지 못하지만 믿는 자들은 예수님의 이름을 믿고 살아갑니다. 그런데 이런 믿음을 우리에게 주시기 위하여 예수님이 무슨 일을 하셨습니까? 천사보다 잠시 못하게 되셨다는 것은 죽기 위하여 오셨기 때문입니다. 그러므로 예수님은 죽음의 고난 받으심으로 말미암아 영광과 존귀로 관을 쓰신 것입니다. 이 예수를 사도들은 보았습니다. 십자가에 죽은 그 예수가 지금 하나님의 보좌 우편에서 영광의 본체로 계심을 보고 이 성경을 기록한 것입니다. 예수님의 낮아짐과 죽음의 고난은 하나님의 은혜로 말미암아 모든 사람을 위하여 죽음을 맛보려 하신 것입니다. 그러므로 만물이 그를 위하고 또한 그로 말미암은 이가 많은 아들들을 이끌어 영광에 들어가게 하시는 일을 예수님이 하십니다. 구원의 창시자를 죽음의 고난을 통하여 온전하게 하심이 합당합니다. 예수님의 죽음으로 죽은 자들을 살리신 것입니다.

히브리서 2:11~15 "거룩하게 하시는 이와 거룩하게 함을 입은 자들이 다 한 근원에서 난지라 그러므로 형제라 부르시기를 부끄러워하지 아니하시고 이르시되 내가 주의 이름을 내 형제들에게 선포하고 내가 주를 교회 중에서 찬송하리라 하셨으며 또다시 내가 그를 의지하리라 하시고 또 다시 볼지어다 나와 및 하나님께서 내게 주신 자녀라 하셨으니 자녀들은 혈과 육에 속하였으매 그도 또한 같은 모양으로 혈과 육을 함께 지니심은 죽음을 통하여 죽음의 세력을 잡은 자 곧 마귀를 멸하시며 또 죽기를 무서워하므로 한평생 매여 종노릇 하는 모든 자들을 놓아주려 하심이니"

거룩하게 하시는 예수님과 거룩하게 함을 입은 자들이 한 근원에서 나왔습니다. 이 말씀은 고린도전서 1:30과 같은 말씀입니다. "너희는 하나님으로부터 나서 그리스도 예수 안에 있고 예수는 하나님으로부터 나와서 우리에게 지혜와 의로움과 거룩함과 구원함이 되셨으니" 예수님이 우리의 지혜와 의로움과 거룩함과 구원함이 됩니다. 그러므로 예수님을 믿어 교회로 부름을 받은 자들은 영원하신 하나님의 뜻을 따라 그 아들의 피로 구원받은 자들입니다. 이런 자들을 주의 형제라고 하십니다. 그러므로 교회는 그 이름을 찬송합니다. 예수님을 믿기 전에 우리는 혈과 육에 속하여 죽음에 종노릇 하면서 벌벌 떨면서 살았습니다. 그러나 예수님의 죽음으로 죽음의 세력을 잡은 자 마귀를 멸하시고 우리를 자유 하게 하셨으니 죽음을 두려워하지 않습니다.

히브리서 5:6~10 "또한 이와 같이 다른 데서 말씀하시되 네가 영원히 멜기세덱의 반차를 따르는 제사장이라 하셨으니 그는 육체에 계실 때에 자기를 죽음에서 능히 구원하실 이에게 심한 통곡과 눈물로 간구와 소원을 올렸고 그의 경건하심으로 말미암아 들으심을 얻었느니라 그가 아들이시면서도 받으신 고난으로 순종함을 배워서 온전하게 되셨은즉 자기에게 순종하는 모든 자에게 영원한 구원의 근원이 되시고 하나님께 멜기세덱의 반차를 따른 대제사장이라 칭하심을 받으셨느니라"

멜기세덱의 반차를 따르는 영원한 제사장, 아브라함을 축복하고 다윗이 예언한 멜기세덱의 반차를 따르는 영원한 제사장이 이 땅에 사람으로 오셨습니다. 그분이 육체에 계실 때 자기를 죽음에서 능히 구원하실 이에게 심한 통곡과 눈물로 간구와 소원을 올렸습니다. 이 기도는 십자가를 지기 전에 감람산 겟세마네의 기도입니다. 기름 부음 받은 자가 올리브 동산의 기름 짜는 틀이 있는 겟세마네에서 그리스도의 몸이 으깨어져 땀이 피처럼 흘리는 기도를 하셨습니다. 그 기도는 자기 죽음으로 하나님께서 자기에게 맡기신 자를 함께 구하시기 위한 기도입니다. 그 죽음의 고난을 배워 순종하므로 온전하게 되셨습니다. 그러므로 자기에게 순종하는 자 곧 예수님을 믿는 자들에게 영원한 구원의 근원이 되시며 영원한 대제사장으로 계시는 분이 예수 그리스도입니다.

히브리서 6:4~6 "한 번 빛을 받고 하늘의 은사를 맛보고 성령에 참여한

바 되고 하나님의 선한 말씀과 내세의 능력을 맛보고도 타락한 자들은 다시 새롭게 하여 회개하게 할 수 없나니 이는 그들이 하나님의 아들을 다시 십자가에 못 박아 드러내 놓고 욕되게 함이라"

이런 말씀으로 구원받은 자도 타락할 수 있다고 주장하는 사람들이 많습니다. 그러나 성령이 임하여 자신이 전적인 죄인임을 알고 예수님을 주와 그리스도로 믿어 죄 사함과 구원을 받은 사람은 징계는 있을지언정 구원에서 탈락하는 일은 없습니다. 심지어 죽여서라도 그 영혼을 구원하여 내십니다.^{고전5:5} 그러면 왜 이런 말씀이 있습니까? 그 이유는 히브리인들이 복음을 듣고 예수님을 믿었습니다. 그런데 다시 율법주의로 돌아가는 일은 하나님의 아들을 다시 십자가에 못 박는 일과 같다는 말은 예수님을 믿지 않는 일과 같기에 그것을 경고하는 것입니다.

히브리서 9:24~28 "그리스도께서는 참 것의 그림자인 손으로 만든 성소에 들어가지 아니하시고 바로 그 하늘에 들어가사 이제 우리를 위하여 하나님 앞에 나타나시고 대제사장이 해마다 다른 것의 피로써 성소에 들어가는 것 같이 자주 자기를 드리려고 아니하실지니 그리하면 그가 세상을 창조한 때부터 자주 고난을 받았어야 할 것이로되 이제 자기를 단번에 제물로 드려 죄를 없이 하시려고 세상 끝에 나타나셨느니라 한 번 죽는 것은 사람에게 정해진 것이요 그 후에는 심판이 있으리니 이와 같이 그리스도도 많은 사람의 죄를 담당하시려고 단번에 드리신 바 되셨고 구원에 이르게 하기 위하여 죄와 상관없이 자기를 바라는 자들에게 두 번째 나타나시리라"

그리스도께서 참된 것의 그림자인 손으로 만든 이 땅의 성소에 들어가지 않았습니다. 그는 하늘 성소에 자기를 단번에 제물로 드리시기 위하여 세상 끝에 나타났습니다. 세상 끝이란 앞에서도 말씀드린 대로 약 2천 년 전 이 땅에 오신 예수 그리스도의 때입니다. 그분이 자기 피로써 하늘 성소로 들어가셨습니다. 이 일은 단번에 영원히 이루신 것입니다. 그러므로 그를 믿는 자는 그 죄를 그가 담당하신 것입니다. 그들을 구원 곧 몸의 부활과 영원한 영광의 나라에 들어가게 하려고 죄와 상관없이, 죄는 이미 그 피로 해결되었기에 자기를 바라는 자들에 두 번째 나타나십니다. 그러므로 성령이 임하여 예수님을 믿어 속죄받은 자들은 반드시 주님의 재림을 기다리게 됩니다. 그 재림의 날에 죄와 상관없는 자들은 생명의 부활로 영원한 천국에 들어갑니다. 그러나 죄가 해결되지 못한 자들 곧 예수님의 피를 믿지 않는 자들은 심판의 부활을 받아 둘째 사망에 들어가게 됩니다. 그러므로 한 번 죽는 것은 사람에게 정한 것이지만 그 후에 심판이 있다는 말씀은 생명의 부활과 심판의 부활을 말씀하는 것입니다.^{요5:29} 그러므로 예수님의 십자가로 단번에 이루신 속죄가 얼마나 대단하고 엄청나며 영원한지 이렇게 성경은 세세하게 밝혀두고 있습니다.

히브리서 11:17~19 "아브라함은 시험을 받을 때에 믿음으로 이삭을 드렸으니 그는 약속들을 받은 자로되 그 외아들을 드렸느니라 그에게 이미 말씀하시기를 네 자손이라 칭할 자는 이삭으로 말미암으리라 하셨으니 그가 하나님이 능히 이삭을 죽은 자 가운데서 다시 살리실 줄로 생각한지라 비유컨대 그를 죽은 자 가운데서 도로 받은 것이니라"

아브라함이 받은 복은 믿음으로 의롭다 칭함을 받은 것입니다.^{창15:6} 그 믿음의 내용은 자기에게 씨를 준다는 약속이었습니다. 그 씨는 바로 예수 그리스도입니다.^{갈3:16} 그러므로 이삭을 비유라고 하는 말씀은 이삭은 없는 데서 태어나고 죽은 데서 살아나는 것을 믿었기에^{롬4:17} 이런 믿음은 장차 오실 그리스도의 죽음과 부활을 미리 보고 믿은 것입니다. 그러므로 아브라함은 오실 그리스도를 즐거워하다가 보고 기뻐하였다고 예수님께서 말씀하셨습니다.^{요8:56}

히브리서 12:1~3 "이러므로 우리에게 구름 같이 둘러싼 허다한 증인들이 있으니 모든 무거운 것과 얽매이기 쉬운 죄를 벗어 버리고 인내로써 우리 앞에 당한 경주를 하며 믿음의 주요 또 온전하게 하시는 이인 예수를 바라보자 그는 그 앞에 있는 기쁨을 위하여 십자가를 참으사 부끄러움을 개의치 아니하시더니 하나님 보좌 우편에 앉으셨느니라 너희가 피곤하여 낙심하지 않기 위하여 죄인들이 이같이 자기에게 거역한 일을 참으신 이를 생각하라"

구약 성경에 믿음의 증인들이 허다합니다. 그 내용을 간추려 히브리서 11장에 증언하였습니다. 그러므로 신약의 성도들도 고난의 길을 갑니다. 그러므로 무거운 것과 얽매이기 쉬운 죄를 벗어 버리고 인내로서 우리가 가야 할 생명의 길을 경주하라고 합니다. 그런데 우리 힘으로 갈 수 없기에 믿음의 창시자이며 믿음의 완성자이신 예수님을 바라보라고 합니다. 예수님이 그 앞에 있는 기쁨을 위하여 십자가를 부끄러워하지 않았습니다. 그 결과 하나님의 보좌 우편에 앉으셨습니다. 성도는 이 역사 속에서 믿음의 길을 갈 때 피곤하고 낙심이 되기도 합니다. 그러나 죄인들이 자기를 거역한 일을 오래 참으신 주님을 생각하라고 합니다. 주의 오래 참으심이 구원이 됩니다.

히브리서 13:20~21 "양들의 큰 목자이신 우리 주 예수를 영원한 언약의 피로 죽은 자 가운데서 이끌어 내신 평강의 하나님이 모든 선한 일에 너희를 온전하게 하사 자기 뜻을 행하게 하시고 그 앞에 즐거운 것을 예수 그리스도로 말미암아 우리 가운데서 이루시기를 원하노라 영광이 그에게 세세무궁토록 있을지어다 아멘"

마지막 인사말에서도 예수 그리스도의 영원한 언약의 피를 말합니다. 새번역으로 봅니다. 영원한 언약의 피를 흘려서 양들의 위대한 목자가 되신 우리 주 예수를 죽은 사람들 가운데서 끌어내신 평화의 하나님이 여러분을 온갖 좋은 일에 어울리게 다듬질해 주셔서 자기의 뜻을 행하게 해 주시기를 빕니다. 또 하나님께서 예수 그리스도로 말미암아 우리 가운데 자기가 기뻐하시는 바를 이루시기를 빕니다. 예수 그리스도께 영광이 영원 무궁히 있기를 빕니다. 아멘.

십자가 (18)

베드로전서 1:1~4 예수 그리스도의 사도 베드로는 본도, 갈라디아, 갑바도기아, 아시아와 비두니아에 흩어진 나그네 곧 하나님 아버지의 미리 아심을 따라 성령이 거룩하게 하심으로 순종함과 예수 그리스도의 피 뿌림을 얻기 위하여 택하심을 받은 자들에게 편지하노니 은혜와 평강이 너희에게 더욱 많을지어다 우리 주 예수 그리스도의 아버지 하나님을 찬송하리로다 그의 많으신 긍휼대로 예수 그리스도를 죽은 자 가운데서 부활하게 하심으로 말미암아 우리를 거듭나게 하사 산 소망이 있게 하시며 썩지 않고 더럽지 않고 쇠하지 아니하는 유업을 잇게 하시나니 곧 너희를 위하여 하늘에 간직하신 것이라

오늘은 베드로 서신을 통하여 십자가의 의미를 살펴보겠습니다. 베드로는 예수님의 열두제자 중 첫 번째로 불리는 사도입니다. 예수님께서 죽는 자리에도 함께하겠다고 큰소리를 쳤지만, 예수님의 그날 닭 울기 전에 세 번이나 나를 부인하리라고 하신 말씀대로 세 번이나 부인하였습니다. 그런데 부활하신 예수님께서 제자들을 찾아오셔서 베드로에게 세 번이나 네가 나를 사랑하느냐고 묻습니다. 베드로는 내가 주를 사랑하는 줄 주께서 아신다고 세 번이나 답을 합니다. 예수님은 베드로에게 세 번이나 내 양을 치고 먹이라고 합니다. 그러면 베드로는 어떻게 목양牧羊할까요?

본문 1절을 봅니다. 베드로는 자신을 예수 그리스도의 사도라고 하면서 여러 지역에 있는 성도들에게 편지를 보냅니다. 초대교회 때 예루살렘에서 예수 믿는 자들을 핍박하고 죽임으로 여러 지역으로 흩어지게 되었습니다. 이렇게 흩어지는 일도 예수님의 말씀대로 되는 것입니다. 성령이 임하면 예루살렘과 유다와 사마리아와 땅끝까지 증인이 되게 하시겠다는 예수님의 말씀대로 되는 것입니다. 그러므로 성도의 별명은 흩어진 나그네입니다. 구약의 모든 믿음의 사람들도 외국인과 나그네로 살았습니다. ^{히11:13} 그러나 분명한 목표가 있는 나그네의 삶을 살아갑니다.

본문 2절입니다. 2절 한 절에 성부와 성령과 성자의 일하심이 다 나옵니다. 하나님 아버지께서 미리 아셨다고 합니다. 천지 만물을 창조하기도 미리 아신 자들에게 성령을 보내셔서 구별하여 주셨습니다. 성령이 임하게 되면 자기 죄를 알고 예수님을 믿게 됩니다. 이런 자들은 예수님의 피 뿌림을 받아 죄 사함과 영생을 얻게 됩니다. 그러므로 창세 전에 그리스도 안에서 택하신 자들에게 성령을 보내신 이유는 예수님의 피 뿌림을 얻게 하기 위함입니다. 하나님께서 우리를 택하신 이유는 세상의 성공이나 복이 아니라 그 아들의 피 뿌림을 얻게 하기 위함입니다. 피는 생명입니다. 그런데 예수님은 죄가 없는 하나님의 아들이기 그 피를 보배로운 피라고 합니다.

본문 3~4절입니다. 예수님을 믿기에 핍박받고 여러 곳에 흩어진 성도들에게 삼위 하나님의 일하심으로 인사를 하고 나니 찬송이 터져 나옵니다. 찬송의 내용은 하나님의 많은 긍휼대로 우리 주 예수 그리스도를 죽은 자 가운데서 부활하게 하심으로 우리를 거듭나게 하셨다고 합니다. 예수 그리스도의 죽음과 부활은 홀로 죽고 부활하신 것이 아닙니다. 하나님께서 택한 자들이 허물과 죄로 죽어있기에 그리스도께서 그 죽음 안으로 들어

오셔서 그들을 품에 안으시고 살리시는 일을 십자가로 이루신 것입니다. 그러므로 하나님께서 그를 다시 살리심으로 자기 백성도 그 피의 효력으로 죄를 용서하시고 거듭나게 하셔서 하나님의 자녀가 되게 하셨습니다. 함께 죽고 함께 살려내시는 정도가 아니라 함께 하늘에 앉히신 것입니다.^{엡2:6} 그러므로 거듭난 자는 죽은 소망이 아니라 산 소망이 생깁니다. 산 소망은 썩지 않고 더럽지 않고 쇠하지 않는 유업을 받게 하시는데 우리를 위하여 하늘에 간직한 것입니다. 이것이 예수님의 죽음과 부활로 이루신 내용입니다.

베드로전서 1:5~7 "너희는 말세에 나타내기로 예비하신 구원을 얻기 위하여 믿음으로 말미암아 하나님의 능력으로 보호하심을 받았느니라 그러므로 너희가 이제 여러 가지 시험으로 말미암아 잠깐 근심하게 되지 않을 수 없으나 오히려 크게 기뻐하는도다 너희 믿음의 확실함은 불로 연단하여도 없어질 금보다 더 귀하여 예수 그리스도께서 나타나실 때에 칭찬과 영광과 존귀를 얻게 할 것이니라"

예수 그리스도의 죽음과 부활과 승천은 하나님의 택한 백성들을 함께 살리시고 함께 하늘에 앉히셨습니다. 그러나 이 일은 시간과 공간을 초월하는 묵시적 사건으로 완성된 것입니다. 그러나 성도는 아직 이 땅에서 발을 딛고 살아가야 합니다. 그러므로 말세에 타내기로 예비하신 구원을 얻기 위하여 믿음으로 인하여 하나님의 능력으로 보호받았다고 합니다. 그러나 이 역사 속에서의 성도는 여러 가지 시험을 당하고 잠깐 근심을 합니다. 잠깐은 예수님을 믿고 거듭나서 우리의 육신이 죽을 때까지이니 영원에 비하면 순식간瞬息間입니다. 순식간이란 눈 깜빡하고 숨 한 번 쉬는 시간입니다. 우리에게 있는 어떤 시험과 고난이라도 영원에 비하면 눈 한 번 깜빡하고 숨 한 번 쉬면 끝이 납니다. 그런데 그 잠시 하는 근심을 오히려 기뻐한다고 합니다. 그 이유는 그 시련을 통하여 천국에 들어가지 못할 것들을 떨어내는 연단의 기간이기 때문입니다. 세상에서 없어질 금도 불로 정련하여 내는데 영원한 영광의 나라의 연단은 없어질 금보다 더 귀합니다. 그런 연단을 받은 자들은 그리스도께서 나타나실 때 칭찬과 영광과 존귀를 얻게 하십니다.

베드로전서 1:8~9 “예수를 너희가 보지 못하였으나 사랑하는도다 이제도 보지 못하나 믿고 말할 수 없는 영광스러운 즐거움으로 기뻐하니 믿음의 결국 곧 영혼의 구원을 받음이라”

베드로전서 1:1~7의 말씀을 성령의 역사로 우리 마음에 믿어졌다면 복음을 듣고 믿은 것입니다. 이런 자들은 예수님을 보지 못하지만, 사랑하게 됩니다. 성령의 역사로 복음을 듣고 믿었다면 예수님을 보지 못하였지만 믿고 말할 수 없는 영광스러운 즐거움으로 기뻐합니다. 이런 믿음의 결국은 영혼의 구원을 받습니다. 우리의 영혼이 구원받지 못한다면 세상의 모든 영광을 다 가졌다고 할지라도 그것도 순식간에 사라지고 영원한 고통의 둘째 사망에 들어가게 됩니다. 그러므로 믿음의 결국은 세상의 영광이 아니라 영원한 나라의 백성으로 살아가는 영혼의 구원입니다.

베드로전서 1:10~12 “이 구원에 대하여는 너희에게 임할 은혜를 예언하던 선지자들이 연구하고 부지런히 살펴서 자기 속에 계신 그리스도의 영이 그 받으실 고난과 후에 받으실 영광을 미리 증언하여 누구를 또는 어떠한 때를 지시하시는지 상고하니라 이 섬긴 바가 자기를 위한 것이 아니요 너희를 위한 것임이 계시로 알게 되었으니 이것은 하늘로부터 보내신 성령을 힘입어 복음을 전하는 자들로 이제 너희에게 알린 것이요 천사들도 살펴보기를 원하는 것이니라”

믿음의 결국인 영혼의 구원이 은혜로 됩니다. 이 은혜가 어떻게 나타날지를 구약의 선지자들이 연구하고 부지런히 살폈다고 합니다. 이렇게 한 것은 그들의 능력이 아니라 그들 속에 계신 그리스도의 영으로 예언한 것입니다. 그러므로 모든 구약의 선지자들은 그리스도께서 받으실 고난과 후에 받으실 영광을 미리 증언하여 누구를 또는 어떠한 때를 지시하시는지 상고하였습니다. 이러한 복음을 전하는 것은 하늘로부터 보내신 성령을 힘입어 전하는 것이라고 합니다. 그런데 이 놀라운 복음은 천사들도 몰랐기에 그들도 살펴보기를 원한 것이 십자가의 다 이루심입니다.

베드로전서 1:13~17 "그러므로 너희 마음의 허리를 동이고 근신하여 예수 그리스도께서 나타나실 때에 너희에게 가져다 주실 은혜를 온전히 바랄지어다 너희가 순종하는 자식처럼 전에 알지 못할 때에 따르던 너희 사욕을 본받지 말고 오직 너희를 부르신 거룩한 이처럼 너희도 모든 행실에 거룩한 자가 되라 기록되었으되 내가 거룩하니 너희도 거룩할지어다 하셨느니라 외모로 보시지 않고 각 사람의 행위대로 심판하시는 이를 너희가 아버지라 부른즉 너희가 나그네로 있을 때를 두려움으로 지내라"

복음을 듣고 믿은 자들이 이 땅에 사는 동안 어떻게 사는지를 말씀하고 있습니다. 예수 그리스도께서 나타나실 때는 이제 재림의 때입니다. 그때 가져다주실 은혜를 온전히 바라라고 합니다. 지금 우리는 그 은혜를 맛만 보는 정도입니다. 예수 그리스도의 재림과 우리가 부활하게 되면 그 은혜가 얼마나 엄청나고 놀라운 것인지 감히 상상도 할 수 없습니다. 그런데 이 땅에서 복음을 듣고 믿어 거듭나게 되면 그 은혜의 세계를 맛보기 시작합니다. 세상이 줄 수도 없고 알 수도 없는 하늘의 은혜를 맛보며 살아가는 자들은 나그네로 살아가는 이 역사의 삶도 함부로 살지 않습니다. 근신하며 두려움으로 지냄이 마땅합니다. 복음의 자유는 사랑으로 서로 종 노릇 합니다. ^{갈5:13}

베드로전서 1:18~21 "너희가 알거니와 너희 조상이 물려 준 헛된 행실에서 대속함을 받은 것은 은이나 금같이 없어질 것으로 된 것이 아니요 오직 흠 없고 점 없는 어린 양 같은 그리스도의 보배로운 피로 된 것이니라 그는 창세 전부터 미리 알린바 되신 이나 이 말세에 너희를 위하여 나타내신 바 되었으니 너희는 그를 죽은 자 가운데서 살리시고 영광을 주신 하나님을 그리스도로 말미암아 믿는 자니 너희 믿음과 소망이 하나님께 있게 하셨느니라"

우리의 조상이 물려준 행실로는 결코 구원받을 수가 없습니다. 이스라엘 조상들도 이방인들의 조상들도 물려 준 내용은 세상의 썩어질 것들이지 십자가 지신 예수님이 아닙니다. 그러므로 금이나 은과 같은 것으로는 구원받을 수 없습니다. 오직 흠이 없고 점이 없는 어린 양 같은 그리스도의 보배로운 피로 된 것입니다. 이 예수님은 세상 죄를 지고 가는 어린 양인데요1:29 창세 전부터 미리 알린 바 되신 분이신데 우리를 위하여 이 말세에 나타내신 것입니다. 예수님을 죽음과 부활을 그리스도로 인하여 믿는 자는 하나님께 소망을 두며 살아갑니다.

베드로전서 1:22~25 "너희가 진리를 순종함으로 너희 영혼을 깨끗하게 하여 거짓이 없이 형제를 사랑하기에 이르렀으니 마음으로 뜨겁게 서로 사랑하라 너희가 거듭난 것은 썩어질 씨로 된 것이 아니요 썩지 아니할 씨로 된 것이니 살아 있고 항상 있는 하나님의 말씀으로 되었느니라 그러므로 모든 육체는 풀과 같고 그 모든 영광은 풀의 꽃과 같으니 풀은 마르고 꽃은 떨어지되 오직 주의 말씀은 세세토록 있도다 하였으니 너희에게 전한 복음이 곧 이 말씀이니라" 진리를 순종한다는 말씀은 복음을 듣고 믿은 것입니다. 구약에서 예언된 것입니다.

이사야 선지자가 외친 내용사40:6~9을 베드로 사도가 그대로 인용하여 외친 아름다운 소식 곧 복음이 예수 그리스도의 죽음과 부활이라고 전합니다. 그러므로 모든 육체는 풀이며 그의 모든 아름다움은 풀의 꽃과 같습니다. 10대 20대는 꽃과 같습니다. 그러나 여러분들도 시들어 말라서 죽어갈 것입니다. 그러므로 그 전에 예수님의 죽음과 부활을 믿는 자는 우리도 그와 함께 죽었고 그와 함께 살아났고 그와 함께 하늘에 앉히심을 믿는다면 이것이 복음을 믿는 것입니다. 이런 복음의 내용이 아름답고 복된 소식입니다. 이 복음은 썩지 아니할 씨는 예수 그리스도입니다. 그러므로 이미 시들어 꽃이 떨어져도 복음의 씨앗을 뿌린다면 아름다운 늙음이며 죽음입니다.

베드로전서 2:24~25 "친히 나무에 달려 그 몸으로 우리 죄를 담당하셨으니 이는 우리로 죄에 대하여 죽고 의에 대하여 살게 하려 하심이라 그가 채찍에 맞음으로 너희는 나음을 얻었나니 너희가 전에는 양과 같이 길을 잃었더니 이제는 너희 영혼의 목자와 감독 되신 이에게 돌아왔느니라"

우리가 주께로 돌아가게 됨은 예수님이 나무에 달려 그 몸으로 우리 죄를 담당하셨기 때문입니다. 그가 채찍에 맞음으로 우리가 나음을 입었다는 말씀도 이사야 53장의 성취입니다. 그러므로 우리가 양과 같이 길을 잃었는데 그분의 죽음으로 우리는 영혼의 목자와 감독에게 돌아온 것입니다.

베드로전서 3:18~19 "그리스도께서도 단번에 죄를 위하여 죽으사 의인으로서 불의한 자를 대신하셨으니 이는 우리를 하나님 앞으로 인도하려 하심이라 육체로는 죽임을 당하시고 영으로는 살리심을 받으셨으니 그가 또한 영으로 가서 옥에 있는 영들에게 선포하시니라"

그리스도께서 십자가의 죽음은 단번에 죄를 위하여 죽음으로 의인으로 불의한 자를 대신하셨습니다. 이렇게 하심은 우리를 하나님 앞으로 인도

하시기 위함입니다. 그러므로 육체로 죽임을 당하시고 영으로는 살리심을 받아 옥의 영들에게 선포하셨습니다. 이 말씀은 노아 방주 때 복종하지 않은 자들이라고 합니다. 그러므로 이 말씀은 아담으로부터 예수님의 십자가의 때까지 하나님의 약속을 믿지 않는 자들에게 심판이 확정되었다는 선포가 되는 것이지 복음을 전한 것이 아닙니다. 그런데 베드로전서 4:6은 죽은 자들에게 복음이 선포되었다고 합니다. 이 말씀은 예수님을 믿은 자들이 육체의 고난으로 죄를 그치게 됩니다. 그런데도 계속하여 옛날 육체의 모습으로 살아가면 하나님께서 그를 징계하시는데 그를 죽여서라도 그 영을 구원하신다는 뜻입니다. ^{고전5:5}

베드로후서 3:1~13 "사랑하는 자들아 내가 이제 이 둘째 편지를 너희에게 쓰노니 이 두 편지로 너희의 진실한 마음을 일깨워 생각나게 하여 곧 거룩한 선지자들이 예언한 말씀과 주 되신 구주께서 너희의 사도들로 말미암아 명하신 것을 기억하게 하려 하노라 먼저 이것을 알지니 말세에 조롱하는 자들이 와서 자기의 정욕을 따라 행하며 조롱하여 이르되 주께서 강림하신다는 약속이 어디 있느냐 조상들이 잔 후로부터 만물이 처음 창조될 때와 같이 그냥 있다 하니 이는 하늘이 옛적부터 있는 것과 땅이 물에서 나와 물로 성립된 것도 하나님의 말씀으로 된 것을 그들이 일부러 잊으려 함이로다 이로 말미암아 그 때에 세상은 물이 넘침으로 멸망하였으되 이제 하늘과 땅은 그 동일한 말씀으로 불사르기 위하여 보호하신 바 되어 경건하지 아니한 사람들의 심판과 멸망의 날까지 보존하여 두신 것이니라 사랑하는 자들아 주께는 하루가 천 년 같고 천 년이 하루 같다는 이 한 가지를 잊지 말라 주의 약속은 어떤 이들이 더디다고 생각하는 것 같이 더딘 것이 아니라 오직 주께서는 너희를 대하여 오래 참으사 아무도 멸망하지 아니하고 다 회개하기에 이르기를 원하시느니라 그러나 주의 날이 도둑 같이 오리니 그 날에는 하늘이 큰 소리로 떠나가고 물질이 뜨거운 불에 풀어지고 땅과 그 중에 있는 모든 일이 드러나리로다 이 모든 것이 이렇게 풀어지리니 너희가 어떠한 사람이 되어야 마땅하냐 거룩한 행실과 경건함으로 하나님의 날이 임하기를 바라보고 간절히 사모하라 그 날에 하늘이 불에 타서 풀어지고 물질이 뜨거운 불에 녹아지려니와 우리는 그의 약속대로 의가 있는 곳인 새 하늘과 새 땅을 바라보도다” 지금까지의 말씀이 믿어진다면 여기에 다른 설명이 필요 없습니다. 그리스도의 죽음과 부활을 그리스도로 인하여 믿는 자라면 이 말씀을 ‘아멘’ 하면서 살아갈 것입니다.

십자가 (19)

요한계시록 5:9~14 그들이 새 노래를 불러 이르되 두루마리를 가지시고 그 인봉을 떼기에 합당하시도다 일찍이 죽임을 당하사 각 족속과 방언과 백성과 나라 가운데에서 사람들을 피로 사서 하나님께 드리시고 그들로 우리 하나님 앞에서 나라와 제사장들을 삼으셨으니 그들이 땅에서 왕 노릇 하리로다 하더라 내가 또 보고 들으매 보좌와 생물들과 장로들을 둘러선 많은 천사의 음성이 있으니 그 수가 만만이요 천천이라 큰 음성으로 이르되 죽임을 당하신 어린 양은 능력과 부와 지혜와 힘과 존귀와 영광과 찬송을 받으시기에 합당하도다 하더라 내가 또 들으니 하늘 위에와 땅 위에와 땅 아래와 바다 위에와 또 그 가운데 모든 피조물이 이르되 보좌에 앉으신 이와 어린 양에게 찬송과 존귀와 영광과 권능을 세세토록 돌릴지어다 하니 네 생물이 이르되 아멘 하고 장로들은 엎드려 경배하더라

오늘은 요한계시록에서 십자가의 의미를 살펴보고 다음 주에 '언약을 따라서'라는 주제를 전체적으로 정리하고 이 주제 설교를 마치도록 하겠습니다. 모든 성경은 예수 그리스도를 증언합니다. 요5:39 물론 예수님의 이 말씀은 구약 성경을 말씀합니다. 그리고 사복음서의 정점은 예수 그리스도의 십자가입니다. 부활과 승천은 아주 간단하게 기록하고 있습니다. 복음서를 기록한 자들도 성령이 임하여 기록하였습니다. 그러므로 복음

서만이 아니라 사도행전에서 요한계시록까지 예수 그리스도의 십자가를 해석하는 내용이라고 말씀드렸습니다.

자주 말씀을 드렸습니다만 예수님께서 십자가를 지실 때는 유대인에게나 이방인에게나 십자가 처형은 가장 저주받은 죽음이기에 모두 말하기도 꺼리는 역겨운 내용이었습니다. 오늘날의 종교적인 표지로는 감히 상상도 할 수 없었습니다. 그런데 성령이 임한 베드로 사도는 너희가 십자가에 못 박은 이 예수를 하나님이 다시 살리시고 주와 그리스도가 되게 하셨다고 전합니다. 그 예수를 더 구체적으로 나사렛 예수라고 합니다.[행2:36, 4:10] 너희가 십자가에 못 박은 나사렛 예수를 주와 그리스도가 되게 하셨다는 이 복음은 모든 유대인이 경악할 내용입니다. 그러므로 복음의 선포에 회개하고 예수님을 믿든지[행2:37~39] 아니면 돌로 치든지[행7:54~60] 둘 중 하나입니다.

바울 사도는 부활하신 주님을 만나기 전에 스데반을 돌로 쳐 죽이는 일에 앞장선 사람입니다. 십자가에 죽은 예수를 주와 그리스도로 믿는 자들을 다 잡아 죽이는 일이 하나님의 영광인 줄 알고 많은 사람을 잡아 회당에서 형벌하고 강제로 모독하는 말을 하게 하였습니다.[행26:11] 심지어 대제사장의 공문을 가지고 다메섹에서 예수 믿는 사람을 잡기 위하여 가는 중에 주님께서 부르십니다. 사울아! 사울아! 네가 어찌하여 나를 박해하느냐고 합니다. 사울이 놀라서 주여 누구시냐고 묻습니다. 그때 나는 네가 박해하는 예수라고 합니다. 그때부터 바울은 십자가에 못 박힌 그리스도를 전합니다.[고전1:23] 또한 예수 그리스도와 그가 십자가에 못 박히신 것 외에는 아무것도 알지 않기를 원한다고 합니다.[고전2:22] 내게는 우리 주 예수 그리스도의 십자가 외에 결코 자랑할 것이 결코 없다고 합니다.[갈6:14] 바울이 부활과 재림도 말하지만, 십자가가 핵심입니다.

요한계시록 5:5~7을 봅니다. "장로 중의 한 사람이 내게 말하되 울지 말라 유대 지파의 사자 다윗의 뿌리가 이겼으니 그 두루마리와 그 일곱 인을 떼시리라 하더라 내가 또 보니 보좌와 네 생물과 장로들 사이에 한 어린 양이 서 있는데 일찍이 죽임을 당한 것 같더라 그에게 일곱 뿔과 일곱 눈이 있으니 이 눈들은 온 땅에 보내심을 받은 하나님의 일곱 영이더라 그 어린 양이 나아와서 보좌에 앉으신 이의 오른손에서 두루마리를 취하시니라"

사도 요한이 보좌에 앉으신 이의 오른손에 있는 두루마리를 받아서 펴 볼 자가 아무도 없어서 울고 있을 때 장로 중 한 사람이 울지 말라고 하면서 유다 지파의 사자 다윗의 뿌리가 이겼다고 합니다. 이런 표현들은 다 메시아를 말합니다. 그런데 사자로 승리한 자가 어떤 모습입니까? 일찍이 죽임을 당한 한 어린양의 모습입니다. 십자가에 죽은 예수님을 말합니다. 그 예수님이 자기 죽음으로 사탄을 이기시고 자기 백성을 구원하신 것입니다. 그러므로 두루마리를 받아서 인봉을 떼신다는 것은 하나님의 약속을 자기 죽음인 십자가로 성취하신 것을 사도 요한이 보고 기록한 내용이 계시록입니다. 그러므로 일곱 인은 성자께서, 일곱 나팔은 성령께서, 일곱 대접은 성부께서 십자가로 사탄을 심판하시고 자기 백성을 구원하신 일임을 계시록 설교에서 말씀드렸습니다.

오늘 본문 9~10절입니다. 새 노래의 내용입니다. 죽임당한 어린 양이 두루마리의 봉인을 떼실 자격이 있으며 그 피로 모든 종족과 언어와 백성과 민족 가운데서 사람들을 사셔서 하나님께 드리셨다고 합니다. 그렇게 피로 사신 백성들은 하나님 나라가 되고 제사장이 되어 땅 위에서 다스리게 하셨다고 합니다. 이 새 노래가 어떻게 예언되어 있고 어떻게 성취되는지 봅니다.

새 노래를 부른다는 것은 대단한 국면전환이 일어났을 때 부르는 노래가 새 노래입니다. 주로 시편에서 새 노래가 나옵니다. 시편 33:3, 40:3, 96:1,

98:1, 144:9, 149:1 이런 시편의 내용은 여호와의 일하심을 찬양합니다. 하나님의 말씀대로 세상을 창조하시고 다스리며 공의로운 심판과 구원을 이루심에 대하여 새 노래로 찬양합니다. 그러므로 새 노래는 하나님의 일을 찬양합니다. 이사야 선지자도 새 일과 새 노래를 예언하고 있습니다. 그 새 일과 새 노래는 바벨론 포로에서 돌아오는 일을 말하지만^{사42:9~10}, 궁극적인 새 노래는 메시아가 오셔서 새 하늘과 새 땅을 만들어 내시는 것입니다.^{사65:17, 22} 그러므로 누구든지 그리스도 안에 있어야 새로운 피조물이 되는 것입니다.^{고후5:17} 예수님의 피로 새롭게 창조된 자들이 새 노래를 부릅니다.

본문 9~10절을 다시 봅니다. 새 노래의 내용입니다. 죽임당한 어린 양이 그 인봉을 떼기에 합당하다고 합니다. 인봉을 떼신다는 것은 하나님의 말씀을 성취하신다는 말씀입니다. 그러므로 사도 요한은 성령에 이끌려 십자가 이전으로 가서 십자가에서 이루실 일을 보고 기록한 것입니다. 일찍이 죽임을 당하사 각 족속과 방언과 백성과 나라 가운데서 사람들을 피로 사서 하나님께 드립니다. 일찍 죽임당한 어린 양 곧 예수 그리스도의 피로 구원하여 내셔서 하나님께 드렸습니다. 그렇게 드린 자들을 하나님 앞에서 나라와 제사장들을 삼으신 것입니다. 그러므로 예수님의 피로 산 자들은 이 땅에서 하나님의 나라이며 제사장입니다. 그리고 왕 노릇을 하기에 왕 같은 제사장입니다.^{벧전2:9} 왕 같은 제사장은 이 세상의 왕이 힘으로 군림하는 모습이 아니라 예수님처럼 섬기는 왕입니다. 죽기까지 섬기는 자가 왕 같은 제사장의 일입니다.

에베소서 2:13~18 "이제는 전에 멀리 있던 너희가 그리스도 예수 안에서 그리스도의 피로 가까워졌느니라 그는 우리의 화평이신지라 둘로 하나를 만드사 원수 된 것 곧 중간에 막힌 담을 자기 육체로 허시고 법조문으로 된 계명의 율법을 폐하셨으니 이는 이 둘로 자기 안에서 한 새 사람을 지어 화평하게 하시고 또 십자가로 이 둘을 한 몸으로 하나님과 화목하게 하려 하심이라 원수 된 것을 십자가로 소멸하시고 또 오셔서 먼 데 있는 너희에게 평안을 전하시고 가까운 데 있는 자들에게 평안을 전하셨으니 이는 그로 말미암아 우리 둘이 한 성령 안에서 아버지께 나아감을 얻게 하려 하심이라"

에베소서에서 이미 본 말씀이지만 오늘 본문과 연결되기에 다시 보았습니다. 유대인과 이방인이 원수였습니다. 그러나 예수님께서 십자가에서 죽은 그 육체의 죽음으로 흘리신 그 피가 유대인과 이방인을 한 새 사람을 만들어 한 성령 안에서 아버지께 나아가게 하십니다. 유대인과 이방인이 원수가 되어 있는 이유는 이미 하나님과 원수가 되어 있기 때문입니다. 하나님과 원수가 되어 있기에 이웃과 원수가 되어 있는 이런 세상에서 예수님의 피만이 한 새사람을 만들어 내십니다. 예수님의 피로 새로운 사람이 된 자들은 하나님과 화목하게 되고 이웃과도 화목하게 되어 하나님께서 나아가게 됩니다. 그렇게 한 새 사람을 만들어 하나님께 나아가는 자가 하나님의 처소입니다.

에베소서 2:19~22 "그러므로 이제부터 너희는 외인도 아니요 나그네도 아니요 오직 성도들과 동일한 시민이요 하나님의 권속이라 너희는 사도들과 선지자들의 터 위에 세우심을 입은 자라 그리스도 예수께서 친히 모퉁잇돌이 되셨느니라 그의 안에서 건물마다 서로 연결하여 주 안에서 성전이 되어 가고 너희도 성령 안에서 하나님이 거하실 처소가 되기 위하여 그리스도 예수 안에서 함께 지어져 가느니라"

예수님의 피로 값을 주고 산 자들이 하나님의 나라이며 하나님의 거처입니다. 하나님께서 거하실 처소가 되기 위하여 그리스도 예수께서 친히 모퉁이 돌이 되셨습니다. 그 모퉁이 돌인 예수님께 붙어서 하나님의 거하실 처소가 지어지고 있습니다. 복음이 땅끝까지 증거되고 주께서 택하신 자들이 다 주께로 돌아오면 주의 처소가 완성됩니다. 그러면 새 하늘과 새 땅이 열리는 것이며 눈에 보이는 하늘과 땅은 사라집니다. 그럴 때 하나님의 거처가 된 자들은 생명의 부활로 나와서 영원히 그 은혜를 찬송할 것입니다. 그러므로 이 역사 속에서 예수님을 주와 그리스도로 믿는 것이 얼마나 놀랍고 영원한 영광인지 아는 자들은 지금부터 그 은혜를 감사하고 찬양하며 살아갑니다.

본문 11~14절입니다. 천국에서 찬송하는 장면입니다. 요한계시록 4장과 5장을 함께 보면 보좌에 앉으신 이와 죽임을 당하신 어린 양 주위로 네 생물이 찬송합니다. 그 둘레에 24 장로들이 둘러섭니다. 24 장로란 구약과 신약의 모든 구원받은 자를 대표하기에 구약과 신약의 모든 구원받은 자들이 둘러섭니다. 그리고 그 뒤로 천사들이 둘러섭니다. 그 천사의 수가 만만이며 천천입니다. 만의 만이면 1억입니다. 그러나 그런 의미보다는 우리가 헤아릴 수 없는 수많은 천사가 찬송합니다. 완전한 찬송을 드리는 것입니다. 그 찬송의 내용은 죽임을 당하신 어린 양은 능력과 부와 지혜와 힘과 존귀와 영광과 찬송을 받으시기에 합당하다고 찬양합니다. 또 들으니 천지의 모든 피조물이 보좌에 앉으신 이와 어린 양에게 찬송과 존귀와 영광과 권능을 세세토록 돌릴지어다 하니 네 생물이 아멘 하고 장로들은 엎드려 경배합니다. 이것이 하늘 찬송의 모습입니다.

베드로전서 1:18~21 "너희가 알거니와 너희 조상이 물려 준 헛된 행실에서 대속함을 받은 것은 은이나 금과 같이 없어질 것으로 된 것이 아니요 오직 흠 없고 점 없는 어린 양 같은 그리스도의 보배로운 피로 된 것이니라 그는 창세 전부터 미리 알린 바 되신 이나 이 말세에 너희를 위하여 나타내신 바 되었으니 너희는 그를 죽은 자 가운데서 살리시고 영광을 주신 하나님을 그리스도로 말미암아 믿는 자니 너희 믿음과 소망이 하나님께 있게 하셨느니라"

지난 주에 본 말씀이지만 다시 봅니다. 우리가 구속받은 것은 은이나 금과 같이 없어질 것으로 된 것이 아닙니다. 오직 흠 없고 점 없는 어린 양 같은 그리스도의 보배로운 피로 된 것입니다. 이 일은 창세 전부터 미리 알린 바 되었다고 합니다. 창세 전부터 어린 양의 보배로운 피로 대속할 것을 누가 알았습니까? 성부와 성자와 성령께서만 압니다. 그런데 그 창세 전의 비밀을 이 말세에 우리를 위하여 나타내셨다고 합니다. 여기서 말세란 예수님이 이 땅에 오셔서 십자가로 다 이루었다고 하심이 말세입니다. 성령이 임한 자들은 말세가 무엇인지 압니다. 그러므로 죽임당한 어린 양을 찬양하는 일은 이미 창세 전에 성부와 성자와 성령의 뜻으로 계획하신 것입니다.

우리가 이 역사 속에서 십자가에 못 박혀 죽은 나사렛 예수가 다시 살아 나셨고 주와 그리스도가 되셨다고 믿는다는 사실은 사람의 힘으로는 불가능한 일입니다. 그 십자가에 죽은 예수가 하나님의 영광된 본체의 형상임을 누가 믿겠습니까? 이 사실을 믿을 수가 없었기에 예수님의 제자들도 십자가 앞에서 다 도망갔습니다. 바울 사도는 그런 자들을 다 죽이는 일이 하나님의 영광인 줄 알았습니다. 그런데 유대인들이 보기에 저주받아 죽은 죽음인 십자가에 죽은 그 예수, 이방인들이 보기에 로마를 반역하다 죽은 미련하고 어리석은 죽음인 그 십자가의 예수가 영원히 찬양받으실 분임을 누가 알겠습니까? 오직 성령이 임한 사도들이 계시받아 이 성경을 기록한 것입니다.

그러므로 모든 성경은 창세 전에 계획하신 하나님의 뜻을 드러내고 있습니다. 하나님께서 아담을 깊이 잠들게 하시고 갈비뼈를 취하여 여자를 만들어 내신 일을 통하여 예수 그리스도의 십자가로 자기 백성을 만들어 내시는 일을 미리 보여줍니다. 예수님께서 십자가에 달리셨을 때 그 옆구리가 창에 찔리시고 물과 피를 흘리신 것은 우리를 새롭게 만들어 내시는 것입니다. 선악과를 따 먹고 부끄러워 숨어있는 그들에게 가죽옷을 지어 입히셨습니다. 수많은 구약의 성경이 그리스도의 고난과 죽음과 부활을 예언하고 있습니다. 그러므로 모든 성경은 예수님을 증언한다고 예수님 께서 말씀하셨습니다.^{요5:39} 부활하신 예수님께서도 제자들에게 구약 성 경으로 그리스도의 고난과 죽음과 부활을 가르쳤습니다. 신약은 당연히 십자가에 죽은 그 예수가 다시 살아나셨고 주와 그리스도가 되셨다고 증 언합니다. 그뿐 아니라 오늘 본문처럼 영원히 찬양받으실 분입니다.

본문 11~14절을 다시 봅니다. 보좌의 생물들과 장로들과 둘러선 수많은 천사가 큰 음성으로 찬송합니다. 찬송의 내용은 "죽임을 당하신 어린 양 은 능력과 부와 지혜와 힘과 존귀와 영광과 찬송을 받으시기에 합당하도 다" 천국에서는 천사들보다 구속받은 백성들이 더 보좌 가까이에서 찬송 합니다. 여기에 화답송이 있습니다. 하늘 위와 땅 위와 땅 아래와 바다 위 와 또 그 가운데 모든 피조물이 찬송합니다. "보좌에 앉으신 이와 어린 양 에게 찬송과 존귀와 영광과 권능을 세세토록 돌릴지어다" 이 찬송에 네 생물이 이르되 아멘 하고 장로들은 엎드려 경배합니다.

오늘 우리가 성령의 역사로 이 말씀을 믿는다면 우리도 일찍 죽임당한 어린 양을 찬송하는 자리에 있는 것입니다. 찬양대는 이 감격으로 찬양해 야 찬양대입니다. 예배 중에 찬송도 마찬가지입니다. 이것은 노래를 잘하 고 못하고의 문제가 아닙니다. 그 죽임당한 어린 양이 하나님의 모든 언 약을 완성하신 분이심을 믿는 자는 음치라도 찬양합니다. 나는 그를 죽였 는데 그는 우리를 용서 하셨다는 이 놀라운 복음을 믿는 자가 어찌 찬양 하지 않을 수 있겠습니까? 그러므로 만물을 자기를 위하여 창조하신 분이 만물로부터 찬양받으심이 합당합니다. 일찍 죽임당한 어린 양이 십자가 에 죽은 그 예수님입니다. 그 예수님이 영원히 영광과 찬양받으실 하나님

의 형상이며 그 영광의 본체입니다. 그러므로 성도는 보좌에 앉으신 이와
어린 양께 지금부터 영원히 찬송합니다.

마무리

요한계시록 21:1~7 또 내가 새 하늘과 새 땅을 보니 처음 하늘과 처음 땅이 없어졌고 바다도 다시 있지 않더라 또 내가 보매 거룩한 성 새 예루살렘이 하나님께로부터 하늘에서 내려오니 그 준비한 것이 신부가 남편을 위하여 단장한 것 같더라 내가 들으니 보좌에서 큰 음성이 나서 이르되 보라 하나님의 장막이 사람들과 함께 있으매 하나님이 그들과 함께 계시리니 그들은 하나님의 백성이 되고 하나님은 친히 그들과 함께 계셔서 모든 눈물을 그 눈에서 닦아 주시니 다시는 사망이 없고 애통하는 것이나 곡하는 것이나 아픈 것이 다시 있지 아니하리니 처음 것들이 다 지나갔음이러라 보좌에 앉으신 이가 이르시되 보라 내가 만물을 새롭게 하노라 하시고 또 이르시되 이 말은 신실하고 참되니 기록하라 하시고 또 내게 말씀하시되 이루었도다 나는 알파와 오메가요 처음과 마지막이라 내가 생명수 샘물을 목마른 자에게 값없이 주리니 이기는 자는 이것들을 상속으로 받으리라 나는 그의 하나님이 되고 그는 내 아들이 되리라

언약이라는 주제로 설교를 시작하여 오늘 70번째로 마무리합니다. 성경은 언약의 책입니다. 그래서 옛날 언약이라는 구약舊約 39권과 새 언약이라는 신약新約 27권을 한 권의 성경이라고 합니다. 성경은 하나님의 말씀입니다. 하나님의 말씀은 영원 자존하신 삼위 하나님께서 창세 전에 언

약하신 내용을 따라 천지를 창조하시고 그 창조의 목적은 하나님의 아들 예수 그리스도를 위한 창조입니다. 하나님의 모든 언약을 그 아들이 십자가로 다 이루었다는 것이 언약의 핵심입니다. 그러므로 그동안 보았던 언약의 내용을 전체적으로 보고 오늘 본문으로 마무리합니다. 순서는 영원한 언약, 영원 전 언약, 아담 언약, 노아 언약, 아브라함 언약, 모세 언약, 새 언약 그리고 십자가입니다. 마무리가 십자가인 이유는 모든 언약은 십자가로 수렴되고 성취되기 때문입니다.

히브리서 13:20~21 "양들의 큰 목자이신 우리 주 예수를 영원한 언약의 피로 죽은 자 가운데서 이끌어 내신 평강의 하나님이 모든 선한 일에 너희를 온전하게 하사 자기 뜻을 행하게 하시고 그 앞에 즐거운 것을 예수 그리스도로 말미암아 우리 가운데서 이루시기를 원하노라 영광이 그에게 세세 무궁토록 있을지어다 아멘"

영원한 언약이라는 제목으로 말씀드린 본문입니다. 이 제목으로 보기 전에 먼저 '언약이란 무엇인가?', '언약 체결의 방식', 언약의 내용으로 '하나님의 자기 안식을 위한 창조', '하나님의 자기 백성 만들기', '하나님의 자기 나라 만들기'를 보았습니다. 방금 읽은 이 말씀에서 영원한 언약이란 하나님께서 영원하신 분이시기에 하나님의 모든 언약은 영원한 언약입니다. 구약에서 모형과 그림자로 주어진 안식일과 할례도 영원한 규례라고 하셨습니다. 그렇다면 지금도 안식일을 지키고 할례를 해야 합니까? 아닙니다. 모든 언약과 율법으로 주어진 모든 명령과 규례와 모형과 그림자까지 예수 그리스도의 십자가로 수렴되어 단번에 영원히 이루신 것이기에 영원한 언약입니다.

디모데후서 1:9~10 "하나님이 우리를 구원하사 거룩하신 소명으로 부르심은 우리의 행위대로 하심이 아니요 오직 자기의 뜻과 영원 전부터 그리스도 예수 안에서 우리에게 주신 은혜대로 하심이라 이제는 우리 구주 그리스도 예수의 나타나심으로 말미암아 나타났으니 그는 사망을 폐하시고 복음으로써 생명과 썩지 아니할 것을 드러내신지라"

하나님께서 우리를 구원하시는데 우리의 행위로 구원하시지 않는다고 말씀합니다. 이 말씀은 인간이 스스로 신을 찾아가고 영생을 찾아가려는 모든 종교적인 노력을 허사로 돌리는 말씀입니다. 하나님께서 우리를 거룩하신 소명으로 부르심은 우리의 행위가 아니라 오직 하나님의 뜻으로 영원 전에 그리스도 예수 안에서 우리에게 주신 은혜대로 하신 것입니다. 그러므로 이 복음은 생명과 섞지 않을 내용입니다. 그러므로 영원 전^{딤후} 1:9, 딛1:2, 만세 전^{고전2:7}, 창세 전^{요17:5, 24, 엡1:4, 벧전1:20} 언약이란 같은 뜻인데 천지 만물을 창조하기도 전에 영원 자존하신 하나님의 뜻으로 결정된 것입니다. 영원하신 하나님은 영원한 현재이시기에 뜻하는 순간 완성입니다. 시간과 공간이 창조됨으로 피조물인 우리가 과거와 현재와 미래를 의식하는 것입니다. 그러나 영원한 하나님은 그 이름 자체가 현재입니다. '여호와' 와 '에고 에이미' 가 '나는 나다' 는 뜻입니다.

호세아 6:6~7 "나는 인애를 원하고 제사를 원하지 아니하며 번제보다 하나님을 아는 것을 원하노라 그들은 아담처럼 언약을 어기고 거기에서 나를 반역하였느니라"

호세아 북이스라엘에서 선지자로 활동하였습니다. 여호와 하나님께서 원하시는 것은 인애를 원하시고 하나님을 아는 것을 원하시는데 이스라엘 백성들은 제사와 번제로 때우려고 한 것입니다. 이런 모습이 아담처럼 언약을 어겼다고 합니다. 아담이 언약을 어긴 것은 모든 인류가 언약을 어긴 것입니다. 그러므로 아담은 오실 자의 모형이라고 한 것은 대표성을 보여줍니다. 아담 안에서 모든 자가 죽은 것처럼 그리스도 안에서 모든 자가 삶을 얻는다는 말씀을 살펴보았습니다.^{고전15:22} 그러므로 아담도 예수님을 위하여 만드신 것입니다.

창세기 6:17~18 "내가 홍수를 땅에 일으켜 무릇 생명의 기운이 있는 모든 육체를 천하에서 멸절하리니 땅에 있는 것들이 다 죽으리라 그러나 너와는 내가 내 언약을 세우리니 너는 네 아들들과 네 아내와 네 며느리들과 함께 그 방주로 들어가고"

창세기 3장 이후의 인간들은 이미 마음의 생각과 계획이 어려서부터 항상 악합니다. 그러므로 하나님께서 온 세상을 물로 세상을 심판하십니다. 그러나 노아는 은혜를 입었습니다.^{창6:8} 은혜를 입었기에 하나님께서 노아와 언약을 맺으십니다. 노아에게 방주를 만들게 하십니다. 노아의 가족과 짐승들도 방주에 타게 하십니다. 여호와 하나님께서 생육하고 번성하라고 하신 아담에게 하신 약속과 여인의 후손과 뱀의 후손의 싸움도 이루어야 하시기에 홍수로 세상을 심판하셔도 그 씨를 보존하시는 것입니다. 방주에 탄 노아의 가족과 코로 호흡하는 생물만 살아남았습니다.

예수님께서 인자의 날을 노아의 때와 같다고 말씀하셨습니다. 사람들이 사고팔고 먹고 마시며 시집가고 장가가면서도 그날을 모르는 것처럼 인자의 날도 갑자기 임한다고 하셨습니다. 그 인자의 날은 먼저 십자가의 때입니다.^{마24:37, 눅17:26} 예수님의 십자가로 하나님의 심판과 구원을 이루실 것을 메시아를 기다려온 자들이 몰랐습니다. 그들은 그림자를 붙들고 있었고 모세의 수건이 가려져 있었습니다. 그러므로 예수님께서 십자가로 하나님의 언약을 다 이루시고 부활 승천하셔서 성령을 보내시면 은혜를 입은 노아가 방주에 타듯이 예수님을 주와 그리스도로 믿게 됩니다.

창세기 12:1~3 "여호와께서 아브람에게 이르시되 너는 너의 고향과 친척과 아버지의 집을 떠나 내가 네게 보여 줄 땅으로 가라 내가 너로 큰 민족을 이루고 네게 복을 주어 네 이름을 창대하게 하리니 너는 복이 될지라 너를 축복하는 자에게는 내가 복을 내리고 너를 저주하는 자에게는 내가 저주하리니 땅의 모든 족속이 너로 말미암아 복을 얻을 것이라 하신지라"

아브라함 언약이라는 주제로 8번에 걸쳐서 보았습니다. 오늘은 마무리하기 위하여 한 말씀씩만 봅니다. 여호와 하나님께서 아브라함을 일방적으로 부르시고 약속하십니다. 씨와 땅에 관한 약속을 주시면서 아브라함을 축복하면 여호와 하나님께서 축복하고 아브라함을 저주하면 여호와 하나님께서 저주하시겠다고 합니다. 이런 아브라함이 믿음으로 의롭다 칭함을 받은 일은 하나님께서 씨를 주신다는 약속을 믿었을 때 받았습니다. 창15:6 이런 믿음도 하나님께서 훈련 시키셨기에 나옵니다. 그 약속의 씨란 예수 그리스도임을 바울 사도가 증언합니다. 갈3:16 아브라함이 믿은 것은 장차 오실 그리스도를 바라보고 믿고 기뻐하였다고 예수님께서 말씀하십니다. 요8:56 그러므로 오늘 우리가 아브라함과 같은 복을 받는 것은 예수님을 그리스도로 믿는 복입니다.

 "여러 해 후에 애굽 왕은 죽었고 이스라엘 자손은 고된 노동으로 말미암아 탄식하며 부르짖으니 그 고된 노동으로 말미암아 부르짖는 소리가 하나님께 상달된지라 하나님이 그들의 고통 소리를 들으시고 하나님이 아브라함과 이삭과 야곱에게 세운 그의 언약을 기억하사 하나님이 이스라엘 자손을 돌보셨고 하나님이 그들을 기억하셨더라"

모세 언약도 8회에 걸쳐 보았습니다. 모세 언약이 이루어지는 것은 여호와 하나님께서 아브라함과 이삭과 야곱에게 세운 그의 언약을 기억하셨기에 이루어집니다. 그러므로 모든 언약은 하나로 연결되는 것입니다. 그러면 왜 아브라함 언약이 먼저이고 430년 지나서 모세 언약이 주어진 것입니까? 모세 언약을 통하여 이스라엘 백성들이 스스로는 율법을 지켜서 의에 이를 수 없음을 드러내기 위함입니다. 그러므로 아브라함처럼 믿음으로 의롭다고 함을 받는 것임을 알게 하시려고 모세 언약을 주신 것이라고 바울 사도가 갈라디아서 3장에서 잘 밝히고 있습니다.

사무엘하 7:12~16 "네 수한이 차서 네 조상들과 함께 누울 때에 내가 네 몸에서 날 네 씨를 네 뒤에 세워 그의 나라를 견고하게 하리라 그는 내 이름을 위하여 집을 건축할 것이요 나는 그의 나라 왕위를 영원히 견고하게 하리라 나는 그에게 아버지가 되고 그는 내게 아들이 되리니 그가 만일 죄를 범하면 내가 사람의 매와 인생의 채찍으로 징계하려니와 내가 네 앞에서 물러나게 한 사울에게서 내 은총을 빼앗은 것처럼 그에게서 빼앗지는 아니하리라 네 집과 네 나라가 내 앞에서 영원히 보전되고 네 왕위가 영원히 견고하리라 하셨다 하라"

여호와 하나님께서 사울을 버리시고 어린 소년 다윗을 기름 부어 이스라엘의 왕으로 세우십니다. 다윗이 왕이 되어 여호와를 위하여 집을 지어 드리려고 하였습니다. 그러나 여호와 하나님께서 다윗의 집을 세우시고 그 왕위가 영원히 견고하게 하시겠다고 하셨습니다. 그런데 그 왕위는 바벨론에 의하여 끊어집니다. 그러나 하나님은 마리아에게 수태고지를 하시면서 영원한 다윗의 왕위에 앉을 자를 예수라고 하십니다.^{눅1:31~33} 그러므로 모든 언약은 예수 그리스도를 향하고 예수 그리스도는 십자가로 그 언약을 완성하심이 새 언약입니다. 새 언약이 구약에 나옵니다.

예레미야 31:31~33 "여호와의 말씀이니라 보라 날이 이르리니 내가 이스라엘 집과 유다 집에 새 언약을 맺으리라 이 언약은 내가 그들의 조상들의 손을 잡고 애굽 땅에서 인도하여 내던 날에 맺은 것과 같지 아니할 것은 내가 그들의 남편이 되었어도 그들이 내 언약을 깨뜨렸음이라 여호와의 말씀이니라 그러나 그날 후에 내가 이스라엘 집과 맺을 언약은 이러하니 곧 내가 나의 법을 그들의 속에 두며 그들의 마음에 기록하여 나는 그들의 하나님이 되고 그들은 내 백성이 될 것이라 여호와의 말씀이니라"

　예레미야 선지자는 예루살렘이 바벨론 군대에 의하여 무너지고 예루살렘 성전의 파괴를 목격한 선지자입니다. 율법을 받은 이스라엘 백성들이 제사장과 성전이 있었고 왕과 선지자도 있었지만, 멸망을 받았다는 말은 인간은 율법을 받고 제사장과 성전과 왕과 선지자가 있어도 구원에 이를 자가 한 명도 없음을 보여주신 것입니다. 그러므로 이미 구약에서 새 언약을 예언하고 있습니다. 새 언약은 새 마음을 주시는 것이며 성령을 믿는 자의 마음에 부어 주신다는 약속입니다. 에스겔 선지자도 요엘 선지자도 새 언약으로 성령을 부어 주실 것을 예언하였습니다.

누가복음 22:19~20 "또 떡을 가져 감사 기도 하시고 떼어 그들에게 주시며 이르시되 이것은 너희를 위하여 주는 내 몸이라 너희가 이를 행하여 나를 기념하라 하시고 저녁 먹은 후에 잔도 그와 같이 하여 이르시되 이 잔은 내 피로 세우는 새 언약이니 곧 너희를 위하여 붓는 것이라"

　예수님께서 최후의 만찬에서 떡을 주시면서 자기의 살이라고 합니다. 그리고 잔을 주시면서 예수님의 피로 세우는 새 언약이라고 합니다. 그러므로 예수님의 살을 찢고 피를 흘리시는 십자가가 새 언약이라고 말씀하신 것입니다. 그러므로 모든 구약의 언약들은 예수 그리스도의 십자가로 모이고 있습니다. 그 십자가 위에서 예수님은 다 이루었다고 하셨습니다. [요19:30] 유대인들이 보기에 저주받아 죽는 모습이며[신21:23], 이방인들이 보면 로마를 반역하다 죽은 어리석고 미련한 죽음인 십자가에서 예수님은 다 이루었다고 하셨습니다. 요한복음에서는 그 십자가에 들리심으로 이루시는 일이 영생을 주시는 일과 예수님이 누구신지 알게 하시고 믿게 하시는 일과 그 십자가로 이끌어 올리신다는 말씀을 다 이루신 것입니다. 그뿐 아니라 다 이루었다는 것은 오늘 간단하게 제목만 살펴본 모든 언약을 다 이루신 자리가 십자가입니다. 그러므로 하나님의 모든 약속은 그리스도 안에서 예가 됩니다. 이 선포에 아멘 하는 것이 하나님의 영광

입니다. ^{고후1:20}

오늘 본문 요한계시록 21:1~7을 봅니다. 사도 요한이 성령에 이끌려 하나님의 계시를 받습니다. 십자가 이전으로 이끌려가서 십자가로 이루어진 일곱 인과 나팔과 대접의 재앙도 다 보고 전하였습니다. 그리고 새 하늘과 새 땅을 보니 처음 하늘과 땅도 없어졌고 바다도 다시 있지 않더라고 합니다. 이것이 묵시의 세계입니다. 지금 보이는 이 하늘과 땅이 이미 묵시 속에서는 사라지고 없는 것입니다. 새 하늘과 새 땅이 완성되었습니다. 그러므로 그리스도의 죽음과 부활에 함께 참여하여 하늘에 앉힌 자들은^{엡2:5~6} 하늘에 간직한 산 소망을 가진 것입니다. ^{벧전1:34}

옛 하늘과 옛 땅이 사라지고 저주의 바다도 없어지고 거룩한 성 새 예루살렘이 하나님으로부터 하늘에서 내려오니 그 준비한 것이 신부가 남편을 위하여 단장한 것과 같다고 합니다. 이것은 건물이 아니라 어린 양의 신부입니다. 구약의 열두 지파와 신약의 열두 사도가 문과 기초가 된다는 것은 구약과 신약의 모든 구원받은 백성이 하나님의 처소가 되는 것이며 또한 어린 양의 신부가 되는 것입니다.^{21:9~27} 그러므로 하나님의 장막이 사람들과 함께 계시므로 그들은 하나님의 백성이 되고 하나님은 친히 그들과 함께 계십니다. 하나님께서 모든 눈물을 그 눈에서 닦아 주시니 다시는 사망이 없고 애통하고 곡하는 것이나 아픈 것이 다시 있지 않습니다. 처음 것들이 다 지나갔습니다. **그리고 이루었다고 합니다.** 알파와 오메가 처음과 나중에 되시는 주님께서 다 이루신 것입니다. 이 역사 속에서 다 이루신 자리가 십자가입니다. 그 십자가 안에서 하늘에 속한 모든 것이 감추어져 있습니다. 그러므로 주님 다시 오시는 그날까지 십자가로 다 이루었다는 예수님을 주와 그리스도로 믿고 사는 자들이 성도입니다. 다 이루셨기에 목마른 자들에게 값없이 생명수를 주십니다.^{21:60} 그러므로 성령과 신부 된 교회는 십자가로 다 이루신 예수님을 주와 그리스도로

믿는 일이 값없이 생명수를 받는 것이라고 주님 다시 오시는 그날까지 전하는 것입니다. ²²:¹⁷

마라나타!